Reinhard Lay

Ethik in der Pflege

Ein Lehrbuch für die Aus-, Fort- und Weiterbildung

2., aktualisierte Auflage

schlütersche

Reinhard Lay ist Gesundheits- und Krankenpfleger, Dipl.-Pflegepädagoge (FH), M. A. (Management von Gesundheits- und Sozialeinrichtungen) und staatlich geprüfter Fachwirt für Organisation und Führung im Sozialwesen. Er leitet die Schule für Gesundheits- und Krankenpflege im Landkreis Emmendingen und ist Lehrbeauftragter mehrerer Hochschulen. Nebenberuflich ist er in Fortbildung und Beratung tätig.
www.fortbildung-pflege.com

»Nichts ist so praktisch wie eine gute Theorie.«

KURT LEWIN

Bibliografische Information der Deutschen Nationalbibliothek
Die Deutsche Nationalbibliothek verzeichnet diese Publikation in der Deutschen Nationalbibliografie; detaillierte bibliografische Daten sind im Internet über http://dnb.ddb.de abrufbar.

ISBN 978-3-89993-271-3 (Print)
ISBN 978-3-8426-8314-3 (PDF)

Reihengestaltung:	Groothuis, Lohfert, Consorten | glcons.de
Titelbild:	Nikolai Sorokin – fotolia.com
Satz:	PER Medien+Marketing GmbH, Braunschweig
Druck und Bindung:	Beltz Bad Langensalza GmbH, Bad Langensalza

INHALT

VORWORT ZUR 2., AKTUALISIERTEN AUFLAGE

Parallel zur zunehmenden Ökonomisierung der Pflege war in den vergangenen Jahren ein Boom an Fachliteratur zu ethischen Fragen in der Pflege zu beobachten. Zahlreiche Bücher und Beiträge in Fachzeitschriften bearbeiteten pflegeethische Themen und viele nahmen dabei auch Gedanken aus der vorigen Auflage dieses Lehrbuchs auf.

Da die erste Auflage innerhalb weniger Jahre vergriffen war, begann schon bald die Arbeit an der Präzisierung und Aktualisierung des Textes. Die Neuauflage gibt einen Überblick zur Diskussion über ethische Themen in der Pflege und bietet Orientierungs- und Argumentationshilfen für ethische Auseinandersetzungen an. Praktische Beispiele aus dem Pflegealltag, vertiefende Erläuterungen und weiterführende Hinweise sollen es den Leserinnen und Lesern ermöglichen, sich selbst eine fundierte Meinung bilden und ihr Handeln sicher begründen zu können.

An ethischen Fragen zu arbeiten, ist immer wieder eine neue Herausforderung. Das Thema »Ethik in der Pflege« ist komplex und unerschöpflich. Kritische Menschen kann es Tag und Nacht beschäftigen und sie im steten Prozess des Nachfragens und Zweifelns allerdings auch persönlich wachsen lassen.

Allen Leserinnen und Lesern wünsche ich interessante Entdeckungen und viele Anregungen zur eigenen kritischen Reflexion. Über Rückmeldungen freue ich mich und hoffe auf wertvolle Hinweise zur Optimierung des Lehrbuchs.

Teningen bei Freiburg, im September 2012 Reinhard Lay

VORWORT ZUR 1. AUFLAGE

Welche Pflege können wir verantworten? Darf man beispielsweise einen sterbenden Menschen in ein anderes Zimmer verlegen, weil für einen Privatpatienten ein Einzelzimmer benötigt wird? Wie sollen sich Pflegende gegenüber ärztlichen Anordnungen verhalten, die aus ihrer Sicht fragwürdig sind?

Dies sind nur einige Fragen und Problemstellungen, mit denen sich die Ethik in der Pflege beschäftigt. Ihr Anliegen ist nicht die Propagierung einer neuen Moral, sondern die kritische Reflexion dessen, was in der Pflege geschieht. Eine Ethik in der Pflege schreibt nicht vor, wie man sich in schwierigen Situationen verhalten soll, aber sie gibt Orientierungen, mit deren Hilfe das eigene Handeln überprüft und ggf. geändert werden kann.

Mit dem Buch von Herrn Lay liegt zum ersten Mal ein deutschsprachiges Werk vor, welches grundlegend und umfassend in ethische Fragen in der Pflege einführt. Dabei werden alle vier Handlungsfelder der Disziplin Pflege angesprochen: Pflegepraxis, Pflegepädagogik, Pflegemanagement und Pflegewissenschaft.

Zwar liegen für die Pflegepraxis bereits diverse Einführungen vor; die Darstellungen sind jedoch häufig ausschließlich auf den Krankenhausbereich begrenzt und bieten keine Übersicht zum aktuellen Stand der Diskussion in Deutschland. Für die verantwortliche Arbeit im Pflegealltag gibt das vorliegende Buch wertvolle Hilfestellungen. Pflegemanagern hilft es ebenfalls weiter – berücksichtigt die Qualitätssicherungs- und Qualitätsmanagementdiskussion in Deutschland ethische Problemstellungen bisher doch nur am Rande. Auch für Lehrende in der pflegerischen Aus-, Fort- und Weiterbildung ist das Buch eine Fundgrube, denn Ausführungen zur pädagogischen Ethik, zur Vermittlung ethischer Kompetenz und zur Kritik gängiger Didaktiken aus ethischer Perspektive fehlen in der bisherigen Diskussion nahezu vollständig. Nicht zuletzt die Pflegewissenschaft kann einen Gewinn aus der vorliegenden Arbeit ziehen, denn Forschung ist immer auch mit ethischen Herausforderungen konfrontiert. Interessant sind auch Herrn Lays Begründungen, warum es denn eigentlich eine »Ethik in der Pflege« als Bereichsethik geben muss und die allgemeine Ethik nicht ausreicht. Aber es soll noch nicht zuviel verraten werden.

Wie ist das Buch aufgebaut? Herr Lay gibt zu Beginn einen Einblick in relevante Begriffe und Kategorien der »Allgemeinen Ethik« (Moral, Moralität, moralische Kompetenz, Werte und Güter, moralische Konflikte, Ethik) und verhandelt danach unter dem Titel »Bereichsethiken« Aspekte der Ethik in Medizin und Sozialer Arbeit. Diese beiden Kapitel bilden eine Grundlage für die fundierte Begründung einer eigenen Bereichsethik in der Pflege. Die folgenden Kapitel stellen die Verbindung von Pflegequalität und Ethik ins Zentrum und enden mit einem Modell der Integration beider sowie einer neuen Definition von Pflegequalität.

Hervorzuheben ist ein darauf folgendes ausführliches Fallbeispiel, welches den Prozess der ethischen Entscheidungsfindung in der Pflege anschaulich illustriert. Die transparente Argumentationsführung schließt mit einer Positionierung des Autors und macht sich damit der Kritik zugänglich. Das letzte große Kapitel setzt sich grundlegend mit der »Ethik in der Pflegepädagogik« auseinander, kritisiert den konstruktivistisch-systemtheoretischen Ansatz und beschreibt verschiedene Formen des Lehrens einer Ethik in der Pflege. Die Arbeit schließt mit einer thesenartigen Zusammenfassung der wichtigsten Aussagen und einem Ausblick auf den zukünftigen Forschungsbedarf.

Die von Herrn Lay vorgelegte Arbeit wurde zunächst als Diplomarbeit am Fachbereich Pflege der Katholischen Fachhochschule Freiburg eingereicht. Nicht nur durch ihren Umfang, sondern vor allem auf Grund ihrer umfassenden Bearbeitung der Literatur sowie der hohen Qualität der Argumentation ist die Arbeit außergewöhnlich. Mit der Integration von Pflegeethik und Pflegequalität betritt der Autor Neuland und es werden fruchtbare Anstöße für die Qualitätsdiskussion geliefert. Die argumentative Abwägung von Handlungsalternativen im Fallbeispiel: »Zum Sterben in ein anderes Zimmer!?« ist exemplarisch und unmittelbar für die Alltagsrealität der Pflege relevant. Mustergültig wird hier eine ethische Argumentation – und eben kein moralisierendes Raunen – vorgestellt und abschließend die eigene Position offen gelegt.

Die Anmerkungen zur in Mode gekommenen konstruktivistisch-systemtheoretischen Didaktik in der Pflege sind ebenfalls hervorragend. Es ist wirklich erstaunlich, welche Konjunktur dieser Ansatz auch in der Pflegepädagogik erfahren hat. Obwohl die Pflege sonst naturwissenschaftlichen Ansätzen und Paradigmen kritisch gegenübersteht, werden sie in der Pflegepädagogik fast gläubig übernommen und das ethische Defizit dieser Ansätze völlig ignoriert. Der Autor weist auf diese Problematik explizit hin und leistet damit auch einen kritischen Beitrag zum aktuellen pflegepädagogischen Diskurs.

Ich wünsche dem Buch eine breite Aufnahme – nicht nur in der Fachöffentlichkeit. Jedem, der sich mit Pflege beschäftigt und kritischen Fragen in den Handlungsfeldern nicht ausweichen möchte, sei die Lektüre des Buches empfohlen.

Prof. Dr. Hermann Brandenburg
Prodekan und Inhaber des Lehrstuhls
für Gerontologische Pflege
an der pflegewissenschaftlichen Fakultät
der Philosophisch-Theologischen Hochschule Vallendar

1 EINLEITUNG

Ethik in der Pflege ist ein faszinierendes und herausforderndes Unternehmen, geht es doch um die Auseinandersetzung mit moralischen Fragen der Pflegepraxis und zugleich darum, über Bedingungen und Begründungen moralischen Handelns in den übrigen drei Feldern der Disziplin Pflege nachzudenken: **Pflegemanagement, Pflegepädagogik** und **Pflegewissenschaft**.

Bei der **Ethik in der Pflege** handelt es sich um ein Gebiet der Pflege, das sich rasant entwickelt. Es wird von vielen Seiten kontrovers bearbeitet; Philosophen, Theologen, Pflegefachkräfte, Pflegewissenschaftler, Psychologen und Ärzte beschäftigen sich mit ethischen Problemstellungen in der Pflege. Je nach Herkunft und Erfahrungshorizont der Autoren finden sich in der Literatur unterschiedliche Auffassungen zu moralischen und ethischen Fragen in der Pflege, so dass es Pflegenden in der täglichen Arbeit selbst mithilfe von Fachliteratur nicht leicht fällt, in schwierigen Situationen verantwortbare Entscheidungen zu treffen.

Das vorliegende Buch soll mehr Klarheit in die vielfältige Diskussion um **Ethik in der Pflege** bringen und einen Beitrag zur Festigung dieses neuen Arbeitsgebietes leisten, indem es

1. einen Überblick über die gegenwärtige Diskussion um ethische Reflexion in der Disziplin Pflege gibt sowie
2. begründet, warum ethischer Reflexion eine zentrale Stellung in der Pflege von Menschen[1] zukommen sollte (Hauptthese).

Thesen

Um die beiden o.g. Ziele zu erreichen, möchte ich die Leserinnen[2] im Verlauf der Kapitel an folgende neun Annahmen heranführen, die kritisch zu untersuchen sein werden:

1. Pflege(n) ist ethisch relevantes Handeln.
2. Die Disziplin Pflege braucht in allen ihren Teilbereichen ethische Reflexion.
3. Ethik in der Pflege ist keine Unterkategorie der Ethik in der Medizin, sondern lokalisiert sich in einer Ethik im Gesundheits- und Sozialwesen autonom zwischen der Ethik in der Medizin und der Ethik in der Sozialen Arbeit.
4. Vorstellungen über Pflegequalität, die auf eine Berücksichtigung moralischer Fragen verzichten, sind aus ethischer Sicht inakzeptabel, da potenziell unmoralisch.
5. Pflegeethik sollte im Zentrum neuer Konzeptionen von Pflegequalität stehen.

---

1 im Folgenden allgemein als Pflege bezeichnet

2 Aus Gründen der besseren Lesbarkeit findet sich stellvertretend meist nur eine Geschlechtsangabe.

6. Pflegemodelle sollten philosophisch-ethisch (und nicht nur pragmatisch oder ökonomisch) zu begründen sein.
7. Pflegekräfte brauchen moralische und ethische Kompetenz.
8. Pflegeethik ist auf vielfältige Weise lehr- und lernbar.
9. Wie Ethik in der Pflege zu lehren ist, muss ebenfalls aus ethischer Perspektive reflektiert werden.

Ethik in der Pflege ist nicht nur ein faszinierendes, sondern auch ein unerschöpfliches Thema, weil es potenziell alle Situationen in Pflegepraxis, Pflegepädagogik, Pflegemanagement und Pflegewissenschaft betrifft. Außerdem haben wir es mit einem konfliktreichen Thema zu tun, weil Ethik das Handeln grundsätzlich in Frage stellt. Statt sicher geglaubte Erkenntnisse und Gewohnheiten zu bestätigen, ruft Ethik in vielen Fällen eher Verunsicherung hervor.

Dieses Buch entstand aus meiner Diplomarbeit am Fachbereich Pflege der Katholischen Hochschule Freiburg. Es wendet sich an kritische und suchende Vertreterinnen der Disziplin Pflege, ob sie nun als Pflegekräfte an praktischen Fragen der Pflegeethik interessiert sind oder sich in Aus-, Fort- und Weiterbildung, in einem Studium oder in Lehre bzw. Unterricht engagieren. Es ist gleichermaßen für Pflegemanagerinnen und Pflegewissenschaftlerinnen geeignet, um ihre ethischen Kenntnisse zu vertiefen und sich in die kontroversen Diskussionen um Ethik in der Pflege einbringen zu können. Auch Angehörige benachbarter Disziplinen wie etwa Soziale Arbeit, Medizin, Psychologie, Soziologie, Gerontologie, Betriebswirtschaft und Philosophie können in dieser Arbeit wertvolle Anregungen finden und – so hoffe ich – einen vertieften Einblick in das Wesen von Pflege gewinnen.

Wie ist das Buch konzipiert? Grundsätzlich empfehle ich, den Gang der Argumentationen in der vorgegebenen Reihenfolge mitzuverfolgen. Auf diese Weise lässt sich ein fundierter Überblick zum Stand der Fachdiskussion um Ethik in der Pflege gewinnen. Selbstverständlich kann das Buch auch als Nachschlagewerk verwendet werden. Wer sich ausschließlich für spezielle Fragen interessiert, kann das Inhaltsverzeichnis oder das umfangreiche Stichwortverzeichnis nutzen und gezielt einzelne Kapitel auswählen.

Wie ist das Buch aufgebaut? Die vorliegende **Einleitung** bildet **Kapitel 1**. In einem zweiten Teil **(Kapitel 2: Allgemeine Ethik)** werden Grundlagen einer allgemeinen Ethik erläutert. So sollen zunächst Begriffe wie Moral, Moralität, moralische Kompetenz, Werte, Güter und Übel geklärt werden, um danach ihre Zusammenhänge herauszuarbeiten. Erläuterungen zu Gegenstand, Zielen, Aufgaben und Funktionen der Ethik schließen diesen allgemeinen Teil mit einem ersten Blick auf grundlegende ethische Theorien ab.

Der dritte Teil **(Kapitel 3: Bereichsethiken)** widmet sich der angewandten Ethik und unterscheidet zunächst zwischen Bereichsethiken und Berufsethiken. Ethik in der Pflege wird als eine Bereichsethik dargestellt, die unter dem Dach einer Ethik im Gesundheits- und Sozialwesen zwischen der Ethik in der Medizin und der Ethik im

Sozialwesen zu verorten ist. Die Besonderheiten der Ethik in der Medizin und der Ethik im Sozialwesen werden herausgearbeitet, um sie im folgenden Kapitel mit der Bereichsethik der Pflege vergleichen zu können.

Kapitel 4 fokussiert die besondere **Lage der Ethik in der Pflege als einer neuen Bereichsethik im Gesundheits- und Sozialwesen**. Zunächst wird die Struktur der Disziplin Pflege beschrieben. Daraus leitet sich in einem nächsten Schritt die Struktur der Ethik in der Pflege ab. Ausgehend von einer Darstellung der geschichtlichen Entwicklung dieser Ethik stelle ich die Frage nach der Notwendigkeit von ethischer Reflexion in der Pflege im Allgemeinen und ihrer Konstituierung als eigene Bereichsethik im Speziellen. Wir denken über die These nach, Ethik sei mangels beruflicher Autonomie nicht frei zu moralischem Handeln und werden anschließend die Maßstäbe und Geltungsbereiche der Pflegeethik konkretisieren. Am Schluss des Kapitels wird die Ethik in der Pflege mit der Ethik in der Medizin und der Ethik in der Sozialen Arbeit verglichen.

Pflegequalität ohne Ethik? Dieser Frage gehen wir in **Kapitel 5** nach. Zunächst soll die Geschichte der Vorstellungen von Qualität in der Pflege wiedergegeben werden, um dann einzelne Modelle und Definitionen zu vergleichen. Aus den hier gewonnenen Erkenntnissen wird die Einsicht formuliert, dass Vorgaben zur Pflegequalität unbedingt einer ethischen Fundierung bedürfen.

Kapitel 6 stellt eine Verknüpfung von Qualität und Ethik in der Pflege vor: **Pflegeethik als zentrale Komponente von Pflegequalität**. Die Zusammenhänge zwischen Qualitätsvorstellungen und moralischen Forderungen an eine »gute« Pflege sollen anhand eines neuen Pflegemodells beleuchtet werden. Aus einer integrativen Perspektive entwickelt sich eine neue Definition von Pflegequalität.

Nachdem die wesentlichen Aspekte einer Ethik in der Pflege grundlegend aufgewiesen sind, werde ich in dem sich anschließenden **Kapitel 7 (Ethische Entscheidungsfindung in der Pflege)** Überlegungen zur ethischen Urteilsfindung anstellen und anhand eines Fallbeispiels den möglichen Gang einer systematischen Entscheidungsfindung in der Pflege detailliert erläutern.

In **Kapitel 8 (Ethik in der Pflegepädagogik)** gehe ich ferner auf die pädagogischen Implikationen einer Ethik in der Pflege ein und und stelle eine Verbindung zur Pädagogischen Ethik als einer wichtigen Bezugsethik der Pflegepädagogik her.

Zusammenfassung und Ausblick schließen die Arbeit in **Kapitel 9** ab. Im Anhang finden sich umfangreiche **Verzeichnisse** der verwendeten Abkürzungen, Tabellen, Abbildungen, Quellen sowie häufiger Stichworte.

2 ALLGEMEINE ETHIK

Philosophische Ethik gliedert sich in *allgemeine Ethik* und *angewandte Ethik*. Zu Beginn sollen zunächst grundlegende Begriffe der allgemeinen Ethik erläutert werden: Moral, Moralität, moralische Kompetenz, Werte, Güter und Übel, moralische Konflikte und Dilemmata sowie der Begriff der Ethik selbst. Anschließend werde ich in die Ziele, Aufgaben und Funktionen der Ethik einführen (Kap. 2.2) und eine kurze Übersicht zu verschiedenen ethischen Theorien und Positionen geben (Kap. 2.3).

Einige Leser, die in erster Linie an **praktischen** Fragen der Ethik interessiert sind, mögen das Grundlagenkapitel zur Allgemeinen Ethik, vielleicht aber auch die Kapitel 3 (Bereichsethiken) und 4 (Ethik in der Pflege) »theoretisch« oder »trocken« finden. Ihnen wird geraten, zunächst mit Kapitel 5 (Pflegequalität ohne Ethik?) oder Kapitel 6 (Ethik im Zentrum der Pflegequalität) fortzufahren.

2.1 Begriffsklärungen

Veröffentlichungen zu ethischen Fragen tragen nicht immer zur erwünschten Klärung von Sachverhalten und Situationen bei. Das liegt u. a. an der uneinheitlichen Sprachregelung auf dem Gebiet der Ethik. Die Begriffe sind nicht einheitlich definiert, sondern werden in unterschiedlichen Bedeutungsvarianten verwendet.

In diesem Kapitel sollen Gemeinsamkeiten wichtiger Begriffsdefinitionen herausgeschält und in prägnanter Form dargestellt werden. Wir beginnen mit dem Hauptbegriff der Ethik: Moral.

2.1.1 Was ist Moral?

Das Wort Moral stammt von lat. moralis (die Sitten betreffend), einer Ableitung von lat. mos (Genitiv: moris), das so viel bedeutet wie zur Regel gewordener Wille, auf innerer Gesinnung beruhende, gewohnheitsmäßige Tätigkeit, Sitte, Brauch (vgl. Pfeifer 1997:889), außerdem auch Herkommen, Vorschrift, Gesetz, Art und Weise, Beschaffenheit, Mode, Denkart, Charakter, Sittlichkeit und Gesittung (vgl. Menge 1981:339).

Moral hat zwei Seiten: eine individuelle und eine soziale. So ist Moral auf der einen Seite eine persönliche Angelegenheit; der Begriff Moral umfasst nach diesem Verständnis die »… Vorstellungen, Beziehungen und Verhaltensweisen zu sich selbst, zu anderen Menschen sowie zur Umwelt« (Hoppe et al. 1995:10).

Aus einer weniger psychologisch, sondern eher soziologisch und ethnologisch ausgerichteten Perspektive erscheint Moral hingegen als ein gesellschaftlich-historisches Phänomen. »Eine Moral ist der Inbegriff jener Normen und Werte, die durch gemeinsame Anerkennung als verbindlich gesetzt worden sind und in der Form von

- Geboten (Du sollst …; es ist deine Pflicht, …) oder
- Verboten (Du sollst nicht …)

an die Gemeinschaft der Handelnden appellieren. Jede Moral ist somit als geschichtlich entstandener und geschichtlich sich mit dem Freiheitsverständnis von Menschen verändernder Regelkanon immer eine Gruppenmoral, deren Geltung nicht ohne weiteres über die Mitglieder der Gruppe hinaus ausgedehnt werden kann.« (Pieper 2000:32)

Wahrscheinlich lässt sich Moral am besten in einer integrierten Sichtweise, gleichsam unter **sozialpsychologischen Gesichtspunkten** verstehen. So stellt Moral nach Hofmann »… ein Regelwerk aus Normen und Werten einer Gesellschaft dar, an dem sich das übliche, häufig unreflektierte Alltagshandeln orientiert« (Hofmann 1995b:36). An anderer Stelle definiert Hofmann Moral als »… die Summe der geschriebenen und ungeschriebenen Normen, Werte und Regeln einer Gesellschaft bzw. einer ihrer Untergruppen, die das Verhältnis und den Umgang untereinander ordnen« (Hofmann 1995a:445). Es gibt keine Gruppen oder Gesellschaften ohne Moral(en), auch nicht in Bezug auf die Pflege. »In jeder Lebenspraxis besteht ein Moralsystem. So kann z. B. auf einer Station das Zu-spät-zum-Dienst-kommen grundsätzlich toleriert oder aber missbilligt werden, wenngleich es konkret situativ und personbezogen differenziert wird.« (Heffels 2008:20)

Moral findet sich auf unterschiedlichen sozialen Ebenen (Arn 2009:129): als persönliche Moral, auf der Ebene definierter Organisationen bzw. Institutionen (z. B. die Moral in einem bestimmten Betrieb), in mehr oder weniger abgeschlossenen Teilen der Gesellschaft (Subkulturen) sowie auf der Ebene der Gesamtgesellschaft.

Moral kann als eine Einrichtung der Gesellschaft zur kontinuierlichen Gewährleistung eines gelingenden Zusammenlebens betrachtet werden: »Viele Regeln, die der Lebensqualität dienen sollen, sind uns gewiß durch die Tradition vorgegeben, doch hilft es nicht sehr, sie einfach zu erfüllen, ohne daß wir selbst uns fragen, was unsere Lebensqualität und was diejenige der nach uns lebenden Menschen (samt der Umwelt) erfordert: Wir bauen auf den Erfahrungen und den Qualitätserkenntnissen der Menschen vor uns auf, wir nehmen selbst Stellung, wir setzen selbst die nie endende Arbeit an den Qualitätssicherungsmaßnahmen fort. Dies bedeutet, daß die **Moral als Qualitätssicherungsmaßnahme** immer schon von Menschen für Menschen gestaltet wurde und immer weiter gestaltet wird« (Eid 1994b:157).[3] Berufe haben als soziale Instanzen zur Gewährleistung gesellschaftlicher Teilfunktionen großen Anteil an dieser Gestaltung. Die von ihnen entwickelten speziellen Berufsmoralen (s. Kap. 3.1) bestehen aus impliziten, informellen Regeln (Berufsethos) und liegen oft auch in schriftlicher Form vor (Berufskodex).

Wie hängen Moral und Ethik zusammen? Schreiner (1991:4) hält fest: »Ethik und Moral sind nicht identisch.« Auch Bobbert differenziert die beiden Begriffe: »Ethik als Reflexionstheorie ist zu unterscheiden von Moral als dem Gegenstand ihrer Analyse

---

[3] Hervorhebungen in Zitaten sind jeweils original wiedergegeben. Ausdrücklich vermerkt habe ich, wenn eine Hervorhebung von mir (R. L.) stammt.

und Reflexion« (Bobbert 2002:49). In der praktischen Philosophie wird der Begriff der Moral üblicherweise als Oberbegriff für die Gesamtheit von moralischen Regeln und Normen verwendet, während Ethik die Moral reflektiert (Lanius 2010:98).

Arndt benennt die Differenz als Unterschied zwischen theoretisch-abstrakt betrachtender Ethik und am praktischen Handeln interessierter Moral: »Im Unterschied zu Moral oder moralisch bedeutet Ethik die Gesamtheit moralischer Lebensgrundsätze, bezeichnet somit die theoretischen Aspekte moralischen Handelns. (...) Ethik ist die wissenschaftliche Betrachtung moralischer oder sittlicher Fragen. Moral bezieht sich auf den Handlungsaspekt der Sittlichkeit« (Arndt 1996a:16).

Was ist Ethik?

Auf eine kurze Formel gebracht: Ethik ist die Reflexion von Moral. Ethik gibt die theoretische Seite der Sittlichkeit an, Moral hingegen die praktische.

Einige Autoren übernehmen diese Unterscheidung nicht, sondern verwenden die Begriffe Moral und Ethik synonym (z. B. Hamann et al. 1990; Loewy 1995:20; van der Arend 1998:2; van Schayck 2000:16; Hastedt 2002:19; Lanius 2010:31,98). Dies kann aus folgenden zwei Gründen Sinn machen:

Die Etymologie legt es nahe, die beiden Begriffe gleichbedeutend zu verwenden: So stammt der Begriff Ethik vom griechischen Wort ethos ab, das vier Bedeutungsvarianten besitzt (vgl. Kap. 7.7.6). An dieser Stelle reicht zunächst eine vereinfachte Darstellung aus. Die Philosophin Annemarie Pieper unterscheidet zwei grundlegende Bedeutungen von ethos:

1. Gewohnheit, Sitte, Brauch
2. Charakter, Tugend.

Nach der ersten Wortbedeutung handelt derjenige dem Ethos entsprechend, dessen durch Erziehung erworbene Gewohnheit es ist, die Normen[4] des allgemein anerkannten Moralkodex zu befolgen. In der zweiten Wortbedeutung steckt ein anderer Gedanke: Jener handelt dem Ethos entsprechend, der den tradierten Normen und Wertmaßstäben nicht fraglos folgt, sondern aus eigener Einsicht und eigenen Überlegungen das jeweils erforderliche Gute tut (Pieper 2000:25f).

Sittlichkeit/Moral und Ethik sind ihrer Wortbedeutung nach kaum zu trennen, sondern gehen ineinander über, wie der Vergleich der zwei von Pieper genannten Bedeutungen von ethos zeigt. Auch im lateinischen Wort mos (Genitiv: moris) sind beide Bedeutungen vereint: Sitte und Charakter.

---

4 Der Begriff Norm stammt von lat. norma und bedeutet einerseits Bemessungsgrundlage, Richtschnur, Maßstab, Vorbild, aber auch Regel und Vorschrift. Im ethischen Sprachgebrauch ist letztgenannte Bedeutung gebräuchlich, jedoch sollte die (interessantere) erstgenannte nicht vergessen werden.

Ein zweiter Grund für die synonyme Verwendung von Sitte/Moral und Ethik ist die Beobachtung, dass der Begriff »Moral« umgangssprachlich stark mit Sexualnormen und religiösem Dogmatismus assoziiert ist und seinen neutralen Charakter lediglich im wissenschaftlich-philosophischen Sprachgebrauch beibehalten hat (vgl. Tschudin 1988:33; Thompson et al. 1994:4; Lenk 1997:6). In der Alltagssprache klingen die Ausdrücke Moral und moralisch nach Begrenzung oder Bevormundung (Arn 2009:128) und haben heute einen religiös oder sexuell angehauchten Beigeschmack (Loewy 1995:20) bzw. eine lustfeindliche Nebenbedeutung (Ferber 1999:183) erlangt. Nach Steinkamp und Gordijn (2005:21) besitzen die beiden Begriffe im Deutschen einen »stärker wertenden und vorschreibenden Unterton«. Wallner schreibt (2004:23): »Ethik ist ›in‹. Moral haftet der Makel des ›erhobenen Zeigefingers‹ an; sie ist weniger ›in‹.« Er beobachtet, gegen den Begriff »Moral« werde heute eher eine reservierte bis ablehnende Haltung eingenommen. Moral solle jedoch, so seine Forderung, nicht mit »moralisieren« gleichgesetzt werden (S. 27).

Höffe (1997:270) stellt sachlich klar, der Begriff der Sittlichkeit sei nicht auf bestimmte Bereiche und Aspekte des Lebens beschränkt, weder auf Sexualität noch auf außergewöhnliche Grenzsituationen. Sittlich sein heiße, sein Leben in allen Bereichen verantwortlich zu führen.

Moral oder Ethik?

Möglicherweise lösen die Ausdrücke »sittlich«, »moralisch« und »Moral« bei Pflegekräften mehr Widerwillen aus als die Begriffe »Ethik« und »ethisch«. In der Pflegepraxis kann es daher manchmal hilfreich sein, statt von »Moral« und »moralisch« von »Ethik« und »ethisch« zu sprechen, um Anschluss zu finden und unnötige Widerstände zu vermeiden. Arn (2009:128) zufolge ist es meist besser, im Kontext der Ethik im Gesundheitswesen das Wort Moral gar nicht zu verwenden – Missverständnisse seien sonst vorprogrammiert. Man könne stattdessen beispielsweise von der »Gesamtheit der persönlichen Werte und Normen« sprechen, von »Werten und Normen« oder einfach von »Werten«.

Allerdings haben Pflegepraktiker häufig ebenfalls Vorurteile in Bezug auf die Begriffe Ethik und ethisch, wie an späterer Stelle aufgezeigt wird (s. Kap. 8.2.3).

Will Pflege auf wissenschaftlichem Niveau agieren, dann sollte sie die Nomenklatur der Nachbardisziplinen berücksichtigen, also in diesem Fall die Konvention in der Philosophie, nach der die Begriffe Ethik und ethisch für die Reflexion sittlichen bzw. moralischen Handelns reserviert werden (vgl. Höffe 1997:67).

Ich plädiere dafür, die Begriffe Ethik und Moral möglichst sauber voneinander zu trennen, wie es in der Philosophie versucht wird, wenn auch Oelkers zuzustimmen sein wird, dass eine solche Trennung empirisch schwer durchzuhalten ist (Oelkers 1992:13).

2.1.2 Was ist Moralität?

Pieper zufolge differieren Moralen nicht nur in Bezug auf den Inhalt ihrer Normen von Gruppe zu Gruppe, von Land zu Land, von Volk zu Volk etc., sondern machen auch selber im Verlauf kultureller, sozioökonomischer, politischer, wissenschaftlicher und anderer Entwicklungen einen dem sich verändernden menschlichen Selbstverständnis entsprechenden Wandel durch (Pieper 2000:43). Moralen ändern sich im Laufe der Geschichte, und diese Veränderungen wirken sich auch im Gesundheitswesen aus. Steinert (2001:32) führt ein Beispiel an: »Bezogen auf die Psychiatrie ist in unserer Gesellschaft z. B. feststellbar, dass die absolute Suizidverhütung vor einigen Jahrzehnten ein Wert war, für den man selbstverständlich auch länger dauernde und (aus heutiger Sicht) entwürdigende Behandlungs- und Unterbringungsformen von Patienten in Kauf nahm. Heute werden die Rechte auf Selbstbestimmung und Intimsphäre höher geschätzt. Suizide in psychiatrischen Krankenhäusern sind häufiger geworden.«

Die Veränderbarkeit von Moral wirft Fragen auf: Wenn Moralen keine überzeitlichen Gesetze sind, wonach soll dann eine Gruppe oder Gesellschaft entscheiden, welche Werte[5] und Normen beizubehalten und welche bereits veraltet und zu ersetzen sind? Nach welchem Maßstab sollen solche individuellen und kollektiven Entwicklungen beeinflusst werden?

Fundamente der Moral

Urteile über Moralen brauchen eine Bezugsgröße. Jede Moral braucht ein Prinzip, auf das sie sich gründet: eine Basis, eine Grundlage. Dieser letzte Grund, der selbst nicht auf einen weiteren Grund zurückgeführt werden kann, also un-bedingt ist, dieses letztgültige Prinzip jedes Moralsystems nennt die Ethik Moralität oder Moralprinzip.[6]

Moralität – was bedeutet das inhaltlich? Welches ist diese absolute Größe, der nichts anderes mehr als Bedingung zugrunde liegt, die allein um ihrer selbst willen anzustreben ist?

»Als ›absolute Norm‹ lässt sich nur ein Moralprinzip wie die Freiheit oder die Ehrfurcht vor dem Leben behaupten.« (Schreiner 2001a:21) Oder eben: der Bezug auf Gott. Aus christlicher Perspektive ist Gott der letzte Urheber, die letzte Bezugsgröße, auf die alle moralischen Systeme zurückgeführt und an dem alle Normen überprüft

---

5 Werte sind nach Höffe (1997:332) die bewussten oder unbewussten Orientierungsstandards und Leitvorstellungen, von denen sich Individuen und Gruppen bei ihrer Handlungswahl leiten lassen.

6 Höffe verwendet den Ausdruck Moralprinzip und versteht ihn als oberstes Kriterium, als letzten praktischen Grundsatz, der nicht aus einer allgemeinen Norm ableitbar ist und der als Kanon der Deduktion, Begründung, Rechtfertigung und Kritik untergeordneter Normen fungiert (Höffe 1997:209).

werden. Im Gegensatz zur philosophischen Ethik ist für die theologische Ethik[7] der Begriff Moralität mit der Gottesvorstellung gefüllt; als höchstes Moralprinzip gilt die Forderung, Gott zu lieben und die Mitmenschen (so)wie sich selbst. Eng verwandt mit der christlichen Vorstellung von Moralität ist Albert Schweitzers oberstes Prinzip der Ehrfurcht vor dem Leben (vgl. Schweitzer 1976).

Die philosophische Ethik bezieht sich nicht auf einen Gottesbegriff. Im Rückgriff auf die Werte der Aufklärung bestimmt sie andere oberste Prinzipien. Beispielsweise identifiziert Annemarie Pieper die Freiheit des aufgeklärten Menschen als oberstes Prinzip und definiert Moralität als das »... zur festen Grundhaltung gewordene Gutseinwollen, das sich den unbedingten Anspruch der Freiheit zu eigen und zum Sinnhorizont jedweder Praxis gemacht hat« (Pieper 2000:45). Freiheit ist aus dieser Sicht der unbedingte, d.h. nicht von anderen Prinzipien ableitbare, letzte Grund und Maßstab für die Legitimation von Moralen. »Im Begriff der Moralität wird Freiheit als das Unbedingte gedacht, als der unbedingte Anspruch, Freiheit um der Freiheit willen als das höchste menschliche Gut zu realisieren.« (S. 44)

Grundlage aller moralischen Normen ist nach Auffassung der (westlichen) philosophischen Ethik der vernünftige Wille des Menschen, der sich in autonomer Selbstbestimmung im Verbund mit anderen Menschen frei dazu bestimmt, er selbst zu sein (Pieper 2000:130). Freiheit ist nicht ohne Selbstbestimmung denkbar. »Selbstbestimmung gehört zur Freiheit des Menschen. Daß ihm nur das angerechnet werden kann, was er in Freiheit, also mit vollem Wissen und ohne Zwang tut, war für philosophische und theologische Ethik immer selbstverständlich. Gerade die Aufklärungsphilosophie hat dem noch einen wesentlichen Punkt hinzugefügt. Wenn der Mensch wirklich frei handeln soll, darf er nicht unter dem Gesetz einer fremden Macht, die nicht er selbst ist, stehen. Fremde Mächte können Gott, Natur, Staat, Gewohnheit, Affekte usw. sein. Der Mensch ist nur frei, wenn er sich selber Gesetzgeber ist.« (Illhardt 1985:10) Das klinge, fährt Illhardt als Theologe und Medizinethiker fort, für den religiös denkenden Menschen zu Unrecht wie der Versuch einer Entmachtung Gottes. Gerade die Paulusbriefe im Neuen Testament betonten die Übereinstimmung des göttlichen Gesetzes und einer im Glauben fundierten Selbstständigkeit[8] des Handelns (ebd.). Zwischen Selbstbestimmung und religiöser Bindung muss Körtner (2004:15) zufolge kein Gegensatz bestehen.

Menschen sind demzufolge sowohl aus theologischer als auch aus philosophischer Sicht zur Freiheit bestimmt. Allerdings bleibt die Frage unbeantwortet, was Freiheit im Konkreten meint. Wer soll und darf Freiheit definieren? Freiheit scheint das zu bedeuten, was in einer Zeit, in einer Kultur, einer Gesellschaft gerade unter Freiheit verstanden wird: In einem diktatorischen Regime meint Freiheit etwas anderes als in einem freiheitlich-demokratischen Rechtsstaat, in einer zentralafrikanischen Dorfgemein-

7 In der protestantischen Tradition wird eher von »theologischer Ethik« gesprochen, während in der katholischen Theologie der Begriff »Moraltheologie« verbreitet ist.

8 Obwohl es meinem ästhetischen Empfinden an manchen Stellen nicht entspricht, werden in diesem Buch die Regeln der neuen deutschen Rechtschreibung angewandt.

schaft etwas anderes als in einer fernöstlichen Metropole, im 21. Jahrhundert etwas anderes als zur Zeit der Aufklärung.

Wer sollte die Bedeutung von Freiheit festlegen, um sie gleichsam zu sichern und zu konservieren? Die Lösung dieser Frage liegt nicht zwangsläufig im erneuten Versuch, das oberste Prinzip Freiheit wiederum an ein noch höheres Prinzip (z. B. Ehrfurcht vor Gott) zurückzuführen, sondern im Eingeständnis, dass sowohl das Letztprinzip Freiheit wie auch die unmittelbar daraus abgeleiteten Basisnormen oder ethischen Grundprinzipien soziokulturell und geschichtlich variabel sind und zudem unterschiedlich interpretiert werden können.

Aus ethischen Prinzipien (z. B. Fairness, Gleichbehandlung, Wahrhaftigkeit, Humanität) lassen sich wiederum untergeordnete Normen, kleinste Teile von Moralen, ableiten. Als menschliche Kulturleistungen können sie für gewisse Zeitspannen hilfreich sein, müssen aber durch ethische Anstrengungen immer wieder überprüft und begründet werden. Die Argumente der geschichtlichen Variabilität und Interpretierbarkeit von Freiheit und damit der Gefahr ihres Missbrauchs treffen zugegebenermaßen auf alle vorgeschlagenen Letztprinzipien zu: Ehrfurcht vor bzw. Liebe zu Gott, Ehrfurcht bzw. Achtung vor dem Leben, Menschenwürde, höchstes Glück (»Glückseligkeit«) etc.

In dem Wissen, dass die philosophische Überzeugung von der überragenden Stellung menschlicher Freiheit – wie übrigens auch der Vernunft – den Charakter einer **Glaubensaussage** besitzt, schließe ich mich der in der philosophischen Ethik gebräuchlichen Auffassung von **Freiheit** als dem Letztprinzip an. Zugegebenermaßen habe ich als überzeugter Christ Bedenken gegenüber einer ausschließlich auf Vernunft und Freiheit gründenden Ethik: Beide Werte sind einseitig und brauchen zur Verhinderung ihres möglichen Missbrauchs Gegenpole. Freiheit scheint mir nur im Rahmen von Gerechtigkeit, Wahrhaftigkeit und Bindungsfähigkeit konstruktiv zu sein; auch Vernunft benötigt die Ergänzung durch andere Werte (wie etwa Glaube, Hoffnung, Liebe, Solidarität, Fürsorge u. a.).

Wenn dennoch der Versuch unternommen werden soll, anstelle eines Werte-Ensembles ein einzelnes oberstes Moralprinzip zu finden, scheint mir Freiheit am ehesten geeignet. Ich kenne derzeit keine bessere Einzelalternative. Sowohl das Prinzip der Ehrfurcht vor dem Leben (Albert Schweitzer) als auch das von van der Arend und Gastmans als entscheidendes Prinzip vertretene Postulat der Menschenwürde[9] lassen sich auf das Prinzip der Freiheit zurückführen. »Über Freiheit hinaus ist ein

9 Nach van der Arend und Gastmans ist Ethik das »... Nachdenken über menschliches Handeln aus der Perspektive der Menschenwürde« (van der Arend, Gastmans 1996:31). Sporken definiert Ethik als die »... systematische Besinnung auf das menschliche Handeln im Hinblick auf seinen spezifischen humanen Charakter« (Sporken 1989:714). In diese Richtung weist auch die Ansicht, ethische Prinzipien ließen sich auf das Gebot der Menschlichkeit bzw. Humanität zurückführen (Georg, Frowein 1999:683).
Irmgard Hofmann formuliert einen Kompromiss, eine Kombination aus Freiheit und Menschenwürde als den höchsten Werten: »Ethik bezieht sich immer auf die Grundfrage, was ein bestimmtes Handeln bzw. Unterlassen für den Menschen in seiner freiheitlichen Grundbestimmung bzw. Menschenwürde bedeutet« (Hofmann 1995b:36).

(höheres) moralisches Gut weder vorstellbar noch wünschbar. Daher ist jede Handlung, jede Norm, die sich auf das Freiheitsprinzip zurückführen läßt, ethisch letztbegründet und insofern moralisch legitimiert.« (Pieper 2000:225) Dieses philosophische Credo schließt den Glauben an einen liebenden Gott, der die Menschen sowohl mit Freiheit begabt als auch mit einer verantwortungsbewussten Lebens- und Weltgestaltung beauftragt hat, nicht aus.

Nachdem ich Pieper in der Grundfrage nach Moralität schließlich zustimmen kann, unternehme ich den Versuch einer inhaltlichen Bestimmung von Moralität[10]:

Was ist Moralität?

Moralität ist die Grundhaltung des un-bedingten Strebens nach Verwirklichung von Freiheit.

Grundhaltungen allein – so wichtig sie als grundsätzlich handlungsleitende Faktoren sind – reichen im Alltagshandeln jedoch nicht aus. Moralität ist immer auf Moral angewiesen. Ohne Moral bleibt Moralität unwirksam: »Der Begriff der Moralität ist somit das Prinzip aller Moral(en), der eine Moral als Moral legitimierende Sinngrund. Die Begriffe Moralität und Moral weisen daher wechselseitig aufeinander zurück: Wie eine Moral sich nur im Rückgriff auf das Prinzip der Moralität rechtfertigen kann, indem sie ihre materialen Normen als Ausdrucksformen des Unbedingtheitsanspruchs der Freiheit erweist, so ist das Prinzip der Moralität zur Erfüllung seines Anspruchs auf eine Moral angewiesen, in der es sich konkretisiert und als handlungsbegründendes Prinzip wirksam wird« (Pieper 2000:46).

Die Aufgabe von Moralen

Moralen sind gleichsam Hände und Füße der Moralität; ihre Aufgabe ist es, die Freiheit ins tatsächliche Leben zu bringen.

[10] Der Begriff der Moralität wird in unterschiedlichen Bedeutungen verwendet. In der Psychoanalyse meint er einen oft zu psychischen Störungen führenden Gehorsam gegenüber Autoritäten, die bestimmte Verhaltensweisen vorschreiben. Soziologen verstehen unter Moralität die Anerkennung der Geltung bestimmter gesellschaftlicher Maßstäbe, Normen, Werte und Sitten (vgl. Pieper 2000:126). Auch in der Ethik gibt es Definitionen, die von der im Text gebrauchten Bedeutung abweichen. Van der Arend und Gastmans (1996:21) verwenden den Begriff Moralität als Bezeichnung für besondere Handlungen, Glaubensäußerungen, Gewohnheiten und Verhaltensregeln, die für verschiedene Gesellschaftsformen, Gruppen oder Individuen kennzeichnend sind. In Fachdiskussionen wird Moralität gelegentlich auch als Sammelbegriff für moralische Vorstellungen und moralisches Handeln verwendet, d.h. in der umgangssprachlichen Bedeutung von Sittlichkeit.

Jede Moral muss sich an dieser Richtschnur messen lassen. »Eine geltende Moral bzw. eine moralische Regel kann aus Moralität in Frage gestellt oder negiert werden.« (Pieper 2000:39) Kriterium für die Beurteilung einer Moral ist, ob sie menschliche Freiheit ermöglicht oder fördert. Mag die Funktion der Moral aus soziologischer Sicht in Aspekten von Machterhalt, Stabilität und Zusammenhalt liegen, so dienen moralische Normen aus ethischer Sicht doch einem anderen Zweck:

Was sind moralische Normen?

Moralische Normen sind praktische Regeln der Selbstbeschränkung von Freiheit um der Freiheit aller willen (Pieper 2000:182).

Regeln dienen keinem Selbstzweck. Sie ordnen etwas Ungeregeltes »... nicht um der Ordnung oder Regelung willen, sondern um der Freiheit willen. Die Regeln sollen die Freiheit nicht aufheben (›reglementieren‹ oder ›verregeln‹), sondern garantieren« (Pieper 2000:300). In diesem Sinne sollten etwa Pflegestandards als Regelwerke dazu dienen, die gefährdete oder bereits eingeschränkte Freiheit von Menschen zu sichern und den Handlungsspielraum aller Betroffenen zu optimieren. Eine Voraussetzung dazu ist, dass Pflegestandards nicht als strikte Dienstanweisungen gelten, sondern lediglich als Handlungsempfehlungen für Pflegefachkräfte dienen, von denen situationsentsprechend mit guten Gründen abgewichen werden soll.

Eine Moral muss sich vom Prinzip der Moralität ableiten lassen, will sie sich legitimieren. Was aus Moralität geschieht, gilt im Grundsatz als moralisch gerechtfertigt; wer aus der Grundhaltung der Moralität heraus handelt[11], handelt moralisch kompetent. Was bedeutet moralische Kompetenz?

2.1.3 Was ist moralische Kompetenz?

Bevor wir uns der speziellen Frage nach moralischer Kompetenz zuwenden, soll zunächst der Begriff **Kompetenz** geklärt werden (vgl. Lay 2001c:197). Die verschiedenen wissenschaftlichen Disziplinen, die mit dem Kompetenzbegriff arbeiten, verwenden ihn in unterschiedlicher Bedeutung. Es gibt bislang keinen Konsens über die Frage, was Kompetenz sei, oder wie sie systematisch in Teilkompetenzen klassifiziert werden könnte.

---

[11] In meinem Verständnis des Begriffs Handlung schließe ich mich der allgemein gebräuchlichen Bedeutung in Pädagogik, Philosophie, Psychologie, Sozialpsychologie und Soziologie an. Demnach ist Handeln in Abgrenzung zum Begriff des »bloßen« Verhaltens (z.B. Stolpern, Frieren, Niesen) durch folgende Merkmale gekennzeichnet: zielgerichtet, motivational, sinnhaft, beabsichtigt, geplant, bewusst, zweckorientiert und reflektiert.

Wie die Zuschreibung von Kompetenz ein soziales Geschehen ist, so sind auch Definitionen von Kompetenz Mittel und Produkte sozialer Aushandlungsprozesse, die in vielen wissenschaftlichen Disziplinen stattfinden. Ohne den Anspruch, das Ei des Kolumbus gefunden zu haben, soll eine neue Definition eingeführt werden, die wesentliche Aspekte aus den Diskussionen in den verschiedenen Disziplinen aufgreift und integriert:

Was ist Kompetenz?

»Kompetenz lässt sich grundsätzlich verstehen als die Disposition, die Fähigkeit und die Bereitschaft, den wechselnden Anforderungen der Umwelt gezielt zu begegnen« (Lay 2001c:197).

Nun kann die Frage nach der Bedeutung des Ausdrucks moralische Kompetenz aufgegriffen werden. Moralische Kompetenz ist ein Hauptanliegen der Ethik. Allerdings kann und soll Ethik sich nicht stellvertretend für handelnde Subjekte moralische Kompetenz anmaßen, sondern die Handelnden dazu anleiten, selbst moralische Kompetenz zu erwerben und auszuüben (Pieper 2000:183). Moralische Kompetenz besteht nicht nur im Nachdenken, sondern wird in der konkreten moralischen Handlung sichtbar: »Ihr Ziel erreicht die Ethik aber erst dann, wenn Reflektieren und Handeln eine Einheit bilden und sich Moralität im praktischen Vollzug bewährt. Erst diese Einheit selbstverantwortlichen Verhaltens weist moralische Kompetenz … aus« (Schwerdt 1998c:254).

Worin besteht moralische Kompetenz nun konkret? Pieper kennzeichnet sie grundsätzlich als Einsicht und Besonnenheit im Bereich des Praktischen sowie als Entschlusskraft und Verantwortungsbewusstsein (Pieper 2000:45).

Ein blindes Befolgen moralischer Regeln macht noch keine moralische Kompetenz aus.

»Moralische Kompetenz im eigentlichen Sinn besitzt somit nicht derjenige, der den geltenden Moralkodex und das gängige Wertesystem fraglos internalisiert hat …, moralische Kompetenz besitzt vielmehr ausschließlich derjenige, der sich Moralität zum Prinzip seiner Willensbildung und Praxis gemacht hat. … Wer aus moralischer Kompetenz moralisch handelt, vermag Rechenschaft abzulegen über die Gründe seines Tuns, wobei der letzte Grund aller Gründe eben das Prinzip der Moralität qua Freiheitsprinzip im Sinne von Autonomie ist: Freiheit, die sich um der Freiheit aller willen an Normen und Werte bindet, durch die der größtmögliche Freiheitsspielraum ermöglicht wird. Moralisch kompetent ist der mündige Mensch, der seine Entscheidungen nicht nur gegenüber sich selbst, sondern auch gegenüber seinen Mitmenschen zu verantworten vermag. Moralische Kompetenz und Verantwortung gehören untrennbar zusammen, sie sind die beiden Seiten einer Freiheit, die sich als Moralität versteht.« (Pieper 2000:46)

Exkurs: Autonomie

Das Wort **Autonomie** stammt von griech. autós: selbst und nómos: Gesetz, bedeutet demnach etymologisch Selbstgesetzgebung. Ursprünglich bezog sich der Begriff Autonomie auf die Politik und meinte die Fähigkeit eines Staates, zur eigenen Gesetzgebung – erst der Philosoph Immanuel Kant übertrug den Begriff schließlich auf das Individuum (Sauter 2011a:653).

Ähnlich wie viele andere Ethiker im Gesundheitswesen, definiert der holländische Pflegeethiker Arie van der Arend (1998:13) Autonomie als die Möglichkeit und die Fähigkeit zu wählen, d. h. selbst zu bestimmen, wie man leben möchte.

Dieser weit verbreiteten synonymen Verwendung der Begriffe Autonomie und Selbstbestimmung schließe ich mich an, obwohl sie in der ethischen Fachdiskussion umstritten ist. Nach Pieper (2000:166) führte Kant für die Selbstbestimmung des Willens den Begriff Autonomie ein (versus Heteronomie). Kant fragte: »[Was] kann denn wohl die Freiheit des Willens sonst sein als Autonomie, d. i. die Eigenschaft des Willens, sich selbst ein Gesetz zu sein?« (Kant 1987:200) und fügte hinzu: »... Freiheit und eigene Gesetzgebung des Willens sind beides Autonomie, mithin Wechselbegriffe ...« (S. 204).

Körtner (2012:165) hingegen sieht einen terminologischen Unterschied: »Autonomie ist in der Tradition von I. Kant ein gehaltvolles anthropologisches Konzept, wonach der Mensch kraft seiner Vernunft sich Maximen für sein eigenes Handeln gibt, die Ausdruck von universalisierbaren moralischen Gesetzen sind. Selbstbestimmung ist demgegenüber ein weitaus schwächeres Konzept. Es bedeutet, dass Menschen aktuell oder auch vorausverfügend ihren Willen und ihre Wünsche äußern und über ihre Lebensführung bestimmen können, unabhängig davon, ob ihre Wünsche und Vorstellungen von einem guten Leben allgemeinen moralischen Kriterien genügen oder nicht.«

Moralisch kompetentes Handeln gründet nicht auf situativen »Glanzleistungen«, sondern auf einer grundlegenden Haltung, die jedes Individuum selbst erwerben muss. »Wer sich in kritisch-praktische Urteilskraft einübt, erwirbt im Verlauf seines Lern- und Lebensprozesses eine mehr und mehr sich festigende Grundhaltung, die als moralische Kompetenz bezeichnet werden kann. Moralische Kompetenz dokumentiert sich in der Fähigkeit, in allen Situationen, die ein Handeln erforderlich machen, im Hinblick auf das Prinzip der Freiheit verbindlich, d. h. mit guten Gründen zu entscheiden, was zu tun ist. Moralische Kompetenz – sozusagen als der moderne Begriff von Tugend – impliziert soziale Verantwortung, insofern die jedem abverlangte Fähigkeit, moralisch zu handeln und zu urteilen, die Bereitschaft einschließt, in jedem menschlichen Gegenüber die Freiheit zu achten und vor dieser Freiheit jederzeit Rechenschaft über das eigene Handeln abzulegen.« (Pieper 2000:180)

Pieper stellt m. E. zu hohe Anforderungen an die Zuerkennung des Prädikats »moralisch kompetent«. Die wenigsten Menschen argumentieren in der Praxis mit Rückbezug auf das höchste Gut Freiheit. Eine schlüssige Berufung auf formale oder materiale ethische Prinzipien reicht nach meiner Auffassung aus, um moralische Kompetenz zuzuerkennen – vermag doch der Argumentierende auf diese Weise sein ethisches Anliegen konkreter und verständlicher zu explizieren. Aus diesem Grund schlage ich eine neue Definition von moralischer Kompetenz vor:[12]

Was ist moralische Kompetenz?

Moralisch kompetent ist, wer fähig und bereit ist, sein selbstbestimmtes Handeln als an ethischen Theorien oder Prinzipien ausgerichtet zu verantworten (Lay 2004:21).

Die Bezugnahme auf ethische Theorien und Prinzipien beinhaltet auch die Möglichkeit, sich auf ein oberstes Prinzip (Moralprinzip, Moralität) zu berufen. Wer sich allerdings lediglich auf Regeln berufen kann, ist nach dieser Definition nicht moralisch kompetent.[13] Eine Altenpflegerin, die sich aus Furcht vor negativen Sanktionen streng an vorgegebene Hygienevorschriften (Regeln) hält, wäre in diesem Sinne nicht moralisch kompetent. Ihre Kollegin jedoch, welche dieselben Vorschriften situationsgerecht in dem Bewusstsein umsetzt, dass sie dadurch die ihr anvertrauten Pflegeheimbewohner vor Infektionen schützen (Sicherheit) und damit sowohl die aktuelle Lebensqualität als auch die zukünftigen Lebenschancen (Freiheit) sichern kann, handelt moralisch kompetent.

Kompetenz ist nicht direkt wahrnehmbar. Wenn sie jedoch sichtbar und erlebbar wird, wenn sie gleichsam »zur Aufführung gelangt«, dann erleben wir Performanz (vgl. Lay 2001c:197). »Kompetenzen wie moralische Sensibilität, Urteils- und Kommunikationsfähigkeit wären wirkungslos, wenn sie auf das Fühlen, Denken oder Sprechen über Moral beschränkt blieben. Umfassende moralische Kompetenz beweist sich erst im Handeln, in ihrer **Performanz**.« (Reiter-Theil 1995:14) Performanz ist sichtbar gemachte Kompetenz.

Moralische Kompetenz ist nichts Statisches, sondern unterliegt dynamischen Entwicklungen. Was einem Menschen wert und teuer ist, ändert sich in verschiedenen Lebensphasen. »Im Laufe unseres Lebens verändern sich unsere Erfahrungen und Vorstellungen und damit auch unser Wert- und Normsystem sowie unsere Einschätzung der Wirklichkeit. Eigenständiges, ethisch verantwortliches Handeln ist aus diesem Grunde, wie auch die Persönlichkeits- oder Glaubensentwicklung, ein prozeßhaftes Geschehen, das immer wieder der Reflexion bedarf.« (Lindner 1999:56)

---

12 Selbstverständlich soll moralische Kompetenz nicht dichotomisch im Sinne von »vorhanden« versus »nicht vorhanden« verstanden werden. Menschen sind im Vergleich mit anderen Menschen sowie mit früheren eigenen Entwicklungsständen immer mehr oder weniger moralisch kompetent.

13 Ethische Regeln liegen auf einer niedrigeren Abstraktionsebene als ethische Prinzipien, d. h. sie sind konkreter und »greifbarer« formuliert. Eine bekannte ethische Regel im Gesundheitswesen ist die Schweigepflicht (vgl. Osterhus, Dondalski 1999:187).

2.1.4 Werte, Güter und Übel

»Die Ethik als Wissenschaft beschäftigt sich mit den wertmäßigen Grundlagen von Handeln, der Frage also, welche Werte und Normen für ein Handeln leitend sind. Das Ziel der ethischen Reflexion ist es, die in konkreten Sachentscheidungen enthaltenen Wertaspekte transparent zu machen; es geht darum, Handeln hinsichtlich der Wertaspekte zu begründen. Dies kann

- im Vorfeld des Handelns geschehen, indem im Hinblick auf eine Entscheidungsfindung die zu beachtenden Werte herausgearbeitet werden, oder
- im Nachhinein, indem das Handeln hinsichtlich seiner wertmäßigen Anteile analysiert wird.« (Schreiner 2001a:18)

Bei der Frage nach den Werten, die menschlichem Handeln zu Grunde liegen (deskriptiver Zugang) bzw. zu Grunde liegen sollten (normativer Zugang), lassen sich verschiedene Einteilungen vornehmen. Dabei soll auf den traditionellen philosophischen und theologischen Begriff der »Güter« zurückgegriffen werden, der bis weit in das 19. Jahrhundert im Vordergrund stand, bevor er zunehmend durch den aus der Nationalökonomie stammenden Begriff »Werte« ersetzt wurde (vgl. Wils 2009:21,25).

Zunächst können wir zwischen »Gütern« und »Übeln« unterscheiden. Güter sind positiv eingeschätzte Sachverhalte und Gegenstände; als »Übel« werden negativ eingeschätzte Sachverhalte, Zustände bzw. Gegenstände bezeichnet.

2.1.4.1 Subjektivität in der Bezeichnung von Gütern und Übeln

»Die ›Besonderheit‹ der Ethik liegt darin, dass sie sich systematisch und methodisch mit dem moralisch richtigen, an den Kategorien ›gut‹ und ›böse‹ orientierten Handeln des Menschen auseinandersetzt.« (Lauber 2001b:252) Wie die Differenzierung in »gut« und »böse«, so verlangt auch die Unterscheidung zwischen Gütern und Übeln nach Begründungen.

In der Benennung eines Elementes (Gegenstandes, Sachverhaltes) als »Gut« oder »Übel« liegt bereits eine subjektive Bewertung (vgl. Gillen 1999:21). Ist beispielsweise die hohe Wahrscheinlichkeit, dass ein Patient, der sich seit drei Jahren im Wachkoma befindet, innerhalb der nächsten Jahre an einer Lungenentzündung sterben wird, ein Gut oder ein Übel? Ist Sterben positiv oder negativ besetzt?[14] Wie wird der Tod eingeschätzt? In welchen Fällen ändern wir unsere Einschätzung?

---

14 Angesichts des hohen Wertes, den die kurative Medizin der Lebenserhaltung beimisst, wird in der Palliative Care gefragt, ob diese Setzung dem Willen eines sterbenden Menschen entspricht. Dabei sollten nicht allein Überlegungen zur Lebensqualität das Handeln der Helfer leiten, sondern auch das Wissen über die individuellen spirituellen Anliegen des betroffenen Menschen eine Rolle spielen: »Nicht unerheblich für die Ermittlung des mutmaßlichen Patientenwillens ist zu wissen, welche Lebenswerte einem Patienten wichtig sind und welche Perspektive er hat, diese Werte zu erhalten oder zu erreichen. Auch die gläubige Bereitschaft, sein Schicksal anzunehmen oder eine sehnsüchtige Hoffnung auf ein ewiges Leben oder ein Wiedersehen mit verstorbenen Angehörigen können Aufschluss darüber geben, was ein Patient will« (Heinemann 2005:7).

Die Kennzeichnung als Gut oder Übel ist bereits Ergebnis eines Deutungs- und Entscheidungsprozesses, der auf Grundlage unseres jeweiligen Welt- und Menschenbildes, unseres psychosozialen »Strickmusters«, unserer kognitiven Fähigkeiten und anderer Einflussfaktoren geschieht. Oberste Richtschnur bei der Beurteilung, ob etwas eher als Gut oder als Übel kategorisiert werden soll, ist die Moralität, das Letztprinzip. Je nach ethischer Position (s. Kap. 7.7) wird Moralität inhaltlich allerdings unterschiedlich besetzt. Wie bereits dargestellt, bestimmt die philosophische Ethik üblicherweise in Anlehnung an Immanuel Kant (1724–1804) Freiheit als höchstes Gut. Alles, wodurch Freiheit hervorgebracht wird, ist nach dieser Überzeugung ein Gut. Utilitaristen dagegen würden etwas als gut (bzw. Gut) bezeichnen, wenn es das Glück, die Lust oder den Nutzen der größtmöglichen Zahl von Menschen maximiert (Ferber 1999:185, vgl. Kap. 7.7.3).

Deutungen und Umdeutungen können eine Vorentscheidung in der Beurteilung einer ethischen Frage markieren. Da es sich bei der Einteilung in Güter und Übel um eine subjektive Unterscheidung handelt, sollte sie – wenn möglich – intersubjektiv validiert werden.[15]

2.1.4.2 Konflikte in der Abwägung von Gütern und Übeln

Werte sind zur ausgewogenen ethischen Beurteilung und Entscheidungsfindung gegeneinander abzuwägen. Wird eine Bewertung in Form einer Einteilung in Güter und Übel vorgenommen, resultieren daraus drei mögliche Konfliktarten: Güterkonflikte (Gut-Gut-Konflikte), Gut-Übel-Konflikte sowie Übel-Übel-Konflikte.

Güterkonflikte (Gut-Gut-Konflikte) sind Konflikte zwischen zwei oder mehreren Gütern. Sie fordern eine Entscheidung darüber, welches das höhere oder dringlichere der konkurrierenden Güter ist, denn die Verwirklichung des einen Gutes kann jene der anderen Güter beeinträchtigen oder ausschließen. Deshalb sind Menschen bei Güterkonflikten zu Distanz, Abwägung, Gewichtung und Auswahl aufgefordert (Höffe 1997:120). Dörner führt ein interessantes historisches Beispiel für einen Güterkonflikt an: Den Zeitgenossen der Französischen Revolution sei nicht klar gewesen, dass Freiheit und Gleichheit nicht gleichzeitig zu verwirklichen gewesen seien. Freiheit führt nach Dörner sehr schnell zu großer Ungleichheit, »... da es denjenigen, die aus irgendwelchen Gründen für bestimmte Handlungen besser ausgerüstet sind als andere, also etwa intelligenter sind, besser gelingen wird, sich den entsprechenden Zugang zu verschaffen, während anderen das schlechter gelingt. Mehr Freiheit wird also einerseits zu mehr Ungleichheit führen, andererseits zur Freiheit der Wenigen und zur Unfreiheit

---

[15] vgl. das Prinzip der konsensuellen Validierung in der qualitativen Sozialforschung: »Das wichtigste Kriterium ist jedoch die interpersonale Konsensbildung (**konsensuelle Validierung**). Können sich mehrere Personen auf die Glaubwürdigkeit und den Bedeutungsgehalt des Materials einigen, gilt dies als Indiz für seine Validität. Konsensbildung kann dabei zwischen verschiedenen Personen stattfinden:

- Konsens zwischen den an einem Projekt beteiligten Forschern [member check, R. L.] (...)
- Konsens zwischen Forschern und Beforschten (**kommunikative Validierung, dialogische Validierung**) und
- Konsens mit außenstehenden Laien und Kollegen (**argumentative Validierung**)« (Bortz,Döring 1995:303f; vgl. auch Flick 1995:245ff sowie Lamnek 1989:124).

der Vielen. Andersherum wird der Versuch, ein hohes Maß an Gleichheit in einem politischen System zu realisieren, dazu führen, daß ein hohes Maß an Behinderungen etabliert werden muß. Und das wiederum ist nicht Freiheit« (Dörner 1992:99).

Gut-Übel-Konflikte sind im Volksmund unter der Redewendung »die Kehrseite der Medaille« bekannt: Im Fall der Favorisierung eines bestimmten, als besonders wichtig eingeschätzten Gutes nehmen wir in Kauf, dass wir damit zu einem Übel beitragen. Wenn beispielsweise ein Krankenhauspatient nach einer Gehirnerschütterung nachts alle zwei Stunden geweckt werden muss, um eine beginnende Hirnblutung rechtzeitig erkennen und in diesem Fall sein Leben (Gut) retten zu können, muss die zuständige Pflegekraft dies tun, obwohl es ihr widerstreben mag, den erschöpften Patienten immer wieder aus dem Schlaf zu reißen (Übel).

Übel-Übel-Konflikte sind dadurch gekennzeichnet, dass lediglich aus zwei negativ bewerteten Alternativen gewählt werden kann. Diese Art von Konflikten wird in der Regel dadurch bewältigt, dass Entscheider das ihrer Ansicht nach »geringere Übel« wählen. Die Fähigkeit eines Menschen, Verantwortung zu übernehmen, zeigt sich insbesondere dann, wenn er Übel-Übel-Konflikte nicht verschleppt, sondern in der Lage ist, trotz Gewissenskonflikten notwendige Entscheidungen zu treffen.

2.1.4.3 Vorsittliche und sittliche Güter und Übel

Gillen (1999:21f) unterscheidet nicht nur zwischen Gütern und Übeln, sondern darüber hinaus zwischen vorsittlichen (prämoralischen) und sittlichen (moralischen) Gütern bzw. Übeln.

Vorsittliche Elemente, d.h. vorsittliche (prämoralische) Güter und Übel werden durch sittliches (moralisches) Handeln vergrößert oder verkleinert, gefördert oder unterdrückt (Gillen 1999:21). Gillen nennt als Beispiele für **vorsittliche Güter und Übel**: Krankheit, Müdigkeit, Lebenszeit, Selbstbestimmung und Freude. Sie sind nicht selbst (un-)moralisches Handeln, sondern gehen dem (un-)moralischen Handeln voraus bzw. sind die Ergebnisse früheren moralischen oder unmoralischen Handelns (vgl. ebd.).

Vorsittliche (prämoralische) Güter sind grundlegende, aktuell oder potenziell in der Welt vorhandene Elemente (Sachverhalte, Gegenstände), die positiv bewertet und angestrebt werden. Beispiele sind etwa: Natur, Leben, Gesundheit, Freiheit, Autonomie und Wahrheit. Vorsittliche Güter können durch menschliches Handeln verwirklicht oder verwirkt werden.

Einstellungen, Haltungen und Handlungen, die dazu beitragen, dass vorsittliche Güter verwirklicht, also »vergrößert« bzw. »vermehrt« werden, nennen wir **sittliche (moralische) Güter**. Wahrhaftigkeit und Respekt vor dem Leben sind zwei Beispiele für sittliche Güter. So dient das sittliche Gut Respekt vor dem Leben dem vorsittlichen Gut Leben, und das vorsittliche Gut Wahrheit wird durch das sittliche Gut Wahrhaftigkeit vergrößert. Eine Handlung ist »… dann moralisch, wenn sie ein Gut hervorbringt« (Scheler, zit. n. Pieper 2000:239), genauer ausgedrückt: ein vorsittliches Gut. In der Alltagssprache sind besonders hervorragende moralische Güter als **Tugenden** bekannt.

Negativ bewertete grundlegende Objekte oder Sachverhalte, deren Vermeidung oder Verminderung anzustreben ist, nennen wir **vorsittliche (prämoralische) Übel**, z. B. Krankheit, Behinderung oder Schmerz. Menschliche Einstellungen und Handlungen, die die Verwirklichung von vorsittlichen Übeln unterstützen, bezeichnen wir als **sittliche (moralische) Übel**. Der Volksmund kennt dafür die Begriffe Untugend und Laster. Beispiele für sittliche Übel sind etwa Unaufrichtigkeit, Betrug, Gleichgültigkeit gegenüber den Schmerzen Anderer, Habgier oder Umweltzerstörung.

Tabelle 1: Beispiel für die Unterteilung in vorsittliche (prämoralische) und sittliche (moralische) Güter bzw. Übel.

	Güter	Übel
vorsittlich (prämoralisch)	z.B. Wahrheit, Vertrauen	z.B. Vertrauensverlust
sittlich (moralisch)	z.B. Wahrhaftigkeit (als eine Tugend, welche der *Verwirklichung* des vorsittlichen Gutes Wahrheit dient)	z.B. Unaufrichtigkeit (als eine Untugend, welche das vorsittliche Übel *Vertrauensverlust* fördert)

In der Pflegepraxis gibt es häufig Schwierigkeiten in Bezug auf Wahrhaftigkeit. Rabe sieht es etwa als problematisch an, wenn von Pflegenden erwartet wird, daran mitzuwirken, dass einem Patienten eine schlimme Diagnose verschwiegen wird, auch wenn er danach fragt (Rabe 2009a:257). Unaufrichtigkeit wäre ein sittliches (moralisches) Übel, das vorsittliche (prämoralische) Übel zur Folge haben könnte, z. B. den Verlust von Vertrauen.

2.1.5 Der Zusammenhang von Werten, Gütern, Moral und Moralität

Wie hängen die Begriffe Wert, Gut, Moral und Moralität zusammen? Moralität als Grundhaltung des unbedingten Strebens nach Verwirklichung von Freiheit benötigt eine Moral, deren Normen darauf abzielen, Freiheit zu ermöglichen. Diese Normen liegen in unterschiedlichen Abstraktionsgraden vor.

Pieper (2000:50) weist auf die Existenz von Basisnormen hin, die das Moralitätsprinzip stützen und ihm Gestalt verleihen. Aus diesen Basisnormen, die ich als ethische Grundprinzipien oder zentrale moralische Güter bezeichne, leiten sich wiederum Normen niedrigeren Abstraktionsgrades ab: Folgenormen (vgl. Pieper 2000:51).

Ich nenne sie moralische Regeln oder untergeordnete moralische Güter (vgl. Abb. 1).

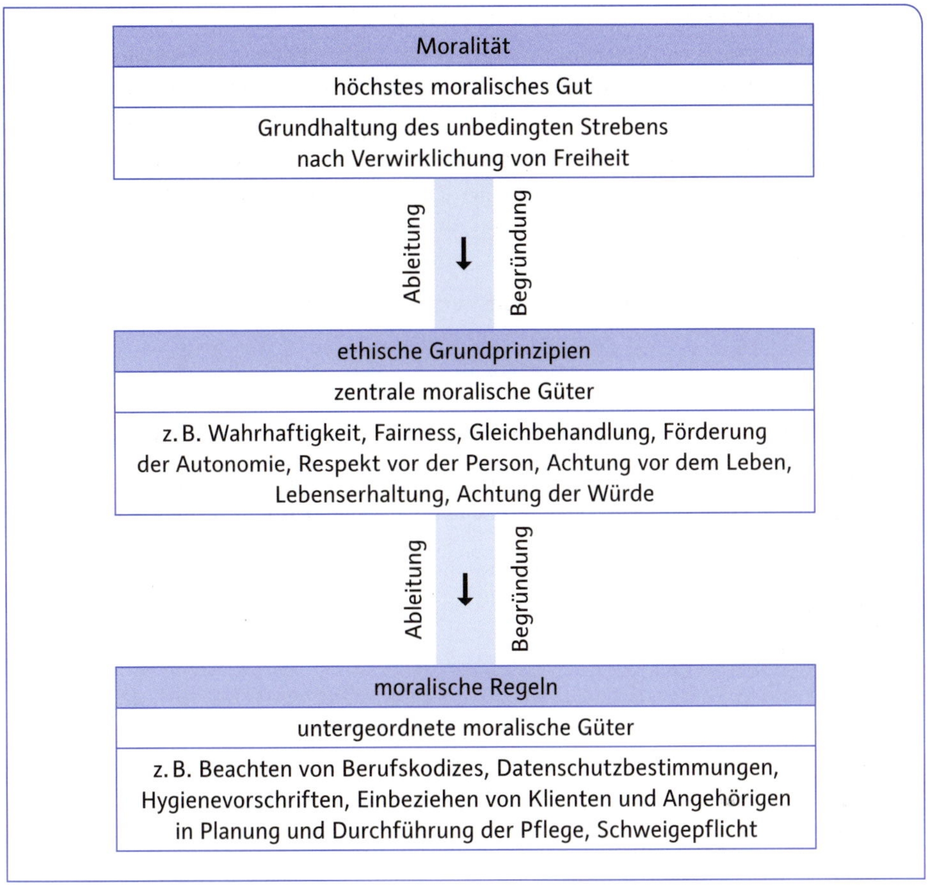

Abb. 1: Klassifikation von Normen.

Wie sich ethische Grundprinzipien aus der **Moralität** als dem höchsten moralischen Gut herleiten und begründen lassen, so können aus ihnen wiederum **moralische Regeln** abgeleitet und legitimiert werden.[16]

Ein Wert sagt uns, was gut und somit erstrebenswert ist (vgl. van der Arend 1998:14, 71). Das Erstreben von Werten findet auf unterschiedlichen Ebenen statt. Jede der drei Abstraktionsstufen von moralischen Normen dient der Verwirklichung von Werten unterschiedlicher Ebene. Es wurde bereits herausgearbeitet, dass Moralität als Norm der höchsten Abstraktionsstufe (als höchstes moralisches Gut) aus philosophischer Perspektive der Verwirklichung von Freiheit als dem höchsten Wert (dem höchsten prämoralischen Gut) dient. Abbildung 2 veranschaulicht, welche Werte durch **ethische Grundprinzipien** und **moralische Regeln** verwirklicht werden sollen.

---

16 Vgl. die Einteilung von Holmes (1987:47f), der vier Bestandteile einer ethischen Theorie unterscheidet: (1) Fälle, (2) Regeln für bestimmte Bereiche – sie sind abhängig von (3) Prinzipien. Diese wiederum werden logisch gerechtfertigt durch (4) philosophische oder theologische Grundlagen.

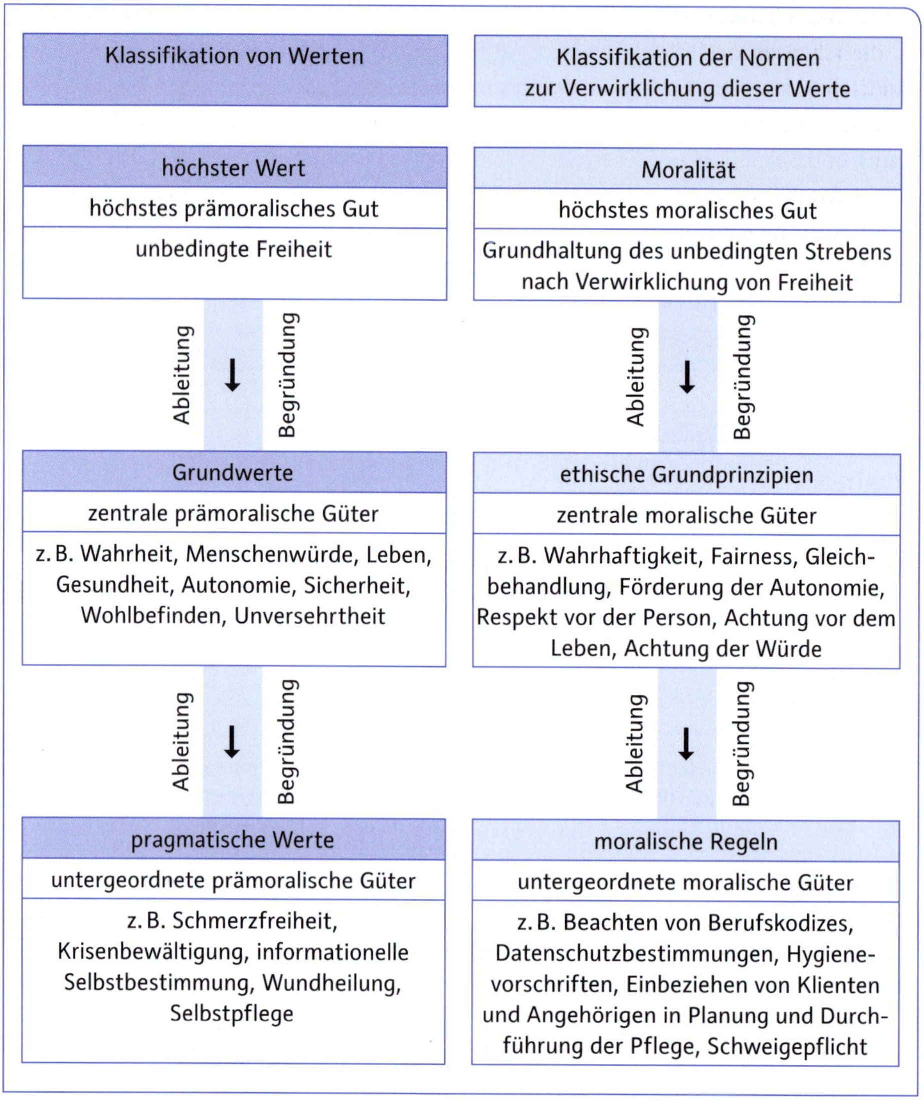

Abb. 2: Modell zur Klassifikation von Werten und Normen zur Verwirklichung dieser Werte.

Wie ist Abbildung 2 zu verstehen? Vom höchsten Wert, der unbedingten Freiheit, leiten sich **Grundwerte** ab, die sich auf einer niedrigeren Abstraktionsstufe befinden: Wahrheit, Menschenwürde, Leben, Gesundheit, Autonomie bzw. Selbstbestimmung, Sicherheit, Wohlbefinden, Unversehrtheit etc. Sie finden ihre Legitimation darin, dass sie die Freiheit als höchsten, aber sehr abstrakten Wert in eine praxisnähere Form übersetzen. Grundwerte decken zentrale ethische Werte ab und sollen deshalb auch als zentrale **prämoralische Güter** bezeichnet werden.

Von den **Grundwerten** wiederum leiten sich Werte der unteren Abstraktionsstufe ab, die ich **pragmatische Werte** nenne, weil sie unmittelbar den Erfordernissen der praktischen Handlungsfelder entsprechen. Im Bereich der Pflege wären dies zum Beispiel Schmerzfreiheit, informationelle Selbstbestimmung, Wundheilung, Krisenbewältigung und Selbstpflege.

Wie **Moralität** den höchsten Wert (Freiheit) zur Verwirklichung bringen will, so sollen **ethische Grundprinzipien** zur Realisierung von **Grundwerten** beitragen. Mit anderen Worten: Als **zentrale moralische Güter** sollen sie **zentrale prämoralische Güter** hervorbringen (siehe Kap. 2.1.4.2). In ähnlicher Weise sollen die von übergeordneten **ethischen Grundprinzipien** abgeleiteten **moralischen Regeln** als praktische Handlungsanweisungen die Verwirklichung **pragmatischer Werte** unterstützen. In der Systematik von Gütern und Übeln ausgedrückt: Die **moralischen Regeln** agieren als untergeordnete moralische Güter, die der Realisierung von **untergeordneten prämoralischen Gütern** (pragmatischen Werten) dienen.

Diese Einteilung mag zunächst unnötig kompliziert erscheinen, ihr Nutzen wird jedoch an späterer Stelle deutlich hervortreten, wenn sich eine Methode der ethischen Entscheidungsfindung sowie Überlegungen zur pädagogischen Vermittlung von Ethik darauf beziehen werden.[17]

Werte können in Entscheidungssituationen miteinander konkurrieren und den Handelnden in Gewissensnöte bringen, wenn er vor der Wahl steht, welche der unterschiedlichen Werte er mit welchen Handlungen anstreben soll. Wenn Probleme mit Wertekonflikten zusammenhängen, ist Ethik erforderlich – verstanden als Wertereflexion (Arn, Weidmann-Hügle 2009:16). Davon handelt das folgende Kapitel.

2.1.6 Was sind moralische Konflikte und Dilemmata?

Nicht selten sind Menschen zwischen der Berücksichtigung unterschiedlicher Güter hin- und hergerissen. Ihnen wird eine Entscheidung über unterschiedliche Alternativen moralischen Handelns abverlangt. Dabei geht es vielleicht nicht nur um verschiedenartige **moralische Güter**, sondern eventuell um die Verwirklichung unterschiedlicher **prämoralischer Güter**. Menschen erleben in solchen Situationen einen

[17] Zwischen Grundwerten und den Bestrebungen, diese Grundwerte durch ethische Grundprinzipien zu verwirklichen, wird leider nicht immer differenziert. So zählt z.B. Pieper (2000:97) als ethische Grundprinzipien Gleichheit, Gerechtigkeit und Menschenwürde auf. Allesamt sind das aber keine Basisnormen (S. 50) oder Grundprinzipien ethischen Handelns, sondern Grundwerte, die erst durch das Beachten von Basisnormen oder ethischen Grundprinzipien verwirklicht werden. Auch Freiheit zählt Pieper (S. 97) zu den ethischen Grundprinzipien, wiewohl sie Freiheit an anderen Stellen (z.B. S. 44–46, 50) als Letztprinzip der Moralität deutlich über den Status von Grundprinzipien emporhebt.

moralischen Konflikt. Mit anderen Worten: Ihnen stellt sich ein **moralisches Problem**. Diese Begriffe sollen synonym[18] verwendet werden.

Vielfältige Formen moralischer Probleme bzw. Konflikte sind möglich; sie können unter Verwendung der Begriffe Güter und Übel genauer kategorisiert werden. Van der Arend definiert ein moralisches Problem als »... eine häufig auf Kontrasterfahrungen beruhende Beschreibung eines inneren Konflikts, den wir aus einem ethischen Blickwinkel betrachten können und bei dem Unsicherheit hinsichtlich der zu treffenden Entscheidung besteht« (1998:16).

Als Beispiel für einen moralischen Konflikt soll das Erlebnis einer Kollegin erzählt werden, die als Gesundheits- und Kinderkrankenpflegerin einen 17-jährigen Jugendlichen pflegte. Der junge Mann litt an einer besonders lebensbedrohlichen Form von Blutkrebs und hatte alle Erfolg versprechenden Therapien hinter sich gebracht. Die Kollegin kannte seine aktuellen Befunde und wusste, dass keine der Behandlungsmöglichkeiten angeschlagen hatte. Für das Leben des jungen Menschen gab es keine Rettung mehr. Auch der Jugendliche ahnte das bereits und wandte sich mit folgender Frage an die Pflegekraft: »Soll ich den Führerschein machen oder lieber einen teuren CD-Player kaufen?« Nun war die Gesundheits- und Kinderkrankenpflegerin im Konflikt: Sollte sie dem jungen Patienten sagen, dass die Blutwerte sich erheblich verschlechtert hatten und er wohl sterben werde, obwohl ihr diese Auskunft nicht erlaubt war? Die Rechtsprechung in Deutschland besagt, dass nur Ärzte über medizinische Diagnosen und Prognosen aufklären dürfen. Andererseits hatte die Pflegende eine sehr gute Beziehung zu dem Jugendlichen aufgebaut und wollte sich einer wahrhaftigen Stellungnahme nicht entziehen. So nahm sie das vom Patienten angebotene Bild auf, sah ihm in die Augen und sagte: »Kauf' dir einen tollen CD-Player.«

Bei einer Befragung von knapp 4000 Beschäftigten der Medizinischen Hochschule Hannover, an der sich 14% der angeschriebenen Pflegekräfte und 34,7% der Ärzteschaft beteiligten, gaben 93,1% der Pflegenden und 91,8% der Ärztinnen/Ärzte an, in ihrem Arbeitsbereich im zurückliegenden Jahr ethische Konflikte erlebt zu haben. Von den Antwortenden teilten 11,7% der Pflegenden und 8,6% der Ärztinnen und Ärzte mit, sie seien jeden Tag durch ethische Konflikte belastet gewesen (Neitzke 2011:62f). Während ärztliche Mitarbeiter ethische Konflikte am häufigsten in Bezug auf Patienten und Angehörige erlebten, nannten Pflegekräfte häufig Probleme bei der »Wahrung der Menschenwürde« sowie Konflikte mit Kollegen und Vorgesetzten aus anderen Berufsgruppen und meinten damit die Ärzteschaft (S. 67, 76). Die Studie lieferte ein weiteres

[18] Großklaus-Seidel (2002:109f) unterscheidet zwischen ethischen Konflikten und Problemen. Ethische Konflikte seien im Gegensatz zu ethischen Problemen verhältnismäßig leicht zu lösen (Schwierigkeitsgrad), weil in ihnen zwei unterschiedlich bedeutungsvolle Werte konkurrierten (Wertedifferenz). Ethische Probleme seien mit unangenehmeren Gefühlen verbunden als ethische Konflikte (unangenehme Gefühle) und schwieriger zu lösen, weil gleichwertige Prinzipien gegeneinander abzuwägen seien. Stünden gleichrangige Prinzipien nebeneinander und es sei schwierig zu entscheiden, welches das gewichtigere sei, handele es sich um ein ethisches Dilemma.
Bei dieser Dreiteilung (ethische Konflikte, Probleme und Dilemmata) wird kaum ein Unterschied zwischen ethischen Problemen und ethischen Dilemmata deutlich. Zudem leuchtet Großklaus-Seidels Argumentation, die Schwierigkeit ethischer Konflikte sei oft gar nicht »ethischer« Natur (S. 109), nicht ein. In einem solchen Fall liegt zwar ein Konflikt vor, jedoch kein ethischer.

interessantes Ergebnis: Pflegende sprechen es Ärzten ab, ethische Probleme genauso wichtig zu nehmen, wie sie es sich selbst zuschreiben (Kettner 2005:531). Kettner deutet diesen Befund so: »Wenn Pflegende den Ärzten unterstellen, sie kümmerten sich deutlich weniger um ethische Belange, darf angenommen werden, dass Pflegende nicht deutlich genug erleben, wann und wie moralische Überlegungen und Standards das ärztliche Handeln leiten. Ein Arzt, der sein hohes moralisches Verantwortungsbewusstsein zwar realisiert [,] aber nicht kommuniziert, setzt sich eher einer unterschätzenden Zuschreibung aus als einer, der anderen sein moralisches Denken offen legt oder sie, wie es in gut funktionierenden klinischen Ethik-Komitees geschieht, daran diskursiv teilnehmen lässt.« (ebd.)

Lauxen (2009) führte mit 20 bei einem kirchlichen Träger beschäftigten Pflegefachkräften problemzentrierte Interviews durch, um zu erfahren, welche Situationen ambulant tätige Pflegende als **moralisch problematisch** erleben. Dazu ging er den »emotionalen Nachwirkungen« nach und fragte gezielt nach Situationen im Berufsalltag, die ein schlechtes Gewissen, einen Gewissenskonflikt oder Gewissensbisse zur Folge haben. Einige ausgewählte Ergebnisse der Untersuchungen sollen kurz referiert werden:

Für die befragten Pflegenden war das Prinzip der Fürsorge zentral. Sie waren daran interessiert, »… für den Klienten das Bestmögliche rauszuholen« (S. 426, 424). Moralische Probleme wurden dann erlebt, wenn die befragten Pflegekräfte nicht ihren Vorstellungen von guter Pflege gemäß fürsorglich handeln oder das Gute in einer pflegerischen Situation nicht bestimmen konnten (S. 424, 426).

Die befragten Pflegekräfte litten teilweise darunter, dass das Pflegeversicherungsgesetz mit seinem einseitig körperbezogenen Pflegeverständnis Leistungen wie Gespräche oder die psychosoziale Betreuung von Patientinnen oder Angehörigen nicht finanziert. Für die meisten Befragten bestand eine Lösung des Konflikts darin, dass sie außerhalb ihrer Arbeitszeit Betreuungsleistungen für die Pflegebedürftigen erbrachten. Lauxen fand: »Entweder dokumentieren sie die Zeit, die sie länger als vorgesehen aufgewendet haben, nicht als Arbeitszeit oder sie besuchen die Patientinnen zusätzlich in ihrer Freizeit. Der Wertkonflikt wird also auf einer personalethischen Ebene zwischen Pflegekraft und Patientin gelöst, obwohl es sich eigentlich um ein Problem der Verteilungsgerechtigkeit handelt, das auf einer gesellschaftlichen, sozialethischen Ebene zu verantworten ist« (S. 425). Nicht zuletzt leide, so Lauxen (S. 426), die eigene Familie unter dem Erbringen von Betreuungsleistungen in der Freizeit. Eine Untersuchungsteilnehmerin klagte: »Ich komm' zu spät nach Hause, meine Kinder sind im Bett. Oder mein Mann sagt: ›Sag' einmal, dein Tourenplan geht zwei Stunden! Du bist ja schon vier Stunden weg!‹«

Ein Großteil der Interviewteilnehmer schilderte zudem Pflegesituationen, in denen ärztliche Anordnungen etwa bezüglich der Wund-, Schmerz- oder Insulintherapie nicht dem neuesten (pflege)wissenschaftlichen Wissensstand entsprachen, was die beauftragten Pflegekräfte in Gewissensnöte brachte (S. 425).

Moralische Probleme scheinen in der beruflichen Pflege häufige Begleiter zu sein, nicht nur im ambulanten Bereich. Gravierender noch sind **moralische Dilemmata**. Sie gelten als extreme Form von moralischen Konflikten. Dilemmata entstehen, wenn sich ein Mensch zwei[19] Pflichten gleichzeitig verpflichtet weiß, die nicht miteinander vereinbar sind und unterschiedliche Handlungsalternativen nahe legen. »Ein moralisches Dilemma ist eine Zwangslage. Eine Entscheidung wird verlangt, doch stehen unterschiedliche Interessen, unterschiedliche Pflichten oder gar Prinzipien gegeneinander.« (Arndt 1996a:77) Wenn zum Beispiel im Krankenhaus eine Nachtschwester den Angehörigen[20] eines desorientierten und zur Gewalttätigkeit neigenden Patienten versprochen hat, von einer Fixierung abzusehen und stattdessen oft nach ihm zu sehen, kann sie in ein moralisches Dilemma geraten, wenn dieser Mensch sehr unruhig wird, während gleichzeitig ein anderer Patient nach einer komplizierten Operation zu bluten beginnt und eine sehr zeitintensive Betreuung braucht. Soll sie ihr ursprüngliches Versprechen halten (Freiheit, Selbstbestimmung, Wahrhaftigkeit) oder eher die vitalen Funktionen des frisch operierten Patienten sichern und engmaschig beobachten (Sicherheit gewährleisten, Sorge für das Leben und die Unversehrtheit)?

An diesem Beispiel wird deutlich, dass moralischen Dilemmata häufig strukturelle, insbesondere politisch-ökonomische, organisationelle und/oder hierarchiebedingte Defizite zugrunde liegen (z.B. zu wenig Personal im Nachtdienst), die auf der Ebene des Individuums zwangsläufig zu unlösbaren Konfliktsituationen führen.

Hilde Steppe weist auf das gehäufte Auftreten moralischer Konflikte in sozialen Berufen hin: »Jeder Beruf, der mit Menschen in abhängigen Situationen zu tun hat, wird sich immer wieder im ethischen Dilemma befinden. Je komplexer die Situation ist, desto komplexer ist naturgemäß auch dieses Dilemma« (Steppe 1994:57).

Ethische Probleme erkennen

Moralisches Empfinden und ethische Kenntnisse erhöhen die Wahrscheinlichkeit, ethische Probleme und Dilemmata wahrzunehmen.

Der Unterschied zwischen Konflikten und Dilemmata ist oft nicht eindeutig zu bestimmen, weil er u.a. von den Vorerfahrungen sowie von den Einschätzungen der jeweiligen Situation und ihrer Bewältigungsmöglichkeiten abhängt. Zweifelsohne kommen im Pflegealltag lösbare ethische Konflikte häufiger vor als Dilemmata (vgl. Kesselring 2000:20). Nicht unerwähnt bleiben soll, dass auch eine erforderliche Wahl zwischen zwei positiven Alternativen ein Dilemma darstellen kann (Bohrer, Rüller 2008:25).

---

[19] Bei drei einander ausschließenden Pflichten handelt es sich um ein Trilemma.

[20] Der Begriff »Angehörige« wird im vorliegenden Buch nicht in seiner juristischen Bedeutung verstanden (das deutsche Strafgesetzbuch kennzeichnet damit eine eng begrenzte, mehrheitlich durch Verwandtschaft verbundene Personengruppe; vgl. § 11, Abs. 1 StGB), sondern im pflegewissenschaftlichen Sinne, d.h. es können auch Freunde, Bekannte, Kollegen oder Nachbarn gemeint sein (vgl. Josat et al. 2006:80).

Im nächsten Kapitel sollen zunächst die Bedeutungen des Begriffs Ethik geklärt werden, um dann die Ziele, Aufgaben und Funktionen der Ethik zu beleuchten.

2.1.7 Was ist Ethik?

Aristoteles (384–322 v. Chr.) war der erste Philosoph, der ethische Theorie als eine eigenständige Disziplin beschrieb. Er unterschied theoretische (Mathematik, Logik, Physik und Metaphysik) und praktische Disziplinen der Philosophie (Ethik, Ökonomik und Politik) (vgl. Frewer 1997:63). Im Unterschied zur theoretischen Philosophie beschäftigt sich die praktische Philosophie, darunter also auch die Ethik, nicht mit Fragen des Erkennens und Seins, sondern der menschlichen Praxis (vgl. Höffe 1997:237).

Die Ethik als eine praktische Disziplin der Philosophie versteht sich heute als **Wissenschaft vom moralischen Handeln** (Pieper 2000:17). Sie beschäftigt sich auf verschiedenen Reflexionsebenen mit dem Verhältnis von Moralität und Moral. Dabei prüft sie überwiegend, inwiefern moralische Normen und Grundsätze dem Prinzip der Moralität dienen. Zentraler Gegenstand der Ethik ist die Beziehung von Moral und Moralität im Kontext menschlicher Lebenspraxis. Ethik ist eine Theorie moralischen Handelns (ebd., S. 59f).

Die Ethik als philosophische Wissenschaft vom guten und richtigen Handeln (Hofmann 1995a:445) ist jedoch nicht selbst eine Moral, sondern redet über Moral (Pieper 2000:24). »Die Ethik ist keine Supermoral. Sie stellt keinen materialen Normenkatalog auf, der für die gesamte Menschheit verbindliche Handlungsregeln beinhaltet.« (S. 182)

»Ethik als Teilgebiet der Philosophie befaßt sich mit der Entstehung, Veränderung und Wirkung der Moral.« (Hoppe et al. 1995:11) Ethiker denken über Maßstäbe menschlichen Handelns nach, hinterfragen bestehende moralische Normen, ob sie unter den aktuellen Umständen dem Prinzip der Moralität Rechnung tragen, und sie beraten und unterstützen Menschen bei Fragen der ethischen Entscheidungsfindung.

Ethik ist die »… systematische Begleitung beim Treffen von Entscheidungen (…). Ethik ist also eine rationale, das heißt eine geistige Tätigkeit« (van der Arend, Gastmans 1996:36). Ist diese geistige Tätigkeit für studierte Philosophinnen reserviert? Keineswegs! »Ethische Überlegungen sind nicht bloß dem Moralphilosophen oder Ethiker vorbehalten.« (Pieper 2000:17) Wenn beispielsweise ein Pflegeteam kontrovers über die von einer Kollegin getroffene Entscheidung diskutiert, nicht mehr nach einem Patienten zu schauen, der bereits dreimal zuvor wegen Nichtigkeiten geläutet hat (Körtner 2012:18), dann handelt es sich um eine ethische Diskussion.

Ethik im Alltag

»Wir fällen ja tagtäglich fortwährend moralische Urteile, und dies so selbstverständlich, dass es uns kaum noch auffällt. ... Wer es nun nicht dabei beläßt, einfach moralisch zu urteilen, sondern sich dafür interessiert, was das Moralische eigentlich ist, und ob es überhaupt einen Sinn hat, moralisch zu handeln, wie man solches Handeln begründen und rechtfertigen kann – wer solche Fragen stellt, fängt an, Ethik zu betreiben.« (Pieper 2000:23)

Ethik ist zwar von ihrem Ursprung her ein Teilgebiet der Philosophie, dennoch darf sie als Tätigkeit weder auf die wissenschaftliche Philosophie noch auf andere Wissenschaften beschränkt werden, will sie ihre positive Wirkung in der Lebenspraxis von Menschen entfalten. Ethik soll den Menschen dienen, indem sie sie über die Bedingungen moralischen Handelns aufklärt, die Zusammenhänge zwischen Moralität und Moral offen legt und bestehende Gewohnheiten und Regeln in Frage stellt.

»Ethik meint das kritische Nachdenken über das Ethos, über Normen also, die für den einzelnen Menschen wie für die Gesellschaft als verbindlich betrachtet werden.« (Schröder 1985:464) In der Begegnung verschiedener in der Gesellschaft vorfindlicher Moralen kann Ethik als ein Vermittlungsinstrument eingesetzt werden (Gillen 2001:94f). Welche weiteren Ziele, Aufgaben und Funktionen werden der Ethik zugeschrieben?

2.2 Ziele, Aufgaben und Funktionen der Ethik

»Ethik ist die Lehre (Theorie, Wissenschaft) von der Moral.« (Hoppe et al. 1995:13) Oder wie Arndt formuliert: »Ethik ... ist die theoretische Studie moralischer Werte und Gegebenheiten« (Arndt 1996a:16).

Das Anliegen der Ethik

Anliegen der Ethik ist eine moralische Praxis. Allerdings kann Ethik selbst keine moralische Praxis erzeugen. »Wie niemand durch Theologie religiös wird, so wird auch niemand durch Ethik moralisch. Gleichwohl vermag die Ethik durch kritische Infragestellung von Handlungsgewohnheiten zur Klärung des moralischen Selbstverständnisses beizutragen. Der Gegenstand der Ethik ist also: moralisches Handeln und Urteilen.« (Pieper 2000:13)

Ethik ist eine theoretische Reflexion, die zur Klärung des moralischen Selbstverständnisses verhelfen kann. An dieser Stelle mag kritisch gefragt werden: Wie ist es eigentlich mit dem moralischen Selbstverständnis der Philosophie selbst bestellt? Anders gefragt: Sind Philosophen moralisch einwandfreie Menschen?

2.2.1 Aufgaben und Rollen von Philosophen

Sollten Philosophen moralisch beispielhafte Menschen sein, wenn sie Ethik betreiben? Nicht unbedingt, wie die meisten Fachautoren meinen. Ethiker müssen nicht selbst moralische Vorbilder sein, wie auch kompetente Theaterkritiker nicht notwendigerweise brillante Schauspieler (vgl. Pieper 2000:29f) oder Musikwissenschaftler hervorragende Musiker (vgl. Frewer 1997:65) sein müssen. Ethiker sind philosophisch tätig, und Philosophen stehen nach Böhme (1994) drei unterschiedliche Formen des Selbstverständnisses offen. Nicht nach jedem Selbstverständnis kann von ihnen eine Vorbildfunktion in moralischem Handeln erwartet werden. Folgende drei Formen philosophischen Selbstverständnisses sind nach Böhme verbreitet (Böhme 1994:15ff):

1. **Philosophie als Wissenschaft**
   Der Philosoph versteht sich als Forscher, der innerhalb der wissenschaftlichen Disziplin Philosophie spezielle Forschungsmethoden anwendet, um Wissen zu generieren. Er ist jedoch nicht verpflichtet, zu leben, was er weiß und denkt.
2. **Philosophie als Lebensform**
   Der Philosoph ist ein Lebensweiser, nicht unbedingt ein guter Wissenschaftler. Er strebt nach Weisheit, nach Selbstbildung, nach der eigenen Vollkommenheit, nach einem erfüllten Dasein, nach Freiheit und Selbstgenügsamkeit. Nach der Idee der Philosophie als Lebensform kann jeder Mensch ein Philosoph sein. Der Lebensweise sollte sein Leben gemäß seiner Erkenntnis gestalten.
3. **Philosophie als Weltweisheit**
   Philosophie als Weltweisheit ist die Arbeit an gesellschaftlichen Fragen und allgemeinen Weltproblemen. Für Platon war ein Philosoph jemand, der die ewigen Ideen und Ordnungen erkannt hat und deshalb die Verhältnisse in der Welt und das gesellschaftlich-politische Geschehen richtig beurteilen kann. Heute bieten sich viele Philosophen als professionelle Generalisten an, als Ethiker, als diejenigen, die professionell mit Wert- und Orientierungsfragen umgehen.

Die meisten Ethiker verstehen sich heute als Wissenschaftler, wiewohl es auch in der philosophischen Ethik als Wissenschaft unterschiedliche Strömungen gibt. So haben manche Philosophen eher praxisdistanziertere, andere hingegen eher praxisnähere Auffassungen von den Aufgaben der Ethik. Aus dieser Unterscheidung ergeben sich unterschiedliche Anforderungen an ethisches Denken und Entscheiden.

Während wissenschaftlich tätige Ethiker Ethik eher als wissenschaftlich-theoretische Tätigkeit darstellen, gibt es eine Reihe von Autoren, die praxisimmanentes Reflektieren moralischer Fragen bereits als Ethik bezeichnen, z. B der niederländische Gesundheitsethiker *van der Arend*.

Mit den verschiedenen Selbstverständnissen und der unterschiedlichen Nähe zu beruflichen oder anderen sozialen Praxisfeldern sind differierende Vorstellungen über Ziele, Aufgaben und Funktionen der Ethik verbunden.

2.2.2 Einzelne Ziele, Aufgaben und Funktionen der Ethik

Nach Auffassung von Pieper verfolgt Ethik folgende Ziele:

- menschliche Praxis hinsichtlich ihrer moralischen Qualität aufklären,
- moralische Urteilskraft erwerben lassen,
- die kritische Beurteilung von Geltungsansprüchen hinsichtlich ihrer moralischen Berechtigung einüben lassen,
- ethische Argumentationsweisen und Begründungsgänge einüben lassen,
- auf die fundamentale Bedeutsamkeit von moralischer Kompetenz und sozialer Verantwortung aufmerksam machen; zur Einsicht hinführen, dass moralisches Handeln nicht etwas Beliebiges, Willkürliches ist, das man nach Gutdünken tun oder lassen kann, sondern Ausdruck einer für das Sein als Mensch unverzichtbaren Qualität: der Humanität (Pieper 2000:12, 179f).

Diese Einteilung möchte ich verfeinern und sieben Einzelaufgaben der Ethik unterscheiden:

1. **Aufklären, Transparenz herstellen**
2. **Moral legitimieren**
3. **Bestehende Normen überprüfen**
4. **Prinzipien und Normen zur Verfügung stellen**
5. **Handlungen auf ihre Sittlichkeit überprüfen**
6. **Korrektiv für die Praxis sein**
7. **Zur moralischen Kompetenz anleiten**

Was beinhalten diese einzelnen Aufgaben? Die sieben Aspekte sollen nun näher vorgestellt werden.

2.2.2.1 Aufklären, Transparenz herstellen

Normen und Werte sind historisch gewachsen und an die jeweilige Kultur und Gesellschaft gebunden, in der sie ausgehandelt wurden. Obwohl Menschen meist unbewusst durch jene Normen und Werte gelenkt werden, die sie im Laufe von Erziehung und Sozialisation verinnerlicht haben, sind sie dennoch grundsätzlich in der Lage, sich diese bewusst zu machen, sie zu reflektieren und gegebenenfalls zu modifizieren – eine spezifisch menschliche Fähigkeit (vgl. Schreiner 2001a:18f). Der Ethik kommt dabei eine aufklärende Aufgabe zu: Sie macht transparent, aus welchen Wertequellen sich konkretes menschliches Handeln speist. Ethisches Handeln im Pflegemanagement kann beispielsweise darin bestehen, als Wohnbereichsleiterin die Mitarbeiterinnen klar darüber zu informieren, welchen Werten und Prinzipien sich die Leiterin verpflichtet fühlt und darüber offen zu diskutieren.

2.2.2.2 Moral legitimieren

Eine zweite Aufgabe der Ethik ist die Begründung und Rechtfertigung aller Moral aus einem Unbedingten (Pieper 2000:92). Nach Irrgang (1995:14) verfolgt Ethik das Ziel, Verhaltensvorschriften, sittliche Verpflichtungen und Handlungsregeln für Entscheidungen argumentativ auszuweisen und zu rechtfertigen. Wenn beispielsweise im Ethikkomitee eines psychiatrischen Krankenhauses die Vorschriften bezüglich der vorgenommenen Videoüberwachung akut suizidgefährdeter Patienten gründlich überprüft und als angemessen bestätigt werden, wird damit die bestehende Moral legitimiert.

2.2.2.3 Bestehende Normen überprüfen

Die Aufgabe der philosophisch-wissenschaftlichen Ethik besteht nicht darin, Menschen über moralisches Handeln zu belehren, sondern in der Reflexion bestehender Normen und Werte aus einer kritisch-distanzierten Perspektive. »Es ist Aufgabe der Ethik, den Wert von Normen zu prüfen und festzustellen, ob sie die Entfaltung wahrhaft menschlicher Existenz fördern oder ihr abträglich sind.« (Schröder 1985:464) Ethik hat die Aufgabe, jede herrschende Moral der Kritik, d.h. einer normativen Prüfung zu unterziehen (Körtner 2012:101).

Vorgefundene Normen sind aus ethischer Sicht nicht dazu da, in privaten, beruflichen und gesellschaftlichen Kontexten unreflektiert angewandt zu werden, sondern sie selbst sowie ihre Eignung für die jeweilige Situation sind kritisch zu überprüfen. Dies gilt nicht nur bei außergewöhnlichen Konfliktfällen, sondern gerade auch in Alltagssituationen. »Beschränkt sich die Ethik auf die Lösung ethischer Probleme in schwierigen Grenz- und Konfliktfällen, so bleiben die selbstverständlich vorausgesetzten Normen und Paradigmen der Kritik entzogen. Es besteht die Gefahr, dass man sich bei der Beurteilung konkreter Fälle von herrschenden Normen und Moralvorstellungen leiten lässt, die unter Umständen moralisch höchst fragwürdig sein können.« (Rehbock 2005a:207) Beispielsweise kann es eine pflegeethische Aufgabe sein zu hinterfragen, ob der auf einer Station übliche Umgangston gegenüber kritisch auftretenden Angehörigen oder etablierte restriktive Besuchszeiten angemessen sind.

2.2.2.4 Prinzipien und Normen zur Verfügung stellen

Zur Aufgabe der Ethik gehört es überdies, »… Grundprinzipien menschlichen Lebens und Zusammenlebens bereitzustellen und zu begründen« (Hofmann 1995b:36). Sie soll dem Einzelnen sowie gesellschaftlichen Gruppen bei der Suche nach dem Guten bzw. Richtigen dienen. Ethik ist auf die Sicherung menschlicher Würde und das Gelingen menschlichen Lebens und Umgangs gerichtet.

»Ethik als Wissenschaft fragt nach dem, was richtig oder falsch, gut oder schlecht ist, und zwar immer unter dem Gesichtspunkt, wie menschliches Leben und Zusammenleben möglichst optimal gelingen kann.« (Hofmann 1995a:445)

Von der Ethik wird erwartet, dass sie formale Normen begründet (z. B. das Prinzip der Universalisierbarkeit von Normen), die als Maßstab zur Beurteilung materialer Normen (z. B. des Gebots, die Wahrheit zu sagen) fungieren, »... wobei die kritische Beurteilung selber nicht von der Ethik stellvertretend für alle vorweggenommen, sondern jedem einzelnen als seine bleibende Aufgabe ständig abverlangt wird« (Pieper 2000:183).

Dibelius ergänzt in Bezug auf Pflegeethik: »Was ist nun aber die originäre Aufgabe der Ethik im Kontext der Pflege? Pflegeethik will nicht direkte Handlungsanweisungen vorgeben, sondern Kriterien, Instrumente, Diskurse entwickeln, die eine fundierte Reflexion für die weiteren Ziele und Handlungsschritte ermöglichen sollen« (Dibelius 2009:171).

2.2.2.5 Handlungen auf ihre Sittlichkeit überprüfen

Mithilfe von Ethik lassen sich nicht nur Normen überprüfen, sondern auch einzelne Handlungen. »Die Aufgabe der Ethik besteht darin, in moralisch schwierigen Situationen Orientierung für Entscheidungen und Handlungen zu bieten.« (Weber; Stratmeyer o. J.:55)

Zwar legt Ethik keine fertigen Lösungen vor; sie ist keine »Rezeptsammlung«, die konkrete Handlungsanweisungen für spezielle Situationen bereithält (Wenner 2010:42). »Ethik als wissenschaftliches System schreibt nicht vor, wie im Einzelfall konkret gehandelt werden soll, sondern versteht sich eher als eine Art Instrument, mit dessen Hilfe sich Handlungen und Unterlassungen daraufhin überprüfen lassen, ob sie den Menschen in ihren individuellen und sozialen Bezügen gerecht werden.« (Hofmann 1995b:36) Ethik hilft Gewissensentscheidungen zu begründen (Lauber 2001b:251) oder sie als falsch zu erkennen.

Pflegepraktiker und Pflegemanager haben die Aufgabe, immer wieder zu fragen: »Stehen die Werte und Handlungen, die sich im täglichen Ablauf der Pflegeeinrichtung manifestieren, in Einklang mit der Forderung nach guter Pflege?« (Gastmans 2003:111) Mithilfe der Ethik lässt sich die moralische Qualität der täglichen (Pflege-) Arbeit überprüfen.

2.2.2.6 Korrektiv für die Praxis sein

Ethik macht Moral nicht überflüssig. Pieper (2000:15) weist mit Nachdruck darauf hin, dass Ethik kein Ersatz für moralisches Handeln ist; sie erschließe vielmehr die kognitive Struktur moralischen Handelns. Ethik gebe dem Handelnden Argumentationsstrategien an die Hand, die es ihm ermöglichten,

- moralische Probleme und Konflikte menschlichen Handelns als solche klar zu erfassen,
- mögliche Lösungsvorschläge zu entwickeln und auf ihre moralischen Konsequenzen hin zu überdenken sowie
- sich nach reiflicher Überlegung selbstständig »mit guten Gründen« für eine bestimmte Lösung zu entscheiden (ebd.).

Ethik ist damit eine Möglichkeit zur Überprüfung und Korrektur (un-)moralischer menschlicher Praxis. Eine Gesundheits- und Kinderkrankenschwester, die sich der Anweisung ihrer Abteilungsleitung widersetzt, die Aufenthaltsdauer von Kindern nach bestimmten medizinischen Eingriffen wahrheitswidrig zu dokumentieren, unterstützt damit das prämoralische Gut Wahrhaftigkeit und untergräbt die Vorherrschaft gewinnorientierten Handelns.

2.2.2.7 Zur moralischen Kompetenz anleiten

Nicht selten verlangen Praktiker von der Ethik, sie möge ihnen praktische Handlungsregeln zur Verfügung stellen. Die Ethik gibt jedoch keine konkreten Handlungsanweisungen. Vielmehr will sie »… denjenigen, der gut handeln will, dazu auffordern, die in wechselnden Situationen jeweils relevanten Normen zu problematisieren und selbst zu entscheiden, was in einem besonderen Fall das Gesollte ist. Nur im Selbstdenken, -wollen und -handeln jedes einzelnen ist Freiheit real, und eben dazu will die Ethik als philosophische Freiheitslehre anleiten« (Pieper 2000:184).

Im Hinblick auf die moralische Kompetenz ist nach Pieper (S. 15f) das eigentliche Ziel der Ethik, »… die gut begründete moralische Entscheidung als das einsichtig zu machen, was jeder selbst zu erbringen hat und sich von niemandem abnehmen lassen darf – weder von irgendwelchen Autoritäten noch von angeblich kompetenteren Personen (Eltern, Lehrern, Klerikern u. a.)«.

Wenn beispielsweise eine erfahrene Praxisanleiterin im Rahmen der praktischen Pflegeausbildung einem Auszubildenden Hinweise dazu gibt, wie er die moralische Qualität seines Handelns zukünftig selbst mithilfe ethischer Prinzipien überprüfen kann, dann trägt sie zu einer moralisch besseren Pflege bei.

Neben der Einteilung in sieben Aufgaben lassen sich drei grundlegende Funktionen der Ethik unterscheiden. Sie sollen im folgenden Kapitel vorgestellt werden.

2.2.3 Deskriptive Ethik, normative Ethik und Metaethik

Eine etablierte Klassifikation unterteilt Ethik in

- deskriptive (beschreibende) Ethik,
- normative (präskriptive, vorschreibende) Ethik und
- Metaethik.

Wo liegen die Unterschiede zwischen den drei Funktionen?

Beschreiben oder vorschreiben?

»Die sogenannte deskriptive Ethik oder auch die Moralsoziologie und -psychologie wollen Ist-Zustände erfassen: So handeln die Menschen, dies sind die ihnen wichtigen Werte, dies oder jenes halten sie für richtig oder falsch. Davon zu unterscheiden ist die normative Ethik, die Sollensaussagen, d. h. Aussagen über das moralisch richtige Handeln macht und Begründungen dafür gibt: So soll man handeln – und zwar aus diesen und jenen vernünftig nachvollziehbaren und allgemeingültigen Gründen.« (Bobbert 2001:13)

Eine Sonderform der Ethik ist die Metaethik, d. h. die kritische Untersuchung der Ethik durch sich selbst. Die Metaethik wird als Metatheorie der normativen Ethik verstanden (Nida-Rümelin 1996:4). Dabei reflektiert Ethik nicht vorrangig ihren eigentlichen Gegenstand, sondern untersucht die Art und Weise, wie sie ihren Gegenstand reflektiert. Metaethik betreibt gleichsam ethische Selbstkritik (vgl. Pieper 2000:83). Bango spricht deshalb von einer »Ethik der Ethik« (1999:268); Simon und Neitzke (2008:30) charakterisieren Metaethik als »Wissenschaftstheorie« der Ethik.

Pieper und Thurnherr (1998:10) greifen die genannte Einteilung der Ethik auf und ordnen den drei Funktionen spezifische Aufgaben zu. Ihre übersichtliche Systematik soll das Kapitel über Ziele, Aufgaben und Funktionen der Ethik zusammenfassend abschließen:

Drei Aspekte der Ethik

Unter deskriptivem Aspekt beschreibt die Ethik
- die empirisch vorfindlichen Normen- und Wertsysteme bzw. Moralkodizes (»Moralen«) bestimmter historisch-faktischer Gemeinschaften (z. B. die Moral der Hopi-Indianer, Sitten und Gebräuche der Eskimos),
- den Einfluss klimatischer, geographischer, kultureller, religiöser, ökonomischer und anderer Faktoren auf die Moral einer Gemeinschaft,
- die verschiedenen Moralen hinsichtlich ihrer Geltungsansprüche.

Unter normativem Aspekt fragt die Ethik
- nach den Prinzipien eines für alle guten Lebens,
- nach dem Maßstab moralisch richtigen Handelns,
- nach dem Moralprinzip.

Unter metaethischem Aspekt untersucht Ethik
- die Sprache und Logik moralischer Diskurse,
- die Methoden moralischer Argumentationen,
- die Leistungskraft ethischer Theorien.

2.3 Ethische Theorien und Positionen

Angesichts der Vielzahl an Theorien und Positionen und der unüberschaubaren Fülle von Veröffentlichungen über ethische Fragen ist es schwierig, einen Überblick herzustellen. In Anlehnung an eine Einteilung von Nida-Rümelin (1996) gliedere ich die verschiedenen zeitgenössischen Strömungen, Ansätze und Theorien einer normativen Ethik – stark vereinfachend – nach folgendem Muster:

Normative ethische Theorien und Positionen

1. **Utilitaristische Ethik** (Utilitarismus; konsequentialistischer Ansatz)
2. **Pflichtenethik**
   a. *kantische* Ethik (Kantianismus; deontologischer Ansatz)
   b. vertragstheoretische Ethik (Kontraktualismus; kontraktualistischer Ansatz)
   c. Tugendethik[21] (traditioneller oder feministischer Prägung)
4. **Situationsethik** (kontextualistischer Ansatz)
5. **Sonstige ethische Ansätze**

Diese Positionen werden anhand eines Fallbeispiels in Kap. 7.3 erläutert.[22]

Das Kapitel zur allgemeinen Ethik schließt an dieser Stelle. Es wurden zunächst grundlegende Begriffsklärungen vorgenommen, dann die Ziele, Aufgaben und Funktionen der Ethik beleuchtet und schließlich eine Systematik normativer ethischer Theorien und Positionen entwickelt. Damit sind die Grundlagen für eine praxisnähere Betrachtung der Ethik gelegt.

In Kapitel 3 verlassen wir die allgemeine Ethik. Nach einer kurzen Einführung in die angewandte Ethik werde ich Bereichsethiken von Berufsethiken abgrenzen und begriffliche Klärungen um die Bereichsethik der Pflege vornehmen. Um die Verortung einer Bereichsethik der Pflege innerhalb des Gesundheits- und Sozialwesens leisten zu können, sollen anschließend die beiden einflussreichsten benachbarten Bereichsethiken vorgestellt werden: die Ethik in der Medizin und die Ethik in der Sozialen Arbeit. Das Kapitel wird mit einem Ausblick auf die Erarbeitung einer Ethik in der Pflege abgeschlossen.

---

[21] Tadd (1998:367) definiert Tugendethik (virtue ethics) als »... a type of ethics which claims that agents should develop certain character traits rather than simply following rules or principles.« Was bedeutet das konkret? Nach Arndt (2003a:19) geht es der Tugendethik um Lebenshaltungen, die auf dem Hintergrund konkret benennbarer Werte eingeübt werden. »Ein solcher Wert ist beispielsweise die Freundschaft, die Verantwortung für Welt und Umwelt, für sich selbst und für die Familie. Als Kardinaltugenden wurden von Platon vier Grundhaltungen benannt: Klugheit, Gerechtigkeit, Tapferkeit, Besonnenheit. Die drei theologischen Tugenden sind Glaube, Hoffnung und Liebe. Tugenden sind nicht im Sinne von anzustrebenden Maximen zu verstehen; [sic] sondern eine persönliche Lebensausrichtung zielt auf das Einüben des Mittelmaßes zwischen den beiden Extremen, die eine Tugend umspannt. So geht es beispielsweise bei der Tapferkeit weder um unreflektierten Aktionismus noch um feige Zurückhaltung in Krisensituationen.« (ebd.)

[22] Abweichend zur Platzierung meiner Darstellung der wichtigsten ethischen Theorien in Kap. 7.3.5 finden sich Anmerkungen zur Diskursethik als eines vertragstheoretischen Ansatzes in Kap. 3.2.5 sowie zur feministischen Care-Ethik in Kap. 8.2.4.2.

3 BEREICHSETHIKEN

In den vergangenen Jahren ist Ethik zunehmend in aller Munde – wir erleben einen »Ethik-Boom« (Falk et al. 1997:14; Etzel 1999:7; Wallner 2004:27; Fahr 2005:520; Kuhlmey 2005) bzw. eine »Ethik-Hausse« (Neumann 2005:317). Viele gesellschaftliche Teilbereiche werden aus ethischem Blickwinkel unter die Lupe genommen. Die Rede ist von politischer Ethik, Medienethik, Bioethik, Sozialethik, diakonischer Ethik (vgl. Körtner 2007a:11) u. dergl.

In diesen und anderen gesellschaftlichen Teilbereichen entwickeln sich zunehmend spezielle Ethiken, so genannte Bereichsethiken. Pieper und Thurnherr (1998:12) verwenden synonym die Bezeichnung Spezialethiken. Aufgrund der variablen Schreibweise (Tier-Ethik oder Tierethik) nennt Lang sie auch Bindestrich-Ethiken (Lang 1999:464).

3.1 Bereichsethiken als Teil der angewandten Ethik

Pieper und Thurnherr unterteilen philosophische Ethik in allgemeine Ethik und angewandte Ethik (Pieper, Thurnherr 1998:9 sowie Pieper 1999:50). Bereichsethiken gehören nicht zur **allgemeinen Ethik** (Grundlagenethik), sondern sind Teil der **angewandten Ethik**.

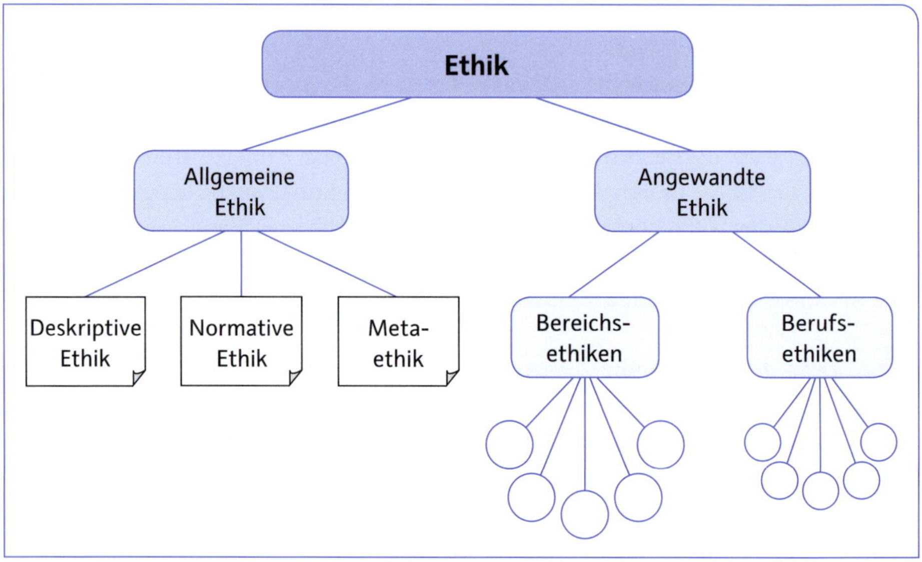

Abb. 3: Einteilung der Ethik.

Wie stehen angewandte Ethik und Bereichsethik zueinander? Nach der von mir empfohlenen Einteilung (Abb. 3) sind **Bereichsethiken ein Teil der angewandten Ethik**.

Einige Autoren verwenden die beiden Ausdrücke Bereichsethik und angewandte Ethik synonym[23], wiederum andere plädieren für eine deutliche Unterscheidung, sehen die angewandte Ethik jedoch nicht als Oberbegriff (so etwa Körtner 2007a:54).

Zwei verschiedene Standpunkte sollen kurz dargestellt werden. Einige Autoren (insbesondere Philosophinnen) bevorzugen gegenüber dem Begriff Bereichsethik den Ausdruck **angewandte Ethik** und verstehen darunter die **Anwendung allgemeiner ethischer Prinzipien auf bestimmte Lebens- und Handlungsbereiche** (so Pieper 2000:92). Im Bereich der Pflege argumentiert z. B. die Pflegewissenschaftlerin und Pflegepädagogin Lauber entsprechend: »Zur Untersuchung moralischer Aspekte pflegerischen Handelns kommen die ethischen Methoden und Prinzipien zur Anwendung, die auch in der allgemeinen Ethik Gültigkeit haben. Bei der Pflegeethik handelt es sich folglich nicht um eine neue Form der Ethik bzw. um eine ›Sonderethik‹. Vielmehr werden innerhalb der Pflegeethik Prinzipien und Theorien der allgemeinen Ethik auf die pflegerische Berufsausübung angewandt. Aus diesem Grund wird die Pflegeethik auch zu dem Bereich der angewandten Ethik gerechnet« (Lauber 2001b:257). Auch die Pflegeethikerin Ruth Schwerdt (2002c:27) bezeichnet Pflegeethik als angewandte Ethik.

Körtner (2007a:54,56) hingegen hält den Begriff der angewandten Ethik (applied ethics) für problematisch und zieht den Begriff Bereichsethik vor. Der Theologe und (Pflege)Ethiker nennt zwei Gründe:

Zum einen suggeriere der Begriff der angewandten Ethik die Vorstellung einer allgemeinen ethischen Theorie oder allgemeiner ethischer Prinzipien und Kriterien, die jeweils auf konkrete Handlungsfelder oder einzelne Handlungssituationen »angewandt« würden. Der Ausdruck »Angewandte Ethik« (Körtner schreibt das Adjektiv groß) erwecke den Eindruck, als gehe es in der konkreten Praxis lediglich um die Anwendung oder Umsetzung allgemein anerkannter und theoretisch begründeter Prinzipien (S. 14; vgl. ders. 2007c:4). Bereichsethisches Denken unterscheide sich jedoch von dieser Vorstellung. »Der Begriff der Bereichsethik geht ... davon aus, daß uns unterschiedliche Praxisfelder mit ganz verschiedenen Arten von Problemen konfrontieren, die unterschiedliche Arten der ethischen Reflexion erforderlich machen« (2007a:14; 2007c:4).

Im Begriff der Angewandten Ethik scheine, so Körtner, das klassische Modell durch, welches »top-down« argumentiere. Es gehe von jeweils einer bestimmten, für universal gehaltenen Theorie aus, die sich auf sämtliche moralische Probleme und Konfliktfelder anwenden lassen solle. Nicht nur die Wertethik oder der Kantianismus, sondern auch der in Kreisen der Diakonie zumeist heftig bekämpfte Utilitarismus seien Beispiele eines solchen Top-down-Modells (2007a:69). Dagegen bevorzugten Bereichsethiken heutzutage eher ein Bottom-up-Modell, das nicht von ethischen Prinzipien und Normen

23 wie auch ich in der 1. Auflage des vorliegenden Buches (Lay 2004:37)

ausgehe, sondern von den Besonderheiten des jeweiligen Praxisfeldes, von der Eigenart seiner moralischen Probleme und von den besonderen Bereichsrationalitäten sowie von den kulturabhängigen intuitiven Handlungs- und Entscheidungsmustern, die normalerweise vertreten würden (S. 70; mit Verweis auf Steinkamp, Gordijn 2003:136ff); die Stärke des »bottom-up«-Ansatzes liege in seiner Situationsbezogenheit.

Körtner (2007a:56; 2012:24) argumentiert weiter, der von Julian Nida-Rümelin eingeführte Begriff Bereichsethik setze (im Gegensatz zum Ausdruck Angewandte Ethik, R. L.) nicht nur voraus, dass uns unterschiedliche Praxisfelder mit unterschiedlichen Arten von Problemen konfrontierten, die ihre je eigene Art der ethischen Reflexion erforderlich machten, sondern er trage auch der Dynamik der Entwicklung auf den jeweiligen Handlungsfeldern besser Rechnung als der Begriff der Angewandten Ethik.

Wiewohl ich Körtners Anliegen (Bottom-up-Modell) vollständig unterstütze, folge ich – wie auch die meisten anderen Fachautoren – seiner Differenzierung nicht. Nach Schreiner (2001a:22) etwa impliziert der Begriff »angewandte Ethik« u. a. die Frage, ob in den Anwendungsbereichen und für diese eigene Moralprinzipien zu entwickeln sind. Dahinter steht die Überlegung, ob die allgemeinen Theorien und Prinzipien der philosophischen Ethik genügen und entsprechend auf den neuen Bereich angewendet werden sollen oder ob moralische Normen und ethische Prinzipien speziell für einen betreffenden Bereich entwickelt oder modifiziert werden müssen.

In Bereichsethiken stellen sich ethische Fragen, die aus konkreten Problemen der jeweiligen Bereiche hervorgehen. Es besteht meist ein Handlungs- und Entscheidungsdruck, den ausschließlich theoretisch arbeitende Philosophen als Vertreter der allgemeinen Ethik in dieser Form nicht kennen. Bereichsethiken berücksichtigen das spezielle Ethos und die spezifischen Bedingungen des jeweiligen Bereiches, wenn sie die Moralvorstellungen, die dort vorherrschen, am Moralitätsprinzip prüfen. Angewandte Ethiken wollen Normenkataloge erarbeiten, die auf die einzelnen Bereiche abgestimmt sind und die in den verschiedenen Problemfeldern die Sache der Humanität vertreten (Pieper, Thurnherr 1998:13).

Es muss also aus Sicht der angewandten Ethik keineswegs so sein, wie Körtner befürchtet. Die sogenannte Anwendung erschöpft sich nicht zwangsläufig darin, universelle Prinzipien der allgemeinen Ethik unverändert auf verschiedene gesellschaftliche Praxisfelder zu übertragen. Vielmehr ist es Aufgabe der angewandten Ethik zu erforschen, wie der jeweilige Bereich (z. B. Pflege oder Medizin) beschaffen ist, welche besonderen Anforderungen er stellt, unter welchen Bedingungen dort gehandelt wird und wodurch er sich von anderen Bereichen unterscheidet. Das kann nur in enger Zusammenarbeit unterschiedlicher Professionen (z. B. Philosophen, Theologen, Pflegewissenschaftler) geleistet werden (s. Kap. 9).

Theoretisch könnte selbstverständlich auch eine bereits etablierte Bereichsethik in modifizierter Form auf einen anderen Bereich ausgedehnt werden. Sollte zum Beispiel weiter an der Entwicklung einer Bereichsethik für die Pflege gearbeitet werden, oder genügt es, wenn sich Angehörige der Disziplin Pflege in die bereits etablierte Medizinethik einarbeiten? Dieser Frage widmen wir uns detailliert in Kap. 4.

Bereichsethiken etablieren sich

Bereichsethiken bilden sich in Folge gesellschaftlicher Veränderungen, die das jeweils überkommene Ethos in Frage stellen und die theoretische Auseinandersetzung herausfordern (Nida-Rümelin 1996:66). Sie etablieren sich, wenn von einflussreicher Seite ein gesellschaftlicher Bedarf glaubhaft vertreten wird.

Zu den ältesten Bereichsethiken gehören nach Nida-Rümelin (ebd.) die Rechtsethik und die Politische Ethik, zu den Bereichsethiken mittleren Alters die Technikethik und die journalistische Ethik. Jüngste Bereichsethiken sind die ökologische Ethik (Umweltethik) und die genetische Ethik (Genethik).

Ob einem gesellschaftlichen Teilbereich eine eigene Bereichsethik zugestanden wird, ist eine Frage des politischen Engagements und Geschicks. »Angewandte Ethiken entstehen indessen nicht einfach wie von selbst aus den wissenschaftlichen oder öffentlichen Diskursen, sondern müssen durch Menschen, die an den betreffenden Problemfeldern teilhaben, in die Wissenschaften und die Lebensbereiche hineingetragen werden …« (Pieper, Thurnherr 1998:13) So entstanden einige neue Bereichsethiken in den siebziger Jahren des 20. Jahrhunderts, als es in Folge sozialpolitischer Entwicklungen zu einem gesellschaftlichen und politischen Bewusstseinswechsel gekommen war.

Bereichsethiken ändern sich

Bereichsethiken ändern ihre inhaltliche Ausrichtung, d. h. ihre Schwerpunkte, wenn sich bezüglich ihrer Bereiche dauerhafte Änderungen der öffentlichen Meinung oder der Rechtsprechung einstellen.

Nida-Rümelin (1996:67) führt als Beispiel die Medizinethik auf, die mit ihrem Wechsel vom paternalistischen[24] Ethos zum Modell des autonomen Patienten einer gesellschaftlichen Entwicklung gefolgt sei. Stoecker (2011:237) bestätigt, die heutige Medizinethik unterscheide sich von der traditionellen ärztlichen Standesethik durch die zentrale Bedeutung des Selbstbestimmungsrechts der Patienten.

Bereichsethiken sind ein Teil der angewandten Ethik – Berufsethiken sind der andere Teil. Einige wenige Autoren verwenden die Begriffe Bereichsethik und Berufsethik synonym oder lehnen die Berechtigung von Bereichsethiken unter Betonung der universellen Geltung allgemeinethischer Theorien und Prinzipien ab (z. B. Reh-

[24] Der Begriff leitet sich von lat. pater (Vater) her. Needham und Ruhmann (2011:136) erklären: »Wörtlich bedeutet Paternalismus die väterliche Bevormundung. Alternativ kann er als die fürsorgliche Bestimmung über einen anderen Menschen aufgefasst werden. Dieser Standpunkt geht davon aus, dass es ethisch gut und richtig ist, über Menschen zu bestimmen, die nicht im Stande sind, selbst vernünftige Entscheide zu treffen« (vgl. zum Begriff Paternalismus Kap. 6.1.1.1.2).

bock 2001b). Auffällig ist, dass es vorwiegend Absolventinnen von Philosophiestudiengängen sind, die sich gegen die Etablierung von Bereichsethiken wenden. Hält man sich vor Augen, dass es bei dieser Frage auch um gesellschaftlichen Einfluss und Status verschiedener Berufsgruppen geht (z. B. Philosophen, Ärzte, Theologen, Pflegewissenschaftler), dann erhält die Diskussion unabhängig von der ethisch-fachlichen auch eine berufssoziologische Perspektive: Es scheint nicht selten um Vertretungs- und Bearbeitungsrechte gekämpft zu werden, um Finanzen, gesellschaftlichen Einfluss und persönliche Macht (z. B. Forschungsgelder und Lehrstühle).

Leider wird dieser selbstverständliche berufs- und wissenschaftssoziologische[25] Konflikt – zumindest in der Diskussion um die Etablierung einer Ethik in der Pflege in Deutschland – (noch) nicht offen ausgesprochen, sondern allenfalls angedeutet.[26] Berufspolitische Motive haben einen großen Einfluss auf die Etablierung von Berufsethiken.

3.2 Abgrenzung zu Berufsethiken

Bereichsethik und Berufsethik sind keine identischen Begriffe. Wo liegen die Unterschiede zwischen den beiden Termini im Gebiet der angewandten Ethik?

Bereichs- oder Berufsethik?

Kurz gesagt: Bereichsethiken bearbeiten moralische Fragen in wichtigen gesellschaftlichen Bereichen, wohingegen Berufsethiken sich mit moralischen Aspekten in Zusammenhang mit der jeweiligen Berufstätigkeit befassen.

Eine Berufsethik ist ein Ensemble von normativen Vorstellungen zum wünschenswerten moralischen Verhalten in einem bestimmten Beruf. Sie ist je nach Art, Tradition und Auftrag des Berufes unterschiedlich ausgeprägt und besteht, wie in Abbildung 4 dargestellt, aus dem Berufsethos (implizite, informelle Regeln; überwiegend mündliche Tradition) und den Berufskodizes, d. h. Ethikkodizes oder Berufsordnungen (explizite, offizielle Regeln; schriftliche Tradition).

---

25 Aus einer wissenschaftssoziologischen Perspektive erinnert dieser Machtkampf an Konflikte zwischen Vertretern der Allgemeinen Didaktik und den sich entwickelnden Fachdidaktiken. Bezogen auf die Disziplin Pflege, gibt es eine deutliche Parallele zum Versuch, neben/gegenüber der allgemeinen Betriebswirtschaftslehre bzw. der Volkswirtschaftslehre und der bereits etablierten Krankenhausbetriebswirtschaftslehre eine eigene Pflegewirtschaftslehre zu konstituieren (vgl. Thiele 2001a; ders. 2001b).

26 Körtner (2007a:106) notiert als Theologe: »Freilich haben inzwischen auch die Philosophen den Markt der Lebensberatung für sich und die sogenannte ›angewandte Ethik (applied ethics)‹ entdeckt.«

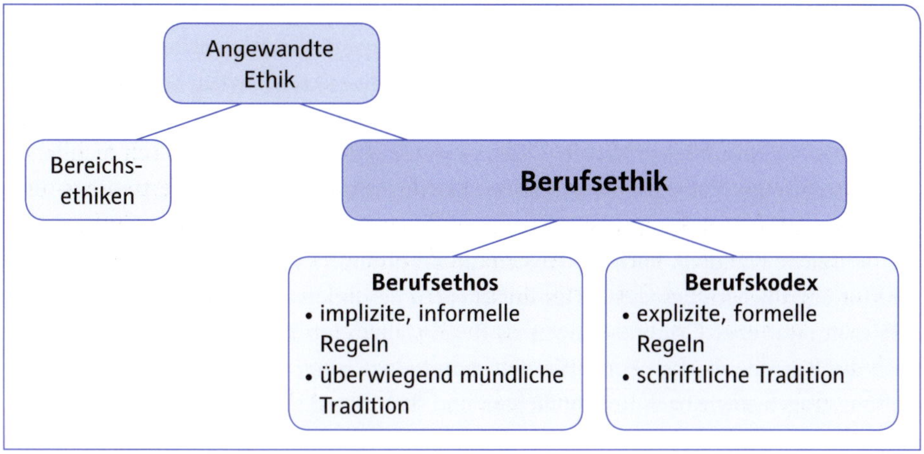

Abb. 4: Einteilung der Berufsethik.

Ein Berufskodex ist eine Sammlung beruflicher Handlungsnormen, die in Form moralischer Regeln aufgestellt wird – insofern haben wir es bei einem Berufskodex streng genommen nicht mit Ethik zu tun, sondern mit Moral. Wenner (2010:45) spricht von »in Form gegossenen« Regeln, von »kodierter Moral«, Monteverde (2012b:28) von kodifiziertem Ethos.

Antje Grauhan, eine Pionierin der deutschen Pflegewissenschaft, betrachtet solche moralischen Regeln als soziale Phänomene: Wer sie befolge, fühle sich im Einklang mit den Berufskollegen und wisse sich von ihnen akzeptiert. »Ethische Regeln dienen als innere Kontrolle, ›wenn niemand hinschaut‹. Sie dienen auch der sozialen Kontrolle, die den Neuling und den Abweichler auf den rechten Weg bringen soll.« (Grauhan 1981:349).

Berufliche Kodizes können eine wichtige Orientierungsfunktion übernehmen; sie ermöglichen die Absicherung und Rechtfertigung des eigenen Handelns und dienen somit auch der persönlichen Entlastung. Diese Funktion gilt zumindest für jene Kodizes, die auf praktische berufliche Konfliktfelder eingehen und nicht auf einer abstrakten Ebene (»Der Mensch steht im Mittelpunkt …«) verbleiben.

Monteverde (2012b:29) differenziert Berufskodizes nach folgenden Kriterien: Zum einen könnten Ethikkodizes in Bezug auf die Adressaten einen eher pflegepädagogischen, pflegepraktischen oder aber gesellschaftlichen Focus aufweisen; zum anderen differierten sie in Bezug auf die Art und Weise wie und welche theoretischen Inhalte aus der philosophischen Ethik aufgenommen würden. Außerdem unterschieden sie sich in Bezug auf den Konkretionsgrad und die Einnahme konkreter Positionen zu kontroversen ethischen Fragen.

Berufskodizes sind wichtige Teile von Berufsethiken. »Die in Kodizes verfassten Berufsethiken sind in der Regel die Zusammenstellung von Verhaltensweisen und -maximen, die sich in einem Bereich über einen längeren Zeitraum als zweckmäßig und förderlich sowie mit bestimmten Wertvorstellungen in Einklang stehend erwiesen haben. Sie entstehen meist als Reaktion auf einschneidende historische Ereignisse oder, wenn z. B. Bedarf nach einer Abgrenzung gegenüber anderen Berufen besteht.« (Schreiner 2001a:23) Dabei sind berufsethische Kodizes kein Privileg helfender Berufe, sondern lassen sich auch in Verbandssatzungen etwa der Ingenieursberufe sowie in Standesregeln anwaltlicher Berufe finden (Remmers 2000a:237).

Die Berufsethik[27] ständisch organisierter Berufe (bzw. Professionen, vgl. Weidner 1995; Lay 2002a; 2002b) wird Standesethik genannt. Auch sie präsentiert moralische Regeln für das berufliche Handeln, nach denen sich die Berufsangehörigen richten sollen. »Regeln sind für ein anwendungsorientiertes Entscheiden besonders geeignet. Unser Alltagshandeln folgt zwar eher Grundhaltungen als Regeln, aber eine Standesethik fragt bevorzugt nach der Zurechenbarkeit einer Handlung und eines Eingriffs im Zusammenhang mit Haftungsfragen sowie nach Rollenpflichten und -konflikten.« (Irrgang 1995:16)

Im Sinne einer Selbstverpflichtung legen Berufsethiken Verhaltensforderungen und -grenzen für eine Berufsgruppe fest (vgl. Gillen 1996:111; Höffe 1997:26; SBK-ASI 2005a:1); sie dienen zur Orientierung in moralischen Fragen, aber auch als Instrumente zur Herstellung und Sicherung von beruflicher Macht. Als politische Verlautbarungen sollen sie das Vertrauen der Gesellschaft in den gewissenhaften Umgang der Berufsgruppe mit gesellschaftlichen Privilegien unterstützen. Loewy (1995:10f) weist exemplarisch auf die Macht erhaltende Funktion des hippokratischen Eides hin: »Der hippokratische Eid war in der Kultur der Griechen und später der Römer ein wichtiges Werkzeug, um den guten Ruf des Arztes und der Ärzteschaft zu hüten und zu bewahren. ... In erster Linie wurde der Eid ... nicht zum Wohle des Patienten geschaffen: Gut, d. h. erfolgreich zu handeln war wichtig, weil sonst der Ruf der Medizin und der Ärzte beeinträchtigt worden wäre. Die Regeln des Eids wurden hauptsächlich deswegen geschaffen, um die ärztliche Kunst nicht in Mißkredit zu bringen und den Ruf des Arztes zu schützen.«[28]

Rabe warnt vor der Instrumentalisierung beruflicher Kodizes: »Ein berufsethischer Kodex ist einerseits Ausdruck der Wertsetzungen in einer Berufsgruppe – nicht in dem Sinn, dass er die Realität abbildet, sondern dem Nachdenken über berufliches Handeln normative Orientierung gibt. Damit verbunden ist andererseits auch der Wunsch, die Prinzipien und Regeln eines Kodex mögen zur Verbesserung der beruflichen Praxis und damit zum Ansehen des Berufsstandes beitragen. Beide Ziele ergänzen einander. Wenn der Wunsch nach Anerkennung als Profession sehr im Vordergrund steht, besteht die Gefahr, die Ethik als Mittel zum Zweck zu benutzen. Da die Berufsethik allgemein als Professionalisierungsmerkmal gilt (und in der merkmalstheoretischen Betrachtung ist hier schlicht die Existenz eines berufsethischen Kodex gemeint), könnte die Aufmerk-

---

27 Remmers verwendet neben **Berufsethik** den Begriff **Berufsfeldethik**. »Mit Berufsfeldethiken meinen wir generell an institutionell arbeitsteilig vorgezeichneten Tätigkeitsspektren orientierte, berufsständisch fundierte sowie berufspolitisch kontrollierte, in der Regel relativ abstrakte Verhaltenskodizes.« (Remmers 2000a:25f)

28 Das Ansehen der Ärzteschaft sollte u.a. durch das Verbot gesichert werden, unheilbar Kranke zu behandeln. Die noch heute stark unterrepräsentierten palliativen Anteile der Medizin legen ebenso wie die Tendenz, die Betreuung chronisch und unheilbar Kranker der Berufsgruppe Pflege zu übertragen, Zeugnis von der jahrhundertelangen Auswirkung dieser historischen Norm ab (vgl. Loewy 1995:12).

samkeit sich zu sehr auf die bloße Existenz von Kodizes richten, statt auf die Verankerung der Ethik im beruflichen Alltag von Pflegenden« (Rabe 2009a:51f).

Auch Bobbert sieht Berufskodizes kritisch: »Charakteristisch für diese Ethikkodizes scheint außerdem zu sein, daß sie meist zwischen einer Deskription, d.h. einer empirisch festgestellten Mehrheitsmoral und dem Anspruch moralischer Normativität schwanken. Lassen sich aber die moralisch-deskriptive und die moralisch-normative Ebene nicht klar trennen, wird unter Umständen auch der systematisch wichtige Unterschied zwischen Ethik und Moral undeutlich« (Bobbert 2002:50).

Der Unterschied zwischen Berufsethiken und Bereichsethiken

- **Berufsethiken** sind angewandte Ethiken, die moralische Anweisungen für bestimmte Berufe vorgeben – meist in schriftlicher Form prägnanter Kodizes oder Berufsordnungen – und dies in öffentlichkeitswirksamer Form präsentieren.
- **Bereichsethiken** dagegen sind angewandte Ethiken, die auf theoretisch anspruchsvolle Weise in relevanten gesellschaftlichen Teilbereichen (nicht Berufen!) wie z.B. Gesundheit oder Umwelt moralische Konflikte und Normen untersuchen und dabei den spezifischen Bedingungen und Problemstellungen dieser Bereiche Rechnung tragen.

Überschneidungen von Berufs- und Bereichsethik sind häufig anzutreffen. Beispielsweise ist der Hippokratische Eid Teil einer Arztethik (Berufsethik), die sich wiederum der Ethik im Gesundheitswesen zuordnen lässt (Bereichsethik).

Nachdem die Bereichsethik als angewandte Ethik der allgemeinen Ethik gegenüber gestellt worden ist und der Unterschied zwischen Bereichs- und Berufsethik herausgearbeitet wurde, sollen in einem weiteren Schritt die für die Pflege wichtigsten benachbarten Bereichsethiken untersucht werden: **Ethik in der Medizin** und **Ethik in der Sozialen Arbeit**.

Zu diesem Zweck wird zunächst ein Übersichtsschema vorgestellt, in dem diese Bereichsethiken gemeinsam mit der später zu besprechenden Bereichsethik **Ethik in der Pflege** einzuordnen sind.

3.3 Ethik im Gesundheits- und Sozialwesen

Arndt schlägt vor, von einer **Ethik im Gesundheitswesen** zu sprechen, unter deren »Dach« nebeneinander (nicht untereinander!) sowohl die **Ethik in der Medizin** als auch die **Ethik in der Pflege** und die **Ethik in anderen Berufen des Gesundheitswesens** ihren Platz haben (Arndt 1996a:17).

Passt diese Verortung für die Belange der Pflege? Gepflegt wird an den unterschiedlichsten Orten und unter vielfältigen Aufgabenstellungen. Das Spektrum reicht von der weisungsabhängigen Assistenz bei ärztlichen Eingriffen über eigenständige Tätigkeiten in der Pflege älterer Menschen im Heim sowie von der Pflege behinderter Menschen oder von Kindern bis hin zur Beratung und Schulung von pflegenden Angehörigen im häuslichen Bereich, um nur einige Ausschnitte des weiten Berufsfeldes zu nennen.

Pflege wird demnach keineswegs ausschließlich unter dem Dach des Gesundheitswesens geleistet, sondern zu einem wesentlichen Teil im Sozialwesen. So zählen die meisten Autoren sowohl die Pflege Betagter als auch die Pflege behinderter Menschen derzeit (noch) nicht zum Gesundheitswesen (vgl. die zähen Auseinandersetzungen um das bundeseinheitliche Altenpflegegesetz). Heffels (2008:16) betrachtet Pflegeethik denn auch als einen Teilbereich der Sozialethik.

Schwerdt siedelt in ihrer Dissertation die berufliche Altenpflege in einem Spannungsverhältnis zwischen Sozialfachberuf und Gesundheitsfachberuf an (Schwerdt 1998a:329). Nach heutigem Selbstverständnis könnten sich auch weite Teile der Gesundheits- und (Kinder-)Krankenpflege in dieses Spektrum einreihen.[29] Am weitesten reicht die ambulante Pflege in den Sozialbereich hinein – dies bereits heute, und nach dem Konzept der Familiengesundheitspflege der WHO umso deutlicher.

Ethik in der Pflege ist daher nicht ausschließlich Teil einer Ethik im Gesundheitswesen, sondern ebenso Teil einer Ethik im Sozialwesen. Ich verorte sie unter dem Dach einer Ethik im Gesundheits- und Sozialwesen und schlage eine neue Einteilung vor (vgl. Abbildung 5)[30].

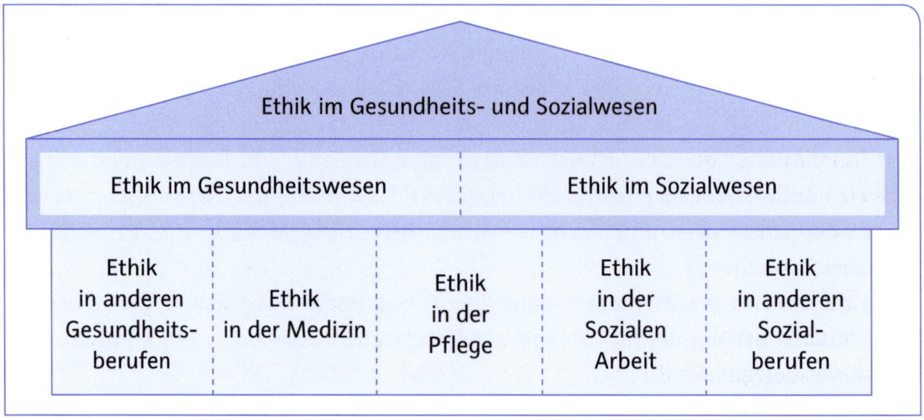

Abb. 5: Verortung der Ethik in der Pflege innerhalb der angewandten Ethik im Gesundheits- und Sozialwesen.

---

29 In der Pflege von Patienten im Krankenhaus beobachten wir zwei unterschiedliche Entwicklungen: Einerseits verlassen Pflegekräfte arztnahe technische Bereiche wie den Operationssaal zunehmend zugunsten des Einsatzes von Operationstechnischen Assistenten (OTA), anderseits kommt es immer mehr zu einer auf die Bettenstationen ausgeweiteten Intensivtherapie und -pflege.

30 Körtner nimmt eine andere Einteilung vor. Er sieht Pflegeethik als Teil einer Ethik des Gesundheitswesens (2007a:76) bzw. einer allgemeinen Gesundheitsethik (2012:26). Gesundheitsethik sei wiederum ein Teilgebiet der Sozialethik (ebd.).

Zusammenfassend halten wir fest: Wie sich Pflege heute als eigenständige Disziplin an der Schnittstelle von Gesundheits- und Sozialwesen versteht, so lässt sich analog auch **Ethik in der Pflege** nicht einseitig einer Ethik zuordnen, die sich als **Ethik der Medizin, Ethik der Gesundheitsberufe** oder **Ethik der Heilberufe** versteht. Gegenstand der Ethik in der Pflege sind moralische Fragen im Zusammenhang mit Pflege. Da Pflege sich im Gesundheits- und Sozialwesen verortet, lässt sich auch die Ethik in der Pflege nicht ausschließlich unter die **Ethik im Gesundheitswesen** subsummieren.

Pflege wie auch ihre Ethik sollten sich gegenüber ihren Nachbardisziplinen bzw. -ethiken nicht abschotten, sondern den Austausch und die Zusammenarbeit suchen. Giese (1998: 51) rät der Pflege zu einem Blick über den eigenen Gegenstandsbereich hinaus in andere Bereiche angewandter Ethik. Wie in Abbildung 5 veranschaulicht, sollte sich ein solcher »Blick über den Tellerrand« im Fall der Pflege auf die beiden wichtigsten Nachbarethiken richten: die Ethik in der Sozialen Arbeit und die Ethik in der Medizin.

Beginnen möchte ich den Exkurs in die Nachbarschaft der **Ethik in der Pflege** mit einer Erkundung der **Ethik in der Medizin.** Ich werde nach einer kurzen Einleitung die unterschiedlichen Bezeichnungen für diese Bereichsethik erläutern, um anschließend die Fragen und Themengebiete der **Ethik in der Medizin** sowie ihre wichtigsten Prinzipien zu schildern. Die Darstellung der **Ethik in der Medizin** (Kapitel 3.3) schließt mit einem kritischen Blick auf ihr Verhältnis zur benachbarten **Ethik in der Pflege**.

3.4 Ethik in der Medizin

Das Verständnis von Ethik in der Medizin bzw. Medizinethik ist sehr uneinheitlich. Manche Autoren machen ethische Fragen in der Medizin als Domäne von Philosophen oder Theologen aus; so etwa Wellmer (1995:V), wenn er deklariert: »Ethik ist kein medizinisches Fach.« Medizinethik, so Loewy (1995:22), sei »… ein Teil der Philosophie, der sich mit Medizin beschäftigt.« Aus dieser Sicht handelt es sich heute um eine Variante der philosophischen Ethik, die deren Methoden und Ergebnisse auf den Handlungsbereich der Medizin »anwendet« (Patzig, Schöne-Seifert 1995:1).

Maio formuliert als Theologe und Medizinethiker zurückhaltender: »Medizinethik geht es … um die philosophische und damit systematische Beurteilung moralischer Prinzipien im konkreten Handlungskontext der Medizin. Medizinethik lässt sich auf praktische Problemfelder der Medizin ein und versucht, mithilfe der moralphilosophischen Methoden Situationen so zu ergründen, dass Entscheidungen möglich werden, die im Einklang mit wohlbegründeten ethischen Grundprinzipien stehen und die gleichzeitig der Komplexität der klinischen Praxis gerecht werden. So stellt die besondere Berücksichtigung und Gewichtung der praktischen Situationslagen ein besonderes Spezifikum der Medizinethik dar« (Maio 2009:33f).

Andere Autoren beschreiben eine Bereichsethik der Medizin, welche die Jahrhunderte alte Geschichte und die zahlreichen Besonderheiten des Feldes gleichsam von innen heraus berücksichtigt. »Ethik ist ein elementarer Bestandteil der Medizin von ihren ersten Anfängen bis in die Gegenwart«, schreibt von Engelhardt 1997:58) und führt aus: »Die Geschichte der medizinischen Ethik oder Ethik in der Medizin ist auf Philosophie und über viele Jahrhunderte zugleich auf Theologie bezogen, besitzt aber ebenso eine eigene Entwicklung, ist Philosophie auf eigenem Boden.« (S. 38)

Die Medizin kann eine lange Tradition ethischer Reflexion aufweisen. Ursprünglich als ungeschriebenes Ethos des Heilwesens verstanden und bereits einige Jahrhunderte vor Beginn unserer Zeitrechnung in kodifizierte Form gebracht (z.B. im Hippokratischen Eid), kamen zahlreiche ärztliche Standesregeln und Kodizes einem im Laufe der Jahrhunderte gewachsenen Bedürfnis nach gesteigertem öffentlichen Vertrauen und gesellschaftlichen Einfluss entgegen.

Standesregeln und Berufskodizes reichten spätestens im modernen Zeitalter jedoch nicht mehr aus, um die vielfältigen ethischen Probleme in der Medizin zu bewältigen. Nach dem Zweiten Weltkrieg wurden die Berufskodizes für Ärzte erweitert und zu einer Medizinischen Ethik ausgebaut (vgl. Sporken 1989:712), die in Deutschland inzwischen als etabliert gelten kann. Fachzeitschriften, Akademien, Forschungseinrichtungen und vereinzelte Lehrstühle für Ethik in der Medizin stehen exemplarisch für die erzielten Fortschritte auf diesem Gebiet, wenn auch noch weiterer Entwicklungsbedarf reklamiert wird, wie etwa von Schottky: »In der Medizin ist Ethik heute ein Studien-, aber kein Prüfungsfach. So wie sich das Fach heute an der Universität präsentiert, vermittelt es einige mehr oder weniger spezielle Problemstellungen und deren Lösungsansätze. ... Es wird leider nicht erkennbar, wie alltagsrelevant das Thema Ethik ist« (Schottky 2007:2).

Kahlke und Reiter-Theil (1995:VI) attestieren der Ethik in der Medizin hier zu Lande einen deutlichen Nachholbedarf an Innovation und Investition gegenüber der angloamerikanischen Entwicklung und teilweise auch gegenüber europäischen Vorbildern. Amelung und Nüchtern beklagen, dass Ärzte in ihrer Ausbildung im deutschen Sprachraum herzlich wenig, wenn überhaupt, von kompetenter Seite her mit medizinethischen Überlegungen und sorgfältigen Reflexionen in Berührung gebracht würden. Dies sei in den Niederlanden, teilweise in Großbritannien und an den bedeutenden Ausbildungsstätten in den USA anders (Amelung, Nüchtern 1992:23). Allzu oft werde vorausgesetzt, dass medizinisches Handeln in sich »ethisch« sei, als »standesgemäßes Attribut (›mit dem Arztkittel‹)«, bedauert Wettreck (2001:133).

Hoffnungen auf eine bewusstere und/oder stärkere ethische Durchdringung der Medizin machen sich besonders an Versuchen einer frühzeitigen Beschäftigung mit ethischen Fragen im Medizinstudium und einer nachfolgenden, sich selbstverständlich im medizinischen Alltag ausbreitenden Sensibilität für moralische Fragen fest. »Wenn der Medizinstudent, wenn der junge Arzt mit den Problemen der Ethik in der Medizin vertraut gemacht werden soll, dann muß das Gespräch über ethische Fragen in der

Medizin wieder möglich werden, disziplinär und interdisziplinär. Und deshalb kann Ethik in der Medizin auch nicht nur Gegenstand einer besonderen Vorlesung, gar eines Theoretikers oder Philosophen sein. Sie muß ständiger Gegenstand in den einzelnen Fächern werden, nicht in ein Spezialkolleg abgeschoben, sondern stets gefragt und gefordert.« (Winau 1997:34)

Zahlreiche Interessengruppen bringen sich heute in den Diskurs um ethische Fragen in der Medizin ein. Nicht nur Philosophen oder Theologen, sondern eine zunehmende Zahl von Menschen aus anderen Berufsgruppen erheben ihre Stimme und nehmen Einfluss auf die Diskussion um problematische Fragen.

Ethik in der Medizin – ein interdisziplinärer Ansatz?

Ethik in der Medizin ist heute zu einer interprofessionellen Aufgabe geworden. »Es ist eine Fülle von Disziplinen, die zusammen mit der Medizin selbst das interdisziplinäre Gebiet der Ethik in der Medizin repräsentieren – Philosophie, Theologie, Natur- und Rechtswissenschaften, daneben Psychologie, Sozialwissenschaften und Ökonomie.« (Kahlke, Reiter-Theil 1995:VII)

Der Sprachgebrauch ist daher sehr uneinheitlich, wie bereits die unterschiedlichen Benennungen für die Bereichsethik selbst zeigen.

3.4.1 Begrifflichkeiten

Wie lauten die unterschiedlichen Bezeichnungen für die Bereichsethik der Medizin? Illhardt (1985) verwendet in seinem gleichnamigen Standardwerk den Ausdruck Medizinische Ethik. Medizinische Ethik liege – reflektiert oder unreflektiert – in der Situation des Helfens selbst begründet (ebd., S. 2). Er weist darauf hin, dass Medizinische Ethik v. a. in den USA – dort als bioethics bezeichnet – eine längere Tradition habe und differenzierter behandelt werde als hier zu Lande (ebd., S. IX).

Von Engelhardt nennt ein Synonym für Medizinische Ethik: »Medizinische Ethik heißt Ethik in der Medizin ... Ethik in der Medizin ist auf philosophische Ethik bezogen oder bedeutet philosophische Begründung sittlichen Verhaltens in der Medizin« (von Engelhardt 1997:52).

Schreiner (2001a:24) wiederum verwendet Medizinethik und Medizinische Ethik synonym, plädiert hingegen eher für den Ausdruck Ethik in der Medizin (1996:37), dem er eine weiter gefasste Bedeutung zuspricht: die ethischen Fragen im Handlungsbereich Medizin (2001a:24).

Frewer macht sich ebenfalls für den Ausdruck Ethik in der Medizin stark: »Hauptströmungen der Literatur führen den Titel Ethik in der Medizin im Titel, so u. a. die von U. Schlaudraff (1987) oder S. Reiter-Theil und W. Kahlke (1995) herausgegebenen Bücher; ebenso schlägt sich die Bezeichnung in der Gründung von Gesellschaften (›Akademie für Ethik in der Medizin‹, Göttingen, 1986) oder Universitätseinrichtungen (Institut für Ethik in der Medizin, Wien) nieder. Der Meinung von Patzig und Schöne-Seifert, daß sich der Begriff Medizinethik ›durchzusetzen scheint‹ (in: Kahlke/Reiter-Theil, Ethik in der Medizin, S. 1), kann daher nicht zugestimmt werden, auch wenn dies für die praktischen Probleme wenig Auswirkungen hat« (Frewer 1997:83).

Am diplomatischsten ist wohl von Engelhardts Vorschlag (1997:52,58): Er setzt Medizinische Ethik mit den Ausdrücken Ethik in der Medizin und Ethik der Medizin gleich. Sie sei keine Sonderethik, wohl aber eine Ethik besonderer Situationen, die nicht nur ärztliches Handeln betreffe: »Medizinische Ethik kann nicht nur auf den Arzt – das wäre Arztethik – beschränkt werden, sondern bezieht sich stets auch auf den Patienten und die Umwelt« (von Engelhardt 1997:52).[31]

Desgleichen warnt Frewer vor der Bezeichnung »Ärztliche Ethik«. Bei ihr sei die Gefahr am größten, sie als Sonderethik zu betrachten, obwohl sie sich nur auf besondere Situationen im Bereich der Medizin beziehe (Frewer 1997:68). Wenngleich die Begriffe Medizinische Ethik, Medizinethik und biomedizinische Ethik weiterhin – vielfach synonym – verwendet würden, sei seit Anfang der achtziger Jahre des 20. Jahrhunderts in der bundesdeutschen Fachdiskussion ein relativer Konsens entstanden, von Fragen der Ethik in der Medizin zu sprechen. Damit sei die Anwendung allgemein gültiger Prinzipien und Werte in Konfliktfeldern der Medizin intendiert, ohne die Brücke zu philosophischer Theorie wie auch interdisziplinärer Betrachtung außer Acht zu lassen (ebd.).

Frewer (1997:72) betont, Ethik in der Medizin solle immer eine Reflexion der Bedingungen der Möglichkeit guten Handelns in den Feldern der Humanmedizin bedeuten; sie könne und dürfe nicht lediglich die Einbeziehung eines Faches in ein anderes sein.

Gewohntes in Frage stellen

»Ethische Reflexion muß medizinisches Wissen und Handeln grundlegend in Frage stellen und sollte nicht als begleitende Hilfswissenschaft nur Dienstleistungscharakter annehmen.« (Frewer 1997:72)

[31] Allerdings verwendet von Engelhardt den Begriff Ethik häufig gleichbedeutend mit Moral, wenn er beispielsweise schreibt: »Ethik der Gesellschaft oder Umwelt heißt das sittliche Verhalten der Angehörigen, Freunde, Arbeitskollegen ...« (1997:54). Unter dem Punkt Ethik des Patienten zählt er die dem [verallgemeinernder, entindividualisierender Singular! R. L.] Patienten zugeschriebenen Pflichten auf.

Illhardt (1994a) beleuchtet das komplexe Verhältnis zwischen Ethik und Medizin und hinterfragt ebenfalls den Begriff der angewandten Ethik. Die Kennzeichnung der Medizinischen Ethik als angewandte Ethik dürfe nicht in der Form verstanden werden, als würde Ethik wie ein Werkzeug auf einen konkreten medizinischen »Fall« angewendet, ohne dass sie selbst sowie die Medizin sich dadurch verändern würden. Vielmehr veränderten sich bei der so genannten Anwendung (besser: im Kontakt, in der Interaktion) sowohl die Medizin als auch die Ethik. Erstere bemühe sich intensiver um das Verstehen und die angemessene Problemformulierung, während Letztere sich dahingehend verändere, dass sie nicht einfach nur Theorien, Prinzipien oder Regeln für die Anwendung zur Verfügung stelle, sondern gleichsam mit dem Anliegen der Medizin verschmelze. Dabei lerne die Ethik, dass es nicht nur um Dilemmata gehe, die sie vom höheren Standpunkt aus lösen könne, sondern um Biografien, um Geschichten von Menschen, die ohne oder mit Krankheit leben müssten (Illhardt 1994a:20f).

Illhardts Hinweis führt direkt zum Kern dieser Bereichsethik: Womit befasst sich Ethik in der Medizin und welche Aufgaben nimmt sie wahr? Im folgenden Kapitel sollen ihre verschiedenen Themengebiete aufgezeigt werden.

3.4.2 Fragen und Themengebiete der Ethik in der Medizin

»In der europäischen und amerikanischen Literatur ist seit etwa 1960 eine Erweiterung der Thematik der medizinischen Ethik zu beobachten. Bis dahin galt nur die ärztliche Ethik als eigentliche Medizinethik.« (Amelung, Nüchtern 1992:21) Heute ist das Gebiet der Medizinischen Ethik viel breiter angelegt. Es umfasst nicht nur den Bereich der ärztlichen Ethik, sondern auch den Bereich der Gesundheitspolitik und -versorgung sowie den Bereich der Gesundheitserwartungen und des tatsächlichen Gesundheitsverhaltens der Bevölkerung (ebd., S. 24). Nur wenige Autoren haben bislang die Beziehungen zwischen Ethik in der Medizin und der Qualität medizinischen Handelns aufgegriffen (zum Zusammenhang zwischen Medizinethik und Qualitätsmanagement vgl. Schmidt-Wilcke, Kleinekemper 2009).

Nach Frewer (1997:73) lassen sich die praktischen Probleme der Ethik in der Medizin unterschiedlich systematisieren. Eine Möglichkeit besteht in der chronologischen Unterscheidung, z. B. ethische Konflikte über den Beginn des Lebens, Konflikte in Lebenskrisen oder ethische Probleme am Lebensende. Hinzu kommen Fragen der Ethik in der medizinischen Forschung und der Anwendung von Technik in der Medizin. »Ein anderer Ansatz nimmt das Beziehungsdreieck Patient-Arzt-Gesellschaft zum Ausgangspunkt. Medizinethische Probleme wären demnach in Aspekte zwischen Patient und Arzt (z. B. der ›informed consent‹), Patient und Gesellschaft (u. a. Verteilungsgerechtigkeit) sowie Arzt und Gesellschaft (Technikanwendung, rechtlicher Rahmen etc.) zu unterteilen.« (ebd.)

Exkurs: Bioethik

Bioethik wird als eine angewandte Ethik betrieben, deren Gegenstand das Lebendige (griech.: bios) ist. Sie lässt sich zunächst grob unterteilen in Medizinethik, Tierethik und Umweltethik (ökologische Ethik). Illhardt (1999b:273) differenziert genauer und verweist darauf, dass der Begriff Bioethik in zweierlei Hinsicht verwendet werden kann: im weiteren Sinne zur Subsummierung ethischer Perspektiven in allen Wissenschaften, welche die Prozesse des Lebens untersuchen (Biologie, Chemie, Politologie, Soziologie, Psychologie, Journalistik, Wirtschaftswissenschaften usw.), im engeren Sinne für die ethische Reflexion im Gesundheitswesen.

Der Begriff selbst ist in den frühen siebziger Jahren des 20. Jahrhunderts in den USA aufgekommen (vgl. Siep 1998:16) und bezeichnet im Gesundheitswesen inzwischen eine häufig utilitaristisch gefärbte Ethik, die eher den biomedizinischen bzw. biotechnologischen Fortschritt zu fördern denn ihn durch Bedenken zu hemmen scheint (Wunder 1994:113). In den USA ist es üblich, statt von medical ethics von bioethics oder biomedical ethics zu sprechen (vgl. Sporken 1989:713), wobei die Tendenz heute eher zum Ausdruck health care ethics geht, »... auch aus der Einsicht heraus, daß nicht nur der klinische Teil der Medizin, sondern auch die gesamte Gesundheitsversorgung und entsprechend das Handeln der nicht-ärztlichen Gesundheitsberufe ethisch reflektiert werden muß« (Illhardt 1999b:273). Alternativ ist in den USA zunehmend der Ausdruck ethics of health care in Gebrauch (Arndt 1997c:33).

Loewy und Springer-Loewy (2005:138) verwenden die Begriffe Bioethik und Medizinethik bzw. Ethik im Gesundheitswesen synonym. Sie weiten ihre Bedeutung stark aus, wenn sie behaupten, Bioethik sei ein Bestandteil der Sozialethik, da Medizin im breitesten Sinn eine soziale Aufgabe sei.

Der australische Philosoph und Tierrechtler Peter Singer hat, so Illhardt (1999b:277), das Renommee der Bioethik nachhaltig »angekratzt«, indem er die Tötung Neugeborener zu rechtfertigen versuchte. Faller-Möller wendet sich vehement gegen diese Form der Bioethik, die Menschen über bestimmte Eigenschaften wie beispielsweise Gedächtnis, Kommunikation und Bewusstsein in »Personen« und »Unpersonen« einteilt. Nach dieser Unterscheidung werde jeder, der solchen Kriterien nicht entspreche, zu einer »Unperson« erklärt, dem Wert, Würde und Rechte abgesprochen würden. Es müsse uns, so Faller-Möller, aber bewusst sein, dass jeder Mensch in bestimmten Lebensphasen diese Kriterien vermissen lasse. Gerade die Pflege sorge sich jedoch primär um Menschen, die gemäß der kritisierten Form von Bioethik »Unpersonen« seien (Faller-Möller 1999:12).

Eurich argumentiert auf Grundlage des christlichen Menschenbildes: »Wird nur derjenige als Person bezeichnet, der über ein rationales Selbstbewusstsein verfügt, dann eröffnet sich bei einer Beeinträchtigung menschlicher Rationalität etwa durch eine Demenz oder geistige Behinderung die Möglichkeit, diese[n] Menschen nur eine graduell abgestufte Würde zuzusprechen und in der Folge ihnen auch nur eingeschränkte Rechte zuzubilligen« (Eurich 2008:356).

Im Diskurs um bioethische Aspekte [im Gesundheitswesen; R. L.] geht es nach Illhardt (1999b:274) um folgende Fragen:

1. Klinische Entscheidungskonflikte am Lebensbeginn, in Lebenskrisen und am Lebensende,
2. Gentechnologie,
3. Verstehen des Patientenwillens,
4. Forschung an nicht einwilligungsfähigen Personen,
5. Verteilung medizinischer Ressourcen (Allokation),
6. Umgang mit Patienten aus anderen Kulturen.

Nach Schreiner (2001a:24) stehen »... die großen ethischen Probleme medizinischen Handelns (z. B. Organtransplantation, Neonatologie, Therapieverzicht am Lebensende usw.)« sowie die Frage, wie ärztliches Handeln bzw. oft auch Nicht-Handeln ethisch argumentativ begründet werden könne, im Vordergrund der Ethik in der Medizin. »Noch eher am Rande beschäftigt sich die Medizinethik mit den ethischen Fragen, die durch die Erwartungen der Gesellschaft an die medizinischen Institutionen und die dort Tätigen entstehen, bzw. auch mit den ethischen Problemen, die dadurch bedingt sind, dass Ärzten wichtige gesellschaftliche Aufgaben, z. B. medizinische Leistungen zu verteilen, zugewiesen werden, wodurch immer mehr gesellschaftliche Bereiche medikalisiert werden.« (ebd.)

Loewy berichtet: »Ethische Probleme in der Medizin beschäftigen sich keinesfalls nur mit dem Lebensende ... Medizinethik befaßt sich ebenso mit anderen Themen, wie etwa des Lebensanfanges, der Selbstbestimmung, sowie mit Fragen, die mit den Beziehungen zwischen Ärzten, Schwestern, Patienten und Verwandten zu tun haben. Aber es gibt noch andere wichtige Fragen, die aufs engste mit Medizinethik verbunden sind: Etwa soziale Gerechtigkeit (besonders angesichts der enormen Kosten medizinischer Behandlungen) oder eine Klärung dessen, was als experimentell bzw. therapeutisch anzusehen ist ...« (Loewy 1995:5) Der Bereich der Fragestellungen entwickelt sich nach Loewy (1995:17) dahingehend, »... daß man keinesfalls nur individuelle Probleme, sondern auch Struktur- und Gemeinschaftsprobleme unter dem Begriff ›Medizinethik‹ versteht«.

Das inhaltliche Spektrum medizinethischer Fragen ist offenkundig sehr vielfältig. Im nächsten Kapitel sollen kurz die wesentlichen Aufgaben und Funktionen der Ethik in der Medizin genannt werden.

3.4.3 Aufgaben der Ethik in der Medizin

Aufgabe der Medizinethik ist es nach Patzig und Schöne-Seifert (1995:1), angesichts der moralischen Konflikte Handlungsanweisungen kommunikationsfördernd zu formulieren, sie zu überprüfen und zu rechtfertigen. Außerdem habe sie die wichtige

Aufgabe, bestehende oder erwogene Rechtsvorschriften unter moralischen Gesichtspunkten zu überprüfen (S. 2).

Stoecker fasst die Aufgaben klinischer (Medizin-)Ethik zusammen: »Die klinische Medizinethik kann

1. die generellen medizinethischen Erörterungen weiter auf die Umstände eines Krankenhauses herunterbrechen (z. B. durch die Formulierung von Richtlinien), vor allem kann sie aber
2. in Konsilen, Fallbesprechungen oder Schulungen den Umgang mit den moralischen Gesichtspunkten einüben, die Sensibilität für moralisch heikle Situationen erhöhen, das ethische Reflexionsvermögen stärken und dadurch die moralischen Gesichtspunkte in der Entscheidungspraxis verankern, sowie
3. natürlich in konkreten Handlungssituationen die relevanten moralischen Erwägungen in die Entscheidungsfindung einbringen« (Stoecker 2011:235).

Klinische Ethik diene damit der medizinischen Qualitätssicherung, so Stoecker (ebd.).

Insgesamt ist Medizinische Ethik, so Illhardt (1999b:280), als Plan anzusehen, medizinisches Expertentum und Rolle des Laien stärker aneinander zu binden, also den Menschen das Gefühl wiederzugeben, dass die Medizin »ihre« Medizin ist und sie nicht nur Opfer bzw. Empfänger sogenannter biomedizinischer Urteile sind. In einer früheren Publikation beschreibt Illhardt die Aufgabe der Ethik in der Medizin als Entbindung der Ahnung des Arztes, was das Gute sei – etwa im Sinne sokratischen »Hebammendienstes« (Maieutik/maieutiké), um sie handlungsbestimmend werden zu lassen. »Bedingung ist, daß er seine Handlungssituation durchschaut, vor allem den Patienten, sich selbst und seine Institution versteht, wovon dann Handlung und Entscheidung abhängen. Danach muss Ethik in der Medizin helfen,

- Maßstäbe zu finden oder zu erarbeiten, die Handeln orientieren, bewerten oder korrigieren, und
- die geplante (oder durchgeführte) Handlung mit/am Patienten sowie die eigenen Handlungsbedingungen zu verstehen.« (Illhardt 1994a:22)

Die Frage, wo sich Maßstäbe für eine handlungsorientierende, -bewertende oder -korrigierende Ethik finden lassen, leitet zum nächsten Kapitel über.

3.4.4 Prinzipien der Ethik in der Medizin

Medizinische Ethik könnte sich an obersten Normen, z. B. am Moralprinzip der Humanität orientieren, wie Sporken vorschlägt: »Vor diesem Hintergrund kann die medizinische Ethik verstanden werden als die systematische Besinnung auf verantwortliches Handeln im Bereich der Gesundheitssorge im Hinblick auf seinen humanen Charakter«. (Sporken 1989:715)

Loewy benennt ein anderes Kriterium als Entscheidendes. Er macht Leidensfähigkeit als den »Grundbegriff und das Wesen der sittlichen Frage« aus (Loewy 1995:32): Steine seien – im Gegensatz zu Tieren und Menschen – nicht leidensfähig. »Leidensfähig sein heißt, sittliche Bedeutung haben. Wesen, die Lebenspläne, Hoffnungen, Gefühle u. a. m. besitzen, und die daher, sittlich gesprochen, von Bedeutung sind, sind Subjekte …« (ebd.). Der Medizinethiker weist auf die eingeschränkte Anwendbarkeit kantischen Autonomiedenkens hin, wenn er schreibt, dass viele Menschen nicht in der Lage seien, eigene Gesetze zu machen [d. h. autonom, also nach selbst gesetzten Regeln zu handeln, R. L.]. Loewy nennt als Beispiele »Schwachsinnige«, senile Menschen und Säuglinge.

Allerdings übersieht er m. E. einen entscheidenden Schwachpunkt seiner eigenen Theorie, die er Ethik der Leidensfähigkeit nennt: Wie will er die Leidensfähigkeit eines tief Bewusstlosen von der Leidensfähigkeit eines Steines unterscheiden? Um eine Differenz zu konstruieren, braucht er andere Kriterien, z. B. den Begriff des Lebens. Damit rekurriert er aber auf ein höheres Prinzip und müsste zugestehen, dass Leidensfähigkeit nicht der »Grundbegriff und das Wesen der sittlichen Frage« ist.

Die meisten Autoren der medizinethischen Literatur postulieren kein oberstes sittliches Prinzip, sondern bevorzugen eine Orientierung an Prinzipien mittlerer Ebene. »Nachhaltig vertreten wird dieser moralische principalism, wenn auch nicht ohne kritische Einwände (vgl. Schöne-Seifert 1996:561ff) in den Medizin- und Bioethiken insbesondere anglo-amerikanischer Provenienz …« (Remmers 2000b:311) So plädieren Tom L. Beauchamp und James Childress, die bekannten Autoren des US-amerikanischen Standardwerks zur Medizinethik (»Principles of Biomedical Ethics«, Erstauflage 1979), für einen prinzipienorientierten Zugang in medizinethischen Fragen (vgl. Schöne-Seifert 1996:561ff; Illhardt 1999b:278). Vier grundlegende Prinzipien stellen sie in den Vordergrund der medizinethischen Reflexion:

1. (Negative) Schadensvermeidung (»nonmaleficence«),
2. (Positive) Fürsorge (»beneficence«),
3. Respekt vor Selbstbestimmung (Autonomie) (»respect for autonomy«) und
4. Gerechtigkeit (»justice«).

Beauchamp und Childress wählen demzufolge nicht ethische Theorien und oberste moralische Prinzipien wie etwa Ehrfurcht vor dem Leben oder Achtung der Menschenwürde als Zugang zur ethischen Diskussion, sondern ethische Prinzipien. Zu begründen ist die Positionierung auf einer mittleren Abstraktionsebene damit, dass Prinzipien »… durch allgemein geteilte Moralvorstellungen gedeckt würden und überdies das Ergebnis einer immer wieder feststellbaren Konvergenz der gängigen Theorien« darstellen (Schöne-Seifert 1996:563).

Illhardt (1999b:278) erläutert das Zustandekommen dieses Ansatzes: Im Gegensatz zu Philosophen unterliegen Ärzte einem unmittelbaren Handlungsdruck. Die von dem utilitaristisch denkenden Philosophen Beauchamp und dem deontologisch denkenden Theologen Childress vorgelegte Konsensfigur der vier genannten Prinzipien sei »... kein philosophisches Minimalprogramm, sondern eine andere Voraussetzung, wenn man keine Letztbegründungen sucht, sondern argumentative Hilfen für eine gute Praxis« (ebd.). Mit Prinzipien auf einem mittleren Niveau (unter der Ebene der Moralbegründung und über der Ebene der Handlungsregelung) versucht die amerikanische Medizinethik eine pragmatische Herangehensweise, mit dem Ziel eines gut begründeten Handelns (ebd.). Damit wird auch eine Außenwirkung bezweckt: »Durch eine fallbezogene Anwendung zentraler ›principles of biomedical ethics‹ – ›non-maleficience‹, ›beneficience‹, ›autonomy‹ und ›justice‹ – sollten medizinethische Probleme in einer pluralistischen Gesellschaft transparent gemacht werden« (Frewer 1997:79).

Der prinzipienethische Ansatz, wie ihn Beauchamp und Childress vertreten, macht die medizinische Ethik für Nichtphilosophen verständlich und zugänglich (Wallner 2007:31). »Dieser Ansatz grenzt sich von einem Ethikverständnis ab, das philosophische Theorien auf moralische Fragen und Probleme ›anwenden‹ möchte. In der Prinzipienethik werden nicht Theorien (wie z. B. eine kantische oder utilitaristische) an medizinische Sachverhalte herangetragen und dann die ethische Diskursarbeit den Philosophen überlassen, sondern es werden die allgemein zugänglichen Prinzipien an die Praxis herangetragen, wo sie den Akteuren die Entscheidungsfindung erleichtern sollen.« (ebd.)

Die vier von Beauchamp und Childress gewählten Prinzipien sind der Tradition des medizinischen Ethos entnommen, wie es sich seit der Antike über die Zeit der Aufklärung bis in das 20. Jahrhundert entwickelt hat. »Traditionell starke Argumente wie das ›Nichtschadens-‹ und das ›Fürsorge‹-Prinzip aus dem ›vielbeschworenen‹ hippokratischen Gedankengut sind wesentliche Elemente medizinethischer Theorie. Die Autonomie des Patienten und die Idee der Gerechtigkeit repräsentieren jüngere, wenngleich ebenso wichtige Inhalte.« (Frewer 1997:78)

Ein Bearbeiten moralischer Fragen auf der Ebene von ethischen Prinzipien (zwischen obersten Moralprinzipien und moralischen Regeln) kommt zwar den Bedürfnissen von medizinischen Praktikern entgegen, wirft jedoch auch Probleme auf.[32]

Das System der ethischen Prinzipien nach Beauchamp und Childress ist, wie alle auf mittlerer Abstraktionsebene angesiedelten Prinzipienkataloge, sehr heterogen. Ärzten sind mit diesen Katalogen Prinzipien auferlegt, die nicht selten konfligieren. Wie kann man in der Medizin bei im Einzelfall widerstreitenden oder gleichberechtigten Werten handeln? Welche Werte sind dabei für die Medizinethik im Allgemeinen und für den praktisch tätigen Arzt im Konkreten vorrangig? (Frewer 1997:79)

Die Verpflichtung eines Arztes, »... nur im besten Interesse des Patienten zu handeln (principle of beneficence) bzw. Schaden von ihm fernzuhalten (principle of non-

[32] Vgl. hierzu ausführlich Maio (2009); er empfiehlt für die Medizinethik keine ausschließliche Orientierung an der Prinzipienethik der »Bioethik-Nestoren« Beauchamp und Childress, sondern die Berücksichtigung weiterer medizinethischer Ansätze. Er nennt die narrative Medizinethik (sie lenkt den Fokus weg von abstrakten Theorien hin zu individuellen Deutungsmustern des Patienten selbst), die Fürsorgeethik (»care ethics«, vgl. Kap. 8.2.4.2) und die kasuistische Medizinethik, welche paradigmatische Fälle nutzt, um im Einzelfall zu Lösungen zu kommen (Maio 2009:34,47f).

maleficence) und dabei das Selbstbestimmungsrecht des Patienten (principle of autonomy) zu respektieren, stehen auf der einen Seite. Demgegenüber stehen Prinzipien, die dem Ethos der Gemeinschaft und dem Ausbalancieren von Interessen verpflichtet sind wie etwa die Prinzipien der Fairneß und Nützlichkeit (principles of fairness and utility)« (Illhardt, Piechowiak 1995:129). Weil dieses ärztliche Dilemma alle angeht, sollte die Diskussion sozialethischer und individualethischer Prinzipien und ihrer konkreten Vermittlung nicht nur von öffentlichem Interesse sein, sondern eine öffentliche Aufgabe werden (Illhardt, Piechowiak 1995:129).

Die Beschreibung der seit vielen Jahrzehnten etablierten Bereichsethik der Medizin soll im nächsten Kapitel mit Ausführungen zu ihrer Positionierung gegenüber dem »Newcomer« Ethik in der Pflege abgerundet werden.

3.4.5 Verhältnis zur Ethik in der Pflege

»Die Ethik ist Domäne der Medizin. Sie wird zum Attribut medizinischer Macht. Und auch umgekehrt gilt: Wer die Macht hat, bestimmt auch die Ethik. Ethik-Fragen sind immer auch Macht-Verteilungs-Fragen. [Fußnote:] So ist es ein Unterschied der Positionsmacht, ob im klinischen Alltag ein Krankenpfleger oder ein (promovierter) Psychologe die Behandlung eines Patienten als unverantwortlich bezeichnet, selbst wenn es mit derselben Argumentationsstruktur geschieht.« (Wettreck 2001:133)

Wie Großklaus-Seidel feststellt, war die medizinische Ethik bei der Erörterung ethischer Fragen im Zusammenhang von Krankheit und Gesundheit bislang tonangebend. »Sie erhob den Anspruch, für alle Berufsgruppen im Gesundheitswesen mitzusprechen.« (Großklaus-Seidel 2002:13) Also sprach sie auch für die größte Berufsgruppe im Gesundheits- und Sozialwesen mit: für die Pflege.

Einem in dieser Hinsicht traditionellen Verständnis verpflichtet, sieht von Engelhardt Pflege als Teil der Medizin, wenn er Pflege bzw. Pflegepersonen im Zusammenhang mit Fragen der Ethik in der Medizin nennt: »Medizinische Ethik meint: Ethik des Arztes und der Pflegepersonen, Ethik des Patienten wie Ethik der Umwelt« (1997:52) und »Ethik ist ein elementarer Bestandteil der Medizin ... – Ethik der Medizin in den drei Zentren Arzt und Pflegepersonen, Kranker und Gesellschaft; ... Ethik der Medizin unter den jeweiligen Bedingungen von Diagnostik, Therapie und Pflege ...« (S. 58).

Auch Frewer subsummiert Pflegeethik unter Medizinethik, wenn er erklärt: »Wenn hier ... vom ›Arzt‹ die Rede ist, so ist dies nur als sprachliche Vereinfachung zu sehen; in gleicher Weise sind Ärztin und Arzt sowie auch die Einbeziehung pflegeethischer Praxis intendiert« (Frewer 1997:83). Loewy folgt ebenfalls dieser Tradition, wenn er behauptet: »In der Medizinethik handelt es sich also um die Pflichten von Ärzten, Schwestern und anderen Mitarbeitern ...« (Loewy 1995:103, vgl. auch S. 19, 24, 37, 38).

Vereinnahmung der Pflegeethik

Die Auffassung, Ethik in der Pflege sei ein Teilbereich der Ethik in der Medizin, entstammt der traditionellen Ansicht, Pflege sei ein Teil der Medizin. Schröck nennt die weit verbreitete Vorstellung, dass Pflegeethik eine Unterkategorie der Medizinethik sein müsse, provozierend den »Mythos des Hippokrates« (Schröck 1995:319). Diese Vorstellung ist sowohl bei Ärzten als auch in Pflegeberufen[33] weit verbreitet.

Nach Remmers (o. J.:55) versteht sich die Medizinethik – zumindest in neueren Varianten – als eine transdisziplinäre Wissenschaft, unter deren Dach sich eine Pflegeethik nicht nur als disziplinärer, sondern vielmehr als subdisziplinärer Anteil verorten lassen soll. Kohlen erklärt diese Entwicklung: »Mit der steigenden Bedeutung der Bioethik im Gesundheitswesen ist die Ethik der Pflege zu einer Unterdisziplin der Medizinethik geworden« (Kohlen 2010a:33).

Wenn Pflege die Subsumption kritiklos hinnimmt oder sich diese gar selbst zu Eigen macht, bleibt sie von wichtigen Entscheidungsprozessen ausgeschlossen, zumindest aber in wichtigen Gremien unterrepräsentiert. Beispielsweise sind Pflegende in Deutschland nur in 10 % aller Ethikkommissionen vertreten (Rabe 2008a:443). Rabe moniert zu Recht (ebd.): »Die Pflege beteiligt sich bisher insgesamt noch zu wenig am ethischen Diskurs im Gesundheitswesen, obwohl sie die größte Berufsgruppe ist und aufgrund ihrer großen Nähe zu den Patientinnen eine wichtige Perspektive einzubringen hat. Es ist eine der Herausforderungen auf dem Weg der Professionalisierung: Die Pflege wird sich ihren Platz im Diskurs erkämpfen müssen, er wird ihr nicht einfach von anderen eingeräumt.«

Im Jahr 1986 gründeten einige Ärzte, Philosophen und Theologen die Akademie für Ethik in der Medizin e.V. (AEM). Die Akademie war als interdisziplinäres Forum gedacht, »… zunächst mit dem Ziel, die Institutionalisierung der Medizinethik in Deutschland voranzutreiben, was in der Folge auch gelang. Die Interdisziplinarität der Akademie erstreckt sich mittlerweile auch auf die Pflege, deren Beteiligung ausdrücklich gewünscht wird. Inzwischen hat die Akademie mehr als 500 Mitglieder. Mediziner bilden mit 85 % die stärkste Gruppe, gefolgt von Philosophen und Theologen. Der Anteil der Pflegenden beträgt bisher nur ca. 5 %« (Rabe 2009a:69). Pflegende sind in der AEM damit deutlich unterrepräsentiert; allerdings war zwischen 1994 und 2010 permanent eine Vertreterin aus der Pflege im Vorstand der AEM tätig (Sauer, May 2011:37).

---

[33] Zu den Pflegeberufen zähle ich Altenpfleger/innen, Altenpflegehelfer/innen, Gesundheits- und Krankenpfleger/innen, Krankenpflegehelfer/innen und Gesundheits- und Kinderkrankenpfleger/innen. In naher Zukunft werden vermehrt Pflegeassistentinnen und -assistenten hinzukommen. Dagegen rechne ich Hebammen/Entbindungspfleger sowie Heilerziehungspfleger/innen zu den der Pflege »verwandten« Berufen.
In Deutschland waren nach Berechnungen von Simon (2012:3) im Jahr 2009 ca. 1,21 Mio. Menschen in Pflegeberufen beschäftigt, davon ca. 820.000 Pflegefachkräfte (Pflegekräfte mit dreijähriger Ausbildung incl. Hebammen und Entbindungspflegern).

Seit September 1995 existiert in der AEM eine Arbeitsgruppe »Pflege und Ethik«, in der sich renommierte Vertreterinnen der Ethik in der Pflege engagieren, u.a. Irmgard Hofmann und Marianne Rabe. Im publizistischen Organ der AEM, der Zeitschrift »Ethik in der Medizin«, erscheinen regelmäßig Beiträge von Pflegenden.

Stellt die Mitarbeit von Pflegevertreterinnen in medizinethischen Gremien eine unzeitgemäße Anpassung an bzw. Eingliederung in das medizinethische System dar oder beobachten wir hier wie anderswo, dass sich Pflege zunehmend Geltung und angemessenen Einfluss verschafft, indem sie ihre Perspektiven in den gegenwärtig gegebenen Strukturen konstruktiv einbringt? Einer von mehreren Vorteilen der Mitarbeit in medizinethischen Organisationen ist, dass sich Pflege als ernst zu nehmende, mündige Partnerin in die interdisziplinäre Kooperation begibt. Vielleicht gelingt es auf diese Weise, in medizinethischen Organisationsstrukturen Erfahrungen zu sammeln, gegenseitiges Verständnis zu fördern und so den Boden zu ebnen für eine zukünftig zu etablierende Infrastruktur einer der Medizinischen Ethik gleichberechtigten Ethik in der Pflege. Ziel ist m.E. nicht die mittelfristige Emanzipation der Ethik in der Pflege, sondern die langfristige konstruktive Zusammenarbeit zweier gleichberechtigter benachbarter Bereichsethiken.

Rabe scheint dieser Einschätzung z.T. zuzustimmen: »Wenn Pflegeethik überwiegend in Abgrenzung von der Medizinethik konzipiert wird, dann nimmt sie nicht an der regen interdisziplinären und internationalen Debatte teil, wie sie etwa in der Akademie für Ethik in der Medizin stattfindet, sondern bewegt sich nur in ihrer eigenen Welt; sie ist nicht vernetzt und wird mit ihrer wichtigen patientennahen Perspektive nur wenig wahrgenommen. Die Pflege selbst sollte ihre Abgrenzung als notwendige Phase im Prozess ihrer Emanzipation von der Medizin sehen, sich aber zugleich selbstbewusst an einer kritischen Debatte über das Gesundheitswesen und die Ziele der Medizin beteiligen. Dort ist ihre Stimme und Perspektive besonders notwendig als Ergänzung und Korrektur der anderen Disziplinen« (Rabe 2009a:72).

Pflege kann im ethischen Diskurs wichtige Beiträge einbringen; allerdings ist ethische Bildung eine Grundvoraussetzung zur Mitarbeit in klinischen oder gesundheitspolitischen Ethikgremien. Koch (2010:215) argumentiert folgerichtig: »Ohne entsprechende Kenntnisse im Bereich der Ethik werden Pflegende auch längerfristig nicht den erwünschten Zugang zu den Funktionen und Gremien, zu Kommissionen und Komitees haben, die an der Klärung ethischer Fragen in den Einrichtungen arbeiten. Diese bestimmen aber durch die Entwicklung von Handreichungen, Standards oder Leitlinien zunehmend gerade die Aspekte pflegerischer Tätigkeit, die in besonderer Weise die berufspolitische und persönliche Autonomie der Pflegenden betreffen. Auch aus berufspolitischer Sicht ist es notwendig, sich ein Mitspracherecht z.B. bei der Gesetzgebung oder zumindest bei beschlussfassenden Gremien zu sichern.« Heubel setzt große Hoffnungen auf den wachsenden Einfluss der Pflege: »Eine ihrer selbst bewusste Pflege wird im politischen Kräftespiel des Gesundheitswesens gebraucht. Es wird zum Beispiel eher die Pflege als die Ärzteschaft sein, die sich der kompletten Kommerzialisierung der Medizin entgegenstellt« (Heubel 2010:75).

Dank höherer Bildung konnte sich die Disziplin Pflege in den vergangenen Jahrzehnten unbestritten bereits deutlicher in gesundheitsethische Diskussionen einbringen und sich in politischen Gremien mehr Gehör verschaffen. Ausschlaggebend waren nicht zuletzt eine verstärkte berufsverbandliche Arbeit, die Etablierung von Pflegestudiengängen sowie eine zunehmende Zahl qualitativ hochwertiger Veröffentlichungen – auch zu Ethikthemen.

Seit einigen Jahren zeigen sich nun in der gesundheitsethischen Diskussion Tendenzen zu einem veränderten Sprachgebrauch. Es ist in der Fachliteratur nicht allein von Medizinischer Ethik, Medizinethik oder Ethik in der Medizin die Rede – hingegen tauchen zunehmend übergeordnete Ausdrücke und Beschreibungen auf, wie etwa Ethik in den Heilberufen (Reiter-Theil, Kahlke 1993:329; Kahlke, Reiter-Theil 1995a:VI) oder die differenzierende Aufzählung »ethische Probleme in der Medizin, in den Heilberufen und im Gesundheitswesen« (Wellmer 1995:V). In den Niederlanden hat sich der Ausdruck Gesundheitsethik durchgesetzt, der berufsgruppenübergreifend alle ethischen Probleme bezüglich Gesundheit und Gesundheitsförderung umfasst (Sporken 1989:713; Georg, Frowein 1999:270).

Schreiner (1996:37f) argumentiert, der Ausdruck Ethik der Gesundheitsberufe sei zutreffender als der Ausdruck Ethik in der Medizin, weil im Tätigkeitsbereich Medizin nicht nur Ärzte arbeiteten und die Begründung des Handelns in arbeitsteiligen Prozessen nicht Sache einer Berufsgruppe sein könne. Die aktuelle Entwicklung scheint sich teilweise tatsächlich zu einem partnerschaftlichen Miteinander der Gesundheitsberufe hin zu bewegen, das auch die Patienten/Klienten mit ins Zentrum der Verantwortung nimmt.

Zwar fordern einige Gesundheitsethiker, die Pflege und ihre Ethik separat zu betrachten (»Die Pflegeethik darf nicht länger als Teilausschnitt der Medizinethik oder gar nur als deren Anhang behandelt werden«, so etwa Körtner 2004:136), doch wird die Subsumption der Pflegeethik unter die Medizinethik in medizinethischen Publikationen bislang weitgehend beibehalten. »Angesichts einer sich erst heute in ihren künftigen Konturen abzeichnenden Risikofaktorenmedizin wird Medizinethik in einem umfassenderen Sinne zur Gesundheitsethik … Die klassische Medizinethik, die unausgesprochen weitgehend mit Arztethik identifiziert wurde, weitet den Kreis der Träger von Gesundheitsverantwortung aus; neben die Arztethik und Pflegeethik tritt als neues Konglomerat von Verantwortungen die Patientenethik oder besser ausgedrückt: die Ethik des mündigen Bürgers im Umgang mit den Risikofaktoren für Gesundheit, die nach der Ausbildung eines individuellen Gesundheitsethos verlangt …« (Sass 1998:81f) Und weiter: »Medizinethik bleibt nicht mehr beschränkt auf Arztethik oder Pflegeethik. … Innerhalb der medizinethischen Forschung wird zwischen Arztethik, Pflegeethik, Patientenethik und Institutionenethik zu differenzieren sein« (S. 95).

Mit wenigen Ausnahmen – Sporken nennt Pflegepersonal »nicht-medizinische Berufstätige« (Sporken 1989:719) – scheinen Mediziner wie Medizinethiker zu verkennen, dass Pflege nicht mit (akut-)medizinischer Gesundheits- und Krankenpflege identisch ist, sondern gerade im Bereich der Altenpflege und der ambulanten Pflege eher im Sozialwesen beheimatet ist. Diesem Irrtum unterliegen auch einige namhafte Vertreter der Pflege, wie beispielsweise die Definition von Pflegeethik im »PflegeLexikon« erkennen lässt: Pflegeethik umreißt nach Georg und Frowein (1999:683) die medizinischen Handlungskonflikte unter den speziellen Bedingungen der Pflege, die Beziehungsgestaltung zu den Patienten und die Herausforderung beruflichen Handelns zwischen Autonomie und Kooperation. An dieser Definition stimmt einiges nicht: In der stationären Altenpflege gibt es zwar Bewohner, jedoch keine Patienten, und die Handlungskonflikte werden meist keine medizinischen sein. Überdies ist nicht jeder Handlungskonflikt ein moralischer Konflikt und damit ethisch relevant.

Eine als Krankenpflegeethik verstandene Pflegeethik findet in medizinethischen Publikationen noch am ehesten Anerkennung und Unterstützung. Wenn in diesem Sinne auch einzelne, in der Medizinethik tätige Forscher von der Annahme ausgehen, »… daß ein eigenständiger Zugang der Krankenpflegeberufe zu ethischen Fragen der Patientenbetreuung sinnvoll und legitim ist« (Reiter-Theil 1999b:207f, Psychologin und Medizinethikerin), stellen wir zusammenfassend fest, dass einer eigenständigen Bereichsethik Ethik in der Pflege insbesondere von ärztlichen Vertretern der Medizinethik überwiegend keine Existenzberechtigung zugestanden wird.

Darf die Pflege keine eigene Bereichsethik haben?

Vor diesem Hintergrund stimmt es bedenklich, dass die anerkannten Prinzipien der Medizinethik zwar Autonomie an erster Stelle nennen, wohingegen der größten Berufsgruppe im Gesundheits- und Sozialwesen eine eigene Bereichsethik verwehrt werden soll (vgl. *Arndt* 2000c:55).

3.4.6 Fazit

Ethik in der Medizin ist heute nicht lediglich eine Sammlung von ärztlichen Berufskodizes, sondern eine pluridisziplinär[34] angelegte, grundsätzlich etablierte Bereichsethik mit dem Anspruch auf weitere institutionelle Fundierung. Sie arbeitet – zwar nicht ausschließlich, doch deutlich überwiegend – mit ethischen Prinzipien mittlerer Abstraktionsebene.

Wurde Medizinethik noch bis in die siebziger und achtziger Jahre des 20. Jahrhunderts als eine Ethik ärztlichen Handelns verstanden, so will diese Bereichsethik heute umfassend die moralischen Fragen im Gesundheitswesen in den Blick nehmen. Während sich Medizinethiker in Deutschland nicht auf eine einheitliche Benennung der Bereichsethik einigen können und sich lediglich tendenziell eine Präferenz der Bezeichnung Ethik in der Medizin abzeichnet, wird die inhaltlich längst als eine

[34] Der Ausdruck »pluridisziplinär« geht auf den lateinischen Begriff plures (mehrere, mehrerlei) zurück.

umfassende Ethik des Gesundheitswesens konstruierte Bereichsethik in den Niederlanden bereits mit diesem Terminus benannt.

Eigenständigkeit entwickeln

Traditionell erhebt Medizinische Ethik den Anspruch, auch die moralischen Fragen im Zusammenhang mit Pflege mit zu vertreten und zu bearbeiten. Vertreter einer sich konstituierenden Bereichsethik der Pflege setzen sich gegen diesen – nicht selten entmündigend wirkenden – Anspruch zunehmend zur Wehr.

Unter dem Dach der Ethik im Gesundheits- und Sozialwesen ist Ethik in der Medizin eine der Nachbarinnen der Ethik in der Pflege (vgl. Abb. 5 in Kap. 3.2.4). Im Folgenden wird nun die zweite benachbarte Bereichsethik vorgestellt: die Ethik in der Sozialen Arbeit.

Nach einer kurzen Einführung in die Berufsethik der Sozialen Arbeit sollen befürwortende und kritische Positionen zur weiteren Etablierung und Vertiefung dieser Berufsethik referiert werden. Begründungen einer Ethik in der Sozialen Arbeit sowie Beschreibungen ihrer Hauptaspekte, ihrer Werte und Prinzipien sowie ihrer Aufgaben schließen sich an.

Nachdem die Beziehungen zwischen Ethik und Qualität in der Sozialen Arbeit und die Ziele einer entsprechenden beruflichen Bildung erschlossen sind, gebe ich eine kurze Zusammenfassung der wichtigsten Aspekte dieser Ethik.

3.5 Ethik in der sozialen Arbeit

Wodurch unterscheidet sich Soziale Arbeit von Pflege und Medizin? Nach Klie (1998a:131) zeichnet sie sich gegenüber den zwei genannten Nachbardisziplinen durch ihre Netzwerkkompetenz, die methodische Orientierung am Empowerment[35]-Konzept und das Paradigma der Lebensweltorientierung[36] aus. Außerdem hat sie es nicht mit dem Körper der Klienten zu tun; ihr Aushandlungsort ist das Soziale: die Zusammengehörigkeiten, Lebensorte, Verhandlungen mit Institutionen, Familien und Instanzen des Staates. »In der Sicherung und auch Wiederherstellung sowie Reinszenierung sozialer Architekturen besteht der Handlungsauftrag der Sozialen Arbeit, die nicht nur Agentur für Dienste und Einrichtungen bzw. Makler des Klienten ist.« (ebd.)

[35] Der von Julian Rappaport entwickelte Begriff Empowerment meint die Bestärkung von Klienten durch Professionelle mit dem Ziel der (Wieder-)Gewinnung von Stärke, Kraft und Kreativität zur Gestaltung der eigenen Lebensräume (vgl. Grams 1998:48).

[36] Damit ist keineswegs ausgesagt, es gebe in Medizin und Pflege keine Orientierung an der Lebenswelt (vgl. für die Medizin exemplarisch: Illhardt 1994a; für die Pflege: Habermann 1995; Schnepp 1997); sie besitzt in den genannten Disziplinen jedenfalls unzweifelhaft (noch?) einen geringeren Stellenwert als in der Sozialen Arbeit.

Auch die Soziale Arbeit ist dabei, eine Bereichsethik zu entwickeln. Sie steht in diesem Prozess – zumindest in Deutschland – noch in den Anfängen, kann aber bereits auf einen erheblichen Fundus an Wissen zum Thema Ethik in der Sozialen Arbeit zurückgreifen. Den Ausdruck Ethik in der Sozialen Arbeit verwenden allerdings nur wenige Autoren (z. B. Bango 1999; Walser 2001) – die meisten sprechen von einer Berufsethik der Sozialen Arbeit und meinen damit die Berufsethik der Sozialarbeiter und Sozialpädagogen.[37] Sie scheint im Mittelpunkt des berufspolitischen Interesses zu stehen, wie die Beiträge zum Thema Ethik in den Fachzeitschriften und die Veröffentlichungen der Berufsverbände zeigen.

3.5.1 Berufsethik der Sozialen Arbeit

Nach dem derzeitigen Stand der Diskussion soll in der Sozialen Arbeit nicht etwa eine Bereichsethik, sondern eine Berufsethik begründet und etabliert werden (vgl. Kap. 3.2). Zu diesem Zweck überarbeiten die verschiedenen nationalen und internationalen Berufsverbände sowohl Berufsordnungen als auch Berufskodizes.

3.5.1.1 Berufskodizes als Hoffnungsträger der Sozialen Arbeit

Bauer und Hansen (1999:17f) hoffen, dass das Aufgreifen und Ernstnehmen ethischer Fragen im Prozess der Entwicklung eines Ethik-Kodex der Sozialen Arbeit in der Bundesrepublik zu einem professionellen Selbstbewusstsein verhelfen könne. Lange Zeit seien soziale Dienstleistungen im Rahmen einer konfessionellen Wohlfahrtspflege und deren christlicher Moralvorstellungen erfolgt. Da aber heute nicht mehr selbstverständlich von der Geltung theologischer Ordnungssysteme ausgegangen werde, erscheine im Zeichen der Ökonomisierung Sozialer Arbeit eine »Qualitätsüberprüfung der christlichen Nächstenliebe« als paradox-blasphemisches Unterfangen. »Die Profession der Sozialen Arbeit muss sich … auf ihre eigene Ethik verständigen – ein notwendiger und überfälliger Säkularisierungs- und Modernisierungsschritt an der Schwelle zum 21. Jahrhundert.« (ebd., S. 18)

Die gegenwärtige Besinnung auf ethische Grundlagen, so die beiden Autoren, könne einen Beitrag dazu leisten, dass die Soziale Arbeit den Mut zur Wahrnehmung ihrer gesellschaftspolitischen Verantwortung finde. Die Formulierung eines Ethik-Kodex' könne in der Diskussion über Ökonomisierung und Kommerzialisierung als »ethisches Gegengewicht« bedeutende Akzente setzen (Bauer, Hansen 1999:17).

Außerdem könne auf diese Weise die Profession gesellschaftlich aufgewertet werden: Ein Ethik-Kodex trage dazu bei, »… den professionellen Status von Sozial-

[37] Der Begriff Soziale Arbeit wurde 1982 von Albert Mühlum als Bezeichnung für die gemeinsame Praxis von Sozialarbeit und Sozialpädagogik vorgeschlagen, mit der Bestrebung, eine entsprechende Wissenschaft der Sozialen Arbeit zu entwickeln (vgl. Mühlum et al. 1997:243). Der Ausdruck Soziale Arbeit konnte sich zwar durchsetzen, wird heute aber häufig als Oberbegriff für Praxis und Wissenschaft der Sozialarbeit/Sozialpädagogik verwendet. Hug (2009:103ff) verwendet für die Berufsangehörigen die Begriffe Sozial Arbeitende bzw. Sozialarbeitende.

arbeiter/inne/n [sic][38] sowie deren Integrität und Verantwortlichkeit zu unterstreichen und das Bild der Sozialen Arbeit in der Öffentlichkeit zu profilieren« (ebd.). Berufskodizes sollen nach dieser Argumentation in erster Linie die gesellschaftliche Anerkennung der Berufsgruppe als Profession vorantreiben.

Daneben soll ein Kodex der Sozialen Arbeit den Berufsangehörigen als moralische und berufskundliche Orientierung dienen. Und schließlich soll er auch den schutzbedürftigen Klienten Vorteile bringen. »Die Nutzer/innen personenbezogener sozialer Dienstleistungen sind in aller Regel keine souveränen ›Konsumenten‹, sondern Menschen, die sich zumeist in einer äußerst verletzlichen Lebenslage befinden. ›Codes of Ethics‹ können den Nutzer/innen personenbezogener sozialer Dienstleistungen als Schutz dienen und verhindern helfen, dass sie schlecht behandelt, übervorteilt, vernachlässigt oder mißbraucht werden.« (Bauer, Hansen 1999:17)

Der letztgenannte Aspekt steht in der berufsethischen Diskussion innerhalb der Sozialen Arbeit etwas im Hintergrund. So kann Reetz bissig die Frage stellen: »Doch was bringt ein solcher Berufskodex letztlich denen, die er als Nebeneffekt auch noch schützen will, nämlich den KlientInnen der Verbandsangehörigen?« (Reetz 2001:8) Im vergangenen Jahrzehnt führte allerdings die zunehmende Ökonomisierung der Sozialen Arbeit dazu, dass viele »Kunden« der Sozialen Arbeit zwischen verschiedenen Anbietern wählen können, sich dessen auch bewusst sind und selbstbewusst hohe Ansprüche an die Dienstleistung Soziale Arbeit stellen. Insofern trifft die alte Leitidee, Klienten seien keine souveränen Konsumenten, sondern schutzbedürftige Fürsorgeempfänger, immer seltener zu.

Entsprechend stößt die Forderung nach Etablierung von Berufskodizes in der Sozialen Arbeit seit vielen Jahren auch auf erhebliche Kritik.

3.5.1.2 Kritik an einer Berufsethik für die Soziale Arbeit

Während Volz (1996:27) mit ironischem Unterton von einer relativ folgenlosen, im deutschen Kontext besonders unbekannten und besonders wenig ernst genommenen »Präambel-Ethik« der Berufsordnungen und Ethikkodizes spricht, ist Wegeners Kritik eine grundsätzliche:

Wenn mit ethischen Kodizes Handlungen determiniert werden sollen, dann wäre damit »... die Sittlichkeit gerade deshalb nicht gefördert, weil die Freiheit eingeschränkt« würde (zit. n. Abbenhues 1995:276). Dieser Argumentation lässt sich u. a. entgegenhalten, dass gerade eine überzeugende und verbindliche Berufsethik die Grundlage für gesellschaftliche Anerkennung und Wertschätzung bilden und mit dazu beitragen könnte, die Arbeitsbedingungen in der Sozialen Arbeit so zu verbessern, dass die dort Tätigen den nötigen Spielraum für freie Entscheidungen erhalten (vgl. Abbenhues 1995:276f).

---

[38] Da alle Zitate originalgetreu wiederzugeben sind, werden im vorliegenden Buch offenkundige Fehler in den Quellen mit übernommen, jedoch mit dem Ausdruck »sic« (lat.: wirklich so) gekennzeichnet.

Einen weiteren Einwand bringt Mollenhauer (1973) vor: Berufsständische Regelungen können nicht nur Berufsangehörige, sondern den gesamten Berufsstand disziplinieren und konservativ fixieren. Traditionelle Beharrungstendenzen würden so unterstützt und Veränderungen behindert (zit. n. Abbenhues 1995:277). Aus diesem Einwand folgt, dass ein Berufskodex periodisch überprüft werden muss, wenn er ein taugliches Arbeitsinstrument bleiben soll. So setzte nach der Fusion der etablierten Verbände SBS/ASPAS, SBVS und FERTES zum neuen Schweizerischen Berufsverband AvenirSocial im Jahr 2005 die Delegiertenversammlung im Juni 2010 schließlich den neu verfassten »Berufskodex Soziale Arbeit Schweiz« in Kraft.

3.5.2 Begründungen einer Ethik in der Sozialen Arbeit

Walser (2001:14) diagnostiziert für die Soziale Arbeit einen Nachholbedarf bei ethischen Fragestellungen und Bango (1999:265f) beklagt, über die Fragen der Ethik in der Sozialarbeit sei relativ wenig veröffentlicht. Er weist auf einen Reflexionsbedarf bezüglich ethischer Qualitäten und Kompetenzen hin; in der Sozialen Arbeit habe man die Ethik lange Zeit als Nebensache betrachtet, vielleicht auch deshalb, weil in diesen Berufen eine sittliche Grundeinstellung vorausgesetzt worden sei.

Bauer und Hansen wiederum stellen fest, das Thema »Ethik-Kodex« sei in Deutschland bisher kaum behandelt worden (1999:17). Dazu muss angemerkt werden, dass die Kodifizierung berufsethischer Normen der sozialen Dienstleistungsberufe auch international erst spät erfolgte. »Nursing and social work are two major caring professions which have followed the example of medicine and produced their own codes of ethics. (…) The American National Association of Social Workers formulated its ethical code in 1960 (Morris et al. 1971), but it was not until 1976 that the British Association of Social Workers adopted its code (BASW 1977).«[39] (Thompson et al. 1994)

Bango bestätigt dies auch für den internationalen Ethikkodex der Sozialen Arbeit: »Der internationale Kodex der sozialen Berufe, sprich Sozialarbeit und Sozialpädagogik, wurde relativ spät, 1976, während des Weltkongresses der International Federation of Social Workers (IFSW) von Puerto Rico festgelegt. Hier wurde zum ersten Mal die ethische Verantwortung der Sozialarbeiter gegenüber Kollegen, Institutionen, Klienten, der eigenen Profession und der ganzen Gesellschaft niedergeschrieben« (Bango 1999:267). Inzwischen wurde der Kodex mehrmals aktualisiert (IFSW 1994; IFSW, IASSW 2004).

Baum (1996:18) berichtet, der internationale Berufskodex finde sich mit Abweichungen in etlichen nationalen Berufskodizes wieder. Auch der Deutsche Berufsverband für Sozialarbeit, Sozialpädagogik und Heilpädagogik e.V. (DBSH) besitzt

---

39 »Pflege und Soziale Arbeit sind zwei bedeutende Fürsorge-Professionen, die dem Beispiel der Medizin gefolgt sind und ihre eigenen Ethikkodizes entwickelt haben. (…) Die Nationale Amerikanische Vereinigung der Sozialarbeiter formulierte im Jahr 1960 ihren Ethik-Kodex (Morris et al. 1971), aber erst 1976 übernahm die Britische Vereinigung der Sozialarbeiter ihren Kodex (BASW 1977).« (Übers.: R. L.)

einen solchen Berufskodex, der den IFSW-Kodex konkretisiert. Die aktuelle Version »Berufsethische Prinzipien des DBSH« wurde 1997 von der Bundesmitgliederversammlung in Göttingen verabschiedet und mündete im Jahr 1999 schließlich in die Erklärung von »Qualitätskriterien«.

Sozialarbeit ist keine neutrale Sozialtechnologie; vielmehr sind in der sozialarbeiterischen Tätigkeit ethische Momente ständig gegenwärtig (Schnell 1996:212; Walser 2001:16; Hug 2009a). Moralische Konflikte gehören zum Alltag der Sozialen Arbeit, wenn zum Beispiel zwischen einer wahrscheinlichen Gefährdung des Kindeswohls und dem Erziehungsrecht der Eltern abgewogen werden muss (Schmid Noerr 2001:20). Die tägliche Praxis der Sozialen Arbeit erfordert es, vorgefundene soziale Gegebenheiten zu beurteilen, d.h. sie zu be-wert-en und herauszufinden, welche Entscheidungen zu treffen sind. Das ist nicht ohne ein – reflektiertes oder unreflektiertes – Abwägen von Gütern bzw. Werten möglich. »Nur mithilfe von Werten kann entschieden werden, welcher Zielzustand erreicht werden soll.« (Abbenhues 1995:279)

Weil es in den Berufen der Sozialen Arbeit unweigerlich um das Wohl und Wehe anderer Menschen geht, wird die bewusste Prüfung moralischer Maßstäbe, d.h. die ethische Reflexion, als eine implizite Forderung von Professionalität selbst empfunden (Schmid Noerr 2001:20). Behauptungen, die sozialen Berufe – vor allem die Sozialarbeit – hätten »höchstgradig ethisch begründete Motivationen« (Bango 1999:267), sollten indes sowohl aus psychologischer wie auch aus professionssoziologischer Sicht auf Skepsis stoßen. Hier werden wohl Anspruch und tatsächliche berufliche Praxis verwechselt.

Selbstverständnis sozialer Arbeit

Soziale Arbeit lässt sich in ihrem Selbstverständnis ethisch begründen, insofern ihre beruflichen Ziele

- Förderung von Selbstständigkeit und Selbstbestimmung in der menschlichen Lebensführung (Volz 1996:30f),
- Verbesserung der Lebenslagen von Schwachen und Gefährdeten (Schnell 1996:213),
- Förderung von Selbstbehauptung und moralischer Kompetenz (Schmid Noerr 2001:25) und
- Achtung der Menschenwürde (Panchaud 2001:2)

ethisch begründete Ziele sind.

Soziale Arbeit versteht sich heute international in ihrer historisch gewachsenen kritischen Tradition als eine »Menschenrechtsprofession«, die an der Schnittstelle von Individual- und Sozialethik zur Förderung der sozialen Gerechtigkeit beitragen will (vgl. Hug 2009a:106, 112). Die Menschenrechtsperspektive ist nach diesem Verständnis nicht eine unter vielen möglichen, sondern das Zentrum für Theorie und Praxis der Sozialen Arbeit (Panchaud 2001:2). In der Praxis kann sich dieses Grundverständnis beispielsweise darin beweisen, dass ein höchstmögliches Garantieren der Privatsphäre eines Pflegeheimbewohners nicht als ein Privileg, sondern als sein Recht gesehen wird (Hug 2009a:115).

3.5.3 Hauptaspekte der Ethik in der Sozialen Arbeit

Schmid Noerr (2001) unterscheidet drei Hauptaspekte der Ethik in der Sozialen Arbeit:

1. Ethik der Hilfe für Klienten

Sie beruhe auf der Verpflichtung auf überpersönliche moralische Grundsätze der Fairness und Gerechtigkeit sowie dem Respekt vor der unbedingten Würde des Menschen und seiner grundsätzlichen Freiheit der Selbstbestimmung. Letztes Ziel der sozialen Hilfe sei nicht nur die Wiederherstellung der Selbstbehauptung, sondern die moralische Kompetenz. »Einer drogenabhängigen Mutter, die ihr Kind vernachlässigt, soll ja nicht nur geholfen werden, sich selbst von der Sucht zu befreien, sondern vor allem, sich um ihr Kind kümmern zu können.« (S. 22)

2. Ethik des institutionellen Handelns und der fachlichen Kooperation

Hier steht nach *Schmid Noerr* der Persönlichkeitsschutz der Klienten in der Zusammenarbeit der für sie tätig Werdenden im Mittelpunkt: »Im Beziehungsfeld der Sozialarbeiterin/Sozialpädagogin zu benachbarten Institutionen ist unter dem ethischen Gesichtspunkt des Schutzes der vom professionellen Handeln Betroffenen ein Problem besonders wichtig, nämlich das des Datenschutzes. Die ethische Grundlage des Datenschutzes ist die Achtung vor der Selbstbestimmung der Klienten« (ebd.).

3. Ethik des Sozialstaates

Bei der Ethik des Sozialstaates geht es um die kritische Reflexion der Beziehung des Berufs bzw. der Profession zur Gesellschaft und um die ethische Bewertung der Sozialen Arbeit als gesellschaftliches Phänomen.

Die Ansprüche der drei genannten Ebenen divergieren in der Regel. Wer in der Sozialen Arbeit tätig ist, sieht sich grundsätzlich in der Verantwortung, die unterschiedlichen Interessen auszubalancieren bzw. zwischen ihnen zu vermitteln. So mag eine Sozialpädagogin auf der ersten Ebene als Helferin des Klienten auftreten, während sie zugleich den Akteuren der nächsten Ebene als Kontrolleurin des Klienten verpflichtet ist. »Diese Doppelverpflichtung oder ›doppeltes Mandat‹ genannte Dilemmasituation prägt die Berufsgeschichte.« (Hug 2009a:109)

Der strukturell angelegte Dauerkonflikt der Sozialen Arbeit verlangt nicht allein nach pragmatischen Lösungen, sondern erfordert »Klärung im Rahmen einer ausdrücklichen Wertentscheidung« (IFSW 1997:13), d.h. ethische Reflexion der zu vertretenden Werte.

In vielen Fällen leiden Sozialarbeiter und Sozialpädagogen darunter, dass ihnen wenig Handlungsspielräume bleiben, um individuelle Einzelfallentscheidungen zu treffen, weil sie in ihrem Arbeitsalltag an Vorgaben gebunden und mit gesellschaftlichen Verhältnissen konfrontiert sind, die sie aus professioneller Sicht kritisch bewerten und die zu Konflikten mit ihren Klienten führen, wenn etwa eine gewünschte behindertengerechte Wohnung nicht zur Verfügung steht oder eine angestrebte Umschulung nicht finanziert wird (Hug 2009a:109). Nicht selten verzweifeln in der Sozialen Arbeit Tätige nicht an der Anonymität des Sozialstaats, sondern an den Verhältnissen in ihrer eigenen Institution, wenn z.B. eine beim Jugendamt beschäftigte Sozialpädagogin vergeblich um die Genehmigung einer dringend benötigten Jugendhilfemaßnahme kämpft und sich fragt, warum sie sich so oft gezwungen sieht, gegen ihre eigene Institution zu arbeiten.

3.5.4 Werte und Prinzipien der Ethik in der Sozialen Arbeit

Die Berufsethik der Sozialen Arbeit orientiere sich, so Bango (1999:266), an den Berufsethiken der sozialen und helfenden Berufe, betone hingegen sehr stark die Werte[40] der Solidarität, der Verantwortung sowie der Zusammenarbeit mit anderen helfenden Berufen. Der Ethik-Kodex der IFSW (Version 1994) nannte in seiner Präambel menschliche Entwicklung, Wohlergehen, Selbstverwirklichung sowie soziale Gerechtigkeit als Werte der Sozialen Arbeit (IFSW 1997:14, vgl. IFSW, IASSW 2004).

Abbenhues (1995:281) zählt weitere berufliche Werte auf, die für die Soziale Arbeit spezifisch seien[41] und in der sozialarbeiterischen Literatur häufig genannt würden:

- Menschenwürde,
- Subsidiarität,
- Selbstbestimmung/Selbstentfaltung/Selbstverantwortung,
- Partizipation,
- Annahme/Akzeptanz,
- Wahrheit,
- Vertraulichkeit und
- Ganzheitlichkeit.

Exemplarisch beschreibt Abbenhues, wie diese »Berufswerte« (S. 281) oder »Zentralwerte« (S. 283) in der Sozialen Arbeit zur Geltung gelangen sollen:

»Die Würde der Person achtend (Annahme/Akzeptanz), sind SozialarbeiterInnen verpflichtet, Individualität und Personalität des Menschen im Hilfeprozeß zu ent-

---

40 genauer: Prinzipien. In der Sozialen Arbeit wird meist nicht zwischen Werten und Prinzipien unterschieden; R. L.

41 Diese Werte als spezifische Berufswerte der Sozialarbeit zu bezeichnen, schließt nach Abbenhues (1995:281) nicht aus, dass sie zugleich auch die berufsethischen Grundlagen anderer Professionen bilden (vgl. Hug 2009:118).

wickeln und zu stützen. Voraussetzung dafür ist eine Vertrauensbasis zwischen den beteiligten Personen (Wahrhaftigkeit). Auf ihr aufbauend sollen SozialarbeiterInnen die Persönlichkeit ihrer PartnerInnen fördern, die nur unter den Bedingungen von Freiheit, Gerechtigkeit und Solidarität zu ihrer vollen Entfaltung kommen kann.

Die professionelle Hilfe soll Menschen dazu befähigen, Eigeninitiative zu ergreifen (Subsidiarität), sich selbst zu verwirklichen (Selbstbestimmung und Selbstentfaltung) und sich an der Vervollkommnung der Welt zu beteiligen (Partizipation). Die personalen und sozialen Beziehungen des Menschen sind dabei genauso zu beachten wie sein Verhältnis zur Natur (Ganzheitlichkeit). In diesem Beziehungsgeflecht soll der Mensch lernen, die Verantwortung für sein Handeln zu übernehmen (Selbstverantwortung).«

Frese (2000:115ff) bezieht sich auf ein spezielles Teilgebiet der Sozialen Arbeit, die Hilfe für behinderte Menschen, wenn er als »Prinzipien, Werte und Ziele« aufzählt: Würde des Menschen, Ganzheitlichkeit, Gemeinschaft, Individualität, Integration, Partizipation, Autonomie, Normalisierung, Empowerment u.a.

Andere Autoren stellen in erster Linie die Autonomie der Klienten heraus. So fordert beispielsweise Müller die in der Sozialen Arbeit Tätigen dazu auf, ihre Abhängigkeit von Klienten und deren autonomen Entscheidungen nicht zu bedauern, sondern zu begrüßen: Die sozialpädagogische Arbeit müsse »… diese Abhängigkeit nicht nur als Faktum akzeptieren, sondern selbst wollen. Denn wenn es auf dieser Ebene darum geht, das ›anerkannte Allgemeine‹ eines ›menschenwürdigen‹, ›fairen‹ Umgangs im konkreten Fall praktisch werden zu lassen, dann muß die Abhängigkeit des pädagogischen Handelns vom Handeln seiner Adressaten mehr sein als bedauerliches Technologiedefizit; dann muß der Umgang mit ihr gewollt und Ausdruck fachlichen Könnens sein« (Müller 1994:49).

Autonomie ist ein ureigenstes Anliegen Sozialer Arbeit. Schwierig wird es für einen Sozialarbeiter allerdings, wenn Klienten ein Vorgehen verlangen, das erheblich von den ethischen Überzeugungen der Sozialen Arbeit oder des einzelnen Sozialarbeiters abweicht.

An der Berücksichtigung der Autonomie von Klienten sind nach Müller (1994:90) sozialpädagogische Versuche gescheitert, eine »objektive« Diagnostik sozialer Klientenprobleme einzuführen. Entsprechende Versuche »… konnten das Problem nicht lösen, wie Sozialpädagogik ein Recht auf ›objektive‹ Diagnose hilfebedürftiger Zustände beanspruchen konnte, ohne dabei die Selbstbestimmungsrechte ihrer Klienten zu verletzen« (ebd.).[42]

[42] Das genannte Problem ist auch in der Pflege nicht grundlegend gelöst (vgl. Kollak, Huber 1996; Nolte 1998; Brechmüller 1999; Friesacher 2007). Am ehesten scheint mir unter dem Aspekt einer Berücksichtigung der Autonomie von Klienten die Praxis der Pflegediagnostik im Universitätsspital Zürich gelungen. Dort sollen die zunächst vorläufig erhobenen Pflegediagnosen möglichst immer in einem zweiten Gespräch mit dem jeweiligen Patienten validiert werden (Steffen-Bürgi 1997:12).

Vielfältige berufliche Werte

In der Gesamtschau ist eine große Vielfalt an beruflichen Werten und ethischen Prinzipien innerhalb der Sozialen Arbeit erkennbar. Die Heterogenität entspricht der Vielgestaltigkeit der Praxisfelder, in denen Sozialarbeit und Sozialpädagogik zu finden sind. Sie korrespondiert mit der Ausprägung unterschiedlicher Funktionen und Aufgaben einer Bereichs- bzw. Berufsethik der Sozialen Arbeit.

3.5.5 Aufgaben der Ethik in der Sozialen Arbeit

Der Ethik in der Sozialen Arbeit kommen unterschiedliche Aufgaben zu. Für Volz lautet die primäre Aufgabe der Ethik in der Sozialen Arbeit, »Orientierung zu bieten für Akteure, die freilich bereits selbst um eine moralische (sittliche, ethische) Orientierung ihrer Praxis bemüht sind« (Volz 1996:25).

Schlütter beschreibt eine doppelte Aufgabe: »Ethik in der Sozialen Arbeit behandelt alle Fragen nach der Geltung von Werten und Normen, wo immer sie im Kontext Sozialer Arbeit auftreten.« Und: »Ethik der Sozialen Arbeit hat die Legitimation professioneller Soziale[r] Arbeit zu begründen« (zit. n. Walser 2001:14).

Neben der letztgenannten berufspolitischen Funktion wird die Begründung von beruflichen Werten und Normen in der Literatur häufiger genannt. Schmid Noerr mutmaßt, die ethischen Grundlagen der Sozialen Arbeit seien in erster Linie in deren eigenen Regeln und Methoden sichtbar enthalten. Dennoch, so schränkt sie ein, heiße doch »... ethisch über Werte und Normen zu reden, diese nicht als etwas real oder angeblich Unbestreitbares vorauszusetzen, sondern sie auf ihre Berechtigung und Wirkung hin zu befragen und gegebenenfalls zu begründen« (Schmid Noerr 2001:20).

Hug (2009a:117) stellt fest, das Ethos der Sozialen Arbeit sei wenig bekannt und »brüchig«. In der Unsicherheit über das Ethos liege jedoch eine Chance: »Es muss immer wieder ein Dialog über die zu geltenden Werte und Normen geführt werden. Die Soziale Arbeit hat den Vorteil, zu dieser Auseinandersetzung durch den Stand ihrer Professionsentwicklung gezwungen zu sein. Sie verfällt damit nicht in eine ... moralische Erstarrung. Die hohe juristische Reglementierung vieler Bereiche, in denen die Soziale Arbeit tätig ist, entbindet sie nicht von dieser ethischen Reflexion. Sozialarbeitende müssen zwischen den Begriffen ›legal‹ – also gesetzeskonform und legitim – und ›ethisch begründbar‹ unterscheiden können. Das bedeutet: Professionelle der Sozialen Arbeit benötigen neben methodischer Sicherheit auch ethische Kompetenz. Gegenüber dem Aufstellen von strengen moralischen Vorgaben für jede Situation ist schon deshalb Skepsis angebracht, weil dies dem Erwerb ethischer Reflexionskompetenz nicht zuträglich ist« (ebd.).

3.5.6 Qualität und Ethik in der Sozialen Arbeit

Moralische Kompetenz und so genannte fachliche Qualität sind in der Sozialen Arbeit kaum voneinander zu trennen, sondern gelten als einander bedingend.

So werden beispielsweise die ethischen Berufskodizes als fachliche Richtlinien verstanden, von denen man sich eine Steigerung der Qualität Sozialer Arbeit verspricht: »Mit der Herausgabe des Berufskodexes [gemeint ist der schweizerische, R. L.] ist eine weitere Grundlage für die Definition der Qualität in der Sozialen Arbeit geschaffen worden. Aus den ethischen und fachlichen Grundsätzen und Pflichten lassen sich übergeordnete Qualitätskriterien ableiten …« (Panchaud 2001:4).

Die Internationale Vereinigung der Sozialarbeiter schreibt in ihren Ethik-Richtlinien (Statement of Principles): »Ethisches Bewusstsein ist ein grundlegender Teil der beruflichen Praxis von Sozialarbeitern/innen. Ihre Fähigkeit und ihre Verpflichtung ethisch zu handeln ist ein wesentlicher Aspekt der Qualität der Dienstleistung, die denjenigen angeboten wird, die sozialarbeiterische Dienste nutzen« (IFSW 2004:1).

Baum meint, es sei irreführend, fachliche Kompetenz und ethisches Engagement in Sozialarbeit und Sozialpädagogik so zu verstehen, als ob sie im Moment des in einer bestimmten Problemsituation geforderten Handelns erst gedanklich zusammengeführt werden müssten und könnten (Baum 1996:94f). »In Wahrheit müssen Ethos und fachliches know-how immer schon miteinander verknüpft sein. Ethik gehört zum beruflich geforderten Fachwissen, und fachliche Kompetenz ist Teil des Berufsethos. Postulativ formuliert: ethisches Wissen muß curricular vermittelt werden, und die Aneignung höchstmöglicher Fachkompetenz (einschließlich ethischer Theorie!) ist immer schon ethische Pflicht.« (S. 95).

Beilmann (1999:308) definiert Ethik als Reflexion auf individuelle Handlungsweisen, die Werthaltungen aufzeige, welche innerhalb eines normativ bestimmten Handlungsrahmens erfüllt bzw. nicht erfüllt würden. In einer Bestimmung von Qualität müsse gewährleistet sein, dass sowohl Effizienz wie auch Ethik im konkreten Handeln Platz fänden. Sozialmarketing sei geeignet, die Qualität in den Mittelpunkt der Handlungen zu setzen – mit einer Balance zwischen Ökonomie und Ethik.

Aus der integrierten Perspektive von so genannten fachlichen und moralischen Aspekten gelingender Sozialer Arbeit ergeben sich mögliche Ziele von Bildungsmaßnahmen.

3.5.7 Ziele ethischer Bildung in der Sozialen Arbeit

Soziale Arbeit ist als berufliches soziales Handeln grundsätzlich ethisch relevant. Aus dieser Erkenntnis ergibt sich für alle in diesem Bereich beruflich Tätigen die Pflicht zur ethischen Bildung.

Eine berufsethische Pflicht

»Wenn Sozialarbeit und Sozialpädagogik sich als professionelles Helfen für einzelne oder auch für Gruppen verstehen und wenn festgestellt werden darf, daß dieses Helfen fraglos ethisches Gewicht hat, so muß gefolgert werden, daß Sozialarbeit und Sozialpädagogik von ihrem professionellen Selbstverständnis her um ethisches Wissen bemüht sein müssen und dieser Wissenserwerb bereits fundamentale berufsethische Pflicht ist.« (Baum 1996:11)

Die Kenntnis der Berufskodizes Sozialer Arbeit reicht jedoch nicht aus, um verantwortliche Entscheidungen treffen zu können. »Zwar thematisieren die Berufskodizes der internationalen und nationalen Berufsverbände sozialer Arbeit das Berufsethos in dem Maße, wie sie bestimmte Pflichten auflisten; aber sie vermitteln kein Wissen, um diese Pflichtenkataloge auch richtig zu interpretieren. Sie setzen dieses Wissen bei ihren Mitgliedern voraus, [...]« (Baum 1996:11)

Soziale Arbeit braucht deshalb fundierte Aus-, Fort- und Weiterbildung in moralischen und ethischen Fragen. Jürg Walser, Sozialarbeiter und Dozent an der Hochschule für Soziale Arbeit in Bern/CH, benennt in einem Interview die Ziele ethischen Unterrichts in der Sozialen Arbeit. Da Walser gerade nicht reduktionistisch eine kodifizierte Berufsethik in den Blick nimmt, sondern vielmehr – ähnlich wie Baum (1996) – eine sehr differenzierte Bereichsethik anstrebt, sollen seine Ausführungen als eines lehrenden Professionsinternen ungekürzt den Schlusspunkt des Kapitels zur ethischen Bildung in der Sozialen Arbeit setzen:

»Das Ziel wäre erreicht, wenn die Studierenden in groben Zügen über ihre ethischen Wurzeln und Entwicklungen Bescheid wissen, wenn sie im Hinblick auf Themen, zum Beispiel auf Berufsfelder, in denen sie arbeiten, oder spezielle Entwicklungen in der Gesellschaft, eine bewusste eigene Werteposition haben. Wenn sie so offen sind, dass sie sich für die Entwicklung von ethischen Konzepten in der Sozialen Arbeit interessieren und für ethische Entscheidungen. Wenn sie den Mut haben, schwierige ethische Entscheidungen – sowohl der Profession als auch eigene – anzuschauen und zu reflektieren. Wenn sie sich bewusst sind, was für ein Anspruch im Hier und Jetzt daraus an sie gestellt wird.

Dieser Anspruch besteht zum einen darin, dass sie ethische Problematiken sehen und akzeptieren, und zum anderen, dass sie, möglichst zusammen mit Anderen, auch Positionen einnehmen, welche diesen ethischen Überzeugungen, die sie im Bezug auf den Beruf vertreten, zur Thematisierung verhelfen. Ich wollte eigentlich sagen: zum Durchbruch verhelfen. Ich habe aber davon abgesehen, denn ein Risiko des Ethikunterrichts besteht darin, dass eine moralisierenden [sic] Liste von Erwartungen präsentiert wird, die im Hinblick auf die Möglichkeit, sie zu erfüllen, jenseits von Gut und Böse sind. Und so sollte es ja gerade nicht sein.

Wesentlich wäre zu sehen, dass in unserem Beruf niemand ohne ethische Entscheide auskommen kann, dass laufend ethische Entscheide gefällt werden müssen –

vorbewusst, unbewusst, bewusst – und dass es nur darum gehen kann, sie zu reflektieren und den Berufsstandard möglichst anzupassen. Und sich nach bestem Wissen und Gewissen für die Realisierung der Umgebungsvariablen einzusetzen, welche es ermöglichen würden, solchen ethischen Vorstellungen gerecht zu werden.« (Walser 2001:15f)

3.5.8 Fazit

Ethik in der Sozialen Arbeit ist in Deutschland derzeit überwiegend eine Berufsethik der Sozialarbeiter und Sozialpädagogen. Sie erschöpft sich im Wesentlichen in der Forderung nach Anwendung bzw. Umsetzung ethischer Prinzipien der mittleren und unteren Abstraktionsebene, die in Form von Berufskodizes entwickelt und modifiziert werden.

In der Erarbeitung und Präsentation von berufsethischen Kodizes sehen die meisten Autoren eine große Chance zur gesellschaftlichen Einflussnahme im Sinne einer (prozesstheoretisch verstandenen) Professionalisierung der Berufe der Sozialen Arbeit.

Die in Form von Werten und Prinzipien Sozialer Arbeit vorgestellten zahlreichen beruflichen Maxime und Ziele beziehen sich auf unterschiedliche berufliche Handlungsebenen. Entsprechend der Verschiedenheit sozialer Handlungsfelder ergeben sie zwar kein geschlossenes Bild, lassen sich aber ausnahmslos ethisch begründen, sodass aus Sicht der Sozialen Arbeit kein Unterschied zwischen so genannten fachlichen und explizit moralischen bzw. ethisch gerechtfertigten Prinzipien konstruiert wird. Zur Qualität berufsfachlichen Handelns gehört die moralische Qualität der Handlungen.

Riskantes berufliches Selbstverständnis

In der unreflektierten Annahme, dass fachliches Handeln im sozialen Bereich per se von hohen moralischen Absichten getragen ist, liegt eine Gefahr: Die Kenntnis und Umsetzung beruflicher Kodizes wird stillschweigend vorausgesetzt, ohne die Annahme einer direkten Umsetzbarkeit zu problematisieren. Außerdem droht auf diese Weise eine systematische Aus-, Fort- und Weiterbildung in ethischen Fragen eher aus dem Blick zu geraten.

Sozialarbeitende fühlen sich zwar einzelnen Klienten verpflichtet, nehmen aber zugleich einschränkende oder ermöglichende gesellschaftliche Strukturen in den Blick; diese Sichtweise kann gerade interdisziplinäre Fallbesprechungen im Gesundheitswesen bereichern, wo häufig eine ausgeprägte individualethische Orientierung die kritische Reflexion politisch-ökonomischer und institutioneller Bedingungen behindert (vgl. Hug 2009a:119f).

Mit dieser Zusammenfassung endet das Kapitel zur Ethik in der Sozialen Arbeit. Später kommen wir auf das Thema zurück, wenn die Ethiken in der Sozialen Arbeit und in der Medizin mit der Ethik in der Pflege verglichen werden sollen.

4 ETHIK IN DER PFLEGE

Was ist Ethik in der Pflege? Ich möchte dieser Frage nachgehen und zunächst einige grundsätzliche Feststellungen zur Pflege treffen. So wird die Struktur der Disziplin Pflege nach Weidner vorgestellt, um daraus im Anschluss eine angemessene Struktur einer Bereichsethik der Pflege zu entwickeln.

Die einzelnen Teilbereiche der Ethik in der Pflege werden begründet und mit anderen vorgelegten Definitionen aus der Fachliteratur verglichen. Ich diskutiere die pflegerische Berufsethik und gehe im Speziellen auf die Ethik in der Pflegepraxis als wichtigsten Teilbereich der Ethik in der Pflege ein.

Es folgt die Darstellung, wie sich Pflegeethik entwickelt hat und welche Geltungsbereiche sie derzeit beansprucht. Dabei werden sowohl die Notwendigkeit einer Bereichsethik der Pflege als auch die Autonomie der Akteure in der Pflege hinterfragt. Die Ausarbeitung der Maßstäbe einer Ethik in der Pflege leitet zu einem abschließenden Vergleich der Ethik in der Pflege mit den bereits vorgestellten Bereichsethiken in Medizin und Sozialer Arbeit über.

4.1 Struktur der Disziplin Pflege

Ethik ist nicht mit Naturwissenschaften zu vergleichen. Eine gewisse Uneinheitlichkeit und Uneinigkeit in der ethischen Fachdiskussion ist schon deshalb als normal zu bezeichnen, weil sich der Gegenstand der Ethik einem quantifizierenden, empirisch-analytischen Zugang weitgehend verschließt. Ethik ist eine geisteswissenschaftliche Disziplin mit theoretischen und praktischen Anteilen.

Pflege hingegen ist keine Geisteswissenschaft – wiewohl sie entsprechende Anteile besitzt – sondern eine sich verwissenschaftlichende Disziplin, die sich – zumindest in Deutschland – im pflegepraktischen Handlungsfeld teils naturwissenschaftlich, teils sozialwissenschaftlich orientiert, wohingegen sie als Pflegewissenschaft gegenwärtig tendenziell eher sozialwissenschaftlich verortet ist (vgl. Brandenburg, Dorschner 2008). Dabei nutzt sie die Erkenntnisse der etablierten Nachbardisziplinen (z. B. Medizin, Soziale Arbeit, Psychologie, Soziologie, Ethnologie, Pädagogik, Organisations- und Führungswissenschaften, Ökonomie, Recht, Philosophie, Anthropologie, Theologie, Geschichtswissenschaft, Gesundheitswissenschaft u. a.) und baut einen originär pflegerischen, forschungsgestützten Wissenskorpus auf.

Wie ist die Disziplin Pflege aufgebaut? Weidner (2000:12) identifiziert vier Handlungsfelder der Disziplin Pflege:

1. Pflegepraxis
2. Pflegemanagement
3. Pflegepädagogik und
4. Pflegewissenschaft (vgl. Abbildung 6).

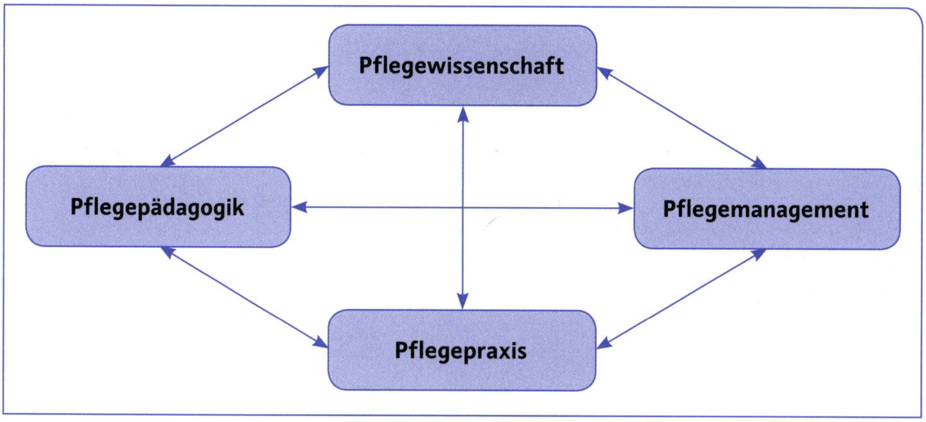

Abb. 6: Handlungsfelder der Disziplin Pflege nach Weidner (2000).

Nach Weidner hat jedes dieser vier Handlungsfelder der Disziplin Pflege seinen eigenen Praxis- und Handlungsbegriff[43], den er wie folgt beschreibt: »Die Pflegekliniker[44] pflegen direkt und organisieren bzw. unterstützen die direkte Pflege von Menschen und ihren Bezugspersonen in stationären und ambulanten Kontexten. (…) Die Pflegepädagogen bilden aus, fort und weiter, sie beraten und leiten an. Die Pflegemanager führen, leiten und managen in unterschiedlichen Einrichtungen und die Pflegewissenschaftler forschen und lehren in der Pflege« (Weidner 2000:12).

Abweichend von Weidners Systematik soll die Pflegepraxis ins Zentrum gestellt werden, weil sie den Kern der Disziplin Pflege verkörpert (Abb. 7). Zentrales Element der Pflegewissenschaft als Handlungs- oder Praxiswissenschaft ist die Pflegepraxis (Mayer 2002:62). Pflegewissenschaft, Pflegemanagement und Pflegepädagogik dienen keinem Selbstzweck, sondern sollten sich als eigenständige »Dienstleister« zur Ermöglichung einer hochwertigen Pflegepraxis verstehen.

Unverzichtbar: die Pflegepraxis

»Ohne die Pflegepraxis haben weder die Pflegewissenschaft noch das Pflegemanagement noch die Ausbildung eine Daseinsberechtigung.« (*Hunink* 1997:15)

---

43 Jeder Praktiker benötigt Theorien, um zu praktizieren. Mir ist in diesem Zusammenhang wichtig zu betonen, dass die vier Handlungsfelder der Disziplin Pflege jeweils unterschiedliche Theorien benötigen und nutzen. Deshalb trifft die häufig anzutreffende Gleichsetzung der Pflegeschulen oder der Pflegepädagogik mit »Theorie« und der Pflegepraxis mit »Praxis« keineswegs zu.

44 Anmerkung R. L.: Gemeint sind Pflegepraktiker, unabhängig vom jeweiligen Ort, an welchem gepflegt wird (griech.: kline bedeutet Bett).

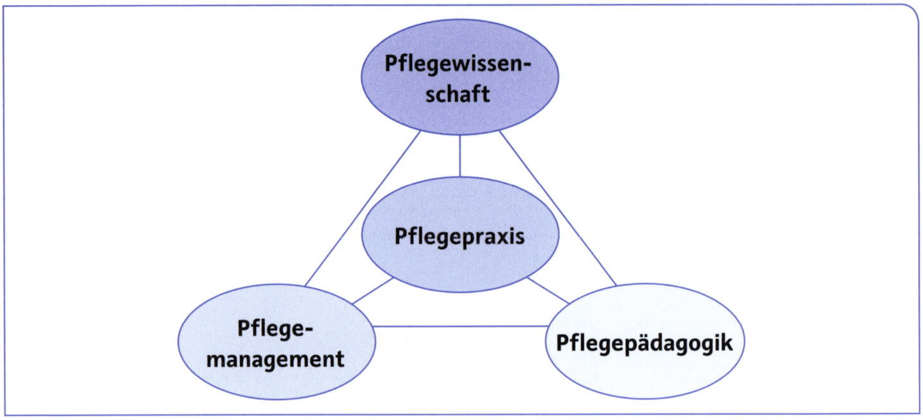

Abb. 7: Handlungsfelder der Disziplin Pflege nach Lay (2008:81).

Wohl in keiner anderen Disziplin werden grundsätzliche Fragen des disziplinären Selbstverständnisses so intensiv und kontrovers diskutiert wie in der Pflege (vgl. Brandenburg 2001a:131). Es gibt derzeit zwischen den vier Teilbereichen Pflegepraxis, Pflegemanagement, Pflegepädagogik und Pflegewissenschaft – wie auch innerhalb der Teilbereiche – keinen Konsens zur Frage, wie Pflege zu kennzeichnen sei. Zu unterschiedlich sind die geschichtlichen Traditionen, die sozialisatorischen Erfahrungen einflussreicher Personen, die Anliegen der Gewerkschaften, Kirchen und Berufsverbände sowie die Interessen der Hochschulen und der Aus-, Fort- und Weiterbildungsinstitute, ganz abgesehen von den großen Unterschieden zwischen den ca. 30 bis 50 konkurrierenden Pflegemodellen bzw. -theorien.[45]

Ethik und Pflege – über die inhaltliche Bedeutung dieser beiden Begriffe gibt es keine Einigkeit (vgl. Kap. 4.2.3). Wie sollte es dann möglich sein zu bestimmen, was Ethik in der Pflege ist? Oder sollte man besser von Ethik für Pflegeberufe, Pflegeethik, Ethik der Pflege, Ethik des Pflegens, Ethik im Pflegealltag, pflegerischer Ethik oder pflegerischer Berufsethik sprechen, wie es verschiedene Autoren tun?

Was ist mit diesen einzelnen Begriffen gemeint, und worin unterscheiden sie sich? Mir ist zu dieser Frage keine umfassende Arbeit bekannt, deshalb werde ich selbst versuchen, etwas Übersicht in die Vielfalt der Begrifflichkeiten zu bringen.

Im folgenden Kapitel wird zunächst eine Systematik der Ethik in der Pflege entwickelt. Ich möchte vier Teilbereiche der pflegerischen Bereichsethik unterscheiden und mich außerdem mit abweichenden Definitionen auseinandersetzen. Danach wird die pflegerische Berufsethik einer umfassenden Bereichsethik gegenüber gestellt. Zusammenfassende Gedanken schließen das Kapitel 4.2 ab.

[45] Im weiteren Verlauf vereinfachend Pflegemodelle genannt – auf die pflegewissenschaftliche Diskussion um die Unterscheidung von Pflegetheorien und Pflegemodellen kann an dieser Stelle nicht eingegangen werden; vgl. die Übersichten zu Pflegetheorien bzw. -modellen bei Chinn, Kramer (1996), Fawcett (1996), Evers (1997), Kirkevold (1997), Schaeffer et al. (1997), Brandenburg et al. (1998), van Kampen (1998), Brandenburg, Dorschner (2008).

4.2 Struktur der Ethik in der Pflege

Pflege ist in Deutschland auf dem Weg, eine eigene Bereichsethik zu konstituieren. Ethik in der Pflege ist der Oberbegriff für diese Bereichsethik, die alle vier Teilbereiche der Disziplin Pflege mit deren unterschiedlichen moralischen Fragestellungen untersucht: Pflegepraxis, Pflegemanagement, Pflegepädagogik und Pflegewissenschaft.[46]

Ethik in der Pflege

Ethik in der Pflege ist die Reflexion moralischer Aspekte in den Handlungsfeldern der Disziplin Pflege (Pflegepraxis, Pflegemanagement, Pflegepädagogik und Pflegewissenschaft).

Im Anschluss an die vier Handlungsfelder der Disziplin Pflege (vgl. Abbildung 7) lassen sich **vier Teilbereiche der Ethik in der Pflege** unterscheiden und benennen (Abbildung 8):

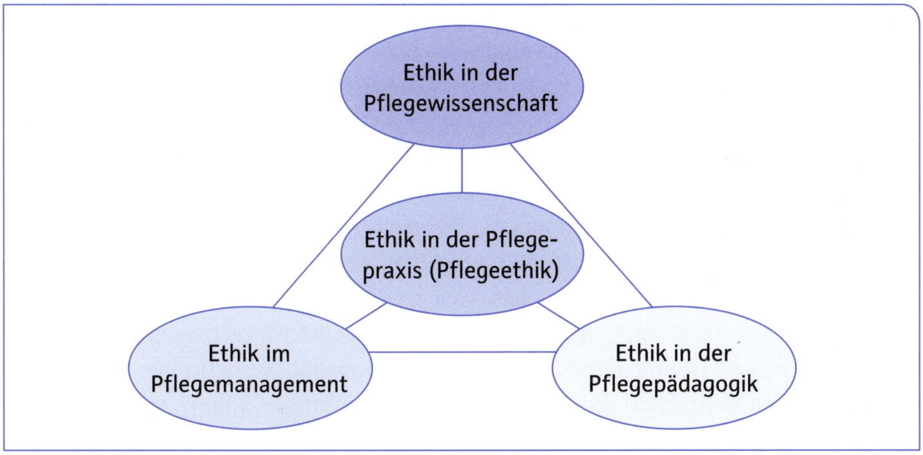

Abb. 8: Vier Teilbereiche der Ethik in der Pflege (Lay 2008:82, vgl. 2003a:61).

46 Körtner (2007b: o. S.) kritisiert meine Einteilung, wonach »Ethik in der Pflege« der Oberbegriff ist und »Pflegeethik« auf die Ethik in der Pflegepraxis eingegrenzt wird (Lay 2004:66). Die Bezeichnung »Ethik in der Pflege« entspreche dem Konzept Angewandter Ethik, meine Einteilung hingegen dem Konzept der Bereichsethik. Nach dem Konzept Angewandter Ethik wäre laut Körtner (2007a:54, 56; ders. 2012:23f) nicht von »Pflegeethik«, »Medizinethik« oder »diakonischer Ethik« (Ausdrücke für die jeweiligen Bereichsethiken), sondern von »Ethik in der Pflege«, »Ethik in der Medizin« bzw. »Ethik in der Diakonie« zu sprechen.
Ähnlich kategorisiert Neitzke (2005:2): »Die Frage, ob es eine eigenständige Pflegeethik gibt, oder ob sie Teil einer umfassenden Medizinethik ist, wird dabei ebenso kontrovers diskutiert wie die Frage, ob es eine eigene Medizinethik gibt (Ethik der Medizin), oder ob diese als Bereichsethik der allgemeinen Ethik verstanden werden kann (Ethik in der Medizin).«
Dieser Klassifizierung werde ich mich nicht anschließen, zumal ich, wie in Kap. 3 dargelegt, die Bereichsethik als Teil der angewandten Ethik verstehe.

Wie den vier Teilbereichen der Disziplin Pflege unterschiedliche Aufgaben zukommen, so setzen sich entsprechend auch die vier Teilbereiche der Ethik in der Pflege mit unterschiedlichen Fragen auseinander.[47]

Vier Teilbereiche der Ethik in der Pflege

Diese Teilbereiche müssen »das Rad nicht von Neuem erfinden«, sondern nehmen auch bereits entwickelte Wissensbestände außerhalb der Disziplin Pflege liegender benachbarter Bereichsethiken in den Diskurs auf. Schwerpunktmäßig ergeben sich folgende Überschneidungen:

1. **Ethik in der Pflegepraxis (Pflegeethik)**
   besitzt enge Verbindungen zur Ethik in der Medizin und zur Ethik in der Sozialen Arbeit sowie zu 2. und 3.
2. **Ethik im Pflegemanagement**
   überschneidet sich vor allem mit Pflegeethik sowie mit Wirtschafts- und Sozialethik[48], aber auch mit politischer Ethik.
3. **Ethik in der Pflegepädagogik**
   befasst sich mit Pädagogischer Ethik und Fragen der Vermittlung von (Pflege-) Ethik.
4. **Ethik in der Pflegewissenschaft**
   beinhaltet überwiegend Aspekte der Wissenschafts- und Forschungsethik, daneben u. a. auch der Pflegeethik, der Pädagogischen Ethik und der politischen Ethik.

Der bei weitem am gründlichsten ausgearbeitete Teilbereich der Ethik in der Pflege ist in Deutschland wie auch international die Pflegeethik, d. h. die Ethik in der Pflegepraxis. Hingegen sind die Ethik in der Pflegepädagogik, die Ethik im Pflegemanagement und die Ethik in der Pflegewissenschaft weit weniger entwickelt. Das zeigt sich u. a. an den Titeln von Fachbeiträgen: Derzeit gibt es im deutschsprachigen Raum nur ein einziges Buch zum Thema »Ethik in der Pflegepädagogik« (Kemetmüller 1998) sowie ein weiteres mit dem Titel »Ethik in der Pflegeausbildung« (Rabe 2009a). Das erste deutschsprachige Buch zur Ethik im Pflegemanagement ist bei der Schlüterschen Verlagsgesellschaft erschienen: Dibelius, O.; Arndt, M. (Sr. M. Benedicta) (Hrsg.): Pflege-

---

47 Die Ausdifferenzierung einer Bereichsethik in Sub-Bereichsethiken ist kein ungewöhnliches Phänomen, sondern entspricht den unterschiedlichen Anforderungen der Subbereiche. Dass sich z. B. Pflegewissenschaftlern in Forschung und Lehre andere ethische Probleme stellen als den in der Pflegepraxis tätigen Angehörigen der Disziplin, ist offenkundig. Auch in den Einzelfeldern der Medizin ist es übrigens zu einer Subspezialisierung gekommen, wenn dort beispielsweise von Ethik in der Humangenetik oder Ethik in der Intensivmedizin gesprochen wird (vgl. Frewer 1997:68).

48 Körtner zählt Beispiele für Aspekte der Sozialethik in der Pflege auf: »Sozialethische Fragen stellen sich, wenn wir z. B. über die Finanzierung der Pflege diskutieren, über unterschiedliche Formen der Pflegeversicherung und Versicherungsleistungen (Geldleistungen, Sachleistungen) sowie über das Verhältnis von Solidarversicherung und Eigenleistungen, über den künftigen Pflegebedarf und den Bedarf an qualifizierten Pflegekräften in einer alternden Gesellschaft, über Pflegekonzepte (mobile Pflege, Pflegeheimplätze), über die Lebensqualität in Pflegeheimen und die Zimmergröße (Einbettzimmer, Mehrbettzimmer)« (Körtner 2012:18).

management zwischen Ethik und Ökonomie. Eine europäische Perspektive. Schlütersche, Hannover 2003.

Das vorliegende Buch konzentriert sich überwiegend auf die Bearbeitung der Ethik in der Pflegepraxis und der Ethik in der Pflegepädagogik. Dennoch scheinen mir einige Hinweise zur Ethik in der Pflegewissenschaft sowie zur Ethik im Pflegemanagement angebracht. Ich werde ihnen zwei kurze Kapitel widmen, bevor wir uns der Ethik in der Pflegepraxis (Pflegeethik) zuwenden. Die Ethik in der Pflegepädagogik soll ausführlich in Kap. 8 behandelt werden.

4.2.1 Ethik in der Pflegewissenschaft

Die Diskussion um Ethik in der Pflegepraxis (Pflegeethik) wird in der deutschen »Pflegelandschaft« nicht zuletzt durch die Pflegewissenschaft vorangetrieben (vgl. zu diesem Kapitel Lay 2003a). Sie stellt ethisch relevante Einzelthemen der Pflege in einen größeren Sinnzusammenhang (Schäfer 2000:181f) und nimmt metaethische Funktionen wahr. Im deutschsprachigen Raum finden seit den 1990er Jahren wissenschaftliche Tagungen und Kongresse zum Thema Ethik in der Pflege statt, und regelmäßig erscheinen wissenschaftliche Fachbeiträge.

Brandenburg hat die Zahl der in der wissenschaftlichen Zeitschrift[49] »Pflege« (Verlag Hans Huber) publizierten Artikel zu ethischen Fragen in der Pflege untersucht (Brandenburg 2001a). Im berücksichtigten Zeitraum von Heft 1/1994 bis Heft 3/2000 befassten sich 15 Beiträge mit ethischen Fragen in der Pflege; das ist ein Anteil von 6,41 % (n = 234). Führt man die Untersuchung fort, dann erhält man folgende Zahlen:

Von Heft 4/2000 bis Heft 3/2012 erschienen 26 Aufsatze zu ethischen Fragen in der Pflege (n = 376). Rechnerisch ergibt sich in diesem Zeitraum ein Anteil von 6,9 %. In der wissenschaftlichen Zeitschrift »Pflege« erschienen demnach von Heft 1/1994 bis Heft 3/2012 insgesamt 41 Beitrage (n = 610) zu ethischen Fragen in der Pflege. Das entspricht einem Anteil von 6,7 %.

Lauterbach untersuchte, wie viele Beiträge der Zeitschrift »Pflegewissenschaft« sich der Ethik annehmen: Von Erscheinungsbeginn bis 2.3.2010 erschienen 949 fachwissenschaftliche Artikel; lediglich 8 Beiträge (das entspricht 0,84 %) nehmen den Focus der Forschungs- und Versorgungsethik ein, obwohl der Begriff »Ethik« insgesamt 192 mal verwendet wurde (Lauterbach 2010:129).

---

[49] Wir zählen zwar einige Dutzend deutschsprachige Pflegezeitschriften, aber nur wenige bewegen sich auf wissenschaftlichem Niveau. Die wichtigste wissenschaftliche Fachzeitschrift für Pflege im deutschsprachigen Raum ist unbestritten o.g. Zeitschrift »Pflege« des Verlags Hans Huber, die erstmals 1988 erschien. Daneben gibt es seit 1996 die Zeitschrift »Pflege und Gesellschaft« (PfleGe) der Deutschen Gesellschaft für Pflegewissenschaft e.V. und die seit der Jahreswende 1998/1999 im Internet sowie als Printmedium publizierte Zeitschrift »Pflegewissenschaft« (zuvor: »Pr-InterNet«).
Nach Arndt (2000a:30) haben die in Deutschland herausgegebenen Pflegefachzeitschriften eine Gesamtauflage von ca. 160.000 Exemplaren im Monat. Im Vergleich mit der Fülle an pflegerischer Fachliteratur in angelsächsischen Ländern und im Wissen, dass es in Deutschland zwischen 800.000 und 1,1 Mio. ausgebildete oder sich in Ausbildung befindliche beruflich Pflegende gibt, erscheint diese Zahl gering.

Gerade von pflegewissenschaftlichen Veröffentlichungen versprechen sich zahlreiche engagierte Pflegekräfte Orientierung und Hilfestellung zu einer wissenschaftlich fundierten Pflegetätigkeit. So ruhten viele Hoffnungen etwa auf den nationalen Expertenstandards, die vom Deutschen Netzwerk für Qualitätsentwicklung in der Pflege (www.dnqp.de) entwickelt wurden. Im Zuge der Veröffentlichung dieser Expertenstandards wurde in Deutschland auf breiter Basis die Verwendung pflegerischer Assessmentinstrumente propagiert. Zahlreiche Einrichtungen führten neue Formulare zur Pflegebedarfserhebung und Risikoeinschätzung ein und verpflichteten ihre Mitarbeiter diese Instrumente zu verwenden. »Skalen in der Pflege hatten in den letzten Jahren einen regelrechten Boom«, stellt die Wittener Pflegeprofessorin Gabriele Meyer (2011:1171) kritisch fest und ihre Kollegin Sabine Bartholomeyczik (2011:1170) sieht den häufigsten Missbrauch von Assessmentinstrumenten darin, dass »... die Nutzerinnen sich gegen ihre fachliche Auffassung dazu gezwungen sehen, ein Instrument einzusetzen oder dessen Bedeutung nicht kennen.«

Reuschenbach (2011a) greift den unreflektierten Einsatz von aufwändigen Assessmentverfahren in der Pflegepraxis auf und zitiert Studien, nach denen etwa der Einsatz von Risikoassessmentinstrumenten keinen nachweisbaren Effekt auf die Reduktion von Stürzen oder Decubitalulcera hat (S. 51). Er sieht in Zeiten großer Arbeitsverdichtung und begrenzter personeller und zeitlicher Ressourcen in der Nutzung von Assessmentinstrumenten eine weitere Arbeitsbelastung; sie entstehe bei der Implementierung der Instrumente, bei ihrem Einsatz, bei der Auswertung wie auch bei der Ableitung von Interventionen (ders. 2011b:74). Reuschenbach warnt vor einer Fehlallokation pflegerischer Ressourcen, insofern die knappe Arbeitszeit in die Anwendung – u. U. wissenschaftlich nicht gesicherter – Einschätzungsverfahren investiert werde und damit für unmittelbar wirksame patientennahe Pflegeinterventionen fehle (ders. 2011a:51). Der Krankenpfleger, Psychologe und Pflegewissenschaftler sieht hier großen Forschungsbedarf: »Grundsätzlich fehlt es für viele Assessmentmethoden an Forschungsarbeiten, die den Mehrwert, hier im Sinne einer verbesserten Validität und klinischen Effektivität, gegenüber dem klinischen Eindruck untersuchen« (S. 53).

Meyer (2011:1171) kritisiert ebenfalls, Sturzrisikoskalen würden vor allem im Pflegeheimsetting allerorten angekreuzt, obwohl sie – wie Dekubitusrisikoskalen – der klinischen Einschätzung nicht überlegen seien. Diese Skalen führten nicht zu einer Verringerung von Stürzen und Verletzungen und seien klinisch bedeutungslos. »Sie beeinflussen nicht einmal die Entscheidung über präventive Angebote, binden hingegen Arbeitszeit«, resümiert die Pflegewissenschaftlerin und fährt fort: »Nicht zuletzt die erstarkende Pflegewissenschaft trägt zum Skalenboom bei. Statt kritischer Überprüfung des Nutzens vorhandener Skalen werden zu immer neuen klinischen Phänomenen Instrumente entwickelt und übersetzt sowie in Leitlinien empfohlen. Nach allem, was wir über die Unzulänglichkeit der Skalen wissen – wobei nicht behauptet wird, dass alle Skalen so unzulänglich sind, wie die hier besprochenen – ist den Akteuren der Pflege und Pflegewissenschaft ein ausgeprägter natürlicher Skeptizismus gegenüber Skalen zu wünschen. Wer Skalen für die Praxis einfordert, hat den wissenschaftlichen Beweis ihres Nutzens und ihres fehlenden Schadens zu erbringen« (ebd.).

Eine moralisch gebotene Aufgabe der Pflegewissenschaft ist es, die Güte von Instrumenten zu untersuchen, bevor sie der Pflegepraxis empfohlen werden und dort möglicherweise unnötig Ressourcen beanspruchen oder zu folgenschweren Fehleinschätzungen verleiten.

Ethische Reflexion ist für die Pflegewissenschaft unabdingbar. »Ethik ist die Bedingung dafür, daß Wissenschaft adäquat angewendet werden kann.« (Illhardt 1986:26) Pflegewissenschaft beschäftigt sich nicht nur mit ethischen Aspekten der Pflegepraxis, sondern muss sich selbst in ihrer Lehre, in ihren Veröffentlichungspraktiken und insbesondere im Bereich der Pflegeforschung ethisch verantworten (vgl. Schäfer 2000:181f). Pflegewissenschaft erfordert die Entwicklung und Berücksichtigung einer Forschungsethik.

Ethik und Forschung

»Forschung in der Pflege hat wie medizinische und pharmakologische Forschung unmittelbar mit dem Menschen zu tun. Sie birgt für betroffene Patienten, Bewohner, Angehörige, Pflegende und Forschende mannigfaltige Risiken, die insbesondere auch einer ethischen Überprüfung bedürfen«, war in der Präambel der Satzung der (inzwischen aufgelösten) Ethikkommission des Instituts für Pflegewissenschaft der Privaten Universität Witten/Herdecke zu lesen.[50]

»Wissenschaftliche Forschung und der Einsatz von Forschungsmethoden sind nicht ethisch neutral, denn sie bewirken an ihrem Forschungsgegenstand eine Veränderung, die ohne ihr Zutun nicht auftreten würde. (...) Forschung ist Umgang mit Menschen und unterliegt deshalb ethischen Gesichtspunkten. Forschungsethik ist der Versuch, diese ethischen Gesichtspunkte aufzuzeigen«, schreibt Schnell (2007:169). Der Philosoph und Vorsitzende der Ethikkommission der Deutschen Gesellschaft für Pflegewissenschaft berichtet, im Bereich der Pflegeforschung sei in den letzten Jahren die Sensibilität für forschungsethische Anliegen gestiegen; es existierten im deutschen Sprachraum jedoch kaum Strukturen für die forschungsethische Schulung von Wissenschaftlern, für die Beratung und Begutachtung von Projekten in forschungsethischer Hinsicht (S. 166). Für Schnell gehört es zur Professionalisierung der Pflegewissenschaft, Forschungsethik und Ethikkommissionen auf jenes Niveau zu bringen, welches die Pflegeforschung bereits erreicht habe (S. 167; vgl. Schnell, Heinritz 2006:15).

Im Gegensatz zur deutschen Situation existieren in vielen anderen Ländern detaillierte Richtlinien zur Forschungsethik in der Pflege. So hat die American Nurses

---

50 Abs. 2, Satz 2; http://notesweb.uni-wh.de/wg/medi/wgmedi.nsf/ContentByKey/AFRR-5MPE8E-DE-p, besucht am 9.7.2003

Association bereits im Jahr 1968 ethische Richtlinien für die Pflegeforschung formuliert (Schnell, Heinritz 2006:15). Auch der Internationale Pflegerat publizierte eine Resolution zu ethischen Aspekten in der Pflegeforschung (ICN 1996). Der Schweizer Berufsverband der Pflegefachfrauen und Pflegefachmänner (SBK-ASI) schließlich gab im Jahr 1998 eine informative Broschüre zur Ethik in der Pflegeforschung heraus (Kesselring et al. 2000).

Während die aus dem Amerikanischen übersetzten umfangreichen Werke von LoBiondo-Wood und Haber (1996) und Polit et al. (2004) recht umfangreiche Kapitel zu rechtlichen und ethischen Problemen in der Pflegeforschung bieten, findet das Thema Forschungsethik in original deutschsprachigen pflegewissenschaftlichen Werken bislang wenig Raum. Eine der wenigen Ausnahmen ist das Lehrbuch »Pflegewissenschaft 2« (Brandenburg et al. 2007).

Nach einer Untersuchung am Institut für Pflegewissenschaft[51] der Privaten Universität Witten/Herdecke berücksichtigen drei von vier ausgewählten empirischen Arbeiten, die zwischen 1998 und 1999 in den großen englischsprachigen Fachzeitschriften Scandinavian Journal of Caring Sciences, Journal of Advanced Nursing und Nursing Research veröffentlicht wurden, ethische Aspekte, wohingegen »... von den in der deutschsprachigen Zeitschrift Pflege untersuchten empirischen Forschungsarbeiten nahezu jede zweite Arbeit (53 %) keine ethischen Überlegungen enthält« (Mayer et al. 2002b:847). Großklaus-Seidel und Mayer (2004:687) berichten, bei empirischen Forschungsarbeiten in der BRD würden qualitativ orientierte Arbeiten deutlich überwiegen und jede zweite Arbeit enthalte explizit ethische Überlegungen. »Erkennbar ist der Trend, gerade bei qualitativen Arbeiten ethische Überlegungen einzubeziehen, während bei quantitativ ausgerichteten Arbeiten eher die Tendenz zum Einbezug einer Ethikkommission besteht. Internationale Pflegeforschungsprojekte sind prozentual eher quantitativ angelegt. In Deutschland – so das Ergebnis – ist der Einbezug von Ethikkommissionen noch längst keine Selbstverständlichkeit.« (ebd.)

Noch gibt es für forschende Pflegekräfte in Deutschland kein Berufsrecht, das etwa die Prüfung eines Forschungsvorhabens durch eine Ethikkommission fordern würde (Gerhards et al. 1999:230). Arndt mahnt gleichwohl eine implizite Verantwortung zur freiwilligen Selbstkontrolle an (Arndt 2002:30; vgl. Mayer et al. 2002a). Unter der Leitung von Ruth Schröck entwickelte eine Studierendengruppe (1996) des Studiengangs Pflegewissenschaft an der Evang. Fachhochschule Darmstadt einen »Grundregelkatalog« für pflegerische Forschungsvorhaben (»Ethische Grundregeln der Pflegeforschung«), der zur Selbstkontrolle genutzt werden kann.

Gerhards wählte einen anderen Weg; sie erwirkte bei der Zentralen Ethikkommission der Bundesärztekammer in Köln eine Öffnungsklausel der Ethikkommissionen für Forschungsvorhaben aus dem Bereich der Pflege (Großklaus-Seidel, Mayer 2004:687). Seit einigen Jahren arbeitet eine Vertreterin aus der Pflege in der (medizinischen) Ethikkommission der Göttinger Universitätsklinik mit. Wachenhausen

51 heutige Bezeichnung: Department für Pflegewissenschaft

(2003:185) berichtet von positiven Erfahrungen mit dieser Neuerung und warnt vor Bestrebungen aus der Pflege, fernab von den schon bestehenden Ethikkommissionen im Rahmen einer Selbstverwaltung der Pflege eigene Ethikkommissionen zu gründen. Tatsächlich war dies bereits mehrfach geschehen.

Der Deutsche Berufsverband für Pflegeberufe (DBfK) hatte bereits im Jahr 1994 eine Ethikkommission eingerichtet, die sich mit pflegespezifischen ethischen Problemen beschäftigte, wie sie im täglichen Pflegealltag bestehen.[52] Der Verband folgte damit dem Vorbild des Schweizer Berufsverbandes der Pflegefachfrauen und Pflegefachmänner (SBK-ASI), der bereits im Jahr 1986 ein solches Gremium gegründet hatte (vgl. Braissant 2009).

Seit Oktober 2000 betrieb die bereits erwähnte Private Universität Witten/Herdecke eine eigene »Ethikkommission zur Begutachtung von Projekten der Pflegeforschung«. Die Kommission war zunächst auf die Prüfung der ethischen Unbedenklichkeit von Forschungsprojekten des Instituts für Pflegewissenschaft der Privaten Universität Witten/Herdecke begrenzt, nahm aber seit Januar 2002 auch Anträge externer Pflegeforscherinnen zur Begutachtung an. Im Jahr 2005 hat sie ihren Dienst eingestellt; dafür gründete die Deutsche Gesellschaft für Pflegewissenschaft e.V. (DGP) im selben Jahr eine pflegeeigene Ethikkommission (Ethikkommission DG-Pflegewissenschaft e.V.). Diese neue Kommission agiert bundesweit und hat es sich zur Aufgabe gemacht, Projekte der Pflegeforschung ethisch und rechtlich zu begutachten, Standards für die ethische Begutachtung zu entwickeln, Multiplikatoren zu schulen sowie Öffentlichkeits- und Beratungsarbeit zu betreiben, um für ethische Aspekte in der Pflegeforschung zu sensibilisieren. Von der Ethikkommission der DGP wurden in den Jahren 2009 und 2010 insgesamt 40 Anträge begutachtet, darunter 17 Drittmittelprojekte, 17 Qualifikationsarbeiten und sechs Dissertationen (Schnell 2011:185).

Mit der zunehmenden Akademisierung der Pflege in Deutschland erlangt Ethik in der Pflegeforschung hier zu Lande erfreulicherweise immer mehr Bedeutung. Ein weiteres Themengebiet der Ethik in der Pflegewissenschaft liegt allerdings nahezu völlig brach: die ethische Untersuchung der Annahmen und Implikationen von Pflegetheorien. Sie ist nach den kalifornischen Autoren Smith und Davis (1985:338) eine wichtige Aufgabe der Ethik in der Pflege. In Deutschland ist dieser Bereich der Ethik in der Pflege bzw. genauer: der Ethik in der Pflegewissenschaft noch kaum entwickelt.

Ethik in den Pflegetheorien?

Pflegetheorien werden auf ihre logische Konsistenz, ihre Umsetzbarkeit, ihre Herleitung aus anderen Theorien usf. untersucht, selten aber auf die ethischen Implikationen der ihnen zu Grunde liegenden Menschenbilder (eine Ausnahme bildet der Beitrag van Kampens und Sanders' [2000], vgl. auch Lay 2004:126–159).

52 So die Auskunft der Bundesgeschäftsstelle des DBfK via e-mail am 3. Sept. 2001.

Dieser theoretische Mangel scheint dafür mitverantwortlich zu sein, dass viele Pflegeeinrichtungen zwar vorgeben, nach einem bestimmten Pflegemodell zu arbeiten, die damit einhergehenden ethischen Implikationen aber nicht zu kennen scheinen (vgl. Dibelius 2001:409f).

Bobbert ist zuzustimmen: »Pflegerische Auffassungen von Krankheit und Gesundheit sowie Menschenbilder und Pflegeziele in sogenannten Pflegetheorien oder Pflegeleitbildern enthalten Annahmen und nicht explizit ausgewiesene Wertungen darüber, was ein gelingendes Leben ausmacht. Weiterhin enthalten sie auch implizite moralisch-normative Vorgaben – z. B. dazu, wie sich Pflegende und Patient(inn)en zu verhalten haben oder was Patient(inn)en an pflegerischer Versorgung zukommen sollte. Diese Vorannahmen und Vorgaben, die teilweise handlungsleitenden Charakter haben, gilt es explizit zu machen und auf ihre moralische Gültigkeit hin zu überprüfen« (Bobbert 2002:83).

Rabe stellt heraus, Ziele – etwa im Hinblick auf Organisation oder Qualität – beinhalteten immer schon Wertentscheidungen und damit moralische Entscheidungen (Rabe 2009a:210). Damit ist ein weiteres wichtiges Teilgebiet der Ethik in der Pflege angesprochen: die Ethik im Pflegemanagement.

4.2.2 Ethik im Pflegemanagement

Ethik im Pflegemanagement

Ethik im Pflegemanagement ist die Reflexion der vielfältigen moralischen Aspekte im Pflegemanagement. Einerseits ist Ethik im Pflegemanagement auf das Handlungsfeld des Pflegemanagements selbst bezogen, z. B. auf moralische Fragen des Umgangs mit Mitarbeitern. Andererseits reflektieren für Ethik sensibilisierte Pflegemanager zugleich moralische Fragen der Pflegepraxis, denn sie wissen sich für die Gewährleistung einer verantwortbaren Pflege gesamtverantwortlich. Ihre Aufgabe ist es, inmitten wirtschaftlicher Restriktionen Strukturen zu schaffen, die eine menschenwürdige Pflege ermöglichen.

Dazu zählen in erster Linie organisatorische Maßnahmen. »Die Sicherung einer angemessenen Organisationsstruktur für die Pflege hat moralische Bedeutung.« (Arndt 1999:45) Menschenwürdige Pflege ist nicht allein von individuellen Einstellungen, Werthaltungen und Verhaltensweisen der Pflegenden abhängig (Brandenburg 2000:174), sondern wird wesentlich durch die Rahmenbedingungen bestimmt, in denen sich Pflegende vor Ort um eine verantwortliche Arbeit bemühen. Brandenburg kritisiert die falsche gesellschaftliche Prioritätensetzung im Hinblick auf akute statt auf chronische Krankheiten als öffentlichen Skandal. Solange dieser die Wirklichkeit der Pflege alter Menschen bestimme, kämen alle Bemühungen um Qualitätssicherung an ihre Grenzen. Während die klassischen politischen Ökonomen noch Lehrveranstaltungen im Bereich Wirtschaft, Moralphilosophie, Theologie und Recht angeboten hätten, stelle heute die fehlende Verbindung von Pflege, Ökonomie und Ethik eine Herausforderung dar (Brandenburg 2012:98).

Verantwortung für eine menschenwürdige Pflege

Pflegemanager brauchen die Unterstützung der Einrichtungsträger. »Finanzielle, organisatorische und räumliche Rahmenbedingungen pflegerischer Arbeit sind zwingend zu beachten. Hier geht es um die Verantwortung der Träger, der Einrichtungsbetreiber, der Arbeitgeber im Gesundheitswesen. Wie können sie ihrer Verantwortung für menschenwürdige Pflege gerecht werden? Indem sie ausreichend Personal beschäftigen, indem sie Qualifikation, Fortbildung und Supervision der Mitarbeiter unterstützen, indem sie Rahmenbedingungen schaffen, in denen menschenwürdige Pflege institutionell unterstützt und als Norm akzeptiert wird.« (Brandenburg 2000:174)

Der Trend zu einer ausschließlich gewinnorientierten Ökonomie führt nicht nur die in der Altenpflege tätigen Pflegenden und Pflegemanager zu Zerreißproben (Dibelius 2006:177), sondern stellt häufig auch für die Einrichtungsträger eine kaum zu lösende Aufgabe dar. Ihnen sind durch gesetzliche Vorgaben meist die Hände gebunden. Bauliche Verbesserungen und personelle Verstärkungen erfordern finanzielle Mittel, die nicht in ausreichendem Maße vorhanden sind. Aus diesem Dilemma kann nur politische Einflussnahme heraushelfen. Pflegekräfte – insbesondere Pflegemanager – sind gefordert, politisch aktiv zu werden, wie Steppe verlangte: »Pflege hat eine wichtige gesellschaftspolitische Bedeutung. Damit ist gemeint, daß wir Abschied nehmen sollten vom Mythos der wertfreien Pflege, die immer gut ist, egal welche Bedingungen sie umgeben. Wie die Geschichte beweist, haben immer schon gesellschaftliche Bedingungen Grenzen gesetzt und Möglichkeiten geschaffen, und nur die Pflegenden selbst haben dies lange negiert. Für heute heißt das, daß die Pflege sich einmischen soll und muß auf allen Ebenen des öffentlichen Lebens …« (Steppe 2000:82) Lindner (1999:60) pflichtet dem bei: Pflege müsse sich politisch engagieren und im gesamtgesellschaftlichen Kontext für ein Gesundheitssystem eintreten, das menschenwürdige Pflege ermögliche. Schwerdt (2002c:46) fordert, Pflege müsse sich politisieren, um als organisierte Berufsgruppe eine Lobby für die Pflegenden und die zu Pflegenden zu bilden.

Dies erscheint gerade im Hinblick auf die Konsequenzen der Einführung von diagnosis related groups (DRG) in Deutschland dringend erforderlich. Ist es moralisch vertretbar, dass Patienten z. B. nach Operationen »blutig entlassen« werden, d. h. mit relativ frischen Operationswunden aus dem Krankenhaus in die häusliche Pflege geschickt werden, wenn sich doch schon heute abzeichnet, dass der Personalengpass in der ambulanten Pflege an vielen Orten eine sichere medizinische und pflegerische

Betreuung im häuslichen Bereich in Frage stellt? Wie steht es da mit der Pflicht der Professionellen im Gesundheitswesen, Schaden von gefährdeten Menschen abzuwehren? Pflegemanager geraten hier in erhebliche ethische Konflikte, die schwierig zu bewältigen sind.

Wichtig scheint mir deshalb zuerst eine Klärung der eigenen Ziele und Werthaltungen. Wofür stehe ich als Pflegemanager (ein)? Was ist mir wichtig und warum? Welche Entwicklungen strebe ich an? Wettreck (2001:282) empfiehlt dem Pflegemanagement, eine Wertanalyse zu erstellen, und meint damit eine Analyse der »unterliegenden« Wertehierarchie des bestehenden, tätsächlichen Managementhandelns im Sinne eines Ist-Zustandes. Dieser sei am Horizont einer grundsätzlichen »Pflege-Orientierung« des eigenen Handelns zu messen. »Diese Selbstreflexion könnte sich insbesondere – neben Fragen der Orientierung des operativen Alltagsgeschäfts – auseinandersetzen mit grundsätzlichen ökonomischen und wirtschaftsethischen Fragen und der Leitlinie des ›Pflegerischen‹ darin.« (ebd.)

Die Selbstreflexion sollte m. E. mit einer gründlichen Reflexion des Unternehmens verbunden werden, um Passungen und Brüche zu identifizieren. Auf dieser Grundlage sind Anpassungen oder Veränderungen zu planen. Vielleicht ergibt sich aus der Selbst- und Unternehmensanalyse aber auch, dass sich der Pflegemanager einen anderen Betrieb suchen wird.

Werte klären

Wert(e)klärung ist ein heißes Eisen. Mitarbeiterführung und Personalentwicklung sind andere heikle Themen, mit denen sich die Ethik im Pflegemanagement befasst – können doch das Arbeitsklima und die Art der Mitarbeiterführung ethisch verantwortliches Handeln der Pflegekräfte entscheidend fördern oder behindern.

Anerkennung und Wertschätzung sind entscheidende Faktoren in der Mitarbeiterführung. »Pflegekräfte müssen erfahren, dass sie ernst genommen werden, dass ihre Probleme gehört werden, dass ihre Arbeit von der Organisation hinreichend anerkannt und unterstützt wird, dass sie sich in einer positiven Arbeitsumgebung befinden und eine Zukunftsperspektive haben.« (Gastmans 2003:107)

Zahlreiche Autoren weisen pflegerischen Führungskräften eine **Vorbildfunktion** zu. Fluck et al. (2002:137) stellen die kritische Frage, ob Pflegende, die ihrerseits keine »gute Pflege« im Sinne guter Führung und Leitung erfahren, in der Lage sein können, gute Pflege zu geben. Für Rabe ist indes klar: »Pflegekräfte oder Ärzte, die nicht mit Freundlichkeit und Achtung von ihren Vorgesetzten behandelt werden, werden aller Wahrscheinlichkeit nach auch nicht verständnisvoll und respektvoll den Patienten begegnen. Die Atmosphäre in einem Team wird oftmals vergiftet durch Ungerechtigkeit, Härte und Unfreundlichkeit von Vorgesetzten« (Rabe 1998:40). In einer späteren Veröffentlichung argumentiert sie (Rabe 2009a:295): »Führungskräfte im Gesundheitswesen tragen in doppelter Weise moralische Verantwortung: zum einen dafür, welchen Rahmen sie durch ihre Entscheidungen für moralisches Handeln im Alltag der Institution oder Abteilung schaffen, zum anderen für ihr persönliches Verhalten, ihren Führungsstil, ihre Haltung gegenüber Mitarbeitern, Patienten und den verschiedenen Hierarchieebenen.«

Hofmann schreibt: »Die Achtung menschlicher Würde ist Aufgabe aller Menschen in allen Positionen. Eine besondere Verantwortung obliegt allerdings – schon aus Gründen der Vorbildfunktion – den Einrichtungsleitungen. Sie müssen ihren Mitarbeiterinnen genügend pflegerische und persönliche Autonomie einräumen, dass diese selbst entsprechend danach handeln können. Zur Verdeutlichung: Wenn eine Pflegedienstleitung anordnet, dass grundsätzlich bis zum Frühstück alle Bewohnerinnen bzw. Patienten gewaschen sein müssen, dann geraten die Pflegenden vor Ort in einen heftigen Zwiespalt, sofern Bewohnerinnen oder Patienten das für sich ablehnen« (Hofmann 2006:11f).

Ethische Prinzipien und moralische Regeln in der Mitarbeiterführung können die Organisationskultur verbessern und dazu beitragen, dass die geführten Mitarbeiter ihrerseits achtungsvoll und unter Berücksichtigung der Autonomie mit Klienten umgehen.

Übergeordnete Ziele der Personalentwicklung

Übergeordnete Ziele der Personalentwicklung sind das Wohlbefinden der Mitarbeiter(gruppen) im Betrieb sowie das selbstständige Beherrschen der benötigten Kenntnisse und Fähigkeiten (Selbstständigkeit) für die gegenwärtigen und zukünftigen Arbeitsanforderungen.

Das Begriffspaar Selbstständigkeit und Wohlbefinden lässt sich in der Managementliteratur beispielsweise in der Unterscheidung zwischen aufgaben- oder beziehungsorientierten Führungsstilen entdecken (vgl. von Rosenstiel 1992:309) und wird in Kap. 6.1.1 wieder aufgenommen.

Selbstständigkeit und Wohlbefinden der Mitarbeiter können als die wichtigsten Ziele der Mitarbeiterführung ausgemacht werden. Sie lassen sich nicht nur betriebswirtschaftlich rechtfertigen, sondern auch unter Rückgriff auf ethische Prinzipien begründen. So steht hinter der Forderung nach **Selbstständigkeit** unverkennbar der Respekt vor der Autonomie von Menschen. Nach Hewitt und Edwards (2009:64) weist das Prinzip der Benefizienz (Gutes tun, wohl tun) auf die Verpflichtung hin, so zu handeln, dass das **Wohlbefinden** des Anderen gefördert wird.

Verantwortliches Führungshandeln ist nicht erst in der Mitarbeiterführung, sondern bereits bei der Personalauswahl gefordert. Zur Vorbeugung von Misshandlungen pflegebedürftiger Menschen durch Pflegekräfte empfiehlt der Schweizer Berufsverband der Pflegefachfrauen und Pflegefachmänner bereits bei der Rekrutierung von Personal auf eine fürsorgliche Haltung gegenüber anderen Menschen zu achten (SBK-ASI 2010:2). Gastmans plädiert eingehend dafür, bereits in Bewerbungsgesprächen mit neuen Mitarbeitern einen Wertedialog zu beginnen. »In einem offenen Gespräch über eine Reihe von ethischen Problemsituationen in der Gesundheitspflege können das Management und der Bewerber einander über ihre Werte informieren. Nur wenn das Management und die Mitarbeiter voneinander wissen, welche Werte sie wichtig finden, kann von der Offenheit, die die Grundlage für weitere Gespräche über wertebesetzte Auffassungen und Überzeugungen sowohl in Bezug auf die technischen, zwischenmenschlichen als auch auf die spezifischen ethischen Komponenten der Gesundheitspflege darstellt, die Rede sein.« (Gastmans 2003:108f) Der belgische Gesundheitsethiker empfiehlt ein strategisches Vorgehen: »Das ausdrückliche Thematisieren ethischer Fragen während des Bewerbungsgesprächs kann ein erster Schritt sein, um ethisch motivierte und autonom denkende Pflegekräfte aufzuspüren. Damit sind Pflegekräfte gemeint, die ihre Routine verlassen, ihre eigene Arbeit kritisch und kreativ betrachten und ihre fachlichen Kenntnisse wissenschaftlich untermauern können. Die heutige Knappheit an motivierten und autonom denkenden Pflegekräften unterstreicht die Wichtigkeit, dieses kleine Kapital so gut wie möglich aufzuspüren und dann so strategisch wie möglich in der Organisation zu positionieren« (ebd.).

Es ist darüber hinaus angeraten, ethische Leitgedanken in Unternehmensphilosophien, Pflegeleitbildern oder Stationspflegekonzeptionen zu verankern (Lay, Ziemer 1999). Die Vorteile dieser Instrumente entfalten sich in den sieben Aspekten, die in Abbildung 9 grafisch dargestellt werden (vgl. Kap. 7.7.6: Gelehrtes Ethos als Argument).

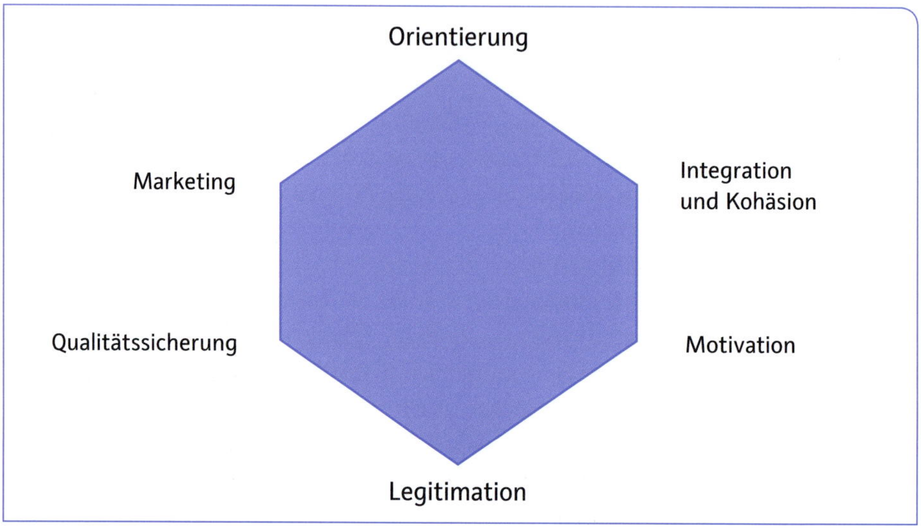

Abb. 9: Positive Aspekte der Entwicklung von Leitbildern und Pflegekonzeptionen (Lay, Ziemer 1999).

Für Pflegemanager scheint der verantwortliche Umgang mit Macht und Wahrheit ethisch besonders relevant zu sein. Durch ihre hervorgehobene Stellung sind Führungskräfte stets in Gefahr, ihre Macht zu missbrauchen, indem sie beispielsweise Informationen zum Nachteil anderer Menschen verwenden, zurückhalten, nur ausschnitthaft preisgeben oder gar verfälschen. Insbesondere wenn sie über Nachrichten verfügen, die ihre Mitarbeiter (noch) nicht erfahren sollen, oder wenn sie unangenehme Maßnahmen durchsetzen müssen, kommen Führungskräfte nicht selten in Gewissensnot.

Nach einer qualitativen Untersuchung von Bauer et al. (2003) mit Leitungspersonen aus der ambulanten und stationären Pflege ist es in Managementpositionen besonders belastend, Mitarbeitern kündigen zu müssen. Ein Geschäftsführer einer ambulanten Pflegestation berichtete beispielsweise: »Ich muss auch Mitarbeitern kündigen und Arbeitsverträge reduzieren. Das ist etwas, was ich nicht sehr gern mache, weil ich den Mitarbeitern gesagt habe, dass wir versuchen, alles zu erhalten. Genau das kann ich im Einzelfall nicht einhalten und das geht mir gegen den Strich. Aber letztlich sind es 350 Mitarbeiter, ich habe die Verantwortung für alle und da muss ich schwierige Entscheidungen treffen – gegen meinen Willen und gegen meine Überzeugung« (Bauer et al. 2003:43). Einige der befragten Führungskräfte klagten über schlaflose Nächte vor der Kündigung eines Mitarbeiters und waren erleichtert, wenn sie dank guter Beziehungen Mitarbeiter in anderen Einrichtungen »unterbringen« konnten (S. 42).

Im Pflegemanagement, so ist deutlich geworden, sind vielfältige ethische Konflikte zu bewältigen. Dibelius (2001; 2003) hat Ergebnisse einer qualitativen Untersuchung in acht stationären und drei teilstationären Einrichtungen der Altenhilfe in Berlin vorgelegt. Sie führte mit den jeweiligen Pflegedienstleitungen problemzentrierte Interviews, um das Ethos und die Reflexion von Problemkonstellationen der Leitungskräfte zu erforschen. Im Einzelnen war den Pflegedienstleitungen Folgendes besonders wichtig:

- **Prinzip der Unantastbarkeit der menschlichen Würde** (z. B. entstehen Situationen von gefährlicher Pflege, die auch mit Gewalt einhergehen können, meistens bei langanhaltender Überforderung der Mitarbeiterinnen, die vermieden werden muss),
- **Balance zwischen Fürsorge und Respekt** gegenüber dem selbstbestimmten Handeln (z. B. bei der Pflege demenzkranker Menschen),
- **Sicherung der wirtschaftlichen Rechte der Bewohner** (z. B. müssen die Pflegemanagerinnen häufig die wirtschaftlichen Rechte der Bewohner vor Gericht erstreiten),
- **Prinzip der Gerechtigkeit, Offenheit und Transparenz** (sowohl gegenüber Mitarbeiterinnen als auch Bewohnern).

Im Verlauf der Untersuchung wurden erschreckende ethische Konflikte deutlich. So beschrieb eine der befragten Pflegedienstleitungen ihren inneren Konflikt aufgrund der ungünstigen Rahmenbedingungen in dramatischen Worten: »Andere zu veranlassen, würdelos pflegen zu müssen, erlebe ich wie einen Angriff auf meine eigene Person« (Dibelius 2003:25). Ethische Konflikte und Dilemmata wurden in vier Themenbereichen identifiziert:

1. Kooperation mit der geschäftsführenden Leitung (z. B. fehlende Transparenz des Finanzierungsrahmens, Rationierungsdruck, Schwächung der Stellung des Pflegemanagements gegenüber der Heimleitung),
2. Belastungsgrad der Mitarbeiterinnen im Umgang mit dementen Bewohnern/Bewohnerinnen und deren Angehörigen (z. B. Kollision der Rationierungswünsche seitens des Trägers mit dem Fürsorgeprinzip für Mitarbeiterinnen und Bewohner),
3. Kampf um Einstufung, Sachleistungen und Pflegehilfsmittel (Reklamationen und der häufige Gang zum Gericht bringen erhebliche Mehrarbeit mit sich),
4. Konflikthafte Kooperation mit Ärzten (z. B. mangelnde Absprachen, Unzuverlässigkeit, Verschreibungspraxis von Medikamenten, geringe Besuchsfrequenz gerade bei Sterbenden) (Dibelius 2001:411f; 2003:25).

Insgesamt spiegeln die Ergebnisse die hohe Sensibilität der Pflegemanagerinnen im Umgang mit ethischen Fragen (Dibelius 2001:413) und zeigen auf, wie vielgestaltig die ethischen Konflikte im Pflegemanagement der Altenhilfe sind. Die Auseinandersetzung mit Ethik im Pflegemanagement erweist sich als unabdingbare Voraussetzung, um schwierige Berufssituationen professionell bewältigen zu können (Bauer et al. 2003:49f).

Wie auch Dibelius' Untersuchungsergebnisse zeigen, gibt es zwischen Pflegemanagement und Pflegepraxis viele Überschneidungen, besonders auf der unteren und mittleren Führungsebene, wo Pflegemanager teilweise noch selbst in der praktischen Pflege mitarbeiten oder über Besprechungen und Pflegevisiten den Kontakt zum Arbeitsalltag der Pflegepraxis suchen. Oft werden sie von Pflegemitarbeitern als Berater in ethischen Fragen angefordert.

Ethische Fragen fordern heraus

In der Pflegepraxis treten ethische Fragen auf, die nach reflektierten Antworten verlangen und hohe Anforderungen an die ethische Bildung der Pflegemanager stellen. Weil Führungskräfte in der Vermittlung von ethischen Kompetenzen eine Multiplikatorenfunktion wahrnehmen, erscheint nach Großklaus-Seidel (2002:208) ihre gezielte Fort- und Weiterbildung bzw. ihr Studium in besonderem Maße erforderlich. Führungskräfte könnten ihren Mitarbeitern in der Pflegepraxis dann helfen, Probleme zu benennen, Ordnung in die Gedanken und Befürchtungen zu bringen und über weitere Handlungsschritte nachzudenken (ebd.).

Das Engagement für eine hohe Pflegequalität ist eine ethisch begründete, permanente Aufgabe für Pflegemanagerinnen und Mitarbeiterinnen in der Pflegepraxis. »Die Sorge um den Kranken … fordert zur ständigen Weiterentwicklung, Reflexion und Verbesserung heraus. ›Pflegerische Sorge‹ zu ermöglichen, das ist immer neu zu erringen.« (Wettreck 2001:287)

4.2.3 Ethik in der Pflegepraxis (Pflegeethik)

Ethisch begründetes Denken und Handeln ist in Pflegewissenschaft, Pflegemanagement und Pflegepädagogik erforderlich, besonderes Gewicht hat Ethik aber unzweifelhaft in der täglichen Pflegepraxis, dort, wo die primäre Leistung der Disziplin Pflege erbracht wird. »In erster Linie geht es … bei der Ethik der Pflege um Ethik im Pflegealltag. Es gilt, die ethische Bedeutung unseres Handelns im Alltag zu verstehen und hier eine Position zu beziehen. Moralisches Handeln in der Pflege konkretisiert sich somit zunächst im pflegerischen Alltag, im täglichen Umgang miteinander, mit Patienten, ihren Familien und ihren Freunden und mit den Angehörigen anderer Berufe im Gesundheitswesen.« (Arndt 1996a:17) Ethik in der Pflegepraxis ist das, was Lindner (1999:46) eine »systematisch geordnete Reflexion des pflegerischen Alltags« nennt.

Van der Arend und Gastmans verwenden den Ausdruck pflegerische Ethik (nursing ethics) und bezeichnen damit die Untersuchung von moralischen Aspekten im Zusammenhang mit der Ausübung des Pflegeberufes (van der Arend, Gastmans 1996:195f). Auf persönliche Anfrage erfuhr ich von Herrn van der Arend, dass der Ausdruck pflegerische Ethik, den übrigens auch Steppe (1994) verwendet, aufgrund einer nicht autorisierten Übersetzung entstanden sei und durch den Begriff Pflegeethik ersetzt werden solle. In seinem Büchlein »Pflegeethik« (Original: Verpleegkundige ethiek, 1994) definiert er Pflegeethik als das »Nachdenken über verantwortliches Handeln im Rahmen der Berufsausübung von Pflegenden« (van der Arend 1998:24).

Was ist Ethik?

Ist Ethik nun
- ein Nachdenken (van der Arend 1998:24; Fesenfeld 2008:689),
- ein kritisches Nachdenken (Schröder 1985:464),
- ein reflektiertes Nachdenken (Friesacher 2009a:160),
- ein methodisches Nachdenken (Steinkamp, Gordijn 2005:40),
- ein systematisches Nachdenken (Hiemetzberger et al. 2010:18),
- eine systematische Betrachtung (Pasch 2009:498),
- eine systematische Besinnung (Sporken 1989:714),
- eine systematische Reflexion (Friesacher 2008:8; Monteverde 2012b:27),
- eine systematisch geordnete Reflexion (Lindner 1999:46),
- eine philosophische Reflexion (Wallner 2004:27),
- eine normative Reflexion (Sauer, May 2011:23),
- eine fortlaufende Reflexion (Rabe 2009a:209),
- eine selbstreflexive Theorie der Moral (Körtner 2007c:1),
- eine kritische Klärung und Reflexion (Rehbock 2000:282f, zit. n. Friesacher 2009a:160),
- eine wissenschaftliche Reflexion (Jünemann 2005:4; Wallner 2004:26; ders. 2007:4),
- eine wissenschaftliche Betrachtung (Panfil 2011b:31),

▶▶

- ein bewusster Abwägungsprozess (Baumgartner et al. 2003:115),
- eine Untersuchung (Genewein, Sporken 1981:94; van der Arend, Gastmans 1996:195f; Ferber 1999:161; Steinert 2001:32; Monteverde 2007:521),
- eine kritische Untersuchung (Dash et al. 2000:138),
- eine Ergründung (Steinert 2001:32),
- eine rationale, d. h. geistige Tätigkeit (van der Arend, Gastmans 1996:36),
- eine theoretische Studie (Arndt 1996a:16),
- eine theoretische Auseinandersetzung (Laux 2008:63),
- eine systematische und methodische Auseinandersetzung (Lauber 2001b:252) oder
- eine Auseinandersetzung über Angelegenheiten der Moral mit kommunikativen Mitteln (Neitzke 2009:143)?

Diese Frage hat große Bedeutung. Sie weist auf die geforderte Intensität ethischer Beschäftigung und auf die Frage eines wissenschaftlichen Anspruchs hin. Können philosophisch-wissenschaftliche Laien ethisch (nach-)denken oder erfordert der Begriff Ethik eine philosophisch-wissenschaftliche Untersuchung?

Mir scheint der Terminus **ethische Reflexion** angemessen. **Diese muss nicht zwangsläufig eine wissenschaftliche Untersuchung sein.** Ethische Reflexion ist Teil des täglichen Lebens. Werte, Normen und das Gewissen »… gehören zum Menschsein dazu und sind für das geordnete Zusammenleben von entscheidender Bedeutung. So gesehen beschäftigt sich jeder Mensch mit Ethik, wenn er sich Gedanken macht über gutes und richtiges Handeln oder nach Begründungen für moralische Entscheidungen sucht« (Lauber 2001b:252).

Während moralisches Verhalten meist unbewusst geschieht, bietet der Lebensalltag zahlreiche Anlässe, um über die Angemessenheit des (eigenen und fremden) Handelns und die zugrunde liegenden Werte und Prinzipien nachzudenken. »Während Menschen handeln, wird die Mehrzahl der eigenen handlungsleitenden Werte nicht einmal bewusst gemacht, geschweige denn Gegenstand einer Reflexion. Einzelpersonen treffen täglich, ja stündlich eine Vielzahl kleiner und größerer Entscheidungen, die alle von ihren Werten abhängen. Jeweils alle diese Werthaltungen bewusst zu bedenken, würde Handlungsunfähigkeit bedeuten. Die persönliche Moral muss demnach gewissermaßen ›automatisiert‹ funktionieren – kann aber bei gegebener Zeit zum Gegenstand eigenen Nachdenkens werden; dann betreibt man Ethik.« (Arn 2009:128) Friesacher sagt: »Ethik als Reflexion gelebter Moral ist Teil der Lebenspraxis« (Friesacher 2008:8). Somit ist die grundsätzliche Fähigkeit zum ethischen Denken auch so genannten Laien zuzuerkennen und bleibt nicht auf wissenschaftlich ausgebildete Philosophen beschränkt.

Pflegeethik wird als eine Ethik der Pflegepraxis verstanden. Hofmann (1995b:36) beschreibt »… Pflege-Ethik als eine Theorie der pflegerischen Praxis …, die dazu beitragen soll, das moralische Handeln in der Pflege zu fördern«. Heffels hebt hervor, Pflegeethik beschäftige sich mit konkreten Fragestellungen der Pflegepraxis (Heffels 2006:44), und Giese fordert, Pflegeethik solle sich nicht primär an Theoretiker richten, sondern Pflegepraktikern mit täglichem »hautnahem« Patientenkontakt eine Reflexions- und Orientierungshilfe bieten (Giese 1998:55). Ethische Reflexion ist Teil des pflegerischen Alltags und sollte von den in der Pflegepraxis Tätigen geleistet werden können, ggf. unter Beratung[53] durch Fachkräfte, Vorgesetzte oder externe Personen.

Wichtig scheint mir außerdem die Frage, ob sich Pflegeethik auf alle Pflegesettings bezieht oder aber auf die berufliche Pflege beschränkt werden solle, wie wir es beispielsweise bei Giese finden: »Pflegeethik befasst sich mit allen ethisch relevanten Erscheinungsformen von Pflege. … Pflegeethik ist in individualethischer und sozialethischer Hinsicht dergestalt zu konzipieren, daß sie nicht mehr nur einen Appell zur Einhaltung des Berufs- bzw. Standesethos der Pflegenden darstellt. Zentral ist vielmehr die Reflexion auf das Verantwortungsprofil einer Berufsgruppe, die im Gesundheitswesen tätig ist, dabei über ein spezifisches Fachwissen verfügt und der auf Grund ihrer Qualifikation Verantwortung gegenüber dem einzelnen Patienten, dem Behandlungsteam und der Gesellschaft zukommt.« (Giese 1998:51) Auch der Schweizer Berufsverband der Pflegefachfrauen und Pflegefachmänner proklamiert, als angewandte Ethik bemühe sich Pflegeethik speziell um eine ethische Klärung der **beruflichen** Praxis (SBK-ASI 2005b:9; Hervorhebg.: R. L.).

Ethisch relevant: die nicht-berufliche Pflege

Angesichts der Tatsache, dass derzeit die Mehrzahl der pflegebedürftigen Menschen nicht in Pflegeeinrichtungen, sondern im häuslichen Umfeld gepflegt werden und dies überwiegend durch weibliche Angehörige geschieht (vgl. Kohlen 2010b:120), kann pflegeethische Reflexion nicht auf die moralische Reflexion der Berufsausübung von Pflegekräften begrenzt werden. Gerade die schwierigen Themen des Burnout in der Laien(langzeit)pflege, der Gewalt gegen pflegebedürftige Angehörige, der Machtausübung durch die Gepflegten usf. lassen es dringlich geraten erscheinen, den Gegenstand der Pflegeethik als einer Ethik der beruflichen und nicht-beruflichen Pflegepraxis weiter zu fassen.[54] »Eine Bereichsethik beurteilt moralische Fragen und Probleme besonderer Lebens- und Arbeitsbereiche« (Wenner 2010:43). Dies gilt auch für die Pflegeethik.

---

53 Beratung durch Vorgesetzte erfolgt in der Regel informell, wohingegen externe Beratung meist stärker formalisiert ist (vgl. Lay 2001c). Formelle Beratung verstehe ich als freiwillig vereinbarte, zeitlich begrenzte und durch Gespräche geleistete Begleitung und Unterstützung bei der möglichst selbstständigen Bewältigung von schwierigen Aufgaben.

54 Riedel und Stolz (2009:47f) berichten, hilflose alte Menschen in häuslichen Pflegearrangements seien vom guten Willen und vom Vermögen ihrer Pflegepersonen abhängig. Angesichts der hohen Dunkelziffer gewaltsamer Übergriffe und freiheitsentziehender Maßnahmen in der Familie könne von einer »Altenwohlgefährdung« ausgegangen werden. Würden ambulante Pflegedienste von einem solchen Missstand erfahren, scheuten sie häufig davor zurück, sich in die »Familienangelegenheiten« ihrer Kunden einzumischen, zumal sie befürchten müssten, gegen einen anderen Anbieter ausgetauscht zu werden, welcher der Familie keine Vorschriften mache. Die Autoren rufen deshalb dazu auf (S. 49), die Unterstützungs- und zugehenden Beratungsangebote für pflegende Angehörige auszuweiten, um Überlastungs- und Überforderungssituationen sowie Konflikte herauszuarbeiten, deeskalierende Handlungsstrategien zu vermitteln, Entlastungsangebote zu eröffnen und den familien- und pflegebezogenen Entwicklungsprozess zu stabilisieren.

Um auch die nicht-berufliche Pflege durch Laien (Selbst- und Angehörigenpflege) berücksichtigen zu können und in der Weidnerschen Systematik der Disziplin Pflege zu bleiben, beschränke ich mich daher nicht auf die berufliche Pflege, sondern beziehe die Reflexion moralischer Aspekte der nicht-beruflichen Pflegepraxis mit ein:

Pflegeethik

Pflegeethik ist die Reflexion moralischer Aspekte der Pflegepraxis.

Pflegeethik ist der Kern der Ethik in der Pflege; sie ist jener Teil der Bereichsethik, der sich auf die Pflegepraxis bezieht. Synonyme Begriffe wären Ethik in der Pflegepraxis, Ethik im Pflegealltag und Ethik des Pflegens. Einer synonymen Verwendung der Begriffe »Pflegeethik« und »Ethik in der Pflege«, wie sie Rabe (2009a:73) vornimmt, werde ich mich nicht anschließen.

Neben dieser begrifflichen Festlegung sind im folgenden Kapitel einige abweichende Definitionen zu diskutieren.

4.2.4 Anders lautende Definitionen

Einige Autoren verwenden andere Eingrenzungen der Begriffe. Beispielsweise umfasst Pflegeethik nach Auffassung von Schreiner (2001a:24) folgende Aspekte:

1. das Verhalten der beruflich Pflegenden
   - formelle berufsethische Normen
   - informelle berufsethische Normen
2. die Begründung pflegerischen Handelns
   - kritische Reflexion über selbstverständlich gewordene Handlungsweisen
   - Begründung von Entscheidungen in Konfliktsituationen
3. die ethische Problematik, die sich durch die Erwartungen der Gesellschaft an die Berufsgruppe der Pflegenden ergibt.

Punkt 1 verweist auf das gelehrte (Berufsethik) und auf das gelebte Ethos der Pflegepraxis, Punkt 3 hebt die gesellschaftlichen Ansprüche an die Pflegekräfte hervor. Beide Aspekte fokussieren nach meinem Verständnis die Rahmenbedingungen, innerhalb derer in der Pflegepraxis moralische Entscheidungen getroffen werden. Punkt 2 spricht die kritische Reflexion und die ethische Rechtfertigung moralischer Entscheidungen im pflegerischen Handeln an. Schreiners Auflistung der Aspekte von Pflegeethik scheint mir infolgedessen mit meiner Definition von Pflegeethik als der Reflexion moralischer Aspekte der Pflegepraxis verknüpfbar.

Eine andere Differenzierung stammt von Arndt (1996a:18). Sie unterteilt Ethik in der Pflege in Pflegeethik (sie soll im Sinne einer Berufsethik die berufs- und standespolitischen Anteile umfassen) und Ethik des Pflegens. Letztere sei das Herz der Ethik in der Pflege. Bei der Ethik des Pflegens gehe es um die berufliche Beziehung zwischen einzelnen Pflegekräften und Patienten, zwischen Pflegekräften und Angehörigen, um Organisationsformen, Pflegesysteme, Dokumentation, Pflegeplanung, Evaluation und Qualitätssicherung.

Wiewohl ich die herausragenden Verdienste Frau Prof. Arndts (Sr. M. Benedictas) um die Etablierung der Ethik in der Pflege als Teil der Pflegewissenschaft schätze, werde ich mich dieser Klassifikation nicht anschließen. Zwar teile ich die Auffassung, dass Ethik in der Pflege der passende Oberbegriff ist, doch erscheint mir auf dem Hintergrund der Weidnerschen Systematik der Disziplin Pflege (s. Kap. 4.1) die Beschreibung einer Ethik des Pflegens zu weit gefasst: Wenn es auch überschneidende Zuständigkeiten gibt, so scheinen mir Organisationsformen, Pflegesysteme und Qualitätssicherung doch eher in den Bereich des Pflegemanagements als in den Verantwortungsbereich der Pflegepraxis zu fallen. Weshalb der Begriff Pflegeethik lediglich für die berufs- und standespolitischen Anteile der Ethik in der Pflege Verwendung finden soll, kann ich nicht nachvollziehen. Sinnvoller wäre es m. E., das Kind mutig beim Namen zu nennen und von pflegerischer Berufsethik zu sprechen, wenn politische (d. h. Macht-)Bestrebungen der Pflege bezeichnet werden sollen.

»Pflegeethik ist die normative Reflexion auf spezifisch pflegerische Konzepte und Tätigkeiten«, definieren Sauer und May (2011:23). Bei dieser Definition bleibt unklar, was mit dem Begriff »Konzepte« gemeint ist. Handelt es sich um (wissenschaftliche?) Pflegekonzepte oder Konzepte des Pflegemanagements? Außerdem reflektiert Pflegeethik auch solche pflegerelevanten Aspekte, die nicht speziell pflegerisch sind, sondern in angrenzenden Berufen und Professionen ebenfalls eine Rolle spielen.

Teilbereiche der Ethik in der Pflege

Ich bleibe daher dabei, Ethik in der Pflege analog den Teilbereichen der Disziplin in Ethik in der Pflegepraxis (Pflegeethik), Ethik im Pflegemanagement, Ethik in der Pflegepädagogik und Ethik in der Pflegewissenschaft zu unterteilen und diesen Sub-Bereichsethiken die pflegerische Berufsethik beizuordnen. Pflegeethik als Ethik der Pflegepraxis hat demnach zugegebenermaßen Anteile von pflegerischer Berufsethik, reicht jedoch weit über diese hinaus.

4.2.5 Pflegerische Berufsethik

Einige Autoren verstehen Pflegeethik nicht als Bereichsethik (Ethik in der beruflichen und nichtberuflichen Pflegepraxis), sondern vorwiegend als eine Berufsethik.

1989, d. h. zeitlich vor der Teilakademisierung der Pflege gelegen, sah Illhardt Pflegeethik als eine medizinische Berufsethik, die folgende Aspekte analysiere:

1. medizinische Handlungskonflikte unter den speziellen Bedingungen der Pflege,
2. die Beziehungsgestaltung zu den Patienten, welche Ärzten und Pflegenden gemeinsam aufgetragen sei sowie
3. die Herausforderung beruflichen Handelns zwischen Autonomie und Kooperation.

Pflegeethik reflektiere das sich wandelnde Selbstverständnis des Berufs und mache auf die besonderen Wert- und Normenkonflikte sowie ihre Lösungsbedingungen aufmerksam (Illhardt 1989:806).

Auch Georg und Frowein (1999:683) beschreiben Pflegeethik in diesem Sinne als eine (berufliche) Pflichtenlehre, die mithilfe der Prinzipien der Autonomie, des Nicht-Schadens, des Nützens, der Gerechtigkeit und der Wahrheit Orientierung in den zahlreichen Konfliktsituationen der täglichen Praxis geben wolle.

Tatsächlich stellt die pflegerische Berufsethik einen wichtigen Ausschnitt der Pflegeethik dar. Arbeit wird auf Basis moralischer Regeln ausgeübt, insbesondere dort, wo andere Menschen mit betroffen sind (vgl. Pieper 2000:35). Pflege als menschennaher Dienstleistungsberuf entwickelte in der Geschichte (siehe Kap. 4.3.1) mannigfaltige moralische Normen, die sich in informellen moralischen Ansichten über Pflege verfestigten. Darüber hinaus haben sie sich in Form von Berufskodizes (gelehrtes Ethos) niedergeschlagen: »Diskussionen über Ziele, die man zu erreichen und die Werte, die man zu verwirklichen versucht, die Haltung und das Verhalten von Berufstätigen gaben in der Pflege Anlaß für die Erstellung von Berufskodizes« (van der Arend, Gastmans 1996:65).

Pflegerische Berufskodizes (s. Kap. 4.3.6.3) sind Regelsammlungen, welche den Angehörigen der Pflegeberufe in moralischen Fragen die Richtung weisen sollen. In dieser Orientierung gebenden Funktion können sie als »berufsspezifische Verkehrsregeln« angesehen werden, die das »Miteinanderleben und -arbeiten möglichst störungsarm« gestalten helfen sollen (Abermeth 1998a:963).

Daneben sind Berufskodizes das öffentliche Aushängeschild eines Berufes. Sie sollen der Gesellschaft die moralische Integrität der Berufsgruppe vor Augen halten. Wenn ein Beruf eigene Berufskodizes herausgebildet hat, so erfüllt er eines der klassischen Kriterien für die Weiterentwicklung zur Profession (vgl. Weidner 1995; Lay 2002a; 2002b). Bei der Ausarbeitung einer eigenen Ethik der Pflegeberufe spielen demzufolge auch berufspolitische Überlegungen eine Rolle.[55]

Schreiner (2001a:25) wendet sich gegen einseitige berufspolitische Bestrebungen zur Etablierung von verbindlichen und allgemeingültigen Berufskodizes in der Pflege. Er stellt die Bemühungen in Frage, mithilfe der Kodifizierung berufsethischer Normen die Professionalisierung der Pflege vorantreiben zu wollen. Der ehemalige Schriftleiter der Deutschen Krankenpflegezeitschrift ist der Auffassung, zunächst einmal sei die Beschreibung und Zuerkennung eines eigenen Tätigkeitsfeldes anzustreben, ebenso

[55] Dasselbe gilt im übrigen für Qualitätssicherungsprojekte. »Qualitätssicherung trägt in einer nicht zu unterschätzenden Weise zur Professionalisierung des Berufs bei.« (Giebing 1991b:1109)

die politische Befugnis zur Selbstverwaltung der Pflege (ebd.). Er gibt zu bedenken, dass in berufsethischen Normen nur Mindeststandards festgeschrieben werden könnten. Berufsethische Normen seien zudem nur dann relevant, wenn der Berufsgruppe auch die Kompetenz zugesprochen würde, entsprechende Entscheidungen zu treffen (S. 26).

Schreiner betont die Unterscheidung zwischen Pflegeethik und pflegerischer Berufsethik.[56] Bei letzterer gehe es um die politische Durchsetzung von beruflichen Normen, d.h. die Gültigkeit von Berufskodizes sei eine Frage des politischen Einflusses der Berufsgruppe Pflege. Pflegeethik hingegen entwickle sich davon unabhängig. »Das bedeutet, dass es sehr wohl eine weit entwickelte und auf hohem theoretischen Niveau befindliche Pflegeethik geben kann, ohne dass für das konkrete Handeln der Pflegenden relevante kodifizierte berufsethische Normen vorhanden sein müssen.« (S. 25)

Wenn auch mit Schreiner festgestellt werden kann, dass Berufskodizes keine notwendige Voraussetzung für die Erarbeitung fundierter theoretischer Kenntnisse sind, so kann ein Berufskodex dennoch »... sinnvoll sein, wenn dieser die ethische Reflexion des Handelns der Berufsgruppe und der Berufstätigen stimuliert« (van der Arend, Gastmans 1996:65). Kodizes allein reichen selbstverständlich nicht aus; Pflegeethik benötigt ethische Kompetenz, die über die Kenntnis von berufsethischen Kodizes und Prinzipien hinausreicht.

Je komplexer das Aufgabengebiet einer Berufsgruppe ist und je größer sich ihr Bedürfnis nach gesellschaftlicher Einflussnahme darstellt, desto elaborierter erscheint ihre Ethik und desto weniger reichen ihr berufsethische Kodizes aus, um in komplexen beruflichen Fragen zu fundierten ethischen Urteilen zu gelangen und diese nach innen und außen transparent zu machen. Dennoch: »Vermutungen, die in einer Pflegeethik nur ein künstliches Produkt sachfremder Interessen, etwa den Geltungsdrang einer nach mehr Sozialprestige strebenden Berufsgruppe sehen, gehen an der Sachlage vorbei« (Volontieri 1992:7). Die Erweiterung des gesellschaftlichen Einflusses der Berufsgruppe ist kein vorrangiges Ziel bei der Etablierung von Ethik-Strukturen in der Pflege, obgleich sie mit ihr einhergehen mag. Ethik sollte nicht für berufspolitische Zwecke instrumentalisiert werden. »Ethik in der Pflege ist für viele eventuell auch deshalb abstrakt geblieben, weil sie nicht selten als bloßes Mittel und Merkmal der Professionalisierung dargestellt wurde, also nicht als die Praxis ständig begleitende Reflexion.« (Rabe 2009a:303)

»Die postulierte Eigenständigkeit von Berufen, die zunehmende Professionalisierung von Berufsständen fordert als Voraussetzung für die Übertragung eigener Verantwortungsbereiche eigene diskursive Ethik«, lehrt Klie (1998a:123). Eine diskursive Ethik passt ohne Zweifel sehr gut zu einem Pflegeverständnis, das von Aushandlungsprozessen zwischen den an der Pflege Beteiligten ausgeht (vgl. Lay, Brandenburg 2001). Ist sie jedoch für alle Pflegekontexte geeignet?

---

56 An dieser Stelle scheint ein Widerspruch zu bestehen. Wie im vorigen Kapitel ausgeführt, umfasst der Begriff Pflegeethik bei Schreiner (2001a:24) u.a. den Aspekt der formellen berufsethischen Normen.

Der diskursethische Ansatz ist ein vertragstheoretischer (vgl. die Einteilung in Kap. 2.3) und wurde hauptsächlich von Jürgen Habermas entwickelt. Im Gegensatz zur kantischen Ethik will die Diskursethik möglichst alle von einer Entscheidung betroffenen Subjekte gemeinsam in einen »herrschaftsfreien Diskurs« einbeziehen, in dem Wünsche und Bedürfnisse offen ausgesprochen und verhandelt werden. Der Diskurs soll unter symmetrischen Bedingungen erfolgen und mit den Mitteln der Argumentation einen Konsens erreichen, dem alle Teilnehmer zwanglos zustimmen können. Auf diese Weise sollen moralische Normen und Gesetze des Handelns legitimiert werden, indem alle Betroffenen sie als verbindlich konstituieren bzw. jene Regeln verwerfen, die als nicht rechtfertigbar erachtet werden (Schwerdt 1998c:254).

Schwerdt spricht sich – für den Bereich der Altenpflege – gegen eine Diskursethik aus, weil diese die Kommunikation auf das Medium Sprache eingrenze. Viele Altenpflegeabteilungen leisteten jedoch überwiegend gerontopsychiatrische Langzeitpflege, in der andere Kommunikationsmittel wie Körpersprache und Gefühlsausdruck, also der Beziehungsaspekt, wichtiger seien als der Inhaltsaspekt von Aussagen. Schwerdt bevorzugt deshalb gegenüber dem präferenzutilitaristischen Ansatz Peter Singers und dem naturphilosophisch-verantwortungsethischen Ansatz Hans Jonas' die dialogische Ethik Martin Bubers, die sprachübergreifend formuliert sei (Schwerdt 1998c:255, vgl. dies. 1998a).

In ihrer Dissertation mit dem Obertitel »Eine Ethik für die Altenpflege« fordert sie: »Eine Berufsethik der Altenpflege darf daher nicht die partikulären Interessen der Pflegenden allein oder vordergründig im Auge haben, sondern muß die Anliegen der Klientel und ihrer Bezugspersonen berücksichtigen und die übergreifenden sozialen Zusammenhänge im Auge behalten. (…) Eine Berufsethik der Altenpflege ist demnach als eine Ethik zu verstehen, die sich einem bestimmten Anwendungsbereich, hier der institutionellen Altenhilfe, zuwendet, und zwar als Orientierungshilfe für die Pflegenden« (Schwerdt 1998a:20).

4.2.6 Fazit

Ethik in der Pflege – eine autonome Bereichsethik

Zusammenfassend lassen sich zum begrifflichen Charakter einer Bereichsethik der Pflege folgende Aussagen treffen: Ethik in der Pflege ist keine Unterkategorie der Ethik in der Medizin. Vielmehr ist sie eine autonome Bereichsethik im Sozial- und Gesundheitswesen, die ihren Ort zwischen der Ethik in der Medizin und der Ethik in der Sozialen Arbeit einnimmt und moralische Aspekte in den vier Handlungsfeldern der Disziplin Pflege reflektiert.

Gemäß der Weidnerschen Einteilung der Disziplin lassen sich vier Subdisziplinen der Ethik in der Pflege differenzieren:

1. Ethik in der Pflegepraxis (Pflegeethik)
2. Ethik in der Pflegepädagogik
3. Ethik im Pflegemanagement
4. Ethik in der Pflegewissenschaft.

Die drei letztgenannten Bereiche sind zwar von großer ethischer Relevanz, scheinen aber im Vergleich zur Pflegeethik kaum ausgearbeitet zu sein.

Pflegeethik – mehr als eine Berufsethik

Pflegeethik ist die Reflexion moralischer Aspekte der Pflegepraxis. Sie besteht nicht allein aus der pflegerischen Berufsethik, sondern befasst sich als Kern der Ethik in der Pflege umfassend mit moralischen Fragen beruflicher und nichtberuflicher Pflegepraxis. Pflegeethik geht folglich über eine reine Berufsethik hinaus.

Die pflegerische Berufsethik beinhaltet das (überwiegend ungeschriebene) Berufsethos und die (geschriebenen) Berufskodizes. Berufskodizes haben nach innen orientierende, sinnstiftende und verbindende, aber auch normierende Funktion. Nach außen sollen sie der Anerkennung des Berufes in der Öffentlichkeit dienen. Gegen die letztgenannte Professionalisierungsfunktion werden innerhalb des Berufsstandes Bedenken erhoben. Zwar reichen Berufskodizes zur ethischen Reflexion moralischer Fragen nicht aus, gleichwohl können sie Ausgangspunkte und Stimulatoren für eine elaborierte Bereichsethik werden, die sich aus unterschiedlichen theoretischen Quellen speist.

Ein Theoriemonismus der Pflegeethik (etwa in Form einer exklusiv postulierten Diskursethik oder dialogischen Ethik) ist – wie auch in der Diskussion um Pflegetheorien und -modelle deutlich wird – nicht zu empfehlen.

4.3 Pflegeethik

Die Pflegepraxis ist ohne Zweifel der wichtigste Teil der Disziplin Pflege, wohingegen die Bedeutung des Pflegemanagements, der Pflegepädagogik und v. a. der Pflegewissenschaft gegenüber der praktischen Pflege kontrovers diskutiert wird (vgl. Schröck 1997). In ähnlicher Weise bildet Pflegeethik als Ethik in der Pflegepraxis den wichtigsten Teil der Bereichsethik Ethik in der Pflege. Ihr soll deshalb in diesem Kapitel besondere Aufmerksamkeit gelten.

Ich beginne mit einem kurzen Bericht über die historische Entwicklung der Pflegeethik. Anschließend werde ich die Notwendigkeit ethischer Reflexion in der Pflege aufweisen und begründen, warum die Etablierung einer eigenen Bereichsethik in der

Pflege unabdingbar ist. Überlegungen zum nötigen Maß an Autonomie für eine moralisch vertretbare Pflegepraxis und zum Geltungsbereich der Ethik in der Pflege führen schließlich zur Frage, welche Maßstäbe für die Pflegeethik gelten sollen.

4.3.1 Geschichtliche Entwicklung der Pflegeethik

»Die pflegerische Ethik ist ein junges Fachgebiet und noch ganz in der Entwicklung begriffen. Es gibt auf der ganzen Welt eine wachsende Zahl von Pflegekräften und Ethikern, die sich mit den ethischen Aspekten der Pflege befassen und die hierzu besonders ausgebildet wurden.« (van der Arend, Gastmans 1996:55) Pflegeethik ist ein bedeutendes Wissensgebiet zeitgemäßer Pflege; um ihre zukünftige Entwicklung einschätzen und beeinflussen zu können, empfiehlt sich ein Blick in die Vergangenheit. Welche Vorstellungen über Ethik wurden in der Geschichte der Pflege vertreten und aus welchen Gründen? Ich beschränke mich in der Darstellung der bedeutendsten Phasen auf die jüngere Geschichte, d. h. auf die Zeit des 20. Jahrhunderts.

»Was die Wertsysteme anbetraf, entsprach das Ethos der Pflege an der Wende vom 19. zum 20. Jahrhundert einer Verweltlichung der christlichen Ideale in humanitäre und einer formalen Zuordnung der Mitmenschlichkeit zum Pflegeberuf.« (Käppeli 2001a:8) Wie sich die Pflege im Laufe des 20. Jahrhunderts verberuflichte und säkularisierte, so nahm auch der Einfluss der Theologie auf diesen wichtigen gesellschaftlichen Bereich zu Gunsten der philosophischen Ethik ab.

Sarah T. Fry, eine der international bekanntesten Ethikerinnen in der Pflege, fasst die geschichtliche Entwicklung der Ethik in der Pflegepraxis im 20. Jahrhundert zusammen: »Im frühen 20. Jahrhundert bedeutete ethisches Verhalten in der Pflege hauptsächlich das Befolgen der Regeln der Etikette sowie die Ausführung der vorgeschriebenen Aufgaben und Pflichten. Die Regeln der Etikette beinhalteten Formen höflichen Verhaltens, wie Ordentlichkeit, Pünktlichkeit, Höflichkeit und die unauffällige Begleitung und Unterstützung des Arztes. Sie beinhaltete ebenso die Achtung gegenüber Autoritätspersonen, insbesondere gegenüber der Pflegedienstleitung und dem Arzt. Die Pflichtausübung erforderte eine strenge Einhaltung der Krankenhausregeln und eine selbstaufopfernde Einstellung. Die Krankenschwester bewies ihr moralisches Pflichtbewußtsein, indem sie Loyalität gegenüber dem Arzt, der Ausbildungs- und Arbeitsstätte zeigte. Unhinterfragter Gehorsam und der Vorsatz, sich in nichts einzumischen, waren weitere Einstellungen, mit denen die Krankenschwester die Akzeptierung ihrer moralischen Pflichten unter Beweis stellen konnte (Robb 1921).

In den frühen Lehrwerken der Pflegeethik vermischen sich noch Etikette und Ethik als Maßstäbe ethischen Verhaltens. Aikens (1916) verstand unter ›Pflegeethik‹ all jene Ideale, Sitten und Gewohnheiten, die mit den allgemeinen Charakteristika einer Krankenschwester in Verbindung gebracht wurden. Gladwin (1939) sah die Pflegeethik als eine qualifizierte und moralisch perfekte Pflichterfüllung an. Robb (1921) definierte die Pflegeethik als Verhaltensregeln, die von der Krankenschwester bei ihrer Arbeit in der

Krankenversorgung befolgt werden. Selbst in Lehrwerken der 50er Jahre wurden die Krankenschwestern dazu angehalten, ihren Beruf mit Loyalität, Klugheit, vortrefflicher Persönlichkeit und respektvollem Verhalten auszuüben (Morison 1957).« (Fry 1995:52)

Arndt bezieht sich auf eine Untersuchung von Lamb (1982) und berichtet, in den fünfziger Jahren des 20. Jahrhunderts sei viel Energie auf die Formulierung von Ethikregeln verwandt worden, die auf eine Standesethik hinausführten und Richtlinien für das Verhalten von Pflegenden darstellten. »Der Schwerpunkt verlagerte sich jetzt von der Persönlichkeit der Schwester auf die Vorstellung der Person als Schwester, die zum medizinischen Fachpersonal zählt. Diese Verlagerung kann als Beginn von Versuchen zur Professionalisierung angesehen werden. Hier wurde die soziale Rolle der Pflegenden definiert, und Ethikunterricht war auf die Sozialisation der Lernenden in die Rolle als Pflegende ausgerichtet.« (Arndt, Bondolfi 1996:27)

Neumann berichtet, Pflegeethik sei auf Berufsethik eingeengt worden; unter den Eigen- und Fremderwartungen an die dienende Rolle habe sich die Forderung nach einer eigenen moralischen Entscheidungskompetenz verboten (Neumann 2005:316).

In den 60er Jahren des 20. Jahrhunderts schließlich wiesen britische Pflegelehrbücher bereits eigene Ethikkapitel auf; es erschienen auch in Fachzeitschriften Beiträge zu spezifischen Ethikthemen sowie Ethiktexte in Monografien (Arndt 2003b:66). Arndt, die in den 60er Jahren in Großbritannien eine Krankenpflegeausbildung absolvierte, berichtet, Ethik sei seit den frühen 70er Jahren zum Lehr- und Lerngegenstand in Aus-, Fort- und Weiterbildungen geworden (ebd.).

Von Beginn der siebziger Jahre des 20. Jahrhunderts an, so referiert sie an anderer Stelle, habe sich der Ethikunterricht in den angloamerikanischen Ländern vertieft der Vermittlung von moralphilosophischen Inhalten zugewandt. »Pflegende setzen sich mit den Grundlagen ethischer Theoriebildung auseinander, sie formulieren ethische Prinzipien, die auf die Pflege ausgerichtet sind; sie schaffen eigene, spezifische Strukturen für moralisches Handeln in konkreten Situationen pflegerischer Praxis; Pflegende lernen, eigene Entscheidungsräume zu sehen und zu nutzen. Kurz: eine allgemeine, diffuse Pflegeethik entwickelt sich zu einem eigenen Wissens- und Handlungsbereich ...« (Arndt, Bondolfi 1996:27)

Fry bestätigt diese Einschätzung in ihrem Werk »Ethik in der Pflegepraxis. Anleitung für ethische Entscheidungsfindungen«, einer Auftragsarbeit des Internationalen Pflegerates (ICN): »Mit der Zeit hat sich die Rolle der Krankenschwester innerhalb der Pflege langsam von der gehorsamen Helferin des Arztes zu einer unabhängigen, qualifizierten Kraft verändert, die für das, was sie im Beruf tut (oder nicht tut), zur Rechenschaft gezogen werden kann. Diese Rollenveränderung ging einher mit einer Veränderung der Ansichten über die ethischen Verhaltensmaßstäbe für Pflegende. ... Anstatt lediglich die von anderen bestimmten ethischen Entscheidungen auszuführen, begannen die Pflegenden, Eigenverantwortung für unabhängige Entscheidungen (einschließlich der ethischen Entscheidungen) innerhalb der Pflege zu fordern« (Fry 1995:52f).

Besonders in den USA, in Großbritannien und den skandinavischen Ländern wurde die Entwicklung einer eigenen Pflegeethik seit den 70er Jahren des 20. Jahrhunderts stark vorangetrieben. In den Beneluxstaaten und im deutschsprachigen Raum bestand in dieser Hinsicht über lange Jahre ein Nachholbedarf, trotz einer steigenden Zahl von Fachbeiträgen zu ethischen Themen in der Pflege – insbesondere in Pflegefachzeitschriften. Konnten beispielsweise Schmidt und Thierhoff noch 1992 beklagen, für den Ethikunterricht an Krankenpflegeschulen stehe – von vereinzelten Aufsätzen und Versuchen abgesehen – praktisch kaum Lehrmaterial und begleitende Literatur zur Verfügung (1992:189), so wendete sich die Situation im Laufe der neunziger Jahre: Allein für den Zeitraum vom 1. Januar 1993 bis zum 30. Juni 2000 erfasste die Informations- und Dokumentationsstelle der Akademie für Ethik in der Medizin (IDEM) zu »Ethik in der Pflege« 2.558 Literaturzitate (Hofmann 2000:22).

Freilich sagt die Zahl der Fachbeiträge nichts über ihre inhaltlichen Schwerpunkte aus: »Obwohl das Angebot von pflegerisch-ethischen Artikeln in Krankenpflege- und nichtpflegerischen Zeitschriften ständig zunimmt, stellen wir fest, daß die Entwicklung einer pflegerischen Ethik noch in den Kinderschuhen steckt. Die Lehrbücher sind im Allgemeinen noch voll von medizinisch-ethischer Problematik«, stellten die niederländischen bzw. belgischen Autoren van der Arend und Gastmans (1996:42) noch Mitte der 1990er Jahre fest. Inzwischen hat sich dies zunehmend geändert. Zahlreiche neu erschienene deutschsprachige Bücher und eine Vielzahl an Zeitschriftenartikeln zur Ethik in der Pflege (re)präsentieren selbstbewusst einen eigenständigen Zugang der Pflege zu ethischen Fragen.

Dass sich Pflegeethik im deutschsprachigen Raum über einige Jahrzehnte an der Medizinischen Ethik orientierte, entspricht weitgehend der vorangegangenen Entwicklung in den Vereinigten Staaten (vgl. Bobbert 2002). Solange Pflegekräfte dort den Ärzten weitgehend untergeordnet waren und keine eigene professionelle Identität besaßen, konnten sie sich nicht vom biomedizinischen Modell und damit von der Dominanz durch die Medizinische Ethik lösen. Erst eine forcierte Entwicklung eigener Theorien und die immer stärkere Verlagerung der Pflegeausbildung von den Hospital Schools und Colleges auf die Universitäten haben in den USA »... zu einer Verwissenschaftlichung der Pflegeberufe und in Ansätzen auch zur Heranbildung einer eigenständigen Pflegeethik geführt« (Laga 1995:12).

Zunehmende ethische Bildung

In der zu beobachtenden (Teil-)Akademisierung der Pflege in Deutschland liegt die Chance, traditionelle Grundlagen, Curricula und Managementkonzeptionen aus ethischer Perspektive zu überprüfen. Dass sich Pflegekräfte in Deutschland vermehrt mit ethischen Fragen und der Sorge um die moralische Qualität der Pflege befassen, hängt nicht nur mit der zunehmenden Technisierung und Ökonomisierung des deutschen Sozial- und Gesundheitswesens zusammen, sondern ist dank ethischer Bildung auch das Ergebnis stärkeren Bewusstwerdens und systematischeren Bearbeitens ethischer Konflikte.

Heute befasst sich Ethik in der Pflege laut Arndt (2000c:56) »... mit dem, was ist, und mit dem, was sein könnte und sein sollte«, wobei nach meiner Einschätzung die normativen Elemente gegenüber deskriptiven Ansätzen deutlich überwiegen. Bobbert teilt diese Beobachtung. Während Arndt den Beginn einer neuen Phase ausmacht, in der »... Ethik in der Pflege sich an neuerer Philosophie orientiert, die von der Phänomenologie, vom Existentialismus und von feministisch-kritischen Ansätzen beeinflusst ist« (Arndt, Bondolfi 1996:27), diagnostiziert Bobbert bei der jungen Bereichsethik ein Defizit an ethisch-philosophischer Auseinandersetzung: »Die meisten pflegeethischen Ansätze sind primär handlungs- und lösungsorientiert angelegt. Es gilt, moralische Normen zu benennen, um diese dann auf Konfliktsituationen der Pflegepraxis anzuwenden. Dahinter steht sicher die Motivation, in der Praxis moralisch verantwortlich zu handeln und für Konfliktsituationen Orientierung zu geben. So geht es den Autor(inn)en ›moderner‹ Pflegeethik-Ansätze offenbar in erster Linie darum, Pflegende zur Übernahme moralischer Verantwortung zu ermutigen, ihnen moralische Normen, welche für moralische Aspekte des Pflegens noch stärker sensibilisieren, anzubieten, sie zur Umsetzung des von ihnen selbst oder dem Berufsstand als richtig Erachteten zu motivieren und angesichts hindernder Rahmenbedingungen nach konkreten Wegen und Schritten der Verbesserung zu suchen. Daß sich die ›moderne‹ Pflegeethik als relativ junge Bereichsethik bislang weniger um die ethisch-philosophische Auseinandersetzung hinsichtlich der Begründung moralischer Normen gekümmert hat, muß also nicht verwundern« (Bobbert 2002:118f).

Friesacher verortet die sich entwickelnde junge Ethik ebenfalls im Ensemble der Bereichsethiken. »Pflegeethik ist ein noch junges Feld der Pflege, auch wenn ethische Fragen so alt sind wie die Pflege selbst. Als systematische Reflexion pflegerischer Praxis ist Pflegeethik ein Teil der allgemeinen Gesundheitsethik und damit, wie die Medizinethik auch, eine Bereichsethik.« (Friesacher 2008:8)

Wie sich die Geschichte der Ethik in der Pflege weiter entwickeln wird, ist eine spannende Frage. Nichtsdestotrotz endet der geschichtliche Exkurs an dieser Stelle.[57] Es scheint mir angezeigt, innezuhalten und einige grundsätzliche Fragen zu bedenken.

In den bisherigen Teilen dieses Buches wurde wie selbstverständlich davon ausgegangen, dass Pflege einer ethischen Reflexion bedarf. Ist dies tatsächlich der Fall? Reichen Vorschriften in Pflegefachbüchern und Pflegestandards nicht aus, um Menschen verantwortlich zu pflegen? Wählen nicht gerade wohlmeinende und menschenfreundliche Personen einen pflegerischen Beruf? Ist eine ethische Reflexion der Pflege unbedingt erforderlich?

---

57 Zur Vertiefung sei auf das entsprechende Kapitel in Bobberts Dissertation verwiesen (Bobbert 2002:52-71).

4.3.2 Notwendigkeit ethischer Reflexion in der Pflege

»Pflege in sich selbst hat moralische Bedeutung, weil es hier direkt um das Gut des Lebens, um Gesundheit wie auch um Leid und Krankheit und um Sterben und Tod geht«, schreibt Arndt und schließt daraus: »Somit kann nur gute Pflege ethischen Ansprüchen gerecht werden.« (Arndt 2002:28)

Intensive Nähe in existenziellen Lebenssituationen

Pflegekräfte sind durch ihren intensiven körperlichen, psychischen und sozialen Kontakt zu Menschen in außergewöhnlichen Lebenssituationen häufiger als die meisten anderen Berufe mit elementaren Fragen des Lebens konfrontiert, die von ihnen eine hohe ethische Kompetenz fordern. »Bedingt durch die besondere Art ihrer Tätigkeit stellen sich für Pflegende spezifische Aufgaben, Anforderungen und ethische Probleme. Diese Probleme erfordern – in der Alltagspraxis wie in der Ausbildung und öffentlichen Diskussion – eine eigenverantwortliche moralische Beurteilung und ethische Reflexion durch die Pflegenden selbst.« (Rehbock 2000:281)

»Pflegende sind gezwungen, täglich vor Ort ethische Entscheidungen zu treffen.« (Milhahn, Zegelin 1993:320) Der unmittelbaren Konfrontation mit schwierigen moralischen Fragestellungen können sie im Berufsalltag kaum entrinnen: »Das Besondere in der Pflege ist, daß Pflegende darauf vorbereitet sein müssen, nicht nur theoretische Grundlagen der Ethik zu hören und zu diskutieren, sondern selbst in der Pflegepraxis in moralische Dilemmata involviert zu werden, in denen sie Entscheidungen treffen müssen, die praktische Konsequenzen nach sich ziehen können. Ganz im Gegensatz dazu sieht die Lage zum Beispiel von Philosophiestudenten aus, die in sicherer Distanz Ethik und Moral ausschließlich theoretisch diskutieren« (Windels-Buhr 1997:755).

Traditionelle Normen und Umgangsformen reichen in der komplexen Vielfalt heutiger beruflicher Pflege häufig nicht aus, um menschenwürdiges Leben in seinen vielgestaltigen Erscheinungsformen zu sichern. Eine besondere Herausforderung stellt heute die Multikulturalität in der Pflege dar (vgl. Sairanen 2003). Wo »… Menschen aus verschiedenen Kulturkreisen und Weltanschauungen auf engstem Raum zusammenleben und -arbeiten, verlangt die Antwort auf die Frage, wie im konkreten Fall das richtige Handeln aussehen könnte, ein hohes Maß an sozialwissenschaftlichem Wissen und ethischer Reflexion« (Hofmann 1995a:444).

Der Bedarf an ethischer Bildung betrifft jedoch nicht nur die Pflegepraxis, sondern im Weiteren alle Handlungsfelder der Disziplin Pflege. »Wir können uns in der Pflege moralischen Entscheidungen nicht entziehen, und wir können uns ethisches Denken nicht ersparen. Dies gilt für den Pflegealltag, wie auch für den Anspruch einer sich entwickelnden Pflegewissenschaft.« (Arndt 1996a:55)

Ethik als Bestandteil der Ausbildung

Damit Pflegekräfte sich in der Praxis an gemeinsamer moralischer Urteilsbildung und ethischer Reflexion aktiv beteiligen, muss Ethik ein wichtiger Bestandteil der Pflegeausbildung und der Pflegewissenschaft sein (vgl. Rehbock 2000:281; dies. 2001a:16).

Auch im Pflegemanagement, wo täglich folgenreiche Entscheidungen getroffen werden müssen, sind ethische Kenntnisse und moralische Kompetenz unabdingbar. Ähnliches gilt für die Pflegepädagogik, wie wir in Kap. 8 sehen werden.

Johann Ach führt Gründe für eine – seiner Meinung nach bislang allerdings erst in Ansätzen entwickelte – eigenständige Bereichsethik der Pflege ins Feld: Das Spektrum der Krankheiten habe sich in Richtung chronischer Leiden verändert, während gleichzeitig die medizinischen Verfahren zum Teil aggressiver geworden seien. »Beide Entwicklungen führen dazu, daß sich nicht nur die professionellen Ansprüche an die Pflege verändern, sondern daß auch die Charakteristika der zentralen ethischen Konflikte bzw. Konfliktfelder, mit denen sich die Angehörigen von Pflegeberufen heute konfrontiert finden, sich deutlich gewandelt haben.« (Ach 1998:160f)

Als weitere Begründung bringt Ach den steigenden Ökonomisierungsdruck in die Diskussion ein: Rationalisierung, Rationierung und Ökonomisierung wirkten sich insbesondere auf die Beziehung des Pflegepersonals zu den Klienten aus, die zunehmend von divergierenden Verpflichtungen einerseits gegenüber den Klienten und andererseits gegenüber der nach marktwirtschaftlichen Prinzipien haushalten müssenden Institution charakterisiert sei.

Überdies sei der Professionalisierungsprozess der Pflege unter ethischen Gesichtspunkten bedeutsam, weil er zu einem Wandel im Anforderungsprofil führe, der immer größere Verantwortungsspielräume eröffne und zumute sowie eine gesteigerte öffentliche Rechtfertigungspflicht pflegerischen Handelns fordere.

Und schließlich, so Ach, treffe der gewachsene ethische Rechtfertigungsbedarf auf einen gesellschaftlichen Wertepluralismus, mit dem Pflegekräfte in ihrem Alltagshandeln konfrontiert würden, insofern z. B. auch ihre Klienten unterschiedlichen sozialen und kulturellen Traditionen entstammten und unterschiedlichen weltanschaulichen oder ethischen Auffassungen verpflichtet seien (S. 161).

»Pflege braucht Ethik.« (Schröder 1993:725) Die sich verwissenschaftlichende Praxisdisziplin Pflege benötigt ethische Reflexion – das ist deutlich geworden –, doch kann die ethische Reflexionsarbeit nicht auch von Nachbardisziplinen, etwa der Medizin, geleistet werden? Genügen die reichhaltigen medizinethischen Wissensbestände nicht auch für die Pflege? Sogar van der Arend und Gastmans räumen ein, dass »… die pflegerische Ethik eine Anzahl von Merkmalen mit der biomedizinischen Ethik gemein« hat (van der Arend, Gastmans 1996:41).

»Unumstritten scheint im pflegewissenschaftlichen Diskurs in jedem Fall, dass Pflege Ethik braucht.« (Fesenfeld 2008:689). Strittig ist jedoch die Notwendigkeit einer eigenen Bereichsethik der Pflege. Die von Ach genannten Begründungen für eine eigenständige Bereichsethik müssen durch stichhaltige Argumente ergänzt werden, welche deutlich herausarbeiten, dass sowohl innerhalb der Profession als auch interprofessionell und gesellschaftlich ein erheblicher Bedarf an einer eigenen Bereichsethik der Pflege besteht.

4.3.3 Notwendigkeit einer eigenen Bereichsethik

»Braucht die Pflege eine Pflegeethik?«, fragt Elsbernd (1994:109). Ist eine eigenständige Bereichsethik der Pflege erforderlich? Diese Frage wird sehr kontrovers diskutiert.

Pflege ist kein Assistenzberuf

Das von ärztlichen Vertretern der Medizinischen Ethik oft geäußerte Argument, Pflege brauche keine eigene Bereichsethik, weil Pflege ein Teil der Medizin sei, ist leicht mit dem Hinweis zu entkräften, dass Pflegen keinesfalls mit Arztassistenz identisch ist und Pflege sich zudem als eigenständige Disziplin im Gesundheits- und Sozialwesen versteht. Ethik in der Pflege ist daher folgerichtig nicht unter dem Dach einer Medizinischen Ethik anzusiedeln, sondern verortet sich als eigenständige Bereichsethik zwischen einer Ethik in der Medizin und einer Ethik in der Sozialen Arbeit (vgl. Abb. 5).

Schwieriger zu widerlegen scheint die von philosophischer Seite gerne ins Feld geführte Behauptung, es könne keine eigene Ethik in der Pflege geben, weil es der Pflege nicht möglich sei, exklusive ethische Prinzipien zu entwickeln oder auszuwählen, die nicht auch für andere Lebensbereiche oder Berufe gelten könnten (z. B. Fahr 1998:674f; Rehbock 2000). Aber auch dieses Argument greift bei genauerer Betrachtung zu kurz:

Pflege braucht eine Bereichsethik

Niemand in der Pflege hat behauptet, Pflege wolle eine allgemeine philosophische Ethik von Neuem erfinden. Der Sachverhalt ist ein anderer: Bei der Ethik in der Pflege geht es um die Etablierung und Institutionalisierung einer Bereichsethik

1. für die speziellen Aufgabengebiete pflegerischer Berufe, die im Gesundheits- und Sozialwesen die zahlenmäßig größte Gruppe stellen, sowie
2. für den Bereich des gesellschaftlichen Phänomens Pflege(n) überhaupt.[58]

[58] gg. Bobbert, die Pflegeethik als philosophisch begründete Reflexion des Handlungsfelds beruflicher Pflege versteht (Bobbert 2002:15)

Die Forderung nach der Exklusivität ethischer Prinzipien ist nicht haltbar – Bereichsethiken müssen keine ethischen Theorien oder Prinzipien erfinden oder auswählen, die ausschließlich für diesen Themen- bzw. Lebensbereich Gültigkeit besitzen sollen. Würde eine solche Forderung erhoben, dann dürfte es keine einzige Bereichsethik geben – damit hätten beispielsweise auch die Bioethik, die Medizinethik, die Sozialethik, die Wirtschaftsethik oder die Umweltethik ihre Existenzberechtigung verloren. Bobbert (2002:126) hält es aus ethisch-systematischer Sicht nicht für plausibel, dass sich eine Bereichsethik durch spezielle Begründungen und eigene moralische Normen auszeichnet, die nur für diesen Handlungsbereich gelten.

Die Disziplin Pflege ist daher gut beraten, sich nicht von solchen Argumenten beeindrucken zu lassen, zumal in ihnen nicht selten auch berufspolitische Aspekte vermutet werden dürften. Es stimmt: »[There] is really very little that is morally unique to nursing«[59] (Veatch 1981, zit. n. Tadd 1998:367). Vielleicht könnte Pflege sich an der unbekümmerten Gelassenheit mancher Vertreter der Ethik in der Sozialen Arbeit ein Beispiel nehmen, die in Bezug auf die in ihrer Profession aufgestellten Wertelisten und Prinzipienkatalogen bekannt geben, diese als spezifische Berufswerte und -prinzipien der Sozialen Arbeit zu bezeichnen schließe selbstverständlich nicht aus, dass sie zugleich auch die berufsethischen Grundlagen anderer Professionen bilden (vgl. Abbenhues 1995:281 und Hug 2009a:118).

Pflege braucht eine eigene Bereichsethik, wenn es auch Vertreter der Pflege gibt, welche die recht ungewöhnliche Auffassung vertreten, Pflege solle aus berufspolitischen Gründen auf die Ausbildung einer eigenen Bereichsethik verzichten. Tadd erläutert diese Position: »It is also worth pointing out that if nurses wish to have a voice in bioethics or the ethics of health care generally, then pursuing a separatist approach may prove unhelpful and isolate them from the mainstream of debate«[60] (Tadd 1998:368). Allerdings kann eine Kooperation im Gesundheitswesen zu Gunsten aller Beteiligter unter gleichberechtigten Partnern eher gelingen. Wenn Pflege(ethik) dagegen als kleine, in ethischen Fragen weniger entwickelte Schwester der etablierten Medizin(ethik) im interprofessionellen Diskurs mühsam um Gehör bitten muss, stehen die Chancen für eine echte Kooperation schlechter (vgl. Peil et al. 1996:77).

Eine Kooperation von Pflege(ethik) und Medizin(ethik) kann die disziplinären Perspektiven weiten, denn Interessen bzw. Anliegen von Pflege und Medizin sind nicht identisch. »In health care, the term ›medical ethics‹ is used specifically for the ethical system under which physicians operate. Nursing ethics has become a separate entity because nurses have begun to recognize that their concerns are different than those of physicians.«[61] (Turner, Rufo 1992:272)

---

59 »Es gibt im Bereich der Moral wirklich nur Weniges, das einzigartig zur Pflege gehört.« (freie Übers.: R. L.)

60 »Es muss auch darauf hingewiesen werden, dass das Verfolgen eines separatistischen Zugangs sich nicht als hilfreich erweisen könnte, wenn Pflegekräfte eine eigene Stimme in der Bioethik oder allgemein in der Ethik im Gesundheitswesen anstreben, und dass es sie von der Hauptströmung der Debatte ausschließen könnte.« (Übers.: R. L.)

61 »In der Gesundheitsversorgung wird der Ausdruck ›Medizinische Ethik‹ speziell für das Ethiksystem gebraucht, unter dem Ärzte tätig sind. Pflegeethik ist eine eigene Größe geworden, weil Pflegekräfte zu erkennen begonnen haben, dass ihre Anliegen sich von denen der Ärzte unterscheiden.« (Übers.: R. L.)

Einige Pflegevertreter proklamieren, es gebe keine speziellen ethischen Prinzipien der Pflege (Weber; Stratmeyer o. J.:56); andere wiederum scheinen eine eigentümliche Auffassung von den Aufgaben der Pflegeethik zu besitzen: Eine Pflegeethik – sofern sie sich überhaupt begründen lasse – bestünde in einer Kritik sowohl der Praxis der Medizin als Wissenschaft, sofern mit Wissenschaftlichkeit ein Verlust ihres lebenspraktischen Fundaments verbunden sei, als auch der Kritik der Medizinethik, sofern die von ihr neuerdings geforderte Patientenorientierung (Selbstbestimmung) eines praktischen Fundaments ärztlicher Tätigkeit entbehre, doziert Remmers (o. J.:57).

Demgegenüber heben Menche et al. (2001:17) hervor, Pflegeethik sei keinesfalls ein Anhängsel der Medizinethik, auch wenn die allgemeinen ethischen Grundsätze wie Schutz des Lebens, Schadensvermeidung, Patientenautonomie oder Schweigepflicht für die ärztlichen und pflegerischen Bereiche übereinstimmten. Für die Pflege gebe es eine Reihe von Aspekten, deren Besonderheiten sich als Ethik in der Pflege beschreiben und veranschaulichen ließen.

Die Theologin und Psychologin Monika Bobbert (2002:51) meint, Pflegende beklagten zu Recht ihren Ausschluss von medizinethischen Fragen und die geringe Anerkenntnis ethischer Probleme in der Pflege. Demzufolge gebe es in der Pflegeethik die Tendenz, der Medizinethik, die in einem engen Sinne auf das Handeln von Ärzt(inn)en bezogen werde, eine eigene Pflegeethik im Sinne einer spezifisch pflegerischen Moraltheorie entgegenzusetzen. Zwar stellten sich – bedingt durch die besonderen Aufgaben und Tätigkeiten der Pflegenden – spezielle ethische Probleme, die im Rahmen einer Bereichsethik bearbeitet würden, doch Pflegeethik als relativ neue Bereichsethik könne keine »Sonderethik« sein, die in Ergänzung oder Opposition zu anderen Bereichsethiken pflegespezifische Werte, Normen und Begründungen postuliere, welche sich in grundlegender Weise von anderen ethischen Argumentationen in der Gesundheitsversorgung unterschieden.

Bereits in einem frühen deutschsprachigen Werk von Genewein und Sporken (1981:82; Ersterscheinung 1975) wird proklamiert, die Eigenständigkeit der Krankenpflege rechtfertige es, von einer pflegerischen Ethik zu sprechen, welche nicht deckungsgleich mit ärztlicher Ethik sei. Van der Arend und Gastmans (1996:41) argumentieren, pflegerische Ethik unterscheide sich von der biomedizinischen Ethik durch ihre spezifische Ausrichtung auf professionelle Pflegeaktivitäten sowie durch die Rolle und Position derjenigen, die diese Aktivitäten ausübten. Müller-Angst (1999, o. S.) weist darauf hin, dass Kenntnisse und berufliche Stellung der Pflegekräfte ihnen eine Macht verleihen, deren Gebrauch mithilfe permanenter ethischer Überlegung überprüft werden müsse. Hinzuzufügen wäre m. E.: Eine kontinuierliche Machtkontrolle im Sinne ethischer Reflexion kann nicht von berufsexterner Seite gewährleistet werden.

Auch Berg et al. (2000) erörtern die Frage, ob eine spezielle Pflegeethik notwendig sei. Sie bejahen diese Frage, legen den Fokus aber nicht auf Rolle, Position und Aktivitäten der Pflegekräfte, sondern auf die gepflegten Menschen und die Besonderheit der Beziehung zwischen Pflegekräften und Gepflegten. Der Kern ihrer Argumentation soll hier kurz wiedergegeben werden:

Im Mittelpunkt einer von der Philosophie her verstandenen Ethik, so Berg et al., stünden allgemeine Normen und Werte, nach denen sich Menschen richten sollten. Die Menschen, welche den allgemeinen Normen und Werten zu entsprechen hätten, würden allerdings meist als gesunde und autonome Personen verstanden. Pflegeethik habe demnach ihre Berechtigung, »... weil sie etwas in ihren Verantwortungsbereich stellt, was von der übrigen Ethik zu wenig beachtet wird: Die Eigenart der Beziehung zwischen pflegebedürftigen Menschen und Pflegenden« (Berg et al. 2000:670).

Es gibt eine Reihe anderer Gründe für die Etablierung einer eigenen Bereichsethik Ethik in der Pflege, zum Beispiel das Argument, dass keine der benachbarten Disziplinen – das sind in erster Linie Medizin und Soziale Arbeit (vgl. Abb. 5) – den inhaltlichen Bereich der Pflege überschauen kann. Sie können lediglich Überschneidungsflächen betrachten, nicht aber das gesamte Feld der Pflege. »Auch wenn Abgrenzungsfragen nicht im einzelnen geklärt sind, bleibt festzuhalten, daß Pflege eine Disziplin im Gesundheitswesen [und im Sozialwesen; R. L.] ist, deren Schwerpunkte sich von denen anderer Berufe unterscheiden und von keinem anderen Beruf erfüllt werden.« (Bartholomeyczik 1997a:53)

Schreiner und Gahl erinnern an die Unterschiede in den beruflichen Aufgaben: »Während die Kontakte von Ärzten (sowie Krankengymnasten und ähnlichen Berufsgruppen) mit den Patienten stärker auf die Krankheit und die Überwindung derselben zielen, obliegt den Pflegenden im Krankenhaus [wie auch in anderen Pflegesettings, R. L.] sehr viel stärker die unmittelbare und elementare Sorge für die Kranken ...« (Schreiner, Gahl 1995:89)

Großklaus-Seidel hält darüber hinaus fest, Pflege vertrete durchaus andere Positionen zu ethischen Problemen als die Medizin. Sie betont, dass die einzelnen Berufsgruppen keineswegs das gemeinsame ethische Anliegen »Wohl des Patienten« verfolgten. Es gebe vielmehr unterschiedliche Sichtweisen darüber, was dem Patienten in einer konkreten Situation zugute komme und was ihm schade. Wichtig sei es, dass die Pflege (zunächst) ihren eigenständigen Beitrag formuliere (Großklaus-Seidel 2002:14f).

Eine weitere Begründung für die Notwendigkeit einer eigenen Bereichsethik besteht darin, dass niemand einen zeitlich intensiveren Kontakt zu pflegebedürftigen Menschen hat als pflegende Laien und beruflich Pflegende, und dass daraus häufig eine besondere zwischenmenschliche Beziehung erwächst, die zu spezifischen psychologischen und moralischen Problemen führt (Fragen der Abgrenzung, der professionellen Distanz, der fürsorgenden Zuwendung, der persönlichen Privat- und Intimsphäre, des Loslassens, der Aggression, der Gewalt[62] u. a.), insbesondere, weil Pflege i. d. R. mit großer körperlicher Nähe verbunden ist. »Pflege zeichnet sich durch ihre spezifische Körpernähe aus.« (Remmers 1997:280; vgl. ders. 1996:122ff)

---

62 Vgl. zum Thema Gewalt in der Pflege: Sauter, Richter (1998); Richter (1999); Städtler-Mach (1999:159ff), Arndt (2000b), Schreiner (2001b, 2001c); Sauter (2003); Schneider (2005); Grond (2007); Steinert (2008); Oud, Walter (2009); Lex (2011); Nau (2011); Needham, Sauter (2011).

In der pflegerischen Praxis sind alle Akteure in hohem Maße leiblich beteiligt (Remmers 2000a:12) – und das, so füge ich hinzu, im Unterschied zu allen anderen menschen- bzw. körpernahen Dienstleistungen **regelmäßig und während längerer Zeitabschnitte**. »Die Arbeit von Pflegefachkräften zeichnet sich durch eine teils extreme Interaktionsintensität und -dichte aus. Sie verfügen nicht, wie das ärztliche Personal in Kliniken, über vergleichbare Rückzugsmöglichkeiten. Sie sind Adressaten für beinahe alle Bedürfnisse und Anliegen von Menschen, die häufig schwerem Leiden ausgesetzt sind (…).« (Remmers 2010a:16) Remmers sucht das der Pflege gegenüber allen angrenzenden Berufen eigene Wesensmerkmal, das Einzigartige und Unverwechselbare von Pflegearbeit und vermutet, es sei in den elementaren Strukturen eines durch face-to-face-, body-to-body- und side-by-side-Beziehungen charakterisierten Interaktionsprozesses zu rekonstruieren (Remmers 2000a:13).

Bei Pflege handelt es sich nach Klie (1998a:130) um »… körpernahe Interaktionen, in der Pflege alter Menschen wahrgenommen durch generationsverschiedene Personen, in denen in besonderer Weise Menschenwürdefragen aufgeworfen werden: Pflege ist ein potentieller Übergriff auf den Körper des Pflegebedürftigen.« Es ist ein Spezifikum von Pflege, dass sie fast immer mit Körperkontakt und einem Überschreiten von persönlich-territorialen Grenzen[63] einhergeht, und zwar nicht nur bei instrumentell-technischen Verrichtungen, die auch ein Arzt in dieser oder ähnlicher Weise durchführt, sondern während der Durchführung von körperbetonten persönlichen Alltagsaktivitäten wie Waschen, Kleiden, Essen. Deshalb geschieht das Nahe-Kommen von Pflegekraft und Klient i. d. R. in einer anderen Beziehungsqualität als zwischen Ärzten und ihren Patienten.

Vertrauen und Vertraulichkeit

Patienten bauen zu Ärzten häufig eine Beziehung wie zu fachlich-technischen Behandlungsexperten auf, zu Pflegekräften hingegen häufiger eine Beziehung des **Vertrauens**, mehr noch, der persönlichen **Vertraulichkeit**.

Wie kommt es zu solchen vertraulichen Beziehungen? Warum entstehen sie häufig auch in kürzeren Pflegeverläufen, z. B. in einem Akutkrankenhaus? Fölsch gibt eine erste Antwort: »Ein wesentliches Merkmal der Pflege ist die körperliche Nähe zum Patienten und die oft daraus entstehende therapeutische Beziehung. Es ist der Pflege eigen, oft weit in die Intimsphäre des Patienten einzugreifen, und Pflegetätigkeiten führen freiwillig oder unfreiwillig zu emotionaler und körperlicher Nähe zwischen dem Patienten und der Pflegekraft« (Fölsch 2008:22; vgl. Hofmann 2001c:211).

---

[63] Um die ungewohnte Nähe fremder Menschen zu bewältigen, versuchen viele Pflegebedürftige sich räumlich abzugrenzen. So markieren etwa Patienten im Krankenhaus ihr eigenes Territorium und personalisieren beispielsweise ihre Nachttische mit Fotos, Blumen und persönlichen Gegenständen (Bauer 1996:178).

Pflegebeziehungen werden meist unfreiwillig eingegangen. »In der Pflege sucht sich der Pflegebedürftige – abgesehen von Familienkonstellationen – denjenigen, der ihn pflegt, in der Regel nicht selbst aus. Es handelt sich, zumindest potentiell, um unfreiwillige Begegnung, im übrigen beiderseits: Auch die Pflegekraft sucht sich den Pflegebedürftigen nicht aus und ist zu Handlungen gezwungen, die sie an anderen Menschen, die ihr fremd sind, grundsätzlich nicht vornehmen würde.« (Klie 1998a:130)

Für Krankenschwestern, so Kleinschmidt (2004:22), besteht das Arbeitsleben überwiegend aus Interaktionen mit Menschen, die ihnen mehr oder weniger fremd sind. Beruflich Pflegende kommen Menschen besonders nahe, mit denen sie im normalen Leben durch nichts verbunden sind (Rabe 2005:147). »Das ist eine auch moralisch ungewöhnliche Situation: Nahbeziehungen ohne den Vorlauf gemeinsamen Lebens, wobei eine der Personen von Krankheit betroffen ist.« (ebd.).

Heubel erläutert: »In der Familie ist die gegenseitige Abhängigkeit oder die Souveränitätsminderung wechselseitig und eingeübt. Die Pflegenden dagegen kennt man nicht und wird sie nach der Entlassung nicht wiedersehen. Das ist was ich mit Nähe meine, die keine Nähe ist: Die normalerweise eingehaltenen Grenzen zum Schutzraum der eigenen Intimität werden niedergelegt, weil beide Seiten stillschweigend – im Grunde aber ebenfalls kommunikativ – davon ausgehen, dass die Souveränitätsverletzung wegen der Krankheit vorübergehend notwendig ist. Es wird sozusagen eine Konvention gewechselt, ähnlich wie am Nacktbadestrand, nur weniger freiwillig. Dieser Typus von Interaktion ist pflegespezifisch und hat mit der Funktion als ärztliche Hilfskraft nicht zu tun. Aber sie wird noch dadurch verschärft, dass man als Pflegender – viel unmittelbarer als die Ärzte – Zeuge weiterer Verletzungen des Patienten wird, nämlich Schmerz, Leiden, zerstörte Hoffnungen und Todesnähe, Situationen also, die in jedem Menschen eine persönliche, über die Professionalität hinausgehende Anteilnahme hervorrufen« (Heubel 2010:71).

»Pflege ist Berufstätigkeit in der körperlichen, psychischen und sozialen Privatsphäre fremder Menschen«, pointiert Entzian (2004:38). Ob die häufig zu beobachtende Vertraulichkeit der Angstabwehr dient bzw. helfen soll, das unvermeidliche Nahe-Kommen während persönlicher oder gar intimer Alltagsaktivitäten zu legitimieren? Eine unserer Auszubildenden schrieb dazu in einer Hausarbeit: »Es gehört zum Alltagsgeschehen von Pflegekräften, fremde Menschen bei den ›Intimitäten des Lebens‹ zu begleiten, sie darin zu unterstützen oder diese sogar zu übernehmen« (Weimann 2006:1). In der Pflege als einem »Interaktions- und Berührungsberuf« (Friesacher 2009b:10) ist es unvermeidbar, dass die Schamgrenzen von Klienten und Pflegekräften, insbesondere Berufsanfängern, überschritten werden: »Pflegende berühren die Menschen am ganzen Körper und haben Zugang zu allen Körperöffnungen. Es geht an die nackte ungeschützte Haut und darunter« (Hofmann 2001d:4). Wenn solcherlei Grenzüberschreitungen erst einmal zur selbstverständlichen Routine werden, ist die Würde von Menschen in Gefahr: »Das unreflektierte Erlernen von scheinbar selbstverständlichen Grenzüberschreitungen kann dazu führen, daß auch andere unbedingt zu achtende Grenzen in der Pflegearbeit bei anderen und sich selbst nicht mehr erkannt bzw. respektiert werden. Die Folge ist eine unzulässige Verletzung der Menschenwürde« (Hofmann 2001d:8).

Unreflektiertes, routinehaftes Entscheiden sei häufig die Wurzel für moralisch fragwürdige Situationen, notiert Kesselring (2000:23), und Nydal fragt selbstkritisch: »Wie oft verletzen wir eigentlich die persönliche Integrität eines Patienten im klinischen Alltag? Ziehen mal eben das Hemd hoch und richten die Elektroden – ohne zu erklären? Machen fix einen Einlauf oder ziehen die arterielle Kanüle? In der klinischen Routine schieben wir viel zu oft ethische Grundwerte beiseite« (Nydahl 2008:705).[64]

Der Pflegeethik komme u. a. die Funktion zu, aufzuzeigen, dass pflegerisches Handeln angesichts der physisch-psychischen Unmittelbarkeit der Pflegebeziehung und der Vulnerabilität der Gepflegten begründungspflichtig sei, so Monteverde (2009a:52). Er argumentiert weiter: »Pflegeethik als Begründungswissenschaft moralischen Handelns in der Pflege setzt an der Gleichzeitigkeit von Asymmetrie und Nähe als Grundgegebenheiten der pflegerischen Beziehung an. Darin unterscheidet sie sich sowohl von der ärztlichen Ethik als auch von der Ethik weiterer therapeutischer Berufe: Aufgrund des Aufgaben- und Verantwortungsbereichs, der numerischen Präsenz sowie des zeitlich-räumlichen Patientenkontakts sind die Aspekte der Asymmetrie als auch der Intimität in der Pflege ausgeprägter als bei anderen therapeutischen Berufen (Ärzten, Sozialarbeiter, Physiotherapeuten[65], Psychologen, Seelsorger etc.) …« (ebd.; vgl. ders. 2009c:6).

Neumann fasst einige der genannten Argumente zusammen: »Die Forderung nach eigenen Prinzipien moralischen Handelns begründet sich in der besonderen Art der pflegerischen Tätigkeit: Pflegende sind Patienten und oft auch Angehörigen meist viel näher als es Ärzte sind, und zwar physisch wie psychisch. Sie verbringen viel mehr Zeit mit den Pflegebedürftigen und verrichten mehr körpernahe Tätigkeiten in der Grundpflege, in spezialisierten körperbezogenen Therapien und pflegespezifischen Verfahren. In der Altenpflege tritt dies noch deutlicher zutage: Anders als bei den meisten Akutpatienten wächst mit steigendem Alter und Multimorbidität oft die dauerhafte Abhängigkeit von körperbezogenen Hilfen, die auch den Intimbereich einschließen. Pflegende werden in Institutionen (Krankenhaus, Tagespflege, -klinik, Heim) und erst

---

64 Friesacher schildert ein ähnliches Beispiel aus dem Pflegealltag, bei der es um die Pflege einer älteren Patientin nach einem Herzinfarkt geht: »Pflegende: Frau M., möchten Sie mal was trinken? Zeit zum Antworten bleibt nicht, der Becher ist schon am Mund der Patientin. Das Bett ist flach, die Pflegende hebt mit einer Hand mühsam den Kopf von Frau M., etwas Tee läuft in einem kleinen Rinnsal die Wange entlang auf das Kopfkissen. Frau M. ist es sichtlich unangenehm, die Pflegende wirkt genervt und stellt den Becher auf das Nachttischchen. Sie packt Frau M. ohne Ankündigung unter die Arme und zieht sie im Bett nach oben. Dann wird das Kopfteil hochgestellt. Frau M. schaut etwas irritiert und überrascht. Die Pflegende legt einige Lagen Zellstoff unter das Kinn von Frau M. und startet einen erneuten Trinkversuch. Nach einigen wenigen Schlucken heftige Hustenanfälle, Frau M. spuckt auf die Bettdecke, die Pflegende nimmt den Zellstoff und hält ihn vor das Gesicht von Frau M. Zur vorbeieilenden Kollegin auf dem Flur ruft die Pflegende: ›Ich hab doch geahnt, dass das mit der noch nicht geht‹. Frau M. beruhigt sich nach etwa einer halben Minute wieder. Sie möchte etwas sagen, ihre Worte sind aber nicht verständlich. Die Pflegende sagt ›Ich komme gleich wieder‹ und stellt, wieder ohne Ankündigung, das Kopfteil flach. Frage: ›Liegen Sie gut so?‹ Eine Antwort wird nicht mehr abgewartet, die Pflegende verlässt das Zimmer« (Friesacher 2010:80).

65 Anmerkung R. L.: Zur Ethik in der Physiotherapie vgl. Stoffel (2009).

recht in der ambulanten Pflege eher zu Zeugen psychischer Probleme sowie von Familienkonflikten angesichts existenzieller Krisen, und sie werden zu Vertrauenspersonen beim Fehlen von Familie oder familiären Kontakten bei alleinstehenden Älteren. « (Neumann 2005:311)

Schließlich ist es ein ethisch zu berücksichtigendes Spezifikum der Pflegepraxis, dass sie täglich unter unmittelbarem Handlungsdruck steht, während sie indes keine vollständige Handlungsautonomie besitzt, sondern in Angelegenheiten der medizinischen Diagnostik und Therapie von ärztlicher Weisungsbefugnis eingeschränkt wird.

Van der Arend sieht das Spezifikum der Pflegeethik in den pflegeeigenen Kontexten bzw. den typisch pflegerischen Situationen bedingt, in denen Pflegekräfte unter dem Einfluss berufsspezifischer Faktoren handeln müssen (van der Arend 1998:26). »Auffallend ist, daß viele moralische Probleme die Folge der besonderen Position sind, die der Pflegende im Beziehungsgeflecht des Gesundheitswesens einnimmt.« (ebd.) Die Konflikte, welche sich nicht nur aus der partiellen Weisungsabhängigkeit, sondern gerade auch aus der schwierigen Abgrenzbarkeit von pflegerisch-autonomen und medizinisch-subsidiären Aufgaben für die betroffenen Pflegekräfte ergeben, sind vielfältig und nicht allein psychologischer Natur. Sie haben sowohl berufspolitische als auch moralische Implikationen.

»Brauchen wir nun eine eigene Ethik für die Pflege?«, fragt Arndt (2000c:52) und fährt fort: »Im formellen Sinn muss die Antwort negativ ausfallen. Pflegende müssen sich keine eigene und neue Moralphilosophie ausdenken. Wir brauchen jedoch Ethik in der Pflege. Diese gründet dann auch auf traditionellen Elementen der Moralphilosophie. Die Pflege ist aber frei und unabhängig genug, moderne und neuere Ethikansätze aufzunehmen, um sich auch darauf zu stützen« (S. 52f).

Passende Theorien und Prinzipien auswählen

Pflege braucht keine neuen ethischen Theorien und Prinzipien zu erfinden, wie auch Hofmann bestätigt: »Es braucht für die Pflege sicher keine eigene Ethik in dem Sinne, daß sie sich neue Grundsätze und Handlungsrichtlinien erarbeiten müßte« (Hofmann 1995a:446). Dennoch bleibt die Aufgabe, die Spezifika der Disziplin Pflege zu bestimmen und daraus abzuleiten, welche ethischen Theorien und Prinzipien den Gegenständen der Disziplin angemessen sind und welche eher nicht. Das sind metaethische Aufgaben, die nur Angehörige der Disziplin selbst leisten können, idealerweise in Zusammenarbeit mit Philosophen, Theologen und anderer in Ethik Ausgebildeter. Die Ergebnisse dieser Überlegungen müssen im Anschluss nicht nur politisch durchgesetzt, pädagogisch vermittelt und manageriell implementiert werden, sondern sind stets neu zu hinterfragen und zu modifizieren.

Um die Führungsrolle bei der Etablierung einer solchen Bereichsethik übernehmen zu können, muss Pflege ihren gesellschaftlichen Einfluss geltend machen. Sie braucht Handlungsfreiheit, um eine eigene Bereichsethik zu entwickeln und um in den Handlungsfeldern moralische Entscheidungen treffen zu können. Besitzt die Disziplin in Deutschland diesen Einfluss bereits? Reichen ihre Befugnisse aus?

Großklaus-Seidel merkt an, in der englischsprachigen Literatur würden im Rahmen der Pflegeethik selbstbewusst die Möglichkeiten zu einer ethischen Entscheidung in Theorie und Praxis wahrgenommen. Eine andere Tendenz sei jedoch im deutschen Kontext zu beobachten. Pflegende zeigten sich nach wie vor verunsichert darüber, ob sie angesichts ärztlicher Weisungsbefugnis sowie der rechtlichen Rahmenbedingungen für die Berufsausübung von Pflegenden überhaupt Freiraum für ethische Entscheidungen besäßen (Großklaus-Seidel 2002:87). Sind Pflegekräfte in Deutschland frei genug, um moralisch handeln zu können?

4.3.4 Nicht frei zu moralischem Handeln?

Pflegekräfte werden in unterschiedlichen Arbeitsbereichen tätig. Je nach ihrer Qualifikation, ihrer Arbeitsstelle und ihrer Erfahrung kommt ihnen ein mehr oder weniger großer Entscheidungs- und Handlungsspielraum zu.

Beispielsweise ist das Krankenhaus ein institutioneller Rahmen, der den Entscheidungsspielraum aller Akteure stark begrenzt – auch den der Patienten: »Im Krankenhaus unterwirft sich ein sonst freier Mensch Regeln und Gegebenheiten, die er sonst nie tolerieren würde. Und es ist zunächst noch nicht einmal die Krankheit, die alles diktiert. Es ist eine Routine, die auf maximale Effektivität hinsichtlich Diagnose und Therapie ausgerichtet ist. Eine Ordnung, die die abstrakten Bedürfnisse Vieler berücksichtigt, in der ›eins nach dem anderen‹ gemacht wird« (Arndt 2000d:108).

Im Krankenhaus ist der Handlungsspielraum für Pflegekräfte häufig durch die finanziellen Rahmenbedingungen stark eingeschränkt. Um eine angemessene Pflege leisten zu können, reicht die dünne Personaldecke meist nicht aus.

Guter Wille reicht nicht aus

»Zuwendung ist wichtig, das wissen die Pflegenden nur zu gut. Sie ist aber auf Dauer nur realisierbar, wenn genügend qualifiziertes Personal und damit auch Zeit vorhanden sind. Unter den gegenwärtigen Arbeitsbedingungen im Krankenhaus ist dies nur selten der Fall. Der gute Wille und das richtige Pflegeverständnis einzelner Pflegender sind somit wichtig, reichen aber nicht aus, um grundlegend etwas zu ändern.« (Arnold 2009:28)

Darmann stellt fest, dass »… die Bedingungen im Krankenhaus oft nicht geeignet sind, um sich moralisch legitim zu verhalten« (Darmann 2001b:239). Die allgemeinen Verhältnisse in einer Klinik können es erschweren, sich moralisch richtig zu verhalten, bestätigt Stoecker (2011:234) und nennt drei Gründe: Personalmangel, Raumnot oder andere äußere Widrigkeiten verhindern, dass die Patientinnen und Patienten angemessen versorgt werden; die Hierarchien und die Arbeitsorganisation sind so gestaltet, dass Entscheidung und Durchführung in unterschiedlichen Händen liegen und sich deshalb Informationsdefizite ergeben; es haben sich Gewohnheiten und Routinen eingeschliffen, die sich beim genaueren Hinsehen als ethisch fragwürdig herausstellen.

Pflege, die in einem institutionellen Rahmen stattfindet, ist immer durch Einschränkungen der Handlungsspielräume gekennzeichnet (Sauter 2011a:653). Im Krankenhaus fallen nach Illhardt und Lauer zwei Begrenzungen besonders ins Gewicht: Ärzte, Pflegekräfte und andere Mitarbeiter können nicht allein nach ihrem Gewissen entscheiden, sondern müssen immer den »Entscheidungsstil« des Hauses berücksichtigen, der durch seine Struktur und Organisation vorgegeben wird. Die zweite Begrenzung stammt aus der sozioökonomischen Situation, d.h. den Sachzwängen der Institution (Illhardt, Lauer 1989:634f). Wirtschaftliche Zwänge können Entscheidungsspielräume einengen und das mögliche Handeln bereits derart in eine bestimmte Richtung lenken, dass moralische Konflikte vorprogrammiert sind. Heubel (2010:75) attestiert Krankenhäusern eine »strukturell angelegte Übergriffigkeit«.

Schwierige Rahmenbedingungen finden sich nicht nur in Krankenhäusern. Hoffmann (1993:723) schildert ein Beispiel für einen moralischen Konflikt in der ambulanten Pflege: Einem Diabetiker könnte möglicherweise von der ambulant tätigen Pflegekraft beigebracht werden, sich selbst Insulin zu injizieren und seine Blutzuckerwerte zu überwachen. Das Berufsethos fordert die Förderung der Selbstständigkeit des Klienten, betriebswirtschaftliches Denken verbietet sie jedoch, denn solche Klienten dienen dem ambulanten Pflegedienst als zuverlässige Einnahmequelle, solange sie abhängig gehalten werden. Hier geht es nicht unbedingt um Gewinnmaximierung des ambulanten Pflegedienstes, sondern um eine Mischkalkulation: Eine zeitaufwändige Pflege des einen Klienten, die entstehende Kosten kaum oder nicht deckt[66], kann u.U. durch sichere Einnahmen aus weniger aufwändigen Pflegemaßnahmen bei anderen Klienten mit finanziert werden.

Das Prinzip des Wohltuns beinhaltet laut Fölsch (2008:104) die Forderung an Pflegende, »state of the art« zu pflegen. Unter starken wirtschaftlichen Zwängen ist das jedoch kaum möglich; dieses Qualitätsniveau wird i. d. R. weder finanziert noch nachgefragt. Rabe beklagt, auf Grund der Finanzknappheit und der Sparzwänge im Gesundheitswesen würden Pflegende gezwungen, gegen den gelernten »state of the art« zu verstoßen, indem sie etwa Patienten nicht mehr zur Toilette begleiteten, sondern sie stattdessen mit Inkontinenzmaterial oder Dauerkatheter versorgten (Rabe

[66] Hier ist z.B. an eine intensive Sterbebegleitung zu denken. Einige Unternehmen fühlen sich verpflichtet, auch den Anteil an Kommunikation zu leisten, der nicht bezahlt wird. Der Geschäftsführer einer ambulanten Einrichtung beschrieb diese Selbstverpflichtung so: »Wir haben bestimmte Ansprüche, von denen wir nicht abgehen, zum Beispiel im Bereich der Sterbebegleitung. Dort wird dann auch schon mal eine 24-stündige Sitzwache geleistet, auch wenn wir nicht einmal einen Bruchteil der Kosten erstattet bekommen« (Bauer et al. 2003:44). Allerdings dürfte es sehr wenige Einrichtungen geben, die solche Leistungen dauerhaft ohne Kostenerstattung erbringen können. Eine Lösung kann darin bestehen, dass gemeinnützige Vereine oder Kirchen- und Pfarrgemeinden diese Kosten übernehmen, wie es vielerorts bereits üblich ist.

2009a:87). »Deshalb verursachen solche institutionellen und gesundheitspolitischen Rahmenbedingungen Unzufriedenheit und Spannungserfahrungen und schränken die persönlichen Möglichkeiten der Pflegenden zu moralischem und sachgerechtem Handeln ein. Die strukturelle Unmöglichkeit, Pflege so zu praktizieren, wie sie entsprechend der Fachdiskussion, den ethischen Anforderungen und den Vorgaben des Krankenpflegegesetzes gut und angemessen wäre, verstärkt überdies bei vielen die Überzeugung, die Theorie oder das in der Ausbildung Gelernte sei grundsätzlich unbrauchbar und ungeeignet für die realen Verhältnisse der Praxis.« (ebd.)

Wie sollen Pflegekräfte reagieren? Kann eine einzelne Pflegekraft überhaupt eine freie Entscheidung treffen? Oder sind die Weichen für Entscheidungen im Pflegealltag bereits längst auf einer sozial- und wirtschaftspolitischen Ebene gestellt?

»Moralisches Handeln in der Pflege ist einerseits bestimmt von den einzelnen Pflegenden, von ihren persönlichen Werten und von dem, was sie als Menschen tun und bewirken wollen. Moralisches Handeln in der Pflege braucht aber auch den institutionellen Rahmen, in dem die bestmöglichen Bedingungen für eine gute Pflege geregelt und geordnet sind. Und letztendlich kann moralisches Handeln in der Pflege nur dann gelingen, wenn die politischen Vorbedingungen stimmig sind.« (Arndt 2000d:136) Gastmans bestätigt, Pflegekräfte würden in ihrer täglichen Arbeit zumeist fremdbestimmt. »Pflegekräfte müssen häufig Entscheidungen ausführen, die von anderen getroffen worden sind, wodurch der Rahmen ihrer eigenen Wahlmöglichkeiten eingeschränkt ist. Pflegekräfte sind Rädchen in einem hochkomplizierten Pflegesystem, das von anderen – meist Nicht-Pflegekundigen wie Wirtschaftswissenschaftlern, Juristen, Politikern usw. – beherrscht wird« (Gastmans 2003:97). Pflegekräfte können demnach nur eingeschränkt freie Entscheidungen treffen.

Moralisches Handeln setzt jedoch Entscheidungs- und Handlungsfreiheit voraus. Nach Höffe (1997:76) meint Freiheit Selbstbestimmung, d.h. Unabhängigkeit von Fremdbestimmung. Wenn es für einen Handelnden keine freie Wahl unter verschiedenen Handlungsmöglichkeiten gibt, ist er »nicht frei zu moralischem Handeln« (Arndt 1997b:516). Insbesondere die existentialistische Ethik betont, dass ohne Vorliegen echter Handlungsalternativen keine Freiheit besteht und somit kein moralisches Handeln möglich ist, das zu einem sinnvollen Leben führen kann.

Arndt konkretisiert, was dies für die Pflege bedeutet: »Freiheit zu moralischem Handeln in der Pflege ist nur gegeben, wenn zwei Bedingungen erfüllt sind:
1. Die Pflege muß berufliche Autonomie entwickeln.
2. Die pflegerische Verantwortung muß zunächst dem Patienten gelten und nicht dem Arzt oder einer Institution« (Arndt 1997b:517).

Die Frage, ob Pflege autonom genug ist, um moralische Entscheidungen treffen zu können, wird unterschiedlich beurteilt. Unter den Bedingungen der Krankenpflege – insbesondere der stationären Krankenpflege – sind Pflegekräfte zweifelsohne nur teilweise frei zu moralischem Handeln. Die Schweizer Pflegewissenschaftlerin PD PhD

Dr. Silvia Käppeli (1988:26) ist der Ansicht, Krankenpflegepersonal besitze keine Handlungsfreiheit, sondern sei weitgehend von Personen und Umständen im beruflichen Umfeld abhängig.

Käppeli folgert, die Krankenpflege müsse umschreiben und aushandeln, für welchen Teil der Pflege sie die alleinige Verantwortung übernehme. Davon müsse sie ableiten, welche moralischen Normen erforderlich seien, damit bei der Tätigkeit im definierten Bereich die Integrität der Patienten, der Institution und vor allem auch der Pflegenden gewährleistet bleibe (S. 27).

Sie gibt zu bedenken, dass moralisches Handeln in der (Kranken-)Pflege nur möglich sei, wenn die Pflege innerhalb der Gesellschaft und insbesondere innerhalb des Gesundheitswesens über ein Minimum an Autorität, Anerkennung und Mitentscheidung – d. h. zusammengefasst: Autonomie – verfüge (S. 20). »Die Notwendigkeit der Autonomie kann folgendermaßen begründet werden: Wenn Krankenpflege und die einzelnen Berufsangehörigen nicht selbst in einem bestimmten Maße unabhängig über ihre Tätigkeit entscheiden können, können sie nicht garantieren, daß sie ihr Versprechen [an die Gesellschaft, die moralischen Standards ihres Berufsstandes zu befolgen; R. L.] einhalten. Jegliche Leitbilder, ethische Grundsätze und Regeln moralischer und anderer Art werden dann überflüssig.« (S. 22)

Pflege solle aufhören, so Käppeli weiter, berufliche und politische Fragen so zu behandeln, als ob sie nicht auch moralische Fragen wären. Pflege müsse politisch aktiv werden, mit dem Ziel der Autonomie. Diese solle es den Pflegekräften ermöglichen, gemäß dem vom Beruf angenommenen Wertsystem zu praktizieren und die Lebensqualität der Patienten zu sichern, so Käppelis Appell (S. 27). Auch bei Tschudin findet sich die ethisch begründete Forderung nach beruflicher Autonomie: »Um verantwortlich zu sein, brauchen wir ein gewisses Mass [sic] an Autonomie. Wir müssen frei sein, um handeln zu können« (Tschudin 1988:80).

Der pflegerische Beitrag zur Gesundheitsförderung

In einer Gesellschaft, die Gesundheit für machbar hält und der Pflege daran keinen Anteil beimisst (Schreiner 1995:144f), ist es die vordringlichste berufspolitische Aufgabe der Pflege, ihren Beitrag zur Gesundheitsförderung aufzuzeigen. Der Gesundheitsbegriff wird aus pflegerischer Perspektive zu entfalten sein, d. h. er ist beispielsweise über die Zufriedenheit mit dem jeweiligen Maß an Selbstständigkeit und Wohlbefinden in den Alltagsaktivitäten zu beschreiben (s. Kap. 6.1).

Wie sollte es allerdings einer Berufsgruppe, die in ihrer Autonomie erheblich eingeschränkt ist, glücken, Selbstbestimmung und funktionelle Eigenständigkeit ihrer Klienten zu fördern? Wanner (1987) meint, dass es einer wenig emanzipierten Berufsgruppe wohl nur schwer gelingen dürfte, einen wirksamen Beitrag zur emanzipierten Patientenorientierung zu leisten (zit. n. Stratmeyer 1994:14). Vielleicht kann von

Pflegekräften aber gerade wegen ihrer unvollständigen beruflichen Autonomie Verständnis und Einfühlungsvermögen in die grundsätzlich vorhandenen Abhängigkeiten der Klienten erwartet werden.

Die ethische Reflexion kann sich, so Tepe (1999:274f), nicht mit dem Aufstellen von wohlbegründeten Moralprinzipien begnügen, ohne die jeweiligen gesellschaftlichen Rahmenbedingungen mitzudenken, die den tatsächlichen Handlungsspielraum der Menschen und damit die Verwirklichungschancen ethischer Prinzipien bestimmen. »Man kann z. B. nicht auf der einen Seite die Personalstrukturen in der Pflege ständig ausdünnen, die finanzielle und gesellschaftliche Anerkennung der Pflegenden auf einem niedrigen Niveau halten sowie die Pflegenden selbst von der Diskussion über die Ethik pflegerischen Handelns ausschließen und zugleich auf der anderen Seite an das Ethos der Pflegenden appellieren, die ihnen anvertrauten Menschen nicht nur als Objekte zu behandeln, sondern sie im Sinne des Prinzips der Menschenwürde als menschliche Subjekte zu achten, d. h. ihnen Geborgenheit zu vermitteln, ihnen Zeit zu widmen etc. Die Moralkritik entlarvt eine derartige Haltung als Doppelmoral und klagt die Herstellung solcher gesellschaftlicher Strukturen ein, die ein beherztes ethisches Handeln einzelner Menschen überhaupt erst ermöglichen.« (S. 275)

Käppeli vermutet in diesem Zusammenhang, Krankenschwestern seien sich kaum bewusst, dass Ereignisse, die ihnen moralisches Handeln unmöglich machten, immer auch Verletzungen der Integrität des Berufes darstellten (Käppeli 1988:26). Was ist daraus zu folgern? Tepe (1999:280) schließt aus dem Defizit an Selbstbestimmung in der Pflege, dass die politische Bildung der Auszubildenden durch die Hinführung zu einer (z. B. gewerkschaftlich) organisierten politischen Interessenvertretung gerade im Interesse einer Ethik pflegerischen Handelns ein zentraler Bestandteil der Pflegeausbildung sein müsse.

Die Forderung nach beruflicher Autonomie der Pflege klingt plausibel. Sellman hingegen bezweifelt, dass eine vollständige Handlungsfreiheit automatisch zu einem moralischeren Handeln der Pflegekräfte führen würde: »It might be suggested that only as an autonomous agent can a nurse act in the best interests of patients although this argument has a number of problems. Apart from the suspicion that as an autonomous agent the nurse has as much scope to do harm as good, there is the more difficult problem that ensues if all nurses have autonomy and choose to act in ways that are less than consistent with each other the potential[s] for confusion and chaos are increased. There is a need for nurses to share at least some broad common ethic … «[67] (Sellman 1996:47).

---

[67] »Es mag vorgebracht werden, dass eine Pflegekraft nur als autonome Akteurin im besten Interesse der Patienten handeln könne, doch dieses Argument bringt eine Reihe von Problemen mit sich. Abgesehen vom Verdacht, dass die Pflegekraft als autonom Handelnde ebenso viel Spielraum zum Schädigen wie zum Wohltun hat, entsteht das schwierigere Problem, dass Verwirrung und Chaos möglicherweise zunehmen, wenn alle Pflegekräfte selbst bestimmen und sich dafür entscheiden, anders als ihre Kollegen zu handeln. Es ist wichtig, dass Pflegekräfte zumindest einige allgemeine ethische Überzeugungen gemeinsam haben …« (Übers.: R. L.)

Mit seiner ersten Einschränkung findet Sellman meine Zustimmung: Freiheit kann verantwortlich gebraucht, aber auch missbraucht werden. Allerdings ist der Umgang mit Freiheit aus pädagogischer Sicht ein Lernprozess, welcher der Profession Pflege durchaus zuzumuten und zuzutrauen ist.

Macht und Einflussmöglichkeiten fallen einer Berufsgruppe nicht einfach zu – sie müssen erkämpft werden. Wenig hilfreich sind in diesem Prozess resignative Aussagen wie die folgende: »[Pflegepersonen] sind für die primäre Betreuung der Patienten zuständig, haben aber weder die Autorität, Entscheidungen zu treffen, noch können sie Rechenschaft für diese ablegen« (Dash 2000:144).

Pflegekräfte besitzen Autonomie

In Deutschland verfügen Pflegekräfte im Geltungsbereich des SGB XI (Soziale Pflegeversicherung) über eine nahezu vollständige Handlungsautonomie, ohne von ärztlichen Weisungen direkt abhängig zu sein. Genau in diesem Geltungsbereich sind die meisten Pflegekräfte in Deutschland tätig. Ich kann daher die pessimistische Einschätzung, Pflegekräfte besäßen keine Autonomie, nicht teilen. Pflege ist nicht völlig abhängig, sondern verfügt über Handlungsspielräume, auch im Krankenhausbereich.

Prof. Monika Krohwinkel stellt ein »Managementmodell der Aufgaben- und Verantwortungsbereiche der Pflege« vor, das in einer vom Bundesministerium für Gesundheit geförderten mehrjährigen Studie in verschiedenen deutschen Krankenhäusern entwickelt wurde. Das Managementmodell unterscheidet folgende fünf[68] Aufgaben- und Verantwortungsbereiche der Pflege im Krankenhaus (Krohwinkel et al. 1992:56,62):

1. Direkte Pflege,
2. Pflegedokumentation,
3. Pflegeorganisation,
4. Mitarbeit bei Diagnostik und Therapie,
5. Kooperations- und Koordinationsaufgaben.

Wer trägt die Verantwortung für das Handeln in den fünf bzw. sechs Aufgaben- und Verantwortungsbereichen beruflicher Pflege?

In den Bereichen direkte Pflege, Pflegedokumentation und pflegerische Arbeitsorganisation trägt berufliche Pflege die »Entscheidungs-, Durchführungs- und Evaluationsverantwortung« (Krohwinkel 1992:48). Dies trifft m. E. auch für Bildungs- und

---

[68] Krohwinkels Aufzählung ist hilfreich, wenn auch unvollständig. Es fehlen z.B. Aus- Fort- und Weiterbildung sowie die Mitarbeit an der Weiterentwicklung der Pflege im Rahmen von Pflegeforschung und Qualitätsmanagement. Ich schlage deshalb vor, die Liste der fünf Aufgaben- und Verantwortungsbereiche beruflicher Pflege um einen sechsten Punkt zu erweitern: Bildungs- und Qualitätsentwicklungsaufgaben.
Im Hinblick auf die fortschreitende internationale Entwicklung und Vereinheitlichung von Pflegediagnosen empfiehlt sich zudem die präzisere Bezeichnung »medizinische Diagnostik und Therapie«.

Qualitätssicherungsaufgaben zu. Im Aufgabenbereich Mitarbeit bei Diagnostik und Therapie tragen hingegen Ärzte die Entscheidungs-, Delegations- und Evaluationsverantwortung. Pflegekräfte übernehmen die Durchführungsverantwortung. »Bei den Kooperations- und Koordinationsleistungen ... werden ... Aufgaben in Abstimmung mit anderen Berufsgruppen und Arbeitsbereichen übernommen.« (ebd.)

Andere Autoren wiederum werden nicht müde hervorzuheben, dass es im Krankenhaus keinen arztfreien Bereich gebe und daher alle pflegerischen Tätigkeiten unter der Weisungs- und Aufsichtpflicht des abteilungsleitenden Arztes stünden. Nach meinem Eindruck ist diese Sichtweise unter Fachjuristen jedoch insbesondere seit Einführung des SGB XI eher rückläufig.

Ich formuliere meine Schlussfolgerungen:

Im Krankenhaus arbeiten Pflegekräfte traditionell mit Ärzten zusammen, die ihnen in medizinischen Fragen weisungsbefugt sind. Was als medizinische Frage zu gelten hat, wird in der Praxis unterschiedlich ausgehandelt und ist auch in der Rechtsprechung nicht eindeutig entschieden.

Die Frage, ob Pflegekräfte in ihrer täglichen Arbeit genügend Autonomie zu verantwortlichem Handeln besitzen, ist aus meiner Sicht insbesondere in der ambulanten Pflege und in der stationären Altenpflege, also im Geltungsbereich der Sozialen Pflegeversicherung, grundsätzlich zu bejahen, wenn auch aus berufspolitischen und ethischen Gründen eine weitergehende Ausweitung des pflegerischen Entscheidungs- und Handlungsspielraums zu fordern ist.

Der ökonomische Druck nimmt in allen pflegerischen Arbeitsfeldern zu, in besonderer Weise im Pflegemanagement, wo täglich viele moralisch relevante Entscheidungen zu fällen sind. Es scheint daher dringend geboten, Ethik im Pflegemanagement weiter auszubauen.

In Pflegepädagogik und Pflegewissenschaft scheinen die vorhandenen Entscheidungs- und Handlungsmöglichkeiten aus ethischer Sicht – nicht aus gesundheitspolitischer Sicht – überwiegend auszureichen.

Nachdem nun mehrfach von verschiedenen Arbeitsfeldern der beruflichen Pflege die Rede war, stellt sich die Frage, mit welchen Aufgabengebieten der Pflege sich die Pflegeethik befassen sollte.

4.3.5 Geltungsbereich der Pflegeethik

Auf welche Teile der Pflegepraxis bezieht sich Pflegeethik? Traditionell gilt sie als eine Ethik der Krankenpflege (Elsbernd 1994:110) bzw. Ethik in der Krankenpflege (Schmidt 1993:326), wie zwei Zitate aus bekannten Werken illustrieren sollen:

Volontieri (1992:7) schreibt: »Als bloßer [sic] Appendix ärztlicher Ethik wäre der systematische Ort einer Pflegeethik dabei aber verkannt. Ihre Berechtigung ist nicht an die Existenz einer ärztlichen Ethik gebunden. Die Notwendigkeit einer eigenständigen ethischen Betrachtung des Krankenpflegebereichs resultiert vielmehr aus der besonderen Natur dieses Handlungsfeldes selbst.«

Auch Eid (1994a:2) setzt Pflegeethik mit Krankenpflegeethik gleich, wenn er fragt: »Was aber ist das Spezifische einer Moral des Pflegeberufs, also auch einer Ethik, die diese Moral genauer untersucht, darstellt und fördert? Das Spezifische ist nur zu erkennen, wenn wir nicht nur in eingeengter Weise an das jeweilige medizinische Problem denken, wenn wir Pflege nicht als medizinisch-technische Aufgabe auffassen, sondern als Aufgabe, dem Menschen zu helfen, der krank ist.«

Einige Autoren schränken den Geltungsbereich der Pflegeethik noch weiter ein, indem sie ihn auf das berufliche Handlungsfeld des Pflegepersonals im Krankenhaus reduzieren (so Volontieri 1992:84). Altenpflege wird in der Pflegeethik-Literatur bislang kaum berücksichtigt, obwohl einzelne Autoren die Wichtigkeit einer Ethik für die Altenpflege fundiert begründen (z. B. Schwerdt 1998a).

Aus meiner Sicht sprechen viele Gründe gegen eine Aufteilung in Krankenpflege-Ethik und Altenpflege-Ethik. Mag das deutsche Sozialrecht die traditionelle Trennung zwischen (Gesundheits- und) Krankenpflege und Altenpflege derzeit noch unterstützen, so vollzieht die Pflegewissenschaft eine derartige Spaltung mehrheitlich nicht mehr (vgl. Klie 1998b:13ff).

Im internationalen Vergleich und in Hinblick auf die Professionalisierung der Gesamtdisziplin Pflege verschwindet die traditionelle Trennung zwischen »sozialpflegerisch« (Altenpflege) und »medizinisch-pflegerisch« (Gesundheits- und [Kinder-] Krankenpflege) zunehmend; in der Pflegepraxis ist sie ohnehin immer weniger erkennbar.

Pflegeethik vs. Krankenpflege-Ethik

Pflegeethik bezieht sich deshalb auf alle Tätigkeitsgebiete beruflicher und nichtberuflicher Pflegepraxis und sollte nicht mehr einseitig als Ethik der (beruflichen) (stationären) Krankenpflege verstanden werden. In neueren Publikationen hat sich entsprechend der allgemeine Ausdruck »Pflegeethik« gegen den Begriff »Krankenpflege-Ethik« durchgesetzt.

Pflegeethik ist die Reflexion moralischer Aspekte der Pflegepraxis. Reflexionen erfordern Kriterien, Theorien, Vergleichsmöglichkeiten – kurz: Maßstäbe. Welches sind die Maßstäbe der Pflegeethik?

4.3.6 Maßstäbe der Pflegeethik

Von Albert Einstein ist der Ausspruch überliefert, die Theorie bestimme, was wir beobachten könnten. Das trifft auch auf die Reflexion moralischer Aspekte der Pflegepraxis zu. »Ob wir ein Problem als moralisches Problem erkennen, hängt von unserer Erfahrung und von unseren Maßstäben ab.« (van der Arend 1998:10)

Ihre Maßstäbe erfindet Pflegeethik nicht selbst. »Pflege wird für ihre Subdisziplin Ethik Methoden, Begriffe und Modelle aus der philosophischen Ethik entleihen und für die Pflege spezifizieren. Sie wird die Philosophie in Dienst nehmen für ihr Anliegen. Altenpflege wird zusätzlich Erkenntnisse der Gerontologie heranziehen.« (Schwerdt 1998c:254) Welche Wissensbestände der allgemeinen Ethik kann Pflegeethik übernehmen bzw. modifizieren? Welche Theorien, Prinzipien und Regeln kann die junge Bereichsethik als ihrem Gegenstand adäquat bestimmen?

Formal existieren drei Quellen, aus denen sich pflegeethisches Wissen speist:

1. **Allgemeine ethische Theorien**
2. **Materiale Prinzipien der Pflegeethik**
3. **Ethik-Kodizes der Pflege**

Die drei Quellen entsprechen unterschiedlichen Abstraktionsebenen und sollen nun im Einzelnen beleuchtet werden.

4.3.6.1 Allgemeine ethische Theorien

Ethische Theorien gibt es zuhauf. In Kap. 2.3 haben wir bereits eine vereinfachende Einteilung kennen gelernt, und in Kap. 7 wird ein ausführliches Fallbeispiel ihre Anwendung veranschaulichen. Jede dieser ethischen Theorien bzw. Positionen lässt sich grundsätzlich auf die Pflege übertragen, und so wurden in der Vergangenheit vielfältige Empfehlungen vorgelegt, an welcher ethischen Theorie sich Pflegeethik orientieren solle.

Die Deutsche Gesellschaft für Fachkrankenpflege e.V. (DGF) lehnt sich beispielsweise in ihrem Ethik-Kodex »Ethische Regeln der Intensivpflegenden« stark an die deontologische Ethik Immanuel Kants an (DGF 1996:843). Schwerdt befürwortet für die Altenpflege eine Orientierung an Martin Bubers dialogischer Ethik (Schwerdt 1998a), Bobbert plädiert für Alan Gewirths Begründungsansatz (Bobbert 2002:126ff), während Schreiner als Mitglied der Wissenschaftlichen Albert-Schweitzer-Gesellschaft dieser Ethik nahe zu stehen scheint (vgl. Schreiner 1993a). Andere Autoren befürworten vertragstheoretische Ansätze oder plädieren für eine Care-Ethik (s. Kap. 8.2.4.2).

Achtung vor der Menschenwürde ist ein Prinzip, das in vielen Veröffentlichungen zur Pflegeethik als oberste Norm (Moralprinzip, Moralität) genannt wird. Worin begründet sich die Würde des Menschen? Die Wert-Schätzung der Menschenwürde hängt in erster Linie vom vertretenen Menschenbild ab (s. Kap. 7.7.1).[69]

---

69 vgl. Strack (1997:2): »Sage mir, welches Bild du dir vom Menschen machst, und ich sage dir, wie du (ihn) pflegst. (...) Es lohnt sich für den Bereich der Pflege, über ›das‹ Menschenbild beziehungsweise die Menschenbilder nachzudenken, und zwar nicht nur wegen der Patienten, sondern auch wegen der Pflegenden.«

Grewel gibt ein Beispiel: »Das Leitbild des gesunden Menschen wurzelt in einem abstrakt-idealtypisch entworfenen Menschenbild, das ›den‹ Menschen, an dem alles dran ist und alles funktioniert und der keine Einbußen an Wohlbefinden erleidet, zum Maß des Menschseins erklärt. Realistisch betrachtet, das heißt nach der jedem zugänglichen Erfahrung, leben jedoch die meisten Menschen mit Beeinträchtigungen. Es ist darum dringend geboten, daß wir in Medizin, Ethik und Gesundheitspolitik nicht den Gegensatz zwischen Gesundheit und Krankheit, sondern ihr Ineinander zum Ausgangspunkt nehmen. Wir müssen gesunde und kranke, behinderte und nichtbehinderte Menschen zunächst einmal unter dem Gesichtspunkt einer grundlegenden Gemeinsamkeit ins Auge fassen.« (Grewel 1990:41)

Diese Gemeinsamkeit kann in einer gemeinsamen menschlichen Existenz gefunden werden, im menschlichen Leben, in der menschlichen Würde – etwa auf Basis der christlichen Überzeugung, jeder Mensch sei als Individuum von Gott gewollt und bedingungslos geliebt. Ausgehend von Schriftstücken konfessioneller Verbände, tendiert die Ethik in der Pflege dazu, statt von Patienten und Pflegebedürftigen von pflegebedürftigen Menschen zu sprechen. Diese Bezeichnung betont das Mensch-Sein (und damit die Menschenwürde) der zu Pflegenden. Pflege lernt an dieser Stelle von der Heilpädagogik, wo sich die Bezeichnung behinderte Menschen (statt Behinderte) durchgesetzt hat (vgl. Frese 2000:11).

Wichtig scheint mir, sich nicht auf eine **einzige** ethische Theorie oder ein einziges Moralprinzip festzulegen. Hier kann Pflegeethik von der Ethik in der Sozialen Arbeit lernen: Hermann Baum diskutiert für die einzelnen Aufgabenfelder der Sozialen Arbeit unterschiedliche Ethiken, die er mit den jeweiligen Besonderheiten dieser Felder begründet (vgl. Baum 1996). Ein Theoriemonismus der Pflegeethik (etwa in Form einer exklusiv postulierten Diskursethik oder dialogischen Ethik) ist ebenso wenig zu empfehlen wie eine ausschließliche Festlegung auf einzelne ethische Prinzipien.

4.3.6.2 Materiale Prinzipien der Pflegeethik

Die Ethik erarbeitet und begründet Grundsätze und Prinzipien, die von der Praxis sowohl als allgemeine Orientierungshilfen genutzt werden können als auch eine geeignete Basis für moralische Handlungsanweisungen (z. B. berufliche Standards) bieten (vgl. zu diesem Kapitel Lay 2001b). Dabei greift Pflegeethik auf die geschichtlich gewachsenen moralischen Traditionen und Werte der Pflegeberufe zurück, mit deren Hilfe pflegerisches Handeln begründungsfähig ist (Monteverde 2009a:52).

»Für eine Pflegeethik müssten … eigens für sie zu beanspruchende, und das heißt, von den Begründungsaspekten insbesondere einer Medizinethik und ihrer Prinzipien wohl zu unterscheidende Kriterien geltend gemacht werden«, fordert Remmers (o. J.:55). Welche sind die materialen (inhaltlichen, nicht formalen) ethischen Prinzipien, nach denen Pflegeethik die pflegerische Praxis reflektiert und warum reichen medizinethische Prinzipien nicht aus?

Prinzipien einer Ethik der Verantwortung

Als übergeordnete Kriterien für die ethische Bewertung von Pflege können nach Arndt (1996a:66ff) die **fünf Prinzipien einer Ethik der Verantwortung** dienen:
1. Achtung vor dem Leben
2. Das Gute und das Richtige
3. Gerechtigkeit und Fairness
4. Wahrheit und Ehrlichkeit
5. Individuelle Freiheit und Selbstbestimmung (Autonomie)

Grundsätze für die pflegerische Berufsausübung

»Pflegeethik ist eine Form der Verantwortungsethik«, ist auch Körtner (2012:95) überzeugt. Veatch und Fry (1987, zit. n. Fry 1995:26ff) vertreten ähnliche Prinzipien. Sie formulieren **fünf Grundsätze für die pflegerische Berufsausübung**:
1. **Wohltätigkeit** (Gutes tun[70] und Leiden verhüten[71])
2. **Gerechtigkeit** (bedürfnisentsprechende und faire Verteilung der Pflegeleistungen)
3. **Autonomie** (persönliche Freiheit zur Selbstbestimmung)
4. **Aufrichtigkeit** (wahrhaftiges, respektvolles und vertrauensvolles Handeln)
5. **Loyalität** (Pflicht, seinen eigenen Verpflichtungen treu zu bleiben)

Inhaltlich stimmen die fünf Grundsätze für die pflegerische Berufsausübung nach Veatch und Fry überwiegend mit den von Arndt zitierten fünf Prinzipien einer Ethik der Verantwortung überein. Nach meiner Auffassung wäre evtl. der fünfte Punkt in der Aufzählung von Veatch und Fry (Loyalität als Pflicht, seinen eigenen Verpflichtungen treu zu bleiben) zu streichen, da er unter Punkt 3 (Autonomie als persönliche Freiheit zur Selbstbestimmung) subsummiert werden kann.

---

70 Veatch und Fry rekurrieren auf die alten philosophischen Prinzipien der Benefizienz bzw. Nonmalefizienz, die meist mit »Gutes tun« bzw. »nichts Schlechtes tun« übersetzt werden. In ihrer ursprünglichen lateinischen Bedeutung meinen diese Begriffe jedoch etwas Anderes: Benefizienz stammt nicht von lat. bonum facere (Gutes tun), sondern von lat. bene facere (gut machen). Etwas gut zu machen ist Benefizienz. In dieser Formulierung erkennen wir den Bezug zur Qualität. Diesen Hinweis verdanke ich Herrn Prof. Illhardt (vgl. hierzu Illhardt 1999a:172: »›Moralisch gut‹ und ›professionell gut‹ sind zwar nicht deckungsgleich, aber beide Konzepte stützen sich gegenseitig. Professionalität ohne moralische Qualität wäre ebenso unsinnig wie moralische Qualität ohne Professionalität«).

71 Leiden zu verhüten ist eine Forderung, die auf das Gebot, niemandem zu schaden (lat.: neminem laedere: niemanden verletzen) zurückgeht und im Gesundheitswesen als Nonmalefizienz bekannt wurde. Es gilt als das älteste bekannte ethische Prinzip und findet sich bereits im vorderindischen Ahimsa-Gebot des »Nicht-Verletzens« und »Nicht-Tötens« (Lenk 1997:8).

Moralische Orientierungen

Eine andere Sammlung materialer Prinzipien stammt von Marianne Rabe (2000:11). Sie untersuchte drei deutsche Kodizes, eine deutsche Berufsordnung sowie einen niederländischen und einen internationalen Ethikkodex der Pflege. Als Ergebnis hält sie in einer Ethik für das Gesundheitswesen, insbesondere aber für die Pflege, sechs übergeordnete moralische Orientierungen für besonders bedeutsam.

1. Würde
2. Dialog
3. Verantwortung
4. Fürsorge/Fürsorglichkeit
5. Gerechtigkeit
6. Autonomie

Rabe bestimmt die Funktion der sechs »übergeordneten Wertorientierungen«: »Diese übergeordneten moralischen Orientierungen sollen bei der Beantwortung der Frage helfen: Wie kann ich in der Pflege moralisch handeln? Was sollte ich tun?« (Rabe 2000:11). Die sechs Orientierungen, so Rabe, überschneiden sich inhaltlich zum Teil und stehen manchmal auch in Spannung zueinander.

Im Vergleich zu den beiden genannten Listen von Arndt sowie Veatch und Fry fällt auf, dass der Punkt »Wahrheit/Ehrlichkeit/Aufrichtigkeit« bei Rabe nicht explizit erwähnt wird. Das ist in meinen Augen ein bedauerlicher Nachteil dieser Einteilung. Die Begriffe »Gerechtigkeit« und »Autonomie« finden sich in allen drei Listen, Rabes Punkt »Fürsorge/Fürsorglichkeit« sinngemäß auch im Begriff der »Wohltätigkeit« bei Veatch und Fry, denn Fürsorge bezieht sich nach Schnell et al. (2009:120) auf die Frage, was jemand von sich aus tun kann, um zum Wohl des Patienten beizutragen.

Das von Rabe postulierte Prinzip des Dialogs scheint mir eine wichtige Ergänzung zu den beiden erstgenannten Listen zu sein, wohingegen die Punkte »Würde« und »Verantwortung« schwierig in einer solchen Auflistung konsistent unterzubringen sind, da sie inhaltlich auf andere Prinzipien verweisen.

An dieser Stelle ist zu fragen, weshalb die Pflegeethik eigene Prinzipienkataloge wählt und nicht einfach beispielsweise die in Kap. 3.3.4 aufgeführte bewährte Liste der Medizinethiker Beauchamp und Childress übernimmt, welche eine Orientierung an vier Prinzipien empfehlen:

1. nonmaleficence
2. beneficence
3. respect for autonomy
4. justice

Arndt argumentiert, Ethik in der Pflege könne nicht einfach die Prinzipien einer biomedizinischen Ethik, wie sie von Beauchamp und Childress durchbuchstabiert wurden, adaptieren. Es sei nicht hinreichend, einfach Autonomie, Benefizienz, Non-

Malefizienz und Gerechtigkeit pflegerisch zu denken. Die Prinzipien der klassischen biomedizinischen Ethik stammten aus der analytischen Tradition der Moralphilosophie, und für die Pflege seien zusätzliche andere Traditionen zu erschließen (Arndt 2003a:21). »Elemente einer Prinzipienethik werden auch für pflegerisches Denken Bedeutung haben müssen. Die Prinzipien der Autonomie, des Nichtschadens, des Wohltuns und der Gerechtigkeit gelten auch hier. Doch braucht eine Ethik in der Pflege weitere Prinzipien, oder besser: moralische Leitgedanken, die sich aus dem Kontext mitmenschlicher Erfahrung ergeben könnten. Solche Leitgedanken könnten dann heißen Solidarität, Kooperation und Kommunikation.« (Arndt 2000d:135)

Simon und Neitzke (2008:36) betonen die Menschenwürde, welche in der deutschen Tradition als oberster Wert gelte; sie meinen, die vier Prinzipien nach Beauchamp und Childress deckten einige weitere moralische Werte nicht (ausreichend) ab, welche in der Versorgung kranker und pflegebedürftiger Menschen eine Bedeutung hätten: Schweigepflicht/Verschwiegenheit, Ehrlichkeit und Wahrhaftigkeit, Solidarität, Freundlichkeit und Höflichkeit, Vertrauenswürdigkeit und Empathie/Mitgefühl.

Es stimmt: In der Liste von Beauchamp und Childress fehlt u. a. das Prinzip der Wahrhaftigkeit oder Aufrichtigkeit, das im täglichen Umgang mit pflegebedürftigen Menschen und Angehörigen unverzichtbar ist. Es kann entgegen verschiedener Versuche nicht schlüssig in die vier in der Medizinethik etablierten Prinzipien integriert werden, sondern verlangt nach einer eigenen Würdigung. So schlägt auch die von Kesselring et al. (2000:5) erwähnte, ebenfalls von den zwei genannten Medizinethikern abgeleitete Einteilung fehl, die dergestalt formuliert ist: Achtung der Würde der Person; das heißt:

- Autonomie
- Wahrhaftigkeit (veracity)
- Verlässlichkeit (fidelity)
- Vertraulichkeit (confidentiality)
- Gutes tun/nicht schaden (beneficence/non-maleficence)
- Prinzip der Gerechtigkeit

Autonomie und Würde (von Menschen, nicht der Person; vgl. die Diskussion in der Bioethik sowie SBK-ASI 1999b) meinen Unterschiedliches. Daher sollte Autonomie nicht als Unterpunkt des Prinzips der Achtung vor der Würde eingeordnet werden.[72]

[72] Dieselbe Kritik betrifft übrigens die Anordnung der in den »Ethischen Grundsätzen« des Schweizer Berufsverbandes der Pflegefachfrauen und Pflegefachmänner (SBK-ASI 1999b) aufgeführten Prinzipien. Auch in dieser Liste wird die »Respektierung der Autonomie« als ein Resultat des Grundsatzes der »Achtung des Menschen« (präzisiert als »Achtung der Würde jedes einzelnen Menschen und der Einzigartigkeit seines Lebens«) betrachtet.
Deutlich wird in diesen Überlegungen, dass die Konsistenz von Prinzipienkatalogen auch deshalb so schwierig herzustellen ist, weil es keinen Konsens über die Wertehierarchie und die Moralität (die höchste moralische Norm) gibt. Über Berufskodizes oder Berufsordnungen könnte zwar versucht werden, einen Konsens herzustellen und das Ergebnis zu proklamieren. Da moralisches Handeln letztlich aber auf persönlichen Gewissensentscheidungen beruhen soll, wäre ein solches Ergebnis nicht als verbindliche Norm durchsetzbar bzw. im Falle der Nicht-Befolgung nicht sanktionierbar. Anders sähe die Situation aus, wenn die beschlossenen Prinzipien explizit Eingang in das Straf-, Haftungs- oder Berufsrecht nähmen. Das ist jedoch von übergeordneten Prinzipien nicht zu erwarten.

Abschließend sind noch zwei skandinavische Vorschläge für ethische Prinzipienkataloge der Pflege zu erwähnen. Die schwedische Pflegewissenschaftlerin Norberg (2002:26) ergänzt die klassische Prinzipienliste von Beauchamp und Childress, wenn sie als in der Krankenpflege diskutierte »ethische Grundregeln« bzw. Prinzipien notiert:

- Autonomie (Selbstbestimmung)
- Benefizienz (Gutes tun)
- Gerechtigkeit
- Nonmalefizienz (keinen Schaden zufügen)
- Schutz des Lebens
- Wahrheit-Sagen.

Raija Sairanen, eine finnische Pflegewissenschaftlerin, zählt als ethische Prinzipien der Pflege in ähnlicher Weise auf:

- Das Wohl des Kranken voranstellen
- Leben erhalten
- Dem Kranken nicht schaden
- Die Würde des Menschen achten
- Vertrauenswürdig sein (Sairanen 2003:207).

Welche ethischen Prinzipien sollen nun für die Pflege gelten? Der gemeinsame inhaltliche Nenner der aufgeführten pflegeethischen Prinzipiensammlungen könnte m. E. lauten:

- Das Wohlergehen/Wohlbefinden fördernde Fürsorge
- Achtung der Autonomie/Selbstständigkeit
- Gerechtigkeit
- Aufrichtigkeit

  Als weiteres Prinzip wäre dialogische Verständigung hinzuzufügen.

Ethische Prinzipien der Pflege

Mein Kompromissvorschlag für eine Liste materialer ethischer Prinzipien der Pflege lautet:

1. Förderung von Wohlergehen/Wohlbefinden
2. Förderung von Autonomie/Selbstständigkeit
3. Gerechtigkeit
4. Aufrichtigkeit
5. Dialogische Verständigung

Dialogische Verständigung trägt u. a. zur Achtung von Autonomie/Selbstständigkeit bei. »Da jede Pflegeleistung sich auf die Lebensqualität des zu Pflegenden auswirkt und diese nur von ihm selbst bestimmt werden kann, muss die Pflege dem Dialogprinzip folgen.« (Heffels 2006:44) Der Mangel an dialogischem Verhalten verursache im Gesundheitswesen regelmäßig ethische Probleme, diagnostiziert Rabe (2009a:251). Ohne Dialog sind zudem viele Menschen mit der Zuerkennung und Zumutung[73] von Autonomie überfordert, gerade in Zeiten von Krankheit oder Pflegebedürftigkeit (vgl. Illhardt 1999:275; SBK-ASI 2005b:12). Dialogische Verständigung geht indes über die Gewährleistung von Selbstbestimmung hinaus; sie stellt eine der entscheidenden Faktoren für eine wirksame Pflege dar; so ist sie beispielsweise eine der Grundvoraussetzungen für erfolgreiche Pflegeplanung (vgl. Lay, Brandenburg 2001).

Dibelius (2006a:175) hält die von mir genannten fünf Prinzipien insgesamt für den pflegerischen Kontext für angemessen, kritisiert jedoch das Fehlen der Dimensionen Respekt oder Würde. Dem kann entgegnet werden, dass sich ein respekt- und würdevoller Umgang maßgeblich in eben den genannten fünf materialen Prinzipien manifestiert. Der Würdebegriff verweist inhaltlich auf andere Prinzipien (Lay 2004:100). Auch Rabe nimmt in einem neueren Beitrag den Begriff der Würde aus ihrer vorgestellten Liste von sechs »übergeordneten Wertorientierungen« (Rabe 2001:11) heraus und stellt ihn in das Zentrum ethischer Prinzipien für die Pflege: »Die Würde des Menschen steht als übergeordnetes Prinzip im Mittelpunkt, mit der Vorstellung, dass sie die oberste Orientierung für die Ethik (nicht nur) im Gesundheitswesen ist und alle möglichen anderen Prinzipien schon enthält« (Rabe 2009a:125).

Alle genannten Prinzipien können selbstverständlich keine exklusive Gültigkeit für ethische Fragen in Pflege und Medizin beanspruchen, sondern beinhalten allgemeine moralische Grundforderungen, die nicht nur für Pflegekräfte, Ärzte oder andere helfende Berufe, sondern prinzipiell für alle Menschen gültig sind (vgl. Rehbock 2000:283).

Daraus den Schluss zu ziehen, Pflege und Medizin bräuchten keine eigenen Bereichsethiken, weil die allgemeine philosophische Ethik genüge (Rehbock 2000), scheint mir zu kurz gedacht, gerade wenn Bereichsethiken mit Berufsethiken und Berufskodizes gleichgesetzt werden, wie es bei manchen Philosophinnen (vgl. Rehbock 2001b) der Fall zu sein scheint.

Schreiner versteht Pflegeethik als angewandte Ethik, für die gelte, »... dass nicht eigene Moralprinzipien zu entwerfen, sondern die allgemein handlungsleitenden Prinzipien für den Handlungsbereich der Pflege zu konkretisieren sind« (Schreiner 2001a:23). Wie ethische Prinzipien beispielsweise in der Pflege von Menschen mit Schmerzen konkret umgesetzt werden können, beschreibt Laurel Archer Copp eindrucksvoll (Copp 2000:85f), und Streyl hat einen bemerkenswerten Beitrag zum moralischen Handeln Pflegender in der Schmerztherapie junger Säuglinge vorgelegt (Streyl 2000).

Konkretisierungen sind auch mithilfe von Ethik-Kodizes möglich.

---

[73] Sauter (2011a:655) problematisiert den hohen (Stellen)Wert, welchen Autonomie in individuenzentrierten Gesellschaften einnimmt. »In der individualistischen Kultur erhöhen sich die Anforderungen an die autonome Lebensbewältigung durch die allgemeine Flexibilisierung der Lebensverhältnisse weiter. Individuen sind heute in allen Lebensbezügen zur aktiven Selbstgestaltung und zum kreativen Umgang mit rasant sich verändernden Lebensbedingungen aufgerufen. Dabei sind wir in die paradoxe Situation geraten, zur Autonomie gezwungen zu sein. Mit wachsenden Autonomieanforderungen steigt die Gefahr des Scheiterns – gerade für Menschen, die in vielen Lebensbereichen eingeschränkt sind.«

4.3.6.3 Ethik-Kodizes der Pflege

Die im vorigen Kapitel angesprochenen Prinzipien der Pflegeethik stellen einen Konsens dar, der sich in den meisten ethischen Berufskodizes der Pflege wiederfindet, z. B. im Ethikkodex des Internationalen Pflegerates (ICN 2010).

Der ICN-Ethikkodex ist der einzige Pflegekodex, der in Deutschland nennenswerte Verbreitung gefunden hat. Nach Fry (1995:53) besitzt er eine lange Entstehungsgeschichte[74]: Bereits 1923 begann der ICN in Montreal an einem Konzept für einen Pflegekodex zu arbeiten, der für alle Pflegekräfte in der ganzen Welt Gültigkeit haben sollte. Der Zweite Weltkrieg unterbrach die Arbeit, so dass erst 1953 auf einem ICN-Kongress in Sao Paulo, Brasilien, die erste Fassung verabschiedet werden konnte. In den Jahren 1965, 1973, 2000 und 2005 wurde der Kodex überprüft und überarbeitet.

»Codes do not remain static but evolve with society and with the profession's role in society«[75], beobachten Smith und Davis (1985:336). In Folge gesellschaftlicher Veränderungen wechselten auch die Inhalte des ICN-Kodex'. Vergleicht man beispielsweise die ursprüngliche Version von 1953 mit der Fassung von 1973, so fallen mit Grauhan (1981) einige wichtige Veränderungen auf:

- »Die Reihenfolge der pflegerischen Funktionen wurde verändert. Während die Fassung von 1953 den ›Dienst am Kranken‹ an erste Stelle setzt und ›Förderung von Gesundheit‹ an die letzte, ist die Reihenfolge von 1973 umgekehrt« (S. 350).
- In der Version von 1953 ist das Verhältnis zwischen Pflegepersonen und Ärzten noch in drei von vierzehn Regeln beschrieben, während im Jahr 1973 Ärzte nicht mehr extra erwähnt werden, sondern unter die Bezeichnung »Mitarbeiter aus anderen Berufen« subsummiert werden (ebd.).[76]

---

[74] Einer der ältesten Kodizes der Pflege ist das weltberühmte Florence-Nightingale-Gelübde. Wie Thompson et al. unter Berufung auf Robinson (1946) ausführen, stammt dieses Gelübde jedoch nicht von der Pionierin der angelsächsischen Krankenpflege selbst, sondern wurde 1893 von Lystra Grecter, Leiterin der Farrand Training School for Nurses am Harper Hospital in Detroit, ausgedacht (Thompson et al. 1994:36).

[75] »Kodizes bleiben nicht statisch, sondern entwickeln sich mit der Gesellschaft und der Rolle der Profession in der Gesellschaft.« (Übers.: R. L.)

[76] Anmerkung R. L.: Smith und Davis (1985:336) führen näher aus, worum es bei diesem Punkt ging: »The 1953 version of the International Council of Nurses' International Code of Nursing Ethics states: ›The nurse sustains confidence in the physician and other members of the health team; incompetence or unethical conduct of associates should be exposed but only to the proper authority.‹ (International Council of Nurses, 1953). The 1973 version states: ›The nurse takes appropriate action to safeguard the individual when his care is endangered by a co-worker or any other person.‹ (International Council of Nurses, 1973). This illustrates a shift both within nursing and society from the Perspektive that the nurse's first responsibility is to the physician, to the perspective that the nurse's first responsibility is to the client. The future development of nursing ethics requires a constant reevaluation of the codes ...«
[»Die Version des internationalen Pflegeethik-Kodex des Weltpflegerates aus dem Jahr 1953 hält fest: ›Die Pflegekraft hält das Vertrauen in den Arzt und andere Mitglieder des Gesundheitsteams aufrecht; Inkompetentes oder unmoralisches Verhalten von Mitarbeitern soll ausschließlich den vorgesehenen Stellen gemeldet werden.‹ (Internationaler Pflegerat ICN 1953). Die Version von 1973 proklamiert: ›Die Pflegekraft unternimmt angemessene Schritte, um den Einzelnen zu schützen, wenn seine Betreuung durch einen Mitarbeiter oder eine andere Person gefährdet ist.‹ (Internationaler Pflegerat ICN 1973). Hier wird in Pflege und Gesellschaft ein Perspektivenwechsel deutlich: Von der Ansicht, die Pflegekraft sei zuerst dem Arzt verantwortlich, hin zu der Perspektive, ihre erste Verantwortlichkeit gelte dem Klienten. Die zukünftige Entwicklung der Pflegeethik erfordert eine konstante Überprüfung der Kodizes ...« (Übers.: R. L.)]

- »In den Regeln von 1973 gibt es keine Hinweise mehr auf das Privatleben der Schwester. Wenn wir den Vergleich ziehen zwischen dem Florence Nightingale-Gelübde von 1893: ›ich verspreche, ein reines Leben zu führen‹ über die Formulierung von 1953: ›das Privatleben der Schwester soll dem Beruf zur Ehre gereichen‹ bis hin zur Fassung von 1973: ›die Krankenschwester sollte in ihrem beruflichen Handeln jederzeit auf ein persönliches Verhalten achten, das dem Ansehen des Berufes dient‹ – so können wir erkennen, daß man nicht länger von uns verlangt, 24 Stunden am Tag an sieben Tagen der Woche Krankenschwester zu sein. Es wird uns gestattet, zu Hause als gewöhnliche Menschen zu leben ...« (S. 351)

In der Fassung aus dem Jahr 2000 (ICN 2000:563) hieß es erstmals nicht mehr »Mitarbeiter aus anderen Berufen«, sondern »Kollegen aus der Pflege und anderen Professionen«, was im beruflichen Miteinander partnerschaftlicher und gleichberechtigter klang und Pflege überdies als Profession bezeichnete. Die Bezeichnung »Profession« war auch in folgender Änderung zu finden: »Die Pflegende soll in ihrem beruflichen Handeln jederzeit auf ein persönliches Verhalten achten, das dem Ansehen der Profession dient und das Vertrauen der Bevölkerung in sie stärkt« (ebd.).[77]

Die vom ICN autorisierte deutsche Übersetzung des international bekanntesten Ethik-Kodex der Pflege war in der Fassung vom Jahr 2000 nicht an allen Stellen gut geglückt (Lay 2004:103). In der offiziellen deutschen Übersetzung wurde die Passage »Nursing care is unrestricted by considerations of age, colour, creed, culture, disability or illness, gender, nationality, politics, race or social status« wie folgt wiedergegeben (ICN 2000:563): »Sie wird ohne Rücksicht auf das Alter, Behinderung oder Krankheit, das Geschlecht, den Glauben, die Hautfarbe, die Kultur, die Nationalität, die politische Einstellung, die Rasse oder den sozialen Status ausgeübt«.

Die Formulierung »ohne Rücksicht auf« schien gerade das Gegenteil der englischen Originalpassage auszudrücken. Selbstverständlich sollen Pflegekräfte die aufgezählten Gesichtspunkte berücksichtigen! Angemessener wäre beispielsweise folgende Übersetzung gewesen: »(Pflege) wird ohne einschränkende Unterscheidungen hinsichtlich des Alters, Behinderungen oder Krankheit, des Geschlechts, des Glaubens, der Hautfarbe, der Kultur, der Nationalität, der politischen Einstellung, der Rasse oder des sozialen Status ausgeübt« (Lay 2004:103).

Inzwischen wurde der ICN-Kodex überarbeitet und liegt in der Fassung von 2005 vor (veröffentlicht 2006; deutsche Übersetzung aus dem Jahr 2010). Der oben zitierte Abschnitt aus der Präambel wurde wie folgt geändert: »Nursing care is respectful of and unrestricted by considerations of age, colour, creed, culture, disability or illness, gender, sexual orientation, nationality, politics, race or social status« (ICN 2006:1). In den Satz neu aufgenommen wurden die Ausdrücke »is respectful of« und »sexual orientation«.

77 In der aktuellen deutschen Version (ICN 2010:3) wird der englische Originalbegriff »profession« leider nicht mehr mit »Profession« übersetzt, sondern mit »Beruf«.

Die offizielle deutsche Übersetzung dieser Passage lautet (ICN 2010:1): »Pflege wird mit Respekt und ohne Wertung des Alters, der Hautfarbe, des Glaubens, der Kultur, einer Behinderung oder Krankheit, des Geschlechts, der sexuellen Orientierung, der Nationalität, der politischen Einstellung, der ethnischen Zugehörigkeit oder des sozialen Status ausgeübt.«

Der vollständige Text des ICN-Code kann im Internet unter der Adresse http://www.icn.ch/ethics.htm in verschiedenen Sprachen abgerufen werden. Neben diesem weltweit renommiertesten Kodex gibt es international und im deutschen Sprachraum eine Vielzahl weiterer Ethik-Kodizes für Pflegende. Eine Übersicht bietet Arndt im Anhang ihres Werkes »Ethik denken – Maßstäbe zum Handeln in der Pflege« (Arndt 1996a).

Rabe weist auf eine deutsche Besonderheit hin: »In einigen Ländern (Niederlande, Italien) gibt es national gültige Ethik-Kodizes für die Pflege; in Deutschland existieren auf Grund der uneinheitlichen Organisation der Pflegeberufe verschiedene berufsethische Kodizes« (Rabe 2008a:436). Osterhus und Dondalski (1999:189) machen in den verschiedenen deutschen Regelwerken zahlreiche gemeinsame ethische Prinzipien aus und führen dies u. a. darauf zurück, dass ein unserem Kulturraum entsprechendes christliches Menschenbild bei der Formulierung mitbestimmend gewesen sei.

Einige Autoren bringen kritische Einwände gegen Berufskodizes in der Pflege vor, so auch van der Arend, wenn er schreibt: »Berufskodizes vermitteln uns eine Vorstellung davon, wie das pflegerische Handeln im Idealfall aussieht. Im wesentlichen sind sie jedoch das Ergebnis von internen berufsethischen Diskussionen. Es ist allerdings sehr schwierig, die ganz unterschiedlichen Erfahrungen und Anwendungsbereiche in der Pflege auf einen Nenner zu bringen. Das gelingt nur durch Abstraktion: Wir müssen den größten gemeinsamen Teiler und eine übergreifende Norm finden. Dann verfügen wir über eine ideale Norm, deren praktische Bedeutung nicht mehr leicht zu erkennen ist. Pflegende haben daher auch meist Schwierigkeiten, einen solchen Berufskodex anzuwenden. Außerdem hat diese Abstraktion zur Folge, daß in einen Berufskodex allerlei Normen aufgenommen werden, die nicht spezifisch für Pflegende gelten, sondern beispielsweise für jede Art der beruflichen Hilfeleistung …« (van der Arend 1998:49f).

Remmers führt diesen Gedanken fort. Er ist der Auffassung, aus den in Berufskodizes katalogisierten ethischen Prinzipien ließen sich keine konkreten Anweisungen für ein bestimmtes, von Fall zu Fall jeweils neu zu prüfendes und zu rechtfertigendes Handeln gewinnen (Remmers 2000b:318; 2003:49). Friesacher bestätigt diese Beschränkung: »Die Kodizes bieten eine allgemeine Orientierung für das berufliche Handeln, können aber in konkreten ethischen Problemsituationen keine direkten Hinweise für das richtige Handeln liefern« (Friesacher 2008:9).

Bobbert (2002:49) bemängelt die mangelnde Unterscheidung zwischen Ethik (als Reflexionstheorie) und Moral (als dem Gegenstand ihrer Analyse und Reflexion). Pflegeethik als Reflexion und Argumentation sei zu unterscheiden von der faktisch verbreiteten oder gelebten Moral Pflegender als dem Gegenstand ihrer Analyse (S. 15). Indem die traditionelle Pflege»ethik« die historisch bedingten Erwartungen an Pflegende formulierte oder Ethikkodizes zur innerberuflichen Verständigung und Selbstverpflichtung festgeschrieb, habe sie sich eher mit Moral beschäftigt (S. 49).

Schreiner wiederum meint, kodifizierte berufsethische Normen seien ein Charakteristikum so genannter freier Berufe. Pflegekräfte hingegen seien durchweg weisungsabhängig tätig. Deshalb spiele in Deutschland eine formelle Berufsethik in den Pflegeberufen kaum eine Rolle – und könne das auch nicht – und berufsethische Normen seien daher wenig bekannt (2001a:23). Wenn der Aussage zur Weisungsabhängigkeit von Pflegekräften in dieser pauschalen Form auch nicht zugestimmt werden kann (vgl. Kap. 4.3.4), so belegen doch die Untersuchungen von Eilts-Köchling et al. (2000) in Berliner Krankenhäusern, auf die sich Schreiner bezieht, dass Ethik-Kodizes tatsächlich kaum bekannt sind.

Hirczy (2010:29) untersuchte den Kenntnisstand von diplomierten Pflegepersonen in drei österreichischen Pflegeheimen zu den ethischen Richtlinien des International Council of Nurses (ICN) und stellte fest, dass 53 % der befragten Gesundheits- und Krankenpfleger/innen angaben, die Richtlinien zu kennen. Auffallend war jedoch, dass von diesen 53 % nur 19 % zumindest ein Element aus dem ICN-Kodex benennen konnten.

Rehbock hält fest, dass Berufskodizes zur Identität von Berufen beitragen. Sie seien dennoch keine Heiligtümer, sondern selbst Gegenstände ethischer Reflexion und Kritik (Rehbock 2001b).

Eine Kritik, die m. E. im Hinblick auf eine »Ver-Öffentlichung« der Ethik in der Pflege zu formulieren wäre, betrifft die Fixierung pflegerischer Ethik-Kodizes auf die **berufliche** Pflege, wie es auch in anderen (Berufs-)Kodizes üblich ist. Will sich Pflegeethik nicht nur als Berufsethik verstehen, sondern sich zu einer gesellschaftlich relevanten Bereichsethik weiterentwickeln, dann sollten auch

1. für die Laienpflege ethische Leitlinien erarbeitet werden und
2. pflegende Laien in pflegeethischen Gremien vertreten sein.

Sich der Laienöffentlichkeit zu öffnen, wäre ein mutiger Schritt. Vorbild könnten Gremien wie die vorhandenen Ethikkomitees sein, in denen i. d. R. auch fachfremde Vertreter der Öffentlichkeit ihren etablierten Sitz haben und externe Sichtweisen einbringen können.

Exkurs: Ethikkomitee

Ethikkomitees bzw. klinische Ethikkomitees (KEK) sind interdisziplinär besetzte Gremien in Krankenhäusern und anderen Gesundheitseinrichtungen, in denen neben Vertretern von Gesundheitsberufen auch Philosophen oder Theologen, Juristen sowie einzelne Patientenvertreter oder andere Laien auf mündlichen oder schriftlichen Antrag hin über ethische Probleme beraten und dazu jeweils eine schriftliche Empfehlung (Votum) abgeben (vgl. Rabe 2009:298). Die Mitglieder von Ethikkomitees werden von der Einrichtungsleitung berufen, nicht gewählt; das Gremium besitzt i. d. R. keine Entscheidungsbefugnis, sondern übt eine reine Beratungsfunktion aus (Fahr 2005:522).

Kohlen (2010a) beschreibt ausführlich die Geschichte der klinischen Ethikkomitees in den USA und in Deutschland. An dieser Stelle sollen einige kurze Hinweise genügen.

In den USA sind seit 1991 klinische Ethikkomitees für die Akkreditierung von Krankenhäusern vorgeschrieben (Körtner 2007a:77). Die Joint Commission of the Accreditation of Health Care Organizations forderte eine Struktur, um ethische Probleme in Krankenhäusern behandeln zu können; dadurch wuchs die Zahl der Ethikkomitees schnell an (Kohlen 2010a:63).

»Jetzt findet die gleiche Entwicklung auch in Deutschland statt: Der Akkreditierungsprozess beschleunigt die Zunahme der KEKs.« (Kohlen ebd.) Die meisten Zertifikate – etwa KTQ oder proCum Cert – erfordern heute eine institutionelle Auseinandersetzung mit ethischen Fragen, z. B. wird nach KTQ® im Bereich Krankenhausführung ausdrücklich nach der Erfüllung ethischer Aufgaben, der Berücksichtigung ethischer Problemstellungen und dem Umgang mit Sterbenden gefragt (Neitzke 2009:136). In der Folge gibt es inzwischen in Deutschland zahlreiche Ethik-Komitees – laut Rabe (2008a:442) mehr als 100; Neitzke (2011:60) schätzt ihre Zahl allein in Kliniken auf etwa 150.

Fahr (2005:522) berichtet, klinische Ethikkomitees würden sehr häufig mit Ethikkommissionen verwechselt. »Beide Gremien müssen aber deutlich voneinander unterschieden werden. Ethikkommissionen, sie seit den 70-Jahren [sic] in Deutschland eingerichtet werden, haben die Aufgabe den forschenden Arzt bei der Durchführung biomedizinischer Untersuchungen zu beraten. In der Regel werden mit solchen Forschungsvorhaben zugleich ethische Fragen verbunden sein. Zu fragen ist beispielsweise, ob Teilnehmer an Versuchen durch diese geschädigt werden können; dazu gehört auch die Frage, ob die Teilnehmer ausreichend über Risiken aufgeklärt wurden und ihre Einwilligung in die Untersuchung frei und ohne Zwang gegeben haben. Ethikkomitees haben demgegenüber eine andere Aufgabe. ... [Sie beschäftigen sich] mit ethischen Fragen, die bei der Versorgung und medizinischen Betreuung von Patientinnen und Patienten entstehen. Die ethischen Aspekte der Forschung gehören also ausdrücklich nicht zu ihrem Aufgabenbereich.« (Fahr ebd.)

4.3.6.4 Zusammenfassung und Kritik pflegeethischer Maßstäbe

Pflegeethik nutzt drei Quellen bzw. Erscheinungsformen ethischer Wissensbestände: ethische Theorien, ethische Prinzipien und moralische Regeln. Letztere leiten sich aus den erstgenannten ab und finden ihren sichtbaren Niederschlag in Ethik-Kodizes. Aus einer skeptischen Haltung gegenüber Exklusivitätsansprüchen komme ich zu der Auffassung, dass weder einzelne ethische Theorien noch einzelne materiale ethische Prinzipien ausreichen, um in den vielgestaltigen moralischen Fragen der Pflege Orientierung zu bieten. Auch Ethik-Kodizes sind keine ewigen Wahrheiten, sondern müssen kritisch betrachtet werden.

Ist es die Aufgabe von Pflegekräften, sich an bestehende berufsethische Normen anzupassen? In gewisser Weise: ja. Pflegekräfte müssen lernen, »... ihre persönlichen Wertvorstellungen und Ansichten mit den verschiedenen ethischen Konzepten sowie den daraus resultierenden Anforderungen an ethisch begründetes Verhalten in Einklang zu bringen« (Fry 1995:61). Hofmann unterstreicht: »Moralisches Handeln im Pflegeberuf würde bedeuten, daß sich die Pflegenden die vom Berufskollektiv als gut erkannten, ethischen Werte und Grundsätze selbstkritisch aneignen und ihr konkretes berufliches Handeln danach ausrichten« (Hofmann 1995b:36). Käppeli schließlich postuliert: »Moralisches Handeln in der Krankenpflege heißt, entscheiden und handeln entsprechend den vom Berufskollektiv als gut erkannten und bestimmten Werten und Grundsätzen« (Käppeli 1988:20).

Moralisches Handeln kann allerdings auch darin bestehen, etablierte und berufsintern angesehene Grundsätze und Regeln in einer spezifischen Situation gerade **nicht** zu befolgen. Ich möchte ein persönliches Beispiel anführen. Als Krankenpfleger versuchte ich einmal, einer älteren Dame das Frühstücken schmackhaft zu machen. Sie litt unter einer Depression und einer wohl damit zusammenhängenden Appetitlosigkeit. Seit einigen Tagen hatte sie kaum etwas zu sich genommen. Mir tat die Frau leid und ich beschloss eines Morgens spontan, etwas zu tun, das im Akutkrankenhaus verboten ist, nämlich gemeinsam mit der Patientin von ihrer Frühstücksmahlzeit zu essen. Ich setzte mich ihr gegenüber an den Tisch und fragte sie, ob ich ihr beim Essen Gesellschaft leisten dürfe und ob sie mir etwas abgeben wolle.

Sie blickte mich erstaunt an, zögerte einen Augenblick und schob mir dann eines der zwei Brötchen zu. Beide saßen wir nun am Patiententisch und frühstückten miteinander. Zwar befürchtete ich, dass jemand das Krankenzimmer betreten könnte, der für meine unkonventionelle Maßnahme kein Verständnis aufbringen würde, zugleich erfüllte mich aber eine tiefe Befriedigung über den Erfolg des ungewöhnlichen Vorgehens.

Pflegekräfte sollen nicht fremde dogmatische Vorgaben erfüllen, sondern selbst reflektieren und verantwortliche Entscheidungen treffen. Das bedeutet, dass sie bestehenden Prinzipien und Regeln nicht unreflektiert gehorchen sollen, wie treffend diese auch formuliert sein mögen. »But appeal to the ethical ›rule book‹ fails to provide answers in terms of difficult individual moral choices which must be made in the teaching and practice of nursing.«[78] (Carper 1997:252) Erforderlich ist eine persönliche Auseinandersetzung mit ethischen Grundprinzipien und kodifizierten Regeln auf der Basis erkannter eigener Wertmaßstäbe; ein wortgetreues Befolgen von Prinzipien und Regeln hingegen ist unprofessionell. Schnell und Schulz (2009:69) differenzieren: »Professionelles Handeln geschieht sehr wohl unter Kenntnis des geltenden Wissens und seiner Regeln, es ist aber nicht zwingend ein Handeln in logischer Übereinstimmung mit diesem Wissen und dessen Regeln.«

Schilmöller schreibt dazu: »Verantwortliches, dem Anspruch der Moralität gerecht werdendes Handeln verlangt daher immer zweierlei: einerseits die Anerkennung der Geltung universaler ethischer Prinzipien und andererseits die Berücksichtigung der Besonderheiten der jeweiligen Handlungssituation. Beide Perspektiven, die universelle und die individuelle [bzw. kontextuelle; R. L.], das Allgemeine und das Besondere gilt es zu berücksichtigen und zu verbinden. Dazu bedarf es der Urteilsfähigkeit als dem [sic] Vermögen, das Besondere mit dem Allgemeinen zu verbinden. (...) Das moralische Urteil, aufgrund dessen ein verantwortliches Handeln erst möglich ist, besteht demnach aus zwei Teilen (vgl. Höffe 1979:96) und setzt immer zweierlei voraus: einmal die Kenntnis universaler ethischer Prinzipien und ihrer Geltungsgründe und andererseits das (Urteils-)Vermögen, sie auf konkrete Situationen zu übertragen und anzuwenden ...« (Schilmöller 1999:230).

Wie die Berücksichtigung medizinethischer Kodizes unstrittig zur Qualität ärztlichen Handelns gehört, so ist auch das grundsätzlich situationsentsprechende – d.h. nicht obligatorische – Beachten der anerkannten pflegerisch-ethischen Grundsätze und Regeln ein unverzichtbares Merkmal verantwortlicher Pflege.

Ethik – mehr als Berufskodizes

Ethik in der Pflege erschöpft sich nicht in der Erarbeitung und Kritik von Berufskodizes und Prinzipienkatalogen, sondern reflektiert die spezifischen Gegebenheiten der Pflege auf dem Hintergrund ethischer Theorien und Prinzipien, um in den vier Feldern der Disziplin zu moralisch verantwortlichem und praktikablen Handeln anzuregen (vgl. Kap. 5.2 u. 8.2.2).

Mit dieser Zusammenfassung endet die grundlegende Darstellung der Ethik in der Pflege. Die Bereichsethik der Pflege soll im nächsten Schritt mit den zwei Nachbarethiken verglichen werden, der Ethik in der Medizin und der Ethik in der Sozialen Arbeit.

---

78 »Sich aber auf eine Sammlung moralischer Verhaltensregeln zu berufen, stellt keine Antworten bereit, wenn in der Pflegepädagogik und in der Pflegepraxis schwierige individuelle moralische Entscheidungen getroffen werden müssen.« (freie Übers.: R. L.)

4.4 Ethik in der Pflege und ihre Nachbarethiken der Medizin und der Sozialen Arbeit

Unter dem gemeinsamen Dach der **Ethik im Gesundheits- und Sozialwesen** untersuchten wir drei unterschiedliche Bereichsethiken:
- im Gesundheitswesen die **Ethik in der Medizin**,
- im Sozialwesen die **Ethik in der Sozialen Arbeit** und – entsprechend dem Selbstverständnis der Disziplin Pflege –
- im Überschneidungsbereich zwischen Gesundheits- und Sozialwesen die **Ethik in der Pflege**.

Die Vermutung war, dass sich Unterschiede zeigen würden, aus denen die Ethik in der Pflege als eine sich etablierende junge Bereichsethik Schlüsse für ihre weitere Entwicklung ziehen könnte.

4.4.1 Zusammenfassungen der drei Bereichsethiken

Um die drei Bereichsethiken vergleichen zu können, sollen sie zunächst in ihren wichtigsten Aspekten einander gegenüber gestellt werden.

4.4.1.1 Kurzfassung der Ausführungen zur Ethik in der Medizin

Ethik in der Medizin ist heute nicht mehr lediglich eine Sammlung von ärztlichen Berufskodizes, sondern eine pluridisziplinär angelegte, etablierte Bereichsethik mit dem Anspruch auf weitere institutionelle Fundierung. Sie arbeitet – zwar nicht ausschließlich, doch deutlich überwiegend – mit ethischen Prinzipien mittlerer Abstraktionsebene.

Wurde Medizinethik noch bis in die siebziger und achtziger Jahre des 20. Jahrhunderts als eine Ethik ärztlichen Handelns verstanden, so will diese Bereichsethik heute umfassend die moralischen Fragen im Gesundheitswesen in den Blick nehmen.

Während sich Medizinethiker in Deutschland nicht auf eine einheitliche Benennung der Bereichsethik einigen können und sich lediglich tendenziell eine Präferenz der Bezeichnung Ethik in der Medizin abzeichnet, wird die inhaltlich längst als eine umfassende Ethik des Gesundheitswesens konstruierte Bereichsethik in den Niederlanden bereits mit diesem Terminus benannt.

Traditionell erhebt die Medizinische Ethik den Anspruch, auch die moralischen Fragen in pflegerischen Zusammenhhängen mit zu vertreten und zu bearbeiten. Vertreter einer sich konstituierenden Bereichsethik der Pflege setzen sich gegen diesen – nicht selten deutlich paternalistisch gefärbten – Anspruch zunehmend zur Wehr. Monteverde hebt auf die eigenen Traditionen der Pflege ab: »Trotzdem kann Pflegeethik nicht einfach als ›jüngere Schwester‹ ärztlicher Ethik bezeichnet werden, denn sie schöpft aus grundlegend anderen Traditionen, wie etwa die kommunale und karitative

Fürsorge und Visionen einer Solidargemeinschaft von Gesunden und Kranken. Heutzutage sind es genau diese Traditionen, die angesichts der Umverteilung von Ressourcen, der Rationalisierung und Rationierung von Gesundheitsleistungen neu thematisiert werden.« (Monteverde 2009b:1)

4.4.1.2 Kurzfassung der Ausführungen zur Ethik in der Sozialen Arbeit

Ethik in der Sozialen Arbeit ist in Deutschland vorwiegend eine Berufsethik der Sozialarbeiter und Sozialpädagogen. Sie manifestiert sich im Wesentlichen in der Forderung nach Anwendung bzw. Umsetzung ethischer Prinzipien bzw. Regeln der unteren und mittleren Abstraktionsebene, welche in Form von Berufskodizes entwickelt und modifiziert werden.

Die Erarbeitung und Präsentation berufsethischer Kodizes schätzen die meisten Autoren als eine große Chance zur gesellschaftlichen Einflussnahme im Sinne einer Professionalisierung der Sozialen Arbeit ein.

Die als Werte und Prinzipien Sozialer Arbeit vorgestellten zahlreichen Normen und Ziele beziehen sich auf unterschiedliche berufliche Handlungsebenen. Entsprechend der Verschiedenheit sozialer Handlungsfelder ergeben sie zwar kein geschlossenes Bild, lassen sich aber ausnahmslos ethisch begründen, so dass aus Sicht der Sozialen Arbeit kein Unterschied zwischen so genannten fachlichen und explizit moralischen bzw. ethisch gerechtfertigten Prinzipien konstruiert wird: Zur Qualität berufsfachlichen Handelns gehört die moralische Qualität der Handlungen.

Die Annahme, fachliches Handeln im sozialen Bereich sei selbstverständlich stets von hohen moralischen Absichten getragen, ist riskant: die Kenntnis und Umsetzung beruflicher Kodizes wird stillschweigend vorausgesetzt, ohne die Annahme einer direkten Umsetzbarkeit zu problematisieren. Dies kann eine systematische Aus-, Fort- und Weiterbildung in ethischen Fragen behindern.

4.4.1.3 Kurzfassung der Ausführungen zur Ethik in der Pflege

Ethik in der Pflege ist eine Bereichsethik im Sozial- und Gesundheitswesen, welche ihren Ort neben der Ethik in der Medizin und der Ethik in der Sozialen Arbeit hat und moralische Aspekte in den Handlungsfeldern der Disziplin Pflege reflektiert.

Analog der Weidnerschen Einteilung der Disziplin lassen sich vier Subbereichsethiken der Ethik in der Pflege differenzieren: Ethik in der Pflegepraxis (auch Pflegeethik genannt), Ethik im Pflegemanagement, Ethik in der Pflegepädagogik und Ethik in der Pflegewissenschaft. Letztere scheint im Vergleich zur Pflegeethik kaum ausgearbeitet zu sein.

Pflegeethik ist die Reflexion moralischer Aspekte der Pflegepraxis. Sie besteht nicht allein aus der pflegerischen Berufsethik, sondern befasst sich als Kern der Ethik in der Pflege umfassend mit moralischen Fragen beruflicher und nichtberuflicher Pflegepraxis. Pflegeethik geht damit über eine reine Berufsethik hinaus.

Die pflegerische Berufsethik beinhaltet das (meist ungeschriebene) Berufsethos und die (geschriebenen) Berufskodizes. Berufskodizes haben nach innen orientierende,

Sinn stiftende und verbindende, aber auch normierende Funktion. Nach außen sollen sie der Anerkennung des Berufes in der Öffentlichkeit dienen. Gegen die letztgenannte Professionalisierungsfunktion werden innerhalb des Berufsstandes Bedenken erhoben. Zwar reichen Berufskodizes zur ethischen Reflexion moralischer Fragen nicht aus, gleichwohl können sie Ausgangspunkte und Stimulatoren für eine elaborierte Bereichsethik werden, die sich aus unterschiedlichen theoretischen Quellen speist.

Moralische Normen haben in der Pflege eine lange Tradition. Vor allem seit den siebziger Jahren des 20. Jahrhunderts entwickelt sich darüber hinaus eine Kultur der ethischen Reflexion, die in den 1990er Jahren in Deutschland zur Forderung nach einer »eigenen Pflegeethik« geführt hat. Die Disziplin Pflege hat einen legitimen Anspruch auf die (Weiter-)Entwicklung einer eigenen Bereichsethik.

Um moralische Entscheidungen verantwortlich treffen zu können, sollte Pflege vorhandene Spielräume nutzen und sich zugleich auf politischer Ebene für die Ausweitung pflegerischer Handlungsfreiheit einsetzen.

Pflegeethik ist heute nicht mehr allein eine Angelegenheit beruflicher, stationärer und/oder krankenbezogener Pflege, sondern eine Aufgabe in allen Tätigkeitsfeldern der Pflege.

Maßstäbe der Pflegeethik finden sich auf mehreren Abstraktionsebenen. So nutzt Pflegeethik sowohl übergeordnete ethische Theorien und Entscheidungshilfen als auch materiale ethische Prinzipien mittlerer Ebene sowie moralische Regeln, wie sie beispielsweise in pflegerischen Berufsordnungen und Berufskodizes zu finden sind.

Nach der verkürzten Darstellung der drei Bereichsethiken soll nun ein Vergleich unternommen werden.

4.4.2 Vergleich der Ethik in der Pflege mit den Bereichsethiken von Medizin und Sozialer Arbeit

Medizin, Pflege und Soziale Arbeit hängen in vielfältiger Weise miteinander zusammen, wenn in der Literatur meines Wissens bislang auch noch keine übergreifende Systematik dieser Zusammenhänge geleistet wurde. Als bekanntestes Beispiel für die Option einer fruchtbaren Zusammenarbeit der drei Professionen sei die Eröffnung des St. Christopher's Hospice in London durch die englische Krankenschwester, Sozialarbeiterin und Ärztin Cicely Saunders im Jahr 1967 angeführt.

Ob es zwischen den Bereichsethiken von Medizin, Pflege und Sozialer Arbeit Übereinstimmungen gibt, soll in diesem Kapitel hinsichtlich folgender Kriterien untersucht werden:

1. Alter, Geschichte
2. Bereichsethik oder Berufsethik
3. Rolle von Kodizes
4. Einheitlichkeit der Bezeichnung
5. Institutionelle Etablierung

6. Interprofessionalität
7. Bevorzugte Abstraktionsebenen der Ethik
8. Verhältnis zu den anderen zwei Bereichsethiken
9. Gefahren

Ich beginne den Vergleich mit dem Aspekt »**Alter, Geschichte**«.

Die älteste Bereichsethik ist ohne Zweifel die Ethik in der Medizin. Ihre Geschichte geht bis in die Antike zurück. Moralische Vorschriften in Bezug auf Pflege lassen sich zwar bereits um den Beginn unserer Zeitrechnung finden, wurden jedoch erst im 17. Jahrhundert in kodifizierte Formen gebracht. Der eigentliche Beginn einer Pflegeethik kann erst im 20. Jahrhundert ausgemacht werden. Damit ist Pflegeethik geringfügig älter als die Ethik in der Sozialen Arbeit, welche als Jüngste im Kreis der drei benachbarten Ethiken gilt.

Bereichsethik oder Berufsethik?

Ethik in der Medizin galt lange Zeit als Ärztliche Ethik (*ein* Beruf), beginnt heute aber zunehmend den gesamten Bereich des Gesundheitswesens einzuschließen. Sie kann damit immer weniger als eine ärztliche Berufsethik definiert werden. Soziale Arbeit hingegen ist vorwiegend eine Berufsethik der Sozialarbeiter und Sozialpädagogen (*zwei* Berufe). Ethik in der Pflege scheint gegenwärtig ebenfalls überwiegend noch eine Berufsethik der Pflegeberufe zu sein (*mehrere* Pflegeberufe).

Welche Rolle spielen Kodizes?

Ärztliche Kodizes existieren seit der Antike und wurden immer wieder modifiziert. Inzwischen sind sie teilweise in Berufsordnungen und in das Standes- und Haftungsrecht eingegangen. In der Pflege wurden insbesondere seit Mitte des 20. Jahrhunderts ethische Kodizes entwickelt und im Laufe der Jahre mehrmals revidiert. Ihre Inhalte sind allerdings bei den Berufstätigen kaum bekannt. Die Soziale Arbeit setzt ihre Hoffnungen im Streben nach weiterer Professionalisierung fast ausschließlich auf die Erarbeitung und Weiterentwicklung von fachlichen Kodizes und unterscheidet diese nicht von Ethik-Kodizes.

Einheitlichkeit der Bezeichnung

Für das Programm ethischer Reflexion gibt es in Medizin und Pflege gleichermaßen viele unterschiedliche Bezeichnungen. In beiden Disziplinen zeichnet sich ein Trend zur Bezeichnung »Ethik in der …« (Medizin bzw. Pflege) ab. Auch Subbereichsethiken werden auf diese Weise benannt. Soziale Arbeit kennt weniger Bezeichnungen für ihre Bereichsethik, und auch hier kommt die Bezeichnung »Ethik in der Sozialen Arbeit« immer mehr in Gebrauch.

Institutionelle Etablierung
Am weitesten etabliert ist die Ethik in der Medizin. Es gibt Forschungsinstitute, Beratungseinrichtungen, Fachgesellschaften und vereinzelt Lehrstühle. Pflege ist auf diesem Weg noch nicht so weit (s. Kap. 9). Am wenigsten konnte sich bislang die Ethik in der Sozialen Arbeit institutionell etablieren. Hier verfolgen hauptsächlich die Berufsverbände eine Etablierung mit dem Ziel einer Professionalisierung.

Interprofessionalität
Ethik in der Medizin ist heute ein von mehreren Professionen getragenes und vertretenes Unterfangen. Die Bereichsethik der Pflege scheint sich derzeit eher gegenüber nicht-pflegerischer Einflussnahme zu verschließen. Ein Beobachter gewinnt den Eindruck, die noch in einem jungen Stadium befindliche Bereichsethik solle zunächst innerhalb der eigenen Disziplin, insbesondere der Pflegewissenschaft und der Pflegepädagogik, begründet und gefestigt werden. Übersehen wird dabei leicht, dass die Schlüsselfiguren im Entwicklungsprozess überwiegend Vertreterinnen der Disziplin Pflege sind, die sich in *anderen* Disziplinen (zusätzlich) qualifiziert haben.

Ethik in der Sozialen Arbeit scheint eher als eine Angelegenheit der eigenen Profession betrachtet zu werden.

Bevorzugte Abstraktionsebenen der Ethik
In allen drei Bereichsethiken werden derzeit überwiegend ethische Kriterien und Maßstäbe mittlerer Abstraktionsebene propagiert.

Verhältnis zu den anderen zwei Bereichsethiken
Die Ethik in der Sozialen Arbeit scheint die zwei benachbarten Ethiken nicht in Betracht zu ziehen, wohingegen die Ethik in der Medizin aus dem traditionellen naturwissenschaftlichen Selbstverständnis der Disziplin heraus die Ethik in der Sozialen Arbeit ignoriert. Gegenüber der Ethik in der Pflege nimmt die Ethik in der Medizin indes eine vereinnahmende Haltung ein, indem sie größtenteils beansprucht, moralische Fragen der Pflege mit zu bearbeiten.

Die Bereichsethik der Pflege wehrt sich mehrheitlich gegen dieses Ansinnen der Nachbarethik und postuliert ihre Eigenständigkeit. Sie nimmt die benachbarte Ethik in der Sozialen Arbeit – dem Beispiel der Ethik in der Medizin entsprechend – ebenfalls (noch) nicht zur Kenntnis.

Gefahren
Die Ethik in der Medizin weist eine Tendenz auf, sich im Gesundheitswesen allzuständig zu fühlen, obwohl sie sich hauptsächlich auf medizinische Fragen der Moral konzentriert und soziale Konflikte eher ausklammert. So scheint sie nicht wahrhaben zu wollen, dass Pflege mit ihrer Bereichsethik zu großen Teilen im Sozialwesen und nicht nur im Gesundheitswesen beheimatet ist.

Die Auffassung, dass fachliches Handeln im sozialen Bereich an sich von hohen moralischen Absichten getragen ist, bedeutet ein Risiko für die Ethik in der Sozialen Arbeit. Dass Sozialarbeitende berufliche Kodizes kennen und umsetzen, wird unausgesprochen vorausgesetzt. Bobbert kommt für die Pflege übrigens zu einem ähnlichen Befund. Sie findet es »einigermaßen erstaunlich«, dass parallel zu einer arztethischen Perspektive »nicht auch das Handlungsfeld Pflegende-Patient mit seinen potentiellen Konflikten um moralische Werte und Rechte Beachtung fand«, sondern vielmehr bislang davon ausgegangen worden sei, der Pflege wohnten in der Regel Fürsorge, Wohlwollen und Respekt inne (Bobbert 2002:107).

Die größte Gefahr für die Bereichsethik der Pflege besteht wohl in einer Abschottungstendenz gegenüber der Ethik in der Medizin. Eine gewisse Abgrenzung mag zur Vorbereitung einer späteren partnerschaftlich-gleichberechtigten Zusammenarbeit für eine gewisse Zeit natürlich erscheinen, doch ist darauf zu achten, dass das Gespräch mit der etablierten Nachbarethik nicht vernachlässigt wird. Jede Bereichsethik sollte mit den Nachbarethiken Kontakt halten und eine fruchtbare Zusammenarbeit zum Wohle der Patienten bzw. Klienten, der Professionsangehörigen und der Gesellschaft anstreben.

Mit diesem Plädoyer schließt das Kapitel 4 zur Ethik in der Pflege. Im folgenden Kapitel werden wir in einem Zwischenschritt der Frage nach dem Zusammenhang von Ethik und Qualität in der Pflege nachgehen, um anschließend in Kapitel 6 eine integrative Systematik von Pflegeethik und Pflegequalität kennen zu lernen.

5 PFLEGEQUALITÄT OHNE ETHIK?

Dieses Kapitel widmet sich den Zusammenhängen von Ethik und Qualität in der Pflege. Es soll gezeigt werden, dass traditionelle Modelle und Definitionen von Pflegequalität eine explizite Berücksichtigung ethischer Aspekte unterlassen.

Zu Beginn schildere ich die historischen Vorstellungen über die Güte von Pflege – modern ausgedrückt: über ihre Qualität. Anschließend binde ich die geschichtliche Entwicklung ein in die Diskussion konkreter Modelle zur Beschreibung von Pflegequalität und erörtere einige Definitionen von Pflegequalität.

Aus der in diesem Kapitel ausgebreiteten Argumentation leite ich den Schluss ab, dass Qualitätskonzepte und -definitionen eine ethische Fundierung benötigen. Beginnen wir nun mit dem zweiten Blick in die Geschichte (vgl. Kap. 4.3.1), dieses Mal nicht aus einer ethischen Perspektive, sondern mit dem Fokus auf der Frage, welche Kriterien von Pflegequalität in den jeweiligen Epochen handlungsleitend wirkten.

5.1 Geschichte der Qualität in der Pflege

»Der Qualitätsgedanke ist so alt wie die Menschheit. Er unterliegt Werten und Normen der jeweiligen Epoche« (Schomburg 1997:8). Dies gilt auch für die Frage nach den Kriterien für Pflegequalität. Verschiedene historische Auffassungen von Pflege legten jeweils fest, was als gute Pflege galt.

Die erste berufsmäßige Pflegeausbildung wurde 1782 vom Mannheimer Arzt Franz Anton Mai begründet. Die von ihm ausgebildeten Krankenwärter waren Hilfskräfte zur Gewährleistung ärztlichen Handelns. Ihre Krankenbeobachtung sollte dem nicht ständig anwesenden Arzt wertvolle Informationen für Diagnostik und Therapie verschaffen. Vielen einflussreichen Ärzten war die Ausbildung von Krankenwärtern jedoch ein Dorn im Auge, so dass Mai sie wieder aufgeben musste. So war Pflege zu Beginn des 19. Jahrhunderts eine karitative Liebestätigkeit um Gotteslohn, die gehorsam und aufopferungsvoll die als ungleich wertvoller erachtete Tätigkeit des Arztes unterstützen sollte (vgl. Lay 2003b). Trotz vereinzelter eigenständiger Ansätze (z.B. durch Nightingale, Nutting und Karll) hielt sich das Verständnis von Pflege als einer unselbstständigen Hilfstätigkeit bis weit in das 20. Jahrhundert.

Steppe (1990:3) verweist auf ein »Handbuch der Krankenpflege« von 1917 (Hrsg.: A. Bum), in dem die damaligen berufsethischen Normen aufgeführt sind: »Wünschenswerte, zum großen Teil unabweisbare Eigenschaften einer guten Krankenpflegerin sind Selbstlosigkeit, Pflichttreue, Folgsamkeit, Ordnungs- und Wahrheitsliebe, Beobachtungsgabe, Taktgefühl, Reinlichkeit, Verschwiegenheit und eigene volle Gesundheit und Rüstigkeit (…) Sie ist die unentbehrliche geschätzte Hilfskraft des behandelnden Arztes und seiner Stellvertreter (…) Er muß von der Pflegerin verlangen, daß sie seine

Verfügungen kritiklos und unbedenklich nach den Regeln der Wissenschaft und der Schule präzis durchführt und sich durch nichts in der Durchführung beirren läßt.«

Für die Beurteilung, was unter guter Pflege zu verstehen sei, waren neben Geistlichen traditionell Ärzte zuständig. Aus ihrer Perspektive bestand gute Pflege in erster Linie in der reibungslosen Unterstützung von medizinischer Diagnostik und Therapie. Auch führende Vertreter der Pflegeberufe sahen darin bis in die siebziger Jahre des zwanzigsten Jahrhunderts die eigentliche Hauptaufgabe der Pflege. »Die exakte Ausführung ärztlicher Anordnungen wurde mit pflegerischer Fachkompetenz gleichgesetzt ...« (Steppe 1985:11)

Pflegequalität erwies sich im gewissenhaften Befolgen ärztlicher Verordnungen, in fachkundiger Assistenz, im Ermöglichen medizinischer Abläufe und im Verwahren und Versorgen abhängiger alter oder kranker Menschen. Da Pflege einerseits als ein minder qualifizierter Heilhilfsberuf zur Unterstützung ärztlichen Handelns galt und andererseits überwiegend in einem konfessionellen Kontext erbracht wurde, war eine eigene Berufsethik weder notwendig noch erwünscht. Pflegekräfte mussten sich daher – wenn moralisches Denken von ihnen überhaupt erwartet wurde – an den Anweisungen des zuständigen Arztes oder Geistlichen bzw. an der Medizinischen Ethik orientieren.

In den siebziger und achtziger Jahren des 20. Jahrhunderts distanzierten sich die Berufsangehörigen zunehmend von der Forderung nach selbstlosem, aufopferungsvollem Dienen in der Pflege. Im Zuge der internationalen Qualitätssicherungsbewegung wuchs bei Altenpflegerinnen, Kinderkrankenschwestern und Krankenschwestern in den achtziger Jahren des 20. Jahrhunderts die Einsicht, dass die grundlegenden Auffassungen von Pflege kritisch überprüft werden müssen, und zwar von der Berufsgruppe selbst. Dieser Prozess des Umdenkens und der zunehmenden Befreiung aus der paternalistischen Umklammerung der Pflege durch Medizin und Theologie war von entscheidenden pflegewissenschaftlichen Durchbrüchen begleitet, z. B. der Ernennung der ersten deutschen Pflegeprofessorin, Ruth Schröck, im Jahr 1987.

Die Diskussion um den Pflegenotstand in den Jahren 1988–1992 verschaffte der Berufsgruppe in Deutschland unerwartet viel Gehör bei der Bevölkerung und bei Politikern. Aufgrund erschreckender Berichte in den Medien gewann Pflege plötzlich große öffentliche Beachtung. Pflegeverbände und Gewerkschaften nutzten die Gunst der Stunde, um nicht nur die unzureichenden Arbeitsbedingungen, sondern auch das veränderte professionelle Selbstverständnis der Pflege bekannt zu machen. So gab beispielsweise der **Deutsche Berufsverband für Pflegeberufe (DBfK)** im Jahr 1992 eine Berufsordnung für Altenpflegerinnen und Altenpfleger, Kinderkrankenschwestern und Kinderkrankenpfleger, Krankenschwestern und Krankenpfleger heraus, welche das gewandelte Selbstverständnis treffend beschreibt. Ein kurzer Auszug verdeutlicht die veränderte Auffassung von beruflicher Pflege:

»§ 1
Pflege ist als eigenständiger Beruf und selbständiger Teil des Gesundheitsdienstes für die Feststellung der Pflegebedürftigkeit, die Planung, Ausführung und Bewertung der Pflege zuständig.

Pflege als Beruf ist Lebenshilfe und für die Gesellschaft notwendige Dienstleistung. Sie befaßt sich mit gesunden und kranken Menschen aller Altersgruppen.

Pflege als Beruf leistet Hilfe zur Erhaltung, Anpassung und Wiederherstellung der physischen, psychischen und sozialen Funktionen und Aktivitäten des Lebens.

Pflege als Beruf ist eine abgrenzbare Disziplin von Wissen und Können, welche sie von anderen Fachgebieten des Gesundheitswesens unterscheidet. (…)

Pflege als Beruf stützt sich in der Ausübung des Berufes und in der Forschung auf ihre eigene wissenschaftliche Basis und nützt dabei die Erkenntnisse und Methoden der Natur-, Geistes- und Sozialwissenschaften.«

Gemäß § 3, Abs. 1 sind beruflich Pflegende verpflichtet, »… im Rahmen der ganzheitlich-fördernden Prozeßpflege pflegerische Bedürfnisse und Maßnahmen in eigener Verantwortung zu erfassen, zu planen, auszuführen, zu dokumentieren und zu überprüfen« (DBfK 1992:3–5). Diese Formulierung bezieht sich auf Krohwinkels »Rahmenmodell ganzheitlich-fördernder Prozesspflege«.

Dort wird ein »Managementmodell der Aufgaben- und Verantwortungsbereiche der Pflege« beschrieben, dessen fünf (nach meiner Einteilung: sechs) Bereiche in Kap. 4.3.4 bereits vorgestellt wurden (vgl. Krohwinkel et al. 1992:56,62). Die Qualität von Pflege erschöpft sich nach Krohwinkels Systematik nicht in der fachkundigen und sorgfältigen Mitarbeit bei (medizinischer) Diagnostik und Therapie, sondern lässt sich ebenso bezüglich der anderen Aufgaben- und Verantwortungsbereiche untersuchen.

Im folgenden Kapitel sind einige wichtige konzeptionelle Ansätze und Modelle zur Beschreibung der Qualität von Pflege zusammengestellt.

5.2 Konzeptionelle Ansätze zur Pflegequalität

Pflegequalität hängt von verschiedenen Bedingungen ab, die sich gegenseitig beeinflussen. Zahlreiche Autoren haben versucht, Qualitätsfaktoren zu identifizieren:

Nach Thiel (1990:458) wird die Qualität von Pflege u. a. beeinflusst von der Anzahl und Qualifikation des eingesetzten Pflegepersonals, der Pflegeorganisation, den pflegerischen Rahmenbedingungen (Räumlichkeiten, Hilfsmittel, Arbeitsphysiologie), der Ablauforganisation, der hausspezifischen medizinischen und pflegerischen Zielsetzung, der berufsübergreifenden Kooperation, der Kontinuität der Pflege einschließlich der entsprechenden Dokumentation, der Wahl des pflegetheoretischen Modells und dessen Transfer in den täglichen Pflegeprozess, der Pflegebedürftigkeit und den Möglichkeiten des kranken Menschen, sich in den Pflegeprozess einzubringen sowie der Übereinstimmung von Pflegebedarf und vorhandener Pflegekapazität.

Etzel (1999:5) bestätigt, dass die konkreten Bedingungen vor Ort Einfluss auf die Pflegequalität haben, und nennt u. a. folgende zusätzliche Faktoren: die Erfahrung der Kolleginnen, das Verhältnis zur Pflegedienstleitung und die Anerkennung, die Pflegende erfahren oder nicht erfahren.

Arets et al. (1996:191ff) betonen, Pflegequalität beziehe sich auf einen Dienstleistungsprozess. Dieser werde zu einem wichtigen Teil bestimmt durch:

- die Art, in der die Pflegende die Pflege ausübt,
- die Art und Weise der Organisationsstruktur, in der Pflege stattfindet,
- die Lenkung durch das Management,
- die Dienstleistung (Zuverlässigkeit, Professionalität, Reaktionsvermögen, Empathie, Mittel/Voraussetzungen) sowie
- die Umgebung.

Halangk (1997:6) unterscheidet zwischen objektiven und subjektiven Qualitätskriterien der Pflege. Als objektive Kriterien benennt sie pflegebezogene Kosten, Verweilzeiten und den Gesundheitszustand von Patienten. Subjektive Kriterien sind nach Halangk das Befinden und die Zufriedenheit der Patienten sowie die Zufriedenheit der Mitarbeiter.

Die im deutschsprachigen Raum bekannteste Systematisierung der Merkmale von Pflegequalität wurde 1975 von der Kaderschule des Schweizerischen Roten Kreuzes in Zürich vorgestellt. Sie geht zurück auf ein Stufenmodell, das Reiter und Kakosh 1952 in den USA entwickelten. Das Schweizerische Modell enthält sechs »Kriterien zur Beurteilung von Pflegequalität im Spital« (Fiechter, Meier 1981:173ff):

1. Berücksichtigung von Lebensgewohnheiten
2. Erhaltung und Förderung der Selbstständigkeit
3. Hilfe zur Anpassung an veränderte Bedingungen
4. Aufrechterhaltung und Förderung der Beziehung nach außen
5. Hilfe zum Verständnis von Krankheit, Diagnostik, Therapie und Pflege
6. Planung der Pflege

Jedes dieser Kriterien kann in vier verschiedenen Ausprägungsgraden (Stufen) erfüllt werden: Optimale Pflege, angemessene Pflege, sichere Pflege und gefährliche Pflege. Die Merkmale der Pflege sind in jedem der sechs Kriterien (Bereiche) für jede einzelne Stufe beschrieben. Beispielsweise bedeutet »optimale Pflege« im Bereich »Planung der Pflege«, dass die gepflegte Person sowie ihre Angehörigen bei Zielsetzung, Planung und Beurteilung der Pflege mit einbezogen werden.

Die von der Kaderschule festgelegten Kriterien beziehen sich im Wesentlichen auf die direkte Pflege in einem Krankenhaus, also die unmittelbare Arbeit mit Patienten. Es wurde später versucht, die Kriterien zu ergänzen, z. B. um den Aspekt der Pflegedokumentation und die Art der Beziehung zum Patienten. Eine Übertragung des Modells auf die Altenpflege findet sich bei Mybes, Pfau und Rückert (1980, zit. n. Klie 1995:10).

Der Ansatz des Stufenmodells war eine wertvolle Hilfe bei der Entwicklung von Pflegestandards. Als Defizit des Modells muss gleichwohl erwähnt werden, dass Wirtschaftlichkeit als Komponente von Pflegequalität gänzlich unbeachtet blieb. Hatte dieser wichtige Faktor in der wohlhabenden Schweiz der siebziger Jahre des 20. Jahrhunderts nicht genügend Fürsprecher?

Allgemeine Zustimmung fand in den folgenden Jahren die Vorstellung von »vier Grundprinzipien pflegerischer Tätigkeit«:
1. **W**ohlbefinden,
2. **W**irksamkeit,
3. **W**irtschaftlichkeit und
4. **S**icherheit (Juchli 1979:22f).

Mithilfe dieser Kriterien sollte die Qualität von Pflege beurteilt werden. Besonders in der Ausbildung von Altenpflegerinnen und Krankenschwestern erfreute sich dieses Modell großer Beliebtheit, erschien es doch einfach, kompakt und einprägsam (»W, W, W, S«). Um die Leistungen von Pflegeschülern möglichst umfassend beurteilen zu können, fügten manche Pflegeschulen die Kategorien Hygiene, Arbeitsplanung und Kommunikation hinzu.

Versuchen wir die Qualität geleisteter Pflege mittels der genannten Kriterien Wohlbefinden, Wirksamkeit, Wirtschaftlichkeit, Sicherheit, Hygiene, Arbeitsplanung und Kommunikation einzuschätzen, dann stoßen wir auf einige logische Probleme dieser Aufzählung:
- Besteht nicht die Wirksamkeit von Pflege zu einem großen Teil aus der Gewährleistung bzw. Förderung des Wohlbefindens der gepflegten Menschen?
- Ist Arbeitsplanung nicht ein Teilaspekt des Umgangs mit der zur Verfügung stehenden Arbeitszeit und damit ein Beitrag zur Wirtschaftlichkeit?
- Stellt Hygiene in der pflegerischen Arbeit nicht einen wesentlichen Beitrag zur Sicherheit dar?
- Kann Kommunikation als Teil der Interaktion einfach als siebtes Element in einer linearen Aufzählung erscheinen? Sollte überdies nicht besser der weiter gefasste Begriff »Interaktion« (verstanden als zwischenmenschliches Handeln) verwendet und mit den anderen Kriterien verknüpft werden?

Darüber hinaus scheinen auch im erweiterten »WWWS-Modell« entscheidende Komponenten der Pflegequalität zu fehlen:
- Weshalb wird die Erhaltung bzw. Förderung von Selbstständigkeit nicht als Qualitätsmerkmal aufgeführt? Ist sie etwa das, was mit dem Begriff Wirksamkeit gemeint war? Ich vermute eher, dass Wirksamkeit die technische Richtigkeit von Maßnahmen, z. B. eines reinigenden Darmeinlaufs, bedeutete. Diese Annahme findet sich bestätigt, wenn Juchli (1979:23) als Beispiel für wirksame Pflege aufführt: »… dem Patienten korrekte, fehlerfreie Grund- und Behandlungspflege

zukommen lassen (z. B. Injektion subcutan statt i. m. oder umgekehrt, Salbe auftragen statt einmassieren)«.
- Welchen Stellenwert besitzt die moralische bzw. ethische Dimension der Pflegequalität? Ist nicht Pflegeethik als Reflexion moralischer Aspekte der Pflegepraxis ein elementarer Bestandteil von Pflegequalität?

Insgesamt erscheint das »WWWS-Modell« der Grundprinzipien pflegerischen Handelns auch in seiner erweiterten Fassung nicht befriedigend. Neben dem ungelösten Problem einer logischen Anordnung der Kriterien von Pflegequalität besteht das Hauptdefizit aller traditionellen Ansätze zur Beschreibung guter Pflege im Fehlen einer ethischen Dimension von Qualität.

Wenn wir im nächsten Kapitel die bisher vorgelegten Definitionen von Pflegequalität untersuchen, wird ersichtlich, dass auch sie eine explizite ethische Perspektive vermissen lassen: Pflegeethische Überlegungen lassen sich nur indirekt herausarbeiten (vgl. Lay 2001b:2ff).

5.3 Definitionen von Pflegequalität

Der Begriff Qualität stammt von lat. qualitas und bedeutet Beschaffenheit, Eigenschaft, Eigenart, Sorte, Güte und Wert. Weil Qualität im Gegensatz zur Quantität nicht direkt messbar ist (Dorsch 1987:554), wird sie als Vergleich zwischen definierten Anforderungen und tatsächlich erbrachter Leistung umschrieben (vgl. Siebers, Wander 1993:5).

Nach Giebing (1991a:2) stammt der erste Versuch einer Qualitätsdefinition für Pflege von Lee und Jones (USA 1933): »Hochqualifizierte Pflege ist die Pflege, die alle relevanten Kenntnisse und Techniken anwendet, die der Pflege zur Verfügung stehen.«

Die etablierte Unterscheidung zwischen Struktur-, Prozess- und Ergebnisqualität wurde 1966 von Donabedian eingeführt. Diese drei Variablen finden sich auch in Williamsons Definition von Pflegequalität (1978): »Qualität ist der Grad des erreichten Erfolgs in der Pflege, der mit verantwortlichem Gebrauch von Mitteln und Leistungen erreicht wird« (zit. n. Giebing 1991a:2).

Williamson zielt auf die Gesichtspunkte Zweckmäßigkeit und Wirtschaftlichkeit und geht damit über die Beschreibung von Lee und Jones hinaus, die lediglich die traditionelle pflegefachliche Seite hervorhoben. Ähnlich formuliert auch Thiel (1990:458): »Unter Pflegequalität verstehe ich das Ergebnis der notwendigen pflegerischen Intervention, bezogen auf pflegerische Ziele, unter Berücksichtigung der tatsächlich vorhandenen Rahmenbedingungen.«

Nach Locher ist Pflegequalität »... ein Leistungsangebot an Pflege von bestimmter Güte. Der bestmögliche Qualitätswert wird erbracht, wenn krankheitsrelevante und individuelle Bedürfnisse des Patienten ... situationsangemessen erfüllt werden« (Locher 1978, zit. n. Grosse 1990:454).

Die Befriedigung der Bedürfnisse[79] pflegebedürftiger Menschen ist jedoch allein kein hinreichendes Kriterium für Pflegequalität. Juchli betont die Rolle der Pflegekräfte bei der Gewährleistung von Qualität: »Wenn wir davon ausgehen, daß Krankenpflege vom Bild des Menschen bestimmt wird, d.h. von der Einstellung und Haltung desjenigen, der Pflege ausübt, wird klar, daß die Qualität der Pflege von der Lebensqualität der einzelnen Pflegeperson abhängt« (Juchli 1987:79).

Juchlis Aussage nimmt nicht ausschließlich die pflegebedürftigen Menschen in den Blick, sondern betont Voraussetzungen für Qualität auf Seiten des Pflegepersonals. Sie entspricht Juchlis eher individualistisch ausgerichtetem Verständnis der Pflegepraxis und deutet übergeordnete sozial- und gesundheitspolitische Gesichtspunkte lediglich an.

Juchlis auf das pflegende Individuum gerichtetem Blickwinkel steht Donabedians gesellschaftsbezogene Sichtweise aus dem Jahr 1968 gegenüber: »Qualität ist der Grad der Übereinstimmung zwischen den Zielen des Gesundheitswesens und der wirklich geleisteten Pflege« (zit. n. Giebing 1991a:2).

Die Anforderungen, welche die Gesellschaft an die Betreuung pflegebedürftiger Menschen stellt, sind als sozialer Auftrag an die berufliche Pflege zu verstehen (vgl. Schwerdt 1998b: 108). Nach Arndt »... bestehen gesetzliche Regelungen, die indirekt auf ein gesellschaftliches Mandat verweisen« (Arndt 1996a: 11). Aus dem gesellschaftlichen Auftrag ergibt sich eine Rechenschaftspflicht. »Als öffentlich bereitgestellte Tätigkeit ist Pflegearbeit legitimations- und begründungsbedürftig. Die Maßnahmen, Verfahren und Konzepte bedürfen einer innerprofessionellen Überprüfung und einer ethischen Reflexion« (Friesacher 2009b:9).

Die sozial- und gesundheitspolitischen Ziele einer Gesellschaft – und damit auch der Auftrag an die Pflege, ein bestimmtes Qualitätsniveau zu gewährleisten –, hängen entscheidend von der Wirtschaftskraft des jeweiligen Landes ab.[80] In der Berufsordnung des Deutschen Berufsverbandes für Pflegeberufe wird dieser Gedanke aufgegriffen: »Die Qualität der pflegerischen Versorgung ist abhängig von den Normen und Wertvorstellungen der Gesellschaft, ihrem Menschenbild und den Ressourcen eines Landes« (DBfK 1992:3).

---

[79] Entzian (2005:15) kritisiert die in der Pflege weit verbreitete Orientierung an der Bedürfnispyramide des amerikanischen Psychiaters Abraham Maslow. In dieser Theorie sind die unterschiedlichen menschlichen Bedürfnisse hierarchisch angeordnet. Auf diese Weise würden, so Entzian, »... körperbezogene Grundbedürfnisse von persönlichkeitsbezogenen Grundrechten des Menschen getrennt: Das Bedürfnis nach Wertschätzung komme erst, wenn der Hunger gestillt ist.« Entzian fährt fort: »Im Umgang mit dauerhaft auf Unterstützung angewiesenen Menschen ist das natürlich absurd. Bei ihnen muss die tägliche Unterstützung immer auch unter Berücksichtigung des Grundrechts nach Wertschätzung, Anerkennung und der Möglichkeit der persönlichen Weiterentwicklung erfolgen« (ebd.).
Schnell (2010:39) referiert aus philosophischer Sicht, in den sich meldenden Bedürfnissen zeige sich die Bedürftigkeit des Menschen. Er schreibt weiter: »Ein Mensch hat die Bedürfnisse, die er hat. Sie können individuell und kulturell verschieden sein. Der Versuch, Grundbedürfnisse als ›natürlich‹ und Zusatzbedürfnisse als ›künstlich‹ oder im wörtlichen Sinne Luxus zu klassifizieren, scheitert« (ebd.).

[80] So wird der im europäischen Vergleich hohe Professionalisierungsgrad der Pflege in Skandinavien u.a. auf die volkswirtschaftlichen Erlöse aus dem Verkauf von Meeresöl zurückgeführt.

Wenn sich aus den gesetzlichen Regelungen ein gesellschaftliches Mandat der Berufsgruppe ableiten lässt, dann muss Pflege in ihren Zielsetzungen den vorgegebenen gesellschaftlichen Auftrag berücksichtigen. Aus dieser Perspektive kann Pflegequalität beschrieben werden als der »... Grad an Übereinstimmung zwischen den anerkannten Zielen der Berufsgruppe und dem erreichten Erfolg in der Pflege« (Schiemann 1990, zit. n. Giebing 1996:12).

Pflegequalität

Eine wichtige Ausweitung der Diskussion um Pflegequalität nimmt Professor Dr. Hermann Brandenburg vor. Er fokussiert Qualität als Ergebnis eines interprofessionellen Aushandlungsgeschehens (Brandenburg 1998:61). »Pflegequalität meint das Ergebnis eines interprofessionellen Aushandlungsprozesses zwischen Patienten, Pflegenden, Ärzten und anderen therapeutischen Gruppen hinsichtlich der objektiven und subjektiven Kriterien der Förderung und Aufrechterhaltung der Selbständigkeit und Gesundheit des Patienten. Handwerklich-technische, kommunikative, organisatorische, kontextuelle und institutionelle Aspekte der Pflege werden als konstitutiv für den Qualitätsbegriff angesehen.« (S. 63f)

Brandenburgs Beschreibung von Pflegequalität aus dem Jahr 1998 erweitert die Perspektive um den Aspekt umfassender Interaktion und ist geeignet, die Diskussion voran zu bringen. Um den Pflegequalitätsbegriff weiter zu entwickeln, sollte zusätzlich der Aspekt der ethischen Reflexion integriert werden. Warum Qualitätsbeschreibungen heute nicht mehr ohne Berücksichtigung ethischer Perspektiven formuliert werden sollten, wird im nächsten Kapitel herausgearbeitet (vgl. Lay 2001b:5f).

5.4 Qualität gefordert – Ethik nicht erforderlich?

In der Pflege gibt es eine Vielzahl geschriebener und ungeschriebener Normen. Sie lassen sich hauptsächlich aus folgenden historischen Vorstellungen von Pflege ableiten: Pflege als christliche Liebestätigkeit, als gelebte Nächstenliebe, als Werk der Barmherzigkeit, als kirchlich-diakonischer Dienst am Nächsten um Christi willen, als Dienen um Gotteslohn, als sinnvolle Beschäftigung für bürgerliche Frauen, als höchste weiblich-sittliche Tugend, als mütterlich-fürsorgliches Beschützen und Erziehen, als aufopferungsvolle Hingabe an Bedürftige, als heldenhafter Dienst für das Vaterland, als eine Voraussetzung zur Kriegsführung, als schönster Frauenberuf, als ehrenamtliche Familienangelegenheit, als humanitärer Dienst an der Menschheit, als unauffällig-bescheidene Hilfeleistung, als Dienst im Stillen, als duldsames Umsorgen, als hausarbeitsnahe Tätigkeit, als erfüllende Tätigkeit für kinderlose Frauen, als medizinische Hilfstätigkeit zur Gewährleistung ärztlichen Handelns, als soziales Engagement, als medizinisch-technische Assistenztätigkeit, als Frauenarbeit mit geringer Vergütung, als unpolitische Tätigkeit, als berufsverbandlich geringgradig organisierte Arbeit, als qualifizierte Fachberufe im Sozial- und Gesundheitswesen, als eine professionelle Dienstleistung, als eine neue Profession, als eine eigenständige wissenschaftliche Disziplin.

Exkurs: Nächstenliebe

Nächstenliebe ist wohltuend und nachhaltig wirksam, wenn sie mit einer gesunden Liebe zu sich selbst gepaart ist – so heißt es in der Bibel an zahlreichen Stellen: »Liebe deinen Nächsten wie dich selbst« (3. Mose 19,18; Matth. 19,19; 22,39; Mark. 12,31, Luk. 10,27; Röm. 13,9; Gal. 5,14; Jak. 2,8). Zur Nächstenliebe gehört die liebevolle Selbstpflege.

Der evangelische Theologe Körtner schreibt: »Eine Ethik des Helfens darf nicht einseitig zum Helfen motivieren, sondern muss auch dazu anleiten, das eigene Handeln kritisch zu reflektieren, d. h. aber auch mit gutem oder zumindest mit einem getrösteten Gewissen die Grenzen der eigenen Möglichkeiten der Hilfeleistung zu sehen, die Grenzen der eigenen physischen und psychischen Kräfte anzuerkennen und auch zu lernen, im rechten Moment Nein sagen zu können« (Körtner 2012:78).

Kaiser weist in seinem bemerkenswerten Beitrag »Zwischen Liebe und Aggression. Zur Ethik pflegerischen Handelns« auf die problematische Rolle (einer selbstvergessenden Form; R. L.) der Nächstenliebe als Leitidee der Pflege hin: »Die Grundhaltung der Nächstenliebe kann ... Probleme verstärken, wenn sie nämlich den Gedanken des Erfolgs als unwichtig betrachtet und somit verhindert, daß über ›Erfolgserlebnisse‹ in der Pflege offen gesprochen wird« (Kaiser 1998:155). Nächstenliebe sollte sich m. E. gerade darin auswirken, anderen Menschen wohlzutun und ihnen Erfolge zu ermöglichen – in der Pflege etwa durch wirksame Maßnahmen zur Aufrechterhaltung oder Steigerung von Selbstständigkeit und Wohlbefinden. Insofern lässt sich zwar Nächstenliebe nicht darstellen oder messen, grundsätzlich aber sehr wohl die Wirksamkeit der Pflege, d. h. ihr Erfolg.

Aus christlicher Sicht sind Selbst- und Nächstenliebe eng mit der Antwort des Menschen auf Gottes Liebe verbunden: »Du sollst den Herrn, deinen Gott, lieben von ganzem Herzen, von ganzer Seele, von allen Kräften und von ganzem Gemüt, und deinen Nächsten wie dich selbst« (Luk. 10,27; Luther-Übersetzung 1984).

Auf dem Hintergrund der verschiedenen geschichtlichen Auffassungen von Pflege wird die Vielzahl von beruflichen Normen in der Pflege verständlich, denn mit der Zuschreibung von Rollen und Funktionen für das Pflegepersonal sind »... immer auch moralische Ideale verbunden gewesen« (Bondolfi 1996a:19). In der Diskussion um Möglichkeiten zur Beschreibung von Pflegequalität wird dieser Aspekt m. E.vernachlässigt.

Es wundert mich, dass in der Pflegeliteratur trotz einer Flut an Regeln zur Gewährleistung einer »guten« Pflege bisher kaum explizit eine Verbindung von Ethik und Qualität konstruiert und diskutiert worden ist. Umso erfreulicher sind vereinzelt zu findende Verknüpfungen:

- So schreibt etwa Städtler-Mach: »Wer ethisch verantwortlich handelt, wird immer zu hoher Qualität kommen. Prinzipiell ist bereits die Entscheidung für Qualität, d.h. auch für Qualitätsmanagement eine ethische Entscheidung« (Städtler-Mach 2001:14).
- Schwerdt (2002:135) sieht Pflegequalität und ethische Kompetenz als untrennbar an (zit. n. Rabe 2009a:294).
- Käppeli hebt hervor: »Die Qualität der Pflege in einer konkreten Situation wird von verschiedenen Faktoren konstituiert. Das moralisch-ethische Wertsystem, von dem sich ein Pflegedienst oder eine Pflegeperson leiten lassen, nimmt darin eine Schlüsselstellung ein« (Käppeli 2009:115).
- Gröning (2005:142) hofft auf die Entwicklung eines ethisch bestimmten Qualitätsbegriffes in der Pflege. »Der Qualitätsdiskurs in der Pflege bedarf … dringend der Unterfütterung mit ethischen Normen.« (S. 140)
- Reutlinger (2001) untersuchte einige Dutzend internationale Fachbeiträge zur Qualität in der Pflege und stellt fest, die ethische Dimension in der aktuellen Diskussion um den Inhalt und den Nachweis der Pflegequalität werde in der gesichteten Fachliteratur kaum diskutiert, allenfalls in impliziter Weise (S. 89). Die Schweizer Pflegewissenschaftlerin berichtet lediglich von einer einzigen Ausnahme: »Anderson (1996) fordert, dass für eine Gesundheit für alle auch Prinzipien der Gerechtigkeit in Entscheidungen zur Effizienz der Pflege mit einfließen müssen. Sie fordert von Institutionen, ethische Standards zu entwickeln und diese als Richtlinien für Effizienzprogramme zu nutzen. Nach Anderson (ebd.) kann eine Organisation Ziele wie bessere Qualität und Produktivität über längere Zeit nur aufrecht erhalten, wenn Führung, Qualität und Ethik konzeptionell vereint werden« (S. 90).

Eine solche konzeptionelle Verbindung liegt bislang nicht vor. Ethik und Qualität scheinen zwar beide das »Gute« zu meinen, dies jedoch aus unterschiedlichen Blickwinkeln. Pflegerische Aussagen über Qualität werden i. d. R. ohne explizite Berücksichtigung ethischer Perspektiven formuliert. Beispielsweise schlägt Kellnhauser folgende Definition von Pflegequalität vor: »Qualität ist der Grad der Übereinstimmung zwischen erbrachter Pflege und den bestehenden Kriterien für diese Pflege« (Kellnhauser 1991:332ff).

Wer diese Kriterien aufstellt, wird nicht ausgeführt. Es kann sich nach dieser Definition sowohl um staatliche Vorgaben (z.B. Pflegeversicherungsgesetz) als auch um interne Regelungen eines Pflegeanbieters (z.B. Hausordnung in einer Einrichtung für schwerstbehinderte Menschen) handeln. Auch Anordnungen von Einzelpersonen, z.B. der Inhaberin eines ambulanten Pflegedienstes, können etwa in Form einer Dienstanweisung zum Maßstab für Pflegequalität werden.

Was in den Kriterien verlangt wird, ist durch juristische Bestimmungen allein nicht hinreichend umrissen. Zudem reicht die moralische Verantwortung i. d. R. weiter als die gesetzliche: »Jemand kann rechtlich völlig korrekt und dennoch unmoralisch handeln« (Pieper 2000:137, vgl. auch Fry 1995:35f; Arndt 1997a:10; von Engelhardt 1997:49)[81].

Berger schildert ein anschauliches Beispiel für die Problematik hausinterner Vorgaben: Ein Altenpfleger arbeitet auf einer Etage, auf der eine strenge hierarchische Ordnung herrscht. Er bekommt von der Wohnbereichsleitung den Auftrag, alle Bewohner der Etage zu baden, weil »Badetag« sei. Soll er den etablierten Standard beachten und sich der Tradition des »Badetages« fügen (vgl. Berger 1999:99)?

Wie die Pflegetätigkeiten ausgeführt werden, schlägt sich schließlich in der Qualität der Pflegeergebnisse nieder. Ein ergebnisorientiertes Kennzeichen von Qualität ist die Zufriedenheit der Nutzer bzw. Kunden. »Der Pflegeempfänger ist die erste Instanz, die feststellen kann, ob die Qualität der Pflege, die er genießt, sehr gut, gut, ausreichend oder schlecht ist. Die Erfahrung lehrt, dass Pflegebedürftige die Güte dieser Pflege daran bemessen, ob ihren Wünschen entsprochen wurde oder wenigstens das ehrliche Bemühen darum erkennbar ist. Sie werden sich dabei kaum darauf beziehen, ob die Duschgelsorte schriftlich festgehalten wurde.« (Schäfer, Clees 2011:65)

Dass sich die Gepflegten zufrieden zeigen bzw. geben, ist gleichwohl kein hinreichendes Kriterium für die Qualität von Pflege (vgl. Klie 1998a:135). Beispielsweise kann die Pflege eines stuhlinkontinenten alten Menschen im Pflegeheim so geschehen, dass das Selbstwertgefühl des Gepflegten entweder bedroht oder gestärkt wird. Der Bewohner wird wohl die Unterschiede wahrnehmen, sein Unbehagen wahrscheinlich aber nicht äußern, um sein Zufriedenheitsniveau nicht zu gefährden und nicht zuletzt, weil er sich von den Pflegekräften dauerhaft abhängig weiß. Josat et al. (2006:86) befürchten: »Sobald Bewohner oder deren Angehörige sich negativ gegenüber dem Heim äußern, müssen sie mit negativen Konsequenzen rechnen, die sich in unterschiedlicher Art und Weise auf die Bewohner auswirken können.«

Bauer (1996:189) beschreibt die Abhängigkeitsgefühle von Patienten im Krankenhaus und hält es unter diesen Umständen nicht für verwunderlich, »… daß sich Patienten ruhig verhalten in der Hoffnung, die Pflegekräfte bei Laune zu halten, um

81 Großklaus-Seidel (o.J.:9) merkt an, Angehörige bzw. Freunde von Patienten seien oft rechtlich nicht befugt, Informationen zu erhalten, obwohl eine Notwendigkeit hierzu im moralischen Sinne durchaus bestehe. Devrient kritisiert, ethisch relevante Themen würden häufig unter rein juristischem Blickwinkel vorgestellt. »Dabei berufen sich Pflegende zu oft auf juristische Vorgaben, statt sich ethisch mit Konfliktsituationen auseinander zu setzen und so ihre Entscheidungen zu rechtfertigen. Sie müssen lernen, Gesetzesinhalte ethisch zu hinterfragen. Hier werden Pflegende in Zukunft ihre Verantwortung wahrnehmen und so den gesetzlichen und gesellschaftlichen Spielraum aktiv mitgestalten, statt sich ihm passiv auszuliefern. Keine juristische Klärung wird je ethische Bedenken ausräumen können.« (Devrient 2006:43f) Ethik kann als Korrektiv des Rechts wirken, wenn das Recht ungerecht zu werden droht (Schnell, Heinritz 2006:56) oder wenn rechtlich akzeptierte Vorgänge aus moralischen Gründen fragwürdig scheinen. Monteverde (2009a:56) führt ein radikales Beispiel an; er erinnert an die moralische Brisanz der Teilnahme Pflegender an Exekutionen (z.B. durch Legen von Venenkathetern oder EEG-Überwachung bei der Tötung auf dem elektrischen Stuhl), an eugenischen Präventions- und Screeningprogrammen oder an der Betreuung politischer Gefangener.

sicher zu gehen, daß man die Pflege erhält, die die Pflegekräfte für richtig erachten, und nur auf den Entlassungstermin zu warten, damit der Alptraum ein Ende hat.« Reuschenbach (2011a:53) beobachtet: »Erst ab einem kritischen Niveau äußern sich Patienten ungefragt und unaufgefordert, um beispielsweise Hilfen zur Reduktion von Schmerzen oder Übelkeit einzufordern.«

Elsbernd (2000:152) stellt in ihrer Untersuchung fest, dass sich Patienten in misslungenen Pflegesituationen regelmäßig damit abfanden, dass die Leistungen der Pflegenden nicht ihre Bedürfnisse abdeckten und dass die Patienten die Gestimmtheit der Pflegenden und deren Umgang mit ihnen nicht beeinflussen konnten. Einige Patienten verbanden ihre Resignation mit Zorn, den sie jedoch in den Pflegesituationen nicht ausdrücken konnten und/oder wollten.

Bobbert schließlich berichtet aus ihrer Erfahrung als Theologin: »[Die] Pflegehandlung als solche ist eine Interaktion, die der Patient als Hilfe, als gerade noch erträgliche Handreichung oder aber als verletzenden Eingriff empfinden kann – in Abhängigkeit davon, wann, unter welchen Umständen und wie die Handlung ausgeführt wird. Das Recht auf Information und Zustimmung bezieht sich also nicht nur auf das Ob einer Handlung, sondern auch auf das Wie. Entsprechend müssen die Pflegenden während ihres Tuns auf mögliche Einwände – in verbaler oder nonverbaler Form – achten. So kann ein Patient generell damit einverstanden sein, umgelagert zu werden, wünscht dies jedoch nur auf eine bestimmte Weise, weil er ansonsten Schmerzen hat. Des Weiteren kann der Zeitpunkt oder aber das Geschlecht der Pflegeperson eine wichtige Rolle spielen, etwa, wenn bei einer türkischen Patientin der Blasenkatheter gewechselt werden soll« (Bobbert 2004:199).

Ist Qualität an sich – wie uns die Werbeindustrie suggeriert – etwas Gutes? Traditionell wird Qualität als Erfüllung von Aufgaben bzw. als Eignung zu ihrer Erfüllung definiert. Nach dieser Definition ist Qualität zunächst einmal nicht-moralisch. Sie stellt keine ethisch begründeten Ansprüche an ihre jeweiligen Inhalte, sondern ist als ein eher ökonomisch gedachter, nicht-moralischer Vergleich zwischen Anforderungen und betrieblichen Realitäten formuliert. In der Auffassung von Qualität als Maß der Übereinstimmung von Soll und Ist fehlt jedoch die ursprüngliche Wortbedeutung der Güte und des Wertes.[82]

[82] Pieper stellt fest, der Wertbegriff habe sein qualitatives Moment verloren und werde nur noch auf quantifizierbare Gegenstände bezogen. Durch seine Reduktion auf zählbare und berechenbare Größen sei der Wertbegriff verarmt, Menschen würden preislich taxiert und ihrer Würde beraubt. Zur Grundlage unseres Handelns müsse daher neben dem quantifizierenden wieder ein qualitatives Wertbewusstsein treten (Pieper 2000:70).

Qualität ist nicht wertneutral

Bisher vorgelegte Definitionen von Pflegequalität meinen die »Güte« von Pflege ohne Berücksichtigung einer ethischen Perspektive erfassen zu können. Qualität darf jedoch nicht vermeintlich wertneutral als Übereinstimmung von Vorgabe und Umsetzung bestimmt werden, wie folgendes Beispiel verdeutlicht: Angenommen, eine Pflegerin in einem Straflager eines totalitären Staates befolge die Anweisungen zur Mithilfe bei medizinischen Experimenten an Gefangenen genau. Damit würde ihr Verhalten nach traditioneller Definition (Übereinstimmung von Auftrag und Realisierung) eine hohe Qualität aufweisen! Spätestens bei dieser überspitzten Argumentation wird deutlich, wie »wertblind« und potenziell »ungut« eine vermeintlich wertneutrale Definition von Qualität ist (vgl. Lay 2004). Rabe pflichtet in einer neueren Veröffentlichung diesem Gedanken bei: »Gute Pflege ist nicht wertfrei, sie kann nicht auf technische Perfektion reduziert werden, sondern sie muss gegenüber dem Kranken als Person und gegenüber der Gesellschaft, von der die Pflege beauftragt ist, gerechtfertigt sein, sie muss also moralisch gut sein« (Rabe 2009a:163).

Nahezu alle Pflegekräfte sind weisungsgebunden, d.h. »abhängig« beschäftigt. Aufgrund des Arbeitsverhältnisses schulden sie ihrem Arbeitgeber Gehorsam. Um als Arbeitnehmer in einen Gewissenskonflikt zu geraten, ist nicht unbedingt die Aufforderung des Arbeitgebers zu einer strafbaren Handlung – in der Pflege etwa zur nachträglichen Veränderung der Pflegedokumentation – nötig. Auch alltäglich vorgenommene medizinische und pflegerische Maßnahmen können den individuellen Gewissensspielraum einzelner Mitarbeiter überschreiten. Der englische Pflegeprofessor Phil Barker berichtet im Interview mit Michael Schulz (Schulz 2011b:254): »Als die Abtreibungen im Gesundheitswesen anerkannt wurden, verursachte dieses ›Recht‹ vielen Pflegefachpersonen emotionale Belastung, da es nicht mit ihrer philosophischen oder religiösen Grundhaltung vereinbar war.« Needham rät zur kritischen Distanz: »Es empfiehlt sich, gelegentlich ein ›**ethisches Inventar**‹ der eigenen Werte und Normen zu erstellen, um immer wieder aufs Neue festzuhalten, was man im Pflegealltag als ethisch vertretbar empfindet. Manchmal gerät man im Verlauf der Berufsausübung an Aufgaben, die man aus ethischen Gründen ablehnt. Beispiele sind Mithilfe bei Abtreibungen oder Elektrokrampfbehandlungen. Die Frage nach dem Gehorsam gegenüber der Institution muss von jedem Einzelnen immer wieder überprüft werden« (Needham 2004:140).

Aus politischer Perspektive bedeutet Billigung Zustimmung – und damit Unterstützung. Wie in Kap. 5.1 gezeigt, sind die Kriterien, anhand derer die Qualität von Pflege gemessen wird, stark kontext- und zeitabhängig. Aus sozialpsychologischer Sicht können sie schon deshalb nicht wertneutral formuliert werden, weil jede Kommunikation ethische Werte (prämoralische Güter) stützt oder untergräbt. Übertragen auf die pflegerischen Interaktionen bedeutet das, dass jedes pflegerische Tun und Lassen auf die damit vertretenen und transportierten Güter hin untersucht werden kann.

Handeln ist nicht wertneutral

»Jede unserer Handlungen ist geprägt von unseren Erfahrungen, unseren Vorstellungen und den Grundwerten oder Normen, von denen wir uns leiten lassen, ob wir das bewußt oder unbewußt tun – es gibt kein wertneutrales Handeln« (Lindner 1999:55).[83]

Pflegerische Zielsetzungen und Entscheidungen enthalten eine ethische Komponente, die genau betrachtet werden will. Allerdings ergibt sich in der Fülle beruflich problematischer Situationen die Ungewissheit darüber, welche Probleme moralischer Art sind und welche nicht. Loewy stellt fest, es sei »... schwierig, genau zu sagen, was ein ›ethisches‹ Problem überhaupt ist und wie sich ein ›ethisches‹ von einem anderen Problem eigentlich unterscheidet. Das mag deswegen sein, weil fast jedes Problem, das wir im täglichen Leben antreffen, unvermeidlich auch ethische Dimensionen aufweist; andererseits ist es auch sicherlich der Fall, daß es kaum ein wirkliches ›rein‹ ethisches Problem gibt« (1995:20).

Tschudin hebt das Kriterium »soziales Handeln« hervor: »Jede Entscheidung, die andere Menschen betrifft, hat eine moralische Dimension« (1988:33). Schnell und Schulz argumentieren ähnlich: »Die praktische Handlung geschieht gegenüber Patienten, also im Hinblick auf andere Menschen. Sie ist somit ethisch relevant. Im Unterschied zu anderen Expertensystemen ist die Pflege eine Dienstleistung, die immer einem anderen Menschen zugedacht ist« (Schnell, Schulz 2010:76). Von Bobbert stammt die Feststellung: »In der beruflichen Pflege geht es hauptsächlich um Entscheidungen, durch die andere in ihren Wünschen, Bedürfnissen oder moralischen Rechten betroffen sind, also um Fragen der normativen Ethik« (Bobbert 2012:59). Schließlich erläutert Illhardt: »Ethische Probleme betreffen immer Wert, Ziel, Motivation und Begründung einer Handlung sowie ihrer Alternative(n), die andere Menschen in Mit-leiden-schaft zieht oder ziehen würde. ... Mitleidenschaft ist ein wichtiger Aspekt jeder Handlung: Andere werden dadurch betroffen, ›leiden‹ (positiv oder negativ) darunter, also müssen Handlungen legitimiert werden« (Illhardt 1999b:280).[84]

Freilich besteht bei diesem Präzisierungsversuch die Schwierigkeit der Abgrenzbarkeit pragmatischer und ethischer Perspektiven fort, wie Loewy zu Recht anmerkt: »... da ja fast alle wirklichen Fragen in gewisser Hinsicht auch andere und nicht nur

---

83 Dasselbe gilt für die Medizin wie auch für die Ökonomie. »Da Medizin ihrem Wesen nach eine Handlungs- oder angewandte Wissenschaft ist, gibt es bei ihrer praktischen Ausübung keine wert- oder moralfreien Entscheidungen oder Handlungen.« (Simon, Neitzke 2008:24) Dass wirtschaftliche Weichenstellungen wertfrei oder wertneutral seien, wird von zwei bekannten deutschen Pflegewissenschaftlerinnen bestritten. Dibelius' Argumentation geht von der etymologischen Herkunft aus: »Die ursprüngliche Bedeutung von ›wirtschaften‹ heißt so viel wie ›Werte schaffen‹, insofern sind ökonomische Entscheidungen nicht wertfrei« (Dibelius 2006b:257). Schwerdt bekräftigt: »Wirtschaftliche Entscheidungen, die auf der Mikro-, der Meso- und der Makroebene getroffen werden, sind an sich niemals wertneutral« (Schwerdt 2002c:26).

84 Vgl. zur historisch-pflegewissenschaftlichen Bedeutung von Mit-Leiden Käppeli (2001b).

einen selbst angehen, so ist ein Teil jeder Frage und jedes Problems im praktischen täglichen Leben auch eine Frage der Ethik« (Loewy 1995:21).

Gibt es überhaupt eine Differenz zwischen pragmatisch-sachlichen und moralischen Fragen oder Konflikten? Wenn ein Unterschied zwischen pragmatischen und moralischen Konflikten besteht, dann ist er jedenfalls nicht objektiv vorhanden, quasi in der Sache selbst begründet, sondern entsteht durch die Perspektive des Beobachters. Zwei Vergleiche sollen diese These stützen: Nicht jedes Problem ist ein rechtliches, aber jedes Problem kann auch aus juristischer Perspektive eingeschätzt werden – nicht jede Angelegenheit ist eine religiöse, aber jede Angelegenheit kann auch aus theologischer Sicht betrachtet werden.

Moralisch oder pragmatisch?

Was folgt daraus für die Differenzierung von moralischen und pragmatischen Fragen? Versuchen wir einen gangbaren Weg zu finden: In beiden Fällen werden von Beteiligten oder Beobachtern konkurrierende Werte oder Normen identifiziert.

Nun scheint der Unterschied zwischen moralischen und pragmatischen Problemen darin zu liegen, dass bei moralischen Problemen mindestens einer dieser Werte ethisch begründet wird oder mindestens eine der Normen als ein ethisches Prinzip bzw. als eine moralische Regel ins Feld geführt werden.

Aroskar (1989:968) bat ambulant sowie in der öffentlichen Gesundheitsfürsorge tätige Pflegekräfte in den USA, ethische Probleme zu definieren. Von 1000 angeschriebenen Pflegekräften antworteten 319 Personen. Die Forscherin konnte in ihrer Untersuchung ethische Probleme als solche Probleme identifizieren, in denen ein Konflikt über das moralisch richtige Handeln bestand oder in denen über die Pflichten bzw. Verpflichtungen der Fachkräfte keine Klarheit herrschte. Außerdem wurden Probleme als »ethisch« identifiziert, wenn ethische Prinzipien oder Werte – wie Selbstbestimmung, Nonmalefizienz, Benefizienz, Gerechtigkeit und Wahrhaftigkeit– zur Debatte standen oder konfligierten.

Der Psychiater Tilman Steinert (2001:32f) erwähnt drei Merkmale ethischer Probleme bzw. Konflikte:

- Die möglichen Handlungsalternativen bedürfen zumindest teilweise einer ethischen, d. h. sich auf bestimmte Werte berufenden Begründung.
- Weder medizinisch/psychiatrisch noch rechtlich sind eindeutige Problemlösungen und Handlungsvorgaben ableitbar.
- Keine Position hat definitiv »recht« bzw. kann ihr »Recht« beweisen.

Pflege als menschenbezogenes, d. h. soziales Handeln hat immer auch eine moralische Dimension, die beobachtet und untersucht werden kann. Doch folgt aus diesem Können auch ein Sollen? Diese Frage ist eindeutig zu bejahen. Dabei handelt es sich nicht um einen naturalistischen Fehlschluss, vielmehr ist die normative Forderung über das Können hinaus klar zu begründen.

Ethik – unbedingt notwendig

Weil pflegerisches Tun oder Unterlassen menschliche Grundwerte (wie etwa Selbstbestimmung, Menschenwürde und Wohlergehen) gerade in Krisensituationen des Lebens sowohl zu gefährden als auch zu fördern vermögen, darf die ethische Betrachtung von Pflege nicht vernachlässigt werden.

Wie intensiv Untersuchungen moralischer Aspekte von Pflege durchzuführen sind und ob sie eher auf einer theoretisch-abstrakten Ebene oder auf der Handlungsebene der Pflegepraktiker ihren Platz haben sollten, ist damit noch nicht festgelegt. Definitionen und theoretische Entwürfe von guter Pflege sollten heute jedenfalls die ethische Dimension ausdrücklich mit einschließen. Das müssten gerade deutsche Pflegekräfte aus der nationalsozialistischen Vergangenheit gelernt haben (vgl. Illhardt 1990).

Einmischen müssen sich Vertreterinnen der Disziplin Pflege auch dort, wo Qualität lediglich im ökonomisch-quantifizierenden Sinn propagiert wird. »Qualitätstheorien versuchen das Gute zu beschreiben und zur Orientierung des täglichen Handelns zu machen. Es gibt aber nichts Gutes, das nicht auch moralisch gerechtfertigt werden kann … . Qualität ist also immer auch moralisch zu bestimmen. Deshalb verbietet sich auch die Ausrichtung an rein ökonomischen Kriterien, denn diese erfasst nur einen Teil des (moralisch) Guten.« (Rabe 2009a:295)

Pflege ist nach heutigem Verständnis zwar eine menschennahe Dienstleistung, jedoch kein Produkt, das nach Vorgaben aus der Industrie exakt vermessen und grenzenlos rationalisiert werden kann. Illhardt (1985:48) möchte in Hinblick auf Qualitätssicherung beachtet wissen, dass »… nicht jede Art von Qualität standardisierbar und in Zahlen greifbar ist: so werden zwischenmenschlich-existenzielle Begegnungen – zweifelsohne Elemente eines guten Standards – in herkömmlichen Erfolgsstatistiken nicht erfaßt. Jede Qualitätskontrolle, die das nicht berücksichtigt, führt zu falschen Ergebnissen und ist darum – ethisch und ökonomisch – eher desorientierend«.

Nach Schwerdt (1998b:116) kann die Qualität von Leistungen in der Altenhilfe »… weniger als z. B. im Industriebereich anhand quantifizierbarer Ergebnisse definiert werden, da Selbständigkeit und Wohlbefinden wohl kaum als fertige und dauerhafte Produkte der Altenhilfe erzielt werden können«. Zudem bleiben nach Schwerdt (ebd.) die Erfolge der Altenhilfe häufig unsichtbar (rehabilitative, prophylaktische Effekte).

Friesacher (2009b:19) sieht zwar Ansätze einer kritischen Pflegewissenschaft und einer kritischen Pflegepädagogik, beklagt demgegenüber jedoch eine »recht theorie- und kritiklose Auseinandersetzung mit den Qualitätsansätzen im Pflegemanagement« (S. 12). Pflegemanager scheinen die zunehmende Strukturierung der Pflege durch Qualitätsmanagementsysteme tendentiell eher zu begrüßen. QM-Systeme bieten zahlreiche Vorteile, sollten m E. jedoch mit konstruktiv-kritischer Haltung und in einem verträglichen Maß genutzt werden. Ohne Zweifel können sie andernfalls zu einem mechanistischen Denken und zur Illusion der vollständigen Steuerbarkeit verführen. Diese Symptome zeigen sich in vielen Fällen bereits bei ihrer Einführung. »Die ethische Dimension von QM betrifft aber nicht nur die Frage, ob ein solches etabliert und durchgeführt wird, sondern auch wie das geschieht. Ein QM, welches beispielsweise die Dimensionen von Patienten- und Mitarbeiterinnenorientierung weitgehend außer Acht lässt und sich vornehmlich auf die ›technische Seite‹ beschränkt, ist aus ethischer Sicht defizitär.« (Wallner 2004:187)

Die unkritische Befürwortung einer durch Struktur- und Prozessvorgaben eng gesteuerten, hochgradig standardisierten Pflege erwächst aus der zunehmenden Ökonomisierung des Gesundheits- und Sozialwesens. Krompholz-Schink (1999:38) warnt in eindringlichen Worten: »Nun soll auch die Pflege unter dem Vorwand der Kosteneinsparung mechanisiert werden. Als Mittel der Unterwerfung des Bereiches bzw. des Sprachspiels Pflege unter die Leitbilder der Ökonomie dient die Einführung der Qualität, allerdings im … ökonomischen Sinne. Will sich die Pflege nicht disqualifizieren lassen, so muß sie den Mut aufbringen, zu versuchen, das nicht in objektiven Daten Ausdrückbare ihres Tuns trotzdem zu vertreten«. Er räumt allerdings ein, Pflege werde nicht einfach von der Ökonomie okkupiert, sondern scheine selbst aktiv auf eine Ökonomisierung hinzuarbeiten. Ihm dränge sich der Eindruck auf, »… als habe die Pflege nur darauf gewartet, ihre Fachtermini in an Industrieprozessen orientierte Ablaufvorgaben einzufügen, um endlich als Profession anerkannt zu werden« (ebd.).

Käppeli erklärt, die Ökonomisierung und die damit verbundene Verrechtlichung des Pflegewesens stellten einen tiefen Eingriff in die Kultur der Krankenpflege und in die Lebenswelt von Kranken und Pflegenden dar. Sie vermittelten den Eindruck, Pflege sei ein Geschäft, das sich um nichts Weiteres als um einen Güter- oder Dienstleistungsaustausch drehe, der in einem Vertrag geregelt werden könne. Ein Vertrag jedoch regle das Minimum der Leistungen und verpflichte darüber hinaus zu nichts; zusätzliche Dienstleistungen würden nur gegen zusätzliche Bezahlung erbracht (Käppeli 2005:191).

Entgegen der zunehmenden Kommerzialisierungstendenz sieht die wohl bekannteste Schweizer Pflegewissenschaftlerin die traditionelle Beziehung zwischen Pflegeperson und Leidendem nicht als Geschäftsverhältnis, sondern als Bündnis charakterisiert. Im Unterschied zum Vertrag erlaube das Bündnis dem Leistungserbringer, seiner mitmenschlichen Verantwortung über das vertraglich geregelte Minimum hinaus nachzukommen. Die Bündnisvereinbarung impliziere, dass die sorgende Bündnispartnerin ihr bedürftiges Gegenüber solange und so intensiv pflege, wie es notwendig sei. Im Rahmen eines Bündnisses hätten die Patienten die Gewissheit, dass die Pflegenden trotz allem im Interesse der Patienten handelten (S. 192).

Worauf gründet das pflegerische Bündnis? Käppeli zufolge erwächst es aus dem Mit-Leiden der Pflegeperson mit dem Leidenden. Das Mit-Leiden wiederum ahme die barmherzige Liebe Gottes zu den Menschen nach (imitatio Dei): Gott leidet aus

Liebe zu den Menschen mit ihnen und verbündet sich aus diesem Mit-Leiden heraus mit ihnen, um ihnen bedingungslos beizustehen. Er hilft seinen leidenden Geschöpfen wirksam, schweres, unerträgliches und unverständliches Leid besser ertragen und deuten zu können. Gottes Beistand ist Ausdruck seines Bundes mit den Menschen und soll durch mit-leidende tätige Liebe nachgeahmt werden (Käppeli 2001b:304; 2004; 2005; 2006:1221). »Seit biblischer Zeit sind gläubige Juden und Christen – insbesondere diejenigen, die sich Bedürftiger annehmen – zur Nachahmung seiner Daseins- und Wirkungsweisen, d. h. zur imitatio Dei/Christi aufgefordert. In dieser Beauftragung liegt die Begründung des Bündnisses zwischen Pflegenden und Kranken«, erläutert Käppeli (2005:188).

Die imitatio Dei solle allerdings geschehen, ohne dass Pflegende in eine Opferrolle verfielen und in eine Position beruflicher Schwäche gerieten (dies. 2009:116). »Es wäre wünschenswert, wenn der Pflegeberuf eine beruflich-wissenschaftliche Identität entwickelte, die zwischen (Mit-)Leidensverherrlichung und (Mit-)Leidensvermeidung steht und in welcher der Dienst an den Kranken mit beruflicher Autonomie eine Synthese eingeht« (ebd.). Käppeli betont, bei ihrem Plädoyer für das Bündnisparadigma als Grundlage der pflegenden Beziehung und der Pflege insgesamt gehe es nicht um Nostalgie oder um eine sentimental-heroische Überhöhung der Pflegetätigkeit. Die sich im Dienen und Erdulden erschöpfende Opferrolle der Krankenschwester habe bekanntlich zu einer schwachen beruflichen Position geführt, aus der heraus es schwierig sei, über eine persönliche Betreuung hinaus für Kranke wirksam zu sein. Kranke wollten sich jedoch unter allen Umständen darauf verlassen können, dass sich Pflegende auch in einer der Bündnisethik entgegenwirkenden Spitalrealität möglichst kompromisslos für die Linderung ihrer Leiden einsetzten. Daraus ergebe sich eine Qualität der Pflege, die eines gesellschaftlichen Auftrages würdig sei und die gesellschaftliche Relevanz habe (Käppeli 2005:193).

Die Pflegewissenschaftlerin und Theologin vermutet hinter der Tendenz, das Bündnis zwischen Pflegeperson und Patient durch einen Vertrag zu ersetzen, den Versuch, sich damit der Berührung mit dem Leiden zu entziehen (Käppeli 2001b:304). Sie erinnert daran, dass das herrschende medizinische Verständnis von Professionalität vom Prinzip der Unparteilichkeit und der Affektneutralität geleitet ist (Käppeli 2009:116). Eine Bündnisbeziehung hingegen sei von persönlicher Anteilnahme am Leiden eines Menschen getragen. Diese Beziehung erlaube keine Neutralität (Käppeli 2005:191).

Wie Käppeli, so thematisiert auch Gröning den Versuch, dem Kontakt mit Leiden in der Pflege auszuweichen. Sie kennzeichnet Pflege als eine »Vermeidungsbeziehung«. »Dies gilt vor allem für solche Patienten, die Angstquellen darstellen und von daher als gefährlich gelten, oder für solche Patienten, deren Krankheit und Gebrechen peinlich sind. In der Pflege alter Menschen ist dies der Fall, wenn Krankheit und Pflegebedürftigkeit in Zusammenhang mit Tod, Trennung und Verfall oder auch mit Schmutz, Verunreinigung und Lächerlichkeit stehen.« (Gröning 2005:9)

Den Versuch der Vermeidung unternehmen laut Gröning nicht nur Individuen, sondern die Gesellschaft betreibe mithilfe zunehmender Ökonomisierung ebenfalls eine Vermeidungsstrategie. »Als eine Form der Angstbewältigung kann auch der Versuch verstanden werden, das Alter zu einem Marktfaktor zu machen. Damit zieht sich die Gesellschaft zunächst von der kollektiven Verantwortung für Krankheit und soziale Probleme immer mehr zurück. Krankheit und Alter werden privatisiert. Gleichzeitig wird die Markt- und Kundenorientierung zu einem Zeitpunkt eingeführt, wo immer weniger Heimbewohner und Pflegebedürftige dem Bild des autonomen Marktsubjekts entsprechen, und dies gilt insbesondere für die alten Menschen in Pflegeheimen.« (Gröning 2005:133f)

Nicht zuletzt aus demografischen Gründen wird sich der Ökonomisierungsdruck im Gesundheitswesen immer stärker auf die Pflege und ihr Selbstverständnis auswirken. Angesichts der Ökonomisierungs- und Kommerzialisierungstendenzen in der Pflege hält Käppeli fest: Während ein Vertrag ausschließlich rechtliche Aspekte einer Beziehung berücksichtigt, ist das pflegerische Bündnis keine juristische, sondern eine ethische Vereinbarung; ein Bündnis berücksichtigt moralisch-ethische Aspekte (Käppeli 2005:192; 2009:115).

Monteverde (2006) nimmt eine pragmatische Differenzierung vor. Er sieht das Bündnisparadigma für Situationen der Nicht-Reziprozität als geeignet an, um moralische Orientierung zu geben, d. h. wenn Gepflegte beispielsweise dement, urteilsunfähig oder unmündig sind. Das Vertragsparadigma hingegen eigne sich für reziproke (wechselseitige) Beziehungen, in denen ärztliches und pflegerisches Handeln aufgrund eines »informed consent« ermöglicht sei.

Monteverde schildert die Risiken der beiden Ansätze: Er sieht die Gefahr des Bündnisdenkens in einem Paternalismus, der sich – im Rahmen einer das Bündnis begründenden Vorstellung – über den aktuellen Wertekontext des Patienten hinwegsetzen könne. Andererseits stoße das Vertragsparadigma dort an seine Grenzen, wo der Klient als Dienstleistungsnehmer in der Entscheidungsfindung letztlich alleine gelassen und – unter dem Vorwand der Eigenverantwortung – in der Wahrnehmung derselben nicht unterstützt werde (S. 1228).

Friesacher bestätigt die genannten Risiken: »Professionelle Pflege steht somit in der ständigen Gefahr, eine überfürsorgende und paternalistische Haltung gegenüber den Betroffenen einzunehmen oder andererseits die Pflegebeziehung auf eine Vertragsbeziehung ohne emotionale Beteiligung und Anteilnahme zu reduzieren« (Friesacher 2009b:10). Bobbert (2012:66f) sieht die praktischen Bemühungen um eine fürsorgende Unterstützung im Sinne einer »Hilfe zur Selbsthilfe« zwischen dem Extrem einer paternalistischen Bevormundung auf der einen Seite und dem Extrem gleichgültiger Akzeptanz auf der anderen Seite angesiedelt. Sie weist auf die Gefahr eines »kalten«, nüchtern-sachlichen Dienstleistungsverhältnisses hin (2002:352) und hält die Perspektive einer schützenden, aufbauenden Theologie entgegen: »Eine vor dem Hintergrund von Leiden und Lebensbrüchen auf Beziehung und Hoffnung aufbauende Theologie könnte den professionellen Helfer(inne)n möglicherweise helfen, nicht zu zerbrechen. Weiterhin würde diese Theologie einem Pflegeverständnis, das sich ausschließlich an einem Dienstleistungsverhältnis orientiert und Patientenautonomie im Sinne eines ›kalten‹ Respekts praktiziert, entgegenstehen« (ebd.).

Bündnis und Vertragsbeziehung sind grundlegend verschiedene Ansätze. In der Pflegepraxis zeigen sie sich nicht idealtypisch getrennt, sondern sind eher als Trends sichtbar (Käppeli 2005:187). Bei Pflegebeziehungen handelt es sich in der Regel um Mischformen. »Gerade wenn Patienten eingeschränkt urteilsfähig sind, ist es möglich, dass sie **hinsichtlich bestimmter** Fragen klar Auskunft geben können (z. B. bezüglich der Ernährung) und deshalb das Vertragsparadigma punktuell zur Geltung kommen kann, auch wenn dies für komplexere Zusammenhänge nicht mehr möglich ist.« (Monteverde 2006:1229)

Ebenso kann nach meiner persönlichen Erfahrung eine Pflegebeziehung als Dienstleistungsverhältnis zwischen weitgehend selbstständigen Partnern beginnen und im Laufe der Zeit in ein Bündnis zwischen unterschiedlich autonomen Beteiligten übergehen, etwa in der Pflege unheilbar kranker Menschen.

Qualität gefordert – Ethik erforderlich

Vorstellungen über Pflegequalität, die auf eine Berücksichtigung moralischer Fragen verzichten, sind aus ethischer Sicht inakzeptabel, da potenziell unmoralisch.

»Eine Qualitätssicherungsdiskussion, die sich jeder Wertediskussion entzieht, ist nutzlos und möglicherweise gefährlich.« (Klie 2004:58) Qualitätsmanagementsysteme, die ohne Berücksichtigung ethischer Grundprinzipien die Güte der Pflege zu beurteilen versuchen, sind zuvorderst von Pflegewissenschaft und Pflegemanagement, aber auch von den Mitarbeitern in der Pflegepraxis abzulehnen.

Im folgenden Kapitel wird eine modellhafte grafische Darstellung der wesentlichen Elemente von Pflegequalität zur Diskussion gestellt (»Komponenten der Pflegequalität in der direkten Pflege«). Die Grafik ist das Kernstück eines neuen Pflegemodells, das zur Diskussion gestellt wird. Es erhebt den Anspruch, seine elementaren Begriffe und Ziele ethisch zu rechtfertigen und zudem die ethische Reflexion in der Pflegepraxis ausdrücklich in den Mittelpunkt zu stellen.

6 ETHIK IM ZENTRUM DER PFLEGEQUALITÄT

Was bedeutet **gute** Pflege? Ist sie das, was gewöhnlich unter Pflegequalität verstanden wird? Ist Güte identisch mit Qualität? Oder ist Güte eher ein philosophischer Begriff, eine Frage der Ethik?

Wie kann man die Güte von Pflege beschreiben und beurteilen? Qualitätsmanagement und Ethik scheinen unterschiedliche Perspektiven und Zugangswege anzubieten. In der Pflegeliteratur finden sich erstaunlicherweise kaum Verknüpfungen zwischen diesen beiden Ansätzen. So wird das Thema **Ethik** in der pflegerischen Qualitätsmanagementliteratur meist nur am Rande berücksichtigt (vgl. Lay 2001a; Reutlinger 2001). Ebenso gibt es in der Pflegeethik-Literatur keine systematische Verbindung zum Thema **Qualität** (vgl. Lay 2001b).

Pflegequalität imponiert in der Literatur bislang überwiegend als eine ökonomisch relevante Größe. Sie sollte jedoch nicht ausschließlich unter volks- und betriebswirtschaftlichen Aspekten betrachtet, sondern als ein ursprüngliches moralisches Anliegen der Profession verstanden werden – als ethisch begründetes pflegerisches Bemühen um menschliche Würde und Lebensqualität.

Qualitätssicherung

»Qualitätssicherung in der Pflege ist eine ethisch begründbare Pflicht.« (Illhardt 1999a:172)

Ethik ist keine randständige, beiläufige »Zugabe«, sondern berührt den Kern pflegerischen Verständnisses (Lay 2004:126). Pflegeethik gehört in den Mittelpunkt der praktischen Arbeit in der Pflege. Rabe stimmt diesem Gedanken zu: Ethische Reflexion betrifft den Kern von Pflege (Rabe 2009a:13). Zwei Zitate aus der Schweiz sollen eingangs diese These stützen (Hervorhebungen: R. L.):

»Die **Würde des Menschen** und die **Einzigartigkeit des Lebens** stehen **im Zentrum allen pflegerischen Handelns**«, so der Schweizer Berufsverband der Pflegefachfrauen und Pflegefachmänner in seinen Ethischen Grundsätzen für die Pflege (SBK 1992). Monika Müller-Angst drückt diesen grundsätzlichen Gedanken so aus: »Die **Ethik** steht im **Mittelpunkt der Pflege**. Sie wohnt unserer Sprache, unseren Entscheidungen und unserem Handeln inne …« (1999: o. S.).

Pflegeethik ist das zentrale Element einer verantwortlichen Pflegepraxis.[85] Spiegelt sich diese Sichtweise, wenn schon nicht in Qualitätsmanagementmodellen, so doch

[85] Ähnliches gilt für Ethik im Management, wie Ulrich nahelegt (1996, zit. n. Schulze 1999:4): »Unternehmensethik ist nicht als die äußere Grenze, sondern als die innere Grundlage des unternehmerischen Erfolgsstrebens zu konzipieren.«

zumindest in Pflegetheorien bzw. -modellen wieder? Sind Pflegemodelle so aufgebaut, dass Ethik in ihnen den zentralen Platz einnimmt, aus dem sich alle Theoriebausteine ableiten lassen?

Ich meine, diese Frage eher verneinen zu können. Die gängigen Pflegemodelle leiten ihre Elemente i. d. R. weder explizit aus ethischen Theorien und Grundprinzipien ab noch haben ethische Reflexionen einen zentralen Platz in der Darstellung der Modelle. Aus Sicht der Ethik in der Pflegewissenschaft wäre aber genau dies gefordert: Pflegemodelle sollten ihre zentralen Konzepte explizit ethisch begründen (können).

In der Beschäftigung mit unterschiedlichen Pflegemodellen einerseits und der Diskussion um Pflegequalität andererseits arbeite ich seit 1996 an der Entwicklung eines neuen Pflegemodells. Es trägt in Abgrenzung zu medizinisch-pathogenetischen Ansätzen die Bezeichnung »Modell der Gesundheitspflege«. Seit Februar 1998 wird die gesamte Pflegeausbildung an der Krankenpflegeschule des Kreiskrankenhauses Emmendingen und seit 2004 nach der erfolgten Kooperation mit der Krankenpflegeschule des Zentrums für Psychiatrie Emmendingen an der Schule für Gesundheits- und Krankenpflege im Landkreis Emmendingen (www.pflegeschule-em.de) in Unterricht und Ausbildungspraxis nach diesem Modell durchgeführt. Die Umsetzung des Modells erstreckt sich konzeptionell u. a. auf

- die theoretischen Unterrichte,
- das Ausbildungshandbuch,
- Praxisanleitungen,
- Praxisbesuche,
- gezielte Maßnahmen der innerbetrieblichen Fortbildung,
- den Standard »Komponenten der Pflegequalität« (siehe Anhang),
- anonyme schriftliche Befragungen zur Ausbildungsqualität und die
- praktische staatliche Prüfung am Ende der Ausbildung.

Die im Rahmen der Qualitätsentwicklung regelmäßig durchgeführten anonymen Befragungen der Auszubildenden[86] bestätigen dem Modell eine gute Anwendbarkeit in der Pflegepraxis sowie eine gute bis sehr gute Auswirkung auf die Qualität der theoretischen und praktischen Ausbildung.

Im folgenden Kapitel werden die wichtigsten Konzepte des neuen Pflegemodells vorgestellt.[87]

---

86 In der Pflegeausbildung ist es üblich, von »Schülern« bzw. »Pflegeschülern« zu sprechen. Obwohl sich diese Ausdrücke auch in entsprechenden Gesetzestexten finden, ziehe ich den Begriff »Auszubildende/r« vor. Er weist seinen Trägern eine adäquate Rolle zu und vermeidet bei Gepflegten und Pflegenden die Assoziation »Schulkind«.

87 Inzwischen liegen zahlreiche Veröffentlichungen zu Teilen des Modells der Gesundheitspflege vor (Lay 1998; 2001a; 2001b; 2002a; 2002b; 2004; 2006; 2008; 2009; Lay, Brandenburg 2001; 2002; Lay, Menzel 1999; 2003; 2009) sowie Hinweise bei anderen Autoren (u.a. Budnik 1999:114; 2002:11; 2003:2–3,20,24,25; 2005:2, 3,22,28,77; 2009: 2,3,31,49; Staenke 2001; Wingerdt 2002; Kreikenbaum 2003).

6.1 Modell der Gesundheitspflege

Weil die großen, meist aus dem angelsächsischen Raum importierten Pflegetheorien (grand theories) die in sie gesetzten hohen Erwartungen nicht erfüllen konnten, sprechen sich heute viele Pflegewissenschaftler dafür aus, praxisnähere Theorien zu entwickeln. So möchten auch die Schweizerinnen Schmidli-Bless und Ricka (2011:390) nicht auf Pflegetheorien verzichten. Sie beklagen den »Klassifikationsrausch«, dem die Pflege verfallen sei. Ob und in welchem Ausmaß Klassifikationssysteme (z.B. die NANDA-Pflegediagnosen) theoretisch untermauert seien, werde nicht ersichtlich. Die Schweizer Pflegevertreterinnen empfehlen (ebd.): »Wenn sich die allgemeinen Theorien nicht als praxistauglich erwiesen haben, so könnten doch neue konkretere Theorien entwickelt werden, die die Erkenntnisse der ›großen‹ Theorien berücksichtigen und für die Praxis relevant sind.«

Mit der Entwicklung des Modells der Gesundheitspflege wird genau dies versucht. Der wichtigste Teil des neuen Modells ist eine integrative Kombination von

1. traditionellen pflegefachlichen Anliegen,
2. Elementen aus der Qualitätsdiskussion und
3. der Forderung nach ethischer Fundierung der Pflege

in Form einer grafischen Darstellung.

Pflegequalität

Pflegequalität verstehe ich hier als die Qualität direkter Pflege im Alltag. Sie entsteht im Zusammenwirken verschiedener Elemente, die ich als Komponenten bezeichne (von lat. componere: zusammensetzen, zusammenfügen). Diesen Teil des neuen Pflegemodells nenne ich »Modell der Komponenten von Pflegequalität«.

Mit ihm soll die Beschreibung des Pflegemodells eingeleitet werden. Erläuterungen zur abgebildeten Grafik werden folgen.

Abbildung 10 (Lay 2008:86) stellt die Komponenten der Pflegequalität in der direkten Pflege grafisch dar: Innerhalb eines Interaktionsfeldes sind in Form eines Dreiecks um den zentralen Baustein Pflegeethik die drei Hauptkomponenten angeordnet: Wirksamkeit, Sicherheit und Wirtschaftlichkeit.

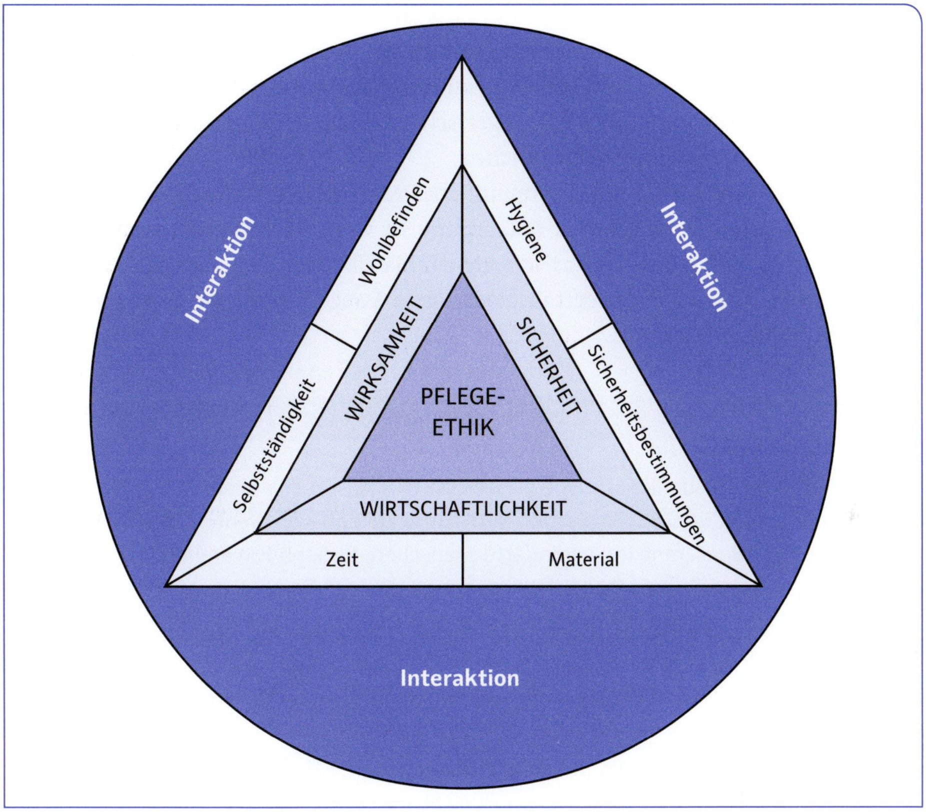

Abb. 10: Komponenten der Pflegequalität in der direkten Pflege (Lay 2008:86, vgl. 2001b:15).

Bevor ich auf die Komponenten im Einzelnen eingehe und ihre Bedeutung unter Rückgriff auf Überlegungen aus der Ethik, der Qualitätsdiskussion und der Pflegewissenschaft begründe, soll in vereinfachter Form kurz der jeweilige Hauptgedanke zu jeder Komponente genannt werden. So hoffe ich den Lesern mit kurzen Erläuterungen zur Grafik zuerst einen kleinen inhaltlichen Überblick zu bieten, um dann vertieft die Komponenten und ihre Zusammenhänge zu behandeln.

Hier der kurze Überblick:

- Unter **Wirksamkeit** verstehe ich erfolgreiche Gesundheitsförderung, d.h. Selbstständigkeit und Wohlbefinden der Klienten bleiben erhalten bzw. werden auf ein zufriedenstellendes Maß gesteigert.
- **Sicherheit** für Klienten, Mitarbeiter und Umgebung wird durch Hygiene (z.B. Infektionsprävention, Psychohygiene) und das Beachten der anerkannten Sicherheitsbestimmungen gewährleistet (z.B. Umweltschutzregelungen, Brandschutzvorschriften, Datenschutzbestimmungen).
- **Wirtschaftlichkeit** wird durch bewusstes Aufwenden von Arbeitszeit und -material erreicht. Hierzu zählen u.a. der gezielte Personaleinsatz, die Arbeitsplanung und der zweckmäßige Gebrauch bzw. Verbrauch von notwendigem Sachbedarf.

- **Interaktion** weist auf die Qualität des zwischenmenschlichen Handelns hin (kommunikative Kompetenz, Beziehungsgestaltung, Kooperations- und Koordinationsvermögen, Reaktion auf Schwierigkeiten, Öffentlichkeitswirkung). Sie hat eine umfassende Bedeutung für alle pflegerischen Phänomene und ermöglicht es, die anderen Komponenten zu verwirklichen.
- Die Auswahl möglichst umweltfreundlicher Materialien, ihre schonende Anwendung und verantwortungsvolle Entsorgung ist wohl unstrittig ein (umwelt-)ethisches Anliegen. Darüber hinaus vertrete ich die Überzeugung, dass der **Pflegeethik** aus vielen Gründen eine zentrale Position in konzeptionellen Überlegungen zur Güte von Pflege zukommt.

Exkurs: Klient

Das Modell der Gesundheitspflege verwendet den Ausdruck »Klient« als Oberbegriff für alle pflegebedürftigen Menschen, also für Krankenhauspatienten, Bewohner von Einrichtungen der Altenhilfe, behinderte Menschen, Kunden von ambulanten Pflegediensten, Nutzer pflegerischer Schulungsangebote oder Gäste in einem Hospiz.

Der Begriff Klient stammt ursprünglich aus der Römerzeit. Im römischen Klientenwesen waren Patrone (Adelige, Patrizier) für den Schutz, die Fürsorge und das Wohlergehen einzelner Klienten (Bürger, Plebejer) zuständig. Das Verhältnis zwischen Patron (Fürsorgepflichtigem) und Klient (Schutzbefohlenem) war vertrauensvoll und familiär, obwohl ein Patron gleichzeitig viele Klienten haben konnte. Seine Aufgaben gegenüber den Klienten waren: Schutz, Fürsorge und Anwaltschaft. So half er den Klienten beispielsweise bei Rechtsstreitigkeiten. Als Gegenleistung wurde von den Klienten erwartet, dass sie den Patron bei Wahlen unterstützten.

Heute findet sich die Bezeichnung Klient in vielen sozialen bzw. therapeutischen Berufen, z. B. in der Sozialen Arbeit, in der Beratung und teilweise in der Psychotherapie. Besondere Verbreitung fand der Ausdruck durch die von Carl Rogers entwickelte »klientenzentrierte Gesprächsführung«.

Mit Klienten sind in der Regel die Auftraggeber von eigenständig tätigen Berufen oder Einrichtungen gemeint, z. B. werden auch die Mandanten von Rechtsanwälten häufig als Klienten bezeichnet. Für die Professionalisierung der Pflege hat dieser Aspekt eine wichtige Bedeutung. In vielen modernen Pflegemodellen wird daher der universelle Begriff Klient (engl.: client) verwendet, der sich in der pflegewissenschaftlichen Literatur gegenüber dem krankheits- und medizinlastigen Ausdruck Patient immer mehr durchsetzt.

Ein Patient ist nach Käppeli (2008:1) ein aus gesundheitlichen Gründen leidender Mensch mit eingeschränkter Lebensqualität. Zwar hebt die Pflegewissenschaftlerin hervor, der Begriff impliziere weder a priori ein passives, untergeordnetes oder unmündiges Dasein des Kranken noch eine paternalistische Haltung der Betreuten, doch ist die etymologische Wurzel des Begriffs eindeutig:

»Patient« leitet sich von lat. patiens (geduldig, erduldend, Leiden ertragend) ab und lässt eher an die (aktive oder passive) Annahme eines Leidenszustandes als an ein entschiedenes Engagement zur Sicherung oder Verbesserung des eigenen Gesundheitsniveaus denken.

Klienten beauftragen Professionelle, ihre Interessen wahrzunehmen und geben sich in deren Obhut. Ihre Fähigkeit zur Selbstbestimmung kann unterschiedlich ausgeprägt sein. Der Begriff Klient sollte nicht mit dem für den Pflegebereich überwiegend inadäquaten Ausdruck Kunde verwechselt werden (vgl. Kap. 6.2.4).

Derzeit sprechen Pflegekräfte in den jeweiligen Pflegeeinrichtungen meist von »Patienten«, »Bewohnern«, Gästen oder Kunden; Pflegewissenschaftler wählen zunehmend den Oberbegriff »Klienten«, wenn sie allgemein alle Gepflegten meinen. Auch in den Praxisfeldern der Pflege lässt sich ein zunehmender Trend zur Verwendung des Begriffs Klient verzeichnen, beispielsweise in der ambulanten Pflege.

Sowohl die Interaktion, welche die anderen Komponenten möglich macht, als auch die drei Hauptkomponenten Wirksamkeit, Sicherheit und Wirtschaftlichkeit werden – wie zu zeigen sein wird – wesentlich durch ethische Überlegungen legitimiert.

These

Pflegeethik ist die zentrale Komponente der Pflegequalität.

Das dargestellte Modell der Komponenten von Pflegequalität ist zunächst nur zur Einschätzung und Förderung der Qualität direkter Pflege konzipiert, da es sich hierbei um die primäre Pflegeleistung handelt. Eine darüber hinaus gehende Beschreibung dessen, was Pflegequalität in den übrigen Aufgaben- und Verantwortungsbereichen der Pflege ausmacht (Pflegedokumentation, Pflegeorganisation, Mitarbeit bei medizinischer Diagnostik und Therapie, Kooperations- und Koordinationsaufgaben sowie Bildungs- und Qualitätsentwicklungsaufgaben), beabsichtige ich zunächst nicht.[88] Gleichwohl scheint eine analoge Anwendung des grafischen Modells auf diese Bereiche nahe zu liegen. So ließen sich beispielsweise die Zieldimensionen Selbstständigkeit und Wohlbefinden auf Mitarbeiterführung und Berufspädagogik übertragen (vgl. Kap. 4.2.2).

An den einzelnen Komponenten entlang gehend, werde ich im weiteren Verlauf von Kap. 6 Schritt für Schritt die wichtigsten Begriffe und Ideen des *Modells der Gesund-*

[88] Es sei an dieser Stelle lediglich darauf verwiesen, dass die Qualität der Pflegedokumentation von sehr vielen Faktoren abhängt. In Fortbildungen werde ich z.B. öfters gefragt, was in der Pflegepraxis zu dokumentieren sei und was nicht. Hier schlage ich folgende Faustregel vor: »Informationen, die ***praxisrelevant, vergütungsrelevant, prüfungsrelevant*** und/oder ***juristisch erforderlich*** sind, werden vollständig, wahr und klar dokumentiert« (Lay 2004:157).

heitspflege herausarbeiten und ethisch begründen. Beginnen wir mit der Bedeutung der Komponenten **Selbstständigkeit** und **Wohlbefinden**.

Entgegen traditioneller Vorstellungen von Pflege, welche auf funktionale Defizite, die Unterstützung ihrer Behandlung und die Kompensation ihrer Folgen gerichtet sind, liegt im Modell der Gesundheitspflege die Betonung auf den *Entwicklungsmöglichkeiten von Menschen* und ihrer *gezielten Förderung* durch kompetente Pflegende. Mit anderen Worten: Nach dem Modell der Gesundheitspflege wollen Pflegekräfte nicht Gebrechlichkeit, Krankheit oder Behinderung »bekämpfen« oder kompensieren, sondern gesundheitsförderliche Entwicklungen von Menschen erkennen, anregen und wirksam unterstützen.

Modell der Gesundheitspflege

Pflegenden soll das Modell der Gesundheitspflege dazu dienen, die Entwicklung pflegebedürftiger Menschen hin zu einem zufriedenstellenden Niveau an Selbstständigkeit und Wohlbefinden in den Alltagsaktivitäten wirksam zu fördern.

Die einzelnen Passagen dieser Aussage sollen in den folgenden Kapiteln erläutert werden. Ich beginne mit der Begründung der pflegerischen Ziele Selbstständigkeit und Wohlbefinden, werde daraus in der Folge eine pflegerische Definition von Gesundheit ableiten und dann den Ausdruck »zufriedenstellendes Niveau« erklären. Nach einer Erläuterung zum Begriff der Alltagsaktivitäten werde ich schließlich eine neue Definition von Pflege vorstellen.

6.1.1 Selbstständigkeit und Wohlbefinden als Zieldimensionen

Autonomie ist ein ethischer Wert, der in der Ethik in der Pflege wie auch in der allgemeinen Ethik und in anderen Bereichsethiken höchste Anerkennung genießt. Sie zu achten und zu fördern kann als eine der höchsten moralischen Pflichten der Pflege deklariert werden. »In dem Maße, in dem Pflegende es als ihre Aufgabe verstehen, sich für die Autonomie von Patienten einzusetzen, verpflichten sie sich einem eigenen pflegerischen Anliegen.« (Arndt 1997b:516)

Der Kern pflegerischen Handelns ist nach Görres und Friesacher (1998:161) die Beziehung und damit Interaktion zwischen einem Pflegenden und jemandem, der Pflege benötigt. Autonomie sei hierbei einer der zentralen Begriffe (ebd.). Schwerdt begründet die Förderung von Autonomie anthropologisch und verwendet hierzu das in der Pflege üblichere Wort Selbstständigkeit: »Gute Pflege im anthropologischen Sinne meint die Ermöglichung und Förderung größtmöglicher Autonomie (Selbständigkeit) im Vollzug der Aktivitäten des täglichen Lebens, im Rahmen gesellschaftlicher Einbindung« (Schwerdt 1998a:19).

6.1.1.1 Selbstständigkeit als Zieldimension der Pflege

Selbstständigkeit ist ein in der Pflege etablierter Begriff, der auf zwei verschiedene Bedeutungen von Autonomie verweist:

1. funktionelle Eigenständigkeit und
2. Selbstbestimmung.[89]

Diese beiden Seiten von Selbstständigkeit sollen im Folgenden näher beschrieben werden.

6.1.1.1.1 Selbstständigkeit als funktionelle Eigenständigkeit

In der Pflege geht es zu einem großen Teil darum, vorhandene Fähigkeiten pflegebedürftiger Menschen zu erhalten oder wieder/weiter entwickeln zu lassen. Ziel ist die (Wieder-) Etablierung einer umfassenden Selbstpflege bzw. die Bewältigung der Alltagsaufgaben. Conradi (2003:40) bestätigt: »Die Förderung und Erhaltung der Selbstständigkeit von Patientinnen und Patienten ist eines der zentralen Pflegeziele. Sie werden darin unterstützt, so viel wie möglich selbst zu tun, also beispielsweise selber beim Essen den Löffel zum Mund zu führen, statt das gereichte Essen bloß zu schlucken.« Dieses Prinzip ist insbesondere in der Altenpflege unter der Bezeichnung »aktivierende Pflege« bekannt. Ziel der aktivierenden Pflege ist die weitestgehende Selbstständigkeit der gepflegten Menschen (vgl. Isfort 2011:33).[90]

Schlecht (1999:136) führt als Beispiel aus dem Pflegealltag die Bewegungs(un)fähigkeit eines Menschen an. »Auch hier geht es um ethische Überlegungen, wenn – aus den verschiedensten Gründen – entschieden wird, ob jemand im Bett bleibt oder ob Mobilisation o. ä. geplant und durchgeführt wird.« Ein Wert, der die Entscheidung beeinflussen könne, sei möglicherweise die Beweglichkeit eines Menschen. Sie sei zu fördern, meint Schlecht, damit der Pflegebedürftige eine »möglichst große Autonomie« wiedererlange bzw. erhalte.

Ein groß angelegtes europäisches Pflegeforschungsprojekt in den Jahren 1998 bis 2001 bestätigte, dass Autonomie im pflegerischen Kontext gerade auch Handlungs- und Bewegungsfreiheit bedeutet. Die in der Untersuchung befragten Patientinnen verstanden unter Autonomie beispielsweise ein Maximum an Unabhängigkeit, alles für sich selbst tun zu können, ohne die Hilfe Anderer (Arndt et al. 2002:7f).

---

89 Conradi (2003:40) verwendet eine ähnliche Differenzierung. Sie sieht in der Medizin und insbesondere in der Pflege zwei elementare Aspekte von Autonomie: die Chance, selbst Entscheidungen zu treffen sowie die Möglichkeit, selbsttätig zu sein.

90 Das derzeitige Vergütungssystem über die Soziale Pflegeversicherung belohnt hingegen eher jene Pflegeheime, welche eine aktivierende Pflege unterlassen. Wenn Heimbewohner in der Folge gesundheitlich abbauen, verschlechtert sich ihr funktionaler Status und sie wechseln u. U. in eine für die Einrichtung lukrativere Pflegestufe (vgl. Breitscheidel 2006:180).

Funktionelle Eigenständigkeit

Etwas ohne die Hilfe Anderer tun zu können, ist ein Ausdruck von Selbstständigkeit. Die funktionelle Seite der Selbstständigkeit als alleiniges Pflegeziel reicht jedoch nicht aus.

Kesselring (1996:12) kritisiert die herausragende Stellung der Unabhängigkeit im Pflegemodell von Roper, Logan und Tierney (1987), in dem das Ziel der Pflege laute, möglichst viel Unabhängigkeit in möglichst vielen ATL[91] zu erreichen. In diesem Pflegemodell, das in den siebziger und frühen achtziger Jahren des 20. Jahrhunderts auf dem Hintergrund des staatlich finanzierten National Health Service Großbritanniens seinen Anfang nahm, liegt die Betonung tatsächlich sehr stark auf Funktionalität in Alltagsaktivitäten der Klienten (Abhängigkeits-Unabhängigkeits-Kontinuum; Roper et al. 1987).

Maximale Funktionalität als oberstes Ziel?

»Eine starke Ausrichtung der Pflege auf das Wiedererlangen von Unabhängigkeit von anderen läuft Gefahr, funktionelle Fortschritte hoch zu bewerten und den Patienten dafür zu loben, ohne in Betracht zu ziehen, was diese Fortschritte für den betroffenen Menschen bedeuten.« (Kesselring 1996:12)

Isfort pointiert: »Aktivierende Pflege würde in letzter Konsequenz bedeuten, dass der Patient oder Bewohner alle Maßnahmen, die er selber ausführen kann, auch ausführen soll« (Isfort 2011:33). Klie wehrt ab und relativiert die absolute Forderung nach Aktivierung in manchen Pflegeauffassungen. Er warnt: »Regelhaft ist davon auszugehen, dass der Mensch zur Selbständigkeit strebt. Ob dies allerdings angesichts tiefer Kränkungen, Verluste und angesichts eines möglicherweise nahen Todes immer das richtige Leitbild ist, bleibt jeweils zu prüfen. Sloterdijk hat den Begriff der ›Weltferne‹ als Metapher für die Situation sich vom Leben verabschiedender, älterer Menschen eingeführt, deren innere Gegenwart nicht die äußere der Institution, Familie und Pflegenden sein muss, die sich ggf. stets durch Aktivierungsprogramme bemühen, den Pflegebedürftigen in die jeweils eigene Gegenwart zu holen. Unter diesem Blickwinkel kann ein Aktivierungsprogramm gerade Würde unverträglich sein, indem es Menschen ein für sie angemessenes Abschiednehmen oder Insich- und Beisichsein verhindert« (Klie 1998a:131).

---

91 Akronym für Aktivitäten des täglichen Lebens; Roper et al. (1985:22f) sprechen jedoch von Activities of Living (Aktivitäten des Lebens); R. L.

Elsbernd (2000:153) berichtet von Patienten, die krankheitsbedingt in der eigenen aktiven Bewältigung eingeschränkt und dadurch oftmals verunsichert, peinlich berührt, ängstlich, aber auch zornig waren. Wenn dann in einer Pflegesituation ihre Bedürfnisse nach Schutz, Geborgenheit, Abhängigkeit, Sicherheit und liebevoll-zärtlichem Umgang von Pflegenden bei der Verfolgung anderer Pflegeziele gleichsam zufällig nebenbei befriedigt wurden, erlebten die Patienten dies, so Elsbernd, als überaus angenehm und heilsam. »Die Befriedigung dieser ›kindlichen‹ Bedürfnisse löste in den Patienten nicht nur intensive positive Gefühle aus, sondern zugleich auch die Überzeugung und das Vertrauen in den eigenen Gesundungsprozess. Dies ist vor dem Hintergrund, dass in der Pflegewissenschaft aktivierende Konzepte, in denen erwachsene progressive Verhaltenstendenzen wie Stärke, Kompetenz, Tatkraft und so weiter von den Patienten gefordert und sie darin gefördert werden, ein sicherlich interessanter und zu diskutierender Aspekt.« (ebd.)

Zeitweilige Regression von Klienten ist ein Phänomen, das von Pflegenden situationsbedingt nicht nur zugelassen, sondern in vielen Fällen sogar unterstützt werden muss. Pflegebedürftige Menschen können nicht ständig aktiv und hochmotiviert am Erhalt oder gar an der Steigerung ihres Selbstständigkeitsniveaus arbeiten. Sie brauchen streckenweise immer wieder Pausen und Erholung – und nicht selten auch jene vermehrte Zuwendung, die sich u. U. aus dem Kranksein ergibt. »Die aktivierende Pflege wird von sehr vielen Pflegenden als grundlegendes Prinzip der Pflege gesehen. … Es scheint allgemein gültig zu sein, dass jeder Mensch so viel Selbständigkeit erhalten oder wiedererlangen sollte, wie für ihn möglich ist. Selbständigkeit wird von Pflegenden als hohes Gut bewertet. Die Krankheit und die damit einhergehende Fürsorge und Zuwendung kann jedoch von Patienten als Gewinn empfunden werden.« (Fölsch 2008:103)

Nach meiner pflegerischen Erfahrung ist bei regredierenden Klienten manchmal der Versuch erfolgreich, Hoffnung zu vermitteln und über das Ermöglichen von Erfolgserlebnissen behutsam dazu anzuregen, wieder mehr Aktivitäten selbst zu übernehmen bzw. sie zumindest selbst (mit) zu steuern. Gelegentlich ist auch eine situativ bewusst gewählte passive Haltung der Pflegenden dabei behilflich, Selbstblockaden von Klienten zu lösen. Letztlich hängt das angemessene pflegerische Vorgehen von zahlreichen Faktoren ab – entscheidend sind häufig nicht nur die Rahmenbedingungen, sondern das Menschenbild bzw. das Pflegeverständnis der Handelnden.

Zegelin hält das Konzept der aktivierenden Pflege zwar als Gegenbegriff zu einer passivierenden, rein versorgenden und dadurch konservierenden und Abhängigkeit fördernden Pflege für »durchaus sinnvoll gemeint« (Zegelin 2005:154). Eine »Aktivierung des Kranken und die Anregung zur Selbstständigkeit« seien Bestandteil vieler Pflegetheorien (S. 155). Die Pflegewissenschaftlerin hebt jedoch hervor, es gebe keine fundierten theoretischen Aussagen zur aktivierenden Pflege. Der Begriff werde sehr unterschiedlich verstanden, seine Bedeutung reiche von einer einfachen Anregung zur Bewegung (Mobilisierung) bis hin zu einer komplexen Förderung der Selbstständigkeit. Zegelin kommt zum Schluss, Aussagen zur aktivierenden Pflege stifteten häufig mehr Verwirrung als Klärung (S. 154). In ihrer Dissertation kritisiert sie insbesondere ein mechanistisches Verständnis von aktivierender Pflege: » Im Allgemeinen wird unter aktivierender Pflege das Bemühen verstanden, dass der zu Pflegende zumindest Teile der eigenen Pflege und täglichen Aufgaben wieder selbst übernimmt. Hier liegt ein rehabilitativer Anteil von Pflege. Bei näherem Hinsehen fällt jedoch auf, dass in der Praxis ein eher mechanistisches Verständnis von Aktivierung vorzuherrschen scheint, es ist oft auf rein körperliche Dislokationen [Ortswechsel; R. L.] beschränkt. Andere Bereiche, die Menschen dazu bringen könnten, selbst wieder aktiv zu werden – Anreize von außen, geistige Herausforderungen, Kontakte und Spaß –, spielen kaum eine Rolle« (S. 155).

Aktivierung mit dem Ziel gesteigerter Funktionalität ist ein wichtiges allgemeines Pflegeziel, aber keines, das absolute Geltung beanspruchen kann. »Betrachtet man alle pflegerischen Handlungen ausschließlich unter dem Aspekt einer Aktivierung, so führt dies ggf. zu Überforderungen eines Patienten oder Bewohners. Ein Bewohner kann durch die morgendliche Aktivierung so erschöpft sein, dass er den anschließenden Vormittag nicht an anderen sozialen Aktivitäten teilnehmen kann und immer wieder einschläft. Er wurde zwar aktiviert, jedoch auf Kosten der Teilhabe an anderen Aktivitäten. Hinzu kommt, dass mit einer Aktivierung ein Ziel für die Pflege definiert wird, das nicht immer realisierbar erscheint. Beispielsweise ist bei der palliativen[92] Betreuung die Aktivierung kein angemessenes Ziel und keine angemessene Strategie des Pflegehandelns.« (Isfort 2011:33)

Schmitt-Mannhart (2009:255) sieht in der Langzeitpflege ein Spannungsfeld zwischen »aktivieren« und »Ruhe respektieren«. Sie fragt (ebd.): »Dürfen wir einen pflegebedürftigen Menschen, der lieber im Bett bleiben will, gegen seinen Willen mobilisieren?« Huber (1995:139) empfiehlt für die Arbeit in Pflegeheimen, »... in der konkreten Situation den Betroffenen selbst entscheiden zu lassen, ob er im Sinne einer aktivierenden Pflege ermuntert werden möchte, sich selbst zu pflegen, Unterstützung und Begleitung wünscht, um mit einem Leben im Heim besser zurecht zu kommen oder ob er ganz einfach in Ruhe gelassen werden möchte.«

Der Ansatz der aktivierenden Pflege fordere, dass die Menschen nicht im Bett liegen, bringt Zegelin (2005:121) eine landläufige Meinung auf den Punkt. Rabe erläutert: »Es gehört nach allgemeiner Auffassung zur guten Pflege, pflegebedürftige Patienten möglichst früh zu mobilisieren und zu aktivieren. Das bedeutet etwa, den Patienten zur Körperpflege und zum Essen aus dem Bett zu helfen und sie wenn irgend möglich zum Herumlaufen zu ermutigen. Die frühe Mobilisation bettlägeriger Patienten ist ein zentraler Punkt der pflegerischen Prophylaxe gegen Pneumonie, Dekubitus, Thrombose und Kontrakturen. Die Kranken selbst wehren sich nicht selten gegen Mobilisation, aus ganz verschiedenen Gründen. Diese Willensäußerungen werden aber von den Pflegenden, einer ›maternalistischen‹ Berufstradition folgend, oft gar nicht ernst

---

92 Palliative Betreuung verfolgt nicht das Ziel der Heilung (Kuration), sondern der umfassenden Verbesserung der Lebensqualität leidender Menschen mit lebensbedrohlicher Erkrankung (Palliation, Linderung).

genommen und durch Überredung oder das Schaffen von Fakten unterlaufen. Die Überzeugung, das fachlich Richtige sei zum Wohl des Patienten unbedingt geboten, verdrängt hier die beginnende Sensibilisierung der Pflege dafür, dass Autonomie der Patienten auch bei Pflegemaßnahmen zu beachten ist und dass es keine ethische Rechtfertigung dafür gibt, Patienten zu ihrem angeblichen Wohl zu zwingen bzw. überhaupt von außen zu bestimmen, was zu ihrem Wohl ist« (Rabe 2009a:86f).[93]

6.1.1.1.2 Selbstständigkeit als Selbstbestimmung

Funktionelle Eigenständigkeit ist die eine Seite der Selbstständigkeit, Selbstbestimmung die andere.

In Situationen der Hilfsbedürftigkeit sind Menschen zur Verwirklichung ihrer Selbstbestimmung verstärkt auf die Hilfe ihrer Umwelt angewiesen (Eurich 2008:355). Pflegende arbeiten mit Menschen, deren selbstbestimmte Lebensführung in den meisten Fällen reduziert oder gefährdet ist. »Professionelle Pflege ist eine verberuflichte Praxis, die es mit Einschränkungen der lebenspraktischen Autonomie der Betroffenen in besonderen Situationen zu tun hat.« (Friesacher 2009b:9)

Hilfsbedürftigkeit ist eine besondere Situation. Sie begründet oder verstärkt ungleiche Machtverhältnisse. So findet berufliche Pflege meist im Rahmen eines Abhängigkeitsverhältnisses statt, wenn diese Tatsache auch selten offen diskutiert wird. Bobbert stellt fest, Pflegende würden die jeder helfenden Beziehung innewohnenden asymmetrischen Machtstrukturen kaum problematisieren (Bobbert 2002:108). »Vielleicht läßt sich die Tatsache, daß Pflegende ihr eigenes Handeln am Patienten bislang eher selten als autonomierelevant problematisierten, unter anderem dadurch erklären, daß sie selbst ihren Verantwortungsbereich und ihre fachlichen Entscheidungen als nicht so tiefgreifend erachteten, um dies mit dem ›großen‹ klassischen medizinischen Konzept des ›Informed Consent‹ oder gar einem Patientenrecht auf Autonomie in Zusammenhang zu bringen.« (Bobbert 2002:108)

---

93 Maternalismus (von lat. mater: Mutter) bedeutet mütterlich-fürsorgende Bevormundung. Käppeli erinnert an die Jahrhunderte alte matriarchale Tradition der Pflege. Die Pionierin der Schweizer Pflegewissenschaft schreibt: »Bis in die 1970er Jahre rechtfertigten traditionsbewusste Schwesternschulen die Disziplin, die grenzenlose Demut und Selbstlosigkeit und das Standesbewusstsein, die sie ihren Absolventinnen zumuteten, mit der ebenfalls grenzenlosen Verantwortung der Schwester für das umfassende Wohl des Patienten. Dies bewirkte auf der anderen Seite Macht- und Allmachtsphantasien und kompensierte die strikte Unterordnung unter die Medizin. Punkto wohlmeinendes Wissen-was-gut-ist für den Patienten stand der ›helfende Engel‹ dem ›Gott in Weiss‹ in nichts nach. Auf dem Hintergrund dieser traditionellen Sozialisation bedeutet der heutige Anspruch, Patienten einen gewichtigen Teil ihres Gesundheits- und Krankheitsmanagements zu überlassen einerseits Verzicht auf Einfluss. Anderseits erfordert es von der Pflege, dass sie gemäss ihrem modernen Ideal der Kompetenz des Patienten vertraut und mit dieser professionell umgeht. Diese Veränderung kann mit beträchtlichen Ängsten verbunden sein und erfordert einen geeigneten Kontext. Ein weiteres wichtiges Hindernis für die aktive Integration des Patienten in seine Pflege sind die Arbeitsbelastung und der Zeitdruck des Pflegepersonals, die fehlende Betreuungskontinuität und natürlich die Qualität der Kommunikation ...« (Käppeli 2008:9)

6.1.1.1.2.1 Informierte Zustimmung

Zahlreiche Autoren betonen, wie wichtig es ist, die Selbstbestimmung pflegebedürftiger Menschen anzuerkennen und zu fördern.[94] So schreibt beispielsweise Dash (2000:144): »Pflegende sind verpflichtet, ihre Patienten mit den Informationen zu versorgen, die diese brauchen, um informierte Entscheidungen treffen zu können.« Der Internationale Pflegerat (ICN) hat diesen Gedanken in die neueste Fassung des Ethik-Kodex' für Pflegende aufgenommen. Er postuliert, die Pflegende gewährleiste, dass die pflegebedürftige Person ausreichende Informationen erhalte, auf die sie ihre Zustimmung zur pflegerischen Versorgung und Behandlung gründen könne (ICN 2010:2).

Großklaus-Seidel (2002:143) gibt zu bedenken: »Pflegerische Handlungen sind in der Regel nicht so invasiv wie medizinische, weshalb der ›informed consent‹ selten eingeholt wird. Doch auch ›body-to-body‹ Kontakte bedürfen der Einwilligung, weil sie die Intimsphäre berühren und damit nicht nur physisch, sondern auch psychisch ›verletzen‹ können. In zahlreichen Dienstleistungsberufen, die am und mit dem Körper von Kunden arbeiten, ist es mittlerweile üblich geworden, das eigene Handeln anzukündigen und das Einverständnis seines Gegenübers zu erbitten. Für den Bereich der Pflege ist dies trotz aller vorhandener Sensibilität oft noch schwierig – vielleicht deshalb, weil die Pflege es mit ›Kranken‹ zu tun hat. Krankheit und Pflegebedürftigkeit bedeuten jedoch nicht zwangsläufig Handlungs- und Entscheidungsunfähigkeit.«

Bobbert (2002:217,228; 2003:93) argumentiert in ähnlicher Weise. Sie weist darauf hin, dass zahlreiche pflegerische Handlungen etwa bei der Körperpflege oder bei der Nahrungsaufnahme aus körperlichen Berührungen bestehen. Diese körperlichen Zugriffe seien in den meisten Fällen zwar weniger invasiv (geringere »Eingriffstiefe«) und ihre Auswirkungen von geringerer Reichweite als medizinische Eingriffe, sie wiederholten sich jedoch häufig, seien intensiver und meist unvermeidbar, da ein Kranker in der Regel unweigerlich auf Hilfe bei alltäglichen Verrichtungen angewiesen sei. Die unausweichliche Abhängigkeit kranker Menschen von der Hilfe durch Pflegende mache differenzierte Überlegungen zum Recht auf Achtung der Autonomie umso notwendiger. »Denn in letzter Konsequenz stellt jede Art pflegerischer Hilfe, die ohne oder gar gegen das Einverständnis des Kranken ausgeführt wird, einen körperlichen Übergriff dar, der das Recht des Kranken auf Achtung der Autonomie verletzt. Deshalb muss vor einer noch nicht dagewesenen Pflegemaßnahme eine ›informierte Zustimmung‹ eingeholt werden und die Pflegemaßnahme sollte, während sie ausgeführt wird, von Vorankündigungen darüber, was jetzt als nächstes ›gemacht wird‹, begleitet sein.« (2003:93) Bobbert argumentiert: »Auch wenn diese ethische Forderung mit Blick auf

[94] Die meisten Autoren beziehen diese Forderung auf pflegebedürftige Individuen (vgl. Bobbert 2002, 2003, 2012; Kleinfeld 2004; Huber et al. 2005), nicht auf Kollektive wie etwa die Bewohnerschaft einer Pflegeeinrichtung. Sauter (2011a:667) weitet den Blick. Sie fordert, betroffene Menschen größtmöglich an Entscheidungen zu beteiligen, und dies gelte nicht nur bezüglich des Alltagslebens in der Einrichtung (z.B. Hausordnung, Speiseplan), sondern auch bezüglich strategischer Aufgaben (Leitbildentwicklung, Qualitätskontrolle, Beschwerdemanagement). Modelle und Spielregeln der Demokratie könnten, so Sauter (ebd.), vielerorts verwirklicht bzw. ausgebaut werden, z.B.durch die Etablierung von Heimbeiräten oder »Stationssprechern«, Bewohner- oder Patientenversammlungen und niedrigschwellige Beschwerdemöglichkeiten.

das pflegerische Handeln noch weiter differenziert werden muß, läßt sich bereits festhalten, daß nicht generell von einer allgemeinen, alle Handlungen Pflegender umfassenden Zustimmung ausgegangen werden kann, nur weil ein Patient in den Aufenthalt in einem Krankenhaus oder Heim und in eine bestimmte medizinische Diagnostik oder Therapie eingewilligt hat« (Bobbert 2002:217; vgl. dies. 2012:67).

Bauer führt dazu aus: »Um einem Patienten das Gefühl zu geben, daß sein Bedürfnis nach Privatsphäre erfüllt wird, sollten alle Tätigkeiten, die möglicherweise seine Privatsphäre verletzen, ausreichend erklärt werden. Diese Information ermöglicht es dem Patienten, die Notwendigkeit der Invasion zu verstehen und es erlaubt ihm, informierte Entscheidungen zu treffen im Hinblick darauf, wer Zutritt zu seinem Selbst/Körper erhält. Diese Erlaubnis ist jedoch nicht unbegrenzt gültig. Situationen ändern sich laufend, wodurch sich die Notwendigkeit für erneute Verhandlungen mit dem Patienten ergibt. Wenn er sehr krank und schwach ist, wird seine Toleranzschwelle höher sein, weil er Hilfe braucht, und er akzeptiert, daß diese Hilfe notgedrungen seine Privatsphäre verletzt. Fühlt er sich wieder besser, nähert sich sein Bedürfnis nach Privatsphäre dem normalen Ausmaß, und jede potentielle Pflegetätigkeit muß von neuem verhandelt werden« (Bauer 1996:195).

6.1.1.1.2.2 Alltagsbeispiel Körperpflege

Fölsch (2008:77) berichtet von negativen Alltagserfahrungen mit Selbstbestimmung in der Pflege und nennt als Beispiel die Körperpflege: »Im Pflegealltag werden in vielen Fällen die als pflegerisch notwendig gesehenen Handlungen auch gegen den Willen des Patienten durchgeführt: ›Es ist ja gleich vorbei.‹ Während verbal auf die Notwendigkeit der Pflegemaßnahmen hingewiesen und der Patientin gut zugeredet wird, wird das Waschwasser schon vorbereitet und mit der Grundpflege begonnen.« Barandun Schäfer et al. (2011) diskutieren den Widerstand schwerkranker Menschen gegen Pflegemaßnahmen am Beispiel der Mundpflege und entwickeln für Pflegepraktiker eine ethische Orientierungshilfe. Sie solle dazu beitragen, dass Pflegende, die täglich Mundpflege durchführen, Widerstand von Patientinnen nicht lediglich als technisches Problem ansehen und behandeln, sondern für die ethische Dimension von Alltagssituationen sensibilisiert und im Treffen von persönlich zu verantwortenden Entscheidungen unterstützt werden (S. 195).

Hofmann argumentiert ebenfalls am Beispiel der Körperpflege. »Die Würde des Menschen zu schützen und zu achten ist auch in vielen pflegerischen Leitbildern die oberste Maxime. Wer dies ernst nimmt, muss den pflegebedürftigen Menschen eine Fürsorge zuteilwerden lassen, die deren Autonomie – als Ausdruck der Menschenwürde – in jedem Fall bis zuletzt schützt und stützt. Fürsorge, die nicht vorrangig diesem Ziel dient, ist eine Art Bevormundung, die zwar manchmal – in Ausnahmefällen – berechtigt sein mag, aber auf jeden Fall begründet werden muss. Auf die Pflege bezogen, bedeutet dies z. B. ganz konkret: Niemand darf einen Menschen waschen, der das strikt ablehnt; und nicht die Ablehnung muss begründet werden, sondern eine pflegerische Fürsorge, die dieses ›Nein‹ nicht respektiert. Auch kranke, alte, behinderte und sterbende Menschen haben das Recht in den Augen anderer unvernünftig zu sein, ohne sofort mit einer ›Zwangsbeglückung‹ rechnen zu müssen.« (Hofmann 2006:11)

Grams (1998:45) plädiert für eine »Pflege der Ermöglichung«, bei der sowohl Patienten als auch Pflegekräfte Verantwortung übernehmen. Gerade die Körperpflege werde oft als mechanischer Reinigungsvorgang durchgeführt, ohne Selbstbestimmung und Mitgestaltung des Patienten. Ausgangspunkt einer »Pflege der Ermöglichung« seien hingegen Zusammenarbeit und situative Absprachen zwischen Patient und Pflegekraft, z. B. über Ziel und Modalitäten der Waschsituation (S. 46).

Fölsch (2008:95) zählt einige mögliche Gründe für die Hilfe beim Waschen bzw. für die Übernahme der Körperpflege auf, welche in der Pflegepraxis verbreitet sind:

»Der Pflegende wäscht den Patienten:

- weil der Patient den Wunsch hat, gewaschen zu werden.
- weil es der Routineablauf so vorsieht.
- weil er gegenüber der Stationsleitung und Kollegen nicht als faul oder nachlässig erscheinen will.
- weil der Patient zu einer Untersuchung muss, und wenn er noch nicht gewaschen und das Bett nicht frisch überzogen worden ist, würde das ein schlechtes Licht auf das Pflegepersonal werfen.
- weil Visite (evtl. sogar Chefvisite) kommt und bis dahin alles in Ordnung sein muss.
- weil es seinen Vorstellungen von Pflege entspricht, dass jeder Patient einmal am Tage gewaschen werden muss.
- weil der Patient geschwitzt hat und daher gewaschen werden muss.
- weil er inkontinent ist und es sonst zu Hautreizungen kommt (...).«

Gerade das Thema Körperpflege macht deutlich: Die Autonomie von Klienten anzuerkennen und sie zu fördern, ist eine wichtige Forderung an Pflegekräfte. Ist jedoch die Selbstbestimmung von Klienten stets das oberste Ziel der Pflege?

6.1.1.1.2.3 Gründe für den Verzicht auf Selbstbestimmung

»Pflege hat moralische Implikationen«, schreibt Arndt (1999:45). Die Krankenschwester, Religionspädagogin, Pflegewissenschaftlerin und Ordensfrau versteht Pflege als moralisches Handeln (Arndt 2000d:131). »Jeder einzelne Pflegeakt hat moralische Bedeutung. Solche moralische Bedeutung kommt zum Tragen im Zusammenhang mit dem Essen reichen, mit der Körperpflege, mit vorbeugenden Maßnahmen oder im Zusammenhang mit der Hilfe beim Wasserlassen, beim Stuhlgang, beim Erbrechen.« (ebd.)

Arndt erklärt: »Sich um den anderen Menschen zu sorgen, das Gute für andere zu tun, ist moralisches Handeln« (Arndt 1999:45). Wer aber legt »das Gute« fest, wo es doch in vielen Fällen sehr schwierig ist zu sagen, was für Klienten gut ist (vgl. Needham 2004:133)? Grundsätzlich kann nur der betreffende Mensch selbst entscheiden, was ihm gut tut (vgl. Kleinschmidt 2004:148), deshalb sollen pflegebedürftige Menschen über ihre Angelegenheiten i. d. R. selbst bestimmen. »Die Autonomie der Patienten zu respektieren bedeutet also für die Pflege, Selbstständigkeit und die Fähigkeit zur Selbstsorge bei den Patient/innen fördern, ohne sie aufzuzwingen und ohne eigene Wertungen und Einschätzungen anders als beratend einzubringen. Patientenorientierung heißt: dem Patienten helfen, den für ihn besten Weg zu finden.« (Rabe 2009a:134)

Allerdings gibt es begründete Ausnahmen von dieser Norm, beispielsweise, wenn Klienten große Ängste entwickeln, sobald sie zur Selbstbestimmung aufgefordert werden. Kuhlmey fragt »Ist selbstbestimmtes Handeln für alle Menschen gut?« und gibt sogleich die Antwort: »Ein ethisches Problem und ein deutliches Nein: wenn Selbstbestimmung für eine Person mit großer Unsicherheit und Angst verbunden ist, dann hat sie für diese Person nicht den Wert, den sie möglicherweise in anderen Personen hat« (Kuhlmey 1999:92). Woher kommen Angst und Unsicherheit? Weshalb wehren sich manche Klienten gegen die Zumutung, selbst bestimmen zu müssen? Hier spielen mehrere Faktoren eine Rolle.

Gerade in der psychiatrischen Pflege kann es für Patienten problematisch sein, eigene Entscheidungen treffen zu müssen oder sie zu artikulieren. »Problematisch in der Psychiatrie ist der Umstand, dass PatientInnen in schweren Krisen oft selbst nicht wissen, was für sie gut ist.« (Needham 2004:133)

Eurich erinnert an das grundsätzliche Machtgefälle zwischen Pflegenden und Gepflegten. »[Die] Pflegesituation ist grundsätzlich durch die Hilfsbedürftigkeit der zu pflegenden Person und damit durch Asymmetrie und Abhängigkeit gekennzeichnet. Deshalb ist neben der Selbstbestimmung auch die Fürsorge als ethische Orientierung der Pflege unbedingt erforderlich.« (Eurich 2008:354)

Kleinschmidt (2004) konnte in ihrer Dissertation nachweisen, dass gerade für ältere Patienten das Ausüben von Selbstbestimmung oft gleichbedeutend ist mit Ungehorsam (S. 157); diese betagten Menschen rechnen mit Sanktionen, falls sie sich gegen die Durchführung von Maßnahmen wehren und betonen die Abhängigkeit von Pflegenden, denen sie – auch in der Überzeugung, jene wüssten besser, was zu tun sei – häufig die Entscheidungen überlassen (S. 154).

Kleinschmidts Studie zeigt, dass es nicht allen Patienten wichtig ist, ihre Pflege mitzugestalten (2004:148). Zwar sei jedem Menschen grundsätzlich ein Selbstbestimmungsrecht zuzugestehen (S. 227), der Anspruch auf Mitentscheidung und -gestaltung der Pflege sei jedoch auch vom Bildungsstand der Gepflegten abhängig: je höher der Bildungsgrad und die soziale Schichtzugehörigkeit, desto größer sei der Anspruch auf Selbstständigkeit (S. 190ff). Bei Patienten bestehe ein individuell unterschiedlicher Bedarf an Mitentscheidung und Mitgestaltung im Bereich der sie betreffenden Pflege und dieser hänge u. a. auch von der Krankheits- und Lebenssituation des Patienten und seinem aktuellen Befinden ab.

Kleinschmidt schließt aus ihren Untersuchungsergebnissen, Mitentscheidung und Mitgestaltung der Pflege durch »den« Patienten könne nicht als »pauschale Forderung« aufrechterhalten werden, sondern diese Thematik sei sehr differenziert zu betrachten (S. 227).

Zegelin beschreibt, wie Pflegeheimbewohner versuchen, den Pflegenden nicht zur Last zu fallen. »Die Pflegenden sollen geschont werden, eigene Bedürfnisse werden zurückgestellt. Dies wird besonders deutlich, wenn der Pflegebedürftige den Transfer als aufwändig erlebt und die Pflegepersonen als körperlich unterlegen sieht – die Asymmetrie der Beziehung führt dazu, dass der Hilfebedürftige sich zurücknimmt.« (Zegelin 2005:125)

Huber et al. (2005:67) kritisieren zwar, Pflegeheimbewohner würden häufig nicht gefragt, wer ihr neuer Mitbewohner werde, ob sie einen Zimmerschlüssel wollten oder welche Möbel im Zimmer stehen sollten. Im Pflegeheim müssten sich Menschen, die sich vorher fremd waren, von einem Tag auf den anderen sogar das Schlafzimmer teilen. Gleichwohl plädieren die Autoren dafür, nicht allen alten Menschen im Pflegeheim dasselbe Bedürfnis nach Autonomie zu unterstellen; einige alte Menschen delegierten nicht nur die Durchführung, sondern auch die Entscheidung bezüglich relevanter Fragen ihrer alltäglichen Lebensgestaltung an andere Personen und verzichteten damit auf Autonomie (S. 42).

Nach Wulff et al. (2010:244f) bedeutet körperliche Abhängigkeit nicht den Verlust von Entscheidungsfreiheit. Einschränkungen der Handlungsfähigkeit seien ebenso mit Selbstbestimmung vereinbar wie die Entscheidung, Handlungsspielräume trotz noch vorhandener physischer und kognitiver Fähigkeiten (Handlungsfähigkeit) nicht zu nutzen und sich für mehr Unterstützung bei Verrichtungen im Alltag zu entscheiden. Wulff et al. (2011:14f) raten dazu, bei der Autonomie von Pflegeheimbewohnern Entscheidungs- und Durchführungsautonomie zu unterscheiden.

Käppeli (2008:6) erinnert daran, es gebe Patienten, die Eigenverantwortung als Belastung empfänden und damit überfordert seien, und Fölsch bestätigt: »Nicht jeder Patient wünscht oder erwartet, in die Planung der Pflege miteinbezogen zu werden. Viele Patienten sind aufgrund ihrer Krankheit weder in der Lage noch haben sie die Energie, ihre Autonomie in Anspruch nehmen zu wollen. Sie vertrauen auf das Fachwissen der Pflegenden und begeben sich in deren wohlwollende Fürsorge. Es ist jedoch von zentraler Bedeutung, ob der Patient auf sein Recht auf Autonomie verzichtet oder ihm dieses Recht verweigert wird. Es sollte auch beachtet werden, ob der Patient aufgrund seiner Erkrankung und seines derzeitigen Bedürfnisses nach Fürsorge auf sein Recht verzichtet, oder ob Verunsicherungen durch das System und Ausgeliefertsein als Hilfesuchender ausschlaggebend für sein Handeln sind« (Fölsch 2008:73).

Der Schweizer Berufsverband der Pflegefachfrauen und Pflegefachmänner (SBK-ASI) warnt: »Die Gefahr, Autonomie zum obersten Ziel der Pflege erklären zu wollen, kann dazu führen, dass Patienten aus ideologischen, praktischen oder wirtschaftlichen Gründen gezwungen werden, Entscheidungen zu treffen oder Aufgaben zu übernehmen, auf die sie nicht vorbereitet oder derer sie (noch) nicht fähig sind« (SBK-ASI 2005b:12). Der Berufsverband hebt hervor, das Autonomieprinzip beinhalte u. a. nicht nur das Recht von Menschen, sich an der eigenen Pflege zu beteiligen, sondern auch diese abzulehnen (S. 11).

Grundsätzlich darf es keinen Zwang zur Selbstbestimmung geben. Nicht nur Kinder, psychisch kranke und demente Menschen, sondern auch andere pflegebedürftige Menschen können mit der Anforderung überfordert sein, allein Entscheidungen zu treffen. Sie brauchen Beratung und Unterstützung, um sich entscheiden zu können. »Dem Patienten die Entscheidungshoheit zu überlassen, ist sicher ein wichtiger Schritt, aber im Klinikalltag ist eher das Problem, sie dialogisch zu gestalten. Dialogizität statt Autonomie heißt das Prinzip einer pragmatischen Entwicklung, die einerseits die Selbstbestimmungsfreiheit des Patienten respektiert, ihn aber andererseits in dieser Freiheit nicht allein läßt.« (Illhardt 1999b:275)

Rabe relativiert das Ideal einer stets vollständig selbstbestimmten Pflege: »Es wird von Pflegenden nicht selten moralisch missbilligt, wenn Patienten sich nicht mobilisieren oder aktivieren lassen wollen, doch kann auch der Verzicht auf Autonomie Ausdruck von Autonomie sein« (Rabe 2009a:129). Sie kritisiert, in Pflegeberichten sei allzu oft zu lesen, alte Menschen hätten Essen und Trinken »verweigert«. Rabe erläutert ihre Kritik: »Verweigern kann man nur etwas, zu dem man eigentlich verpflichtet ist: Hier scheint der alte Paternalismus von Pflege und Medizin durch. Deshalb sollte aus Respekt vor der Autonomie grundsätzlich von ›Ablehnung‹ gesprochen werden« (Rabe 2009b:3).

6.1.1.1.2.4 Paternalismus

Der in den Sozialwissenschaften negativ besetzte Begriff Paternalismus bezeichnet nach Höffe den Versuch eines einzelnen oder des Staates, das Wohlergehen anderer Personen (bzw. der Staatsbürger) auch ohne deren Einwilligung, extremenfalls sogar gegen ihren Willen herzustellen (Höffe 1997:224). Für den Bereich der Medizin bezeichnet Stoecker (2011:237) die Einstellung eines Arztes, er sei der für das Wohl des Kranken verantwortliche Vormund, als paternalistisch.

Auch in der Pflege finden sich paternalistische Vorstellungen: »Paternalistische, bevormundende Verhaltensweisen sind im Pflegealltag häufig anzutreffen. Allzu oft werden pflegerische Interventionen ohne Absprache mit dem Patienten bzw. ohne dessen Zustimmung durchgeführt. Allzu oft werden mit den Angehörigen hinter dem Rücken des Patienten Absprachen über dessen Versorgung getroffen und dem Patienten aus den unterschiedlichsten Gründen Informationen bewusst vorenthalten« (Schnabel, Wesselborg 2004:693).

Bobbert (2002:232f) sieht ebenfalls das Recht auf Achtung der Autonomie eines Patienten tangiert, wenn ohne sein Wissen mit Angehörigen Gespräche über ihn geführt oder wenn ohne seine informierte Zustimmung Kontakte vermittelt werden – etwa, wenn er ohne Absprache von einem benachrichtigten Vertreter einer Selbsthilfegruppe Besuch erhält. Die Psychologin und katholische Theologin beklagt (S. 327), Pflegende sähen das Einbeziehen von Patienten häufig nur unter dem psychologischen Aspekt der »Compliance«, d.h. der Mitarbeit des Patienten. »Daß sich durch ›Einbeziehung‹ in der Regel eine bessere Kooperation, größere Patientenzufriedenheit und bessere Heilungschancen ergeben, ist zwar durchaus ein wünschenswerter Effekt der ›Beteiligung‹, reicht aber aus ethischer Sicht als Begründung nicht aus.« (S. 327f)

Bobbert (S. 18) erläutert ihre Bedenken: »Nun haben sich die helfenden Berufe und in besonderer Weise die Pflegenden traditionell stark der Fürsorge verschrieben.« Die helfende Haltung der Fürsorge berge jedoch die Gefahr, dass die Helfer(innen) ihre eigenen Wertvorstellungen und ihre partikularen Auffassungen vom »guten Leben« ungerechtfertigt als allgemein verbindliche Normen verstünden und ihrem Handeln gegenüber Patient(inn)en zugrundelegten (S. 151). »Aus dieser Perspektive der Fürsorge heraus mag es nicht immer leicht sein, das Recht eines Patienten auf Achtung seiner Autonomie umzusetzen, erfordert dies doch zeitweise, von persönlich und pflegerisch für gut befundenen Denk- und Handlungsgewohnheiten zurückzutreten, verständnisvoll zu tolerieren und den anderen manchmal einfach gewähren zu lassen.« (S. 18) Für Körtner (2004:112; 2012:82f) gehören zu einer professionellen Pflege eine »distanzierte Nähe« bzw. die Fähigkeit zur ethisch begründeten Selbstbegrenzung der Fürsorge.

Paternalismus bzw. Maternalismus muss kontextbezogen beurteilt werden. »In pflegerischen Berufen tritt das Paternalismusproblem in vielen Fällen nicht als eine Frage der Zulässigkeit der Einmischung auf, sondern, da das Verhältnis ein nichtreziprokes ist, als Frage nach der jeweiligen Angemessenheit eines bestimmten Ausprägungsgrads professionellen Eingreifens, als Frage nach den Mitteln und nach der Verhältnismäßigkeit. Anders ausgedrückt: es kommt auf die Ausbalancierung heteronomer Einflußnahme zur Schadensabwendung und zur Förderung des Guten einschließlich der Förderung der Autonomie an.« (Schwerdt 1998c:59).

6.1.1.1.2.5 Selbstbestimmung im psychiatrischen Pflegealltag

Während in den meisten pflegetheoretischen Vorstellungen ein paternalistisches Verhalten strikt abgelehnt wird, gibt es in der Pflegepraxis Situationen, in denen eine Nichtbeachtung des augenblicklichen Wunsches und Rechtes eines Klienten auf Selbstbestimmung moralisch gefordert sein kann, z. B. wenn sich ein psychiatrischer Patient das Leben nehmen möchte und die Pflegekraft ihn dabei antrifft. Einen suizidalen Patienten gegen seinen Willen festzuhalten sei moralisch gerechtfertigt, so Hewitt und Edwards, damit er sich nichts antue. Durch den Zwang werde zwar das Recht auf Selbstbestimmung des Patienten missachtet; die Handlung lasse sich jedoch mit einer Ethik der Fürsorge begründen (Hewitt, Edwards 2009:62).

Allerdings können durchgeführte Zwangsmaßnahmen für alle Beteiligten bedrückend sein. Löhr et al. (2011:240f) referieren, die Furcht davor, nach einer Zwangsmaßnahme keine therapeutische Beziehung mehr zum Patienten zu haben, weil das Vertrauensverhältnis empfindlich gestört sein könnte, belaste viele Mitarbeiter in der Psychiatrie. Needham hält die Beteiligung an Zwangsmaßnahmen in der psychiatrischen Pflege für unausweichlich; der Pflegewissenschaftler und Psychiatrieexperte schränkt zugleich ein: »Was wir aber machen können und sollen, ist dafür zu sorgen, daß wir möglichst wenig und möglichst reflektierten Zwang ausüben« (Needham 1997:215). Finzen (1993) ist davon überzeugt, jede Behandlung gegen den Willen der Kranken sei eine zuviel – gleichzeitig vertritt er die Position, es gebe Situationen, in denen psychisch Kranke ein Recht darauf hätten, »… dass ihnen gegen ihren Willen geholfen wird« (zit. n. Needham 2004:131).

Nach Stoecker (2011:238) hängen in der »psychiatrischen Ethik« offenkundig viele Probleme mit der Frage zusammen, ob und unter welchen Umständen es zulässig ist, sich über den ausdrücklichen Willen von Patienten hinwegzusetzen. Needham (2004:139) berichtet, Zwangsmaßnahmen wie Isolierung, Zwangsmedikation und Fixierung träten im psychiatrischen Alltag häufig auf; er nennt weitere häufige Probleme:

- Sanktionen und Entzug von Rechten und Privilegien (Kürzung des Taschengelds, Ausgangssperre),
- Vorenthaltung von wichtigen Informationen,
- Dosierung der Wahrheit aus (angeblicher) Rücksicht auf mögliche Reaktionen (»therapeutisches Belügen«),
- Ungleichmäßige Verteilung von Ressourcen oder Zuwendung.

Letztlich haben alle aufgeführten Probleme mit einer Einschränkung autonomer Entfaltungsmöglichkeiten, d. h. mit Einschränkungen der Freiheit zu tun.

Steinert erlebt als Psychiater im stationären Alltag eine Grundfrage, welche die Pflege an vorderster Stelle betreffe und die sich in alle Verzweigungen der Behandlung fortsetze: »Haben wir die persönliche Freiheit des Patienten und seine Willensäußerungen zu respektieren oder müssen wir uns vielmehr zu seinem Wohle, seinem mutmaßlichen ›echten‹ Willen entsprechend, über diese Äußerungen hinwegsetzen? Akzeptieren wir es, wenn die Patienten ungewaschen im Schlafanzug zum Frühstück erscheinen, oder sind wir berechtigt, darauf mit irgendwelchen Sanktionen zu reagieren? Darf man Patienten, die nicht aufstehen wollen, ›aus dem Bett werfen‹? Ist es ethisch gerechtfertigt, Patientenzimmer tagsüber abzuschließen, um die Patienten zur Therapieteilnahme zu motivieren? Ist es ethisch gerechtfertigt (erlaubt – oder sogar geboten?), Ausgang und Wochenendurlaub an die Teilnahme an Therapien zu knüpfen? Welche Reaktionen auf Regelübertretungen (Alkoholmissbrauch, Ausgangsüberziehung etc.) sind angemessen? Wie viele Provokationen von Patientenseite müssen Mitarbeiter dulden, wann sind Sanktionen angemessen und in welchem Umfang? In welchem Umfang können bzw. müssen wir die Medikamenteneinnahme oder auch die Nahrungseinnahme (z. B. bei anorektischen Patientinnen) überwachen und kontrollieren? Sind Verletzungen der Intimsphäre von Patienten mit Zimmerdurchsuchungen oder Leibesvisitationen (z. B. bei Verdacht auf Drogengebrauch, Waffen, Diebstahl) zu rechtfertigen?« (Steinert 2001:33)

Steinert zufolge (ebd.) lassen sich die genannten Fallbeispiele auf einen einzigen Grundkonflikt reduzieren: »Immer geht es um die Problematik von Selbstbestimmung einerseits (vertreten durch die therapeutische Haltung des Liberalismus, verbunden mit einer gewissen Risikofreudigkeit) und Fremdbestimmung andererseits (vertreten durch die Grundhaltung des Paternalismus, verbunden mit einem Bedürfnis nach Sicherheit).« Er empfiehlt die Energie prinzipiell in das Gespräch mit dem Patienten und in beharrliche Überzeugungsarbeit zu investieren, bevor nach sorgsam abgewogenen Begründungen für Maßnahmen gegen den Willen des Patienten gesucht und darüber nachgedacht werde, welches Ausmaß von Zwang und Fremdbestimmung ethisch zu rechtfertigen sei (S. 35).

Der erfahrene Psychiater rät zur Frage »Wie würde ich selbst gerne handeln?« (S. 35f). Diese besonders heikle Frage solle gestellt werden, ohne sich hinter der Anordnung eines Vorgesetzten zu verstecken. Sie erfordere Kenntnis der eigenen Schwächen und Offenheit gegenüber sich selbst. »Verspüre ich insgeheim Freude daran, Macht auszuüben und Patienten hin und wieder klar zu zeigen, wer hier das Sagen hat? Wer diese Schwäche bei sich kennt, sollte besonders vorsichtig sein, Zwangsmaßnahmen und Reglementierungen von Patienten scheinbar therapeutisch zu begründen. Aber auch die gegensätzliche Haltung ist nicht ohne Probleme: Weiß ich von mir selbst, dass es mir besonders schwer fällt, Zwang auszuüben und etwas gegen den Widerstand eines Patienten durchzusetzen, weil dies mit meiner persönlichen Einstellung und meinem Selbstbild kollidiert und ich eigentlich von dem Patienten nur als stets gute, hilfreiche Person wahrgenommen werden möchte? Wer diese Schwäche an sich kennt, sollte immer wieder kritisch prüfen, ob er nicht Gefahr läuft, notwendige Hilfen – die auch einmal die Gestalt von Zwang und Versagung haben können – zu Gunsten seines eigenen Wohlbefindens zu unterlassen.« (ebd.)

Löhr et al. steuern eine bittere Erkenntnis bei: »Ethische Reflexion ist für Mitarbeiter in der Psychiatrie auch deshalb wichtig, weil sie in vielleicht höherem Maß als andere Menschen in der Gefahr stehen, an den ihnen anvertrauten Menschen schuldig zu werden« (Löhr et al. 2011:242). Auf diesem Hintergrund sind die Orientierung an bewährten ethischen Prinzipien und die gemeinsame Reflexion im Team unabdingbar. Needham (2011:572) zählt einige ethische Erfordernisse bei der Ausübung von Zwangsmaßnahmen auf. Unter dem ethischen Prinzip, keinen Schaden zuzufügen, nennt er den Einsatz der mildesten erforderlichen Maßnahmen und der nachweislich schonendsten Methoden, die Vermeidung von Verletzungen, die schnellstmögliche Aufhebung der Maßnahme sowie den Punkt »An möglichen Schaden für HelferInnen denken«. Als Beispiele für das ethische Prinzip, Gutes zu tun, führt er u.a. an, möglichst prophylaktisch zu wirken (z.B. Deeskalation) und vorgängig andere Maßnahmen auszuschöpfen. Dem ethischen Prinzip Gerechtigkeit wird dadurch entsprochen, dass allen zwangsbehandelten Patienten die im Rahmen der Gesetzgebung eingeräumten Rechte gewährt werden. Das Prinzip Wahrhaftigkeit wiederum besagt, dass vorgängig mit den Patienten über die beabsichtigte Zwangsmaßnahme gesprochen und – sofern möglich – eine Chance zur Verhaltensänderung gegeben wird. Außerdem sind die Patienten über ihre Rechte aufzuklären und ihnen soll – sofern möglich – erklärt werden, welches Verhalten bzw. welche Umstände zur Aufhebung der Maßnahmen führen. Schließlich nennt Needham noch zwei Möglichkeiten, bei der Anwendung von Zwangsmaßnahmen das Prinzip der Autonomie zu berücksichtigen: »Nachträglich mit den PatientInnen die Zwangsmaßnahme aufzuarbeiten« sowie »Den PatientInnen im Rahmen der Zwangsmaßnahme so viel Selbstbestimmung wie möglich gewähren (etwa Art der Medikamenteneinnahme)« (ebd.).

6.1.1.1.2.6 Selbstbestimmung in der Gesundheits- und Kinderkrankenpflege

Zwangsmaßnahmen sind ein klassisches psychiatrisches Thema, aber sie kommen nicht nur dort vor. Auch in der Gesundheits- und Kinderkrankenpflege kann häufig nicht auf Zwang verzichtet werden, etwa, wenn sich ein Kleinkind die Infusionsnadel entfernen will.[95] »Ein wichtiger Wert in der Pflege ist die Achtung vor der Autonomie (Selbstbestimmung) eines Menschen. In der Kinderkrankenpflege sind Pflegende täglich mit Aufgaben konfrontiert, in denen die Selbstbestimmung des Kindes nicht beachtet wird. Andere entscheiden dann für das Kind was ihm gut tut oder schadet. Für Pflegende ergeben sich hieraus immer wieder Konfliktsituationen, in welchen sie ethische Entscheidungen fällen, z. B. dem Kind eine [sic] Medikament gegen seinen Willen zu geben oder es zur Blutentnahme festzuhalten.« (Hochscheid 2002:9)

6.1.1.1.2.7 Selbstbestimmung in der Pflege von Menschen mit Demenz

Entwicklungsbedingte Einschränkungen der Fähigkeit zu Selbstbestimmung finden sich nicht nur bei Kindern und Jugendlichen, sondern auch bei vielen hochbetagten Menschen, insbesondere bei Vorliegen einer Demenz. Hofmann erörtert Selbstbestimmung vor dem Hintergrund der schwierig zu interpretierenden Handlungen von Menschen mit altersbedingten Verwirrtheits- und Demenzerscheinungen: »Widerstand gegen bestimmte pflegerische oder therapeutische Maßnahmen wird in aller Regel nicht als Ausdruck einer autonomen Willensäußerung verstanden – was aber doch immerhin denkbar wäre – sondern als unvernünftige, weil demenzbedingte ›Verweigerung‹« (Hofmann 2001b:182). Dennoch bleibt festzuhalten: »Psychische Erkrankungen führen in vielen Fällen tatsächlich zu vorübergehendem Autonomieverlust. Von daher gehört es zur Verantwortung und Professionalität der Pflegenden, ihre eigenen Ängste und Machtgefühle ebenso wie ihre Interpretation permanent zu reflektieren, damit sie nicht bestehende Abhängigkeiten verstärken oder (un-)bewusst ausnutzen und so die Würde und das Selbstwertgefühl der Betroffenen unnötig verletzen« (S. 82f). [96]

---

95 zu Fragen der Selbstbestimmung von Kindern im Krankenhaus siehe Richardson und Webber (1998:8,25f,35f,38)

96 Anmerkung R. L.: Rabe ist zuzustimmen, wenn sie festhält: »Ein Mensch verliert auch dann nicht seine Würde, wenn er seine Autonomie nicht mehr wahrnehmen kann, zum Beispiel bei Verwirrung oder Koma« (Rabe 2000:12). Dies gilt m.E. insbesondere bei einer christlichen Herleitung der Menschenwürde aus dem Geschaffen-Sein und Geliebt-Werden von Gott. »Im biblischen Menschenbild ist der Mensch von Gott geschaffen und mit Würde ausgestattet. Die Gottesebenbildlichkeit verliert der Mensch auch nicht durch Krankheit oder Pflegebedürftigkeit. Damit ist es [das biblische Menschenbild; R. L.] eine geeignete Grundlage, hilfebedürftigen Menschen mit Achtung gegenüberzutreten.« (Devrient 2006:34) Christliche Ethik geht davon aus, so Kreitzscheck (2009:83), dass jeder Mensch Würde hat. Diese Würde hänge nicht davon ab, was ein Mensch könne oder nicht mehr könne, was er habe oder nicht mehr habe. »Ob ein Mensch ein ›menschenwürdiges‹ Dasein lebt, hängt nicht davon ab, ob er noch denken oder sich frei bewegen kann, oder ob er von anderen Menschen abhängig ist. Seine Menschenwürde hängt nach christlichem Verständnis allein von Gott ab, dessen Ebenbild er ist. So sind auch Menschen mit körperlichen oder geistigen Behinderungen oder Menschen mit chronischen Krankheiten, komatöse Patienten oder Babys, die ohne Gehirn geboren werden und deshalb bei der Geburt sterben, Ebenbilder Gottes, also Menschen mit Würde.« (ebd.)

6.1.1.1.2.8 Grenzen des Rechts auf Selbstbestimmung

Menschen haben ein grundsätzliches Recht auf Selbstbestimmung. Pflegekräfte sollten dieses Recht respektieren und dafür Sorge tragen, dass es tatsächlich wahrgenommen werden kann.

Rehbock (2000:288) mahnt: »Achtung der Autonomie des Patienten fordert vom Helfenden, dass er sich im Rahmen seiner Möglichkeiten in die Lage des Hilfsbedürftigen hineinversetzt, um zu verstehen, was gut für ihn ist, was er braucht und was er wirklich will und akzeptieren kann. Diese Forderung schließt die Bereitschaft ein, auch solche Bedürfnisse und Wünsche zu respektieren, die man selbst nicht teilt, wie etwa bestimmte Essgewohnheiten oder auch das Rauchen«.

Wenn Rehbocks Aussage auch grundsätzlich beigepflichtet werden kann, wirft das Thema »Rauchen« doch die interessante Frage auf, wie verfahren werden soll, wenn pflegebedürftige Menschen Unterstützung verlangen, die aus pflegefachlicher Sicht nicht angezeigt oder sogar gefährlich ist. Sollen Pflegende (potenziell) gesundheitsgefährdenden Wünschen nachkommen?

Heinemann argumentiert, die Selbstbestimmung von Patienten ende an der Autonomie des Arztes: »Kein Patient kann einen Arzt zu einer Behandlung nötigen, die dieser für unsinnig oder schädigend hält« (Heinemann 2005:8). Gilt Gleiches für das berufliche Selbstbestimmungsrecht von Pflegefachkräften? Zunächst einmal trifft zu, was Bobbert hervorhebt: »Ebenso wie ihre Patient(inn)en haben auch die Pflegenden das Recht auf Wahrung ihrer Intimsphäre und auf Schutz ihrer Gesundheit. Insofern können Patient(inn)en beispielsweise keine Handlungen verlangen, welche die Pflegenden als herabwürdigend oder als Eingriff in ihre Intim- oder Privatsphäre empfänden oder die ihre Gesundheit deutlich gefährden würden. Recht konkret wird dies etwa bei dem Wunsch eines Patienten mit einer ansteckenden Form von Hepatitis, die Pflegeperson möge die Mundpflege doch ohne Handschuhe ausführen, da ihm dies unangenehm sei« (Bobbert 2002:255).

Klienten können Pflegekräfte nicht zwingen, wider besseres Wissen gegen fachlich gesicherte Standards zu verstoßen, da Pflegekräfte im Rahmen ihrer Garantenpflicht verpflichtet sind, Leben und Wohlergehen zu schützen und auf schädigende Maßnahmen zu verzichten. In der Pflegepraxis führt z. B. der oftmals geäußerte Wunsch älterer Menschen, kräftig mit »Franzbranntwein« eingerieben zu werden, zu einem ethischen Konflikt: Soll im Sinne einer oberflächlich verstandenen Kundenorientierung (»Der Kunde ist König«) oder einer berechtigten palliativen, auf die Förderung von subjektivem Wohlbefinden und Selbstbestimmung gerichteten Zielsetzung auf die Bitte eingegangen werden? Oder darf/kann/soll/muss die gewünschte Maßnahme abgelehnt werden – unter Hinweis auf die Gefahr einer weiteren Austrocknung der Altershaut mit Juckreiz und eventuellen Hautschäden?

Die Gefahr einer körperlichen Schädigung ist in diesem Fallbeispiel relativ gering – was aber sollen Pflegende tun, wenn Klienten weitreichendere Forderungen stellen? Wie sollen sie reagieren, wenn sie zu Handlungen aufgefordert werden, denen sie aus moralischen Gründen nicht nachkommen wollen? Aroskar (1989:969) greift ein besonders radikales Beispiel heraus. Sie proklamiert, Klienten könnten von Gesundheitsfachpersonen nicht verlangen, gegen tiefe eigene moralische Überzeugungen zu handeln. So könne ein tumorkranker Klient im Terminalstadium mit nicht beherrschbaren Schmerzen von einer ambulant tätigen Pflegefachkraft nicht verlangen, ihm beim Suizid zu assistieren. Der Schweizer Berufsverband der Pflegefachfrauen und Pflegefachmänner (SBK-ASI) hat sich deutlich zum Thema »Hilfe zur Selbsttötung«, geäußert. Er lehnt die Beihilfe zum Suizid strikt ab: »Was Sie als Pflegende nicht tun können: Das tödliche Mittel beschaffen, zu- oder vorbereiten und es dem Patienten reichen, auch nicht im Auftrag des Arztes« (SBK-ASI 2005a:2).

6.1.1.1.2.9 Selbstbestimmung in der palliativen Pflege

Kranke Menschen verfügen nicht immer im selben Maße über die Fähigkeit zur sicheren Selbstbestimmung. »Die Wirkung bestimmter Medikamente oder eine persönliche Schwächung können z. B. unsere Fähigkeit zur Selbstständigkeit beeinflussen, d. h. dass wir in bestimmten Momenten autonomer sind als in anderen.« (Richardson, Webber 1998:25)

Wie steht es in diesem Zusammenhang mit der Selbstständigkeit eines sterbenden Menschen? Wenn auch in der Sterbebegleitung meist nicht die Förderung der funktionellen Eigenständigkeit im Vordergrund steht, so wird doch die grundsätzliche Achtung der Selbstbestimmung umso wichtiger. Sie kann in Zusammenarbeit mit den Angehörigen auch in den kleinen Verrichtungen des Alltags erfolgreich aufrechterhalten und eventuell gesteigert werden. Dies kann zur Stärkung des Selbstwertgefühls des Sterbenden beitragen, welches auf Grund der unausweichlichen Lage und der schwindenden Kräfte oft erheblich gefährdet ist.

Nach meiner Erfahrung ist es besonders in der palliativen Pflege wichtig, nicht nur das individuelle Bedürfnis nach Selbstbestimmung zu respektieren, sondern insgesamt das große Ziel Wohlbefinden zu verfolgen. Wohlbefinden bezieht sich auf den ganzen Menschen in seiner Lebenswelt, also auf die psychische, körperliche und soziale Situation sowie auf die nichtpersonale Lebensumgebung.

6.1.1.2 Wohlbefinden als Zieldimension der Pflege

Selbstständigkeit verkörpert in ihren zwei Aspekten **funktionelle Eigenständigkeit** und **Selbstbestimmung** das ethische Prinzip der Ermöglichung von Freiheit bzw. Autonomie. Von hier bezieht die Komponente Selbstständigkeit ihre ethische Berechtigung.

Ein klassisches ethisches Prinzip ist die Benefizienz, d. h. das Wohltun, die Sorge um bzw. für das Wohlergehen anderer Menschen. Benefizienz zielt auf Leidensvermeidung bzw. -verminderung und Förderung der Entfaltungsmöglichkeiten von Menschen, insbesondere auf Wohlergehen, Wohlsein bzw. Sich-wohl-Fühlen. Mit pflegerischer Hilfe ist menschliches Leben so auch angesichts von Krankheit, Behinderung, Altern und Sterben lebbar, wie Wettreck (2001:69) eindrucksvoll schreibt: »Ziel pflegerischer Arbeit ist die menschliche Lebbarkeit auch bedrohten, beschädigten Lebens – durch

Linderung und möglichst Besserung des Jetzt-Zustandes des Patienten, sowie die Prophylaxe von Verschlechterungen und Leidens-Vergrößerung« (ebd.).

Im Heilwesen besitzt der Grundsatz, nicht zu schaden (nil nocere), seit jeher obersten Stellenwert. Nach Hofmann (2001e:12) sollte sich – wie die Medizin – auch die Pflege diesem Imperativ verpflichtet fühlen. »Positiv lässt sich ›nicht schaden‹ übersetzen mit: ›für das Wohlbefinden eines kranken, pflegebedürftigen, abhängigen Menschen Sorge zu tragen‹« (ebd.). Wohlbefinden zu ermöglichen, gilt heute als allgemeines Pflegeziel (Sauter 2010:234). Pflege verfolgt dieses übergeordnete Ziel explizit spätestens seit Virginia Henderson mit den Begriffen wellness bzw. well-being (zu deutsch: Wohlbefinden).

Nach meiner Auffassung lässt sich Wohlbefinden folgendermaßen aufschlüsseln:

Was ist Wohlbefinden?

Wohlbefinden ist ein subjektiv angenehmes Empfinden, das sich in vier Erfahrungsebenen zeigt:
1. psychisch (emotional, kognitiv und spirituell)
2. körperlich (auf körperliche Integrität und physiologische Vorgänge bezogen)
3. sozial (auf die personale Umwelt bezogen)
4. ökologisch (auf die nichtpersonale Umwelt bezogen)

»Wohlbefinden hat kognitive (Zufriedenheit) und emotionale (Freude/Glück) Aspekte«, erläutert Sauter (2010:235). Zu den Merkmalen von Wohlbefinden schreibt sie: »Wohlbefinden ist sehr subjektiv, veränderbar und von vielen Kontextfaktoren abhängig« (ebd.). Wohlbefinden ist ein dynamisches, veränderliches Phänomen, das stark mit inneren und äußeren Faktoren zusammenhängt. »Was heute eine Quelle des Wohlbefindens einer Person ist, ist es möglicherweise morgen schon nicht mehr. Wohlbefinden ist kontextabhängig. Was in einer Situation Wohlbefinden fördert, kann bei anderen Rahmenbedingungen Wohlbefinden verhindern.« (Sauter 2010:235)

Wie sich das psycho-bio-sozio-ökologische (Wohl- oder Miss-)Befinden eines Menschen entwickelt, wird indes nicht zwangsläufig durch äußere Umstände festgelegt. Die Entwicklung in der Dimension Wohlbefinden hängt vielmehr stark davon ab, wie der betroffene Mensch seine Situation erlebt und deutet. Was für einen Menschen Wohlbefinden bedeutet, ist kulturell und biographisch geprägt und somit individuell verschieden. Wohlbefinden ist ein Zusammenspiel vieler Faktoren. Ist es in einer der oben genannten Erfahrungsebenen eingeschränkt, kann dies durch gutes Befinden in anderen Bereichen ausgeglichen werden (vgl. Sauter 2010:235). Vollständiges Wohlbefinden ist nur für kurze Zeit, jedoch nicht dauerhaft erreichbar.

Auch unter starken Belastungen kann Wohlbefinden erlebt werden. Nicht selten kommt es sogar vor, dass Phasen des Leidens (etwa durch Krankheit, Schmerzen und Unsicherheit) nach ihrer Überwindung zu größerem Wohlbefinden, intensiviertem Lebensgefühl und tieferem Glück beitragen (Becker 1991:40).

Becker (S. 13ff) differenziert zwischen aktuellem und habituellem (gewohnheitsmäßigem; R. L.) Wohlbefinden. Mit aktuellem Wohlbefinden ist die augenblickliche gute Befindlichkeit gemeint. Sauter fasst Beckers Ausführungen zusammen: »Das momentane Erleben umfasst positiv erlebte Gefühle (z.B. Glück, Freude, Kompetenzgefühl), Stimmungen (z.B. Wohlbehagen, Entspannung, Gelassenheit) und körperliche Empfindungen (z.B. Vitalität, angenehme Müdigkeit) sowie die Abwesenheit von Beschwerden« (Sauter 2010:235).

Habituelles Wohlbefinden hingegen ist das für eine bestimmte Person typische Wohlbefinden. Es ergibt sich aus den Urteilen dieser Person über ihre innerhalb von Wochen, Monaten oder Jahren angesammelten (aggregierten) emotionalen Erfahrungen. Menschen scheinen laut Becker (S. 15ff) ein individuelles, für sie charakteristisches Niveau an Wohlbefinden aufrecht zu erhalten, jedenfalls solange die Umwelt stabil bleibt.

Sauter (2010:239) schreibt, Pflegehandlungen sollten »zu jeder Zeit dem Wohlbefinden dienlich« sein. Diese Forderung lässt sich in der Pflegepraxis nicht halten, denn sie kann mit konkurrierenden Pflegezielen kollidieren. Häufig ist eine passagere Einschränkung des Wohlbefindens durch bestimmte sinnvolle Pflegemaßnahmen verursacht, die mit Einverständnis und zum Wohl des Klienten durchgeführt werden, z.B. anstrengende Transfers, aufwändige Verbandwechsel oder unangenehme, aber notwendige Gespräche.

Ich schlage deshalb eine weitere Differenzierung vor:

Aktuelles oder späteres Wohlbefinden?

Pflegeziele können sich auf **gegenwärtiges** oder **zukünftiges** Wohlbefinden beziehen.

In vielen Pflegesituationen ist es richtig, auf Kosten des gegenwärtigen Wohlbefindens das (potenzielle) zukünftige Wohlbefinden zu fördern, wenn etwa in der psychiatrischen Pflege einem Patienten sein Suchtmittel vorenthalten bzw. einbehalten wird oder wenn eine Altenpflegerin das regredierende Verhalten eines Bewohners bewusst nicht verstärkt und sich damit möglicherweise seinen (vorübergehenden) Unmut als Ausdruck gegenwärtigen Missbehagens zuzieht.

Wohlbefinden kann sowohl durch Handeln als auch durch Unterlassen[97] gefördert werden. Wie lässt sich (eigenes und fremdes) Wohlbefinden erzielen? Becker (1991:31) nennt zwei grundsätzliche Wege um aktuelles Wohlbefinden zu erreichen: auf **direktem** Weg über Erfahrungen, die in sich positiv, belohnend oder lustvoll sind (z.B. angenehme sensorische Reize, Erfolgserlebnisse, soziale Zuwendung und Nähe,

[97] Nach Körtner (2012:171) gilt es gegenüber der Neigung zum Aktivismus in Medizin und Pflege zu beachten, dass die aktive Intervention nicht in jedem Fall moralisch höher zu bewerten ist als der Verzicht auf sie.

glückliche Umstände) und **indirekt** durch die Beseitigung oder Reduktion aversiver Zustände (z. B. Schmerz, Müdigkeit, Angst oder Hilflosigkeit). Für den Bereich der (psychiatrischen) Pflege präsentiert Sauter (2010:239) einen »bunten Strauß an Interventionen«, um Wohlbefinden zu fördern:

- »gezielt positive Reize vermitteln (körperlich: z. B. Lagerung, Essen, angenehmer Duft, Entspannungsübungen; seelisch: z. B. Heiterkeit vermitteln; sozial: z. B. wertschätzend kommunizieren, in Gruppen einbinden)
- positiven Umgang mit Beeinträchtigungen/Leiden fördern (z. B. einen Sinn im Leiden sehen, trotz Beeinträchtigung viel Kontrolle über das eigene Leben haben; vgl. Taylor et al. 2002)
- Kognitionen beeinflussen und die Zufriedenheit verbessern: Zufriedenheit ist ein sehr bedeutsamer kognitiver Aspekt des Wohlbefindens; (…)
- förderliche Gestaltung von Umfeld und Räumen
- ästhetische Erfahrungen ermöglichen (Kunst, Musik etc.)
- humorvoll sein, Humor anwenden[98]
- Fantasie und Illusion zulassen (auch eine schöne Traumwelt und etwas Selbstüberschätzung kann Wohlbefinden fördern; vgl. Taylor et al. 2002)
- Genießenlernen unterstützen (…)«

Menschen dabei zu unterstützen, ihr individuelles Wohlbefinden zu entwickeln und aufrechtzuerhalten, ist eine wichtige Aufgabe Pflegender; sie erfordert u. a. aufmerksames Wahrnehmen und ein hohes Maß an Sensibilität für individuelle Empfindungen von Klienten. Kinzelmann (1999:79) kritisiert, Wohlbefinden sei ein unspezifisches virtuelles Globalziel, das von jeder Pflegekraft individuell definiert werde und an deren eigenem Wertesystem orientiert sei. Diese Gefahr ist ernst zu nehmen. Pflegekräfte können das Befinden der Klienten nicht von vermeintlich objektiven Faktoren ableiten, sondern müssen es über gezielte Befragung und empathische Beobachtung ermitteln. Um das Risiko von Wahrnehmungsfehlern zu verringern, ist es unerlässlich, dass Pflegekräfte im Prozess der Pflege auch ihre eigene Befindlichkeit reflektieren und sich persönliche Ängste und Wünsche bewusst machen.

---

98 Anmerkung R. L.: Bischofberger (2011:770) mahnt zu einem reflektierten Vorgehen: »Wie bei allen Behandlungsansätzen und professionellen Interventionen gilt es auch bei Humor in der Pflege berufsethische Prinzipien zu beachten.« Sie zitiert die ethischen Richtlinien von HumorCare (**www.humorcare.com**), der Gesellschaft zur Förderung von Humor in der Therapie, Pflege und Beratung, wo es in Artikel 1 heißt: »Humor kann immer dann entstehen, wenn sich ›komische‹ Normverletzungen ergeben, die einen vorgegebenen Bezugsrahmen sprengen. Geschieht dies unfreiwillig (wie im Fall körperlicher, geistiger oder psychischer Behinderungen), kann dies zu beschämenden, peinlichen Konsequenzen führen. Gerade psychisch kranke Menschen verhalten sich häufig unfreiwillig komisch. Sie können dadurch zu Objekten der Lächerlichkeit und zur Zielscheibe eines destruktiven, ›schwarzen‹ Humors (Ironie, Sarkasmus, Zynismus) werden« (Bischofberger ebd.).

6.1.1.2.1 Wohlbefinden als ausschließliches Ziel der Pflege?

Ziel aller pflegerischen Maßnahmen ist es nach Schlecht (1999:142), pflegebedürftigen Menschen Wohlbefinden zu ermöglichen oder es zu erhöhen. Jünemann führt aus: »Sinn der Pflege ist es, das Wohlbefinden des bedürftigen Menschen zu bewahren oder (wieder) herzustellen, zu wissen und zu tun, was der pflegebedürftige Menschen [sic] zu seinem Wohl an Körper, Geist und Seele braucht und was ihm gerecht wird. Das ist Sinn der Pflege, dazu ist sie gut« (Jünemann 2005:11). Auch nach Auffassung van der Arends und Gastmans' ist »... der gesamte Pflegeprozeß auf ein Ziel gerichtet: die Förderung des Wohlbefindens des Patienten« (1996:93). Die Orientierung des pflegerischen Handelns auf das Wohlbefinden des Patienten mache es zur ethischen Tätigkeit (S. 97).

Hier melde ich Zweifel an, und zwar unabhängig von der Frage, ob die genannten Aussagen deskriptiv oder normativ gemeint sind.

Hauptsache Wohlbefinden?

Steht das Wohlbefinden der Klienten in jeder Pflegesituation im Vordergrund pflegerischer Bemühungen? Keinesfalls! Wenn auch in nahezu allen Pflegesituationen die Förderung des Wohlbefindens ein implizites Pflegeziel und gerade in der palliativen Pflege und in der Demenzpflege oft das wichtigste Ziel ist (Sauter 2008:71; 2011b:1096), so geht es doch in vielen Pflegesituationen nicht vorrangig um Wohlbefinden, sondern um rasches Wiedererlangen von Selbstständigkeit.

Wenn beispielsweise ein Jugendlicher nach einem Fahrradunfall möglichst schnell wieder »auf die Beine kommen« will, weil er kürzlich eine Ausbildung begonnen hat und sich noch in der Probezeit befindet, dann wird er u. U. Schmerzen und Übelkeit in Kauf nehmen (gegenwärtiges Missbefinden), um nur rasch wieder gehen zu lernen. Über den Weg der primären Steigerung der Selbstständigkeit mag dieser Klient schließlich ein höheres Maß an Wohlbefinden gewinnen (zukünftiges Wohlbefinden), aber aktuell ist nicht das Wohlbefinden, sondern die Selbstständigkeit das vorrangige Pflegeziel.

6.1.1.2.2 Selbstständigkeit und Wohlbefinden angemessen kombinieren

Das oben genannte Beispiel zeigt die Wechselwirkung von Selbstständigkeit und Wohlbefinden in dem Sinne, dass Selbstständigkeit zu Wohlbefinden führen kann. Folgendes Beispiel zeigt eine andere Variante: »Fest steht, daß Individuen bei ihrer Geburt vollkommen von Hege und Pflege abhängig sind. (...) Jedenfalls kann man nur durch Umsorgtwerden Selbstständigkeit erzielen: ohne Hege und Pflege, ohne daß andere ihre Wohltätigkeitspflichten erfüllen, könnte niemand seine Autonomie erreichen ...« (Loewy 1995:169).

Wohlbefinden als pflegerisches Ziel beinhaltet zwar nicht automatisch auch die gezielte Förderung der Selbstständigkeit eines Menschen (gegen Jünemann 2005:9), doch kann in vielen Fällen eine zunächst schonende (d.h. primär auf das Wohlbefinden achtende) Pflege die spätere Steigerung der Selbstständigkeit eines Klienten vorbereiten.

Selbstständigkeit und Wohlbefinden bedingen einander: Das eine pflegerische Ziel ist i. d. R. nicht angemessen ohne das andere zu erreichen. In der Philosophie finden wir eine Parallele, wenn das Begriffspaar Autonomie – Fürsorge in ähnlicher Weise diskutiert wird. Hier sei an meinen Kompromissvorschlag für eine Liste materialer ethischer Prinzipien der Pflege in Kap. 4.3.6.2 erinnert:

1. Förderung von Wohlergehen/Wohlbefinden
2. Förderung von Autonomie/Selbstständigkeit
3. Gerechtigkeit
4. Aufrichtigkeit
5. dialogische Verständigung

Für die **Hauptrolle von Selbstständigkeit und Wohlbefinden in pflegerischen Prozessen** finden sich inzwischen in der Literatur zahlreiche Bestätigungen:

- Krohwinkel (1993:25) bestimmt als primäre pflegerische Zielsetzungen »Erhalten, Fördern bzw. Wiedererlangen von Unabhängigkeit und Wohlbefinden der pflegebedürftigen Person ... in ihren Aktivitäten des Lebens und in ihrem Umgang mit existentiellen Erfahrungen des Lebens.«
- Auch in der renommierten Berliner Altersstudie (vgl. Mayer, Baltes 1996) waren Selbstständigkeit und Wohlbefinden zwei bedeutende Untersuchungsparameter.
- In der Suche nach grundlegenden Werten der Altenpflege bestimmt Schwerdt (1998a:334) als praktische gerontologische Zielsetzungen die Erforschung der Bedingungen und Voraussetzungen eines größtmöglichen Maßes an subjektivem Wohlbefinden/ Lebenszufriedenheit/»Glück« im höheren Lebensalter und die Erarbeitung von Gestaltungsmöglichkeiten zur Ermöglichung dieses Ziels, dessen formale Bedingung ein größtmögliches Ausmaß an Autonomie/Selbstständigkeit/ Selbstbestimmung/(Alltags) Kompetenz darstelle. »In der interventionsgerontologischen und pflegewissenschaftlichen Fachliteratur werden als übergeordnete Zielsetzungen das Wohlbefinden (Lebenszufriedenheit, Glück) und die Selbstständigkeit (Autonomie, Selbstbestimmung) des älteren Menschen mit Hilfebedarf genannt. Damit ist die Werthaltung ausgedrückt, daß der betreffende Mensch glücklich und selbstbestimmt sein soll. (...) Eine Altenhilfe, die sich an der genannten Zielrichtung Selbstständigkeit orientiert, wird aktivierende und rehabilitierende Methoden wählen ... Die Zielrichtung Wohlbefinden erfordert, den Lebenskontext des Individuums, das einer institutionellen Hilfe bedarf, im Rahmen angemessener, individuell gerechter Hilfe zu rekonstruieren oder möglichst wenig zu stören.« (Schwerdt 1998b:115)

- Nach Schwerdt (2003a:215) ermöglichen ethische Begriffe, Ziele für die Klientele der Pflege im Kontext allgemeiner menschlicher Ziele zu bestimmen. »Zentrale Ziele stellen die Förderung der Autonomie und Selbstständigkeit in der Ausübung der Aktivitäten des täglichen Lebens (Abk. ATL) bzw. in der Selbstpflege sowie die Förderung der Lebensqualität bzw. des Wohlbefindens der zu Pflegenden dar.« (ebd.)
- »Unverzichtbar ist es daher, Werte wie Selbständigkeit (z. B. Autonomie, Alltagskompetenz) und Wohlbefinden (z. B. Glück, Lebensqualität) in den Pflegeprozess einzubringen.« (Die ethische Verantwortung der Pflegeberufe 1998:25)
- Pflegequalität bezieht sich nach Brandenburg zwar nicht ausschließlich, aber doch auch auf die korrekte handwerklich-technische Vorbereitung, Ausführung und Überwachung pflegerischer Maßnahmen, die für die Aufrechterhaltung der Selbstständigkeit und das gesundheitliche Wohlbefinden des Patienten unerlässlich sind (Brandenburg 1998:57f).
- In der Charta der Rechte hilfe- und pflegebedürftiger Menschen heißt es im Kommentar zu Artikel 1: »Pflegerische Maßnahmen und Hilfestellungen ... sollen so erfolgen, dass geistige und körperliche Fähigkeiten unterstützt und gefördert werden und darauf abzielen, dass Ihre Lebensqualität, Ihr Wohlbefinden erhalten oder verbessert werden und dass Sie alltägliche Verrichtungen so weit wie möglich selbst erledigen können« (BMFSFJ, BMG 2010:9f).
- Zu zentralen Elementen im Prozess der ethischen Entscheidungsfindung nach der Nimweger (Gordijn 2000:116) bzw. Nimwegener Methode (Steinkamp, Gordijn 2000:240; 2005:220ff; 2009:119ff; Steinkamp 2012:178ff) gehören die Fragen nach Wohlbefinden und Autonomie des Klienten.
- Brandenburg mahnt im Hinblick auf eine Professionalisierung der Pflege eine Bindung an ethisch-moralische Normen und Werte an, »... vor allem die Sicherung der Autonomie der Lebenspraxis und des Wohlbefindens der Patienten und Bewohner« (Brandenburg 2000:179).
- Schanz betont die verbliebene Handlungsfähigkeit eines pflegebedürftigen Menschen und definiert Pflege als »... die Aktivierung seiner Selbständigkeit und Selbstkontrolle nach seinen Möglichkeiten und die Förderung seines Wohlbefindens« (Schanz 2002:42).
- Brandenburg und Dorschner (2003:40) beschreiben Pflege als ein »... komplexes Interaktionsgeschehen ..., in dem die Gewährleistung und Förderung von Selbständigkeit und Wohlbefinden der zu pflegenden Menschen im Zentrum stehen.«
- Josat et al. (2006:84) analysierten dreizehn internationale Forschungsberichte zur Frage, welche Qualitätskriterien Pflegeheimbewohnern und ihren Angehörigen wichtig sind. Die Forschergruppe kam zu dem Ergebnis, dass aus Sicht der Bewohner die autonome Ausgestaltung ihrer Lebensführung sowie die selbstständige Gestaltung sozialer Kontakte und Beziehungen die größte Bedeutung besitzen, wohingegen es für Angehörige am wichtigsten ist, dass sich der Bewohner im Heim wohl fühlt.

Elementare Ziele der Pflege

Selbstständigkeit und Wohlbefinden sind die zwei elementaren Zielrichtungen der Pflegepraxis. Über diese beiden Komponenten ist ein Zugang zu einer eigenständigen pflegerischen Bestimmung des Gesundheitsbegriffs möglich.

6.1.2 Eine pflegerische Definition von Gesundheit

In der Erarbeitung des Modells der Gesundheitspflege entschied ich mich für die Begriffe Selbstständigkeit und Wohlbefinden und gegen das Begriffspaar Unabhängigkeit und Wohlbefinden, das Krohwinkel (1993:25) in ihrem Pflegemodell verwendet. Der Grund ist meine Auffassung, Ziele seien aus psychologischen Gründen positiv zu formulieren (vgl. Lay, Menzel 1999). Un-Abhängigkeit ist jedoch die Negation eines Übels (Abhängigkeit). Vermutlich ist Krohwinkel bei der Übernahme des u. a. von Roper et al. (1987) gebrauchten Begriffs independence (engl.: Unabhängigkeit, Selbstständigkeit) diese Unaufmerksamkeit unterlaufen.

Roper et al. haben Hendersons und Orems Modelle dahingehend konstruktiv weiterentwickelt, dass sie die Dimension independence als Kontinuum darstellen (»Abhängigkeits-Unabhängigkeits-Kontinuum«; eine sprachlich schöne, aber psychologisch ungünstige Übersetzung des Recom Verlags), wohingegen es bei Orem bekannterweise noch kein Kontinuum, sondern nur drei Stufen gab (ebenfalls etwas unglücklich »Pflegesysteme« genannt).

Wohlbefinden kommt als Zieldimension im Modell von Roper et al. zu kurz, während bei Krohwinkel der Begriff Unabhängigkeit ungünstig scheint und zudem die hilfreiche Vorstellung eines Kontinuums fehlt. Ich habe daher von Roper et al. die Idee des Kontinuums übernommen und auf die Dimension Wohlbefinden ausgeweitet. Independence übersetze ich mit Selbstständigkeit, und von Krohwinkel entlehne ich den Begrifff des Wohlbefindens. Sie wiederum scheint ihn der nordamerikanischen Diskussion um die Charakterisierung der Pflege als care/caring entnommen zu haben (vgl. Kap. 8.2.4.2).

Die beiden Zieldimensionen der Pflegepraxis stelle ich aus didaktischen Gründen in einem Koordinatenkreuz dar (Abb. 11). So wird die unangemessene Vorstellung einer Dichotomie (gesund vs. krank; pflegebedürftig vs. »ist fit«, abhängig vs. unabhängig, verwöhnen vs. fordern) am ehesten zu Gunsten eines Denkens in Kontinua überwunden.[99] Ich vermute, dass sich jede Pflegesituation in diesem Koordinatenkreuz darstellen lässt und Pflegeverläufe sichtbar gemacht werden können.

---

99 Dichotomisch formulierte Aussagen über die Pflegebedürftigkeit von Menschen können fatale Auswirkungen haben. Beispielsweise habe ich als Kinästhetik-Tutor schon öfters beobachtet, wie die Bezeichnung eines Klienten als »immobil« (bewegungslos, unbeweglich) dazu führte, dass tatsächlich vorhandene Bewegungsressourcen nicht mehr wahrgenommen und genutzt wurden.

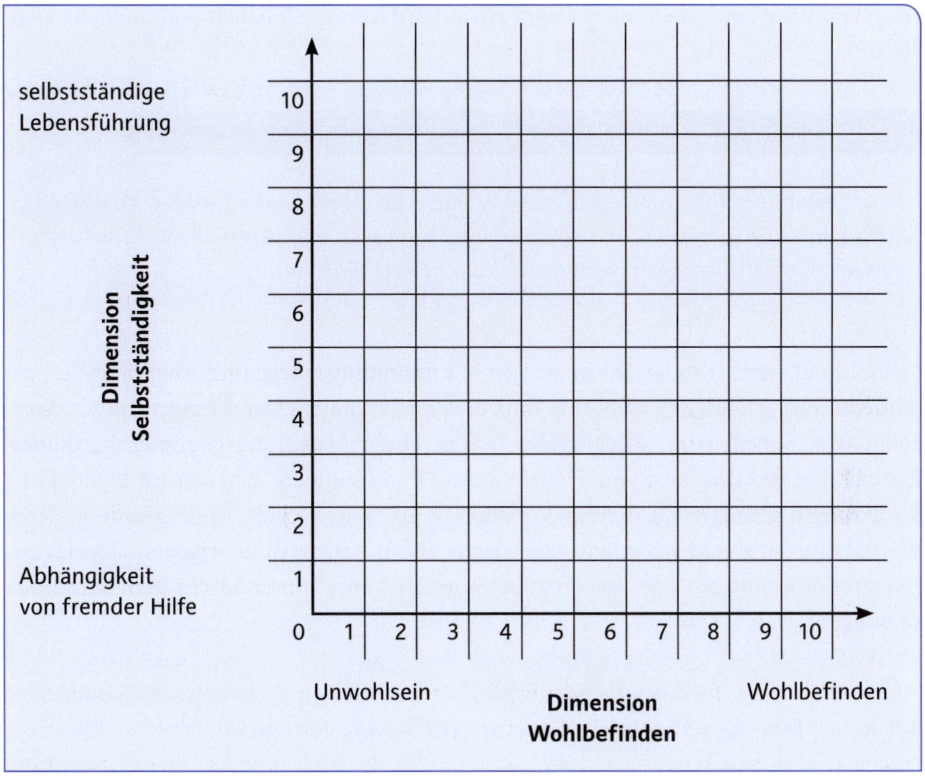

Abb. 11: Zwei Zieldimensionen der Pflegepraxis: Selbstständigkeit und Wohlbefinden (Lay 1998, 2004:138).

Gesundheit

Gesundheit wird im Modell der Gesundheitspflege anhand des Entwicklungsstandes entlang zweier Dimensionen beschrieben: Selbstständigkeit und Wohlbefinden. Gesundheit definiere ich als zufriedenstellende Entfaltung von Selbstständigkeit und Wohlbefinden in den Aktivitäten des Lebens.

Ist es zulässig, eine arztunabhängige pflegerische Beschreibung von Gesundheit durchzuführen? Muss sich Pflege nicht an medizinischen Diagnosen orientieren? Sind nicht alle Zustände, in denen Menschen der Pflege bedürfen, in medizinisch-kategoriellen Begriffen klassifizierbar? »Bei der Besinnung auf die Disziplin Pflege ist es zunächst einmal unwichtig, ob Pflegebedarf nur im Zusammenhang mit medizinisch zu diagnostizierender Krankheit auftritt oder auch ohne sie möglich ist. Diese Diskussion ist deswegen zwecklos, weil es keine psychische, somatische oder soziale Einschränkung gibt, die nicht mit einer medizinischen Diagnose belegt werden könnte.« (Bartholomeyczik 1997a:49) Allenfalls auf gesunde Neugeborene mag es zutreffen, dass sie zwar pflegebedürftig sind, aber keine diagnostizierbare Krankheit haben (vgl. Menche et al. 2001:8).

Pflege besitzt eine eigene Perspektive

Nach heutigem Pflegeverständnis ist Pflege eine eigenständige wissenschaftliche Disziplin im Gesundheits- und Sozialwesen, die Fragen nach Gesundheit, Krankheit, Gebrechlichkeit und Behinderung autonom betrachten kann.

Gesundheits- und (Kinder-)Krankenpflege, Entbindungspflege und Altenpflege repräsentieren eigenständige Fachberufe und unverzichtbare Dienstleistungen im Gesundheits- und Sozialwesen. Pflegekräfte leisten einen bedeutenden gesellschaftlichen Beitrag zum Wohlergehen von Einzelnen und von Gruppen. Zu einer professionellen Kooperation gehört nach diesem Verständnis die Bereitschaft, die Befunde anderer Berufsgruppen, z.B. der Medizin oder der Sozialen Arbeit, in die eigenen Überlegungen zur Förderung der Klienten einzubeziehen und eine konstruktive Gesprächskultur zu pflegen.

6.1.3 Der Ausdruck »zufriedenstellendes Niveau«

»Sprachgeschichtlich läßt sich das Wort ›gesund‹ von ›geschwind‹ herleiten. Es bezeichnet also das Wohlbefinden einer **uneingeschränkten** Vitalität und Aktionsfähigkeit«, schreibt Körtner (2007a:81; Hervorhebg.: R. L.) und fährt fort: »Im griechischen Denken meint Wohlbefinden im Sinne von Gesundheit soviel wie ›das Ganze‹ (holon). Ähnlich bezeichnet das arabische ›salam‹ ein umfassendes Wohlsein, für welches die lateinische Scholastik den Begriff der ›integritas‹ verwendet hat« (ebd.).

Mein Vorschlag zur pflegerischen Definition von Gesundheit weicht von der in Körtners etymologischer Herleitung zu findenden Vorstellung eines uneingeschränkten, vollkommenen Maßes an Vitalität und Funktionalität ab. Gesundheit ist nicht als ein Maximum zu konzipieren, sondern bedeutet vielmehr eine **zufriedenstellende** Entfaltung von Selbstständigkeit und Wohlbefinden in den Aktivitäten des Lebens. Warum soll der Ausdruck »zufriedenstellend« verwendet werden? Mehrere Gründe sind Ausschlag gebend:

Zum einen ist Gesundheit nicht machbar. Sie kann nicht von Pflegekräften produziert werden. Gerade in der stationären gerontologischen Pflege mit ihrer tendentiell zu beobachtenden Verweildauerverkürzung besteht ein wesentlicher Pflegeerfolg in der Regel darin, die Rückentwicklung von Selbstständigkeit und Wohlbefinden hinauszuzögern – in dem Wissen, dass es sich meistens nur um eine kurz- oder mittelfristig wirksame Pflege handeln kann.[100] Wie Ärzte für ihre fachgerechten Bemühungen bezahlt werden, ohne dass sie eine Garantie auf deren Erfolg ausstellen können, stehen Pflegende in einer ähnlichen Schwierigkeit: »Nursing is an ethical enterprise because it involves choosing alternative actions in the treatment of human beings. These decisions are made in an environment with two crucial limitations:

1. Limited resources, such that the giving of something, like nursing time, to one patient will involve withholding from another.
2. Limited knowledge, such that we do not know how a patient will react physically and spiritually to a nursing action.«[101] (Allmark 1992:17)

In vielen Fällen müssen Professionelle wie Klienten und Umfeld eine Zufriedenheit mit den jeweils möglich gewordenen Ergebnissen erarbeiten.

Ein realistisches Bild von Gesundheit

Der Ausdruck »zufriedenstellend« ist auch deshalb wichtig, weil die Forderung nach (gesundheitlicher) Vollkommenheit zutiefst unmenschlich wäre. »Die Menschlichkeit des Menschen hängt am Recht auf Unvollkommenheit. Indikator für die Humanität einer Gesellschaft ist, wie weit sie das Recht auf Unvollkommenheit schützt.« (Körtner 2004:39) Rabe kritisiert zu Recht die Verabsolutierung von Gesundheit in Pflegeausbildungen und in der Pflegepraxis. »Pflege existiert aufgrund dessen, dass es Krankheit und Bedürftigkeit gibt, und ihr Ethos beinhaltet eine Parteinahme für Schwache und Hilfsbedürftige. Auch wenn sich die meisten Menschen immerwährende Gesundheit wünschen, so gehören doch Krankheit, Hilflosigkeit und Gebrechlichkeit zur menschlichen Grundsituation. Wird die Gesundheit als Ideal absolut gesetzt, dann kann das zu einer Entwertung der Patienten führen, die nicht mehr gesund werden können – und zu einer Entwertung derer, die sie betreuen.« (Rabe 2009a:54) Sie fasst zusammen: »Die allgegenwärtige Beschwörung von Gesundheit wirkt bei der zunehmenden Zahl chronisch Kranker zynisch. Sie betont einseitig kurative Aspekte und vernachlässigt palliative, die in besonderer Weise Aufgabe der Pflege sind« (S. 135). Eine absolute Vorstellung von Gesundheit kann dazu verleiten, behinderte sowie chronisch kranke oder sterbende Menschen als »nicht therapierbar« bzw. »austherapiert« zu entwerten. Es ist deshalb wichtig, Gesundheit nicht als perfekten Zustand zu konstruieren, sondern sie bereits in der Definition zu relativieren.

---

[100] Gröning zeigt sich pessimistisch: »Pflege ist Sisyphusarbeit, d.h. die Grenzen und die Nicht-Veränderbarkeit müssen auch akzeptiert werden. Verwirrte, Kranke, Sterbende ... werden aufreibend, anstrengend, beängstigend bleiben. Gegen diese Einsicht sperren sich nicht nur Pflegende, sondern auch Angehörige, Wissenschaftler und Träger. ... Die Gewißheit, dass der Stein des Sisyphus den Berg wieder herunterrollt, daß Mühen mit einem Schlag zunichte gemacht werden, könnte übersteigerte Erwartungen bremsen« (Gröning 2005:142).

[101] »Pflege ist ein ethisches Unterfangen, weil sie ein Auswählen aus unterschiedlichen Möglichkeiten des Umgangs mit Menschen erfordert. Diese Entscheidungen werden unter den Bedingungen zweier kritischer Einschränkungen gefällt:
1. Eingeschränkte Mittel, so dass das Bereitstellen von Gütern, z. B. Pflegezeit, für den einen Patienten zur Folge hat, dass sie einem anderen vorenthalten werden.
2. Begrenztes Wissen, so dass wir nicht wissen, wie ein Patient körperlich und spirituell auf eine Pflegehandlung reagieren wird.« (Übers.: R. L.)

Utopische Vorstellungen von Gesundheit wie die erste Definition der WHO aus dem Jahr 1947 (»complete physical, mental and social well-being«[102]) sind demotivierend, diskriminierend und können bei allen Beteiligten Schaden anrichten.

Gerade in der Pflegepraxis ist die Gefahr des Ausbrennens (Burnout) groß. Pflegerische Vorgaben wie etwa Leitbilder und Pflegemodelle sollten daher keine absoluten Ansprüche erheben, sondern die einschränkenden Bedingungen der Pflegepraxis konzeptionell berücksichtigen. »Nurses attempting to apply nursing models frequently describe guilt. They have not fulfilled the plan, not met the patient's needs. This is because models ignoring environmental limitations will suggest ›ought‹ actions which cannot be met. Yet one cannot suggest someone ought to do something of which they are incapable.«[103] (Allmark 1992:18) Der dritte Grund für die Formulierung »zufriedenstellend« ist die Erkenntnis, dass Gesundheit eine von der jeweiligen Gesellschaft und Kultur abhängige (inter-)subjektive Konstruktion ist. Das gilt insbesondere für die Komponente Selbstständigkeit. »Das Streben nach Unabhängigkeit in möglichst vielen ATLs als Ziel der Pflege kann nur aus einer Kultur heraus verstanden werden, welche die Unabhängigkeit, Selbständigkeit und Mobilität des einzelnen Menschen als erstrebenswert hält. In Zeiten und Kulturen, in denen die Gruppe vor dem Individuum Vorrang hat, ist Abhängigkeit von anderen eine Selbstverständlichkeit. So ist es für viele Japaner heute noch selbstverständlich, dass sie im Alter von den Jüngeren abhängig sein dürfen, weil sie, als sie jünger waren, ihrerseits Kinder und Alte gepflegt hatten.« (Kesselring 1996:12)

Gesundheit ist eine Beschreibung, die soziokulturell geprägt und individuell verschieden ist. Soll die Autonomie der Beteiligten (Klient, Professionelle, Angehörige, gesellschaftliche Institutionen) gewahrt bleiben, so sind Beschreibungen von Gesundheit auf unterschiedlichen Ebenen auszuhandeln: politisch, ökonomisch, (versicherungs-)rechtlich, (inter-)disziplinär, institutionell sowie im Gespräch der vor Ort Handelnden. Was je nach Situation als zufriedenstellendes Maß/Niveau von Selbstständigkeit und Wohlbefinden gelten kann/soll, ist Auftrag und Ergebnis von Aushandlungsprozessen (vgl. Brandenburg 1998:61).

Gesundheit aus pflegerischer Sicht

Gesundheit kann aus pflegerischer Perspektive als eine zufriedenstellende Entfaltung von Selbstständigkeit und Wohlbefinden in den Aktivitäten des Lebens definiert werden.

---

102 »vollständiges körperliches, psychisches und soziales Wohlbefinden« (Übers.: R. L.)

103 »Pflegekräfte, die Pflegemodelle anzuwenden versuchen, beschreiben häufig Schuldgefühle. Sie haben den Plan nicht erfüllt, die Bedürfnisse des Patienten nicht befriedigt. Das kommt daher, dass Modelle, die die einschränkenden Bedingungen der Umwelt nicht berücksichtigen, Handlungen vorschlagen, die nicht geleistet werden können. Dabei kann man nicht Dinge von jemandem fordern, die zu tun er nicht in der Lage ist.« (Übers.: R. L.)

6.1.4 Der Begriff der Alltagsaktivitäten (Aktivitäten des Lebens)

Die meisten Untersuchungen zur Selbstständigkeit im Alltag älterer Menschen konzentrieren sich auf einen Ausschnitt der Selbstständigkeit, nämlich das beobachtbare Verhalten in konkreten Alltagsaktivitäten (Brandenburg, Sowinski 1996:387): »Selbständigkeit – so verstanden – bezieht sich auf den funktionalen Aspekt der alltäglichen Lebensführung und bedeutet konkret die von fremder Hilfe und Unterstützung weitgehend unabhängige Durchführung von Alltagsaktivitäten, etwa bei der Körperpflege …«

Neben der Körperpflege gibt es eine Fülle anderer Aktivitäten (und »Passivitäten«, vgl. van Dijk, Dijkstra 2006), für deren Gewährleistung und Förderung Pflege sich zuständig sieht. Die Geschichte der Alltagsaktivitäten kann an dieser Stelle nicht umfassend ausgebreitet werden; einige kurze Hinweise sollen genügen.

Von der Diätetik der griechischen Antike über die Diätetik des Mittelalters (etwa bei Hildegard von Bingen) ist eine Linie zu diätetischen Regeln der Lebensführung im 18. und 19. Jahrhundert nachzuzeichnen. Florence Nightingales »Notes on Nursing. What it is and what it is not« (1859) stehen ebenfalls in dieser Tradition. Henderson griff die bei Nightingale genannten Zuständigkeiten der Pflege auf und entwickelte unter Rückgriff auf Maslows Bedürfnistheorie eine Liste von »daily activities«[104], die später u. a. von Abdellah et al., Orem und anderen Pflegetheoretikerinnen modifiziert wurde.

Während dies in den sechziger Jahren des 20. Jahrhunderts geschah, entwickelten Rehabilitationsmediziner parallel das Konzept der »Activities of daily living« (ADL), das wiederum verschiedene Änderungen erfuhr. Im Mittelpunkt dieses medizinischen bzw. gerontologisch-geriatrischen Konzeptes steht die Messung der funktionellen Eigenständigkeit in unterschiedlichen Alltagsaktivitäten (vgl. Olbrich, Diegritz 1995).

Roper nimmt in einem Interview (Mönig 1998) auf diese Tradition Bezug, als sie über die Entstehung ihres Konzepts der Aktivitäten des Lebens berichtet: »Anfangs wählte ich ›Aktivitäten des täglichen Lebens‹, aber zu dem Zeitpunkt, als ich Win Logan und Alison Tierney einlud, das Konzept mit mir zusammen zu entwickeln, hatten die Ergotherapeuten bereits die Bezeichnung ADL's gewählt, um persönliche Fertigkeiten jedes Menschen zu beschreiben. So haben wir es schließlich nach langen Diskussionen die 12 AL's [activities of living; Anmerkung: Mönig] genannt« (S. 463). Roper griff zwar sowohl die pflegewissenschaftlichen (u. a. Henderson) als auch die ergotherapeutischen (bzw. gerontologischen) Konzepte der Alltagsaktivitäten auf, vernachlässigte jedoch den in der Pflegetradition vorhandenen Faktor Wohlbefinden gegenüber der starken Betonung von Funktionalität.

Juchli integrierte in den achtziger Jahren das Konzept der Lebensaktivitäten von Roper et al. in ihr Standardwerk zur Krankenpflege und benannte sie in »Aktivitäten des täglichen Lebens« (ATL) um (vgl. Brandenburg, Sowinski 1996). Nach Grünendahl stellen die Aktivitäten des täglichen Lebens im Prinzip ein grobes Kategoriensystem für die systematische Beobachtung von Patienten dar (Grünendahl 1998:123).

---

104 »tägliche Aktivitäten« (Übers.: R. L.)

Krohwinkel schließlich veränderte die ATL zu AEDL (Aktivitäten und existentielle Erfahrungen des Lebens), d.h. sie fügte im Wesentlichen so genannte existentielle Lebenserfahrungen hinzu, die von ihr näher bezeichnet werden. Später ergänzte sie die AEDL zu ABEDL® (Aktivitäten, Beziehungen und existentielle Erfahrungen des Lebens).

In Anlehnung an traditionelle Bedürfnismodelle (Henderson, Orem, Roper et al.) und neuere Befähigungsmodelle (Krohwinkel et al. 1992; Krohwinkel 1993 u. 1998) entwickelte ich das Beobachtungsschema der Alltagsaktivitäten weiter, indem ich die Items teilweise umformulierte und neu ordnete sowie die Beobachtungskategorie Nr. 12: »Sich orientieren in den Erfahrungen des Lebens«[105] neu einfügte. Die Aktivität Nr. 12 soll es u.a. ermöglichen,

- biografische Ansätze in der Pflege insbesondere betagter Menschen konzeptionell zu würdigen,
- Phänomene wie Glauben oder Hoffen aufzunehmen,
- Erfahrungen aus der Basalen Stimulation® zu berücksichtigen und
- der psychiatrischen Pflege pflegetheoretisch einen Rahmen zu bieten.

Ich schlage ein Entwicklungs- bzw. Pflegeergebnismodell vor, das von **12 »Aktivitäten des Lebens« (AL)** ausgeht. Die AL stellen Felder dar, in denen sich Menschen im Laufe ihres Lebens entwickeln:

Aktivitäten des Lebens nach dem Modell der Gesundheitspflege

1. Kommunizieren und soziale Beziehungen gestalten
2. Sich bewegen
3. Vitale Funktionen aufrechterhalten
4. Seinen Körper pflegen
5. Sich kleiden
6. Essen und trinken
7. Ausscheiden
8. Ruhen und schlafen
9. Raum und Zeit gestalten
10. Nach seiner geschlechtlichen Identität leben
11. Für Sicherheit sorgen
12. Sich orientieren in den Erfahrungen des Lebens

(Lay 2004:142)

105 Die von Christoph Abderhalden beschriebene Aktivität des täglichen Lebens »Sich informieren und orientieren« ([1986]; persönliche Mitteilung des Autors, vgl. Abderhalden 1999) diente hier ebenso als Grundlage wie Krohwinkels AEDL »Mit existentiellen Erfahrungen des Lebens umgehen« (Krohwinkel 1983). Da nicht alle wichtigen Erfahrungen pflegebedürftiger Menschen existentielle sind, entschied ich mich für die weniger dramatische Formulierung »Sich orientieren in den Erfahrungen des Lebens« (Lay 2004:142).

Jedes dieser zwölf Items lässt sich in der Geschichte der Pflege aufzeigen, beginnend bei der griechischen Diätetik und mündend in modernen Konzepten etwa der Kinästhetik (vgl. z.B. das Item Nr. 9 und das kinästhetische Prinzip Umgebung gestalten). Die einzelnen Aktivitäten sind nicht scharf gegeneinander abzugrenzen, sondern vernetzt zu betrachten, was sich z.B. bei »Seinen Körper pflegen« erkennen lässt: Körperpflege hängt mit allen anderen großen Themen zusammen. Die Liste von 12 Aktivitäten ist lediglich ein Versuch, aus Gründen der Vereinfachung eine didaktisch hilfreiche Unterscheidung zu treffen und für Beobachtung und Kommunikation eine praktikable Gliederungshilfe anzubieten.

Menschen erleben und gestalten ihr Leben in den 12 Aktivitäten des Lebens (AL) unterschiedlich **selbstständig** und in jeweils unterschiedlicher **Befindlichkeit**. Ein akzeptables Maß an Selbstständigkeit in den AL gehört zur Gesundheit ebenso dazu wie eine akzeptable Entwicklung von Wohlbefinden.

Worin besteht die Rolle der Pflegekräfte bezüglich der in diesen zwölf Lebensbereichen zu beobachtenden gesundheitlichen Prozesse der Klienten?

6.1.5 Definition des Pflegens

Nach dem Modell der Gesundheitspflege ist es das primäre Anliegen von Pflege, Menschen die gegenwärtige und zukünftige Entfaltung von Selbstständigkeit und Wohlbefinden in den Aktivitäten des Lebens zu ermöglichen. Wie geschieht das in der Pflegepraxis?

Zunächst haben Pflegekräfte einen Beobachtungsauftrag. In der Dimension Selbstständigkeit beobachten sie Selbstbestimmung und funktionelle Eigenständigkeit, in der Dimension Wohlbefinden die subjektive Befindlichkeit. Gemeinsam mit den jeweiligen Klienten und ihren wichtigsten Bezugspersonen stellen Pflegekräfte aktuelle und potenzielle Einschränkungen in den Aktivitäten des Lebens (AL) bezüglich der zwei Dimensionen Selbstständigkeit und Wohlbefinden fest, schätzen die Entwicklungspotenziale[106] und Umweltbedingungen der Klienten ein und unterstützen ihre gesundheitliche Entfaltung (vgl. Abb. 12).

[106] Eine Prognose zu treffen, beinhaltet die Abschätzung der Folgen; das ist ein Aspekt teleologischen Denkens (vgl. Frewer 1997:80), siehe Kap. 7.3.5.2.

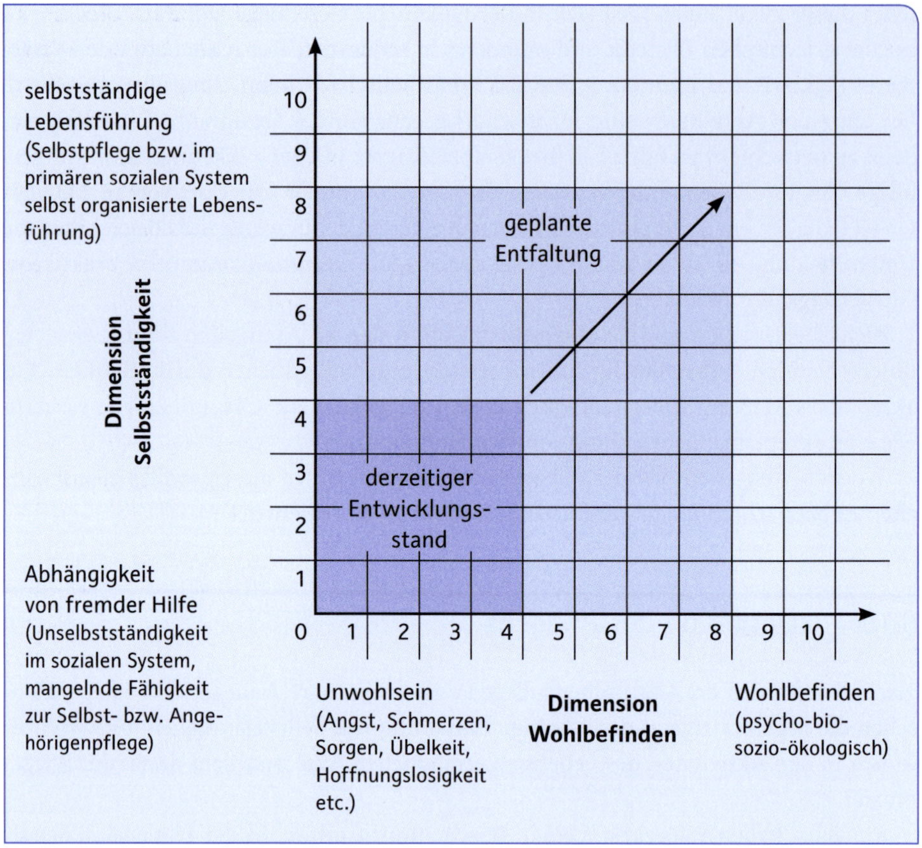

Abb. 12: Beispiel für die Förderung der gesundheitlichen Entfaltung eines Klienten (Lay 1998, 2004:143).

Gesundheitliche Entfaltung

Gesundheitliche Entfaltung wird im Modell der Gesundheitspflege als Weiterentwicklung einer Person oder eines sozialen Systems (z. B. Familie) durch Steigerung von Selbstständigkeit und/oder Wohlbefinden in den AL verstanden.

Ob sich Menschen negativen gesundheitlichen Entwicklungen erfolgreich widersetzen bzw. ihr Niveau an Selbstständigkeit und Wohlbefinden bestenfalls sogar steigern können, hängt von zahlreichen Faktoren ab (Lay 2009:17; Abb. 13).

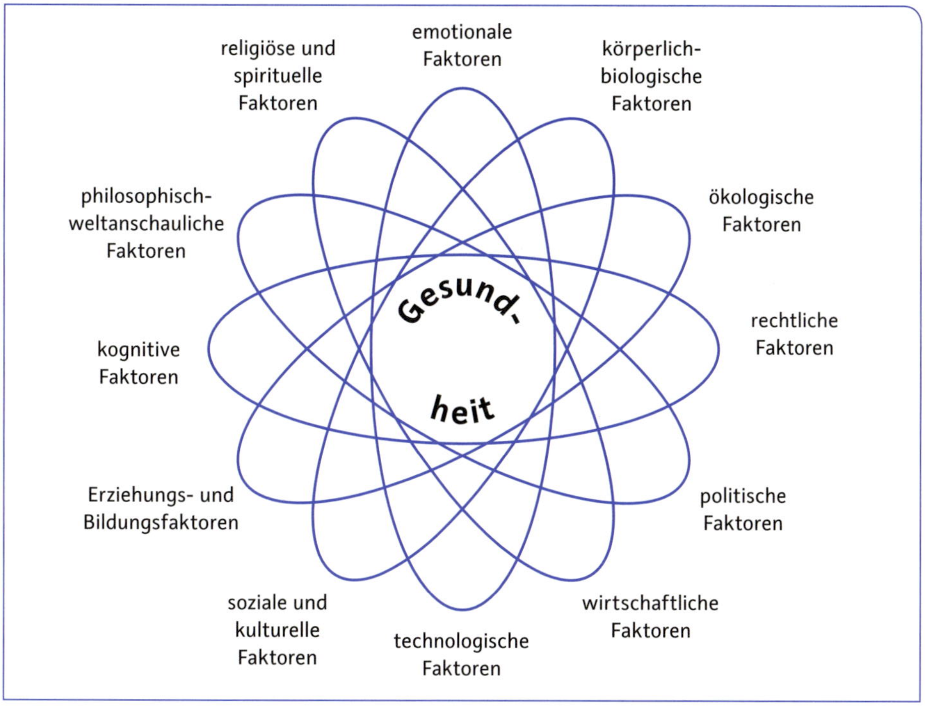

Abb. 13: Einflussfaktoren für die gesundheitliche Entwicklung nach dem Modell der Gesundheitspflege (Lay 2009:17).

Die gesundheitliche Verfassung von Menschen kann sich unter vielfältigen Einflüssen positiv oder negativ entwickeln: Menschen können sich gesundheitlich entfalten, aber auch zunehmende Einschränkungen erleben. Im Modell der Gesundheitspflege richtet sich der Blick nicht in erster Linie auf Einschränkungen und Defizite, sondern auf die Entwicklungschancen pflegebedürftiger Menschen. Nach diesem Pflegemodell geht es darum, gesundheitsförderliche Entwicklungen von Klienten zu erkennen, anzuregen und wirksam zu unterstützen (Lay 2009:17).

Ist aufgrund innerer oder äußerer Faktoren keine zumindest geringfügige Steigerung möglich (Fortschrittsziel), so unterstützen Pflegekräfte die betroffenen Menschen bei der Erhaltung ihres erreichten Entwicklungsniveaus (Erhaltungsziel). Daraus leite ich eine Bestimmung der Hauptaufgabe von Pflege ab:

Definition Pflege(n)

Pflege(n) definiere ich als gezielte Interaktion zur Förderung von Selbstständigkeit und Wohlbefinden in den Aktivitäten des Lebens.

Pflege nach dem Modell der Gesundheitspflege ist Gesundheitsförderung und konkrete Lebenshilfe. Sie befindet sich im Einklang mit zentralen ethischen Werten und Prinzipien, insofern ihr Ziel die Entfaltung der Entwicklungspotentiale von Menschen ist. Das Hauptanliegen, es den gepflegten Menschen in dialogischer Verständigung zu ermöglichen, sich in Richtung eines zufriedenstellenden Niveaus an Selbstständigkeit und Wohlbefinden zu entfalten, ist Ausdruck des Respekts vor der menschlichen Freiheit als oberstem Wert.

Die Hauptkomponenten der Pflegequalität (Wirksamkeit, Sicherheit, Wirtschaftlichkeit und Interaktion) sind grundsätzlich ethisch legitimiert, wie ich im nun folgenden zweiten Teil von Kapitel 6 herausarbeiten werde.

6.2 Integration von Pflegeethik und Pflegequalität

»Qualität wird häufig rein wirtschaftlich definiert, während ethische Argumente außen vor bleiben. Zukünftig wird es aber gerade darauf ankommen, ethische Kriterien mit Qualitäts- und Wirtschaftsdenken in Form eines integrativen Ansatzes zu verknüpfen«, fordert Dibelius (2006b:259).

Wie können Qualität und Ethik in der Pflege verknüpft werden? Das Modell der Gesundheitspflege bietet die Möglichkeit einer integrativen Sichtweise (vgl. Lay 2001b:15ff; 2004). Diese Integration soll im Folgenden erläutert werden. Ich beginne meine Argumentation mit der Komponente Wirksamkeit, werde dann die Sicherheit aus ethischer Perspektive als wichtigen Baustein der Qualität von Pflege begründen und anschließend das kontroverse Thema »Wirtschaftlichkeit und Ethik« diskutieren. Eine Begründung der ethischen Bedeutung der Komponente Interaktion leitet schließlich über zu dem Versuch einer neuen Definition von Pflegequalität, welche die ethische Dimension pflegerischer Praxis berücksichtigt.

6.2.1 Wirksamkeit

Wann kann man davon sprechen, dass geleistete Pflege wirksam war? Imogene King, eine der bekanntesten Interaktionstheoretikerinnen der Pflege, beschreibt drei Faktoren:

1. Gesundheitsförderung,
2. Gesundheitserhaltung und
3. Genesung/Erholung von Krankheit.

»The delivery of quality care in health care systems is expected by the public. One measure of quality is a measure of effectiveness of care. Effectiveness of care can be measured by whether or not the goals for health promotion, health maintenance, or recovery from illness have been attained« (King 1981:142).[107]

Ziel pflegerischen Handelns

Nach dem Modell der Gesundheitspflege ist es das Ziel pflegerischen Handelns, die gegenwärtige und/oder zukünftige Gesundheit von Individuen und sozialen Gruppen (z. B. Familien) zu erhalten und zu fördern. Gesundheit wird hier als zufriedenstellende Entfaltung von Selbstständigkeit und Wohlbefinden in den Aktivitäten des Lebens verstanden.

Nach diesem Verständnis ist Pflege wirksam, wenn es ihr durch gezielte Interaktion gelingt, die stets durch innere und äußere Faktoren gefährdete gesundheitliche Entfaltung von Individuen und sozialen Gruppen in den Aktivitäten des Lebens zu erhalten bzw. zu fördern.

Die von mir als Gesundheitspflege bezeichnete Pflege ist auch dann wirksam, wenn aus medizinischer Sicht keine Heilung möglich ist und daher auch keine Gesundheit im medizinischen Sinn erreicht werden kann. So ist es Pflegekräften auf Grund ihrer Ausbildung und ihrer Berufserfahrung möglich, sogar sterbende Menschen gesundheitswirksam zu pflegen, indem sie ihre Selbstständigkeit und ihr Wohlbefinden fördern.

Hier lehne ich mich an den von Bartholomeyczik beschriebenen Paradigmenwechsel in der Pflege an. Pflege ist in diesem neuen Selbstverständnis kein »ungezieltes Bewahren« (Bartholomeyczik 1997b:14) oder konservierendes Versorgen von Menschen, sondern ein »gezieltes Behandeln« (ebd.) mit einer pflegetherapeutischen Zielrichtung.

Bei einer so verstandenen Pflege geht es nicht um das Versorgen im Sinne einer Befriedigung der (zumeist als körperliche identifizierten) Bedürfnisse der Klienten, sondern darum, Menschen gesundheitswirksam zu pflegen, d. h. positive Entwicklungen in den Dimensionen Selbstständigkeit und Wohlbefinden zu fördern sowie negativen entgegenzuwirken.

---

107 »Die Öffentlichkeit erwartet von Gesundheitsdienstleistern, dass sie eine qualitativ hohe Pflege und Versorgung bereitstellen. Ein Maß für Qualität ist das Maß an Wirksamkeit der Pflege. Inwieweit Pflege wirksam ist, kann daran gemessen werden, ob die Ziele der Gesundheitsförderung und -aufrechterhaltung oder der Genesung erreicht worden sind.« (Übers.: R. L.)

Entwicklungsorientiertes Pflegemodell

Das Modell der Gesundheitspflege ist somit kein Bedürfnismodell, wiewohl es mit dem Beobachtungsraster der Aktivitäten des Lebens arbeitet, sondern ein Entwicklungs- bzw. Ergebnismodell. Die in der Literatur gelegentlich zu findende pauschale Gleichsetzung aller Pflegemodelle, welche auf Alltagsaktivitäten Bezug nehmen, mit Bedürfnismodellen ist nicht korrekt.

Selbstständigkeit und Wohlbefinden in den Aktivitäten des Lebens zu erlangen, ist ein elementares menschliches Ziel. Es steht im Einklang mit den zentralen pflegeethischen Prinzipien der Förderung von Autonomie/Selbstständigkeit und Wohlergehen/Wohlbefinden von Menschen (s. Kap. 4.3.6.2). Die Verwirklichung dieses Zieles in unterschiedlichen Lebenssituationen zu unterstützen, ist ein zutiefst moralisches Anliegen und die wichtigste Aufgabe von Pflegekräften. »Selbständigkeit und Wohlbefinden sind unverzichtbare Werte und übergeordnete Ziele im Pflegeprozess.« (Lay 2001b:15)

Die Forderung nach wirksamer Pflege lässt sich ethisch begründen. Kommen wir zur Begründung der nächsten Komponente: Sicherheit.

6.2.2 Sicherheit

Menschliches Wohlergehen ist stets durch innere und äußere Einflüsse gefährdet. Individuen und soziale Gruppen lernen deshalb, angemessene Anstrengungen zu unternehmen, um ihre Gesundheit zu erhalten (Selbsthilfepotenzial[108]). In der komplexen Lebenswelt geschieht es jedoch häufig, dass die Selbsthilfepotentiale eines Menschen und die Unterstützungsmöglichkeiten durch Angehörige nicht ausreichen, um gesundheitsfördernde Entwicklungen zu sichern. Hier kann professionelle Pflege aktiv werden und die Entfaltung von Selbstständigkeit und Wohlbefinden in den Aktivitäten des Lebens (AL) fördern.

[108] Lange vor Dorothea Orems Selbstpflegedefizittheorie entwickelten andere Disziplinen die Vorstellung, dass Menschen üblicherweise selbst mit ihren jeweiligen Lebensaufgaben zurecht kommen und fremde Hilfe nur dann benötigen, wenn ihre Fähigkeiten zur Selbsthilfe nicht ausreichen. »Selbstsorge existiert so lange, wie es Menschen gibt, die sich um sich selbst sorgen, also seit Beginn menschlichen Lebens«, schreibt Schnell aus der Perspektive eines Philosophen (Schnell 2010:37). Er berichtet, die alltägliche Selbstsorge sei in der römischen Antike »cura sui« genannt worden und erläutert: »Die Sorge um sich ist eine in der Hand des Menschen liegende Potenzialität, mit der der Mensch auf seine eigene Endlichkeit antwortet. ... Die Selbstsorge äußert sich in der alltäglichen Lebensführung, deren Ausdruck die Aktivitäten des täglichen Lebens sind« (S. 37 u. 39).In der Sozialen Arbeit findet sich bereits in der ersten Hälfte des 20. Jahrhunderts die Forderung nach »Hilfe zur Selbsthilfe« (Alice Salomon). Orem nahm erstmals Mitte der 50er Jahre den Begriff »self-care« in einer systematischen Form auf und erklärte ihn im Zusammenhang mit pflegerischen Handlungsfeldern (vgl. Bekel 2003:156,170).

Pflege ist mehr als Soforthilfe

Pflege leistet nicht nur eine fachgerechte Soforthilfe in Notfallsituationen, sondern versucht grundsätzlich, die Möglichkeiten zur Entwicklung und Entfaltung von Menschen zu sichern. Dies geschieht in akuten Krisensituationen sowie bei chronischer Beeinträchtigung, aber auch prospektiv, d.h. im Rahmen von präventiven Maßnahmen. Sicherheit zu bieten bedeutet dann, das zukünftige Wohlbefinden bzw. die zukünftige Selbstständigkeit der Klienten zu gewährleisten. Die zukünftige Gesundheit wird auch durch das Beachten hygienischer Prinzipien und das Befolgen der übrigen Sicherheitsvorschriften zu sichern versucht (z.B. Arbeitssicherheitsvorschriften, Rücken schonende Arbeitsweise).

Solche Maßnahmen schützen nicht nur Klienten und Angehörige, sondern auch die mittelbar oder unmittelbar beteiligten Helfer vor Schaden. Schaden ist nicht nur als körperliche Schädigung zu verstehen, sondern auch als soziale Beeinträchtigung, beispielsweise bei unverantwortlichem Umgang mit vertraulichen Daten.

Menschen Gutes zu tun (Benefizienz) und ihnen nicht zu schaden (Nonmalefizienz) sind ethische Grundprinzipien, die in der Pflege eine lange Tradition besitzen, obwohl sie bislang oft auf körperlich-prophylaktische Maßnahmen ausgerichtet sind (z.B. Dekubitusprophylaxe, Schutz vor Sturz) und oft nicht explizit als ethisch motiviert identifiziert werden. Ein Beispiel aus dem Pflegealltag soll den Zusammenhang von Hygieneregeln und ethischen Prinzipien verdeutlichen (Lay 2008:82): Eine Altenpflegerin möchte einer Heimbewohnerin das Frühstück richten, als sie feststellt, dass der Wandspender für das Händedesinfektionsmittel leer ist. Die Altenpflegerin ist im Zeitdruck und spielt mit dem Gedanken, das Frühstück ohne vorherige hygienische Händedesinfektion zu richten und den Wandspender später neu zu bestücken. Die Prinzipien der Nonmalefizienz und der Benefizienz legen es jedoch nahe, auch unter Zeitdruck die Hände zu desinfizieren, um die Bewohnerin vor einer möglichen Infektion zu schützen.

Advokatenfunktion der Pflege

Das stellvertretende Einstehen zum Wohle von Klienten, die ihre Interessen gegenwärtig nicht selbst wahrnehmen können, wird als Advokatenfunktion der Pflege bezeichnet (vgl. Arndt 1996a:53). Nahezu alle pflegerischen Berufskodizes schreiben Pflegekräften eine solche Rolle zu. Das bekannteste Beispiel findet sich im ICN-Ethikkodex für Pflegende (ICN 2010:3): »Die Pflegende greift zum Schutz des Einzelnen, der Familie und der sozialen Gemeinschaft ein, wenn deren Wohl durch eine Pflegende oder eine andere Person gefährdet ist.«

Schaden kann auch in einer Verletzung der Intimsphäre bestehen. Nach Rabe (2000:12) empfinden viele Menschen die Abhängigkeit von Helfern bei grundlegenden und intimen Lebensaktivitäten als Einschränkung ihrer Würde. Grams (1998:45) gibt zu bedenken: Wenn z. B. bei der Körperpflege die Intimsphäre von Patienten keine Berücksichtigung finde, gerade in Mehrbettzimmern, in denen sich fremde Menschen auf engstem Raum begegneten, dann werde der Ort der Körperpflege zum öffentlichen Ort. Dies widerspreche jeglichen Konventionen und Normen unserer Gesellschaft. Auch van der Arend und Gastmans betonen: »Wenn die Krankenschwester beim Patienten eine Ganzwaschung durchführt und dabei die Bettvorhänge[109] schließt, wird man sich kaum vergegenwärtigen, daß wichtige ethische Werte geschützt werden, und zwar die Integrität des Patienten und seine Intimsphäre« (van der Arend, Gastmans 1996:105).

Gefährdete Menschen in Schutz zu nehmen, die sich in einer gegebenen Situation nicht oder nicht effektiv selbst schützen können, ist eine traditionelle Forderung an Pflegekräfte.

Manchmal wird die (emotionale und oft auch körperliche) Sicherheit pflegebedürftiger Menschen gerade durch die Art und Weise gefährdet, wie Pflege organisiert ist. Hier mag das Konzept der Integration demenzkranker Menschen in Gruppen nicht von Demenz betroffener Heimbewohner als Beispiel dienen.

Neumann (2005:331) stellt die absolute Forderung nach integrativer Pflege für demenzkranke Pflegeheimbewohner in Frage. Sie kritisiert, Heimkonzepte, die für alle Bewohner undifferenziert gelten würden, verletzten ethische Prinzipien wie etwa das Autonomieprinzip und das Nichtschadensgebot in Bezug auf nichtdemente Heimbewohner. Die Erwartung Pflegender, dass nichtdemente Bewohner Verständnis für die Behinderungen Demenzkranker zeigen müssten, verkenne die Rolle von Heimbewohnern: Sie seien keine Cotherapeuten; vielmehr habe ihr Zimmer als genauso unverletzlich zu gelten wie ihre frühere Privatwohnung, d. h. sie dürften sich zu Recht über den Mitbewohner beschweren, der sich häufig in ihr Bett lege oder über die Mitbewohnerin, die etwas aus dem Nachttisch »stehle«.

Zudem verletzten undifferenziert geltende (integrative) Heimkonzepte das Nichtschadensgebot in Bezug auf demente Bewohner: »Zwar geschieht die Integration mit der guten Absicht der Nichtdiskrimination und vielleicht sogar der ›Benefizienz‹. Angesichts der Diskriminierung durch verbale und manchmal auch tätliche Ablehnung der ›Gesunden‹ (wenn die wohlmeinende Pflegekraft sich entfernt hat) resultiert eher Schaden für einzelne Demenzkranke, die kognitiv und in verbalen Reaktionen

---

109 Anmerkung R. L.: Bauers Untersuchung zur Privatsphäre von Patienten legt nahe, dass Wandschirme viel öfter verwendet werden sollten. Die Pflegewissenschaftlerin bedauert, Wandschirme seien während der letzten Jahrzehnte fast vollständig aus deutschen Krankenhauszimmern verschwunden (Bauer 1996:175f). Zegelin fordert Pflegende ausdrücklich auf, die Privatsphäre zu respektieren, etwa mithilfe umgebender Vorhänge in Mehrbettzimmern (Zegelin 2005:172). Eichhorn et al. (2006:16) führten eine Literaturrecherche zu Studien über Patientenbedürfnisse durch. Ihre Recherche zeigte, dass für Patienten körperliche und emotionale Bedürfnisse gleichrangig waren, wohingegen Pflegekräfte körperliche Patientenbedürfnisse höher bewerteten als emotionale, wie beispielsweise den Wunsch nach Privatheit.

den Auseinandersetzungen nicht mehr folgen können, emotionale Ablehnung aber spüren« (ebd.).

Wie kann für sogenannte altersverwirrte Menschen ein menschenwürdiger zwischenmenschlicher Umgang in angemessenen Formen des (gemeinsamen) Lebens und Wohnens gestaltet werden? Nach Klie (2004:60) bedeutet Menschen mit Demenz würdig zu pflegen nicht, ihnen die in unserer Gesellschaft geltenden Regeln aufzuzwingen, wie dies Angehörige oft in Heimen forderten. Der Versuch Pflegender, Demenzkranke zur Einhaltung zivilisatorischer Gepflogenheiten zu erziehen, ende nicht selten in Gewalt. Vielmehr plädiert Klie für ein tolerierendes und akzeptierendes Verständnis von Demenz als Lebensform. »Humor mag hier helfen, die Inszenierung öffentlicher Räume, der Marktplatz im Pflegeheim, indem eben manches nebeneinander möglich ist, auch das Leben begrenzten Exhibitionismus, das Vor-sich-hindämmern, das Agitiert-sein, die Selbstbefriedigung, um nur einige Beispiele zu nennen. Ich bezeichne es als ›Zivilisation zweiter Ordnung‹, wenn es gelingt, neben unseren alltäglichen auch Akzeptanz fördernde Verhaltensweisen zu entwickeln, die Menschen mit Demenz, [sic] und auch anderen Menschen, die nicht in der Lage sind, unsere Regeln einzuhalten, einen zumindest erträglichen Kontext zu bieten. Wir müssen die Fähigkeit erlernen, Regelverletzungen Orte und Rahmen zu geben, in denen sie möglich und akzeptiert sind.« (ebd.)

Käppeli spricht von »Beistandschaft/advocacy« und meint damit, dass Pflegende alles in ihrer Macht Stehende für die Sicherheit, das Wohl und die Aufrechterhaltung der Würde der an Demenz erkrankten Menschen tun. Sie fährt fort: »Persönlich bin ich der Meinung, dass dieses Gebot nicht nur für die Pflege dieser Menschen gelten muss, sondern für die Pflege aller, die ihrer bedürfen. Aber vielleicht müssen sich Menschen mit Demenz stärker als manche andere darauf verlassen können, dass Pflegende kompromisslos für sie einstehen, auch innerhalb widriger Rahmenbedingungen und auch, wenn sie sich dadurch selbst unbeliebt machen« (Käppeli 2001:42).

Gleichermaßen körperliche wie psychosoziale Sicherheit für alle Klienten zu gewährleisten ist ein moralisches Grundanliegen der Pflege. Nach einer Definition des Schweizer Berufsverbandes der Pflegefachfrauen und Pflegefachmänner basiert Pflegequalität u. a. auf dem berufsethischen Gebot, sichere Pflege zu leisten, d. h. »… den Patienten bei dem zu unterstützen, was ihm gut tut, und ihn vor dem zu beschützen,was ihm schadet, seine Sicherheit gefährdet oder sein Leben in Gefahr bringen könnte« (SBK-ASI 2007:1).

Eine Pflege, welche die Sicherheit von Klienten vernachlässigt, ist nicht mit der Menschenwürde zu vereinbaren, weil sie konkrete Lebenschancen von Menschen gefährdet. Lebenschancen liegen aus pflegerischer Sicht zunächst darin, in Alltagsaktivitäten wie z. B. der Nahrungsaufnahme Selbstständigkeit und Wohlbefinden so lange wie möglich weitgehend aufrecht erhalten oder gar steigern zu können. »Zu Ansätzen einer Konkretisierung von Humanität in der Pflege gehören so einfache Dinge wie Bettlägerige vor dem Essen zu einer solchen Position im Bett zu verhelfen, daß sie auch sicher essen können. Und nicht das stehengelassene Essen abzuräumen mit dem

Kommentar ›Hat keinen Appetit‹. Dabei konnte der Patient nicht essen, weil er, halb heruntergerutscht im Bett, kaum sehen konnte, was auf dem Tablett stand und auch kaum einen Löffel sicher hätte vom Teller zum Mund führen können. Statt dessen wird dann möglicherweise eine Infusion angehängt, weil der Patient ja angeblich keinen Appetit hat.« (Bartholomeyczik 1995:876)

Sehr häufig bleibt in Pflegeeinrichtungen nicht genügend Zeit, um Menschen angemessen beim Essen zu unterstützen. Borker (1996) untersuchte, wann Pflegende beim Essenreichen in Gewissensnöte kommen. In Interviews zeigte sich, dass sich ein schlechtes Gewissen einstellt, wenn Pflegende sich nicht genügend Zeit beim Essen-Reichen (Essen-Eingeben) nehmen, wenn andere Dinge wichtiger sind als das momentane Essen-Anreichen oder wenn Pflegende denken, sie hätten etwas falsch gemacht.

In Borkers Untersuchung berichtete eine Pflegekraft von einem Dilemma im Alltag: Einerseits wollte sie das Essen in Würde reichen, andererseits musste sie sich sehr beeilen, um die noch anliegende sonstige Stationsarbeit zu erledigen. Die befragte Pflegekraft schilderte ihr Erlebnis: »Ich habe in einem Zimmer schon mal parallel das Essen angereicht. Parallel bedeutet, daß zwei Patienten im Zwei-Bett-Zimmer das Essen angereicht bekommen haben, da es aus Personalmangel nicht anders möglich war. … In der Zeit, indem [sic] er gekaut hat, bin ich zum Nächsten gegangen und habe ihm was gegeben. Daran kann ich mich erinnern, das habe ich schon mal gemacht. … Ich hatte da ein schlechtes Gewissen« (Borker 1996:15).

Dass es trotz des strikten Nicht-Schadens-Gebots in bestimmten Pflegesituationen nicht möglich ist, jedweden Schaden von Klienten abzuwenden, liegt freilich nicht immer an mangelnder Kompetenz oder an unzureichenden personellen Ressourcen. Schwerdt (2002b:19) verweist darauf, dass manche Pflegeinterventionen eine Schädigung aufgrund einer Prioritätensetzung bewusst in Kauf nehmen, z. B. die Entstehung eines Dekubitus bei sterbenden Menschen, die etwa zur Erleichterung der Atmung sehr lange in Oberkörperhochlagerung verbleiben.

»Ethische Prinzipien tragen dazu bei, moralische Konflikte zu umschreiben, einzuordnen und zu klären. Keines dieser Prinzipien kann absolute Geltung für sich beanspruchen. Die Praxis zeigt vielmehr, dass sie sorgfältig gegeneinander abgewogen werden müssen und die ethische Klärung nur in der Zusammenschau der Prinzipien aussagekräftig sein kann.« (SBK-ASI 2005b:9) Dieser Erkenntnis folgend, darf die pflegerische Sorge für die Sicherheit nicht als situationsunabhängiger oberster Wert dominieren, sondern ist durch andere übergeordnete Prinzipien, Werte und Ziele zu ergänzen (vgl. Abb. 10; Komponenten der Pflegequalität). Am häufigsten kollidiert die Forderung nach größtmöglicher Sicherheit und Vorbeugung von (körperlichen) Schäden mit den Freiheitsrechten pflegebedürftiger Menschen, was sich etwa beim Thema »freiheitseinschränkende Maßnahmen« oder bei der Diskussion um den Einsatz von kameragestützter Beobachtung in psychiatrischen Kliniken (DFPP 2011:277f) zeigt.

Als weiteres Beispiel sei die Forderung nach einer umfassenden Pflegedokumentation genannt. Die in der Pflege nicht zuletzt von Aufsichtsbehörden geforderte lückenlose Dokumentation persönlicher Lebensumstände ist kaum mit dem Recht auf Privatheit und informationelle Selbstbestimmung in Einklang zu bringen. »Von der Warte der Pflegenden aus soll die Altenpflege möglichst Schaden vom Pflegebedürftigen abwenden und sein Leben mit vielen guten Stunden füllen. Von der Warte der Angehörigen aus soll die Pflege gewährleisten, dass es den Verwandten an nichts fehlt. Wenn wir uns selbst befragen, können wir uns das Wohnen in einer Einrichtung vorstellen, wenn es so frei ist wie daheim, aber besser und geborgener durch die Unterstützung von Personen und angemessenen Hilfsmitteln. Dazu gehört aber in den seltensten Fällen der Wunsch nach beispielsweise einer totalen Erfassung der eigenen Ausscheidungen im Hinblick auf Menge, Aussehen und Geruch oder das zwanghafte Herstellen der Biografieverbundenheit einer Singstunde. … Uns würde nicht stören, dass jemand notiert, was er an, bei und mit uns getan hat – alles andere aber verletzt unser Gefühl für Privatheit und Vollständigkeit.« (Schäfer, Clees 2011:65)

Käppeli (2005:190f) kritisiert den zunehmenden Bürokratismus, welcher die erwünschte Qualität gerade zunichte mache. Die minutiöse, im Sinne einer Beweisführung zu führende Dokumentation der erbrachten Pflegeleistungen lenke die Pflegenden davon ab, sich auf die Qualität der Leistung zu konzentrieren. Der für die Leistungserfassung benötigte Zeitaufwand gehe der systematischen Erfassung des Pflegebedarfes der Patienten und ihrer psychosozialen Betreuung ab. Die Schweizer Pflegewissenschaftlerin mahnt: »Diese Mechanismen führen zu funktioneller Pflege. Sie werfen die Pflege auf den Stand der 1960er Jahre zurück. Damals wie heute verunmöglicht sie jegliche Bündnisbeziehung. Sie bewirkt, dass der Umgang mit Kranken eher der Durchschleusung und Verwaltung von Gegenständen als der Pflege von Menschen gleicht« (S. 191).

Graber-Dünow (2011:31f) prangert die im Zuge des Qualitätsmanagements verbreiteten bürokratischen Vorstellungen von guter Pflege an. Die derzeitige Qualitätsdiskussion lasse befürchten, dass emanzipatorische Ansätze nicht mehr dem Zeitgeist entsprächen. Der Altenpfleger, Sozialarbeiter und Heimleiter spitzt seine Kritik zu (ebd.): »Vielmehr haben die Bürokraten, die alles plan-, mess- und nachweisbar machen wollen, die Oberhand gewonnen. Heute ist es beispielsweise nicht mehr ausreichend, mit einem Bewohner fröhliche Momente zu erleben und mit ihm zu lachen, denn in der Logik der Bürokraten kann er gar nicht gelacht haben, wenn sein Lachen nicht schriftlich festgehalten wurde. Natürlich muss dabei außerdem der situative Kontext des Lachens nachvollziehbar beschrieben sein. In dem immer weiter ausufernden Dokumentations- und Kontrollwahn merken wir jedoch leider nicht, dass wir vor lauter Schreiben gar keine Zeit mehr finden, überhaupt noch mit einem Bewohner zu lachen. Aber eigentlich ist das in diesem System auch unerheblich, denn wichtig ist einzig die Verschriftlichung. Also dokumentieren wir nun, dass der Bewohner nicht mehr lacht. Dabei wollen wir scheinbar nicht verstehen, dass wir den pflegebedürftigen Menschen nicht nur die notwendige zwischenmenschliche Zuwendung vorenthalten, sondern zugleich gläserne BewohnerInnen schaffen, die – wenn nun auch auf einer anderen Ebene – erneut ihrer Privatheit und Intimität beraubt werden. Es wird daher Zeit, sich wieder auf die Menschen zu besinnen.« Pflegedokumentation sollte wieder als das gesehen werden, was sie primär ist: eine berufliche Nebenpflicht von Pflegekräften im Interesse und zum Wohle der Klienten.

Sicherheit ist eine wichtige Komponente der Pflegequalität. Wie die anderen Komponenten lässt auch sie sich ethisch begründen. Als nächste Komponente betrachte ich die Wirtschaftlichkeit. Weil es der am kontroversesten diskutierte Aspekt ist, soll ihm ein ausführlicheres Kapitel gewidmet werden.

6.2.3 Wirtschaftlichkeit

Aristoteles bezeichnete moralische Kompetenz als Tugend (griech.: areté). »Tugend ist jene Tüchtigkeit der Seele, die den einzelnen befähigt, ein Ziel anzustreben, über dessen Wert in der Polis ein Konsens besteht, und dieses Ziel mit wirtschaftlich vertretbaren Mitteln umzusetzen. Moralisches, wirtschaftliches und politisches Handeln sind demnach für Aristoteles voneinander untrennbar.« (Pieper 2000:67) Wirtschaftliches Denken ist traditionell kein Gegensatz zur Moral, sondern bildet mit ihr eine Einheit. »Ökonomie als Lehre von der guten Haushaltung beinhaltete in der traditionellen Ethik immer auch die Aspekte von Klugheit **und** Gerechtigkeit.« (Illhardt 1985:99, Hervorhebg.: R. L.) Friesacher referiert, die enge Verbindung von Ökonomie und Ethik bei den klassischen politischen Ökonomen sei allerdings gegen Ende des 18. Jahrhunderts und zu Beginn des 19. Jahrhunderts aufgebrochen worden (Friesacher 2009b:13).

Heute wird die Vereinbarkeit von Wirtschaftlichkeit und Moral im Gesundheits- und Sozialwesen vielfach in Frage gestellt. Dies hängt in erster Linie mit dem erheblich gestiegenen ökonomischen Druck zusammen. Auf der gesellschafts- und gesundheitspolitischen Ebene stellt sich die »... Frage nach einem ethisch verantwortlichen Umgang mit dem Problem der Knappheit« (van der Arend, Gastmans 1996:180). Kesselring erläutert: »Unter knappen Ressourcen versteht die Ethik, dass von einem spezifischen Gut nicht genug für alle da ist, die davon profitieren könnten« (Kesselring 2000:21f). Wie ist das zunehmende Problem der Knappheit finanzieller Ressourcen zu lösen?

»Knappheit kann mit einem effizienteren Umgang mit verfügbaren Mitteln beantwortet werden.« (van der Arend, Gastmans 1996:181) Spätestens wenn diese Strategie ausgereizt ist, müssen allerdings Entscheidungen darüber getroffen werden, wer in welcher Situation an welcher Form der Lebensunterstützung (also auch an Behandlung und Pflege) und in welchem Ausmaß Anteil erhalten soll. Solche volks- und betriebswirtschaftlich geforderten Entscheidungen auf unterschiedlichen Ebenen[110] sind in erster Linie politischer Art, müssen aber in ihrer Tragweite nicht nur aus ökonomischer, sondern auch aus ethischer Sicht untersucht werden.

---

[110] vgl. die Einteilung in Ebenen und Stufen der Allokationsentscheidungen bei Illhardt und Piechowiak (1995:127f)

Dann kann es geschehen, dass sich das Nachdenken über soziale Gerechtigkeit im Sozial- und Gesundheitswesen in konkreten wirtschaftlichen Entscheidungen niederschlägt. Arndt zitiert aus einem Zeitungsartikel, dass die südafrikanische Regierung im Sommer 1995 die Durchführung von kostspieligen Transplantationen ausgesetzt habe, »... weil diese bisher kaum dazu beitrugen, den Gesundheitszustand der Gesamtbevölkerung zu heben. So kostet eine Herztransplantation soviel wie die Antibiotikabehandlung von 25.000 Kleinkindern mit oft tödlich verlaufenden Lungeninfektionen« (Arndt 1996a:127).

Die bekannte deutsche Pflegewissenschaftlerin und Ordensfrau formuliert treffend: »Deutschland ist ein reiches Land, eines der reichsten Länder der Erde. Es kommt weniger darauf an, was wir uns leisten können, als darauf, was wir uns leisten wollen hinsichtlich der Ausgaben im Gesundheitswesen. Welche Priorität hat die Gesundheit in der Politik? Und sollte das Gesundheitswesen wirklich nur eines sein, das sich um ›Gesundheit‹ kümmert und nicht auch die Sorge um Behinderte, chronisch Kranke, Alte und Sterbende einschließt?« (Arndt 2000a:31)

Ethische Entscheidungen über verantwortliches wirtschaftliches Handeln werden primär auf einer sozial- und gesundheitspolitischen Makroebene getroffen. In der Folge sind auf der Mikroebene verantwortliche Entscheidungen gefordert. Pflegepraktikern stellt sich beispielsweise täglich die Frage, welchem der Klienten sie den größten Anteil ihrer knapp bemessenen Arbeitszeit zuteilen sollen. »Wie soll die knappe Pflegezeit auf einer überbelegten akuten Abteilung auf die vielen bedürftigen Kranken verteilt werden? Sollen alle gleich viel Pflege-Zeit erhalten? Oder soll Zeit denen zugute kommen, die es am nötigsten haben? Wie wird ›Nötiges‹ definiert und wer entscheidet über Not und Notwendigkeit? Und: Welche Patienten werden durch die kompetentesten, begabtesten Pflegenden gepflegt? Wie ›gerecht‹ wird pflegerische Kompetenz zugeteilt?« (Kesselring 2000:22)

Zu einem reflektierten Umgang mit pflegerischer Arbeitszeit ist eine kulturelle Norm zu hinterfragen, die sich in der Pflege häufig findet: die Geschäftigkeit bzw. Betriebsamkeit. Renneke (2005:40f) fand bei einer Untersuchung in Pflegeheimen eine eindrückliche Diskrepanz zwischen dem Phänomen stiller, inaktiver Bewohner und dem Auftreten lebendiger, aktiver und sich lautstark unterhaltender Pflegekräfte. Für das betriebsame Verhalten der Pflegenden bietet Renneke eine Erklärung an: »Es scheint mir so, dass die Schwestern sich auch von den Bewohnern abgrenzen wollen, vielleicht sogar müssen, um mit der Konfrontation des eigenen Alterns, des eigenen Lebensweges fertig zu werden. Sie stehen mitten im Leben, gehen arbeiten, haben Familie und sehen täglich, auf welche Zukunft dies hinauslaufen könnte. Unbewusst hilft ihnen diese Abgrenzung vielleicht, damit umzugehen. ... Die Zeit ist ein zentraler Aspekt im Heimalltag. Während die Bewohner so viel Zeit haben, dass sie bereits über Langeweile klagen, ist der Tag der Pflegenden durch einen erheblichen Zeitmangel gekennzeichnet. Dadurch wird der Gegensatz zwischen der Welt der Bewohner und der Welt der Pflegenden noch vergrößert« (S. 41). Im Rahmen einer ethnografischen Studie beobachtete und interviewte Arnold Pflegende über sieben Monate in einem

Allgemeinkrankenhaus. »Der Druck der Zeit und zum Tätigsein zeigt sich in der geschäftigen Körperhaltung, die sie an den Tag legen, im Stehen und Gehen.« (Arnold 2009:26) Tewes führt ein Untersuchungsergebnis von Menzies (1974) an, nach dem Pflegekräfte mit großem Geschick Geschäftigkeit vortäuschen, wenn es eigentlich nichts (Manuelles; R. L.) zu tun gibt. »Mit einem solchen Verhalten wird die manuelle Tätigkeit im Vergleich mit der psychosozialen Arbeit überbetont.« (Tewes 2002:106)

Heute besteht das Problem nicht in einem Überfluss an Zeit, sondern in dem enorm gestiegenen Arbeitspensum, das von Pflegenden unter hohem Zeitdruck täglich bewältigt werden muss. Gekonnte Personaleinsatzplanung, effektive und effiziente Arbeitsorganisation und das täglich neue Setzen von aktuellen Schwerpunkten sind moralisch gefordert, um den gestiegenen Pflegebedarfen wirksam zu begegnen. Nicht alle akuten oder chronischen Personalengpässe können jedoch von einzelnen Pflegekräften oder Pflegeteams kompensiert werden. Senghaas-Knobloch (2008:235) zitiert aus einer Untersuchung die Aussage einer Pflegerin, welche den Arbeitgeber wechselte, weil sie es an ihrem Arbeitsplatz in einem Pflegeheim nicht aushielt: »Ich konnte es psychisch nicht verkraften, wie da mit den Menschen umgegangen wurde. Da musste man (...). Wir waren morgens mit 32 schwerstkranken Bewohnern, waren wir mit drei Pflegekräften. Die Strukturierung war da auch jeden Tag so: jeden Tag musste jeder geduscht werden. (...) Aber Sie können sich das ja vorstellen: Wenn man in zwei Stunden zehn Bewohner duschen soll, wie man die duscht. Das heißt, die werden von oben bis unten abgeseift, man hat das Handtuch genommen: von oben bis unten runter, hat die dann angezogen, hatte Schwierigkeiten, die Kleidung anzukriegen, weil ja die Haut noch viel zu nass war. Ja, und essen auch: Da herrschten wirklich noch Sachen wie Nase zuhalten, damit der Mund aufgeht. Dass man was zu trinken reinkriegt. Und nach einer gewissen Zeit habe ich gedacht, das kann ich psychisch nicht durchhalten.«

Ein Wechsel des Arbeitsplatzes mag den individuellen Leidensdruck verminden, sollte aber als ultima ratio angesehen werden. Zuvor sind i. d. R. andere Möglichkeiten auszuschöpfen. Wo institutionelle Voraussetzungen eine gute Pflegearbeit behindern, gehört es zur kollektiven Verantwortung[111] der Pflegenden, auf Missstände in entsprechender Form argumentativ hinzuweisen und konstruktive Vorschläge für Veränderungen einzubringen (Hofmann 1999: 189). »Wenn die Rahmenbedingungen moralisch gutes oder richtiges Handeln erschweren oder unmöglich machen, wie sollen Pflegende dann im Konflikt zwischen individuellen moralischen Pflichten und strukturellen Hindernissen handeln? Hier gilt es, sich zwischen der Notwendigkeit einer Weigerung und einer kreativen Suche nach Alternativen, der klugen Einschätzung der institutionellen Veränderungsmöglichkeiten und Wege innerhalb einer Institution und einer dann mit Prioritäten versehenen schrittweisen Umsetzung zu entscheiden. Beispiele: Systematische physische oder psychische Überlastung; ›gefährliche‹ Pflege bzw.

[111] Pflegerische Verantwortung lässt sich nach Tewes (2002:79) in kollektive und individuelle Verantwortung differenzieren: Während die individuelle Verantwortung die berufliche und persönliche Verantwortung der Pflegenden einschließt, bezeichnet der Begriff »kollektive Verantwortung« Aspekte, für die das gesamte Pflegeteam zuständig ist (sowie die Profession Pflege, vgl. van der Arend, Gastmans 1996:128; Lay 2002a,b; R. L.).

Pflegefehler aufgrund nicht qualifizierten Personals«, schreibt Bobbert (2002:80) und hebt hervor, nicht nur Handlungen, sondern auch Unterlassungen könnten Patienten an Leib und Seele verletzen. Sie nennt als Beispiele langes Warten auf ein Schmerzmittel oder auf Hilfe beim Gang zur Toilette (S. 75).

Zegelin stellt fest, vielerorts sei Pflege zu einer »Abfertigung unter Zeitdruck« verkommen (Zegelin 2009:34). »Es ist menschenverachtend, wenn schwerkranke Patienten auf dem Stationsflur untergebracht werden, eilig das Essen eingegeben wird, Kranke nachts gewaschen werden, Sterbende in Nebenräume abgeschoben werden.« (Milhahn, Zegelin 1993:323)[112]

Pflegekräfte leiden stark darunter, aus Mangel an zeitlichen und personellen Ressourcen nicht jene Pflege leisten zu können, die sie für angemessen halten (Schwerdt 2002c:28). Insbesondere im Krankenhaus hat die Arbeitsverdichtung stark zugenommen. Während zwischen 2003 und 2009 die Anzahl der sogenannten Krankenhausfälle um rund 3 % anstieg, ging die durchschnittliche Liegezeit (Verweildauer) der Patienten zwischen 1995 und 2008 um knapp 25 % auf 8,1 Tage zurück. Zeitgleich fand unter dem steigenden Kostendruck ein enormer Abbau von Pflegestellen statt: Von 1995 bis 2006 wurden im Pflegedienst der Krankenhäuser bundesweit insgesamt ca. 52.200 Vollzeitstellen (Vollkräfte) abgebaut (Simon 2012:36).[113] In der Folge stieg die Arbeitsbelastung der Pflegekräfte im Krankenhaus stark an; die Zahl der pro Pflegekraft gepflegten Patienten erhöhte sich zwischen 1991 und 2006 um knapp 26 % (Braun 2011:308f).

Von 1999 bis 2009 nahm die Quote der teilzeitbeschäftigten Pflegekräfte in Krankenhäusern von 35,1 % auf 47,3 % zu. Ursachen für die Ausweitung der Teilzeitbeschäftigung waren einerseits die unter zunehmendem ökonomischen Druck geforderte Flexibilisierung bei der Personaleinsatzplanung und andererseits die hohe Arbeitsbelastung, aufgrund derer die Beschäftigten immer häufiger die Arbeitszeit reduzierten, um ihre Gesundheit zu schützen (Simon 2012:36,62f). In seiner Studie zu Beschäftigungsstrukturen in Pflegeberufen konnte Simon (S. 63) zeigen, dass die Ausweitung der Teilzeitbeschäftigung in Pflegeberufen mit hoher Wahrscheinlichkeit nicht in erster Linie aus persönlichen und insbesondere familiären Gründen erfolgt, sondern vor allem Folge einer zunehmenden Umwandlung von Vollzeitstellen in Teilzeitarbeitsplätze sowie Reaktion der Beschäftigten auf chronische Arbeitsüberlastung ist. Es dränge sich, so Simon, der Eindruck auf, dass es in der Pflege gegenwärtig keinen Fachkräftemangel gebe, sondern vielmehr einen Mangel an adäquaten Vollzeitarbeitsplätzen und vor allem an Arbeitsbedingungen, die eine langfristige Vollzeitbeschäftigung ohne Beeinträchtigung der Gesundheit ermöglichten (S. 64).

Braun et al. (2010) führten im Zeitraum von 2003 bis 2008 wiederholt standardisierte Befragungen von dreijährig examinierten Pflegekräften durch. Der Anteil der

---

[112] Eindrucksvolle Schilderungen von Krankenhaussituationen, in denen die Würde von Menschen verletzt wurde, finden sich bei Terhaar (1995), vgl. auch Kleinschmidt (2004:142f).

[113] Gleichzeitig nahm die Zahl der in Vollkraftstellen umgerechneten Beschäftigungsverhältnisse von Krankenhausärzten in den Jahren von 2003 bis 2009 um 1 % zu.

Befragten, die hohen »Wert auf eine würdevolle Behandlung der Patienten« legten, nahm von 88 % (2003) auf 79 % im Jahr 2008 ab (zit. n. Braun 2011:314). Der Prozentsatz von Pflegekräften, in deren Bereich »soziale und emotionale Zuwendung« uneingeschränkt stattfand, sank von 70 % (2006) auf 16 % im Jahr 2008 (ebd.).

Ähnlich wie Rettungskräfte, Seelsorger oder Bestatter sind Pflegekräfte regelmäßig mit Menschen in extremen Lebenssituationen konfrontiert. Eine Besonderheit ist dabei die Langzeitpflege, etwa im Pflegeheim, bei Menschen mit chronischen Krankheiten oder Behinderung. Hier gibt es häufig wenig Chancen auf Besserung – in vielen Fällen ist »Aushalten« gefordert. Es gilt dann vielmehr, die Gepflegten zu unterstützen, sie zu begleiten, zu ermutigen und eben vor allem: die pflegerisch herausfordernde Situation auszuhalten (Monteverde 2009c:7; vgl. Garessus 2009:10). Dies kann besonders jene Pflegekräfte stark belasten, die – etwa aufgrund ihrer beruflichen Sozialisation in der kurativen Pflege – kontinuierliche Fortschritte erwarten.

Unabänderliches auszuhalten und in unmittelbarem Kontakt mit leidenden Menschen solidarisch durchzustehen, erfordert persönliche Stärke und lässt sich nur in einem geeigneten Rahmen dauerhaft verwirklichen. Wo hingegen die konkreten Arbeitsbedingungen keine menschenwürdige Pflege mehr zulassen, ist es nicht verwunderlich, dass auch gut ausgebildete und hochmotivierte Pflegekräfte im Laufe der Berufsjahre in ihrem zwischenmenschlichen Umgang zunehmend die nötige achtsame und respektvolle Haltung verlieren.

Wettreck (2001:114) zitiert das Erlebnis eines Intensivpflegers, der sich morgens daran macht, einen Patienten zu waschen und erst nach einer Weile merkt, dass dieser bereits tot ist. »Und da ist mir bewusst geworden, ich gehe morgens zur Arbeit, mache meine Schüssel fertig, stelle die dahin, was muss ich geredet haben? Habe ich nicht ›Guten Tag‹ gesagt, habe nicht auf die Anwort gewartet, gar nichts, und habe angefangen, ihn zu waschen. Ich dachte: ›Mein Gott, ei, du merkst gar nicht mehr, was hier los ist, du wäschst 'nen Toten und merkst gar nichts mehr.‹«

Bobbert (2002:253) nennt Beispiele für respektloses Verhalten gegenüber pflegebedürftigen Menschen, u. a. »… eine ›Waschstraße‹, bei der mehrere Patient(inn)en oder Bewohner(innen) gleichzeitig im Bad gewaschen werden, Waschungen im Intimbereich ohne Sichtschutz oder bei offener Tür, längere Zeit unbekleidet zu bleiben, das Verabreichen von Essen auf dem Nachtstuhl, das Verabreichen von Abführmitteln (mit sogenannten Abführtagen) statt entsprechend angepaßter Kost oder eine routinemäßig passierte Kost für alle Patient(inn)en«.

Student und Napiwotzky (2007:36) berichten, schwer kranke und sterbende Menschen fühlten sich häufig ihrer Würde beraubt, z. B. durch das Warten im Rollstuhl auf Abholung nach Untersuchungen in dunklen und kühlen Krankenhauskellern, durch Bevormundungen, durch offene Flügelhemden, durch mangelhafte Beherrschung ihrer Ausscheidungen, durch ein Reden über sie statt mit ihnen. Einer bevormundenden Tradition folgend, ignorieren Pflegende bei zunehmender Arbeitsbelastung nicht selten die Selbstbestimmungswünsche pflegebedürftiger Menschen – mit gravierenden Folgen. »Ethische Probleme werden oft durch Routineentscheidungen ›geschaffen‹, nämlich dann, wenn Personen von Entscheidungen, die sie betreffen, ausgeschlossen werden.« (Kesselring 2000:23)

Wie sollen sich überlastete Pflegekräfte verhalten? Bis zu welchem Grad müssen sie inadäquate Pflegebedingungen dulden? Wie lange können sie schweigen – sei es aus Furcht, Hilflosigkeit oder Loyalität? Letztere erwarten zahlreiche Instanzen und Interessengruppen. Von Pflegefehlern profitieren schließlich viele Gruppen im Gesundheitswesen, wie Hochgraeber (2008:556) behauptet; so seien Krankenhäuser voll von alten Menschen, die an Folgen schlechter Pflege litten.

Fehler, die in Gesundheitseinrichtungen auftreten, werden Klienten und Angehörigen meistens verschwiegen. »Behandlungs- und Pflegefehler sind ... nicht nur ein Qualitäts- sondern auch ein ethisches Problem, denn es gibt eine schweigende Übereinkunft sowohl in der Medizin als auch in der Pflege, Fehler zu verschweigen, zu verheimlichen und zu vertuschen. Hier leidet die Wahrhaftigkeit gegenüber dem Patienten und sein Vertrauen wird untergraben, denn oftmals ahnt der Patient sehr wohl, daß ein Fehler passiert ist.« (Rabe 1998:43)

Wie lange möchten Pflegende stillhalten und damit ein Wertesystem stützen, in dem bereitwillig Hunderte Milliarden Euro zur Rettung spekulierender Banken zur Verfügung gestellt werden, während die größte Berufsgruppe im Gesundheitswesen ihre Arbeit zunehmend unter Bedingungen leisten muss, welche zwangsläufig zur Gefährdung kranker und pflegebedürftiger Menschen führen? Wie sollen sich beruflich Pflegende verhalten, wenn immer deutlicher wird, dass an der gesundheitlichen Versorgung schwächerer Bevölkerungsteile, etwa der Demenzkranken[114], systematisch gespart wird?

Die Antwort auf diese Fragen ist eindeutig: Wo Sicherheit und Wohlergehen von Klienten und/oder Mitarbeitenden gefährdet sind, wird Protest zur Pflicht (vgl. Hofmann 2001a:56). Pflegende müssen lernen, ihre und die Interessen ihrer Klienten entschieden, unüberhörbar und auf konstruktive Weise zu vertreten. »Stillschweigen hält unzureichende Pflegebedingungen aufrecht.« (Fölsch 2008:131)

Wie können Pflegekräfte ihre Kritik konstruktiv gestalten? Der Schweizer Berufsverband der Pflegefachfrauen und Pflegefachmänner rät zu einem gestuften Vorgehen: »Wenn die Sicherheit der Patienten gefährdet ist, die Pflege ihre Ziele nicht mehr erreicht oder die Gerechtigkeit nicht gewährleistet ist, verfügt die Pflegefachfrau gemeinsam mit dem Team über verschiedene Handlungsmöglichkeiten:

- Die Funktionsweise der Abteilung, die Problembereiche, die Betriebsabläufe, die Pflegehandlungen, die Kommunikationswege, die Arbeitsbelastung im Verhältnis zur Personaldotation und die Qualität der verschiedenen Prozesse analysieren;
- Wenn nötig die Funktionsweise reorganisieren, die Abläufe klären und vereinfachen, die Verantwortlichkeiten und die Rolle jedes einzelnen neu festlegen.

---

114 Dibelius (2006b:257) beobachtet, dass Menschen mit der Diagnose »Demenz« häufig mit Leistungsbegrenzungen zu leben haben. Als wichtigste Rationierungsmaßnahmen seien knappe Personalbemessung, das Fehlen von gerontopsychiatrischem Fachpersonal und der Mangel an therapeutischen und pflegerischen Materialien zu nennen (vgl. dies. 2003:28; 2006a:176).

- Steht nach einer solchen Funktionsanalyse und einer eventuellen Reorganisation fest, dass die Bedingungen für eine qualitativ gute Pflege noch ungenügend sind, gilt es:
- die direkt vorgesetzte Stelle schriftlich oder mündlich zu informieren, je nach Dienstweg auch die Direktion;
- genau zu formulieren, was nötig ist, um die Situation zu verbessern;
- die notwendigen Mittel einzufordern;
- die Verantwortung für gewisse Aufgaben und Funktionen abzulehnen;
- gewisse nicht prioritäre und nicht pflegerische Aufgaben zurückzuweisen;
- systematisch alle gefährlichen Situationen oder Lücken zu notieren, inkl. Häufigkeit, Ort, Zeitpunkt, Dauer und bereits getroffene Massnahmen [sic], und dann die Vorgesetzten zu informieren;
- sich durch den Berufsverband, die Personalkommission, Gewerkschaft oder eine Ombudsstelle beraten zu lassen.
- Falls diese ersten Massnahmen nicht genügen oder keine befriedigende Antwort erfolgt, ist zu entscheiden, (jedoch nicht ohne vorher die Direktion zu informieren!), [sic] ob der Zeitpunkt gekommen ist, weiterreichende Massnahmen einzuleiten:
- die Situation dem Berufsverband, der Gewerkschaft oder einer Patientenorganisation melden;
- sich an die zuständigen Behörden (Gesundheitsdirektion, parlamentarische Kommission) wenden;
- die Presse informieren;
- eine Protestveranstaltungen oder einen Streik organisieren« (SBK-ASI 2007:2).

Pflege hat sich Humanität auf ihre Fahnen geschrieben, und die Gesellschaft scheint die Verwirklichung von Menschlichkeit zu fordern. »Vor allem von der Pflege wird immer wieder erwartet – trotz völlig unzureichender Bedingungen –, Humanität zu verwirklichen, ja sogar noch die Inhumanität anderer Berufe zu kompensieren.« (Bartholomeyczik 1992:516)

Ein solcher Anspruch ist jedoch unrealistisch, wie Schröck (1995:320) herausstellt. Ihr erscheint die Vorstellung verfehlt, »... daß die Pflegenden den Mangel an Menschlichkeit in anderen Berufsgruppen irgendwie kompensieren könnten. Faktisch ist das nicht möglich. Der Angehörige des Patienten, der sich vom Arzt [oder dem Vertreter einer anderen Berufsgruppe; R. L.] zurückgewiesen, abgewertet oder gar in für den Patienten wichtigen Dingen übergangen fühlt, mag sich von dem Krankenpfleger besser verstanden und angenommen, d.h. auch getröstet fühlen, doch kompensieren kann der Pfleger den Mangel des Arztes nicht.« Moralisch wäre es auch nicht wünschenswert, fährt Schröck fort, weil diese Aufgabe dann bei der Pflege allein verbliebe.

Wenn Humanität ein Ziel ist, dem Pflege sich verschreiben will, muss die Berufsgruppe ihre schwierige Lage öffentlich bekannt machen. »Der politischen Strategie, ›Menschlichkeit‹ in der Pflege durch ökonomische Entscheidungen zur Privatsache der einzelnen Pflegenden zu machen, kann nur damit begegnet werden, dass die Entscheidung über das Verständnis und die Kriterien der ›Pflege-Qualität‹ in die gesellschaftliche Diskussion zurückverlagert wird.« (Wettreck 2002:164)[115]

Für Pflegekräfte bedeutet dies, dass sie nicht nur im akuten Fall ihre Vorgesetzten über eine schon bestehende oder drohende Überlastung frühzeitig informieren, sondern sich auch langfristig in sozial- und gesundheitspolitischen Vertretungen für eine ethisch vertretbare Pflege einsetzen sollten. Sperl leitet für die Pflegenden die Pflicht ab, sich einzumischen. »Wir müssen selbst dafür sorgen, dass unsere Gedanken und Erfahrungen öffentlich Gehör finden und bei der Entscheidungsfindung berücksichtigt werden. Ethik muss politisch werden.« (Sperl 2002:38) Indes erweist sich die traditionelle politische Abstinenz der Berufsgruppe als Hemmnis. »Die Pflegeberufe sind so unpolitisch wie ein Sack Mehl und dies, obwohl sie in ihrem Feld mit allen Fragen der menschlichen Existenz konfrontiert sind. Kein anderer Beruf arbeitet so dicht am, mit und für den Menschen.« (Zegelin 2009:34)

Mit Wettreck bin ich der Meinung, dass sich die Pflege berufsständisch weiterentwickeln, professionalisieren muss, denn ein »… Beruf wie die Pflege, der einen menschlich unverzichtbaren Auftrag hat, ist moralisch zur Selbstfindung und Weiter-Entwicklung verpflichtet« (Wettreck 2001:145). In ähnlicher Weise schlussfolgert Arndt (2003c:21): »Berufspolitisches Engagement ist eine moralische Verpflichtung für die Pflege.«

Auch Lindner unterstreicht die politische Mitverantwortung der Pflegekräfte: »So wichtig und wesentlich die Hilfe für den einzelnen Menschen vor Ort ist, so notwendig ist es, krankmachende Strukturen innerhalb der Gesellschaft oder innerhalb der Institution zu benennen und für ihre Veränderung einzutreten. Ich bin der festen Überzeugung, daß Pflegenden in diesem Bereich eine hohe Verantwortung zukommt« (Lindner 1999:63).

Zwar ist nicht jede Pflegekraft zur aktiven Mitarbeit in politischen Gremien bereit und in der Lage[116], doch gehören m. E. zur politischen Mitverantwortung zumindest ein Interesse an (berufs-)politischen Zusammenhängen und die Mitgliedschaft in

---

[115] Wie diese Öffentlichkeitsarbeit gestaltet wird, ist nicht nur eine strategisch und taktisch bedeutsame Überlegung, sondern auch eine Stilfrage und nicht zuletzt eine ethisch relevante Entscheidung. Die schonungslos direkte Aussage einer Stationsleitung irritiert in ihrer naiv-verletzenden Radikalität: »Ich sag den Patienten immer, wenn ihr bessere und mehr Pflege wollt, müsst ihr mehr bezahlen. Erst gucken die doof, aber dann verstehen die das schon. Die müssen beim Klingeln halt warten bis Zeit ist, bei unserem Stellenschlüssel. Und wenn das noch schlechter wird, dann machen wir halt wieder Funktionspflege, das geht dann schon schneller, und alle liegen wieder satt und sauber da – aber halt auf Kosten der Patienten. Und so sehe ich es eigentlich auch bei dem Elend in den Altenheimen. Da liegen jetzt all die Leute, die ihr Leben nicht bereit waren, mehr für die Pflege zu tun. Waren die nicht. Das müssen die jetzt ausbaden. Die haben ihr Leben lang weggeguckt. Das ist doch ein ganz einfacher Zusammenhang« (zit. bei Wettreck 2001:163).

[116] Während ich bislang die karge Öffentlichkeitsarbeit der Pflege eher auf eine tendenziell unpolitische berufliche Haltung der Pflegekräfte, auf mangelndes Selbstbewusstsein und Überlastung durch die täglichen Anforderungen in der Pflegepraxis zurückführte, gab mir ein Beitrag von Kinzelmann (1999:93) neue Anregungen: Die Gesellschaft gibt der Berufsgruppe Pflege unterschwellig den Auftrag (die Norm), sich unauffällig zu verhalten und über ihre Arbeit Stillschweigen zu bewahren. Kinzelmann formuliert bewusst provokativ: »Wer unbedingt meint, er müsse seinen Lebensunterhalt damit verdienen, anderen Menschen zu helfen, der soll das wenigstens so tun, daß man selbst nicht davon behelligt wird. Der kranke, alte oder behinderte Mensch soll so schnell wie möglich in den Prozeß der Produktion eingegliedert werden. Ist das nicht machbar, soll der Betreffende möglichst unauffällig und kostengünstig sein Dasein fristen« (ebd.).

einem Berufsverband und/oder einer Gewerkschaft, wie sie auch der Ethikkodex für Pflegende fordert: »Über ihren Berufsverband setzt sich die Pflegende dafür ein, dass sichere, sozial gerechte und wirtschaftliche Arbeitsbedingungen in der Pflege geschaffen und erhalten werden« (ICN 2010:3).[117]

Lauxen regt an, wenn es um die Verteilung der knappen Ressourcen im Gesundheitswesen gehe, könnten die ambulant Pflegenden politisch Einfluss nehmen, indem sie sich in Berufsverbänden engagierten und die Wohlfahrtsverbände unterstützten (Lauxen 2009:428). Der belgische Gesundheitsethiker Gastmans sieht zwar die Gesellschaft bzw. ihre politischen Vertreter in der Pflicht, Spielraum für eine menschenwürdige Pflege zu schaffen, fügt aber hinzu, es gehöre auch zur Verantwortung der Pflegekräfte selbst, nach einem höchstmöglichen Pflegepraxisniveau zu streben. Hierzu sei es nötig, eine Machtposition aufzubauen: zum Beispiel durch Beteiligung an der Arbeit von Berufsorganisationen oder durch Übernahme von Leitungsfunktionen in Schlüsselpositionen im Gesundheitssystem (Gastmans 2003:96). Fölsch hält es für notwendig, »... dass sich die Pflege auch auf höheren Ebenen aktiv an den Entscheidungen beteiligt, bzw. sich dafür einsetzt, gehört zu werden. Dazu ist es notwendig, dass Pflegepersonen sich zusätzliches Wissen aneignen, um in den dementsprechenden Gremien kompetent auftreten zu können« (Fölsch 2008:155).

Bei allen Bemühungen um bessere materielle und personelle Ausstattung der Pflegeeinrichtungen sollten Pflegekräfte nicht aus den Augen verlieren, dass nicht alles, was wünschenswert erscheint, volkswirtschaftlich machbar ist. Hofmann fragt deshalb: »Wo gilt es einem Anspruchsdenken und -verhalten entgegen zu treten, das die Solidarsysteme und damit den Sicherheitsrahmen für alle Menschen in Deutschland sprengt?« (Hofmann 2006:6)

Trotz berechtigter Bemühungen um eine Steigerung der Pflegequalität halte ich es nicht für ethisch vertretbar, statt einer angemessenen eine optimale Pflegequalität zu fordern. Auch Pflegeethikerinnen und Pflegewissenschaftlerinnen sind vor dieser idealistischen Versuchung nicht gefeit, wie folgende Beispiele zeigen:

- In den Ethischen Grundregeln der Altenpflege, die vom Code for Nurses des International Council of Nurses (ICN, Version 1973) abgeleitet wurden, heißt es: »Die Altenpflegerin wirkt bei der Verbesserung der Pflegequalität mit und ermöglicht es somit, diese auf dem jeweils **höchsten** Stand zu halten« (Martens 1995; Hervorhebg.: R. L.).

[117] Die Rahmen-Berufsordnung des Deutschen Pflegerates (DPR) verlangt, professionell Pflegende sollten sich kritisch mit ethischen Fragen ihres Berufes auseinandersetzen (Deutscher Pflegerat 2004:8). Zahlreiche nationale und internationale Ethikkodizes der Pflege fordern zudem die Mitgliedschaft in einem Berufsverband. Berufskodizes werden i. d. R. von den jeweiligen Berufsverbänden entwickelt und proklamiert, deshalb weist Heffels (2007:77) darauf hin, dass sie auch »im Dienst der Selbsterhaltung« berufsständischer Vertretungsorgane stehen. Osterhus und Dondalski (1999:189) sehen deutliche Diskrepanzen zwischen dem Regelwerk und der Realität. »So ist es beispielsweise keineswegs Usus, daß die Krankenschwester, der Krankenpfleger einem pflegerischen Berufsverband angehören, eine Mitgliedschaft ist eher die Ausnahme.« (ebd.)

- Ohne einschränkende Rahmenbedingungen zu thematisieren (wie etwa Klientenwünsche, abgeschlossene Pflegeverträge, personelle und materielle Ressourcen), postuliert Schrems kühn: »Pflegepersonen sind ethisch/moralisch dazu verpflichtet, die wirksamsten Maßnahmen anzuwenden« (Schrems 2006:49).
- Ethik reflektiert nach Lindner (1999:46; Hervorhebg.: R. L.) den pflegerischen Alltag systematisch geordnet und dient dazu, »... den zu versorgenden Menschen in der ihnen eigenen Würde **voll** gerecht zu werden«.
- Nach Arndt (1997b:520) »... muß jeder, Patient, Klient, Bewohner oder Kunde in dem Maße Zuwendung und physische Hilfe beim täglichen Leben beanspruchen dürfen, wie er braucht, um die von ihm angestrebte Lebensqualität zu erreichen«. Sie proklamiert: »Für die Pflege gilt, dass sie der **gesamten** Lebenssituation eines Patienten zugewandt ist, und hieraus erwachsen moralische Forderungen« (dies. 2005b:43; Hervorhebg.: R. L.).

Stratmeyer (1997:35) kritisiert den innerhalb der Berufsgruppe stark propagierten ganzheitlichen Anspruch der Pflege. Es werde dabei nicht berücksichtigt, ob die Klienten überhaupt von der Pflege als einem Dienstleistungsberuf »ganzheitlich« angenommen werden wollten oder nicht vielmehr ein spezielles eingegrenztes Leistungsprofil abforderten. Die Realisierungschancen des Anspruchs auf Ganzheitlichkeit zu diskutieren sei notwendig.

Grauhan warnte bereits 1981 anlässlich eines Kongresses des ICN: »Bei fortschreitender Entwicklung des Pflegeberufs in einem Land werden die Minimalforderungen beruflicher Ethik immer mehr durch Gesetze ersetzt, und die Ziele werden höher gesetzt. Mitglieder des Berufs, insbesondere seine Führungskräfte, müssen aber dafür Sorge tragen, daß die Ziele nicht in den Wolken schweben, wo die Mehrheit der Mitglieder sie nicht erreichen kann« (Grauhan 1981:350).

Entgegen individualistisch-subjektivistischer Pflegeauffassungen wäre es nach Hofmann die Aufgabe einer Pflege-Ethik, »... Modelle und Theorien auf ihre anthropologischen und ethischen Implikationen hin zu befragen, bevor sie in die Praxis eingeführt werden. Dazu gehörte auch die Zurückweisung utopischer Vorstellungen, die im Namen pflegerischer Optimierung die Grenzen personeller und sozialstaatlicher Ressourcen gänzlich außer acht lassen« (Hofmann 1995b:38). An anderer Stelle mahnt die Krankenschwester und Philosophin: »Wie in der Medizin gibt es auch in der Pflege viele neue Erkenntnisse und Verfahren, die hilfreich sind, ohne in jedem Fall notwendig zu sein. Auch die Pflege wird mehr noch als bisher lernen müssen, das Notwendige vom Wünschbaren zu unterscheiden, ohne sich allzu sehr in ihrem pflegerischen Selbstverständnis beeinträchtigt zu fühlen« (Hofmann 2006:11).

Pflege sollte sich sowohl in der berufspolitischen Außendarstellung als auch in der Betreuung einzelner Klienten davor hüten, sich für allzuständig[118] zu erklären. »Finanzielle wie gesundheitspolitische Gründe und auch das Berufsbild Pflegender machen es nicht möglich, alle Bereiche des Wohlbefindens abzudecken.« (Fölsch 2008:99)

Kersting (2002:38-41) legt Wert auf die Feststellung, das propagierte Ideal einer patientenorientierten Pflege und das, was diesen normativen Anspruch ausmache, nämlich die Zuwendung zum Einzelnen gemäß seinen Bedürfnissen, sei unter den im Krankenhaus gegebenen Umständen systematisch nicht zu erfüllen. Würden Pflegende all die Aspekte einer Patientenorientierung tatsächlich als Maßstab für den Alltag ernst nehmen, dann könnte das Krankenhaus seinen Auftrag der Massenversorgung mit dem zur Verfügung stehenden Personal nicht erfüllen, so ihre Einschätzung. Kersting argumentiert, solange die künstliche Begrenzung durch die unzureichenden Mittel, welche für die Betreuung Kranker zur Verfügung gestellt werden, und der damit einhergehende Zeit- bzw. Personalmangel in der Institution anhalte und der Normverwirklichung entgegenstehe, lasse sich der Widerspruch nicht auflösen. Eigentlich, so Kersting weiter, sei patientenorientierte Pflege eine selbstverständliche und von der Gesellschaft erwartete Hilfeleistung, zu der immer auch kommunikative Zuwendung gehöre. Eingeklagt müsse sie erst werden, wenn diese Selbstverständlichkeit trotz wissenschaftlicher Erkenntnisse und ethischer Verpflichtungen gar nicht einzulösen sei. Und erst weil die Verwirklichung des Postulats nach patientenorientierter Pflege verhindert werde, müsse der normative Anspruch auch als solcher erhoben werden (ebd.).

Die Forderung nach einer auf individuelle Entfaltung ausgelegten Pflege soll nicht zu Utopien verleiten; sie hat dort ihre moralische Grenze, wo sie andere schützenswerte Güter gefährdet, wie die Gesundheit der Pflegekräfte oder die ausreichende materielle und immaterielle Unterstützung anderer wichtiger gesellschaftlicher Aufgaben.

Große Chancen zur Sicherung einer ethisch vertretbaren Verteilung der Mittel im Sozial- und Gesundheitswesen sehe ich in der Pflegeforschung. So wurde z. B. in den USA ermittelt, dass die Verweilzeit von Frühgeborenen im Krankenhaus bei entsprechender Nachbetreuung der Säuglinge ohne Gefährdung der Kinder reduziert werden kann. Durch konsequentes Verfolgen dieser Maßnahme würden in den USA jährlich Ausgaben von 334 Millionen Dollar für andere gesellschaftliche Aufgaben frei (Brooten et al. 1986, zit. n. Brandenburg, Dorschner 1997:89).

---

118 Monteverde schreibt zur traditionellen Forderung nach umfassender Zuständigkeit: »Für Florence Nightingale (1820-1910) war klar, dass Pflege eine Profession ist, die sichtbar gemacht werden musste. Und das konnte man nur, indem man beschrieb, welches ihr moralisches Fundament ist. Die Tatsache, dass die Beschäftigung mit Ethik in der Pflege sichtbar mache, worin pflegerische Arbeit eigentlich bestehe, hielt sich noch lange. Sie erklärt auch, wieso in den 70er Jahren Carol Gilligans Ethics of care, verstanden als normativer Ansatz, der die Beziehungsgestaltung zur entscheidenden Kategorie erklärte, für die Pflege so zentral werden konnte. Dieser Ansatz erfüllte in seiner Rezeption durch die Pflege eine aussermoralische, emanzipatorische Funktion, nämlich Pflege aus der Grauzone des ›Zuständig-sein-für-alles‹, die sich aus der Heterogenität ihrer Güter ergibt, zu befreien und sichtbar zu machen, wie sich darin pflegerische Professionalität zeigen kann. « (Monteverde 2009c:7)

Kortus ist beizupflichten: »Der medizinische Arbeitsbereich steht heute durch wirtschaftliche Vorgaben in einem enormen Spannungsbogen zwischen ethischen Ansprüchen ... einerseits und ökonomischen Bedingungen einer marktwirtschaftlichen Gesellschaftsstruktur andererseits. Dabei besteht die Gefahr von ›Entweder-Oder-Überlegungen‹, die allerdings in die Irre führen, wenngleich sie seit Anfang der neunziger Jahre [des 20. Jahrhunderts; R. L.] zunehmend populär werden. Hier kann nur die Überzeugung des ›Sowohl-als-auch‹ gelten, mit der deutlich wird, daß der wirtschaftliche Umgang mit den vorhandenen Mitteln die größte Chance bietet, wissenschaftliche und fachliche Kenntnisse zum Wohle des Patienten einzusetzen und durch wirtschaftliches Handeln größtmögliche Effekte für ihn zu erzielen« (Kortus 1998:44).

In der Pflegepraxis bieten sich gerade in einer Phase explosionsartiger pflegewissenschaftlicher Entwicklungen viele Möglichkeiten, überkommene pflegerische Maßnahmen kritisch auf ihre Effizienz zu überprüfen. Als Experte für Dekubitusprophylaxe weiß ich, dass noch immer viel Zeit und Material für vorbeugende Anwendungen aufgewandt werden, deren Wirksamkeit pflegewissenschaftlich als nicht gesichert gilt oder deren Gefährlichkeit sogar erwiesen ist. Ineffiziente Maßnahmen wirken sich konsequenterweise in einem Mangel an anderen Stellen aus. Gezielte Maßnahmen zur Kontrolle von Effizienz und Qualität »... sind daher ethisch notwendig, weil sie ein höheres Niveau der Gesundheitspflege für mehr Menschen erreichbar machen« (van der Arend, Gastmans 1996:181).

Wallner hält Rationalisierung für moralisch richtig, denn sie bedeute Effizienzsteigerung. Ineffizienz dagegen sei unmoralisch bzw. ethisch nicht legitimierbar, denn sie gehe mit den begrenzten Ressourcen nicht verantwortlich um. Unter den Bedingungen von knappen Mitteln bedeute Ineffizienz eine Verschwendung von Ressourcen, die unter Umständen an anderer Stelle besser eingesetzt worden wären (Wallner 2004:164).

»In Zeiten von Ressourcenknappheit und dem politisierten Gebrauch des Begriffs ›Pflegenotstand‹ ist deutlich geworden, dass auch ›Pflege‹ zu einem knappen Gut geworden ist, das es nach gerechten Kriterien zu verteilen gilt«, resümiert Monteverde (2009c:6). Nach Fry (1995:27) sind von Pflegekräften Entscheidungen darüber gefordert, wie eine gerechte oder faire Zuteilung der Pflegeleistungen unter den von ihnen betreuten Patienten aussehen soll. Ziel sei eine faire Verteilung der zur Verfügung stehenden Pflegemittel unter den Patienten. So könne man auf eine Verteilung der Mittel da verzichten, wo sie nicht benötigt werden. Wirtschaftlichkeit bedeutet also nicht nur den verantwortlichen Einsatz von Pflegearbeitszeit, sondern auch die kostenbewusste Verwendung von Geräten und pflegerischen Bedarfsartikeln. Wirtschaftliches Arbeiten sichert den Fortbestand der Pflegeeinrichtungen und leistet einen unverzichtbaren Beitrag zur Sicherung von Arbeitsplätzen. Leibold (2005:281) betont, die Überlebensfähigkeit ambulanter Pflegedienste müsse sichergestellt sein, damit eine Unterversorgung vermieden und »gute Pflege« auch wirklich allen Pflegebedürftigen dauerhaft zugute kommen könne.

In der derzeitigen gesellschaftlichen Situation kann Pflegequalität nicht mehr idealistisch unter Vernachlässigung des Faktors Wirtschaftlichkeit untersucht werden. Eine den Faktor Wirtschaftlichkeit ausblendende Sicht von Pflege wäre aus ethischer Sicht nicht zu begründen. Der gelegentlich immer noch vertretenen Ansicht, Qualität bedürfe »... nicht unbedingt der Wirtschaftlichkeit« (so Kuhlmey 1994:76), ist deutlich zu widersprechen. Von Pflegekräften wird ein verantwortlicher Einsatz von Arbeitszeit und -material erwartet. »Auch in Deutschland steht die Kostendämpfung im Gesundheitswesen im Brennpunkt der Diskussion. Jede Pflegende hat damit die Verpflichtung, die Mittel so optimal wie möglich [sic] zu nutzen. Verschwendung von Menschenkraft oder Materialien ist nicht zeitgemäß ... Bei effizienter Pflege geht es darum, in der Lage zu sein, mit so wenig Mitteln wie möglich, verantwortlich das Ziel zu erreichen.« (Arets et al. 1996:195) Fundierte Bildung in wirtschaftlichen Fragen ist für die Disziplin Pflege von elementarer Bedeutung, denn ohne ökonomisches Wissen kann es keine nachhaltig gute Pflege geben.

Verfügen Pflegefachkräfte derzeit über hinreichende Kenntnisse zu betriebs- und volkswirtschaftlichen Zusammenhängen? Nach meiner Überzeugung wurde in den bisherigen Pflegeausbildungen zu wenig Wert auf ökonomische Bildung gelegt. Schwerdt (2002c:25) diagnostiziert in der Berufsgruppe gar eine »Blindheit« für wirtschaftliche Aspekte. Die Blindheit habe zur Folge, dass wirtschaftliche Rahmenbedingungen nicht einer systematischen und grundlegenden Problemanalyse unterzogen würden, sondern der Umgang mit Notsituationen zumeist nach unklaren **Kriterien** ungeplant verlaufe. Die Blindheit ignoriere ferner die wachsende Bedeutung der Pflege als gesellschaftlich nötig gebrauchte Dienstleistung.

Schwerdt erläutert ihre Kritik: »Die Pflege setzt sich bisher kaum mit ökonomischen Fragen des Berufs auseinander. Sie beantwortet akute Knappheitssituationen mit verstärkter individueller Anstrengung. Gesellschaftliche Rahmenbedingungen werden wenig, institutionelle Sparalternativen kaum in Frage gestellt. Die Stichworte Rationalisierung und Rationierung werden von Pflegenden allenfalls mit Allokationsproblemen der Transplantationstechnik in Verbindung gebracht. Pflegewissenschaftliche Abhandlungen befassen sich noch kaum mit spezifischen wirtschaftsethischen Fragen.

Diese Blindheit der Pflege ist deshalb fatal, weil sie auf Sparzwänge **reagieren** muss, die ihr von außen auferlegt werden – gleichwohl ist sie an der Operationalisierung ökonomischer Überlegungen so gut wie nicht beteiligt. Deshalb wird der Versuch, Pflegeleistungen zu strukturieren und zu katalogisieren, als restriktiv und kränkend erlebt.

Bisher wurden Sparzwänge betrachtet, die von außen an die Pflege herangetragen wurden. Aber rationalisieren und rationieren Pflegende ihre Dienstleistungen nicht immer schon von sich aus? Was wird weggelassen, wenn Pflegende am Wochenende in reduzierter Anzahl tätig werden, noch eine Kollegin krank wird und ein Notfall eintritt? Es ist davon auszugehen, dass jede Pflegeperson geheime Kriterien hat, die in Zeitnot eingesetzt werden: Es wird zwischen pflegeeigenen- [sic] und -fremden Maßnahmen unterschieden, ›unsichtbare Arbeiten‹, deren Dokumentation nicht zwingend vorgeschrieben ist, werden weggelassen, die Dokumentation insgesamt wird eingeschränkt; prophylaktische Maßnahmen und Routinearbeiten werden minimiert, Bedürfnisse der zu Pflegenden selektiv, womöglich entsprechend der Nachdrücklichkeit ihrer Anmeldung, erfüllt« (Schwerdt 2002c:31).

Pflegenden wie auch Ärzten stehen nach Kostka kaum offizielle Kriterien zur Lösung von Verteilungskonflikten zur Verfügung. »Es gibt Hinweise, dass den Patienten meistens medizinische Gründe genannt werden, wenn sie eine Maßnahme aus ökonomischen Gründen nicht erhalten.« (Kostka 2005:15) Angesichts zahlreicher individueller Selektionskriterien in der Pflegepraxis fordert Schwerdt, die funktions- und situationsspezifischen, auch informellen Kriterien für pflegerische Rationierung und Rationalisierung transparent zu machen und (zunächst) berufsintern zu diskutieren (Schwerdt 2002c:38). Sie baut auf eine offene Kommunikationskultur über die Begrenztheit personeller, finanzieller und institutioneller Ressourcen und hofft, ein offener Diskurs über die wirtschaftlichen Rahmenbedingungen der beruflichen Pflege würde die Begrenztheit der öffentlichen Mittel, die für pflegerische Solidarität für Mitbürgerinnen und Mitbürger zur Verfügung gestellt werden, nach innen und außen bewusst machen (S. 183). Die Pflegeprofessorin schreibt: »Innerhalb dieser Rahmenbeding[ung; R. L.]en unterliegen Pflegende der Pflicht, den Leistungseinsatz zu optimieren (also zu rationalisieren) und zu selektieren (also zu rationieren), also Pflegeleistungen zu erbringen oder sie zu einem Teil oder ganz zu unterlassen. Die Kriterien der Verteilung würden jedoch deutlich.« Ein Gewinn dieser Auseinandersetzung liege im Nachweis der Wirksamkeit der Pflege, die an der Diskrepanz zwischen dem fachlich Möglichen und dem Qualitätsniveau, das mit den jeweils gegebenen Ressourcen erreichbar ist, deutlich gemacht werden könne (Schwerdt ebd.).

Mutig geht Schwerdt noch einen wesentlichen Schritt weiter. Sie schreibt der Pflege **selbst** eine Mitbeteiligung am verstärkten Problem knapper Ressourcen zu. Im Prozess ihrer Professionalisierung trage Pflege zu einer Steigerung der Kosten im Gesundheitswesen bei (S. 25). »Der Fortschritt von Medizin und Pflege aber bedingt in den reichen Industrieländern die hohe Kulturleistung, dass chronisch schwer kranke Menschen heute ein hohes Lebensalter erreichen können. Daraus ist die auf den ersten Blick frappierende Schlussfolgerung zu ziehen, dass die steigende Anzahl von Menschen mit hohem Pflegebedarf in einer Gesellschaft als ein Zeichen für ihren kulturellen Fortschritt gelten kann.« (Schwerdt 2002c:46f) Das Beispiel der Altenpflege zeige, dass die Pflege nicht nur die »Leistungsexplosion« der Medizin mittrage, sondern dass ihre Entwicklung eine eigene »Fortschrittsfalle« berge: »Die Pflege schafft und sammelt im Prozess ihrer Professionalisierung ein gewaltiges Potenzial an Kenntnissen und Fähigkeiten. Eine moralische Konfliktlage erwächst nun daraus, dass dieses Potenzial nicht für jeden Menschen zum Einsatz gebracht wird, der einen gesundheitlichen Vorteil davon hätte: Nicht bei jedem schlaganfallgeschädigten Menschen wenden wir das Bobath- und das Kinästhetik-Konzept an; nicht bei jedem wahrnehmungsveränderten Menschen führen wir die Körperpflege unter Einbeziehung der Basalen Stimulation® durch; nicht jeder Mensch, der unter akuten oder chronischen Schmerzen leidet, bekommt das Hilfsangebot eines umfassenden Schmerzmanagements. Mit dieser Unterlassung wird eine (unbewusste) Rationierung wirksam, die eine Pflege unterhalb des pflegewissenschaftlichen Erkenntnisstands zulässt« (S. 36f).

In dem Ausmaß, in dem wissenschaftlich fundierte Kenntnisse und Fertigkeiten zunähmen, vergrößere sich die moralische und wirtschaftliche Not, diese nicht alle realisieren zu können (S. 39). Schwerdt folgert, im Professionalisierungsprozess der Pflege sollten Pflegefachleute darüber hinauswachsen, auf Sparappelle moralisierend zu reagieren oder ihnen blindlings zu gehorchen (S. 26). Es müsse sich eine Wirtschaftsethik der Pflege und des Pflegemanagements entwickeln, die Orientierungshilfen für Entscheidungen im Umgang mit den (immer schon) begrenzten Ressourcen der Pflege geben könne (S. 48)

Die Diplompflegepädagogin und Diplompflegewirtin Judith Brüggemann formuliert klar und deutlich: »Wie viel Pflege, Zeit und Zuwendung ein(e) Pfleger(in) für den einzelnen Patienten aufwenden kann, liegt nur bedingt im eigenen Ermessen. Bereits vorher haben politische Ebenen und betriebswirtschaftlich denkende Krankenhausleitungen in der Regel unter Beteiligung der Pflegedirektion wichtige Entscheidungen darüber getroffen, wie die verfügbaren Ressourcen verteilt werden. Mit diesem Korsett müssen die Pflegekräfte vor Ort in der Praxis dann leben. Zeitmangel durch den zunehmenden Personalabbau hat für die zu Pflegenden die Konsequenz, dass oft nur noch eine routinemäßige Versorgung stattfindet. Erfolgreiche, moderne Pflegekonzepte können nur noch begrenzt umgesetzt werden. Kriteriengeleitete Entscheidungsfindungen über die Zuteilung von pflegerischen Leistungen stehen den Pflegenden bisher nur unzureichend zur Verfügung. Dieses erschwert die Diskussion mit anderen Berufsgruppen. Hinzu kommt, dass das medizinisch-technisch Machbare sowie die Lobby einzelner Menschengruppen über die Zuteilung der pflegerisch-therapeutischen Konzepte mit entscheiden. Eine Möglichkeit der sachlich orientierten Ressourcenverteilung können unter anderem ethisch moderierte Fallbesprechungen oder Ethik-Gremien sein« (Brüggemann 2005:17).

Wirtschaftlichkeit gefordert

Zusammenfassend lässt sich festhalten: Pflege ist eine für die Gesellschaft notwendige, auf menschliches Leben und seine autonomen Entfaltungsmöglichkeiten gerichtete (Dienst-)Leistung. Wirtschaftlichkeit sichert die konstante Erbringung dieser gesellschaftlich benötigten Leistung. Deshalb ist Wirtschaftlichkeit in der Pflege grundsätzlich eine ethisch legitimierte Forderung.

Diese Legitimation gilt jedenfalls dann, wenn die konkreten wirtschaftlichen Strukturen und Prozesse eine menschenwürdige Pflege hilfebedürftiger Menschen ermöglichen, ohne wesentliche andere gesellschaftliche und ethische Werte zu missachten. Für den gegenteiligen Fall ist ethische Reflexion ein unverzichtbares Steuerungsmittel im Gesundheits- und Sozialwesen: »Die zunehmende Ökonomisierung, gerade in der Sozialen Arbeit und Pflege, benötigt ein funktionelles Gegengewicht, so sie in ihren Folgen Halt machen soll vor persönlichkeitsverletzenden Entwicklungen für Teile der Gesellschaft« (Klie 1998a:123).

Menschenwürdige Pflege ist ein gesamtgesellschaftliches Anliegen. An der politischen Durchsetzung dieses Anliegens zu arbeiten, ist nicht nur die Aufgabe von Pflegenden (Individualethik) und ihren Berufsverbänden, sondern auch von Organisationen wie etwa Wohlfahrtsverbänden, Trägergesellschaften, Kirchen, Selbsthilfegruppen und politischen Parteien (Sozialethik, politische Ethik, Wirtschaftsethik). Einrichtungen, in denen Menschen gepflegt werden, sollten die vorhandenen politisch-ökonomischen Rahmenbedingungen nicht einfach als gegeben hinnehmen, sondern sich für Veränderungen einsetzen, um jene Werte verwirklichen zu können, die ihrem Auftrag zugrunde liegen – etwa durch Gründung von Interessensverbänden, über die aktive Mitarbeit in Dachverbänden und durch eigene Öffentlichkeits- und Lobbyarbeit (vgl. Arn; Hug 2009:52).

Wirksamkeit, Sicherheit und Wirtschaftlichkeit sind wichtige Komponenten der Pflegequalität. Als weitere Komponente der Pflegequalität soll die Interaktion näher beschrieben und begründet werden.

6.2.4 Interaktion

Interaktion als zwischenmenschliches Handeln, das die Kommunikation umfasst, ist ein unverzichtbares Element von Pflege. »Es scheint mir eine Frage der Ethik zu sein, insbesondere aber auch der Ethik der Pflegeberufe, auf allen Ebenen für die Erhaltung und Förderung der Gesundheit mitzuarbeiten …« (Dätwyler 1990:52) Pflegekräfte interagieren mit zahlreichen Kooperationspartnern, um ihr gesellschaftliches Mandat zu erfüllen.

Im Zentrum der ethischen Reflexion steht nach Johann Ach allerdings die Interaktionsbeziehung zwischen Pflegekraft und Klienten (Ach 1998:163). Die wichtigste Kooperations- und Koordinationsleistung von Pflegepraktikern ist tatsächlich das Zusammenspiel mit den Klienten und ihren primären Bezugspersonen bzw. -gruppen. Wenn Pflegekräfte eine zufriedenstellende Entfaltung von Selbstständigkeit und Wohlbefinden eines Klienten fördern wollen, dann müssen sie mit ihm und seinen nächsten Angehörigen kooperieren.

Die Interaktionen mit Klienten und Angehörigen werden u. a. durch die Qualität der Beziehungen der Pflegemitarbeiter zu ihren Vorgesetzten und untereinander beeinflusst. Im Ethik-Kodex der Altenpflege heißt es entsprechend: »Die Altenpflegerin sorgt für eine gute Zusammenarbeit mit ihren Mitarbeitern auf allen Gebieten, die für die Betreuung älterer Menschen notwendig sind« (Martens 1995). Weil qualitativ hochwertige Pflege außerdem eine gute Zusammenarbeit aller beteiligten Berufsgruppen notwendig macht, fordert der Ethik-Kodex des ICN von Pflegekräften eine umfassende Kooperationsbereitschaft: »Die Pflegende sorgt für eine gute Zusammenarbeit mit ihren Kolleginnen und mit den Mitarbeitenden anderer Bereiche« (ICN 2010:3).

»Pflegerische Handlungen sind Teil des Gesundheitssystems; seine Effektivität ist von der Koordination der Pflege mit den anderen Komponenten des Systems abhängig« (King 1964, zit. n. Fawcett 1996:119). Weil die Qualität der Beziehungen zu anderen Leistungserbringern im Sozial- und Gesundheitswesen großen Einfluss auf die Kontinuität und Effektivität der pflegerischen Dienstleistung besitzt, muss Pflege mit dem Angebot anderer unterstützender bzw. therapeutischer Dienstleistungen abgestimmt werden (vgl. Lay, Schonhardt-Maier 1999:36f; Brandenburg 1998:61).

Die zwischenmenschlichen Beziehungen sind als wesentlicher Teil der Dienstleistungsqualität zu verstehen (Sperl 1994:11). In der Pflegepraxis bedeutet Dienstleistungsqualität die in der Interaktion angestrebte Wirksamkeit, Sicherheit und Wirtschaftlichkeit der Pflege unter gleichzeitiger Beachtung ethischer Prinzipien und moralischer Normen.[119] Pflegequalität kann nur im Zusammenwirken aller am Dienstleistungsprozess Beteiligten verwirklicht werden.

Hauptbeteiligter ist zunächst der betroffene Klient. Er hat entscheidenden Anteil am Dienstleistungsprozess. Der Ausprägungsgrad seiner Partizipation liegt je nach Pflegesituation zwischen den Extremen des passiven Erduldens (ich erinnere an den etymologischen Ursprung des Begriffs Patient von lat. patiens: geduldig) und der Vorstellung, der Klient sei in den Prozess der Leistungserbringung einbezogen »… as a partial employee of the service organization«[120] (Grover 1987, zit. n. Staffelbach 1994:290).

Mitbetroffene sind aber auch die Angehörigen. Im ambulanten Pflegebereich sind sie nicht selten körperlich und psychisch erschöpft und zudem gemeinsam mit den Pflegebedürftigen sozial isoliert.[121] Gerade die »Insulation« kann für pflegende Angehörige wie für die Pflegebedürftigen selbst »… eine extreme Bedrohung ihres eigenen Lebens, Lebenskonzeptes und ebenso ihrer Würde« darstellen (Klie 1998a:136).

Städtler-Mach (2003:174) erinnert daran, dass in unserem Gesundheitssystem vielfach Töchter und Schwiegertöchter für die Pflege von Angehörigen mit herangezogen werden. Die öffentliche Wohlfahrt werde dadurch entlastet, das subjektive Wohlbefinden dieser Frauen dagegen vielfach belastet. Städtler-Mach fragt deshalb (ebd.): »Wie weit kann das Leben eines Menschen durch die Pflegebedürftigkeit eines Familienmitglieds dominiert werden?« Loewy nimmt zu dieser Frage grundsätzlich Stellung: »Auch wenn ein Patient etwa unbedingt nach Hause will und sich weigert, in ein Pflegeheim zu gehen, so bedeutet das noch lange nicht, daß die Familie alles – nur um des Patienten willen – opfern muß« (Loewy 1995:38).

---

[119] Vgl. Sellman (1996:44): »Without awareness of ethical aspects of her action the nurse is in danger of failing to provide a professional service to those in her care.« (»Ohne das Wissen um die ethischen Aspekte ihrer Handlungen steht die Pflegefachkraft in der Gefahr, den von ihr zu pflegenden Menschen eine professionelle Dienstleistung vorzuenthalten« Übers.: R. L.).

[120] »… als ein teilweise bei der Dienstleistungsorganisation Angestellter« (Übers.: R. L.)

[121] Eine sehr anschauliche Sammlung von Erlebnissen und Erfahrungen pflegender Angehöriger haben Gröning et al. (2004) vorgelegt.

Selbstpflege und Angehörigenpflege – die Ressourcen der Eigenpflege

Während Angehörige im häuslichen Bereich von professionellen Helfern mehr Entlastung erfahren und annehmen sollten, werden sie in stationären Einrichtungen hingegen oft zu wenig am Prozess der Pflege beteiligt. Pflegekräfte sollten sich vor Augen halten, dass sie eine externe Dienstleistung anbieten: Fremdpflege. Die eigentlichen »Insider« sind der betroffene Mensch und seine Angehörigen. Die Ressourcen der Eigenpflege (Selbstpflege und Angehörigenpflege) stellen die wichtigsten Faktoren für eine dauerhafte gesundheitliche Entfaltung eines Klienten in seinem sozialen Kontext dar (Lay 1998).

Wichtig ist deshalb das Berücksichtigen der individuellen Ziele, Möglichkeiten und Kräfte pflegender Angehöriger sowie ihre Begleitung, Beratung und Unterstützung.[122] Auch das Wohlbefinden und die Selbstständigkeit der pflegenden Angehörigen sind Ziele professioneller Pflege.

Angehörige bedeuten allerdings nicht in jedem Fall eine Ressource – sie können die Entfaltung eines pflegebedürftigen Menschen nicht nur unterstützen, sondern auch einschränken. Schröppel mahnt: »In manchen Fällen erfordern konflikthafte Angehörigenbeziehungen oder offensichtliche Eigeninteressen von Familienmitgliedern einen sensiblen, teils auch einen bestimmten Umgang zum Schutz der betreffenden Bewohnerinnen und Bewohner« (Schröppel 2009:110).

Dass es in der Zusammenarbeit zwischen Pflegekräften und Angehörigen nicht selten zu Konflikten und Auseinandersetzungen kommt, ist kein Geheimnis. Arndt sieht eine der Ursachen in unangemessener Mitarbeiterführung: »Menschen wollen Kontrolle ausüben. Dies trifft auch und gerade dort zu, wo sie nur noch Ausführende oder ›das Personal‹ sind. (…) Wo sie sich nur als Befehlsempfänger erfahren, nutzen sie andere Möglichkeiten, eigene Macht zu zeigen; so lassen sich dann auch manche herablassenden Verhaltensweisen von Pflegenden Angehörigen gegenüber deuten« (Arndt 2000d:130f).

Neumann nennt eine andere Quelle von Unstimmigkeiten. Demnach entstehen Konflikte oft dann, wenn Pflegekräfte sich durch häufige Besuche von Angehörigen der Gepflegten kontrolliert fühlen – vor allem, wenn Angehörige sich über Unzulänglichkeiten beschweren (Neumann 2005:339). Neumann hofft: »Wenn Pflegekräfte ihre Arbeit nicht mehr als Liebesdienst verstehen und von den Adressaten Dankbarkeit

122 Fölsch (2008:124f) führt ein interessantes Beispiel an: Bei einer Heimbewohnerin zeichnet sich ab, dass sie bald versterben wird. Als ein Pfleger das Zimmer betritt, bemerkt er, dass der Sohn und dessen Frau begonnen haben, die privaten Dinge der Bewohnerin einzupacken. Der Pfleger ist irritiert; er empfindet das Verhalten der Angehörigen spontan als unpassend und makaber. Fölsch sucht nach möglichen Beweggründen der Angehörigen und fragt u.a.: Ist dem Sohn bewusst, wie sein Verhalten auf die Mutter wirken kann? Geht es den Angehörigen darum, Wertgegenstände zu sichern? Haben die Angehörigen Angst vor dem Tod eines geliebten Menschen und versuchen, ihren Gefühlen durch Betriebsamkeit zu entfliehen?

erwarten, sondern als Dienstleistung mit Qualitätsstandards, können auch Reklamationen von ›Kunden‹ als Anregungen positiv aufgegriffen werden« (ebd.).

Problematisch werde es, wenn die Wünsche, Erwartungen und Vorstellungen Angehöriger nicht dem professionellen Berufsverständnis Pflegender (state of the art) entsprächen und sich Pflegende in der Erbringung einer qualitativ hochwertigen Pflege von den Angehörigen gehindert fühlten, berichten Dorschner et al. (2009:36) aus einer Thüringer Studie, etwa, wenn Angehörige sich nicht um ihre zu Betreuenden kümmerten, sondern lediglich daran interessiert seien, die Geldleistungen der Pflegeversicherung zu nutzen (S. 44). Auch sei es nicht einfach, Angehörigen, die abweichende Wünsche vorbringen, zu vermitteln, dass sich die Pflegefachkräfte nicht so ohne weiteres über den Willen des Gepflegten hinwegsetzen könnten (S. 37). Ein Untersuchungsteilnehmer drückte seinen Konflikt so aus (ebd.): »Angehörige, die nicht einsehen wollen …, dass wir kein Jungbrunnen sind. Dass ich mit Achtzig doch ganz einfach das Recht habe, wenn ich will, in meinem Bett zu bleiben … Muss ich die dann zu allen möglichen Aktivitäten zwingen? Nur weil der Sohn sagt, die muss früh aufstehen?«

Lauxen (2009:424) konnte in einer Untersuchung zeigen, dass es für ambulant Pflegende schwierig ist, wenn die Wünsche der Patientinnen und ihrer Angehörigen nicht mit den pflegefachlichen Vorstellungen von guter Pflege übereinstimmen, etwa wenn die pflegerische Versorgung im häuslichen Bereich kaum gewährleistet werden kann, die Patientinnen aber nicht in ein Pflegeheim umziehen wollen.

Die Disziplin Pflege verfügt in Deutschland über wenige theoretische Ansätze, die eine Zusammenarbeit mit dem Klienten in seinem sozialen System thematisieren. Viele herkömmliche Pflegemodelle sehen den Klienten als Individuum, losgelöst von sozialen Bindungen; Pflegebeziehungen werden entsprechend verkürzt als Dyade gekennzeichnet.[123] Hier könnte die Pflegewissenschaft von der Sozialen Arbeit lernen.

Gerade im Bereich der psychosozialen Pflege sind von Pflegekräften heute umfassende Kompetenzen gefordert. Pflege ist eine professionelle Dienstleistung, und diese erfordert mehr als technisch-instrumentelle Fertigkeiten. Daraus ergibt sich eine besondere Verantwortung[124] der Pflegekräfte für die Gestaltung der beruflichen Beziehungen.

»Durch das zunehmende Autonomiestreben innerhalb der Pflege einerseits und durch die explosionsartige Entwicklung von hochwertigen … Technologien andererseits wuchs allmählich die Erkenntnis, daß das Arbeiten in der Pflege nicht nur aus der technisch richtigen Anwendung von Wissen und Fähigkeit besteht. Die Art des

---

[123] In der Regel gibt es in der praktischen Pflege mehr als zwei Handelnde, etwa, wenn Angehörige als »dritte Partei« (Langer et al. 2009:168) auftreten. Meistens sind überdies mehrere Pflegekräfte in die Betreuung eines Klienten involviert. Weil außerdem nicht selten weitere Personen oder Instanzen beteiligt sind, wäre eigentlich von multilateraler Verständigung zu sprechen.

[124] Pflegerische Verantwortung soll nach Tewes (2002:79) als die selbst übernommene und/oder zugeschriebene Zuständigkeit von Pflegenden für ihr berufliches Tun verstanden werden, inklusive der Rechenschaftspflicht für die Konsequenzen ihrer pflegerischen Entscheidungen und Handlungen. Stoecker nennt ein Merkmal von verantwortlichem Handeln: »Jemand, der verantwortlich handelt, kann uns auf die Nachfrage, warum er so handelt, eine befriedigende Antwort geben« (Stoecker 2011:234).

Umganges mit dem Patienten und die Qualität und der Inhalt von verschiedenen Kommunikationsprozessen sind ein integraler Bestandteil der Pflege.« (van der Arend, Gastmans 1996:54)

Gelingende Kommunikation ist die Grundvoraussetzung für erfolgreiche Pflege. King betonte bereits im Jahr 1964, dass die Effektivität der Pflegehandlung von der Kommunikation der an ihrer Durchführung beteiligten Individuen abhängt (zit. n. Fawcett 1996:119). Im interaktionellen Prozess der Pflege tauschen Pflegekraft und Klient Erfahrungen und Einschätzungen aus (vgl. Lay, Brandenburg 2001). In diesem kontinuierlichen Prozess des Verstehen-Wollens und Aushandelns kommt das (bereichs-)ethische Prinzip der dialogischen Verständigung zum Tragen (s. Kap. 4.3.6.2).

Indem Pflegekräfte eine vertrauensvolle Beziehung mit dem Klienten und seinen Bezugspersonen aufbauen, ermöglichen sie ihm Schritte auf dem Weg zur Selbstentfaltung, zu mehr Selbstständigkeit und/oder größerem Wohlbefinden. Die Verständigungsprozesse auf diesem Weg gestalten sich je nach Klient-Pflegeperson-Beziehung unterschiedlich und erscheinen als das Ergebnis individueller Faktoren: »Goals, needs and values of nurse and client influence the interaction process«[125] (King 1981:143). Dabei sind die Bedürfnisse und Wertvorstellungen von Pflegekraft und Klient unterschiedlich und erfordern eine flexible Gestaltung der Pflegeprozesse.

Wißmann (2011:51) empfiehlt für den pflegerischen Umgang mit Demenzkranken: »Behandle Menschen mit Demenz so, wie du selbst behandelt werden willst«. In der Pflegepraxis ist nicht selten die Forderung zu hören, man solle Patienten »genau so pflegen, wie man selbst gepflegt werden wollte«. Dabei wird übersehen, dass Klienten wahrscheinlich nicht so gepflegt werden möchten, wie Pflegekräfte sich ihre Pflege wünschen würden. Die Vorstellungen von angemessener Pflege differieren kulturentsprechend und lebensgeschichtlich stark. Eine siebzigjährige türkische Frau wird höchstwahrscheinlich eine andere Pflege wünschen als eine siebzehnjährige deutsche Pflegepraktikantin. Wittneben (2004:10) erwartet entsprechend von Pflegekräften, zu lernen, sich von ihren eigenen Vorlieben zu distanzieren und über sich selbst hinauszudenken. Sie berichtet, eine Pflegeschülerin habe auf einer Station nach einem Mundpflegeset gefragt und von einer ausgebildeten Kollegin zu hören bekommen, »… dass diese keine Sets benutze, sondern dem Patienten hin und wieder einen Schluck Wasser gebe, denn, so ihre egozentrische Begründung, sie möchte sich auch nicht im Mund herumfummeln lassen« (ebd.).

Jesus fordert in der Bergpredigt auf: »Alles, was ihr wollt, das euch die Menschen tun, das sollt auch ihr ihnen tun« (Matth. 7,12; vgl. Luk. 6,31). Bei diesem Gebot (der sogenannten Goldenen Regel) handelt es sich eigentlich nicht um eine Regel, sondern um ein formales ethisches Prinzip. Wird dieses Prinzip auf Pflege angewandt, dann geht es gerade nicht darum, einem Menschen ausschließlich jene einzelnen Pflegemaßnahmen zukommen zu lassen, welche sich eine bestimmte Pflegekraft an seiner

125 »Ziele, Bedürfnisse und Werte von Pflegekraft und Klient beeinflussen den Interaktionsprozess.« (Übers.: R. L.)

Stelle wünschen würde. Vielmehr zielt eine Umsetzung des biblischen Gebotes in der Pflege letztlich auf die Verwirklichung **grundsätzlicher** Prinzipien und Werte wie etwa die Gewährleistung von Selbstständigkeit und Wohlbefinden, die Schadensvermeidung oder eine wertschätzende pflegerische Grundhaltung ab, welche die individuelle Betroffenheit von Menschen und die Besonderheiten der Situation empathisch berücksichtigt und in der Folge zu einer individuell angemessenen Pflege führt.

Wenn Pflegekräfte wissen möchten, was ihren Klienten wichtig ist und wie sie gepflegt werden wollen, reichen Empathie und intuitives Wissen meist nicht aus. Pflege ist grundsätzlich in enger Abstimmung mit den Klienten und ihren nächsten Bezugspersonen zu planen; anzustreben ist eine dialogische Verständigung, wo immer es die Situation zulässt.

Die Forderung, man solle Menschen »so pflegen, wie man selbst gepflegt werden wollte«, wird nicht selten mit dem Anspruch verknüpft, allen Klienten mit den gleichen wohlwollenden Gefühlen entgegenzutreten. Das ist jedoch nicht zu verwirklichen – eine Überforderung. Für Rabe (2003:116) gebietet die Orientierung an Gerechtigkeit auf einer persönlichen Ebene, alle Patienten als gleichberechtigt zu sehen, unabhängig von Alter, Geschlecht, sozialem Stand, Nationalität und anderen unterscheidenden Merkmalen. Daraus folge, »... dass auch weniger sympathische Patienten mindestens mit einem ›Basis-Anstand‹ und ›Basis-Respekt‹ behandelt werden sollen« (ebd.).

Nau berichtet, als gewalttätig geltenden Patienten werde nicht mehr jene Pflege zuteil, die ihnen als Menschen zustehe. Er plädiert dafür, aggressive Reaktionen von Patienten nicht persönlich zu nehmen, sondern sie – wie beispielsweise auch hohen Blutdruck – als Symptome zu interpretieren. »Ich muss aggressives Verhalten als wichtiges Zeichen interpretieren: Was ist diesem Menschen widerfahren, dass er sich nicht anders zu helfen wusste?« (Nau 2011:645) Prinzipiell jeder pflegesuchenden Person zugewandt zu begegnen, erfordert Stemmer zufolge die Fähigkeit der professionellen (Pflege-)Person, ihr Verhalten nicht von Sympathie und Antipathie dominieren zu lassen (Stemmer 2003:601).

Pflege soll in einer wertschätzenden, zugewandten Weise angeboten werden. Nicht alle Klienten wünschen jedoch spürbare emotionale Zuwendung oder gar Vertrautheit – im Gegenteil: Unangemessene Nähe kann Aggressionen hervorrufen. »Entgegen der landläufigen Meinung, daß alle alten Menschen die Nähe lieben, wird Distanzlosigkeit von alten Pflegebedürftigen viel häufiger als unangenehm empfunden. Insbesondere die gutgemeinten Umarmungen, relativ intime Berührungen wie das Anfassen im Gesicht oder auch die Nähe über eine sehr emotionale Sprache werden abgelehnt. Emotionalität, die zu früh und zu stark ausgedrückt wird, ist häufig eine Codierung für die Forderung nach Anpassung und Unterordnung.« (Gröning 2005:100)

Die Forderung nach einer intensiven Pflegebeziehung sollte nicht absolut vertreten werden. »Auch das Beziehungsangebot der Pflegekraft an den Pflegebedürftigen und umgekehrt verlangt der würdeabhängigen Austarierung (...) Vielleicht möchte der Pflegebedürftige lediglich eine nüchterne Pflegehandlung ohne psychosoziale Begleitung.« (Klie 1998a:130) Bobbert warnt, es müsse immer auch berücksichtigt werden, dass ein Patient möglicherweise keine engere oder gar »therapeutische« Beziehung mit der Pflegeperson aufbauen möchte (Bobbert 2002:320). In einer qualitativen Untersuchung konnte Elsbernd (2001:255) zeigen, dass Pflegende oftmals idealisierte Vorstellungen in Bezug auf ihre Beziehung zu Patienten haben, während die befragten Krankenhauspatienten dem Aufbau einer tieferen emotionalen Beziehung zu den Pflegenden nur geringe Bedeutung beimaßen. Bischoff-Wanner schließlich entwickelt in ihrer Dissertation u. a. die Hypothese, Empathie sei »... nicht immer und nicht mit allen Patienten notwendig, sondern nur dort, wo der Patient sich nicht direkt mitteilen kann oder will, Erkenntnisse über ihn aber für seinen Pflegeprozess bedeutsam sind« (Bischoff-Wanner 2002:281).

Um die (fremden) Wertvorstellungen von Klienten angemessen wahrnehmen und berücksichtigen zu können, sollten sich Pflegekräfte zunächst ihre eigenen moralischen Überzeugungen bewusst machen. »Es wird klar, wie hilfreich es wäre, wenn Pflegende wüßten, nach welchen ethischen Gesichtspunkten sie pflegen wollen. Da die Auseinandersetzung mit diesen Themen so wenig erfolgt, ist vielen nicht bewußt, an welchen Werten und Normen sie sich orientieren.« (Schlecht 1999:134) Den Handelnden sind ihre moralischen Vorstellungen oft selbst nicht hinreichend bekannt (Steinkamp, Gordijn 2005:243). Dies trifft sowohl für einzelne Pflegekräfte als auch für Pflegeteams und Arbeitsgruppen zu (vgl. Lay, Ziemer 1999). Gerade hier vermögen praxisnahe Pflegetheorien Orientierung zu geben, wie etwa das Modell der Gesundheitspflege.

Häufig wird eine aufbauende Kommunikation mit Klienten durch unpassende Fachbegriffe erschwert. Beispielsweise ruft der in der Pflege gebräuchliche Begriff »Bettgitter« die negative Assoziation des Eingesperrt-Werdens hervor (Gitter gibt es u. a. im Gefängnis, an Käfigen und an manchen Kinderbetten). Oft mag die Bedeutung des Eingesperrt-Seins dem Erleben der Betroffenen entsprechen. In vielen Fällen werden diese Hilfsmittel jedoch mit vollem Einverständnis der Klienten zu ihrem ursprünglichen Zweck eingesetzt: zum Schutz vor einem Sturz. Wäre es da nicht hilfreicher, von »Bettgeländer« zu sprechen und diesen Begriff auch in der Pflegedokumentation zu verwenden?[126]

Wir benötigen Begriffe, die eine gesundheitsfördernde Pflege unterstützen. In diesen Zusammenhang ist die Diskussion um die Begriffe »Patient« und »Kunde« einzuordnen.

Rabe lehnt den Begriff »**Patient**« nicht pauschal ab, denn jeder Patient habe etwas zu erdulden: seine Krankheit und die damit verbundenen Einschränkungen, die Angst und das damit verbundene Leid – was er allerdings »nicht erdulden müssen sollte«, seien das Krankenhaus, die Behandlung und die Mitarbeiter dort (Rabe 1998:39, vgl. Schnabel, Wesselborg 2004:691). Sie kritisiert allerdings die übliche Verwendung des

---

126 Zur ethischen Problematik von freiheitseinschränkenden Maßnahmen sei exemplarisch auf das ReduFix-Projekt verwiesen (**www.redufix.de**).

Begriffs »Patient«. »Auch durch Sprache werden Menschen ›zur Nummer gemacht‹; etwa durch die verbreitete Bezeichnung ›Patient‹ für konkrete Personen in der Sprache der Professionellen. Heißt es etwa in der Übergabe ›Patient fühlt sich wohl‹ oder: ›Patient war mit seinen Angehörigen Kaffee trinken‹, dann ist dies eine distanzierende Redeweise, die mit dem Namen auch die Person des Patienten außen vor lässt. Die Steigerungsform dieser Ignoranz ist die durchgängige Abkürzung ›Pat.‹ in schriftlichen Berichten.« (Rabe 2009a:129)

Was ist von den immer häufiger verwendeten Begriffen **»Kunde«** bzw. **»Pflegekunde«** zu halten? Rabe (2009a:254) plädiert dafür, in der Pflegeausbildung die grundsätzliche Asymmetrie in der Pflegebeziehung bewusst zu machen. Sie schildert ihren Eindruck, die Auszubildenden sähen oft die strukturelle Asymmetrie in der Beziehung zwischen Pflegenden und Patienten noch nicht, weil sie sich selbst nicht als mächtig, sondern vielmehr als in der Hierarchie weit »unten« stehend erlebten. »Die Pflegebeziehung ist keine Beziehung zu einem Kunden, der frei ein Angebot auswählt, sondern eine Beziehung zu einem oft existenziell erschütterten, jedenfalls aber verunsicherten Menschen. Die Asymmetrie besteht auch im Hinblick auf Wissen um die Krankheit und geeignete Diagnose- und Therapieoptionen sowie bezüglich der Möglichkeit, Abläufe zu gestalten.« (ebd.)

Die amerikanischen Pflegewissenschaftlerinnen Benner, Tanner und Chesla (2000) weisen darauf hin, wie sich die moralische Verpflichtung von Pflegekräften gegenüber Patienten ändert, wenn diese als Kunden betrachtet werden: »Heutzutage wird beispielsweise die Beziehung zwischen dem Anbieter der Dienstleistung ›Gesundheitsversorgung‹ und dem Patienten verglichen mit der zwischen Verkäufer und Käufer einer Ware, in diesem Fall der Gesundheitsversorgung, die als verfügbares Gut durch freie, unabhängig Handelnde auf einem freien Markt gekauft und verkauft werden kann. Dies schränkt die Bandbreite der moralischen Themen auf Geschichten über ›schlechte‹ Verkäufer und Patienten … ein. Man kann sich an die ethisch einwandfreien Praktiken eines seriösen Geschäftsmannes halten und nur notwendige und wertvolle Leistungen anbieten, aber die Verantwortung der klugen Auswahl wird auf dem freien Markt letztendlich der sökonomisch [sic] freien Person, dem ›Konsumenten‹, überlassen. ›Schutzbedürftigkeit oder Leiden‹ (›gefährdete Konsumenten‹) können nicht auf vernünftige Weise in diese praktizierte moralische Gleichung eingesetzt werden« (Benner et al. 2000:317f).

Hofmann schließt sich dieser Kritik an: »Allerdings ist der ›Kunde‹ ein problematischer Begriff. Als ›Kunde‹ gelte ich soviel, wie ich zu zahlen in der Lage oder bereit bin. Möchte ich als Pflegebedürftiger wirklich Kunde sein? Wenn ich reich bin, dann gefällt mir das vielleicht, weil ich mir jede Pflege leisten kann. Aber wenn ich arm bin? Muss ich dann auf notwendige Pflege verzichten? Der Kundenbegriff im Pflegesektor scheint mir einer der schlimmeren Auswüchse der sog. ›Ökonomisierung aller Werte‹ zu sein. Er rückt nämlich eine Käufer-Verkäufer-Beziehung in den Vordergrund – diese ist abhängig davon, wie viel jemand zahlen kann und verdrängt die Leidenszustände, die in den Begriffen ›Patient‹ oder ›Pflegebedürftiger‹ sehr wohl enthalten sind. Es wird eine gleichberechtigte Beziehung zwischen Helfenden und Pflegebedürftigen suggeriert, die mit der Wirklichkeit wenig zu tun hat. Umgekehrt verführt dieser Begriff manche Menschen, die auf Pflege angewiesen sind dazu, von Pflegenden eine Art Hotelservice (= jeden Wunsch erfüllen) zu erwarten, der aber im Pflegeberuf keinesfalls enthalten ist« (Hofmann 2006:10).

Gröning schreibt: »Aus Alten- und Pflegeheimen, aus Sozialstationen und Hospizen, aus Krankenhäusern und Betreuungsstätten werden gewinnorientierte Unternehmen, zumindest rechtlich. (...) Aus Bewohnern und Patienten sollen Kunden werden. Den Pflegenden wird in diesem Zusammenhang ein Rollenwechsel verordnet. Zur Disposition stehen insbesondere die moralischen Implikationen der Pflegeberufe. Aus dem Berufsethos des Samariters wird das Selbstverständnis des wirtschaftlich denkenden und professionell handelnden Experten« (Gröning 2005:137).[127]

Im Prozess der Ökonomisierung der Pflege zeigt sich nach Friesacher die Entfremdung und Verdinglichung in einer veränderten Sprache. »[Der] Patient ist mindestens mündig, besser noch Kunde oder Nutzer. Er ist konsumentensouverän, ›informed consentiert‹ in der Wahl seiner Module, Leistungspakete und Behandlungsoptionen.« (Friesacher 2012:70) Auch Käppeli (2005:190) brandmarkt den sich verändernden Sprachgebrauch: Patienten würden zu Kunden oder Konsumenten, und Pflege werde zum Produkt. Treffend bringt sie ihre Kritik auf den Punkt: »Wir brauchen ... keine schönen leeren Spital- oder Pflegeleitbilder, die beschwören, dass der Kunde König sei. Leidende wollen weder Kunden noch Könige sein. Sie wollen sich lediglich unter allen Umständen darauf verlassen können, dass wir uns auch in schwierigen Zeiten und in einer unserem Ethos entgegenwirkenden Spitalrealität möglichst kompromisslos für die Linderung ihrer Leiden einsetzen oder – wenn dies nicht möglich ist – ihnen helfen, darin einen Sinn zu erahnen« (Käppeli 2009:116).[128]

An dieser Stelle beende ich die Erklärungen zur Komponente **Interaktion**. Auf die Inhalte der im Zentrum des Modells der Komponenten von Pflegequalität stehenden Pflegeethik brauche ich an dieser Stelle nicht einzugehen, da ich sie bereits in Kap. 4.3 ausgebreitet habe. Das vorliegende Kapitel 6 soll mit dem Versuch einer neuen Definition von Pflegequalität abgerundet werden.

---

127 Als Soziologin stellt Gröning (2005:118) die Abwesenheit der früheren, »gegen die Gegenwart des Todes« Trost spendenden Wirkung des Gebets fest: »Das Gebet als ›Selbstpflege‹ ist heute keine Institution mehr in der Altenarbeit, d.h. die angstbindende und angstbewältigende Funktion des Gebetes ist durch Prozesse der Säkularisierung verschwunden. Altenheime und Hospitäler haben sich rationalisiert, d.h. in erster Linie versachlicht. Diese Versachlichung verlangt von den Beschäftigten eine instrumentelle Orientierung; Pflege wird in erster Linie als eine Arbeit ›wie jede andere‹ verstanden, die man nur vernünftig und effektiv organisieren muß« (ebd.).

128 Vor einigen Jahren war in einem Fortbildungsprospekt der provozierende Satz zu lesen: »Kann man einem sterbenden Kunden die Hand halten?« Die Quelle ist mir leider nicht mehr bekannt. Beim Versuch, sie evtl. im Internet zu finden, stieß ich auf einen irritierenden Ratschlag: »Ihr Pflegekunde verliert im Laufe seines Sterbeprozesses immer mehr die Fähigkeit, mit seiner Umwelt in Kontakt zu treten. Aufgrund seiner voranschreitenden Schwäche ist es ihm in den letzten Tagen seines Lebens oft nicht mehr möglich, ein Gespräch zu führen oder auch nur auf Fragen zu antworten. Doch trotz seiner eingeschränkten Möglichkeiten, sich zu äußern, kann er erfahrungsgemäß noch eine Berührung spüren und wahrnehmen. Nutzen Sie diese Fähigkeit. So können Sie Ihrem Pflegekunden über Berührungen Geborgenheit bis zum Lebensende zukommen lassen« (PRO PflegeManagement Verlag & Akademie 2012, o. S.).

6.3 Eine neue Definition von Pflegequalität

Nachdem ich alle Komponenten der Pflegequalität erläutert und aus ethischer Sicht begründet habe, schlage ich als Ergebnis der bisherigen Überlegungen eine neue Definition der Qualität direkter Pflege vor (vgl. Lay 2001b:20):

Pflegequalität

Pflegequalität (in der direkten Pflege) gibt den Grad der Verwirklichung von pflegerischen Zielen an, die sich auf die Förderung bzw. Erhaltung von Selbstständigkeit und Wohlbefinden der Klienten beziehen und mit verantwortlichem zwischenmenschlichen Umgang und vertretbarem Einsatz von Mitteln angestrebt werden.

Diese Definition fasst das Bild der »Komponenten der Pflegequalität in der direkten Pflege« als Teil des Modells der Gesundheitspflege in einem einprägsamen Satz zusammen und bietet der Entfaltung einer ethischen Perspektive ausreichend Raum.

6.4 Zusammenfassung

Ausgehend von dem etwas ernüchternden Befund in Kap. 5, dass ethische Überlegungen in herkömmlichen Modellen und Definitionen zur Qualität von Pflege keine explizite Berücksichtigung finden, habe ich in Kap. 6 festgestellt, dass dies auch überwiegend auf die Begründungen der bekannten Pflegemodelle zutrifft.

Pflegemodelle und eine »gute« Pflege

Pflegemodelle werden i. d. R. nicht explizit aus ethischen Theorien oder Prinzipien heraus entwickelt, ihre Hauptbegriffe und Ziele nicht ethisch begründet. In der Regel spielt die ethische Reflexion der Pflegepraxis in den Auffassungen traditioneller Pflegemodelle von einer »guten« Pflege keine explizite Rolle.

Alternativ stellte ich das Modell der Gesundheitspflege vor. In der vorliegenden Arbeit konnte ich nicht auf alle Elemente des neuen Modells eingehen, sondern beschränkte mich auf die wichtigsten Aspekte und Begriffe. An den miteinander in Beziehung gesetzten Komponenten der Pflegequalität entlang gehend, konnte ich zeigen, dass alle wichtigen Begriffe bzw. Qualitätsbausteine im neuen Modell ethisch zu rechtfertigen sind, solange man der grundsätzlichen Geltung von Freiheit/Selbstbestimmung, Menschenwürde, Benefizienz, Nonmalefizienz, Gerechtigkeit und Achtung vor den Entfaltungsmöglichkeiten des Lebendigen zustimmt.

Pflegemodelle und ihre Begründung

Pflegemodelle sollten philosophisch-ethisch und nicht nur pragmatisch oder ökonomisch zu begründen sein. Das Modell der Gesundheitspflege versucht ethische, pflegetheoretische und Aspekte der Qualitätsdiskussion in einer integrativen Perspektive zu verbinden. Pflegeethik steht dabei im Zentrum der Konzeption von Pflegequalität. Daraus erwächst eine neue Definition von Pflegequalität.

Nachdem nun wichtige theoretische Grundlagen gelegt sind, möchte ich in den Kapiteln 7 und 8 praktische Konsequenzen aufzeigen. In Kap. 7 soll mithilfe eines Fallbeispiels ein möglicher Weg zur Lösung moralischer Konflikte in der Pflegepraxis empfohlen werden, der sich auch zur Überprüfung bereits getroffener Entscheidungen eignet. In Kapitel 8 werde ich abschließend eine weitere Subbereichsethik der Pflege untersuchen: die Ethik in der Pflegepädagogik.

7 ETHISCHE ENTSCHEIDUNGSFINDUNG IN DER PFLEGE

Wie können in der Pflegepraxis schwierige ethische Fragen entschieden werden? In diesem Kapitel stelle ich zunächst einige grundsätzliche Überlegungen an und gebe anschließend zwei Empfehlungen zur ethischen Entscheidungsfindung. An einem Fallbeispiel soll eine Möglichkeit zur strukturierten multiperspektivischen Beurteilung einer schwierigen ethischen Frage aus der Pflegepraxis veranschaulicht werden. Zusammenfassende Gedanken schließen Kapitel 7 ab.

7.1 Grundsätzliche Überlegungen zur ethischen Entscheidungsfindung

Zum einen möchte ich auf begriffliche Fragen aufmerksam machen, außerdem sollen den Ausführungen über ethische Entscheidungsfindung einige psychologische Überlegungen vorangestellt werden.

7.1.1 Begriffliche Überlegungen

Ich beginne mit einer Anmerkung zum Begriff der ethischen Entscheidungsfindung. »Eine Entscheidung ist eine zielgerichtete Tätigkeit, bei der aus mehreren Handlungsmöglichkeiten eine Variante ausgewählt wird.« (van Schayck 2000:42) Manche Autoren verwenden in diesem Zusammenhang nicht das Wort ethisch, sondern sprechen von moralischer Entscheidungsfindung oder moralischer Urteilsfindung. Ich werde zunächst erläutern, weshalb ich mich diesem Sprachgebrauch nicht anschließe.

Nehmen wir folgende Situation an: Eine Gesundheits- und Kinderkrankenschwester steht vor einer Situation, in der sie zunächst nicht weiß, wie sie moralisch handeln soll. Ihr gehen verschiedene Alternativen durch den Kopf und sie entscheidet sich nach reiflicher Abwägung bewusst für eine der Handlungsvarianten. Kann man hier von einem ethischen Entscheidungsprozess sprechen? Oder sollen nur umfassende Untersuchungen durch nicht in der Pflegepraxis tätige Philosophen oder Pflegewissenschaftler ethische Entscheidungsprozesse genannt werden?

Was ist ethisches Denken?

Nach meiner festen Überzeugung ist ethisches Denken nicht auf den Kontext philosophisch-wissenschaftlicher Untersuchungen beschränkt. Vielmehr soll gelten: »Wer moralisches Handeln reflektiert, denkt ethisch.«

Daher kann bei der Gesundheits- und Kinderkrankenschwester von einer ethischen Entscheidungsfindung gesprochen werden, insofern sie unterschiedliche Argumente für moralisches Handeln abwägt und sich dann bewusst[129] entscheidet.

Das aus einer ethischen Reflexion möglicherweise entstehende Handeln ist ein moralisches, der vorgängige Prozess der Entscheidungsfindung jedoch ein ethischer Prozess. In der Fachliteratur finden sich unterschiedliche Begriffe; die Nomenklatur ist uneinheitlich. Weitgehende Übereinstimmung besteht darin, dass es im Prozess der Entscheidungsfindung (bzw. Urteilsfindung, Urteilsbildung) verschiedene Abschnitte/Schritte/Phasen gibt. Elementarer Bestandteil des Prozesses ist eine Reflexion (bzw. Betrachtung, Sondierung, Untersuchung, Auseinandersetzung), die schließlich (Beurteilung und Beschlussfassung) in ein Urteil (bzw. Entscheidung, Entschluss, Beschluss) mündet, dessen Geltung unterschiedliche Verbindlichkeit besitzen kann (Empfehlung, Votum, Rat, Handlungslegitimation und -aufforderung). Sind die Abschnitte/Schritte/Phasen des Entscheidungsganges strukturiert vorgegeben, spricht man von Modellen (bzw. Verfahren, Methoden, Instrumenten) zur ethischen Entscheidungsfindung.

7.1.2 Psychologische Überlegungen

Nicht alles, was Menschen als moralisch gut erkennen, führt bei ihnen konsequenterweise zu entsprechenden Handlungen. Wissen und Tun sind zweierlei Dinge. Woran liegt es, dass moralische Einsichten in einem Fall zu Taten führen, während sie in anderen Fällen keine oder gegenteilige Handlungen auslösen? Diese Phänomene weisen auf psychologische Aspekte der Ethik; es geht um moralpsychologische Fragen.

Zahlreiche individual- und sozialpsychologische Faktoren beeinflussen die Umsetzung sittlicher Einsichten in praktische Taten. Empirische Untersuchungen haben gezeigt, dass eine persönliche Distanz die Rolle ethischer Prinzipien bzw. moralischer Regeln für das konkrete moralische Urteil stärkt, während eine persönliche Betroffenheit die Orientierung an moralischen Prinzipien in den Hintergrund rückt. Dieses Phänomen ist nicht geschlechtsspezifisch (Nida-Rümelin 1996:36).

Individuelle und soziokulturelle Faktoren wirken sich überdies bereits zu einem wesentlich früheren Zeitpunkt aus: beim Wahrnehmen und Bewerten von ethischen Problemen sowie im konkreten Prozess der ethischen Urteilsfindung. Ethische Beurteilungsprozesse sind nicht nur von religiösen, soziokulturellen, wirtschaftlichen und politischen Einflüssen bestimmt, sondern hängen wesentlich von persönlichen Vor-

129 Ethik meint im wissenschaftlichen Sprachgebrauch üblicherweise ein bewusstes Denken, Argumentieren und Entscheiden. Ethisches Wissen, das unbewusst angewandt wird, ist meistens keine Ethik, sondern Moral. Insofern wäre auch in folgenden Aussagen nicht von »ethischen«, sondern von »moralischen oder ethischen Entscheidungen« zu sprechen: »Mitarbeitende in pflegerischen Berufen sind – ob sie das wollen oder nicht – ständig mit ethischen Herausforderungen konfrontiert und treffen im pflegerischen Alltag – bewusst oder **unbewusst** – ständig ethische Entscheidungen« (Lindner 1999:47; Hervorhebg.: R. L.); es stimmt: »Ethische Entscheidungen sind immanenter Bestandteil des Pflegealltags, werden aber häufig nicht als solche erkannt« (Pohl 2008:2) – dennoch gilt: ethische Entscheidungen sind bewusste Entscheidungen.

stellungen und tagesaktuellen Befindlichkeiten ab. Hier spielen Gefühle eine große Rolle. Menschen besitzen ein Gefühl für die Verletzung von moralischen Werten, sie haben im Verlauf der Sozialisation zumindest grobe Wertehierarchien als implizites Wissen verinnerlicht.

Da dieses subjektive, gefühlshafte Wissen jedoch keine intersubjektive Geltung beanspruchen kann, muss das affektive Wertbewusstsein expliziert, d. h. verbalisiert und in den intersubjektiven Diskurs gebracht werden (vgl. Kap. 8.2.7). An diese Gedanken schließe ich zwei Empfehlungen an.

7.2 Empfehlungen zur ethischen Entscheidungsfindung

Emotionen sind wichtige Indikatoren für ethische Konfliktsituationen (Dinges 2008:157) – insbesondere in der ersten Phase des Erkennens bzw. Erahnens von moralischen Konflikten. In der daraufhin zu erfolgenden Analyse des moralischen Problems in der jeweiligen Situation können sie jedoch auch hinderlich sein. Um den Einfluss emotionaler Faktoren methodisch einzuschränken, seien deshalb zwei Empfehlungen ausgesprochen:

1. ethische Einschätzungen möglichst nicht als Einzelner vornehmen, sondern im Gespräch mit anderen Menschen;
2. (teil-)strukturierte multiperspektivische Verfahren zur ethischen Entscheidungsfindung anwenden.

7.2.1 Moralische Fragen gemeinsam beraten

Subjektivität macht Intersubjektivität erforderlich. Nicht einsame Eindrücke und Entscheidungen Einzelner sind hilfreich, sondern das gemeinsame Suchen und Abwägen mit anderen Menschen. Im Diskurs unterschiedlicher ethischer Perspektiven können differenzierte und ausgereifte Betrachtungsweisen hervorgebracht werden, die fundierter und ausgewogener sein werden als die Beurteilung durch eine einzelne Person. »Eine Alleinentscheidung birgt – unabhängig von der Frage, wie ›gut‹ sie inhaltlich ist – die Gefahr der Intransparenz. Wer sich nur an der eigenen Wertereflexion orientiert, kann sich vorschnell damit zufrieden geben, sorgfältig entschieden zu haben, und es bleibt zweitrangig, ob die Entscheidung für andere nachvollziehbar ist. In der Regel weiß dann nur die entscheidende Person, welche Überlegungen ausschlaggebend waren. Für die Institution und ihr Qualitätsmanagement ist diese ›Genügsamkeit‹ allerdings ein Problem. Mit diesem Verzicht auf Transparenz werden die Entscheide nicht nur der Kritik entzogen – was eine Qualitätsminderung bedeutet –, sondern gemeinsame Lernprozesse werden unwahrscheinlicher. Gerade gute Gründe für gute Entscheidungen bleiben auf diese Weise der Organisation verborgen. Sie verpasst die Chance, wertvolles Wissen in der Organisation zu speichern.« (Arn, Hug 2009:33)

Ethische Entscheidungen basieren im besten Fall auf Absprachen mit anderen Beteiligten. Die Klärung dessen, was menschliches Wohlbefinden ist, kann »... durch die sogenannte **Kontroverse-Erfahrung** gefördert werden. Durch die Konfrontation verschiedener Meinungen und Auffassungen kann ein Teil der Wahrheit sichtbar werden« (van der Arend, Gastmans 1996:98). Als ich beispielsweise als Krankenpfleger an Krebs leidende Menschen im Krankenhaus betreute, gab ich Sterbenden, die sich nicht mehr äußern konnten und laut Arztanordnung »bei starken Schmerzen« subcutane Morphin-Injektionen in einer bestimmten Dosis erhalten sollten, das Schmerzmittel häufig nicht allein auf Grund meiner persönlichen Beurteilung, sondern sprach zuvor mit den anwesenden Angehörigen oder nahm eine Kollegin mit in das Krankenzimmer. Sie sollte unabhängig von mir ebenfalls eine Einschätzung vornehmen, ob der sterbende Mensch litt und das starke Schmerzmittel benötigte oder nicht.

Gemeinsame Reflexionen über konkrete pflegerische Verfahrensweisen sind hilfreich, um nicht im Alltagsbetrieb ethische Prinzipien zu missachten. »Verantwortliches Handeln im Sinne ethisch begründeten Handelns bedeutet daher, daß Pflegende immer wieder einmal einzelne Routineabläufe in Frage stellen und darüber nachdenken sollten, ob das praktizierte Handeln und/oder Unterlassen den betroffenen Menschen eigentlich noch gerecht wird« (Hofmann 1995a:445). Müssen im Pflegeheim beispielsweise die Betten aller Bewohner gemacht sein, bis der Essenswagen mit dem Frühstück aus der Küche kommt? Müssen alle Patienten im Krankenhaus »... vor acht Uhr gewaschen sein, weil dann ja schon wieder die Röntgenabteilung einzelne Patienten anfordert« (Rux-Haase 1999:694)? Müssen Patienten routinemäßig ein (hinten offenes) Klinikhemd statt des eigenen Schlafanzugs tragen, obwohl sich viele dadurch in ihrer Bewegungsfreiheit im Bett wie außerhalb des Bettes eingeschränkt fühlen (Bobbert 2003:82)?

Elsbernd fordert zur kritischen Reflexion von Routinen auf: »In der Organisation Krankenhaus findet man eine Vielzahl von Regeln, die oft nur mit einer unzureichenden Begründung angeordnet werden, deren Befolgung aber in der Regel selten in Frage gestellt wird. So richtet sich der Pflegedienst nach zum Teil unsinnigen Essenszeiten der Patienten oder auch Visitenzeiten der Ärzte und versucht, seine Tätigkeit in einen Zeitplan einzuordnen, der für die pflegerische Handlung oft nur wenig Sinn macht« (Elsbernd 1994:113).

Ludger Risse berichtet von einer Beobachtung im Krankenhaus: »Auf meine Frage, warum täglich zwischen 9 und 11 Uhr bei allen Patienten auf der Station Fieber und Pulsfrequenz gemessen, dafür aber Lagerungswechsel, Zwischenmahlzeiten und atemfördernde Maßnahmen regelmäßig vergessen würden, bekam ich von der Stationsleitung folgende Antwort: ›Dies machen wir, weil unser Chef (Chefarzt) möchte, daß zur Visite die aktuellen Werte eingetragen sind‹« (Risse 1997:20).

Derartige Routineabläufe in Pflege und Behandlung sind nicht allein aus wirtschaftlichen Gründen fragwürdig, sondern auch aus ethischen Überlegungen kritisch zu überprüfen. Was Pflegende für üblich halten, ist nicht unbedingt richtig. »Das ›normale‹ Verhalten im pflegerischen und medizinischen Alltag – wie etwa auch der

›normale‹ Umgang mit Sterbenden und Verstorbenen im Krankenhaus – kann unter Umständen höchst fragwürdig sein. … Das **Normale** ist eben nicht immer auch das **Richtige**. Viele Praktiken und Maximen der Alltagspraxis mögen **faktisch** ziemlich unstrittig sein und können sich bei näherer kritischer Betrachtung doch als ziemlich kritikbedürftig erweisen.« (Rehbock 2005a:215f)

Offene, kontroverse Aussprachen über ethische Aspekte sind für eine qualitativ hochwertige Pflege notwendig. »Die eigenständige diskursive Auseinandersetzung mit ethischen Fragen der Berufsausübung durch die Mitarbeiter selbst wird mehr und mehr zu einer Komponente guter und qualifizierter Arbeit.« (Steinkamp, Gordijn 2005:127; vgl. dies. S. 145) Der ethische Diskurs muss in den pflegerischen Aus- und Weiterbildungen gelernt und in der späteren beruflichen Praxis vertieft werden. Dies kann sowohl bei Übergabegesprächen und Dienstbesprechungen als auch im Rahmen von Anleitungs- und Einarbeitungsprogrammen geschehen.

Beratung im Team statt Einzelentscheidung

Sofern es die Situation zulässt, sind in schwierigen Situationen gemeinsame Beratungen im Pflegeteam den Entscheidungen einzelner Pflegekräfte vorzuziehen. Im Interesse der zu pflegenden Menschen sollte es darüber hinaus ein Anliegen der Pflege sein, Prozesse der ethischen Entscheidungsfindung zunehmend Berufsgruppen übergreifend zu organisieren.

»Die Zunahme der Handlungsmöglichkeiten im Gesundheitswesen hat auch die Komplexität der Entscheidungssituationen erhöht. Um der daraus folgenden Komplexität im Entscheidungsfindungsprozess gerecht zu werden, bedarf es des interdisziplinären Zusammenwirkens der verschiedenen Akteure im Gesundheitswesen – was etwas grundsätzlich anderes ist als tugendhaftes Verhalten der einzelnen Fachpersonen.« (Baumann-Hölzle, Arn 2009:10f)

Interdisziplinäre Gespräche der Gesundheitsberufe sollten nicht nur sporadisch stattfinden, sondern sind im Arbeitsalltag und in der Ausbildung der Gesundheitsberufe zu institutionalisieren (vgl. Schreiner, Gahl 1995:91; Schreiner 2001a:25). Zu oft geht das gemeinsame Gespräch im hektischen Arbeitsalltag unter, zu oft findet eine gemeinsame ethische Reflexion keinen Raum. Fesenfeld (2008:689) fragt, wo und wie auf den Stationen Alltagsüberlegungen und Entscheidungen thematisiert werden. »Gibt es Raum dafür – oder bleibt es nicht selten auch dabei, dass die Pflegenden auf dem Heimweg irgendwie ›ein Grummeln im Magen‹ haben, weil sie mit den Entscheidungen alleine dastanden?« (Fesenfeld 2008:689) Ethik ist »unbehaust« im Berufsalltag, wie Wettreck beklagt: »Hat keinen festen Ort, keine geregelte Instanz für sich. Ethik ist im Alltag, auf den ›Schiffen‹ der Behandlungsteams, der Krankenhäuser und Pflege-Einrichtungen, ein ›blinder Passagier.‹« (Wettreck 2001:130)

Ethisches Denken und Argumentieren braucht Zeit und Raum (Die ethische Verantwortung der Pflegeberufe 1998:26) und sollte sich nicht nur spontan ergeben. Möglichkeiten einer organisierten und regelmäßig stattfindenden Zusammenarbeit in ethischen Fragen können insbesondere sein:

- (Multidisziplinäre/interdisziplinäre) ethische Fallbesprechung (Gordijn 2000:114; Steinkamp, Gordijn 2000:235ff; 2005:104,217ff; Heinemann 2005; Schottky et al. 2007:17; Arn, Hug 2009:62; Simon 2009),
- ethisches Fallgespräch (Mechau-Krasemann 2005a-c),
- einrichtungsinternes und -übergreifendes Ethikkomitee (Loewy 1995:40ff; Gillen 1996:109ff; Lauer, Maier 1997; Simon, Gillen 2000:245ff; Körtner 2004:172ff; Fahr 2005; Steinkamp, Gordijn 2005:157ff; 2009:127ff; Bauer 2008; Neitzke 2009; Sauer 2010; Kohlen 2012; Körtner 2012:144ff),
- Ethikforum (Arndt, de Jong 2000:27, 2001:603ff; Schnell, Heinritz 2006:50,59f; Arn, Hug 2009:45,52-57; Maier et al. 2012:47f),
- Ethikkommission (Schnell 1999; Schnell, Heinritz 2006:49ff),
- Ethik-AG (Neitzke 2008a:69),
- Ethikkreis (van der Arend, Gastmans 1996:166f),
- Arbeitskreis Ethik (vgl. Neitzke 2008a:69),
- Ethikzirkel (Städtler-Mach 1999:166),
- Ethik-Treff Pflege (Müller-Czisch et al. 2010:392),
- Ethikcafé (van Schayck 2000:85, 131; Projektteam »Ethik in Schule und Unterricht« 2001:12f; Bachmann, Rippe 2004; Körtner 2004:173f; Pasch 2009:499; Sauer, May 2011:114; Maier et al. 2012:48),
- Ethik-Salon (Neitzke 2008a:69),
- Runder Tisch Ethik (Neitzke 2008a:69),
- Ethikvisite (Fry 1995:187f; Kohlen 1999),
- Ethikkonsil bzw. Ethikberatung[130] (Illhardt 1999b:279f; Reiter-Theil 1999; Arndt, de Jong 2001:604; Fahr 2005; Arn, Hug 2009:59; Sauer, May 2011:112; Stutzki et al. 2011),
- Ethik-Liaisondienst (Sauer, May 2011:113),
- Ethik-Interventionsgruppe (Maier et al. 2012:48f),
- Ethische Falldiskussion[131] (Neitzke 2008b:102) und
- Supervision (Petzold, Petzold 1998:165ff; Lindner 1999:56).

---

130 Zu den Vor- und Nachteilen verschiedener Modelle von Ethikberatung siehe Neitzke (2008a:62f)

131 Ein sehr anschauliches Beispiel für eine ethische Falldiskussion unter Beteiligung von Pflegekräften, Ärzten, Angehörigen und Moderation durch ausgebildete Ethikberater schildert Neitzke (2008b).

Ethikgremien sind Orte und Gelegenheiten, um ethische Reflexion einzuüben, vorzugsweise unter Moderation durch entsprechend qualifizierte Fachkräfte und mittels strukturierter Hilfen zur prozesshaften ethischen Entscheidungsfindung.[132]

Dabei ist grundsätzlich zu unterscheiden, ob ein ethisches Thema ohne aktuellen Zeit- und Handlungsdruck lediglich zu Lehr- und Übungszwecken behandelt werden soll oder ob in einem aktuell tatsächlich gegebenen Fall schnellstmöglich folgenreiche Urteile zu fällen sind. In der Pflegepraxis müssen ethische Entscheidungen häufig kurzfristig, schnell und ohne langen Vorlauf getroffen werden (Maier et al. 2012:49f).

Die von Reiter-Theil angestrebten langfristigen Wirkungen von Ethikberatung können auch als gemeinsame Ziele der meisten oben genannten Ethikgremien Geltung beanspruchen:

- Sensibilisierung für ethische Fragen,
- Vermittlung von Grundbegriffen für die fallorientierte ethische Analyse,
- Unterstützung des systematischen Perspektivenwechsels,
- Unterstützung der Reflexion und Kommunikation über ethische Fragen zwischen beteiligten Kollegen,
- Förderung eines Professionen übergreifenden ethischen Dialogs am Arbeitsplatz,
- Transfer von Erfahrungen und Erkenntnissen in verschiedene Bereiche des Gesundheitswesens und der medizinethischen [bzw. pflegeethischen; R. L.] Diskussion,
- Überwindung einer [sic] durch spezialisierte Einzelbefunde fragmentierten Bildes« (Reiter-Theil 1999:231).

Die Verantwortung auf Experten abwälzen?

Bei nahezu allen Formen von Ethikgremien ist jedoch eine Gefahr zu beachten: die Tendenz, ethische Fragen auf Experten abzuschieben und sich damit der Verantwortung entledigen zu wollen.

Pieper warnt vor der Delegation schwieriger Entscheidungen an moralische Fachleute: »Jemand, der durch Erziehung daran gewöhnt ist, nach bestimmten moralischen Grundsätzen zu handeln, bedarf keiner Ethik, um zu wissen, was er tun soll«, schreibt die bekannte Philosophin (Pieper 2000:117). Erst wenn er in ethische Konflikte gerät, die er nicht mehr in gewohnter Weise zu lösen vermag, merkt er, dass er in ethischen Fragen Hilfe benötigt. Allerdings »... kann der moralisch Handelnde nicht zu einem Fachmann für Moral gehen und von diesem seine Probleme lösen lassen, sondern er muß selber moralische Kompetenz entwickeln und nach Wegen zur angemessenen Bewältigung des Konflikts suchen« (ebd.).

---

132 Unterschiede zwischen den aufgezählten Möglichkeiten, Konzepten und Institutionen aufzuzeigen, wäre eine wichtige Aufgabe, die in der Fachliteratur in umfassender Form noch aussteht; sie kann im Rahmen dieser Arbeit nicht geleistet werden.

Stoecker geht auf die Frage ein, was die klinische Ethik dazu beitragen könne, Dilemmata aufzulösen und beschreibt damit zugleich die Aufgabe von Ethikexperten in Krankenhäusern. Seine pointierte Stellungnahme soll an dieser Stelle ungekürzt wiedergegeben werden: »Eine erste, naheliegende Antwort lautet: Die Ethiker sollen entscheiden, was richtig und was falsch ist, also wie man in der betreffenden Situation handeln sollte. So wie man von einem professionellen Musiker erwarten kann, dass er einem sagt, wie man eine Blockflöte hält, oder vom Anwalt, wie man Widerspruch gegen einen Gerichtsentscheid einlegt, so scheint man auch vom Ethiker verlangen zu können, dass er einem erläutert, welche Handlungsalternative die richtige ist.

Doch so naheliegend diese Antwort auch ist, sie ist aus zwei Gründen falsch. Erstens wäre es eine Überforderung der Ethiker, denn anders als ein Musiker oder ein Anwalt verfügt ein Ethiker nicht über einen anerkannten Fundus von Regeln und Techniken, die es nur noch anzuwenden gilt. Dazu gibt es in der Ethik viel zu viele Meinungsverschiedenheiten sowie kulturelle und religiöse Unterschiede. Auch wenn sich in den letzten 2000 Jahren die Philosophen immer wieder bemüht haben, eine allgemeingültige und unbezweifelbar wahre Grundlage der Moral zu finden, hatten sie bislang noch keinen Erfolg. Deshalb können klinische Ethiker ein Dilemma nicht dadurch lösen, dass sie mit der Autorität von Sachverständigen sagen, was richtig und was falsch ist.

Zweitens wäre es aber nicht nur zu viel verlangt, von dem Ethiker eine Entscheidung zu erwarten, es wird normalerweise auch gar nicht gewünscht. Ganz im Gegenteil, die Ärztinnen oder Pfleger, die mit einem moralischen Dilemma konfrontiert sind, bestehen zu Recht darauf, dass es letztlich immer noch ihre Entscheidung ist, was zu tun sei, eine Entscheidung, die sie sich von den Ethikern nicht abnehmen lassen wollen.

Aufgabe der Ethiker ist es also nicht, den medizinisch Tätigen die Entscheidung abzunehmen, sondern ihnen diese Entscheidung, die sie letztlich selbst treffen müssen, zu erleichtern, und zwar dadurch, dass sie ihnen dabei helfen, sie verantwortlich zu treffen« (Stoecker 2011:234).

Fahr (2005:524) unterstreicht, die Entscheidung und die Verantwortung könnten nicht an Ethikberater delegiert werden. »Diese sollen helfen, Argumente und Überzeugungen zu klären, so dass die Betroffenen selbst entscheidungsfähig werden, aber der Berater soll und darf nicht an Stelle der klinisch Tätigen und der betroffenen Patienten und Angehörigen entscheiden.« (ebd.)

Simon stellt klar: »Durch die Angebote der Ethikberatung (Moderation von ethischen Fallbesprechungen, Durchführung von Ethik-Fortbildungen, Entwicklung von Ethik-Leitlinien) soll die ethische Kompetenz der Mitarbeiter und anderer beteiligter Personen gestärkt und eine gemeinsame Entscheidungsfindung in schwierigen Situationen unterstützt werden. Ziel dieser Angebote ist es, die Verantwortung der verschiedenen Beteiligten zu stärken – und nicht, sie zu ersetzen« (Simon 2009:31). Auch Körtner lehnt die Vorstellung einer Expertenherrschaft ab: »Ethische Urteilsbildung ist auf eine gewisse fachliche Kompetenz angewiesen. Der Begriff des Ethikexperten oder der Ethikexpertin darf freilich nicht so mißdeutet werden, als solle auf dem Gebiet der Moral und Ethik eine neue Form der Expertokratie errichtet werden« (Körtner 2007a:79).

Wettreck warnt vor einer »Kommissionsethik«: Wenn es nicht mehr weitergehe, werde das ethische Problem an die Ethikkommission delegiert. »Ihr Auftrag ist auf die Lösung des spezifischen Falls und Dilemmas eingegrenzt; eine Hinterfragung der gesamten Logik ist (oft schon durch die Auswahl der Beteiligten) nicht angezielt. … Ethik-Kommissionen erhalten in der modernen Medizin damit eine paradoxe Funktion, die ihr ursprünglich kritisches Potiential entschärft. Sie führen ethisches Denken bisher nicht in den klinischen Alltag ein, sondern können in ihrer gegenwärtigen Gestalt auch als Instanzen zur legitimen Entlastung von Wertfragen verstanden werden: Sie erlösen alle Beteiligten geradezu von weiterer ethischer Reflexion.« (Wettreck 2002:138)

Eine weitere Gefahr besteht darin, dass Ethikgremien für Machtspiele missbraucht werden. Bauer warnt vor Versuchen, ein klinisches Ethikkomitee (KEK) durch Einreichen einer nur vordergründig moralbezogenen Fragestellung für eigene (Macht-) Interessen zu missbrauchen: »Hier muss das KEK dann jeweils sehr deutlich machen, dass es sich weder als ein willfähriger Kampfgefährte noch als eine klinische ›Moralpolizei‹ versteht, welche die ›Bösen‹ bestraft und den ›Guten‹ zum Sieg verhilft« (Bauer 2008:34). Nach Neitzke (2011:72) versprechen sich Pflegende von Ethikberatung offenbar, dass ihre Anliegen deutlicher gehört und wahrgenommen werden – Illhardt (2011:210) rät indes entschieden davon ab, Ethikberatung auf einer Station durchzuführen, wenn eine der Behandlungsgruppen das Ethikkonsil zu instrumentalisieren versuche und sich etwa auf ethische Urteile berufe, um die Autorität der anderen Behandlungsgruppe zu brechen. Heinemann möchte ethische Fallbesprechungen vor Missbrauch schützen: »Damit das Instrument Ethische Fallbesprechung nicht durch einen unsachgemäßen Gebrauch (etwa als Machtinstrument oder zur Klärung anderer Probleme, zum Beispiel mangelnde Information) entwertet wird, hat es sich bewährt, für die verbindliche Einberufung eine Schwelle einzurichten« (Heinemann 2005:9).

In Ethikgremien sollten Menschen mit unterschiedlicher beruflicher und/oder ethischer (Aus-)Bildung vertreten sein; desgleichen sind die jeweils (beruflich) Betroffenen möglichst in den ethischen Diskurs einzubinden, um moralische Urteilsbildung und Konsensfindung einzuüben und somit die ethische Kompetenz vor Ort zu stärken (vgl. Neitzke 2008a:63f). Falls eine Partizipation der Beteiligten nicht möglich ist, sollten zumindest Schlüsselpersonen und Multiplikatoren eingebunden werden.

So partnerschaftlich und demokratisch berufsgemischte Ethikgremien und -besprechungen angelegt sein mögen, ist in pluriprofessionell[133] zusammengesetzten Gremien von Bedeutung, wer für eine zu treffende Entscheidung zuständig und verantwortlich sein wird. Handelt es sich um eine medizinisch-ethische Frage, die aus juristischen Gründen durch einen Arzt verantwortet werden muss, dann gibt es trotz gemeinsamer Beratung keine demokratische Entscheidung, sondern nur eine Empfehlung an den juristisch Verantwortlichen: »Da der Arzt oder die Ärztin für den endgültigen Beschluss verantwortlich bleibt, muss er/sie diesen letztlich fassen« (Gordijn 2000:117).

---

[133] Ich bevorzuge mit Gillen (1999:15ff.) den Ausdruck »pluriprofessionell« (lat. plures: mehrere, mehrerlei) gegenüber dem faktisch meist übertriebenen Begriff »multiprofessionell« (lat. multi: viele).

In diesem Fall liegt die Bedeutung des Berufsgruppen übergreifenden Gesprächs in der Entlastung des Entscheidungsträgers (vgl. Heinemann 2005:8); zudem werden die unterschiedlichen Sichtweisen der Beratenden deutlich. Schreiner (2001a:26) betont den Aspekt der Transparenz von Entscheidungen: »Derjenige, der zu entscheiden hat, wird dadurch vielleicht eine Entlastung erfahren, und diejenigen, die gegebenenfalls anders entschieden hätten, werden um die Motivation dessen wissen, der so oder so entschieden hat.«

Wie lassen sich die Widerstände mancher Ärzte und/oder leitender Mitarbeiter gegenüber interprofessionellen Beratungen erklären? »Ethische Reflexion – insbesondere in einer komplexen hierarchischen Organisation wie dem Krankenhaus – wird als Macht- und Systemkritik verstanden. Dies liegt weniger an den ethischen Inhalten, die in der Ethikberatung angesprochen werden, sondern allein schon am Setting: Ethikberatung schafft einen Reflexionsraum, in dem die Teilnehmer für eine gewisse Zeit auf Augenhöhe diskutieren und zu einem gemeinsamen Ergebnis kommen – nicht zuletzt durch eine gelungene Moderation. Damit werden die bestehenden Routinen des Alltags hinterfragt oder in Frage gestellt.« (Dinges 2008:159)

Heinemann (2005:13) greift die Bedenken von Ärzten auf, wenn nicht-ärztliche Berufsgruppen sich in Entscheidungen einmischen, für die der behandelnde Arzt, unter Umständen auch vor Gericht, die Verantwortung zu tragen hat. Er führt aus: »Hier ist es sinnvoll, die Frage des Entscheidungsträgers zu differenzieren: Der Arzt trägt die Entscheidungsverantwortung für die Indikation; der Patient (sein Vertreter, der sich am Patientenwillen zu orientieren hat) entscheidet über Zustimmung oder Ablehnung einer vom Arzt angebotenen Therapie. Ethische Fallbesprechungen beraten auf beiden Entscheidungsebenen: Sie versuchen, die Basis, auf der ein Arzt die Indikation stellt, so gut wie möglich zu erweitern und zu fundieren. Das größere Gewicht wird allerdings auf der zweiten Ebene liegen: ein möglichst eindeutiges Bild zu entwickeln, was ein Patient mutmaßlich selber möchte. Der Vorwurf der Einmischung in ärztliche Kompetenzen kann sich daher nur auf die erste Ebene der Indikationenstellung beziehen. Hier behält der Arzt seine Entscheidungskompetenz – und er kann selbst entscheiden, inwieweit er Argumenten und Einwände anderer Gesprächsteilnehmer berücksichtigen will. … Eine ethische Fallbesprechung hat nicht mehr, aber auch nicht weniger als eine konsiliarische Funktion« (ebd.).

Für ethische Entscheidungen, die im Verantwortungsbereich der Pflege liegen, gilt Ähnliches. Beratungen im Team sind zweifelsohne wichtig, um zu ausgewogenen Urteilen zu gelangen; verschiedene Sichtweisen können erörtert und Handlungsalternativen abgewogen werden. Allerdings muss am Ende der Beratungen *eine* Person die Verantwortung für die Entscheidung tragen.

Pflegeethische Entscheidungen können zwar aus Aushandlungsprozessen in Pflegeteams oder pluriprofessionellen Teams hervorgehen, aber sie müssen sowohl von der jeweils handelnden Pflegekraft wie auch letztlich von den Pflegeleitungen auf unterschiedlichen Hierarchieebenen (mit-)verantwortet werden. Bartholomeyczik (2006:51f) beobachtet bei Pflegenden in Entscheidungssituationen ein großes Bedürfnis nach Sicherheit. Wenn es um die Übernahme individueller bzw. persönlicher Verantwortung gehe, zögerten viele Pflegekräfte und zeigten die Tendenz, sich grundsätzlich in einem Team oder mit Vorgesetzten abzusprechen. Die Pflegewissenschaftlerin und Soziologin warnt eindringlich (S. 51, 55): »Wenn Pflege eine personenbezogene Wirkung hat, wenn sie therapeutisch ist, dann muss diese persönliche Verantwortung von jedem und jeder einzelnen Pflegenden für ihr Handeln übernommen werden, wie unterschiedlich auch die Tragweite dieser einzelnen Handlungsweisen ist. Professionalität und das Verstecken in einem Team stellen einen Widerspruch in sich dar. Keinen Widerspruch stellt es dar, das eigene Handeln gegenüber dem Team transparent zu machen und zu begründen, und Teamabsprachen zu fordern, wo sie notwendig sind – und sie sind selbstverständlich in vielen Bereichen notwendig. Persönliche Verantwortung und Teamverantwortung schließen sich nicht gegenseitig aus, aber ohne persönliche Verantwortung wird Teamverantwortung hohl und gefährlich.«

Nicht selten unterlassen es Gruppen schwierige Fragen ausreichend intensiv zu diskutieren und einigen sich vorschnell auf eine bestimmte Lösung. Ein allzu rasch hergestelltes Einvernehmen bietet jedoch keine Gewähr für eine hochwertige und nachhaltig konstruktive Lösung. Konsense können, wie Steinkamp und Gordijn zutrefffend bemerken, unzureichend begründet oder sogar unmoralisch sein (Steinkamp, Gordijn 2009:127) – ebenso wie Mehrheitsentscheidungen.

Der Einzelne ist verantwortlich

In Gruppen und Gremien soll gemeinsam beraten werden, aber ethische Entscheidungen sind i. d. R. von Einzelpersonen zu verantworten.

Kontrovers wird die Frage diskutiert, ob Klienten und ihre Angehörigen in Ethikgremien selbst zu Wort kommen sollten. Steinkamp und van Woelderen (2009:16) berichten, nach der Nimwegener Methode nähmen Patienten und Angehörige nicht an Fallbesprechungen teil. Über diesen Umstand werde nach wie vor diskutiert. Heinemann nimmt allgemein zur Beteiligung an ethischen Fallbesprechungen Stellung: »Immer wieder kommt die Frage auf, wie der Patient und seine Vertreter an einer Ethischen Fallbesprechung beteiligt werden sollen. Der Respekt vor Patientenautonomie scheint auf den ersten Blick eine Teilnahme des Patienten oder seines Vertreters zwingend zu fordern. Berücksichtigt man jedoch, dass die Ethische Fallbesprechung in erster Linie eine interdisziplinäre Beratung des behandelnden Arztes in einer schwierigen Behandlungssituation ist, kann die Patiententeilnahme nicht mehr so selbstverständlich, vielleicht sogar hinderlich sein: Eine offene und möglicherweise kontroverse Auseinandersetzung über das Behandlungskonzept wird nur schwer möglich sein, ohne das notwendige Vertrauensverhältnis eines Patienten oder von Angehörigen zum therapeutischen Team zu gefährden. Das bedeutet jedoch nicht, dass es überhaupt keine Beteiligung gibt. Mögliche Formen sind:

- die Information des Patienten oder seiner Vertreter, dass eine Ethische Fallbesprechung geplant ist;
- die Ermittlung des (mutmaßlichen) Patientenwillens im Vorfeld des Gespräches;
- eine partielle Beteiligung des Patienten oder seines Vertreters im Rahmen der Faktensammlung;
- die Information über das Ergebnis der Besprechung durch den behandelnden Arzt.

Rückmeldungen von Angehörigen bestätigen, dass eine derartige mittelbare Beteiligung als hilfreich erlebt, eine unmittelbare Teilnahme am Gespräch jedoch als emotionale Überforderung befürchtet wird. Dass eine Ethische Fallbesprechung durchgeführt wird, empfinden viele Angehörige als Ausdruck von hoher Sorgfalt für den Patienten« (Heinemann 2005:10).

Klaus Kobert hingegen vertritt im Interview mit Michael Schulz eine andere Position. In Bezug auf Ethikkonsile und ethische Fallbesprechungen berichtet er aus seiner Erfahrung: »Im Gegensatz zur Somatik, wo Patienten fast nie in der Lage sind, an solchen Gesprächen teilnehmen zu können, kommt es in der Psychiatrie doch immer wieder mal vor. Ich empfinde es grundsätzlich als Bereicherung, wenn der Patient dabei ist. Das ist ein Ausdruck der Wertschätzung für den Patienten – man spricht nicht über ihn, sondern mit ihm. In einem Fall hat es nicht funktioniert, da mussten wir die Person aus dem Raum bitten, da ein konstruktives Gespräch nicht mehr möglich war. Patienten erleben es ebenfalls als sehr wertschätzend, wenn sie erfahren, dass so viele Menschen sich über ihre Situation so viele Gedanken machen. Zudem können sie die Gedankengänge und Argumente, die dann zur Entscheidung führen, nachvollziehen und verstehen« (Schulz 2011a:246).

Ethische Entscheidungen benötigen Zeit zum »Reifen«, wenn sie nachhaltigen Bestand haben sollen (Charbonnier 2008:50). Diese Zeit steht in der Alltagspraxis leider kaum zur Verfügung. Bobbert berichtet aus ihrer Erfahrung in einem Klinikum der Maximalversorgung, das Entscheiden und Handeln der Ärzte und Pflegenden unterliege einem großen Zeit- und Effizienzdruck, so dass das alltägliche Denken und Handeln sehr lösungsorientiert sei und meist kurze Phasen, d.h. die aktuelle Schicht oder einige wenige Tage, in den Blick nehme (Bobbert 2009:201). Bemühungen, Orte und Gelegenheiten zur gemeinsamen Reflexion zu schaffen, werden durch die traditionelle Kultur der Betriebsamkeit in Krankenhäusern erschwert. »Die Einrichtung klinischer Ethikkomitees setzt voraus, dass es im Rahmen eines Krankenhauses Raum für Reflexion gibt. Für die tägliche klinische Arbeit dort ist eine organisierte Reflexionspraxis eher ungewöhnlich. Sowohl die Pflege als auch die medizinische Praxis sind sehr auf Handlungen im Sinne von Fertigkeiten ausgerichtet. Die Kommunikationskultur ist von Dringlichkeit gekennzeichnet, nicht von einem Dialogisieren mit komplizierten Worten und unter Bezugnahme auf theoretische Konzepte.« (Kohlen 2010a:14)

Einer Kultur des Austauschs und der gemeinsamen ethischen Beratung fehlt in vielen Einrichtungen die nötige Unterstützung von Seiten der Leitung. Aufgabe von Führungskräften ist es, Ethikgremien zu initiieren und ihre Etablierung im Betrieb deutlich zu legitimieren. Heinemann (2005:12) rät dazu, ethische Fallbesprechungen in die Struktur der Organisation einzubinden. »Die beste Voraussetzung für das Gelingen einer Ethischen Fallbesprechung ist, wenn die am Gespräch Beteiligten vom allgemeinen Nutzen des Instruments und der sinnvollen Anwendung im konkreten Fall überzeugt sind. Da es nicht zu unterschätzen ist, dass die Einberufung einer Ethischen Fallbesprechung auch Widerstände auslösen kann, vor allem, wenn sie als Kritik am augenblicklichen Behandlungsregime verstanden wird, ist eine solide institutionelle Einbindung empfehlenswert. Diese kann darin bestehen,

- eine schriftliche und von der Hausleitung in Kraft gesetzte Verfahrensanweisung über Zweck, Anlass, Organisation, Durchführung, Dokumentation und Evaluation zu verfassen;
- Mitarbeiterinnen und Mitarbeiter, vor allem in der Intensivabteilung, in Fortbildungen mit dem Instrument vertraut zu machen;
- Moderatoren zu schulen und zu beauftragen;
- Implementierung in Behandlungspfade (zum Beispiel bei Anlage einer PEG bei unklarem Patientenwillen, bei Langzeitbeatmung nach dem 14. Beatmungstag) vorzunehmen;
- die Anwendung des Instrumentes regelmäßig zu registrieren (in welcher Abteilung, wie oft jährlich, aus welchem Anlass, mit welchem Ergebnis);
- die Berücksichtigung der Verwendung des Instruments bei der eventuellen Ermittlung einer ethischen Kennzahl der Einrichtung.« (Heinemann 2005:12)

Ethikstrukturen sind wichtige Voraussetzungen für eine nachhaltige Kultur ethischer Reflexion. Angemessene Ethikstrukturen schließen die Bezahlung der Leistungen ein, die Mitarbeiter für die Etablierung und Aufrechterhaltung dieser Strukturen erbringen. Fahr (2007:14) berichtet, das (in der Freizeit erbrachte) Engagement für Ethik werde in Krankenhäusern und Heimen noch viel zu selbstverständlich vorausgesetzt. Die vielen Stunden, die Mitarbeitende beispielsweise aufwendeten, um Ethikkomitees aufzubauen oder Ethikberatungen zu organisieren, würden meist unentgeltlich aufgebracht. Ethik sei jedoch ein integraler Bestandteil von Krankenhäusern und des Gesundheitswesens insgesamt; entsprechend müsse dieser Bestandteil auch betriebswirtschaftlich sichtbar gemacht und finanziert werden.

So wichtig Strukturen zur Förderung ethischer Reflexion in Gesundheits- und Sozialeinrichtungen sind – sie bieten keine Garantie für moralisches Handeln. »Die strukturelle Verankerung ethischer Unterstützungssysteme und ethischer Leitlinien alleine bedeutet … noch nicht, dass diese auch angewendet und im Organisationsalltag gelebt werden. Implizite Annahmen und Erwartungen der Mitglieder einer Organisation können die Belebung strukturell vorgegebener ethischer Reflexionsräume blockieren. Wenn zum Beispiel das Einberufen eines ethischen Entscheidungsfindungsgremiums als Eingeständnis von Überforderung gedeutet und dies wiederum als unprofessionell bewertet wird, so werden sich kaum Mitarbeitende finden, die solche Gespräche initiieren.« (Hug 2009b:22)

Ist es trotz Widerständen gelungen, offizielle Ethikgremien und -Treffen zu implementieren, können sie in einem Nebeneffekt als Ausbildungs- und Trainingslager für gemeinsame Kurzberatungen bei alltäglich verlangten Adhoc-Entscheidungen dienen. »Die Fähigkeit, ethisch relevante und problematische Situationen in der Pflege diskursiv und konstruktiv zu behandeln, ist nicht nur bei Ethikvisiten, in Ethikzirkeln, Ethikkomitees oder Ethikcafes gefordert, sondern auch bei Übergaben oder ›Tür-und-Angel-Gesprächen‹.« (Giese 2005:157)

In gemeinsamer Beratung gereifte Urteile sind i. d. R. besser als einsame Entscheidungen. Um zu argumentativ nachvollziehbaren Beurteilungen moralischer Fragen und ethischer Entscheidungen zu gelangen, empfiehlt sich daneben die Anwendung eines ausgearbeiteten Verfahrens zur ethischen Entscheidungsfindung.

7.2.2 Modelle zur ethischen Entscheidungsfindung

»Jeder Mensch trifft jeden Tag hunderte von Entscheidungen. Meistens treffen wir sie in Bruchteilen von Sekunden, ohne großes Nachdenken. Zu entscheiden, was richtig oder falsch ist, fällt uns nicht schwer. Wir haben dies im Umgang mit anderen gelernt und oft geübt. Diese Alltagserfahrung verführt zu der Vorstellung, dass unsere Entscheidungen immer so gefällt werden müssten. Das ist aber nicht so.« (Schottky et al. 2007:17)

Während sich im Alltag moralische Gewohnheiten und Regeln meist unbewusst, gleichsam automatisch etablieren, erfordern schwierige moralische Fragen eine bewusste Auseinandersetzung. »Meistens erscheinen die Situationen, in denen wir handeln, als klar in dem Sinn, dass sie keiner Entscheidung bedürfen. In diesem Entscheidungsfluss halten wir dann inne, wenn etwas Besonderes unsere Aufmerksamkeit fesselt oder wenn die Dinge nicht wie erwartet oder gewünscht laufen.« (Kesselring 2000:23) Das Ethos als sittliche Konvention wird nach Fahr (2000:626) gebraucht »... für die Normalsituationen der Pflege, in denen es nicht jedes Mal aufs Neue nötig ist, eine Situation komplett zu durchdenken. In der Ethik dagegen reflektieren wir auf ethisch problematische Situationen, auf Dilemmata. Die Ethik wird zu Hilfe gerufen, wenn man in bestimmten Situationen nicht mehr weiter weiß, und das Ethos keine klare Handlungsanweisung gibt. «[134]

Ethik ist durch eine Pluralität von Positionen gekennzeichnet (Fahr 2000:626). Körtner schlussfolgert, ethische Diskurse und Urteilsbildungen müssten mehrdimen-

[134] Wallner (2004:27) und Körtner (2007a:28) kennzeichnen Ethik als ein »Krisenphänomen«. »Wenn die moralischen Grundlagen des Handelns brüchig werden, wenn es fraglich wird, ob moralische Richtlinien noch tragen, dann wird nach der Ethik gerufen. Diese erlebt daher immer dann einen boom, wenn die Menschen vor neuen Herausforderungen stehen, in denen sie mit ihrem bisherigen Ensemble an moralischen Wertvorstellungen zu keiner befriedigenden Entscheidung kommen.« (Wallner 2004:27). Körtner stimmt zu: Die Stunde der Ethik sei dann gekommen, »... wenn wir in moralische Konflikte geraten und nicht wissen, was wir tun sollen. Mehr noch: Sie wird dann notwendig, wenn bis dahin geltende Verhaltensnormen und Prinzipien zweifelhaft werden« (Körtner 2007a:28).

sional angelegt sein (Körtner 2012:20). Für die Behandlung schwieriger ethischer Konflikte ist m.E. ein multiperspektivisches Vorgehen im Dialog der Betroffenen zu empfehlen. Dies kann in der bereits erwähnten gemeinsamen Beratung bestehen und/oder im Einsatz eines Verfahrens zur ethischen Entscheidungsfindung, das die Pluralität ethischer Positionen und Argumentationen widerspiegelt.

Wann sollten nun strukturierte Verfahren zur ethischen Entscheidungsfindung zum Einsatz kommen und wie komplex sollten diese Verfahren aufgebaut sein? Arn rät: »Ethik sollte … nicht mit dem Anspruch auftreten, man solle oder müsse gar alle Entscheidungen auf ihre Werte hin reflektieren. Aber die Ethik soll ›Techniken‹ zur Verfügung stellen, um diese Wertereflexion vorzunehmen [sic] zu können. Geboten ist Wertereflexion speziell für Fragestellungen, die besonders heikel, wichtig oder strittig sind« (Arn 2009:133).

Wann lohnt sich ein höherer Aufwand?

Trotz vereinzelter Kritik (Rabe 2009a,c) bleibe ich bei meiner Einschätzung (vgl. Lay 2004:165):

- Je komplexer die Situation ist,
- je mehr Menschen mitbetroffen sind,
- je schwerwiegender die möglichen Folgen des Problems erscheinen und
- je mehr Zeit zum Überlegen bleibt,
- desto eher sollte eine gemeinsame Beratung aller Betroffenen erfolgen und
- umso strukturierter sollten die eingesetzten Hilfsmittel zur ethischen Beurteilung sein.

Die Entscheidungsfindung mittels eines etablierten Modells zur ethischen Beurteilung problematischer Fragen erfordert freilich mehr Zeit als spontane Entscheidungen und eignet sich daher nicht für Situationen, in denen schnelle Beurteilungen und rasches Handeln gefordert sind (z.B. Notfälle).

In der Literatur werden unterschiedliche Modelle vorgeschlagen, die eine (prospektive) Entscheidungsfindung bzw. eine (auch retrospektive) Beurteilung moralischer Fragen erleichtern sollen. Sie liegen in vielen Formen vor; u.a. finden sich Tugendkataloge, Fragenlisten, prinzipiengestützte Instrumente, an einem Regelkreis orientierte Verfahren sowie Systematiken zum schrittweisen Einbezug mehrerer ethischer Theorien.

Ein umfassender Vergleich der vielfältigen Modelle steht meines Wissens bislang aus, kann aber in dieser Arbeit nicht geleistet werden. Dennoch möchte ich für interessierte Leser einige Quellen nennen.

Der evangelische Theologe Heinz Eduard Tödt schlug 1977 in einem Aufsatz mit dem Titel »Versuch zu einer Theorie ethischer Urteilsfindung« sechs Schritte vor, die eine ethische Standortbestimmung ermöglichen sollen:

1. Feststellung des Problems,
2. Analyse der Situation,
3. Erörterung der Verhaltensalternativen,
4. Prüfung der Normen,
5. Urteilsentscheid,
6. Prüfung der Angemessenheit des Urteils (zit. n. Blinzler 1999:73f und Schmidt 1989:306ff).

Nüchtern entwickelte daraus ein Schema, das er »Schritte verantworteter Urteilsbildung« nennt. Sieben Schritte sind bei Nüchtern (1992:93ff) beschrieben:
1. Klärung der »Betroffenheit« – welche Ideale sind verletzt?
2. Problemformulierung,
3. Wahrnehmung und Eingrenzung des Handlungsfeldes,
4. Handlungsalternativen,
5. normative Gesichtspunkte,
6. wünschenswerte und weniger wünschenwerte Folgen,
7. Entscheidung.

Illhardt (1995:114) fasst den Entscheidungsgang in fünf Schritten zusammen:
1. Situationsanalyse,
2. Aufstellen von alternativen Lösungsangeboten,
3. Konsequenzauflistung,
4. Konsequenzabschätzung,
5. Entscheidung für eine der Alternativen.

In einer Kurzform benennt Illhardt drei Phasen im Ablauf einer Entscheidung (S. 113):
1. Informationen sammeln,
2. Reaktionspotenzial mobilisieren,
3. Beendigung der Ambitendenz durch Erkenntnis bzw. Intuition der angemessenen Grundrichtung.

Manche Modelle zur Beurteilung moralischer Konflikte orientieren sich am so genannten Pflegeprozess (besser: Pflegeplanung, vgl. Lay, Brandenburg 2001). Verena Tschudin plädiert in ihrem Standardwerk »Ethik in der Krankenpflege« für ein vierschrittiges Vorgehen:
1. Erkennen des Problems,
2. Planung,
3. Ausführung,
4. Auswertung.[135]

---

135 Just (2001:315) sieht keine grundlegenden Unterschiede zwischen den Modellen von Illhardt und Tschudin. Ihre Einschätzung, das von Illhardt entwickelte Modell resultiere aus einem medizinischen Blickwinkel (S. 309), kann ich nicht teilen.

Zu jedem der Punkte, die deutlich in Anlehnung an die vier in Großbritannien gebräuchlichen (WHO-)Schritte der Pflegeplanung formuliert sind, gibt es bei Tschudin eine Reihe von Sondierungsfragen (1988:108ff).

Arndt stützt sich wesentlich auf Tschudins Vorschlag und nennt die vier Schritte

1. Informationssammlung,
2. Planung,
3. Durchführung und
4. Bewertung (Arndt 1996a).
   Sie bietet ebenfalls zu jedem Schritt vertiefende und ergänzende Fragen an.

Van der Arend stellt unterschiedliche Arten von Stufenplänen zur etappenweisen Entscheidungsfindung vor. Die erste Variante orientiert sich an den Phasen der Pflegeplanung und lautet (1998:57ff):

1. Analyse,
2. Planung,
3. Durchführung,
4. Evaluation.
   Auch hier sollen erläuternde Fragen den Prozess unterstützen.

Daneben zitiert van der Arend (S. 60ff) ein elfphasiges Verfahren, das 1988 von van der Hoven und Tenwolde entwickelt wurde:

1. Die Situation beschreiben,
2. einen Überblick gewinnen,
3. ergänzende Informationen sammeln,
4. persönliche und berufliche Werte und Interessen benennen,
5. Werte und Interessen von Schlüsselpersonen benennen,
6. moralische Prinzipien, Werte und Normen benennen,
7. Konflikte benennen,
8. feststellen, wer die Verantwortung übernimmt,
9. Alternativen nebst ihren Konsequenzen zusammenstellen,
10. sich für ein bestimmtes Handeln entscheiden und es ausführen,
11. die Ergebnisse bewerten.

Gordijn und Steinkamp vertreten die Nimweger (Gordijn 2000) bzw. Nimwegener Methode (Steinkamp, Gordijn 2000:240) für ethische Fallbesprechungen. Sie besteht aus vier Schritten:

1. Problem,
2. Fakten,
3. Bewertung,
4. Beschluss.

Rabe hat in Abgrenzung zu den in der Medizin- und Pflegeethik vorherrschenden Entscheidungsmodellen ein »Reflexionsmodell« entwickelt. Sie wählte für ihr »Modell für die ethische Reflexion« eine ungewöhnliche Unterteilung – die drei Hauptschritte lauten »Situationsanalyse«, »ethische Reflexion« und »Ergebnisse« (Rabe 2005:133, 2008b:9; 2009a:153).

Vom Schweizer Berufsverband der Pflegefachfrauen und Pflegefachmänner (SBK) liegt eine Entscheidungshilfe vor, die ohne Anspruch auf Vollständigkeit sechs gemeinsame Punkte der in der Literatur vorfindlichen Vorgehensweisen zur strukturierten ethischen Entscheidungsfindung zusammenzufassen versucht (SBK 1999c:o. S.). Es handelt sich um die Phasen

1. Verstehen einer Situation,
2. Verstehen des Umfeldes,
3. Verstehen der Werte,
4. Suche nach Lösungen,
5. Prüfung der vorgeschlagenen Lösungen,
6. Entscheidung und Ausführung.

Der evangelische Theologe und Hochschullehrer Körtner (2012:140ff) befürwortet das Modell der ethischen Entscheidungsfindung nach Lange (2002). Dessen Schema enthält folgende acht (Haupt-)Schritte:

1. Analyse der Situation,
2. Prüfung der subjektiven Bedingungen,
3. genaue Bestimmung des Konflikts,
4. Abwägen der Verhaltensalternativen,
5. Reflexion der Maßstäbe,
6. Güterabwägung,
7. Entscheidung,
8. Überprüfung.

Jeder dieser Schritte enthält mehrere Einzelschritte.[136]

Von Manz (1992a) stellt einen Fragenkatalog zu vier Oberthemen auf. Diese lauten:

1. Ethik, Moral, Normen (ethisches Subjekt, Situation),
2. utilitaristischer Ansatz,
3. deontologischer Ansatz,
4. Ethik der Verantwortung.

[136] Ihre Anordnung überzeugt allerdings nicht an allen Stellen. Als Unterpunkte des fünften Schritts »Reflexion der Maßstäbe« erscheinen bei Lange (2002) gleichzeitig materiale und formale ethische Prinzipien, so etwa »Schutz des Lebens und des Rechtes auf Leben«, »Autonomie und Wahrnehmung von Eigenverantwortung« sowie »Überprüfung a) der Verallgemeinerbarkeit, b) der Situationsgerechtigkeit« (zit. n. Körtner 2004:168).

Dieser Vorschlag hebt sich von vielen anderen Modellen zur ethischen Entscheidungsfindung ab, denn er versucht unterschiedliche ethische Traditionen zu verbinden und ihre jeweiligen Stärken zu nutzen. Die Idee, (teil-)strukturierte multiperspektivische Verfahren zur ethischen Entscheidungsfindung anzuwenden, überzeugt: »Heute scheint es notwendig zu sein, sowohl Elemente der Prinzipienethik als auch der Folgenethik (...) in eine Ethik zu integrieren, die Elemente der pflichtmäßigen Achtung vor dem anderen und dem Selbst mit Elementen des Wohlwollens verbindet. Weder rein formalistische noch rein inhaltliche Ethikbegründungen scheinen noch vertretbar zu sein« (Lenk 1997:9).

7.2.2.1 Modell der konvergierenden ethischen Argumentation nach Gillen

Prof. Dr. Erny Gillen, der Präsident des Luxemburgischen Caritasverbandes und der Caritas Europa, empfiehlt für die Arbeit von Ethikkomitees ein Modell zur ethischen Fallbeurteilung, das eine multiperspektivische Betrachtung unter Berücksichtigung vielfältiger ethischer Theorien und Prinzipien anstrebt. Das **Modell der konvergierenden ethischen Argumentation** nach Gillen (1999:15-28) eignet sich für ausführliche Reflexionen pflegeethischer Probleme und soll in seinen einzelnen Schritten kurz vorgestellt werden:

Zunächst wird im Ethikkomitee die moralische Ausgangsfrage entgegengenommen und der Antrag auf Bearbeitung akzeptiert. Wichtig ist nach der Klärung der moralischen Ausgangsfrage und ihrer klaren Formulierung in einem zweiten Schritt die Identifizierung der so genannten vorsittlichen Güter und Übel (s. Kap. 2.1.4), die »... aus dem Fall heraus und auf die Handlungsalternativen hin zu identifizieren, zu benennen und abzuwägen [sind.] Sie stehen ja in der Tat – je nach Handlungsalternative – auf dem Spiel« (Gillen 1999:21). Gillen nennt die vorsittlichen (prämoralischen) Güter und Übel zusammenfassend vorsittliche Elemente. »Sie sind sozusagen der vorgefundene, wenn auch sittlich gewertete Ist-Stand, den die zur Diskussion stehende Handlungsalternative so oder anders verändern wird.« (ebd.)

Die vorsittlichen und sittlichen Elemente treten im Prozess der Meinungsbildung unter den Mitgliedern des Ethikkomitees deutlich hervor; sie stehen gleichsam hinter den Kulissen der unterschiedlichen ethischen Argumentationszusammenhänge und werden im Verlauf des Diskurses mithilfe einer geschickten Moderation expliziert.

Wenn die Mitglieder des Komitees ihre Meinungen zur moralischen Frage möglichst umfassend ausgesprochen haben, sind meist nicht nur die dahinter stehenden Auffassungen über den Menschen bzw. das Weltbild mit den darin vertretenen Gütern und Übeln zu erkennen; die geäußerten Begründungen lassen sich nach Gillen (1999:22) fünf verschiedenen ethischen Argumentationsfiguren zuordnen: »Grob gesehen unterscheide ich fünf recht unterschiedliche Argumentationskontexte, in welchen die ›vorsittlichen Elemente‹ untereinander und im vorherrschenden Gesamtverständnis (Welt- und Menschenbild) des Argumentierenden ihr entsprechendes Gewicht gewinnen. Diese fünf ›Figuren‹ haben jede für sich wohl allein Bestand, hängen intern aber zum Teil zusammen. Jede beleuchtet von ihrem Ansatz her die zu gewichtenden

›vorsittlichen Elemente‹ aus einem spezifischen Blickpunkt und beantwortet insofern einen Aspekt der Frage. Das Zusammenspiel der fünf ›Figuren‹ wird in einer sogenannten ›Konvergenzargumentation‹ zusammengefasst.«

Konvergenzargumentation – was heißt das? Etymologisch meint konvergierend: »sich zuneigend, zusammenlaufend« (von lat. con/cum: zusammen und lat. vergere: sich neigen, sich erstrecken). Gillen bezieht sich auf Vorarbeiten von Gründel (1980:155ff): »Bei Konvergenzargumentation geht es nach Gründel ›um die Aufgabe, mit einer Mehrzahl von Argumenten für die Zustimmung und Gewißheitsbildung eine echte Hilfe zu liefern; dabei mögen die einzelnen Beweise für sich genommen nicht tragfähig sein; zusammengenommen jedoch – nicht nur als quantitative Summation, sondern im Rahmen einer echten Zusammenschau – sind sie für das erkennende Subjekt mehr als nur die Summe der einzelnen Teile oder Argumente‹« (Gillen 1999:22).

Gillen (1998, 1999) schlägt fünf Argumentationsfiguren vor:

1. **Die weltanschauliche Argumentation (Menschen- und Weltbild als Argument)**
   Sie setzt mit ihren Überlegungen zur Lösung des moralischen Problems ganz grundsätzlich bei ihrem philosophischen oder religiösen Welt- und Menschenverständnis an.
2. **Die wissenschaftlich-sachliche Argumentation (Natur- und Sachgerechtigkeit als Argument)**
   Sie geht von den Tatsachen dieser Welt aus und zieht ihre Schlussfolgerungen aus dem Wissen um die Natur der Sache.
3. **Die teleologische Argumentation (Erfahrung als Argument)**
   Sie orientiert sich an den voraussehbaren Folgen einer Handlung und gewichtet diese auf dem Hintergrund der Lebenserfahrung.
4. **Die situative Argumentation (Situation als Argument)**
   Sie bezieht ihren Standpunkt meistens von einem der bereits genannten Ansätze her, federt diesen dann aber angesichts der vorgefundenen Situation ab, ohne dabei ihren grundsätzlichen Standpunkt (1., 2., 3.) intellektuell in Frage stellen zu müssen.
5. **Die autoritätsbewusste Argumentation (gelehrtes Ethos als Argument)**
   Sie bezieht ihre Argumente aus bestehenden Kodizes beziehungsweise ausformulierten Lehrzusammenhängen.

Wenn im Ethikkomitee schließlich alle Meinungen der Mitglieder in ihrer Tiefenschärfe, d.h. in der Vernetzung mit möglichst vielen der fünf Argumentationsfiguren nach Gillen offen genannt sind, zeigen sich in der Regel verschiedene Grundpositionen in Form möglicher Entscheidungsalternativen (Gillen 1999:23). Nun ist ein weiterer Schritt nötig: »Ergibt die Darstellung der verschiedenen Meinungen eine klare Tendenz, liegt es an der Moderatorin, diese konsensfähig in die (gegebenenfalls verschiedenen) ausgesprochenen Argumentationszusammenhänge hinein zurückzuformulieren. Kommt dabei eine im Komitee konsensfähige Position zustande, ist die Arbeit des Komitees mit einer ausgereiften und gemeinsam getragenen Formulierung des Votums abgeschlossen. Kommt keine einheitliche, argumentativ breit abgestützte gemeinsame Position zustande, wird die Moderatorin versuchen, die zwei oder (höchstens) drei verschiedenen Standpunkte so zu formulieren, daß sich die Mitglieder des Komitees den zwei oder (höchstens) drei Positionen zuordnen können.« (ebd.) In letzterem Fall, so Gillen weiter, teilt die Moderatorin der Person bzw. Instanz (Antragstellerin), die sich mit einem ethischen Problem an das Ethikkomitee gewandt hat, eben mehrere statt eines Votums[137] mit. Die Antragstellerin findet sich in diesem Fall zumindest in ihrem Eindruck bestätigt, dass es sich um eine schwierige Frage handelte.

7.2.2.2 Kritik an Gillens Modell

Gillens Systematik greift auf zahlreiche ethische Traditionen zurück und versucht sie in einer konvergierenden Sicht auf das Ziel eines Votums hin zu verknüpfen. Das Modell eignet sich aufgrund seiner hohen Komplexität für die ausführliche Reflexion in Ethikkomitees und anderen institutionalisierten und eingespielten Ethikgremien.

Teile davon sind selbstverständlich auch für andere Formen ethischer Entscheidungsfindung hilfreich, mögen sie nun in der Gruppe oder – falls nicht anders möglich – von Einzelnen durchgeführt werden. Voraussetzung ist allerdings, dass keine rasche Entscheidung gefordert ist. Außerdem erscheint das Modell nur dann praktikabel, wenn die Teilnehmenden über gute Vorkenntnisse in ethischen Theorien verfügen, z. B. in der Unterscheidung von sittlichen und vorsittlichen Gütern und Übeln (vgl. Rabe 2009c:31).

Der von Gillen propagierte Aspekt der Natur- und Sachgerechtigkeit (Gillen 1999:22) lädt zur Kritik ein. Diese Argumentationsfigur geht davon aus, dass eine bestimmte Tatsache als »natürlich gegeben« bzw. »in der Natur der Sache liegend« begründet werden kann – sie kommt in der Medizin sehr häufig vor. Die Akteure interpretieren die Sachlage dann so, als würde sie zwingend ein ganz bestimmtes Handeln fordern: »Wenn wir nicht operieren, dann stirbt der Patient«, ist ein Beispiel für dieses Denken. Die Frage, ob Sterben in bestimmten Situationen etwa nicht erlaubt sei, wird nicht mehr gestellt (Gillen 1998).

Nach meiner Auffassung sollte ein sogenannter »Sachzwang« keine Argumentationsgrundlage in einer ethischen Diskussion darstellen. Das Argument der Naturgegebenheit sticht nicht – selbst dann nicht, wenn sie in Verbindung mit einem Menschenbild vorgebracht wird, wie Gillen (ebd.) vorschlägt.

Im Argument der Sachgerechtigkeit steckt die Gefahr eines Sein-Sollen-Fehlschlusses (im Falle der Bezugnahme auf die »Natur der Sache«: naturalistischer Fehlschluss), wie der schottische Philosoph David Hume (1711–1776) beschrieben hat: Ein Faktum wird selbst als sein rechtfertigendes Argument gebraucht. Dies ist jedoch ein logischer Trugschluss. Das Faktum allein kann keine normativen Ansprüche begründen; eine Tatsache an sich ist noch kein Argument. Daher wäre es auch nicht legitim, von

[137] Der ethische Fachausdruck »Votum« (von lat. vovere: wünschen, feierlich geloben) bedeutet Stimme, Meinungsäußerung, Empfehlung, Stellungnahme, gutachterliches Urteil.

einer deskriptiven unvermerkt auf die normative Sprachebene zu wechseln (Pieper 2000:246).

Würde beispielsweise ein Konfliktpartner behaupten, er handle immer auf eine ganz bestimmte Weise, dann mag das zwar den Tatsachen entsprechen, aber es ist kein stichhaltiges Argument in einer ethischen Diskussion. »Eine solche Argumentation wird ›naturalistischer Scheinbeweis‹ genannt und von Ethikern allgemein abgelehnt. Sie führt nämlich dazu, daß man eine übliche Handlungsweise allein aufgrund ihrer Üblichkeit moralisch rechtfertigen kann.« (van der Arend 1998:34)

7.3 Modell der multiperspektivischen ethischen Entscheidungsfindung

Von den zahlreichen in der Literatur empfohlenen ethischen Beurteilungsverfahren scheinen mir trotz der vorgebrachten Kritik einige Elemente von Gillens Modell der konvergierenden ethischen Argumentation sehr hilfreich zu sein. Teile seines Modells sollen integriert werden, wenn ich im Folgenden ein neues Modell vorstelle, das ich für hilfreicher und praktikabler halte.

Das von mir vorgeschlagene **Modell der multiperspektivischen ethischen Entscheidungsfindung** unterscheidet sich deutlich von Gillens Modell, an dem ich mich noch in der ersten Auflage dieses Buches orientierte.

Modell der multiperspektivischen ethischen Entscheidungsfindung

1. **Einstieg in die Reflexion**
   - Wie zeigt sich der Konflikt?
   - Welche Gefühle kommen auf?
   - Welche Werte stehen zur Diskussion?
2. **Handlungsalternativen**
   - Welche Handlungsmöglichkeiten gibt es?
3. **Ethische Beurteilung**
   mithilfe von sechs ethischen Argumentationsfiguren
   - Menschenbild
   - Konsequenzen
   - formale ethische Prinzipien
   - materiale bereichsethische Prinzipien
   - bereichsethische Regeln
   - Besonderheiten der Situation
4. **Beschlussfassung**

Zum einen verläuft der gesamte Entscheidungsgang anders. Explizit wird zum Einstieg in die Reflexion betrachtet, wie sich der Konflikt zeigt und welche Gefühle bei den Beteiligten wie auch bei den Beobachtern aufkommen. Danach folgt die Frage, welche Werte zur Diskussion stehen. Dabei kann auf die von Gillen vorgeschlagene umfangreiche Analyse der sittlichen und vorsittlichen Güter und Übel (vgl. Kap. 2.1.4) verzichtet werden, weil sie umfangreiche Ethikkenntnisse voraussetzt und aufgrund des hohen Aufwandes nur in geübten Ethikgremien praktikabel ist.

In einem nächsten Schritt werden mögliche Handlungsalternativen gesammelt, um danach zur ethischen Beurteilung zu kommen. Das Modell der multiperspektivischen ethischen Entscheidungsfindung nutzt hierzu sechs Argumentationsfiguren, die von Gillens Vorschlag abweichen. So wird etwa Gillens Argumentationsfigur der Natur- und Sachgerechtigkeit (Gillen 1999:22) aufgrund der berechtigten Kritik ausgeschlossen. Abweichend von Gillens Modell stelle ich zudem die ethischen Prinzipien der Selbstverpflichung (Deontologie) als separaten Punkt heraus (»formale ethische Prinzipien«). Außerdem werden die Argumentationsfiguren um materiale bereichsethische Prinzipien erweitert. Demzufolge empfehle ich folgende Argumentationsfiguren zu berücksichtigen: Menschenbild, Konsequenzen, formale ethische Prinzipien, materiale bereichsethische Prinzipien, bereichsethische Regeln sowie Besonderheiten der Situation.

7.3.1 Fallbeispiel: Zum Sterben in ein anderes Zimmer?

Zur Demonstration des Prozesses einer ethischen Entscheidungsfindung nach dem **Modell der multiperspektivischen ethischen Entscheidungsfindung** soll ein ethischer Konflikt im Krankenhaus bearbeitet werden. Es handelt sich um einen authentischen Fall aus meiner früheren Berufspraxis als Stationsleiter, den ich vor einigen Jahren unter organisatorischen – nicht ethischen – Gesichtspunkten untersucht habe (vgl. Lay, Ziemer 1999). Um die jetzt geforderte ethische Argumentation detailliert entfalten zu können, wurden einige Einzelheiten der wahren Begebenheit abgeändert, was aber insgesamt der Authentizität des Fallbeispiels keinen Abbruch tut.

7.3.2 Schilderung des Falls

Auf einer internistischen Station eines Akutkrankenhauses arbeitet eine junge Gesundheits- und Krankenpflegerin gemeinsam mit einer Praktikantin im Spätdienst. Ein unerfahrener Assistenzarzt nimmt an diesem Abend im Bereitschaftsdienst einen 40-jährigen Mann mit Verdacht auf Magenschleimhautentzündung in der Ambulanz auf.

Da der Patient privat versichert ist, beantragt er bereits in der Ambulanz bei der Aufnahme der Personalien ein separates Zimmer sowie die Behandlung durch den Chefarzt. Der aufnehmende Assistenzarzt sagt ihm das zu, geht zunächst ohne den neuen Patienten auf die internistische Station, um diese Angelegenheit zu regeln. Dort angekommen, verlangt er von der jungen diensthabenden Gesundheits- und Krankenpflegerin, einen bestimmten schwerkranken Patienten in ein Mehrbettzimmer zu verlegen, um dem neu angekommenen Privatpatienten die Unterkunft in einem Einzelzimmer zu ermöglichen.

Der schwerkranke Patient, der bisher das Zimmer allein belegt, ist bereits seit einigen Wochen dort und ringt nun unmittelbar mit dem Tod. Sowohl dem Arzt als auch der Gesundheits- und Krankenpflegerin ist klar, dass ihm nur noch wenige Stunden oder Tage zu leben bleiben werden. Er hat keine Angehörigen, die ihn besuchen könnten, liegt allein im Zimmer und die Pflegekräfte haben, so oft es ging, nach ihm gesehen. Eine Kommunikation mit ihm gestaltet sich schwierig, denn er ist bereits bewusstseinseingeschränkt, blickt starr vor sich hin und kann nicht mehr sprechen.

In dem Drei-Bett-Zimmer, in das der sterbende Patient verlegt werden soll, liegen schon zwei Patienten: ein gehfähiger älterer Mann sowie ein desorientierter Patient, der pausenlos unverständliche Worte laut vor sich hin spricht. Der diensthabende Arzt ist verärgert, als die junge Gesundheits- und Krankenpflegerin Bedenken äußert, den sterbenden Patienten in dieses Mehrbettzimmer zu verlegen, und besteht darauf, die Umschiebeaktion möge unverzüglich durchgeführt werden, damit der privat versicherte, vom Chefarzt zu behandelnde Patient das ihm versprochene Einzelzimmer erhalte.

Die Gesundheits- und Krankenpflegerin ist im Konflikt. Was soll sie tun?

7.3.3 Einstieg in die Reflexion

Nach der Fallschilderung werde ich zunächst den Konflikt betrachten, die möglicherweise aufkommenden Gefühle reflektieren und die auf dem Spiel stehenden Werte herausarbeiten. Danach sollen Handlungsalternativen entwickelt und die zwei Hauptalternativen mithilfe ethischer Argumentationsfiguren diskutiert werden. Die multiperspektivische Reflexion führt schließlich zu einer empfehlenden Schlussfolgerung.

7.3.3.1 Wie zeigt sich der Konflikt?

Die Gesundheits- und Krankenpflegerin war hin und her gerissen. Sie wusste nicht, wie sie handeln sollte. Gerne hätte sie sich mit den anderen Pflegefachkräften im Pflegeteam beraten, aber das ging nicht, weil sie gerade die einzige Fachkraft in der Schicht war. Wie so oft im Pflegealltag, bestand auch in dieser Situation ein Problemlösungs- und Handlungsdruck, der eine reflektierende Haltung erschwerte (vgl. Mäule 2011:43). Die Pflegefachkraft hatte wenig Zeit zum Überlegen, war sie doch als Schichtleitung für die Pflege aller Patienten der Station verantwortlich. Der Konflikt ließ sich nicht umgehen, sondern verlangte nach einer unmittelbaren Entscheidung.

Ihr war sehr unwohl bei dem Gedanken, den sterbenden Menschen in das andere Zimmer zu verlegen, aber sie wusste nicht genau, wie sie ihr Zögern dem Arzt gegenüber begründen konnte. Der Assistenzarzt fühlte sich dem Privatpatienten besonders verpflichtet, denn dieser würde unmittelbaren Kontakt mit dem Chefarzt haben. Außerdem stand der junge Arzt unter Druck, weil er im Bereitschaftsdienst für sehr viele Patienten zuständig war und ihm keine Zeit für lange Diskussionen blieb. Also versuchte er seinen Willen auf dem Weg einer Anordnung durchzusetzen.

7.3.3.2 Welche Gefühle kommen auf?

Gefühle sind ein wichtiges Sensorium für moralische Konflikte. Schmidt (2005:187) beschreibt, die Wahrnehmung von ethischen Konflikten sei oft mit einem Gefühl des Unwohlseins und der Erregung verbunden. »Ein ethischer Konflikt kann den Betroffenen buchstäblich auf den Magen schlagen und innere Unruhe auslösen. Den eigenen Körper hier als Seismografen wahr- und ernst zu nehmen, wenn im Stationsalltag ein Konflikt entstanden ist, verdient besondere Betonung, da gerade der Aspekt der Gefühle in der Ethik-Literatur wenig Berücksichtigung findet. Umso wichtiger erscheint es als einen ersten Schritt auf dem Weg zur ethischen Reflexion, diese Gefühle als Indikator für innere Konflikte wahrzunehmen, sie zu verbalisieren, die zugrunde liegenden ethischen Konflikte wahrzunehmen, zu benennen und Argumente für die Lösung zu entwickeln. Vom Gefühl zum Argument kann verkürzt diese Schrittfolge zusammengefasst werden.« (ebd.)

Im vorliegenden Fall erlebte die Gesundheits- und Krankenpflegerin ein starkes Gefühl der Überforderung. Sie berichtete später, sie habe sich vom Arzt bedrängt und in die Enge getrieben gefühlt. Da sie ihm rhetorisch unterlegen war, fühlte sie sich hilflos. Der Arzt äußerte sich nicht zu seinen Gefühlen, und die betroffenen Patienten wurden nicht befragt.

Viele der einigen hundert Fortbildungsteilnehmer, denen ich dieses Fallbeispiel vorlegte, identifizierten sich unmittelbar mit der Pflegefachkraft und reagierten spontan mit Zorn und Enttäuschung. Sie kritisierten die Machtfülle des Arztes und waren über seinen mit voller Selbstverständlichkeit erhobenen Anspruch auf Weisungsberechtigung verärgert. Nicht selten zeigten sich Trotz und leidenschaftlich vorgetragene Widerrede.

Andere Bildungsteilnehmer hingegen distanzierten sich von aller emotionalen Betroffenheit und diagnostizierten, so seien die Machtverhältnisse in vielen deutschen Krankenhäusern eben. Einige Diskutanten hoben auf die ungünstigen Rahmenbedingungen ab und sprachen die Pflegefachkraft aufgrund struktureller Widrigkeiten (z.B. unzumutbarer personeller Besetzung) von jeglicher persönlichen Verantwortung frei. Wieder andere forderten zunächst eine intensive krankenhausinterne Wertediskussion mit Entwicklung von Leitbildern und verbindlichen Standards für diese und ähnliche Situationen, bevor über die individuelle Verantwortung einzelner Pflegekräfte geurteilt werden könne.

7.3.3.3 Welche Werte stehen zur Diskussion?

Die Gesundheits- und Krankenpflegerin steht vor der grundsätzlichen Frage, ob sie der Aufforderung des Assistenzarztes Folge leisten und den sterbenden Patienten aus seinem Zimmer nehmen oder darauf bestehen soll, den neu aufzunehmenden Privatpatienten vorläufig in einem Mehrbettzimmer unterzubringen.

Je nachdem, wie sie im Konflikt mit dem Assistenzarzt handelt, wird sie die Verwirklichung bestimmter Werte unterstützen oder hemmen. Von Haltung und Handeln der Pflegefachkraft hängt wesentlich ab, welche Werte in dieser Situation gestärkt und welche Risiken bzw. Gefahren vermindert werden können.[138]

Welches sind nun im Fallbeispiel die wichtigsten zur Diskussion stehenden Werte? Gleichzeitig stellt sich die Frage: Welche Risiken/Gefahren sind möglichst abzuwenden bzw. abzumildern? Im günstigen Fall wird diese Einschätzung nicht von einer Einzelperson getroffen, sondern entsteht im Dialog der in der Situation Beteiligten bzw. ergibt sich in der Diskussion der im Nachhinein Reflektierenden.

Tabelle 2 führt die wichtigsten Werte bzw. Risiken/Gefahren im Fallbeispiel auf.

Tabelle 2: Werte und Risiken/Gefahren im Fallbeispiel.

Wichtige Werte sind:	Zu berücksichtigen sind folgende Risiken/Gefahren:
• Wohlbefinden und Zufriedenheit des sterbenden Patienten und des neu hinzukommenden Privatpatienten wie auch der zwei Patienten im Drei-Bett-Zimmer • Orientierung eines Menschen in seinem Sterbeprozess • Recht des bewusstseinsgetrübten Sterbenden auf Schutz und Fürsorge • legitimer Anspruch des Privatpatienten auf ein Einzelzimmer • Vertrauen des sterbenden Patienten zu seinen Betreuern • Ärztliche Autorität und Weisungsbefugnis • Pflegerische Autonomie und Identität • Sicherheit und Kontinuität • Finanzielle Vorteile des Krankenhauses bei Behandlung von privat versicherten Patienten • Stärkung des guten Rufes des Krankenhauses • Ordnung, soziale Stabilität • Chancen für soziale und organisationelle Veränderungen in einem lernenden Unternehmen	• Angst und Vertrauensverlust des sterbenden Patienten wie auch des Privatpatienten sowie der zwei Patienten im anderen Zimmer • Desorientierung im Sterben • Kontrollverlust im Sterben • Ohnmacht (Machtlosigkeit) eines bewusstseinsgetrübten Menschen im Sterbeprozess • Abhängigkeit der Patienten von der Fürsorge des Fachpersonals • Soziale Ungleichheit, selbst noch im Sterben • Instabilität der sozialen Ordnung, z.B. der Hierarchie im Krankenhaus • mögliche negative Auswirkungen auf die Unternehmenskultur • drohende Beschwerde des Privatpatienten oder der zwei Patienten, die bereits im Drei-Bett-Zimmer sind • Imageschaden • Einnahmeverluste

138 Eine Anmerkung zur Vertiefung: Ginge man zur ethischen Entscheidungsfindung nach dem Modell Gillens vor (Gillen 1999:21f; vgl. Kap. 7.2.2.1), so ließen sich im Fallbeispiel folgende sittliche (moralische) Güter identifizieren: Gehorsam, Mut, Zivilcourage, Prinzipientreue, Standfestigkeit, Solidarität mit Sterbenden, Fürsorge/Benefizienz, der Wunsch, nicht zu schaden (Nonmalefizienz), vertrauensförderndes Handeln, Fairness, Respekt vor dem Leben, Ehrfurcht vor dem Sterben, Rücksichtnahme, Sterbebegleitung, Empathie, Versprechen halten.Sittliche (moralische) Übel könnten in unserem Fallbeispiel u.a. folgende Haltungen und Handlungen sein: Primat der Heilung im Krankenhaus, Verdrängung des Todes, Bevorzugung von (gesünderen) Privatpatienten, traditionelle ärztliche Weisungsgewohnheit und pflegerische Dienstbarkeitseinstellung auch in nicht-medizinischen Fragen, Entsolidarisierung und Machtkampf zwischen Medizin und Pflege auf Kosten der Patienten, Versprechen nicht einhalten.

Die wichtigsten Werte scheinen nach dem ersten Eindruck das »Wohlbefinden des sterbenden Patienten« und die »Orientierung eines Menschen in seinem Sterbeprozess« zu sein. »Angst und Vertrauensverlust des sterbenden Patienten« sowie »Desorientierung im Sterben« erscheinen als besonders schwer wiegende Risiken/Gefahren. Wäre nicht die in den meisten Krankenhäusern insgeheim oder offen vertretene Norm, Privatpatienten bevorzugt zu behandeln, gegenüber der Norm, Sterbenden ein Bleiberecht in ihrem bisherigen Zimmer zu gewähren, zu relativieren?

Der Einstieg in die Reflexion begann mit der Frage, wie sich der Konflikt zeigt. Die aufkommenden Gefühle wahrzunehmen und nach den im Fallbeispiel verborgenen Werten zu fragen, waren weitere wichtige Schritte im Gang der ethischen Entscheidungsfindung.

Gemäß dem Modell der multiperspektivischen ethischen Entscheidungsfindung folgt nun die Suche nach Handlungsmöglichkeiten. Wir fragen an dieser Stelle des Entscheidungsganges: Welche Lösungsmöglichkeiten wären im Fallbeispiel vorstellbar?

7.3.4 Handlungsalternativen im Fallbeispiel

Über die in einem bestimmten Fall auf dem Spiel stehenden Werte zu sprechen, ist nicht möglich, ohne zumindest erste grundsätzliche Handlungsvarianten vor Augen zu haben. Wichtig ist aber in dem darauf folgenden Schritt, nicht allein die offenkundig naheliegenden Handlungsalternativen zu betrachten, sondern den Blick zu weiten und sich auf die Suche nach ungewöhnlichen Lösungsmöglichkeiten zu machen. Von Paul Achleitner ist der Satz überliefert, jede Medaille habe drei Seiten, man müsse eben auch die Kante mitzählen (Hesse, Pauli 2011, o. S.). Ebenso lassen sich in Problemsituationen bei intensiverem Nachdenken und Beraten nicht selten weitere denkbare Handlungsalternativen herausarbeiten. Selbst wenn sie letztlich verworfen werden, können unterschiedliche Handlungsmöglichkeiten den Prozess der Entscheidungsfindung positiv beeinflussen.

Wie bereits erwähnt, sehe ich zwei grundsätzliche Handlungsalternativen für die betroffene Gesundheits- und Krankenpflegerin:

A: Sie befolgt die Weisung des Arztes und schiebt den bewusstseinsgetrübten Sterbenden in das Mehrbettzimmer, um dem Privatpatienten die Unterkunft in einem Einzelzimmer zu ermöglichen.

B: Die Gesundheits- und Krankenpflegerin befolgt die Weisung des Arztes nicht, sondern belässt den Sterbenden in seinem vertrauten Krankenzimmer.

Neben den zwei Hauptlösungsmöglichkeiten existieren im Fallbeispiel noch einige Handlungsvarianten, die ebenfalls zu nennen sind:

- Die Gesundheits- und Krankenpflegerin trifft die Entscheidung nicht selbst, sondern weicht dem Konflikt aus, indem sie trotz abendlicher Stunde die Stationsleitung zu Hause anruft oder den Arzt an die Pflegedienstleitung verweist.

- Sie sucht bei anderen Gesundheits- und Krankenpflegerinnen von der Nachbarstation Hilfe, in der festen Absicht, diese entscheiden zu lassen.
- Die Gesundheits- und Krankenpflegerin versucht, Zeit zu gewinnen und die dringend anstehende Entscheidung zu verdrängen, z.B. indem sie sich anderen Patienten zuwendet und abwartet, was der Assistenzarzt selbst in dieser Angelegenheit unternehmen wird, bis dieser schließlich mit dem Privatpatienten auf dem Stationsflur steht. Vielleicht könnte sie dann selbst mit dem neu aufzunehmenden Patienten sprechen, die Situation schildern, ihm für die kommenden Tage ein Einzelzimmer in Aussicht stellen und auf seine Einsicht setzen.
- Sie weigert sich, tätig zu werden und fordert den Arzt auf, den sterbenden Patienten selbst aus dem Zimmer zu fahren, in der Hoffnung, er werde es nicht tun. Für den Fall, dass er es dennoch tun würde, könnte sie versuchen, ihr Gewissen damit zu beruhigen, dass sie an der »verwerflichen« Handlung nicht selbst beteiligt gewesen sei.
- Die Gesundheits- und Krankenpflegerin stellt sich stur und befolgt die Anweisung des Assistenzarztes nur dann, wenn auch der diensthabende Oberarzt die Anordnung zum »Umschieben« gibt.

Die verschiedenen Handlungsmöglichkeiten stecken das Feld ab, innerhalb dessen eine überschaubare Anzahl von Hauptalternativen zu identifizieren sind. Im vorliegenden Fallbeispiel bestehen die Hauptalternativen in »Befolgen« und »Nicht-Befolgen« der ärztlichen Weisung. Die nun folgende ethische Argumentationsführung konzentriert sich aus didaktischen Gründen auf diese zwei grundsätzlichen Handlungsmöglichkeiten.

7.3.5 Ethische Beurteilung

Ethik ist nichts Geheimnisvolles, sondern befasst sich nachvollziehbar und kommunikabel mit moralischen Fragen. Nach dem **Modell der multiperspektivischen ethischen Entscheidungsfindung** helfen sechs Argumentationsfiguren bei der ethischen Urteilsbildung:

1. Menschenbild
2. Konsequenzen
3. formale ethische Prinzipien
4. materiale bereichsethische Prinzipien
5. bereichsethische Regeln
6. Besonderheiten der Situation

Trotz ihrer Herkunft aus unterschiedlichen ethischen Theorien und ihrer Orientierung an unterschiedlichen Prinzipien schließen sich die Argumentationsfiguren nicht gegenseitig aus; sie ergänzen einander und sollten im Ganzen betrachtet werden, wenn sie zur ethischen Entscheidungsfindung kombiniert werden.

Untersuchen wir nun das Fallbeispiel mithilfe der sechs Argumentationsfiguren.

7.3.5.1 Menschenbild

Das Menschenbild ist nach Sporken der Ort, wo Weltanschauung und Ethik einander begegnen. »Jede Weltanschauung bzw. jede Religion enthält ein bestimmtes Bild von Gott und vom Menschen und wird von diesem Menschenbild her die Ethik beeinflussen.« (Sporken 1989:716)

»**Ausschlaggebend** für eine ethische Reflexion, bei der es um das Wohl des Menschen geht, ist letztlich das **jeweils vorhandene Menschenbild.**« (Die ethische Verantwortung der Pflegeberufe 1998:11) Wenn im ethischen Diskurs mit einem Menschenbild argumentiert wird, stehen anthropologische Grundüberzeugungen im Zentrum der Überlegungen. »Das Menschenbild macht Aussagen über das Wesen (die Definition) des Menschen und den Sinn seines Lebens, über seine Beziehungen zu Mitmenschen, zur Welt und zur Transzendenz.« (Grauhan 1994:23)

Aussagen von Menschenbildern tragen oft eher den Charakter von Wunschbildern denn von empirischen Forschungsbefunden: »Menschenbilder sind Entwürfe, die den ›möglichen‹ Menschen denken, manchmal utopisch, also denkbar, aber noch nicht realistisch« (Geißner 2000b:7).

Wie entwickeln sich Vorstellungen über das Wesen des Menschen und zur Frage, wie er zur Welt steht? Hofmann zählt mögliche Einfluss- und Entstehungsfaktoren auf: »Bilder von Mensch und Welt entstehen sehr individuell – insbesondere in offenen Gesellschaften. Beeinflusst werden sie unter anderem von Familie und Erziehung, der Schule, der persönlichen Lebensgestaltung, der äußeren Umgebung, vom jeweiligen Politik- und Wirtschaftssystem und nicht zuletzt von religiösen Wertvorstellungen. Menschen und Weltbilder sind Teil der Persönlichkeit eines Menschen, ihre Entwicklung ist im Wesentlichen mit der Adoleszenz abgeschlossen und sie prägen eine Berufswahl entscheidend mit« (Hofmann 2001b:179).

Menschenbilder lassen sich auf vielfältige Art und Weise kategorisieren. Hofmann (ebd.) erwähnt zwei Einteilungen: Einmal können Menschenbilder über ihre positive oder negative Einschätzung des menschlichen Wesens unterschieden werden (optimistisches vs. pessimistisches Menschenbild).[139] In einer weiteren Perspektive sind fünf Grundorientierungen differenzierbar: »Der Mensch als **biologisches** (triebgebundenes), **soziales** (solidarisch handelndes, Kultur schaffendes), **religiöses** (Abbild Gottes), **personales** (sich selbst verwirklichendes) oder **rationales** (sich der Vernunft verpflichtendes) Wesen.« (Hofmann 2001b:179)

Weil Menschenbilder eng mit der soziokulturellen Verankerung und der individuellen Persönlichkeit von Menschen verknüpft sind, spornen sie nicht selten zu leidenschaftlich geführten Diskussionen an. Meinungen werden dann mit großem persön-

---

[139] Anmerkung R. L.: Diese grundsätzliche Einschätzung spielt im Umgang mit Menschen eine entscheidende Rolle. Sie hat beträchtliche ethische Implikationen – legt sie doch im Sinne einer selbsterfüllenden Prophezeiung den möglichen Entwicklungsrahmen von Menschen von vornherein mit fest. Wichtig ist dieser Gedanke für alle Handlungsfelder der Disziplin Pflege: Pflegepraxis, Pflegepädagogik, Pflegewissenschaft und Pflegemanagement (vgl. McGregor 1986; Lay, Ziemer 1999).

lichen Engagement vorgetragen, Argumentationen klingen sehr überzeugt und häufig auch dogmatisch.

Menschenbilder und die persönliche Auffassung

Bei Menschenbildern geht es um existentielle Grundfragen, um die persönlichen Auffassungen dessen, der sich in Diskussionen auf sie beruft: »Jede Ethik setzt eine bestimmte Weltanschauung und damit ein eigenständiges Bild vom Menschen voraus« (Städtler-Mach 2001:8) und immer »... gibt bereits die Skizze eines Menschenbildes Auskunft über den Menschen, der diese Skizze zeichnet.« (Frese 2000:76)

Über individuelle Auffassungen hinaus verweisen Menschenbilder auf die jeweilige Weltanschauung, in die sie eingebettet sind und von der sie ihre Argumente beziehen. Die wichtigsten Weltbilder entstammen in unserer Kultur überwiegend folgenden vier Strömungen: Materialismus, Biologismus, christlicher Glaube und Humanismus. Dementsprechend scheinen mir im europäischen Raum vier unterschiedliche Vorstellungen vom Menschen von zentraler Bedeutung zu sein. Weil sie im alltäglichen Denken meist nicht deutlich voneinander getrennt werden, stelle ich sie nachfolgend idealtypisch isoliert dar. Es handelt sich um folgende vier Menschenbilder:

1. **Materialistisches Menschenbild**
2. **Biologistisches Menschenbild**
3. **Christliches Menschenbild**
4. **Humanistisches Menschenbild**

Wie lauten die wesentlichen Aussagen dieser Menschenbilder und welchen Beitrag können sie zur Frage im Fallbeispiel leisten, ob ein moribunder Patient in seinem ursprünglichen Zimmer verbleiben darf? Ich werde die Grundaussagen der vier Menschenbilder skizzieren und daraus wahrscheinliche Antworten auf die ethische Frage entwickeln.[140]

7.3.5.1.1 Materialistisches Menschenbild

Der Materialismus (von lat. materia: Stoff) versteht als Theorie alles Wirkliche stofflich-quantitativ und von stofflichen Prozessen wirkursächlich ableitbar (Höffe 1997:183). Die Grundthese lautet: Alles ist materiell begründet, selbst der Geist ist eine sublime Form von Materie (vgl. Pieper 2000:275ff). Menschen sind nach dieser Vorstellung Maschinen, die nach mechanischen Gesetzen funktionieren: Alles menschliche Fühlen, Denken und Handeln ist physiologisch bestimmt, der Mensch ist im Grunde unfrei, von seinem Egoismus, seinem Interesse an Selbsterhaltung getrieben.

---

[140] Baum (1996:153ff) zufolge beginnt auch in der Sozialen Arbeit der Prozess ethischer Entscheidungsfindung mit einer Reflexion der jeweils vertretenen Weltanschauung.

Materialistisch ausgerichtete Menschen sehen in einem sterbenden Menschen nur ein stoffliches Objekt. »Der materialistische Ansatz sieht den Menschen ausschließlich als ein biologisches Wesen, das nicht von Natur aus eine bevorzugte Würde besitzt. Ob einem Menschen eine Würde anerkannt wird, hängt nicht ab von seinem Geschaffensein durch Gott oder von besonderen Eigenschaften und Fähigkeiten, die ihn von anderen Lebewesen unterscheiden, sondern davon, wie die Gesellschaft oder die Menschen in der unmittelbaren Lebenswelt darüber befinden. Ausschlaggebend ist dabei in der Regel die Einschätzung seiner geistigen Fähigkeiten und seiner Nützlichkeit und Produktivität.« (Die ethische Verantwortung der Pflegeberufe 1998:12)

Der sterbende Patient im Fallbeispiel kann keinen produktiven Beitrag für die Gesellschaft mehr leisten und müsste gegenüber dem weniger kranken Patienten, der voraussichtlich wieder in seine gesellschaftlichen Funktionen zurückkehren wird, zurückstehen. Der Sterbende würde also in das Mehrbettzimmer verlegt.

7.3.5.1.2 Biologistisches Menschenbild

Ein biologistisches Menschenbild stellt den Menschen als physisch-biologisches Wesen in den Vordergrund. Dieses Menschenbild ist für die Gesellschaft von großer Bedeutung, wenn etwa im Rahmen einer Bioethik über biotechnologische und biomedizinische Verfahren diskutiert wird (vgl. Grauhan 1994:26).

Bei Zugrundelegen eines naturwissenschaftlich-biologistischen (szientistischen) Menschenbildes würde im Fallbeispiel dem »vitaleren« Privatpatienten der Vorzug gegeben. Seine Erkrankung ist behandelbar, höchstwahrscheinlich sogar in kurzer Zeit heilbar. Ärzte mit biologistischer Orientierung neigen dazu, den Tod als Feind zu bekämpfen und das Sterben ihrer Patienten als eine Niederlage, als ein Versagen ärztlicher Heilkunst einzuordnen. Der sterbende Patient würde nach der biologistischen Doktrin wohl aus der Gemeinschaft der behandelbaren Kranken ausgeschlossen und in das vom Assistenzarzt gewünschte Zimmer (ab)geschoben.

7.3.5.1.3 Christliches Menschenbild

»Im Verständnis einer christlich ausgerichteten Ethik orientiert sich ethisch verantwortliches Handeln am christlichen Menschenbild, das den Menschen in der Ganzheit seiner körperlichen, seelischen, sozialen und geistlichen Bedürfnisse wahrnimmt und ihn als von Gott erschaffene und geliebte, eigenständige Person mit ihrer je eigenen Würde anerkennt. Anteilnahme und helfende Begleitung für Menschen in den Krisensituationen akuter oder chronischer Krankheit sowie am Ende ihres Lebens sind dabei selbstverständlich. Jede pflegerische Tätigkeit hat sich dabei an dieser grundlegenden, von Gott geschenkten Würde zu orientieren und sich für ihre Bewahrung einzusetzen.« (Lindner 1999:55)

Ein wichtiger Wert im christlichen Welt- und Menschenbild ist die Hochachtung des einzelnen individuellen Lebens (Amelung 1992:72). »Das biblische Menschenbild hält fest, daß jeder Mensch von Gott geschaffen, von ihm gewollt, einmalig und unverwechselbar ist. Von Gott her ist jeder Mensch mit Würde ausgestattet: Gott erschuf den

Menschen als Gottes Ebenbild, als Gegenüber für Gott.« (Schlecht 1999:132) Es gibt nach dieser Überzeugung in einer christlichen Ethik keine Unterscheidung zwischen Mensch-Sein und Person-Sein, wie sie beispielsweise in der neueren utilitaristischen Diskussion um das Lebensrecht ungeborener oder so genannter dementer Menschen konstruiert wird (Frese 2000:33).

Aus der Bibel, insbesondere den Evangelien, lässt sich deutlich eine »Option für die Schwachen« herleiten (Frese 2000:36). Ihnen gilt aus christlicher Sicht die besondere Fürsorge eines anteilnehmenden Gottes, woraus sich theologisch die Aufforderung ableiten lässt, sich dieser Anteilnahme tätig anzuschließen. »Die Sensibilisierung für den anderen, die Aufforderung, Verantwortung für das Wohl des anderen zu übernehmen, noch mehr aber die Parteinahme für das geschwächte oder beschädigte Leben sind zentrale Themen des christlichen Auftrags der Nächstenliebe.« (Bobbert 2002:17)

Nach christlichem Verständnis ist ein Mensch auch im Sterben von Gott geliebt und angesprochen. Glaube hat viel mit Geborgenheit und Vertrauen zu tun, und diese können durch Angst und räumliche Desorientierung eingeschränkt werden.

Menschen, die von einem christlichen Welt- und Menschenbild ausgehen, würden die Orientierungsversuche sterbender Menschen als heilvoll und wichtig unterstützen und daher im geschilderten Fall wohl eher dafür plädieren, den sterbenden Patienten in seiner letzten irdischen Umgebung zu belassen.

7.3.5.1.4 Humanistisches Menschenbild

Aus humanistischer Perspektive ist der Mensch ein vernunftbegabtes Wesen, dessen Verhalten ungemein rational ist und sich in subtiler und geordneter Komplexität auf die Ziele zubewegt, die sein Organismus zu erreichen bemüht ist (Rogers 1994:194). Menschen sind nach humanistischer Auffassung von Grund auf bzw. überwiegend »gut«: »Die Grundnatur des frei sich vollziehenden menschlichen Seins ist konstruktiv und vertrauenswürdig« (S. 193).

Das humanistische Menschenbild betont den Wert individuellen Lebens. »Im Mittelpunkt einer humanistischen Ethik steht der einzelne Mensch. Von ihm aus wird gedacht und von ihm her werden die menschlichen Verhältnisse gestaltet ... Kein Mensch soll höher als ein anderer geachtet werden, nur aus dem Grund, weil er einem bestimmten Kollektiv angehört; er soll geachtet werden, weil er Mensch ist.« (Amelung 1992:73) Im humanistischen Menschenbild besitzt jeder Mensch allein über die Tatsache seiner menschlichen Existenz Würde und unantastbaren Wert (Faller-Möller 1999:150). Als einzigartiger Mensch hat und strebt er nach Autonomie, Wachstum, Selbstverwirklichung, Gesundheit, Identität, Unabhängigkeit und Freiheit. Diese Annahmen beziehen sich ausnahmslos auf alle Menschen und werden niemandem während seines ganzen Lebens und Sterbens abgesprochen (S. 151).

Aus Sicht eines humanistischen Menschenbildes ist die Solidarität mit sterbenden Mitmenschen eine wichtige menschliche Pflicht. Weil alle Menschen aufgrund ihrer Existenz eine unverbrüchliche Würde besitzen, würde im Fallbeispiel die Tatsache, dass das Krankenhaus aus der Behandlung des Privatpatienten größere finanzielle

Vorteile zieht, nicht ins Gewicht fallen. »Institutionen der Gesundheitsversorgung haben verschiedene Ziele: ethische, wirtschaftliche und politische. Das ethische Ziel, das Handeln im Krankenhaus am Interesse und Wohlergehen der Patienten auszurichten, muss jedoch Vorrang vor wirtschaftlichen Zielen haben; es ist gewissermaßen der Grund für die Daseinsberechtigung der Institution überhaupt.« (Rabe 2009a:293)

Humanisten würden im Fallbeispiel allen Beteiligten denselben Wert zuerkennen. Alle Menschen sind aus humanistischer Perspektive schutzwürdig. »**Ethik** ist Ausdruck der Achtung des Menschen vor dem Menschen. Sie zeigt sich konkret darin, wie respektvoll Menschen miteinander umgehen und welchen Schutz sie einander zukommen lassen.« (Schnell, Heinritz 2006:17) Da im Humanismus die individuellen Rechte aller Menschen betont werden und der Schutz Schwächerer weniger stark verankert ist als im christlichen Glauben, fiele im Fallbeispiel gegenüber dem Wohlergehen des Sterbenden auch das gefährdete Wohlbefinden des kranken Privatversicherten deutlicher ins Gewicht.

Eine humane Sterbebegleitung als Schutz und stellvertretende Fürsorge würde wohl dennoch das Verlegen des orientierungseingeschränkten Sterbenden in eine ihm unbekannte Umgebung zu vermeiden versuchen.

Exkurs: Ein wesentlicher Unterschied zwischen christlichem und humanistischem Menschenbild

Kreitzscheck (2009:81) merkt im Vergleich zum christlichen Menschenbild an, die christliche Seelsorge unterscheide sich von den therapeutischen Ausprägungen der Psychologie (z. B. der Gesprächspsychotherapie nach Carl Rogers) darin, dass sie deren Optimismus in Bezug auf die Entwicklungsmöglichkeiten und die Fortschritte des Menschen nur bedingt teile. Sie schreibt (ebd.): »Theologisch ausgedrückt bleibt auch der Mensch, der entscheidende Entwicklungsschritte gemacht hat und eine immer reifere Persönlichkeit wird, ein sündiger Mensch. Darunter ist weder der ›Parksünder‹ noch die ›Kaloriensünderin‹ zu verstehen, überhaupt keine einzelne Verfehlung, sondern die Tatsache, dass ein Mensch immer hinter seiner vollen Menschlichkeit zurückbleibt. Er bleibt angewiesen auf Erbarmen und Zuwendung und ist damit ein in vielerlei Hinsicht defizitäres Wesen – auf jeden Fall ein bedürftiges Wesen.«

Osterhus und Dondalski (1999:191) behaupten, Pflege benötige humanistische Werte zur Orientierung für ihr Handeln. Als Beispiele nennen sie u. a. die Achtung vor dem Leben sowie die Grundrechte. Bei genauer Betrachtung lassen sich jedoch alle humanistischen Werte bereits im christlichen Welt- und Menschenbild finden.

Der wesentliche Unterschied zwischen christlichem und humanistischem Menschenbild besteht allerdings darin, dass aus christlicher Sicht alle Menschen ein Leben lang auf die liebevolle Zuwendung Gottes und seine großzügige Vergebungsbereitschaft angewiesen sind. Christen haben das herzliche Vertrauen zu Gott, dass ihnen durch das persönliche Opfer, das Christus stellvertretend für sie gebracht hat, vergeben wird. Sie bauen darauf, dass sie in der Beziehung zu Gott als ihrem fürsorgenden Vater die nötige Kraft gewinnen können, um ihr Leben verantwortlich und konstruktiv zu gestalten.

Diese Überzeugung ist der Kern christlichen Glaubens. Humanisten dagegen halten göttliche Vergebung nicht für erforderlich, sondern glauben die Energie für ein moralisches Leben aus eigener Anstrengung erbringen zu können (und zu müssen).

Wie im geschilderten Fall tragen Pflegende in problematischen Situationen Menschenbilder in sich oder werden mit ihnen konflikthaft konfrontiert, was i. d. R. unbewusst geschieht und zu etlichen Problemen im Berufsalltag führen kann (Großklaus-Seidel 2002:17). Menschenbilder formen Haltungen und beeinflussen Entscheidungen auf einer grundlegenden Ebene.

Ein Vergleich der vier genannten einflussreichsten Menschenbilder im europäischen Raum zeigt, dass ihre Anwendung im Fallbeispiel zu unterschiedlichen Lösungen des ethischen Konflikts führen würde:

Gemäß dem materialistischen und dem biologistischen Menschenbild wäre der organisch gesündere Privatpatient bevorzugt zu behandeln, wohingegen aus christlicher Sicht eher das Wohl des sterbenden Patienten Vorrang hätte. Vom humanistischen Menschenbild geprägte Diskutanten würden sich wahrscheinlich ebenfalls für die (vermuteten) Interessen des sterbenden Menschen aussprechen.

7.3.5.2 Konsequenzen

Wer mit der Erfahrung aus früheren Situationen, mit Fallbeispielen oder Analogien argumentiert, hat die wahrscheinlichen Folgen einer Handlung im Blick. Er kalkuliert in erster Linie die Konsequenzen und künftigen Ergebnisse moralischer Entscheidungen ein und spricht sich deshalb für oder gegen eine bestimmte Lösung eines ethischen Problems aus.

Hauptvertreter dieser philosophischen Tradition ist John Stuart Mill (1806–1873), der die Ideen Jeremy Benthams (1748–1832) weiterentwickelte. Handlungen werden nach dieser Denkrichtung nicht nach den ihnen zugrunde liegenden Absichten beurteilt, sondern von den erwarteten Resultaten her betrachtet. Der Wert von Handlungen wird »… ausschließlich von den positiven oder negativen Konsequenzen her bestimmt« (Arndt 1996a:33). Dieses Prinzip nennt man teleologischen Ansatz (von griech. télos: Ende, Zweck, Ziel; lógos: Wort, Lehre, Kunde) oder Konsequentialismus.

Die Grundaussage der Teleologie ist die Forderung, so zu handeln, dass möglichst positive Auswirkungen für einzelne (Hedonismus) und v. a. für die Gesellschaft (Utilitarismus) entstehen. Während Hedonisten (von griech. hēdonē: Vergnügen, Lust, Begierde, Freude) den persönlichen Lustgewinn propagieren, argumentieren Utilitaristen (von lat. utilis: nützlich) auf der Ebene der möglichen Folgen und des wahrscheinlichen Nutzens einer Entscheidung für eine Anzahl von Menschen und lassen keine anderen ethischen Kriterien zu (Nützlichkeitsprinzip; utility-principle). Das höchste Anliegen des Utilitarismus besteht nicht etwa im Letztprinzip der Förderung von Freiheit, Menschenwürde oder der Ehrfurcht vor dem Leben, sondern im größtmöglichen Glück der größtmöglichen Zahl von Menschen (greatest-happiness-principle: »greatest pleasure for the greatest number«; vgl. Tschudin 1988:39; Ferber 1999:185). Handlungen sind dann moralisch, wenn sie für die Gemeinschaft der Betroffenen ein Höchstmaß an Glück und ein Minimum an negativen Konsequenzen hervorrufen.[141]

Richardson und Webber führen ein hypothetisches Beispiel an, wie utilitaristische Prinzipien in der Kinderheilkunde angewendet werden könnten: »Nehmen wir an, es gäbe ein Gesetz zur Durchsetzung einer hundertprozentigen Masernimmunisierung. Obwohl es wahrscheinlich ist, dass der Impfstoff bei einigen Kindern Nebenwirkungen hervorrufen wird, … könnte man sagen, dass der allgemeine Nutzen für die Gesellschaft, d. h. die wahrscheinliche Ausrottung der Masern, den an wenigen Individuen und ihren Familien angerichteten Schaden wettmacht« (Richardson, Webber 1998:13f).

Das Glück Vieler wiegt nach utilitaristischen Erwägungen schwerer als das Leid Weniger; der Nutzen für die Allgemeinheit ist wichtiger als der Schutz von Minderheiten. Darin liegt nach Ansicht von Kritikern eine der Schwachstellen dieser ethischen Theorie: »Betrachten Sie zum Beispiel, was in totalitären Staaten alles ›zum Nutzen der Allgemeinheit‹ geschieht. Solange die letzte Norm nur der allgemeine Nutzen ist, welche Garantie gibt es dann für die Rechte von Minderheiten? Rechtfertigt das Ziel überhaupt die Mittel? Warum sollten Dissidenten nicht unterdrückt werden?« (Holmes 1987:42)

Holmes gibt darüber hinaus zu bedenken: Der Utilitarist will »… eine bestimmte Art von Folgen maximieren, nämlich die guten und nicht die schlechten Folgen. Aber die Entscheidung, welche Folgen als gut anzusehen sind, ist selber ein nicht an den Folgen orientiertes Urteil« (S. 39). An dieser Stelle wird deutlich, dass auch der Utilitarismus nicht ohne eine Güterhierarchie auskommt. Diese muss von den verschiedenen Menschenbildern bereitgestellt werden. Teleologische Argumentationen allein reichen demzufolge nicht aus.

Überdies sind bei der Abschätzung der wahrscheinlichen Folgen einer Handlung nicht nur unmittelbare, sondern auch Spätfolgen einzukalkulieren, nicht nur Haupt-, sondern auch Nebenwirkungen. Wie Dietrich Dörner in seinem ausgezeichneten Buch »Die Logik des Mißlingens. Strategisches Denken in komplexen Situationen« (1992) herausarbeitet, ist eine realistische Prognose der Folgen menschlicher Handlungen in komplexen Entscheidungssituationen eine hohe und sehr schwierig zu erlernende Kunst.

[141] Beim Utilitarismus wird der Handlungsutilitarismus vom Regelutilitarismus unterschieden. Während der Handlungsutilitarismus jede einzelne Handlung auf ihre potientiellen Folgen untersucht und sie daraufhin bewertet, geraten beim Regelutilitarismus nicht die einzelnen Handlungen in den Blick, sondern die Regeln und sonstigen Normen, die für die Handlungen gelten sollen und mit hoher Wahrscheinlichkeit zu bestimmten Konsequenzen führen. »Der Regel-Utilitarismus ist heute eine besonders prominente Theorie einer praxiszugewandten und adressatenorientierten pragmatischen Ethik.« (Lenk 1997:7) Er hat unverkennbare Nähe zu einer Normenethik, die die Befolgung von festgelegten inhaltlich-materialen Prinzipien fordert.

Von Manz (1992a:62) bezeichnet den konsequentialistischen Ansatz als »letztlich rein subjektivistisch« und warnt: »Da wir nicht allwissend und allmächtig sind, können wir das Ergebnis einer Handlung nie völlig vorausplanen – es wird immer auch von Zufällen und Faktoren, die wir nicht bestimmen können, mitbeeinflußt sein. Und selbst wenn wir es könnten, ist es doch immer die je eigene Auffassung vom Ziel (z. B. Wohlergehen), die uns leitet. Jeder hat seine eigene Glücksvorstellung …« Wem sollte die Kompetenz zugesprochen werden, zu entscheiden, was Glück oder Unglück (vgl. die Unterscheidung zwischen Gütern und Übeln) sei bzw. welches Glück oder Unglück, welche Lust oder Unlust, welche Freude, welches Leid größer oder kleiner sei als ein anderes?

Was könnte im Fallbeispiel das größtmögliche Glück der Beteiligten bedeuten? Ist es das Gefühl des Arztes, in seiner Autorität bestätigt zu werden? Ist das größtmögliche Glück der gewohnte Komfort eines Einzelzimmers für den Privatpatienten, der vielleicht von seiner Biografie her eine bevorzugte Behandlung erwartet und dessen Zufriedenheit zählt? Ist es der vermeintliche Triumph der Gesundheits- und Krankenpflegerin, die sich der Weisung eines Arztes widersetzt? Hat die Zufriedenheit der zwei Patienten im anderen Zimmer Vorrang, wenn ihnen die unmittelbare Konfrontation mit einem fremden Sterbenden erspart bleibt? Oder ist das größtmögliche Glück in der gegebenen Situation – wie ich meine – das erhaltene Wohlbefinden bzw. die Geborgenheit eines Menschen, der sich in einer existentiellen Lebenssituation, dem Sterben, zu orientieren versucht? Ärzte und Gesundheits- und Krankenpflegerinnen mögen unterschiedliche persönliche und berufliche Erfahrungen gemacht haben, die zu entgegengesetzten Einschätzungen der Konsequenzen von Handlungen führen können.[142]

Wenn Erfahrung als ethische Argumentationsfigur dergestalt genutzt wird, dass sie in Form eines vergleichenden Vorgehens bei der Beurteilung ethischer Fragestellungen in einer Kasuistik, einem Kanon von Fallsammlungen, mündet, besteht die Gefahr darin, dass sich »Schablonen« (Loewy 1995:30) für unterschiedliche Fallkonstellationen mit den dazugehörigen Lösungsmustern herausbilden. Das könnte »… dazu führen, daß man durch dieses schematische Anwenden von Verhaltenskriterien immer wieder dieselben Fehler begeht« (ebd.). Möglicherweise gerät überdies die notwendige kritische Haltung gegenüber etablierten ethischen Auffassungen aus dem Blick. »Wer ein Handeln oder Geschehen als Fall eines moralischen Problems beschreibt und beurteilt, tut dies in der Perspektive bestimmter moralischer Normen und unstrittiger Paradigmen der jeweils herrschenden Moral.« (Rehbock 2005a:207)

Erfahrung und Nützlichkeitserwägungen sind wichtige Gesichtspunkte in der ethischen Diskussion, müssen aber durch weitere Argumentationsfiguren ergänzt werden, zumal im Nutzenkalkül nicht hinreichend zwischen pragmatisch richtig und mora-

[142] Hier wäre auch nach dem (Selbst-)Verständnis der Disziplin Pflege zu fragen: Was sind die nützlichen Folgen von Pflege? Welche Auswirkungen von Pflege sind nützlich, welche schädlich? Welche Wirkungen von Pflege sind anzustreben? (vgl. Kap. 6)

lisch gut unterschieden wird. »Nicht alles, was nützt, ist eo ipso [aus sich heraus, automatisch, selbstverständlich; R. L.] moralisch, und nicht alles, was moralisch ist, ist eo ipso nützlich. Die Folgen einer Handlung sind zweifellos in ethische Überlegungen miteinzubeziehen, aber das Nutzenprinzip kann allein nicht als Moralkriterium fungieren.« (Pieper 2000:275)

7.3.5.3 Formale ethische Prinzipien

Menschen, die in ethischen Fragen mit der Pflicht argumentieren, vertreten einen deontischen bzw. deontologischen Ansatz (griech. déon: das Erforderliche, das Gesollte, das Verpflichtende, die Pflicht, das, was sein muss; lógos: Wort, Lehre, Kunde). Sie bestimmen den Wert einer Handlung nicht nach ihren Resultaten, sondern schreiben Handlungen an sich einen Wert zu.

Entscheidendes Kriterium für die moralische Qualität einer Handlung ist die Gesinnung, aus der sie entspringt. Handlungen gelten als moralisch, wenn ihnen ein guter Wille zugrunde liegt und wenn sie sich an als gut erkannten Prinzipien orientieren. Die deontische Ethik tritt deshalb auch überwiegend als Gesinnungsethik auf.

Worauf gründet sich die Pflicht, d. h. die Forderung, etwas Bestimmtes zu sollen? Eine religiöse Gebotsethik ist deontologisch, aber auch bei der Kantischen Pflichtenethik handelt es sich um eine deontologische Ethik (Körtner 2012:19). Nach Immanuel Kant (1724–1804), dem bekanntesten Vertreter der Deontologie, leitet sich die Pflicht nicht aus göttlicher Offenbarung, Intuition oder evidenter Erkenntnis ab, sondern macht sich an genau zu beschreibenden Prinzipien fest. Diese Prinzipien oder Gesetze sind insofern moralisch bindende Normen, als sie sich ein freier vernünftiger Wille selbst gegeben hat, um sowohl die eigene wie auch die freie Selbstbestimmung anderer zu fördern.

»Ein Handeln nach Regeln (›Maximen‹), die man sich selbst durch seinen eigenen freien Willen setzt, ist ›autonomes‹ Handeln; ein Handeln nach Regeln, die ein anderer setzt, ist ›heteronom‹«, erklärt Loewy (1995:26) »Autonom« bedeutet zwar wörtlich »selbst Gesetz gebend«, damit ist jedoch nicht gemeint, dass nun jeder Mensch alle Regeln, die für sein Handeln gelten sollen, neu erfinden müsse. Vielmehr können auch von anderen stammende und überlieferte Wertgebungen vom eigenen Gewissen anerkannt werden, sie bedürfen aber einer Prüfung durch den selbst Gesetz gebenden Einzelnen (Kemetmüller 1998:43).

Das bekannteste deontische Prinzip ist der von Kant formulierte **kategorische Imperativ**. Er basiert auf der Goldenen Regel der Bergpredigt und betont die Forderung nach Universalisierbarkeit persönlicher normativer Überzeugungen: »Handle so, daß die Maxime deines Willens jederzeit zugleich als Prinzip einer allgemeinen Gesetzgebung gelten könnte. Handle so, als ob die Maxime deiner Handlung durch deinen Willen zum allgemeinen Naturgesetze werden sollte« (Kritik der praktischen Vernunft, zit. n. Arndt 1996a:31).

Dieses Prinzip ist ein formales, kein materiales.[143] Gefordert wird von einem Handelnden, dass er sein Tun von der Antwort auf die Frage abhängig macht, ob er wollen kann, dass alle Menschen die diesem Handeln zu Grunde liegende moralische Norm befolgen. Wenn er die Frage bejahen kann, ist sein Handeln nach deontologischer Auffassung moralisch einwandfrei.

Reiber hält den kategorischen Imperativ für eine sinnvolle Entscheidungsrichtlinie und rät zu folgenden Überlegungen: »Ist es erstrebenswert, dass alle so entscheiden, wie ich es jetzt tue? Wäre das eine wünschenswerte Gesellschaft, in der sich alle so verhalten wie ich?« (Reiber 2005:27)

Mein Vorschlag zur Deutung und Anwendung des kategorischen Imperativs lautet: »Erfinde oder binde dich an Normen, die unter vernünftigen Menschen allgemeine Zustimmung finden können, und befolge sie!«

Lenk fasst das Prinzip extrem verkürzt in zwei Worte: »Handle repräsentativ!« (Lenk 1997:8)

Exkurs: Praktischer Imperativ

Ein weiteres Prinzip Kants ist der Praktische Imperativ, auch das Oberste Moralische Prinzip genannt. Es besagt, dass Menschen immer auch als Personen selbst, nicht bloß als Mittel zum Erreichen bestimmter Vorstellungen gesehen und behandelt werden sollen: »Handle so, daß du die Menschheit sowohl in deiner Person als in der Person eines jeden anderen, jederzeit zugleich als Zweck, niemals bloß als Mittel brauchest« (zit. n. Tschudin 1988:40).

Dieses formale ethische Prinzip findet sich auch in normativen Aussagen der Pflegeliteratur. »Jede Form der Instrumentalisierung der Patienten/Klienten/Bewohner für die Befriedigung der persönlichen Belange von Helfenden (Forschungserfolg, finanzielle Vorteile, Kompensation von eigenen Unzulänglichkeitserfahrungen in anderen Lebensbereichen usw.) ist abzulehnen.« (Caritasgemeinschaft für Pflege- und Sozialberufe e.V. 1997:5) Dazu ein Beispiel aus der praktischen Pflege: Weber berichtet über persönliche Konflikte als ambulante Pflegekraft: »Meine Erfahrungen in der Hauskrankenpflege sprechen dafür, dass der Patient als Mensch nicht mehr wichtig ist. Er ist nur noch als wirtschaftlicher Faktor von Bedeutung. Ich werde wohl die Reaktion eines Leiters der Sozialstation auf meine Bemerkung hin, dass der Tod für eine von mir betreute Patientin, die sich in den letzten Wochen und Monaten sehr gequält hatte, eine Erlösung gewesen sei, nie vergessen: ›Ja, und uns fehlt jetzt das Geld. An der haben wir doch ordentlich verdient.‹« (Weber 2002:70).

[143] Vgl. zum Unterschied von materialen und formalen ethischen Prinzipien Lenk (1997:7f): »Was die Konkretisierung der Aufgaben der normativen Ethik betrifft, so stehen inhaltlich orientierte (materiale) Ethiken den formalen, welche die Aufgabe der Moralphilosophie nur im abstrakten allgemeinsten Prinzip [etwa dem Kategorischen Imperativ Kants, R. L.] und deren Anwendung gegenüber. Die inhaltlich-materialen Ansätze sind zweifellos die älteren. Sie entstammen religiösen Traditionen, wurden dann aber durch philosophische Begründungsversuche schrittweise verselbständigt.«

Das Prinzip des Praktischen Imperativs hat unmittelbare Auswirkungen auf das Handeln in Management und Pädagogik. Einige Beispiele sollen dies verdeutlichen:

- Sind Pflegeschüler Auszubildende, oder zählt für die ausbildende Einrichtung nur ihr Nutz- und Gebrauchswert als preiswerte Arbeitskräfte, die zur Aufrechterhaltung des betrieblichen Ablaufs benötigt werden (vgl. Balzer 2009:133f)?
- Werden Mitarbeiter und Bildungsteilnehmer als Persönlichkeiten wertgeschätzt oder sind sie nur als Erbringer von (Lern)Leistungen von Interesse?
- Werden in der Pflegeausbildung überdurchschnittlich intelligente Bewerber um ihrer selbst willen eingestellt und persönlich gefördert, oder wird von ihnen lediglich erwartet, dass sie in ihrer Schulklasse die Funktion von »Zugpferden« erfüllen?

Wenn die Gesundheits- und Krankenpflegerin im Fallbeispiel nach den Regeln der Deontologie vorgeht, wird sie sich fragen (Kategorischer Imperativ): Eignet sich mein Vorgehen, um als eine allgemeingültige Regel für das Verhalten in ähnlichen Situationen zu dienen? Könnte/sollte mein persönliches Handeln zu einer allgemeinen Norm werden? Sollen sterbende Patienten in allen Krankenhäusern immer in ein Mehrbettzimmer verlegt werden, wenn für einen Privatpatienten ein Einzelzimmer gebraucht wird?

Sie wird weiter fragen (Praktischer Imperativ): Wird der sterbende Patient als menschliches Wesen mit einer Würde betrachtet, die nicht von Verwendungsinteressen abhängt, oder gilt er lediglich als »austherapiert«, als ausgedientes »Werkstück« (Weidmann 1990:142) zur Anwendung medizinischer Behandlungen? Erfahren die zwei Patienten im anderen Zimmer ausreichend Rücksichtnahme? Wird andererseits der Privatpatient als leidender Mensch mit biografisch gewachsenen Gewohnheiten (z.B. Unterkunft in einem Einzelzimmer) gesehen oder ist das Krankenhaus lediglich an seinem Geld interessiert?

Aus einer äußeren Handlung kann nicht unbedingt auf ihre Beweggründe geschlossen werden. Ob der Arzt den Privatpatienten beispielsweise bevorzugt behandeln will, weil dieser ein Bekannter seines Chefarztes ist, oder weil er die persönliche Überzeugung vertritt, bewusstseinsgetrübte Sterbende würden ihre Umgebung ohnehin nicht mehr wahrnehmen, ist aus deontologischer Sicht von entscheidender Bedeutung. Nicht das praktische Ergebnis ist relevant, sondern die zu Grunde liegende vernünftige Gesinnung als selbstverpflichtetes und handlungsleitendes Soll.

Kant definiert Pflicht als »… Notwendigkeit einer Handlung aus Achtung fürs Gesetz« (Kant 1987:80). Da das Wort Pflicht in Zeiten des Individualismus einen eher negativen Beigeschmack erhalten hat, sei auf die ethischen Voraussetzungen der Pflicht hingewiesen. Neben Ordnung und Gesetzlichkeit erfordert eine sittliche Pflichterfüllung Freiwilligkeit, d.h. Freiheit von Zwang (von Manz 1992:67). Nur wenn es echte Handlungsalternativen gibt, kann man von moralischem Handeln sprechen. »Um moralisch handeln zu können, muss man autonom, d.h. selbstständig sein, und man muss sich in einer Situation befinden, die mehrere Entscheidungsmöglichkeiten zulässt.« (Richardson, Webber 1998:24)

Ich sehe folgende Schwachpunkte der Deontologie, die zur Kritik einladen:

- Menschen handeln nicht (allein) nach rationalen Maßstäben der Vernunft, sondern werden in hohem Maße von unbewussten Motiven gelenkt.
- Individuen können keine vollkommen unabhängigen Entscheidungen treffen. Sie werden vielmehr von zahlreichen Faktoren beeinflusst, z.B. von Kultur und Gesetzen (vgl. Richardson, Webber 1998:30).
- Der Absolutheitsanspruch der Deontologie verursacht Probleme bei der praktischen Umsetzung in komplexen Lebenssituationen (ebd.). Eine deontologische Ethik formuliert ihre Normen als »... ist immer/niemals schlecht« oder »... ist immer/niemals gut« (Illhardt 1994a:74). Illhardt fährt fort: »Aussagen, die so kategorisch klingen, scheinen das Konkrete nicht verstehen zu brauchen. Wenn Moral jedoch vom Verstehen der Angelegenheit, die es zu regeln gilt, und der Situation abhängt, ist Verstehen ihr Lebenselexier« (ebd.).
- Der kategorische Imperativ fordert, nur solche Handlungen durchzuführen, deren zu Grunde liegende Norm ein wünschenswertes allgemeines Gesetz werden sollte. Um dieser Forderung nachzukommen, muss der zum moralischen Handeln Entschlossene die Folgen der zu verallgemeinernden Handlungsnorm abschätzen (vgl. Ferber 1999:197,199) – obgleich sich die deontologische Ethik scharf gegen den Utilitarismus abgrenzt, beinhaltet sie überraschenderweise ein konsequentialistisches Element.
- Woher soll man wisssen, welche von mehreren sich evtl. widersprechenden Pflichten die vorrangige ist (vgl. Richardson, Webber 1998:30)? Es stellt sich die Frage, »... wie man die Pflichten in eine sinnvolle, vernünftige Reihenfolge bringen kann« (von Manz 1992a:67). Hier wird deutlich: Auch Deontologen kommen nicht ohne eine Güterhierarchie aus. Und gerade an dieser Stelle tritt ein weiterer Schwachpunkt der deontologischen Ethik zu Tage:
- Die Würde des Menschen erwächst nach Kant aus dem sittlichen Subjektsein, d.h. sie ist in der Autonomie des Menschen begründet (von Manz 1992a:66). Autonomie besteht nach kantischer Auffassung darin, dass sich ein freier, vernünftiger Mensch eigene Gesetze gibt, nach denen er sein Handeln ausrichtet. Können das alle Menschen? Wie autonom sind beispielsweise geistig behinderte oder psychisch kranke Menschen, Kleinkinder oder sogenannte Demente und Bewusstlose (vgl. Schnell 1998:838)? Worin begründet sich ihre Menschenwürde?

  Eurich nimmt aus christlicher Perspektive Stellung: »[Bei] der Bestimmung des Personbegriffs in der Pflege geht es im Kern um den moralischen Status des pflegebedürftigen Menschen. Wird im Personkonzept auf das aktuell vorhandene Bewusstsein eines Menschen mit seinen Kognitionsleistungen rekurriert, dann eröffnet sich bei einer Beeinträchtigung dieser Kognitionsleistungen die Möglichkeit einer graduell abgestuften Personwürde und in der Folge auch eingeschränkter Personrechte. Wird dagegen die Würde eines Menschen in einem transempirischen [Eurich bezieht sich auf das christliche; R. L.] Personverständnis begründet, können Schutzrechte und ethische Fürsorgepflichten für alle Phasen oder Stadien menschlichen Lebens begründet werden« (Eurich 2008:352).

Formale ethische Prinzipien der Selbstverpflichtung reichen als Argument im Prozess ethischer Urteilsfindung nicht hin, sondern müssen durch andere Argumentationsfiguren ergänzt werden.

7.3.5.4 Materiale bereichsethische Prinzipien

Bei dieser Argumentationsfigur geht es nicht um formale ethische Prinzipien (vgl. *Kants* Imperative), sondern um materiale ethische Prinzipien mittlerer Abstraktionsebene, denen im untersuchten Bereich Gültigkeit zugesprochen wird.

Bereichsethische Prinzipien der Pflege (s. Kap. 4.3.6.2) finden sich in erster Linie

1. in den fünf Prinzipien einer Ethik der Verantwortung (vgl. Arndt 1996a:66ff),
2. in den fünf Grundsätzen für die pflegerische Berufsausübung nach Veatch und Fry (vgl. Fry 1995:26ff),
3. in den sechs übergeordneten moralischen Orientierungen der Pflege nach Rabe (vgl. Rabe 2000:11ff) sowie
4. in meinem Kompromissvorschlag für eine Liste materialer ethischer Prinzipien der Pflege.

Diese vier Einteilungen sollen kurz wiederholt werden, um sie zur Urteilsfindung heranziehen zu können.

Die fünf Prinzipien einer Ethik der Verantwortung waren:

1. Achtung vor dem Leben,
2. das Gute und das Richtige,
3. Gerechtigkeit und Fairness,
4. Wahrheit und Ehrlichkeit,
5. individuelle Freiheit und Selbstbestimmung (Autonomie).

Die fünf Grundsätze für die pflegerische Berufsausübung nach Veatch und Fry lauteten:

1. Wohltätigkeit (Gutes tun und Leiden verhüten),
2. Gerechtigkeit (bedürfnisentsprechende und faire Verteilung der Pflegeleistungen),
3. Autonomie (persönliche Freiheit zur Selbstbestimmung),
4. Aufrichtigkeit (wahrhaftiges, respektvolles und vertrauensvolles Handeln),
5. Loyalität (Pflicht, seinen eigenen Verpflichtungen treu zu bleiben).

Die sechs übergeordneten moralischen Orientierungen der Pflege sind nach Rabe:

1. Würde,
2. Dialog,
3. Verantwortung,
4. Fürsorge/Fürsorglichkeit,
5. Gerechtigkeit,
6. Autonomie.

Mein Vorschlag für eine Liste materialer ethischer Prinzipien der Pflege:
1. Förderung von Wohlergehen/Wohlbefinden,
2. Förderung von Autonomie/Selbstständigkeit,
3. Gerechtigkeit,
4. Aufrichtigkeit,
5. dialogische Verständigung.

Nun sollen einige materiale Prinzipien auf das Fallbeispiel angewendet werden. Mir scheint in diesem Fall die Aufforderung, wohl zu tun (Wohltätigkeit nach Veatch, Fry) bzw. das Wohlergehen/Wohlbefinden zu fördern, eher dafür zu sprechen, dass der sterbende Patient in seinem Zimmer bleiben darf, wiewohl auch das Wohlbefinden des Privatpatienten ein wichtiger Wert ist. Das Prinzip der Fürsorge (vgl. die Ausführungen zur Care-Ethik in Kap. 8.2.4.2) könnte als Begründung für den Verbleib des sterbenden Patienten in seinem gewohnten Zimmer herangezogen werden – er ist schwächer und schutzbedürftiger, denn er kann nicht mehr selbst für seine Interessen einstehen.

Zu dem Prinzip »Achtung vor dem Leben« bei Arndt wäre »und dem Sterben« hinzuzufügen.[144] Gerechtigkeit und Fairness sind ebenfalls zu berücksichtigen. Hat sich nicht der Privatpatient durch die jahrelange Zahlung eines höheren Versicherungsbeitrags den Luxus eines Einzelzimmers redlich verdient? Andererseits gilt: »Die Bevorzugung von besser situierten und damit zahlenden Bewohnern und die damit verbundene Zweiklassenpflege steht dem allgemeinen ethischen Prinzip der Gleichheit und Gerechtigkeit entgegen« (Darmann 2001a:130).[145]

Die Prinzipien Wahrheit/Ehrlichkeit/Aufrichtigkeit könnten in Verbindung mit dem Prinzip der dialogischen Verständigung dazu anleiten, mit dem neu ankommenden Patienten offen über die Situation zu sprechen und um Verständnis für den Verbleib des schwerkranken Patienten in seinem vertrauten Zimmer zu bitten.

Die bereichsethischen Prinzipien scheinen die Gesundheits- und Krankenpflegerin m. E. eher dahin zu leiten, dass der sterbende Mensch in seinem Zimmer bleiben darf. Kommen wir daher zur nächsten Argumentationsfigur, dem gelehrten Ethos.

---

[144] In einer späteren Publikation schreibt Arndt: »Ein Teil des Lebens ist auch das Sterben. So bedeutet ›Achtung vor dem Wert des Lebens‹ auch immer den Tod anzunehmen« (Arndt 2003:17).

[145] Die Aussagen in der Fachliteratur zur Beurteilung einer zunehmenden Mehr-Klassen-Behandlung bzw. -pflege sind uneinheitlich. Einige Autoren sprechen sich wie Darmann (2001a:130) gegen eine solche Entwicklung aus. Beispielsweise mahnt Dörfel (2005:22), unter den gegenwärtigen ökonomischen Bedingungen seien kirchliche Einrichtungen gefragt, »... dennoch an den Werten von Menschenwürde, Beziehung, Barmherzigkeit und Gerechtigkeit festzuhalten und sie nicht restlos dem System einer vollständig technisierten Mehr-Klassen-Medizin zu opfern.« Hoffmann hingegen gibt sich keinen Illusionen hin: »Durch die Begrenzung öffentlicher Gelder wird es vermehrt zu einer Mehr-Klassen-Pflege kommen, das heißt, wer sich aus eigener Tasche mehr als die notwendige Grundversorgung leisten kann, der wird auch mehr pflegerische Leistung erhalten – was dem Gleichheitsideal vieler Pflegender zutiefst widerspricht« (Hofmann 2006:11).

7.3.5.5 Bereichsethische Regeln

In der griechischen Philosophie war die Auffassung verbreitet, dass jede Gemeinschaft oder Gruppe ein eigenes Normensystem besitzt: das Ethos. Der Begriff Ethos hatte ursprünglich vier Bedeutungen (van der Arend, Gastmans 1996:20, vgl. Höffe 1997:66 sowie die Einteilung in Kap. 2.1.1 der vorliegenden Arbeit):

1. Feste Bleibe, Stall, Höhle, Asyl,
2. Gewohnheit[146], Brauch,
3. Art, Wesen, Charakter,
4. Haltung, Gesinnung.

Im heutigen Sprachgebrauch meint Ethos sittliche Haltung, Gewohnheit, Eigenheit und Gesinnung (Pfeifer 1997:302). Ethos bezieht sich als gelebtes Ethos (Gillen 1996:113) auf die tatsächlichen Gegebenheiten in einem Sozialverband, ist also nicht schriftlich fixiert, sondern wird im täglichen Leben ausgedrückt und verwirklicht. Ein Ethos ist gleichsam die sittliche Konvention eines sozialen Gebildes. Um sie zu erlernen, braucht es Menschen, die das Ethos vorleben (Fahr 2000:626). Eine umfassende Darstellung des gelebten Ethos der Pflege – insbesondere der Intensivpflege – findet sich bei Wettreck (2001).

Werden die im sozialen Miteinander üblichen Regeln **schriftlich** festgehalten und als verbindlich erklärt, sprechen wir von einem **gelehrten Ethos**. Im Gegensatz zum gelebten Ethos stellt es einen Soll-, nicht einen Istzustand dar. Das gelehrte Ethos ist keine Beschreibung der Gegenwart, sondern ein auf die Zukunft ausgerichtetes Projekt, das gewünschte Richtungen und Tendenzen angibt.

Beispiele für ein gelehrtes Ethos sind etwa die heiligen Schriften der Weltreligionen, die von den Vereinten Nationen am 10.12.1948 verkündete Allgemeine Erklärung der Menschenrechte (UNO 1991) sowie Berufsordnungen und Berufskodizes. Im gelehrten Ethos kristallisieren sich geschichtlich-kulturelle Menschheitserfahrungen; sie erinnern nachfolgende Generationen an die Beachtung als wichtig erkannter Werte, Prinzipien und Regeln. »Nun sind die bestehenden moralischen Institutionen in einem langen Prozeß etabliert worden, und wir dürfen davon ausgehen, daß sie nicht völlig falsch sind. Freilich müssen nicht schon alle bestehenden institutionellen Tatsachen deswegen moralisch richtig sein.« (Ferber 1999:184)

Ein gelehrtes Ethos etwa in Form eines Ethikkodex' oder einer Berufsordnung stellt also nicht die tatsächlichen Verhältnisse dar, sondern entspricht einem idealistisch formulierten Soll. Es hat seine Bedeutung eher in der Lehre als im wirklichen Leben; seine Anwendung in der Praxis ist deshalb grundsätzlich nicht erzwingbar. Die Geltung eines gelehrten Ethos hängt nicht davon ab, ob es in der Realität eingehalten wird oder nicht. Meist ist sein Einfluss wesentlich geringer als der des gelebten Ethos. Der Volksmund kennt dafür die Sprichworte »Papier ist geduldig« und »Taten sprechen

---

[146] Illhardt stellt die Verwandtschaft des Begriffs Gewohnheit mit der erstgenannten Bedeutung heraus, indem er die Schreibweise verändert: Ge-wohn-heit (Illhardt 1985:7).

Bände«. Wettreck (2001:131) spricht vom »Sonntags-Ethos« im Gegensatz zum (tatsächlichen) »Alltags-Ethos«.

Dennoch kann ein gelehrtes Ethos etwa in Pflegeeinrichtungen eine gemeinsame Grundorientierung unterstützen – nicht im Sinne von Unterweisung oder Belehrung, sondern durch die Förderung des gemeinsamen Sich-zu-Recht-Findens, im Teilen von moralischen Auffassungen unter den Beteiligten, insbesondere, wenn sie an der Erstellung eines gelehrten Ethos, etwa eines Leitbildes oder einer Stationspflegekonzeption, mitarbeiten konnten (vgl. Lay, Ziemer 1999).

Orientierungshilfen bei Entscheidungen

In der Pflege müssen oft innerhalb kürzester Zeit Entscheidungen von großer Tragweite getroffen werden, beispielsweise in Gesprächssituationen. Hier sind Orientierungshilfen erforderlich: »Menschen brauchen ›Leitsterne‹, an denen sie sich bei ihren tagtäglichen Entscheidungen orientieren können« (Senge 1996:294).

Als grundsätzlicher Leitfaden für die tägliche Pflegearbeit kann ein gelehrtes Ethos die Entscheidungsfindung in kritischen Situationen erleichtern.

Tschudin hat in ihren Katalog von Sondierungsfragen zur Entscheidungshilfe in ethischen Fragen der Pflegepraxis folgenden Aspekt aufgenommen: »Wird an eine Klausel der Berufsethik appelliert?« (Tschudin 1988:110) Im Fallbeispiel könnte sich die Gesundheits- und Krankenpflegerin u. a. auf folgende Schriftstücke berufen, welche in der Pflege die Funktion eines gelehrten Ethos besitzen:

- den »ICN-Ethikkodex für Pflegende« (ICN 2010)
- die »Berufsordnung des DBfK« (DBfK 1992)
- die »Charta der Rechte hilfe- und pflegebedürftiger Menschen« (BMFSFJ, BMG 2010)

7.3.5.5.1 ICN-Ethikkodex für Pflegende

Die Gesundheits- und Krankenpflegerin könnte sich in ihrer Urteilsfindung zunächst auf den Ethikkodex des Internationalen Pflegerats (ICN) stützen, der besagt, dass Pflege mit Respekt und ohne Wertung des sozialen Status ausgeübt wird (ICN 2010:1). Außerdem ist dort zu lesen: »Die Pflegende greift zum Schutz des Einzelnen, der Familie und der sozialen Gemeinschaft ein, wenn deren Wohl durch eine Pflegende oder eine andere Person gefährdet ist« (S. 3).

7.3.5.5.2 Berufsordnung des Deutschen Berufsverbandes für Pflegeberufe

Die jeweilige Belegung der einzelnen Krankenzimmer ist sicherlich keine vorwiegend in ärztlicher Entscheidungskompetenz liegende medizinwissenschaftliche Angelegenheit, sondern erfordert eine interprofessionelle Kooperation. Vor dem Hintergrund heutiger Berufsordnungen der Pflege könnte die Gesundheits- und Krankenpflegerin selbstbewusst in dem Wissen auftreten, dass sie keine Hilfskraft ist, sondern Angehörige einer eigenständigen Disziplin im Gesundheits- und Sozialwesen.

In der Berufsordnung des Deutschen Berufsverbandes für Pflegeberufe (DBfK) finden sich u. a. folgende Passagen, welche die Entscheidungsfindung erleichtern können (DBfK 1992):

- »Professionelle Pflege ... wird ... ohne Bewertung von Nationalität, Rasse, Glauben, politischer Einstellung, Hautfarbe, Alter, Geschlecht oder dem sozialen Rang ausgeführt.«
- »Pflege als Beruf ist eine abgrenzbare Disziplin von Wissen und Können, welches sie von anderen Fachgebieten des Gesundheitswesens unterscheidet.«
- »Pflege ist als eigenständiger Beruf und selbständiger Teil des Gesundheitsdienstes für die Feststellung der Pflegebedürftigkeit, die Planung, Ausführung und Bewertung der Pflege zuständig.«
- »Grundlage allen pflegerischen Tuns ist die Achtung vor der Würde und Einzigartigkeit menschlichen Lebens. Pflege dient der Förderung der Gesundheit, Verhütung von Krankheit, Wiederherstellung von Gesundheit, Linderung von Leiden und der Begleitung sterbender Menschen.«
- »Pflegende halten ihren Kompetenzbereich ein und achten den Kompetenzbereich anderer Berufsgruppen. Sie greifen jedoch zum Schutz des Klienten ein, wenn sein Wohl gefährdet ist.«

7.3.5.5.3 Charta der Rechte hilfe- und pflegebedürftiger Menschen

In den Jahren 2003–2005 erarbeiteten unter der Regie des Bundesministeriums für Familie, Senioren, Frauen und Jugend und des damaligen Bundesministeriums für Gesundheit und Soziale Sicherung rund 200 Expertinnen und Experten aus allen Verantwortungsbereichen der Altenpflege (u. a. Länder, Kommunen, Einrichtungsträger, Wohlfahrtsverbände, private Trägerverbände, Heimaufsicht, Pflegekassen, Interessenvertretungen der älteren Menschen, Wissenschaftler, Stiftungen) Handlungsempfehlungen zur Verbesserung der häuslichen und stationären Pflege und zum Bürokratieabbau und als zentrale Maßnahme eine »Charta der Rechte hilfe- und pflegebedürftiger Menschen« (BMFSFJ 2011).

Artikel 8 der Charta befasst sich mit palliativer Begleitung, Sterben und Tod. Er lautet: »Jeder hilfe- und pflegebedürftige Mensch hat das Recht, in Würde zu sterben« (BMFSFJ, BMG 2010:8). In der Charta wird Artikel 8 folgendermaßen kommentiert: »Es soll alles getan werden, um den Sterbeprozess für Sie so würdevoll und erträglich wie möglich zu gestalten. (...) Unabhängig davon, ob Sie zu Hause, im Krankenhaus, in einem Hospiz, Pflege- oder Seniorenwohnheim sterben, sollen seitens der Institutionen alle Möglichkeiten ausgeschöpft werden, damit dies in einer Umgebung geschieht, die Ihren Vorstellungen von einem würdevollen Sterben am ehesten entspricht« (ebd.).

Die Gesundheits- und Krankenpflegerin könnte diesen Passus im vorgestellten Fall dahingehend deuten, dass sie den Sterbenden nicht in eine fremde Umgebung verlegen sollte, in der ein desorientierter Mitpatient pausenlos unverständliche Worte laut vor sich hin spricht.

Bezug zum Fallbeispiel »Zum Sterben in ein anderes Zimmer«

Bezogen auf das Fallbeispiel ist festzustellen: Sowohl die Aussagen des »ICN-Ethik-Kodex für Pflegende« (ICN 2010) als auch der »Berufsordnung des DBfK« (DBfK 1992) und der »Charta der Rechte hilfe- und pflegebedürftiger Menschen« (BMFSFJ, BMG 2010) lassen sich eher als Belege für die Entscheidung heranziehen, den sterbenden Patienten in seinem vertrauten Zimmer zu belassen.

Dokumente des gelehrten Ethos besitzen nicht selten den Charakter von Anleitungen bzw. Handlungsanweisungen. Die Argumentationsfigur des gelehrten Ethos allein bietet jedoch keine ausreichende Grundlage für eine ausgewogene ethische Auseinandersetzung, sondern muss durch andere Argumentationsfiguren ergänzt werden. »Kein Moralkodex ist in dem Sinn sakrosankt, daß die bloße Bezugnahme auf eine seiner Normen fraglos ausreicht, um eine Handlung moralisch zu rechtfertigen. Aber auch keine Norm eines solchen Moralkodex gilt immer und ewig in der Gemeinschaft, deren Mitglieder die Norm autorisiert haben.« (Pieper 2000:196)

Schriftliche Regeln haben i. d. R. konservativen Charakter. Schon deshalb sind sie stets danach zu hinterfragen, ob sie noch den aktuellen Erfordernissen entsprechen. »Berufsethische Normen können nur dann von den Berufsangehörigen akzeptiert werden, wenn ihre Bedeutung für die Berufsausübung praktikabel und einsichtig ist. Sie müssen geändert werden, wenn Inhalte neu überdacht und bestimmt werden. (…) Ethische Werte … müssen diskutierbar, hinterfragbar und modifizierbar sein von den Berufsangehörigen auf der Basis allgemein gültiger moralischer Prinzipien. Nur dann sind sie ein lebendiger Ausdruck eines lebendigen, sich ständig ändernden Berufes.« (Steppe 1994:56f) Beispiele für Veränderungen von Berufskodizes finden sich in der Geschichte der pflegerischen Berufsethik (siehe Kap. 4.3.6.3).

»Die Fähigkeit zur Teilnahme am ethischen Diskurs ist … ein gegeneinander Abwägen der unterschiedlichen Vorstellungen vom Guten. Diese immer wieder neu notwendige Auseinandersetzung mit anderen Positionen kann bei fehlender Selbstsicherheit und mangelnder Schulung der kommunikativen Fähigkeiten zur Verunsicherung führen und gelegentlich dazu, sich um (scheinbar Sicherheit bietende) starre Verhaltensregeln zu bemühen – mit der Folge, daß schematische Verhaltensmuster situationsgerechtes, individuell-reflektiertes ethisches Handeln ersetzen.« (Lindner 1999:57) Wer ausschließlich auf der Ebene des gelehrten Ethos argumentiert, ist ein Fundamentalist (Gillen 1998).

7.3.5.6 Besonderheiten der Situation

Ethische Theorien sind nicht dazu da, um unkritisch angewandt zu werden (Loewy 1995:34). »Prinzipien, die von der ethischen Theorie abgeleitet werden können, sollten als Richtlinien verstanden werden und mit gesundem Menschenverstand und unter voller Berücksichtigung der individuellen Probleme eines gewissen Falles angewendet werden, der sich in einem bestimmten Kontext und einer gewissen Kultur abspielt.« (S. 37) Mit anderen Worten: Bei ethischen Entscheidungen soll die konkrete Situation bedacht werden.

7.3.5.6.1 Was ist mit »Situation« gemeint?

In der Definition des Begriffs »Situation« folge ich Höffe. Er versteht unter Situation die Gegebenheiten und Möglichkeiten unserer natürlichen und mitmenschlichen (ökonomischen, sozialen, politischen und kulturellen) Umwelt, mit denen wir uns erkennend, wollend und handelnd auseinander setzen müssen (Höffe 1997:273). »Die Berücksichtigung der S. [Situation, R. L.] ist deshalb von sittl. Bedeutung, weil je nach ihrer Beschaffenheit die konkrete Bestimmung dessen, was hier u. jetzt gut ist, verschieden ausfällt.« (ebd.)

7.3.5.6.2 Was ist Situationsethik?

Wahrgenommene Situationen erfordern Entscheidungen. Doch an welchen Maßstäben und Gegebenheiten sollen sich Entscheidungen orientieren? Situationsethiker behaupten, es gebe keine allgemeinen Werte, moralischen Regeln oder ethischen Theorien, die immer gelten. Die Bestimmung des Guten wird in der Situationsethik ausschließlich von der jeweiligen Situation abhängig gemacht (Höffe 1997:273). Jede Situation müsse einzeln beurteilt werden (Tschudin 1988:39).

7.3.5.6.3 Positive Aspekte der Situationsethik

Der Vorteil einer Situationsethik liegt darin, dass ethischen Prinzipien und Regeln nicht absolute Gültigkeit zugemessen wird. Sie fordern kein bestimmtes Handeln ein, sondern sollen im Lichte der jeweiligen spezifischen Situation relativiert werden. Dahinter steht eine grundsätzliche Einsicht:

»Man muß wissen, was man durch ethische Argumentation erreichen will/ kann: Will man jemandem helfen, eine Entscheidung zu treffen – oder eine Norm für bestimmte Fälle konstruieren – oder eine Fallanalyse erstellen – oder eine nachträgliche Evaluierung vornehmen? In keiner dieser Optionen reicht die Anwendung der Prinzipien, immer ist eine gute Kenntnis der Situation nötig, um zu normativen Aussagen zu kommen.« (Illhardt 1999b:279)

Situationsethik verlangt die »... Anerkenntnis der Einmaligkeit und Unvergleichlichkeit jeder einzelnen Situation« (Winau 1997:22). In der Berücksichtigung des Situationsspezifischen trifft sich die Situationsethik mit dem Anliegen der feministischen Ethik, das Individuelle, Besondere, Einzelne empathisch und solidarisch zu berücksichtigen und wertzuschätzen: Situation und Normen werden zur aktuell gegebenen Situation in Beziehung gesetzt, um eine angemessene moralische Entscheidung treffen zu können.

Die Situationsethik lehnt traditionelle Normen ab und fragt nach dem, was in der »... **jeweiligen**, einmaligen Situation das Richtige ist ...« (von Manz 1992a:59). Die Akteure besitzen demnach eine große Entscheidungsfreiheit, da sie nicht an Übereinkünfte sozialer Instanzen gebunden sind, sondern individuelle, situationsabhängige Beschlüsse fassen können und müssen.

Im Fallbeispiel wäre die Gesundheits- und Krankenpflegerin bei Anwendung der Situationsethik nicht an ethische Prinzipien und moralische Regeln gebunden, die es anempfehlen, sterbende Patienten in ihrem vertrauten Zimmer zu belassen. Sie könnte mit dem diensthabenden Arzt frei in Verhandlungen über das weitere Vorgehen treten und müsste sich lediglich auf die Beurteilung dieses speziellen Einzelfalls konzentrieren. Allerdings könnte auch der Arzt nicht mit allgemeinen Prinzipien und Gewohnheiten argumentieren. Die Situation müsste als Einzelfall völlig neu beurteilt und jedes Vorgehen neu ausgehandelt werden.

7.3.5.6.4 Kritik an der Situationsethik

Ein vorsichtiger und flexibler Umgang mit ethischen Prinzipien ist schon deshalb angezeigt, weil sie von Menschen gemacht sind; sie sind Ergebnisse soziokultureller Entwicklungsprozesse. Damit Einzelne und die Gesellschaft lernen können, müssen Prinzipien grundsätzlich relativiert und überprüft werden können.

Gleichwohl erfordert auch die Situationsethik Maßstäbe, die nicht unmittelbar in der jeweilig gegebenen Situation vorliegen (vgl. von Manz 1992a:59), sondern kulturell vorgegeben sind. Zudem sind Wahrnehmung und Einschätzung einer Situation stark von persönlichen Erfahrungen, Werthaltungen, Einstellungen und Abhängigkeiten geprägt und keineswegs objektiv.

Pillen (2002:165) plädiert für eine stärkere Orientierung am Kriterium der »Angemessenheit«. Mit der Frage, was denn in einem konkreten Fall unter einer »angemessenen« Entscheidung zu verstehen sei, könne das Gewicht einer allein an Verteilungsgerechtigkeit orientierten Ethik zugunsten der Berücksichtigung des Einzelfalls verringert werden. Nach Pillen ginge es dann gerecht zu, wenn jeder die pflegerische Leistung erhielte, welche seiner Situation angemessen wäre, sofern die verfügbaren Mittel dies zuließen. Um gerecht im Sinne von angemessen zu pflegen, müssten Pflegende lernen, konkrete Einzelsituationen zu interpretieren.

Kann erwartet werden, dass sich Pflegekräfte die Fähigkeit zur Deutung komplexer Einzelsituationen aneignen? Manche Autoren sind skeptisch. Lindner (1999:50) weist auf eine ihrer Meinung nach in der Pflege verbreitete Variante einer Situationsethik hin, die aus einem Bildungs- und Theoriedefizit resultiert und zu spontanen, unreflektierten Entscheidungen führt:

Theorieabstinenz in der Pflegepraxis?

»Immer noch beurteilt eine große Anzahl Pflegender ihren Beruf als primär praktische Tätigkeit, vernächlässigt – zumindest nach der Ausbildung – eine kontinuierliche Auseinandersetzung mit neuen Theorien und entzieht sich der aktuellen berufsfachlichen Diskussion ... Diese distanzierte Haltung gilt auch für ethische Fragestellungen mit der Folge, daß ethische Entscheidungen selten bewußt, dafür um so häufiger spontan und unreflektiert getroffen werden. Es kann ohne Zweifel von einem pflegerischen Hang zur Situationsethik mit ihren Chancen, aber auch ihren Risiken gesprochen werden« (Lindner ebd.).

Situative Gegebenheiten zu berücksichtigen, wird in der Pflege – wenn auch in unterschiedlichem Maße – grundsätzlich auf allen Qualifikationsebenen erwartet. Die hierzu erforderlichen Fähigkeiten müssen gelernt und eingeübt werden (vgl. Kap. 8.2).

7.3.5.6.5 Fazit zur Situationsethik

Die Situationsethik mahnt zu einem flexiblen Umgang mit vorgegebenen ethischen Prinzipien und moralischen Regeln. Zu fragen, was dem jeweiligen individuellen Kontext bzw. der Situation angemessen wäre und sich nicht ausschließlich an ethischen Normen zu orientieren, ist unbestritten ein unverzichtbarer Bestandteil ethischer Entscheidungsfindung. Mit ihrem Credo, jeder Fall sei vollkommen anders, und es gebe daher überhaupt keine festen Regeln (zit. n. Loewy 1995:30), liegen Situationsethiker jedoch falsch.

Richtig ist: Moralische Normen und Regeln stehen unter dem Vorbehalt, »... dass es Einzelfälle gibt, die nicht unter sie zu fassen sind und möglicherweise überhaupt nicht nach Regeln behandelt werden können« (Körtner 2004:170). Allerdings sollte nicht jede Situation zur Gewissensfrage und zum Grenzfall erklärt werden, warnt Körtner und hält fest (ebd.): »Einzelfallgerechtigkeit und Grenzfälle kann es nur dort geben, wo es allgemeine Regeln gibt, die sich im Normalfall auch befolgen lassen.« Menschen hingegen, die stets das Argument der Situation bemühen, um ethische Prinzipien in Abrede zu stellen, bezeichnen wir als Relativisten (Gillen 1998).

Der Begriff »Relativismus« kennzeichnet eine Grundposition in der Ethik, nach der es grundsätzlich nicht möglich ist, ethische Standpunkte universell zu begründen; deshalb soll aus relativistischer Sicht darauf verzichtet werden, universelle Geltungsansprüche anzumelden (Wils 2009:23). Relativistische Ethik ist kontextuell ausgerichtet (Needham 2004:130). »Das bedeutet, dass man, um eine Handlung oder Absicht verstehen und bewerten zu können, den Gesamtzusammenhang kennen und verstehen muss. Mit anderen Worten: Eine Handlung X kann in Kontext A ethisch richtig sein, in Kontext B aber vollkommen falsch. Relativistische Ethik erlaubt die Berücksichtigung transkultureller Unterschiede, die im psychiatrischen Pflegealltag nicht selten auftreten.« (ebd.)

Needham (1997:213) hat eine interessante Einteilung vorgelegt, welche die kontextuelle Ethik im Zusammenspiel mit einigen anderen ethischen Positionen (universelle/absolute Ethik, Freiheit/Autonomie, Fürsorge/Paternalismus) zeigt. In einem »ethischen Koordinatensystem« verschränkt Needham zwei Dimensionen miteinander: relative – absolute Ethik sowie Autonomie – Paternalismus (Abb. 14).

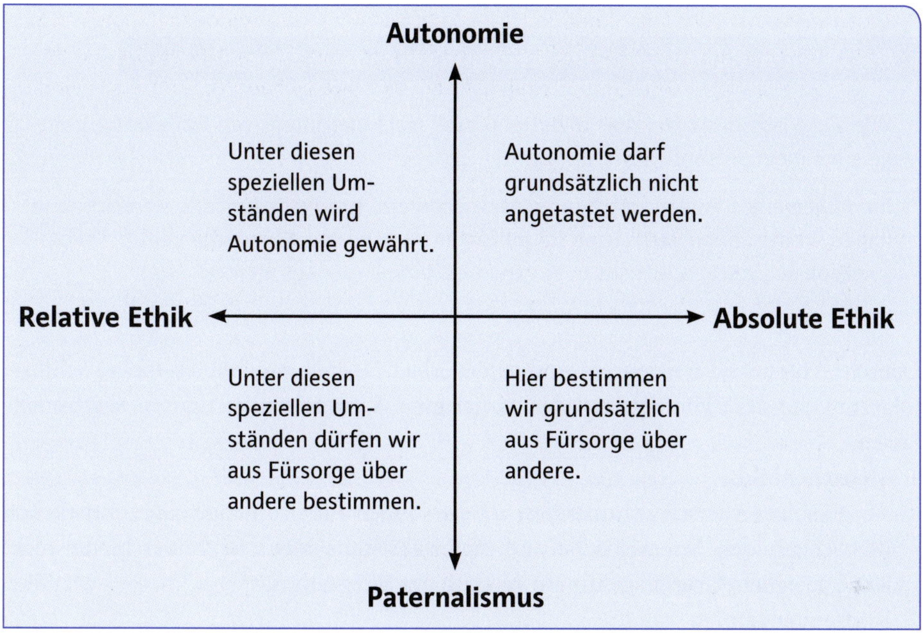

Abb. 14: Ethisches Koordinatensystem (Needham 1997:213, vgl. ders. 2004:132).

Mit der grafischen Zusammenschau dieser zwei grundsätzlichen Betrachtungsebenen bzw. Dimensionen soll die Darstellung der ethischen Argumentationsfiguren abgeschlossen und zu einem persönlichen Votum im untersuchten Fallbeispiel übergeleitet werden.

7.3.6 Beschlussfassung – ein Votum

Zur Professionalisierung der Pflege gehört eine zunehmende Qualifizierung im Hinblick auf ethische Meinungsbildung und Entscheidungsfindung. Dabei ist nicht etwa eine neue pflegerische Morallehre in Form eines Sittenkatalogs gefordert, sondern die fundierte Auseinandersetzung mit unterschiedlichen ethischen Sichtweisen.

Ziel ist die eigenständige ethische Kompetenz der Pflegenden. Sie beinhaltet fundierte ethische Kenntnisse und zugleich analytische Fähigkeiten, um ethische Konfliktsituationen zu erkennen und auf die in ihnen gehandelten Werte zu untersuchen.

In einem weiteren Schritt sind synthetische Fähigkeiten gefordert: Aus der Komplexität der unterschiedlichen Perspektiven und Argumente müssen wir zu einem ethischen Votum gelangen, das klar und kommunizierbar ist. Ausgewogenheit und Plausibilität des Urteils erwachsen aus der multiperspektivischen Sichtweise, d. h. die Entscheidung berücksichtigt das ganze Spektrum der genannten ethischen Argumentationsfiguren.

Das Urteil im Fallbeispiel »Zum Sterben in ein anderes Zimmer«

Wie sieht nun das Urteil im Fallbeispiel aus? Nach der intensiven Reflexion formuliere ich mein persönliches Votum:

Im Allgemeinen sollen sterbende Menschen im Krankenhaus die Berechtigung haben, in den ihnen vertrauten Räumlichkeiten zu bleiben. Im vorgestellten Fallbeispiel soll der Sterbende nicht in ein anderes Zimmer verlegt werden.

Ethische Voten sind transparent und explizierbar. Deshalb möchte ich meine Schlussfolgerung auf dem Hintergrund der dargelegten Argumentationsfiguren zusammenfassen:

1. **Menschenbild**
   Als gläubiger Mensch argumentiere ich persönlich auf Grundlage eines christlichen Menschenbildes. Szientistische und materialistische Menschenbilder bieten m. E. keine geeignete Grundlage für ein vertretbares Pflegeethos.[147]
2. **Konsequenzen**
   Aus teleologischer Perspektive scheint mir das Verbleiben des sterbenden Patienten in seinem vertrauten Zimmer am Nützlichsten zu sein. Sein Wohlbefinden, seine emotionale Geborgenheit und seine Orientierung im Sterbeprozess scheinen so am ehesten gefördert. Die Gefahr der Angst, der Desorientierung und des Vertrauensverlusts scheint am Wirksamsten eingedämmt zu werden.
3. **Formale ethische Prinzipien**
   Das Votum könnte m. E. durchaus als universelle Norm für das Handeln in derartigen Situationen eingeführt werden.
4. **Materiale bereichsethische Prinzipien**
   Die bereichsethischen Prinzipien sprechen eher für den Verbleib des sterbenden Menschen in dem ihm vertrauten Zimmer.

---

147 Käppelis Anmerkung halte ich für berechtigt: »Die Loslösung des Ethos der Krankenpflege von seinem biblischen Bezug und die an seine Stelle eingesetzten säkularen Bezüge verändern aber nicht nur die Sinngebung der Pflegetätigkeit, sondern auch diejenige von Leiden. Beide können nun als sinnlose, überflüssige Belastungen oder als erdrückende Last empfunden und ihre Notwendigkeit kann verhandelbar werden. Diese gefährliche Konsequenz wird dort sichtbar, wo sich einzelne Pflegende oder ganze Gesellschaften zu fragen beginnen, ob Leiden und die Pflege Leidender noch nötig, möglich oder wirtschaftlich tragbar und zu rechtfertigen seien« (Käppeli 2009:113).

5. **Bereichsethische Regeln**
   Das Votum steht im Einklang mit dem Ethikkodex des Internationalen Pflegerates (ICN), der Berufsordnung des größten deutschen Berufsverbandes für Pflege (DBfK) sowie der Charta der Rechte hilfe- und pflegebedürftiger Menschen.
6. **Besonderheiten der Situation**
   Ich kann im geschilderten Fall keine situativen bzw. kontextuellen Besonderheiten erkennen, die das Urteil in den übrigen Argumentationsfiguren relativieren würden.

7.3.7 Anmerkungen zur persönlichen Verantwortung

Die Darstellung des Prozesses der ethischen Entscheidungsfindung endet hier. Zum gewählten Fallbeispiel sei noch eine inhaltliche Bemerkung angefügt. Der Gedanke stammt von Bartels und George (1999:665) und betrifft die Ethik im Pflegemanagement: Handlungsweisen, die den Bedürfnissen und Interessen sterbender Patienten Rechnung tragen (und in diesem Sinne »moralisch richtig« sind), sollten als Teil der Ziel- und Aufgabenkonzeption der Institution Krankenhaus gesehen werden, wie Bartels und George gegenüber individualistischen Sichtweisen hervorheben. »Die moralische Verantwortung trifft also zunächst die Institution: Die Betreuung Sterbender im Krankenhaus ist ein Handeln, das ethischer Beurteilung unterliegt, und es ist Aufgabe der Institution Krankenhaus, solches Handeln in möglichst hoher Qualität anzubieten. Moralische Qualität gehört hier zum Profil der Berufsausübung innerhalb der Institution.« (ebd.)

Bartels und George sprechen damit die institutionelle Moral an. Auf Rabes Kritik (2009a:151) hin, in der Bearbeitung des Fallbeispiels (1. Auflage, Lay 2004) sei lediglich das Handeln Einzelner reflektiert und die institutionelle Ebene ausgeklammert worden, obwohl gerade im Fallbeispiel institutions- und organisationsethische Bezüge sehr wichtig gewesen wären, möchte ich den in diesem Buch an zahlreichen Stellen bearbeiteten organisationsethischen Teilthemen noch einige Anmerkungen hinzufügen.

Die Individualethik legt ihr Hauptaugenmerk auf das Handeln einer Person und untersucht es hinsichtlich seiner Moralvorstellungen, während die Sozialethik die institutionellen Arrangements der Gesellschaft betrachtet und dabei mehr oder weniger von der Person abstrahiert (Wallner 2004:28f). »Ethik wurde lange Zeit als Reflexion entweder über individuelles Verhalten oder über gesellschaftliche Rahmenbedingungen angesehen. Ersteres besteht in der Suche nach der Antwort auf die Frage ›Was soll ich tun?‹ (Individualethik), Letzteres stellt die Frage nach den gesellschaftlichen Rahmenbedingungen guten Lebens (Sozialethik, politische Philosophie). Strukturen in Organisationen waren bislang kaum im Blickfeld ethischer Überlegungen.« (Baumann-Hölzle, Arn 2009:10)

Angesichts einer zunehmenden Ökonomisierung des Gesundheits- und Sozialwesens kommen in Unternehmen und Organisationen vermehrt ethische Probleme zum

Vorschein, die mit den jeweiligen institutionellen Gegebenheiten zu tun haben. »Mit der Frage, wie man moralisches Handeln in Organisationen ermöglichen und reflektieren kann, beschäftigt sich ein relativ junger Zweig der Angewandten Ethik, die so genannte Organisationsethik. Sie geht von der Einsicht aus, dass Organisationen keine neutralen Gebilde sind und deshalb ethischer Reflexion bedürfen.« (Rabe 2008a:442)

Dinges (2008:146) notiert, ethische Konflikte würden meist personenbezogen wahrgenommen und interpretiert, obwohl sie ihre Ursache nicht selten in organisationalen Rahmenbedingungen wie Aufgaben- und Rollen(un-)klarheit, Informationspolitik, in informellen Regeln und Normen einer Einrichtung hätten. Rabe bestätigt: »Obwohl die ganz persönliche Verantwortung für das eigene Handeln und Verhalten immer bestehen bleibt, werden die konkreten Handlungsmöglichkeiten stark durch institutionelle Vorgaben und Gewohnheiten mitbestimmt: von der Personalausstattung und -struktur, von der Atmosphäre im Arbeitsbereich, vom Führungsstil der Vorgesetzten, von der Zugänglichkeit und Transparenz der Informationen, von der räumlichen und technischen Ausstattung und vom Dokumentationssystem. Die Institutionen als Organisationen im Gesundheitswesen haben also selbst eine Moral. Ihre moralische Verantwortung lässt sich nicht auf die moralische Verantwortung ihrer Mitarbeiter reduzieren. Denn hinter Achtlosigkeit, Zynismus oder sonstigem Fehlverhalten von Pflegekräften oder Ärzten steckt oft auch ein Versagen der Organisation bzw. des Managements, das für diese Organisation verantwortlich ist« (Rabe 2009a:291).

Zahlreiche Autoren fordern daher, Unternehmen müssten Strukturen schaffen, in denen es Mitarbeitenden möglich ist und sie sich dazu ermutigt sehen, moralisch zu handeln.

Individuelles moralisches Verhalten kann nach Wallner (2004:29) langfristig nur dort funktionieren, wo es auch von dementsprechenden Institutionen geleitet und gestützt wird. »Ethik braucht institutionelle Rückenstützen, damit die Last der Verantwortung den einzelnen nicht erdrückt, sondern vielmehr gerade zum moralischen Handeln berechtigt, befähigt und ermutigt.« (Segbers o. J.:115) So ist es beispielsweise nach Rabe (1998:40) Aufgabe der Krankenhausleitung, »… eine Situation zu schaffen, daß man als einzelner Mitarbeiter nicht ein Übermensch oder Außenseiter sein muß, um moralisch zu handeln, sondern daß es der Grundidee und der Atmosphäre des Hauses entspricht.« Wie kann das konkret aussehen?

Garvert und Beule (2005:11f) berichten, in Unternehmen, die sich auf die Arbeit mit kranken und hilfsbedürftigen Menschen spezialisiert hätten, gebe es auf allen Hierarchieebenen und in fast allen Berufsgruppen ethische Konfliktfälle. Im Sinne einer Unternehmensethik gehe es nicht um eine Tugendethik für Mitarbeiter(innen), sondern darum, die Strukturen so zu beeinflussen und Anreize zu schaffen, dass alle Akteure moralisch handeln könnten. Dies könne u. a. durch die Einrichtung eines Ethikbeirats zur Beratung der Geschäftsführung, eines Ethik-Komitees zur Beratung der Einrichtungsleitung sowie ethischer Fallbesprechungen auf der Ebene von Wohnbereich, Station, Verwaltungseinheit bzw. Team geschehen.

Zusammen mit der Implementierung verschiedener Gremien und Instrumente (zu Ethikstrukturen s. Kap. 7.2.1) kann die partizipative Erarbeitung von Leitbildern, Verhaltenskodizes und Konzeptionen (s. Kap. 7.7.6) das Ethos einer Organisation positiv verändern.[148] Ziel ist es, eine gemeinsam geteilte Reflexions- und Kritikkultur zu etablieren, in der konstruktive Beiträge zur werteorientierten Weiterentwicklung des Unternehmens beim Management willkommen sind und auf fruchtbaren Boden fallen. »Institutions- bzw. Organisationsethik bewinnt an Bedeutung in einer Zeit, in der die zunehmende Ökonomisierung im Gesundheitswesen scheinbar keinen Raum und keine Ressourcen für Ethik lässt. Wenn es jedoch keine gemeinsame Basis gibt, auf die man sich bei schwierigen Entscheidungen besinnen kann, kommt es zum Kampf zwischen verschiedenen Interessengruppen um Macht und Einfluss, Leitbilder bleiben leere Phrasen und gut gemeinte Versuche der Mitarbeitermotivation laufen ins Leere.« (Rabe 2009a:292)

Von der Unternehmensleitung entschieden unterstützte Ethikstrukturen können sich wie die meisten Instrumente der Organisationsentwicklung auf das individuelle und Gruppenverhalten im Unternehmen auswirken, indem sie etwa Korridore akzeptierten Verhaltens vorgeben. Arn und Hug (2009:33) merken an, dass Strukturen Individuen zu systemkonformen Menschen erziehen. Bedenke man die Wirkung der Strukturen auf die Einzelpersonen, so werde zudem klar, dass nicht nur Ethikbildung ein Mittel für die Förderung ethisch reflektierter Organisationsentwicklung sei, sondern ethisch reflektierte Organisationsentwicklung auch Ethikbildung fördere (S. 34).

Für das Handeln der Gesundheits- und Krankenpflegerin im Fallbeispiel wäre es wünschenswert gewesen, sie hätte in dem betreffenden Krankenhaus auf ethische Richtlinien als Orientierungshilfe und »Rückendeckung« für solche und ähnliche Problemsituationen zurückgreifen können. Das war leider nicht der Fall – aus institutionsethischer Perspektive ein struktureller Mangel. Verfügte die Pflegekraft als Mitglied der Institution über ausreichend Entscheidungsspielraum für eine ethisch vertretbare Entscheidung? Hätte sie sich der Weisung des Arztes (Umschieben) widersetzen können? Oder machten es die hierarchischen Verhältnisse im Krankenhaus in dem geschilderten Fall unmöglich, moralisch zu handeln (s. Kap. 4.3.4)?

Arn und Hug grenzen die Verantwortung eines Menschen ein: Sie beziehe sich exakt auf seine Einflussmöglichkeiten auf die Geschehnisse: »Daraus ergibt sich, dass jede Person für eine Handlung, die in arbeitsteiligen Verhältnissen bzw. in Auftragsverhältnissen zustande kommt, genau so viel Verantwortung trägt, als sie Einfluss nehmen kann auf das Ob und Wie der Handlung« (Arn, Hug 2009:47). Die beiden Autoren diskutieren, ob eine Pflegefachperson für die Ausführung ärztlicher Anweisungen eine

[148] Freilich ist die zunehmende Bereitschaft von Unternehmen, sich selbstgesetzten Ethikkodizes zu verpflichten, auch kritisch zu sehen. Neuberger spricht von einer »raffinierten Taktik interessierter Kreise«, Probleme zu moralisieren, um damit ihre rechtliche Regelung zu hintertreiben. »Wenn sich Unternehmen freiwillig an (selbst bestimmte) moralische Standards binden, braucht der Gesetzgeber nicht tätig zu werden. Selbstbindung lässt sich wesentlich flexibler handhaben und bei Bedarf auch leichter und folgenärmer außer Kraft setzen als gesetzliche Regelungen.« (Neuberger 2002:735)

ethische (nicht juristische) Verantwortung trage und stellen mehrere Gründe heraus, die dagegen sprächen, die Pflegefachperson als »unbeteiligt« an der Verantwortung für die ausführende Handlung und deren Auswirkungen zu sehen (S. 46f):

Einen Auftrag einfach auszuführen, sei stets nur eine von vielen Handlungsmöglichkeiten. Die beauftragte Pflegekraft könne in der Situation ihre Handlungsfreiheit nutzen und die Durchführung verweigern, insbesondere unter dem Aspekt der im Rahmen der Professionalisierungsdebatte von der Pflege eingeforderten Handlungsautonomie. Die beauftragte Fachkraft habe in der Regel eigenes Fachwissen und könne mit der auftraggebenden Person verhandeln sowie den Auftrag bei der Instanz in Frage stellen, welche der auftraggebenden Person vorgesetzt ist. Entscheide sich die Pflegefachperson für die Übernahme des Auftrags, dann würden die Patienten sie als »Täterin« wahrnehmen und es werde zwischen beauftragter und betroffener Person speziell auf der unmittelbaren Beziehungsebene ein Abhängigkeits- und Verantwortungsverhältnis produziert, das sehr intensiv sein könne.

Insofern konnte von der im Fallbeispiel genannten Gesundheits- und Krankenpflegerin eine verantwortliche ethische Entscheidung erwartet werden. Sie war keineswegs gezwungen, sich der Weisung des Assistenzarztes zu beugen, sondern hatte einige andere Optionen zur Auswahl (s. Kap. 7.6). Kesselring fragt: »Wann sind wir uns schon bewusst, dass das Befolgen einer Vorschrift oder einer pflegerischen Routinemassnahme eine implizite Entscheidung beinhaltet, nämlich der Vorschrift oder der Routine zu folgen oder nicht zu folgen, was, je nach Situation, zum Beispiel fahrlässig oder auch sehr sinnvoll sein kann« (Kesselring 2000:23).

An dieser Stelle lösen wir uns vom Fallbeispiel. Das Kapitel zur ethischen Entscheidungsfindung in der Pflege soll mit einigen Hinweisen zu den Grenzen ethischer Entscheidungsfindungsverfahren abgeschlossen werden.

7.4 Grundsätzliche Grenzen von Verfahren zur ethischen Entscheidungsfindung

Eines der Gütekriterien für ethische Entscheidungen ist die Nachvollziehbarkeit. Fundierte ethische Entscheidungsfindung legt ein transparentes Vorgehen nahe. »Eine ethisch verantwortete Entscheidung wird durch eine nachvollziehbare und überprüfbare Methode stichhaltig und glaubwürdig.« (Städtler-Mach 2001:16) Transparenz sorgt nicht nur für Nachvollziehbarkeit der Voten und Beschlüsse, sondern ermöglicht auch ihre gesellschaftliche Kontrolle. Steinert schlägt zur Hilfestellung im ethischen Entscheidungsprozess in der Psychiatrie vor, sich die Frage zu stellen: »Könnten wir einem zufällig anwesenden Journalisten unser Vorgehen plausibel erklären?« (Steinert 2001:36) Der Medizinprofessor erläutert: »Wenn wir den Eindruck bekommen, dass unser Vorgehen einer kritischen Öffentlichkeit gut erklärt werden könnte, bewegen wir uns wahrscheinlich ethisch auf sicherem Terrain. Wenn wir aber einräumen müssen: ›Wenn das in der Zeitung stehen würde, wäre es wahrscheinlich ein

Skandal!‹ – dann ist es dringend angebracht, die eigene Haltung kritisch zu überdenken« (ebd.).[149]

Transparenz ist wichtig; sie muss aber mit weiteren Werten und Normen austariert werden, etwa mit dem Schutz der Persönlichkeitsrechte von Betroffenen oder mit der ebenfalls grundsätzlich legitimen Forderung nach Geheimhaltung schützenswerter betrieblicher Informationen. Insofern ist nicht die absolute, sondern eine situationsbezogen selektive Transparenz anzustreben.

Stoecker schildert eine typische menschliche Erfahrung. »Eine verantwortliche Entscheidung ist nicht notwendigerweise moralisch richtig. Es gibt keine Gewähr, dass man hinterher nicht trotzdem sagen muss: hätte ich mich doch anders entschieden.« (Stoecker 2011:234) Könnte vielleicht der Einsatz von elaborierten Entscheidungsfindungsmodellen die Treffsicherheit von Urteilen sicher gewährleisten?

Monteverde ist skeptisch; er meint, ein gutes Verfahren allein beantworte nicht immer die Frage, ob die getroffene Entscheidung auch wirklich gut sei (Monteverde 2009c:7). Rabe kritisiert darüber hinaus den weitverbreiteten Glauben an die wissenschaftlich-objektive Richtigkeit von Beschlüssen, welche aus strukturierten Verfahren zur ethischen Urteilsfindung hervorgehen. »In der Medizinethik und in Teilen der Pflegeethik hat sich ein rationalistisches und instrumentalistisches Verständnis von Ethik ausgebreitet. Ethik wird als eine wissenschaftlich begründete Problemlösungsmethode gesehen. Dadurch werden unrealistische Erwartungen geweckt – Ethik kann in den nicht standardisierbaren Alltagssituationen der Pflege und in Grenzsituationen des Lebens nicht die richtigen Lösungen garantieren. Ethische Reflexion kann nicht aus einer ›objektiven‹ und distanzierten Perspektive erfolgen, sondern geschieht grundsätzlich aus der Teilnehmerperspektive, denn wir alle sind potenziell Betroffene und potenziell Hilfsbedürftige und wir sind ›Teilnehmer‹ einer gemeinsamen sozialen Praxis. Ethik in Pflege und Medizin besteht nicht in einer bloßen ›Anwendung‹ von Prinzipien. Es geht vielmehr darum, die dem menschlichen Handeln zugrunde liegende moralische Orientierung bewusst zu machen und sie im Hinblick auf die ethischen Probleme medizinischer und pflegerischer Praxis kritisch zu reflektieren.« (Rabe 2008b:8)

Aroskar (1989) befragte US-amerikanische Pflegekräfte, die in der Gemeindepflege und in der öffentlichen Gesundheitsfürsorge tätig waren, welche Orientierungshilfen (guides) sie in der Entscheidungsfindung bei besonders schwierigen ethischen Problemen nutzten. Die Untersuchungsteilnehmer nannten religiöse Werte, Lebenserfahrungen, Gesetze, berufliche Kodizes und den gesunden Menschenverstand als Quellen. Kein einziger der 319 Befragten führte einen Ethik-Kurs als Orientierungshilfe

---

[149] Steinert schränkt seine Aussage zugleich ein: »Gerade in ethischen Fragen muss die Mehrheit keineswegs Recht haben. Dies gilt für die Mehrheitsmeinung im Team und auch für die Mehrheitsmeinungen in anderen Teams der Klinik, anderen Krankenhäusern, anderen Ländern usw. Trotzdem sollten wir uns sehr bewusst sein, ob wir mit unseren Handlungsweisen auf einer Linie liegen, die in unserer Klinik, in unserem regionalen Umfeld, in unserer nationalen Psychiatrielandschaft usw. als konsensfähig angesehen wird oder ob wir davon deutlich abweichen. Wenn Letzteres der Fall ist, sollten wir uns dafür besonders gute Gründe überlegt haben« (Steinert 2001:36).

an, obwohl mehr als die Hälfte der Teilnehmer angab, einen solchen besucht zu haben (S. 973). In Ethik ausgebildet zu sein bedeutet demnach nicht unbedingt, in ethischen Konflikten bewusst auf die gelehrten Inhalte oder explizit auf Modelle zur ethischen Entscheidungsfindung zurückzugreifen.

Wenner (2010:44) erklärt, Ethikkonsile oder -beratungen unterstützten zwar die Entscheidungsfindung, garantierten aber niemals das richtige, gute Handeln. Der evangelische Theologe Körtner widerlegt zudem die Vorstellung, es sei immer möglich, mit reinem Gewissen und in jedweder Situation moralisch gute Entscheidungen herbeizuführen: »Die Grenzen der Ethik zeigen sich in Dilemmasituationen, die sich weder durch ethische Aus-, Fort- und Weiterbildung, noch durch ausgefeilte Methoden der ethischen Entscheidungsfindung auflösen lassen. Kein Modell der ethischen Urteilsbildung garantiert, daß unser konkretes Handeln im moralischen Sinne tatsächlich gut und richtig ist. … Es gibt tragische und letztlich unauflösbare ethische Konflikte, in denen man unausweichlich moralisch schuldig wird, gleich ob man sich für ein Tun oder ein Unterlassen entscheidet. Schuldgefühle, die sich in solchen Situationen einstellen, lassen sich nicht dadurch aus der Welt schaffen, daß man sie leugnet und wegredet. Schuldbewältigung setzt die Einsicht voraus, daß wir in manchen Fällen nicht nur auf Nachsicht, sondern auf Vergebung angewiesen sind« (Körtner 2007a:129).

7.5 Zusammenfassung

Kapitel 7 begann mit Überlegungen zum Begriff der ethischen Entscheidungsfindung und einigen moralpsychologischen Hinweisen. Ich empfahl, moralische Konflikte möglichst nicht als Einzelperson, sondern gemeinsam mit anderen zu beraten. Außerdem sprach ich mich dafür aus, strukturierte Hilfen zur ethischen Entscheidungsfindung zu verwenden und führte einige der bekanntesten Instrumente auf. Beispielhaft wurde zunächst das Modell der konvergierenden ethischen Argumentation nach Gillen (1999) aufgegriffen und kritisch kommentiert.

Anschließend stellte ich das Modell der multiperspektivischen ethischen Entscheidungsfindung vor und bearbeitete exemplarisch einen authentischen Fall. Dabei ging ich auf die Grundzüge jener großen ethischen Ansätze ein, die im bisherigen Gang dieser Arbeit noch nicht behandelt worden waren. Die Schilderung der feministischen Care-Ethik wird in Kap. 8.2.4.2 nachgeholt.

Kapitel 7 schloss mit Gedanken zur persönlichen Verantwortung und zu einigen grundsätzlichen Grenzen von Verfahren zur ethischen Entscheidungsfindung. In Kapitel 8 sollen abschließend pädagogische Fragen der Ethik in der Pflege behandelt werden. Die Ethik in der Pflegepädagogik wird in ihren zwei bedeutenden Teilaspekten »Pädagogische Ethik« und »Ethik lehren« entfaltet und in ihren wichtigsten Fragen diskutiert.

8 ETHIK IN DER PFLEGEPÄDAGOGIK

Zwei große Themenkomplexe beschäftigen die Pflegepädagogik in Bezug auf Ethik. Zum einen geht es um die Frage der pädagogischen Vermittlung von Ethik, insbesondere der Vermittlung von Pflegeethik (Ethik in der Pflegepraxis), aber je nach Setting (Aus-, Fort- und Weiterbildung oder Studium) auch um die Vermittlung von Ethik im Pflegemanagement, Ethik in der Pflegewissenschaft und Ethik in der Pflegepädagogik.

Zum anderen stellt sich in der Pflegepädagogik wie in benachbarten erziehungswissenschaftlichen Disziplinen die Frage nach einer moralisch vertretbaren (Päd)Agogik. Zielsetzungen von Didaktiken und Methoden, moralische Implikationen von Lehr- und Prüfungssituationen und das praktische Handeln in Bildungsprozessen sind hier unter ethischen Gesichtspunkten zu reflektieren.

Die zwei Grundfragen der Ethik in der Pflegepädagogik

1. Wie kann im Rahmen von Pflegebildung auf eine moralisch vertretbare Art und Weise gelehrt werden?
2. Wie können moralisch vertretbares Handeln und ethische Reflexion im Rahmen von Pflegebildung gelehrt und gelernt werden?

Brandenburg (2001b:16) kritisiert die Tendenz innerhalb der deutschen Pflegewissenschaft, empirische Forschungsbefunde und Wissensbestände anderer Disziplinen zu ignorieren. Die Pflegepädagogik ist demzufolge gut beraten, die umfangreichen Arbeiten ihrer Nachbardisziplinen zu nutzen, in diesem Falle die Wissensbestände der Pädagogischen Ethik.

Ich beginne das Kapitel zur Ethik in der Pflegepädagogik daher mit einer Beschreibung der Pädagogischen Ethik (Kap. 8.1), um daraus in einem zweiten Schritt (Kap. 8.2) Konsequenzen für die ethische Bildung in der Pflege zu entwickeln.

8.1 Pädagogische Ethik

Nach einer kurzen Einführung in die Pädagogische Ethik wird die besondere Problemstellung dieser angewandten Ethik herausgearbeitet. Um nicht auf einer deskriptiven Theorieebene zu verbleiben, sollen anschließend grundsätzliche pädagogisch-ethische Überlegungen am Beispiel einer kritischen Beleuchtung der konstruktivistisch-systemtheoretischen Didaktik entfaltet werden. Das Kapitel zur Pädagogischen Ethik schließt ab mit der Empfehlung der Handlungsorientierten Didaktik als eines emanzipatorischen Ansatzes.

8.1.1 Einführung in die Pädagogische Ethik

Pädagogik ist eine Disziplin, die ursprünglich Teil der Philosophie war und sich in einem jahrzehntelangen Prozess aus ihr herauslöste. Noch in diesem Emanzipationsprozess sind Ethik und Erziehung »... von der philosophischen Tradition als sehr simples Ableitungsverhältnis begriffen worden: Die Erziehung verwirklicht oder übersetzt in pädagogische Wirklichkeiten, was die Ethik als allgemeine Prinzipien begründet« (Oelkers 1992:205). Im Hinblick auf die Begründung von Erziehungszielen bezeichnete Wilhelm Rein (1911) die Pädagogik als Ganze als angewandte Ethik (zit. n. Schilmöller 1999:229). Oelkers lehnt diese Vorstellung aus heutiger Sicht als linear und unzutreffend ab (Oelkers 1992:205).

Nachdem sich die Pädagogik nach dem Zweiten Weltkrieg immer deutlicher empirisch-sozialwissenschaftlichen Strömungen zuwandte, bewegt sie sich heute im Spannungsfeld zwischen geisteswissenschaftlicher Tradition, sozialwissenschaftlichem Anspruch und neuen Erkenntnissen aus der Hirnforschung. Pädagogik (bzw. Erziehungswissenschaft) versteht sich in unserer Zeit nicht mehr als praktische Anwendung einer allgemeinen Ethik (angewandte Ethik), sondern als selbstständige wissenschaftliche Disziplin, wiewohl es auch heute Vertreter gibt, für die »... **Moral** und **nur** Moral Thema der Erziehung ist« (so Oelkers 1992:21).

Heute wird angewandte Ethik in der Erziehungswissenschaft als Pädagogische Ethik bezeichnet. Sie ist jener Teil der Disziplin Erziehungswissenschaft, der mit am Deutlichsten auf die philosophischen Wurzeln rekurriert. Pädagogische Ethik ist eine Bereichsethik, d. h. eine (im Bereich der Pädagogik) angewandte Ethik.

Einzelne Autoren bestreiten, dass es bereits eine elaborierte und etablierte Pädagogische Ethik gebe (u. a. Oelkers 1992:12), andere stellen die Vieldeutigkeit des Begriffs Pädagogische Ethik heraus: »Es kann eine Lehre über die ethischen Maßgaben gemeint sein, die den Erziehenden in seinem pädagogischen Handeln motivieren und bestimmen sollen. Es kann auch an Aussagen über die ethischen Standards gedacht sein, die der Erziehungswissenschaftler bei seiner Forschung und seinem Experimentieren mit Menschen beachten muß. Schließlich bezeichnet der Begriff ›Pädagogische Ethik‹ eine Lehre zu dem Thema: Kann man und gegebenenfalls wie kann man einen jungen Menschen dazu erziehen, dass er sich in seinem Handeln an ethischen Maßgaben orientiert« (Kerstiens 1996:105).

Hügli bietet drei Deutungsvarianten des Terminus Pädagogische Ethik an:

1. »eine Pädagogik der Ethik,
2. eine Ethik der Pädagogik resp. der Pädagogen oder
3. die Pädagogik selbst« (Hügli 1996:312).

Alle drei Bedeutungsvarianten hängen nach seiner Einschätzung miteinander zusammen.

Für Oelkers besitzt der Aspekt der ethischen Legitimierung von Pädagogik Vorrang: »Die erste Frage einer ›pädagogischen Ethik‹ ist nicht, wie Moral vermittelt, sondern wie Erziehung gerechtfertigt werden kann« (Oelkers 1992:11). Dieser Auffassung schließe ich mich an und gehe im nächsten Schritt auf die Probleme ein, mit denen sich diese Interpretation Pädagogischer Ethik befasst.

8.1.2 Problemstellung der Pädagogischen Ethik

Ethik unterscheidet zwischen moralisch guten und instrumentell guten, d.h. pragmatisch richtigen Handlungen.[150] Eine Handlung kann unter moralischen Gesichtspunkten gut oder schlecht sowie gleichzeitig unter außermoralischen (instrumentellen, pragmatischen) Gesichtspunkten richtig oder falsch sein (vgl. Pieper 2000:175f). Tabelle 3 zeigt die vier verschiedenen Kombinationsmöglichkeiten.

Tabelle 3: Moralische Güte und pragmatische Richtigkeit von Handlungen.

		Moralische Güte einer Handlung	
		moralisch schlecht	moralisch gut
instrumentelle Güte einer Handlung, pragmatische Richtigkeit	pragmatisch falsch	Handlungen, die sowohl moralisch schlecht als auch pragmatisch falsch sind	Handlungen, die zwar moralisch gut, aber pragmatisch falsch sind
	pragmatisch richtig	Handlungen, die zwar moralisch schlecht, aber pragmatisch richtig sind	Handlungen, die sowohl moralisch gut als auch pragmatisch richtig sind

Moralische Güte und pragmatische Richtigkeit sind voneinander zu unterscheiden. Wenn beispielsweise in einem US-amerikanischen Gefängnis die Todesstrafe vollstreckt oder in einem niederländischen oder belgischen Pflegeheim der Wunsch eines Krebskranken nach aktiver Beendigung seines Lebens erfüllt wird, so mögen die ent-

[150] Ferber bezeichnet die instrumentelle Bedeutung von gut als relativ, die moralische als absolut (Ferber 1999:161); m.E. geschieht die Zuschreibung von moralischer Güte immer im stillen oder bewussten Vergleich mit einem als weniger moralisch Eingeschätzten – also in Relation.

sprechenden Tötungshandlungen (wie das wirksame Verabreichen der Todesspritze) pragmatisch richtig durchgeführt werden – die moralische Bewertung bleibt aber von der Beurteilung der instrumentell-technischen Durchführung unabhängig.

Mybes (2001:24) kritisiert die Gesetzgebung in Holland, das im Jahr 2001 als erstes Land der Welt die aktive Sterbehilfe straffrei gestellt hat (Belgien ist 2002 dieser Praxis gefolgt, Luxemburg im Jahr 2009; R. L.); er führt die Zustimmung zu diesem Gesetz auf die Furcht zurück, nicht mehr menschenwürdig versorgt, gepflegt und betreut zu werden. Durch die neue Regelung entstehe ein gesellschaftlicher Druck auf zumeist ohnehin sozial und gesundheitlich benachteiligte Gruppen, d. h. vor allem auf alte, chronisch kranke und behinderte Menschen. Sie sähen sich zunehmend einem gesellschaftlich-ökonomischen Druck in Richtung eines »sozialverträglichen Frühablebens« ausgesetzt (Mybes ebd.).[151]

Der bekannte Psychoanalytiker Wolfgang Schmidbauer (2011:46) spricht sich für die Möglichkeit ärztlicher »Hilfe zu einem Tod in Würde« aus, muss aber gleichzeitig einräumen: »Wie können einfache, leichtgläubige Menschen sich wehren, wenn ihre Angehörigen von ihnen wollen, dass sie den Tod wählen, weil ihre Pflege zu anstrengend und aufwendig sei? Wahrscheinlich geht das nicht« (S. 49).

Koch (2010:210f) berichtet über die Ergebnisse einer Studie der Universität Maastricht, in der die Auswirkungen des niederländischen Euthanasiegesetzes auf beruflich Pflegende untersucht wurden. »Dabei zeigte sich, dass niederländische Pflegende wie ihre deutschen Kollegen mit der Rechtslage, mit ihren Rechten und Pflichten nur oberflächlich vertraut sind und dennoch in alle Phasen der Patiententötungen eingezogen werden und daran mitwirken. Grundsätzlich sind Pflegende nicht dazu verpflichtet. Der Studie zufolge beklagen viele Krankenschwestern und -pfleger die mangelnde Zusammenarbeit mit den Ärzten. Oft kennen Pflegende den genauen Tötungszeitpunkt gar nicht (23 % der Fälle). In einigen Fällen führt das Pflegepersonal anstelle des Arztes die Tötungshandlungen durch (12 %) ohne entsprechend dafür legitimiert zu sein und gibt in 50 % der Fälle die Verantwortung hierfür dem Arzt. … In den Niederlanden ist die Pflege hinsichtlich der Sterbehilfepraxis nicht nur eine betroffene, sondern auch selbst – und zwar ohne rechtliche Legitimation – ausführende Partei.« (ebd.)

Gastmans (2012:101) zitiert aus niederländischen und belgischen Untersuchungen, wonach in 15 % der in Holland beobachteten Fälle Pflegende selbst das todbringende Mittel verabreichten, in Gegenwart eines Arztes oder ohne diese. In Belgien seien Pflegende sowohl vor als auch nach Inkrafttreten der Gesetzgebung zur aktiven Sterbehilfe an der Ausführung von Handlungen aktiver Sterbehilfe beteiligt gewesen.

---

[151] Arndt (2005a:44) konstatiert, viele ältere Menschen, die an sich selbst den Beginn einer Demenzkrankheit feststellten oder zu bemerken glaubten, hätten sicher das Bedürfnis, ihren Angehörigen und der Gemeinschaft ihrer Mitbürger die Belastungen und Kosten einer langen Pflege zu ersparen. Dieses Bedürfnis lasse sich leicht manipulieren und könne in die moralische Aufforderung umgemünzt werden, sich beim Auftreten einer Demenz zur Selbsttötung zu entschließen. »In einem Meinungsklima, in dem aktive Euthanasie und Freitod im Alter von zahlreichen einflussreichen Persönlichkeiten des öffentlichen Lebens propagiert, Maschinen zur Selbsttötung erfunden und handliche Suizidanweisungen verbreitet werden, ist leider das Terrain für die Zunahme gesellschaftlich verhängter Alterssuizide vorbereitet.« (ebd.)

Wird eine solche Gesetzgebung in Zukunft auch in Deutschland erfolgen? Mybes sieht den eigentlichen Grund für die bisherige Verhinderung eines »Tötungsgesetzes« in der Bundesrepublik nicht in den ethischen, moralischen und politischen Überzeugungen unserer Gesellschaft, sondern in der Geschichte unseres Landes (Mybes 2001:24). Die Thematik kann in der vorliegenden Arbeit nicht vertieft werden. Als weiterführende Literatur sei auf Schreiner (2001d) verwiesen.

Nach meiner Einschätzung ist die Unterscheidung von moralischer Güte (moralischer Qualität) und pragmatischer Richtigkeit (technisch-instrumenteller Qualität) hilfreich, schärft sie doch unser Urteilsvermögen dahingehend, dass wir technisch richtigen Handlungen nicht unreflektiert moralische Unbedenklichkeit zuerkennen (vgl. Kap. 5.4).

Handlungen sind – ethisch gesehen – dann vollkommen, wenn sie sowohl (moralisch) gut als auch (pragmatisch) richtig sind, wie Pieper treffend formuliert (Pieper 2000:176).[152] Problematisch gestaltet sich die Unterscheidung allerdings, wenn moralische Güte nur von der Moralität des Handlungs**ziels** her definiert wird, die **Mittel** zur Zielerreichung hingegen keinen eigenen (vom formell intendierten Handlungsergebnis absehenden) moralischen Anforderungen genügen müssen, wie das nachfolgende Zitat nahelegt:

»Die ethische Reflexion auf das moralische Ziel und die pragmatische Reflexion auf die angemessenen Mittel gehören in der Praxis untrennbar zusammen, soll nicht die Ethik eine praktisch folgenlos bleibende reine Theorie des menschlichen Willens und die Pragmatik eine hinsichtlich der Moralität der gesetzten Ziele unkritische Theorie des durch menschliches Tun Machbaren sein. Moralität der Zielsetzung und Wahl der richtigen Handlung ergänzen einander, d.h. ein moralisch gutes Ziel und ein pragmatisch gutes Mittel zur Erreichung des Ziels machen eine vollkommene Handlung aus.« (Pieper 2000:85f)

Folgt man der zitierten Auffassung Piepers, dann müssen lediglich die mit einer Handlung angestrebten Ziele ethisch legitimiert werden, nicht jedoch die Mittel, die zum Erreichen der Ziele eingesetzt werden. An den Mitteln interessiert nur ihre Zweckmäßigkeit in Hinblick auf das Erreichen des Handlungsziels. Ich möchte diese Haltung Primat der Ziele nennen. Die Betonung der Ziele lässt Pädagogen an die Bildungstheoretische Didaktik Klafkis denken, allerdings mit dem Unterschied, dass spätestens nach der Weiterentwicklung der aus den fünfziger Jahren des 20. Jahrhunderts stammenden Bildungstheoretischen Didaktik Klafkis zur kritisch-konstruktiven Didaktik gerade auch die pädagogischen Methoden unter pädagogisch-moralischen Aspekten kritisch überprüft werden sollen (vgl. Klafki 1993).

[152] Körtner (2012:15) verwischt diesen wichtigen Unterschied leider etwas, wenn er schreibt, man könne unter dem moralisch Guten das nicht nur in einer bestimmten (z.B. technischen) Hinsicht oder in mehrfacher Hinsicht (z.B. technisch optimal und ökonomisch effizient), sondern das in jeder Hinsicht Gute verstehen.

Piepers Auffassung erinnert an das Motto »Der Zweck heiligt die Mittel«: Ist das Ziel ethisch gerechtfertigt, dann geht es bei der Umsetzung lediglich um die funktionale Richtigkeit (Pragmatik) der Mittel. Hier tritt wohl die kantische Überzeugung zutage, eine Handlung sei moralisch, wenn ihr ein guter Wille zugrunde liege (Gesinnungsethik, vgl. Kap. 7.3.4.4)?

Moralisch anerkannte Ziele rechtfertigen m. E. keinesfalls automatisch die Mittel, die zur Zielerreichung eingesetzt werden. Werner Heisenberg, deutscher Physiker und Nobelpreisträger, mahnte zur kritischen Prüfung der eingesetzten politischen Mittel: »Es ist immer sehr schwierig, über den Wert politischer Ziele zu urteilen, wenn deren Erreichung noch in weiter Ferne liegt. Ich glaube daher, dass man eine politische Bewegung nie nach den Zielen beurteilen darf, die sie laut verkündet und vielleicht auch wirklich anstrebt, sondern nur nach den Mitteln, die sie zu ihrer Verwirklichung einsetzt« (zit. n. Ebel-Gabriel 2002:105).

Wenn sich die zur Anwendung gebrachten Methoden nicht selbst unter moralischen Gesichtspunkten rechtfertigen lassen, dann sind entsprechende Handlungen unmoralisch, selbst wenn sie in letzter Konsequenz höchste ethische Ziele verwirklichen sollen. Dieser Grundsatz gilt nicht nur für die politische Ethik, sondern beispielsweise auch für die Pflegeethik und die pädagogische Ethik.

Für pädagogisch Tätige ergibt sich aus dieser Überlegung die konkrete Verpflichtung, nicht nur ihre auf unterschiedlichen Abstraktionsniveaus liegenden pädagogischen Ziele unter ethischen Gesichtspunkten auszuwählen und zu überprüfen, sondern auch die pädagogischen Mittel und Wege, d. h. ihre Methoden mit Bedacht auszuwählen. Neben Zielen und Methoden geraten aus pädagogisch-ethischer Perspektive in gleicher Weise die übrigen Elemente pädagogischen Handelns in den Blick: Menschenbild, Inhalte/Sachthemen, Sozialformen, Medien und persönlicher Umgangsstil.

Thiersch (1995:90) warnt vor Gefährdungen, die in der Struktur pädagogischen Handelns liegen: »Es wäre, scheint mir, nicht uninteressant, spezifische pädagogische Stile [...] jeweils auf die in ihnen liegenden Chancen des sublimen Machtgewinns hin zu analysieren. Es gibt eine Nötigung, die schon im Zeitarrangement liegt oder in der Kunst eines bedrängenden, gleichsam inquisitorischen Fragens, es gibt auch einen Überfall mit Sachklarheit [...], es gibt vor allem aber auch einen professionell gleichsam gesättigten, erfahrungsstabilisierten und geradezu detektivischen, kriminalistischen Spürsinn im Überraschen, Stellen, Ertappen und Festnageln« (zit. n. Schmid Noerr 2001:21).

Aus ethischer Sicht muss pädagogisches Handeln kritisch daraufhin überprüft werden, ob es dem Kriterium der Moralität genügt, d. h. ob es moralisch verantwortbar ist. »Gleich welchem Alter, welchem Geschlecht, welcher Schulform der Schüler auch immer angehört, der Lehrer wird ihm das eigenständige Werten zubilligen und die Wertungen auch ›ertragen‹ müssen. Denn im Werten bestimmt der Schüler nicht nur sein persönliches Verhältnis zur Sache, sondern zugleich sein Verhältnis zu sich selbst, d. h. seine Identität. ... Nur erzieherische Maßnahmen, die diese ›Würde der Person‹ berücksichtigen, sind pädagogisch legitim.« (Rekus 1999:260)

»Erziehung kann Schaden anrichten«, warnt Oelkers (1992:206). Da Schädigungen durch pädagogisches Handeln nicht nur spontan und situativ entstehen, sondern auch strukturell mitverursacht werden können, sind nicht nur praktische pädagogische Alltagshandlungen, sondern auch die zur Verfügung gestellten übergeordneten pädagogischen Prinzipien kritisch zu untersuchen.

Woher stammen pädagogische und pädagogisch-ethische Grundüberzeugungen? Pädagogische Ethik »... kann und muss auf Prinzipien zurückgreifen, die ihr vorausliegen, wie Gerechtigkeit und Gleichheit, sie verwendet aber auch eigene Normen, wie ›kritisches Denken‹, oder Begriffe anderer Bereiche, wie den Rechtsbegriff ›Emanzipation‹, die eine typische Umformung erfahren und zu Erziehungszielen werden« (Oelkers 1992:200).

Aufgabe der pädagogischen Ethik ist es, pädagogische Prinzipien und Erziehungsziele am Maßstab der Moralität zu prüfen. Auf einer übergeordneten Ebene sind dabei in erster Linie die unterschiedlichen erziehungswissenschaftlichen Ansätze und Didaktiken kritisch nach ihren moralischen Implikationen zu untersuchen.

Von den zahlreichen didaktischen Entwürfen (vgl. die Übersichten in Gudjons et al. 1993; Jank und Meyer 1994, 2002) greife ich im folgenden Kapitel exemplarisch die konstruktivistisch-systemtheoretische Didaktik heraus. Ein konstruktivistischer Ansatz ist nach Auffassung Großklaus-Seidels (2002:210) als »didaktische Theorie, die in der Pflegeethik unter diesen schwierigen Rahmenbedingungen Anwendung finden kann«, besonders geeignet. Für einen gemäßigten (moderaten) Konstruktivismus trifft das ohne Zweifel zu, nicht jedoch für den radikalen[153] Konstruktivismus systemtheoretischer Prägung, eine Strömung in der Pädagogik und in anderen Disziplinen, an der sich eindrucksvoll die ethische Problematik pädagogischen Handelns aufzeigen lässt.

8.1.3 Beispiel: Konstruktivistisch-systemtheoretische Didaktik

Die konstruktivistisch-systemtheoretische Sichtweise ist zunächst neu und fremd; sie fasziniert und begeistert, weil sie erkenntnistheoretische Erklärungen anbietet und die mechanistischen Vorstellungen einiger traditioneller Didaktiken als Illusion entlarvt. Gleichwohl wirft sie gerade in Management, Therapie und Pädagogik erhebliche Probleme auf, die erst bei näherer Betrachtung in ihrer Tragweite bewusst werden und die von großem pädagogisch-ethischem Interesse sind.

Zunächst soll die historische Entwicklung der noch recht jungen Didaktik nachgezeichnet werden, um sie im Anschluss kritisch zu bewerten.

[153] Der Begriff »radikal« bedeutet »an die Wurzel gehend« und kommt von lat. radix (Wurzel). Ernst von Glasersfeld hat den Konstruktivismus um den Zusatz »radikal« erweitert und pädagogische Soft-Versionen als »trivialen Konstruktivismus« abgestempelt, wie Jank und Meyer berichten (Jank, Meyer 2002:300).

8.1.3.1 Geschichte der konstruktivistisch-systemtheoretischen Didaktik

Die konstruktivistisch-systemtheoretische Didaktik hat sich erst in den letzten Jahrzehnten des 20. Jahrhunderts konstituiert. Sie zeigt sich recht unstrukturiert und hat ihre Wurzeln u.a. in Biologie, Kybernetik, funktional-struktureller Systemtheorie, Philosophie, Konstruktivismus, Psychoanalyse und systemischer Psychotherapie. Es gibt derzeit noch keine einheitliche Bezeichnung für die neue Didaktik. Sie firmiert als konstruktivistische Erwachsenenbildung (Arnold, Siebert 1997), systemisch-konstruktivistische bzw. interaktionistisch-konstruktivistische Pädagogik (Reich 1996), Subjektive Didaktik (Kösel 1993), interventionistische Didaktik oder Pädagogischer Konstruktivismus (Siebert 1999).

Ich werde diese neuere Didaktik nach ihren Hauptquellen *konstruktivistisch-systemtheoretische Didaktik* nennen, ihre Grundaussagen zusammenfassen und sie in einem nächsten Schritt auf ihre ethische Problematik untersuchen.

8.1.3.2 Grundaussagen der konstruktivistisch-systemtheoretischen Didaktik

Erfolgreiche Lehrer sind nach dem Verständnis der konstruktivistisch-systemtheoretischen Didaktik Experten für das Anregen und reflexive Begleiten von selbstständigen Lernprozesssen. Sie sehen ihre Hauptaufgabe darin, die selbsttätige Auseinandersetzung der Bildungsteilnehmer mit den Lerninhalten zu stimulieren.

Einerseits möchten sie anregende Lernpartner sein, zugleich aber auch unbequeme Provokateure, denen es zu gelegener Zeit gefällt, die gewohnte Idylle pädagogischer Standardabläufe zu stören. Mit ihren Bildungsangeboten wollen sie dazu anregen, vorhandene Denk- und Deutungsmuster in Frage zu stellen, anstatt die bestehenden kognitiven Strukturen der Lernenden zu affirmieren.

Hauptaufgabe einer konstruktivistisch und systemtheoretisch orientierten Lehre ist nach dieser Überzeugung das Anregen von neuen Denkbewegungen. Ich wähle bewusst den Begriff anregen, weil gemäß der Systemtheorie Niklas Luhmanns und den Arbeiten seiner Nachfolger Willke und Simon Menschen als »lebende Systeme« autonom und strukturdeterminiert sind. Sie »... verhalten sich zu jedem Zeitpunkt so, wie es ihre interne Struktur bestimmt. ... Umweltereignisse können lediglich Perturbationen, d.h. Störungen oder Anregungen, sein ...« (Simon 1997a:151f). Psychische Systeme (der menschliche Geist, die Psyche) sind also, wie es die Systemtheorie und der Konstruktivismus ausdrücken, nicht im Sinne linearer Ursache-Wirkungs-Zusammenhänge steuerbar, sondern sollen

- gelockt (v. Foerster, Pörksen 1998:79),
- inspiriert (Simon 1997:20),
- angeregt (Simon 1997a:151f; Siebert 1999:6),
- angereizt (Kösel 1993:57),
- angestoßen (Kösel 1993:378),
- zur Wissenskonstruktion provoziert (Overmann 2001),

- gestört[154] (Simon 1988:345f; ders. 1997a: 151f),
- verstört (Maturana, Luhmann, siehe u.a. Kösel 1993:254; Simon 1988:346f),
- perturbiert (Maturana, Varela 1987),
- irritiert (Willke 1996b:117; Arnold, Siebert 1997:115),
- infiziert (Simon 1997a:159),
- in ihren Hüllen angepickt (Pazzini 1998:32),
- aus der Ruhe gebracht (Pazzini 1998:33),
- desequilibriert (Overmann 2001),
- verunsichert (Overmann 2001),
- verwirrt (von Foerster, Pörksen 1998:35; Falk 1999:32) bzw.
- erschüttert (Overmann 2001) werden.

Um herkömmliche kognitive Strukturen verlassen zu können, d.h. um zu ent-lernen (Simon 1997b) bzw. sich zu ent-bilden (Pazzini 1998:29), wird vom Lehrenden eine Konfrontation mit neuen Umwelten und Sichtweisen zu arrangieren versucht. Er soll Inhalte, Methoden, Sozialformen, Medien, Umgebungen und sogar sich selbst fremd[155] und ungewohnt arrangieren bzw. präsentieren. »Die Sinnkonstruktion wird durch den Zweifel, das Staunen, das Dionysische, das Fremde, das Weite und den Widersinn angeregt« (Overmann 2001), was mit starken Gefühlen verbunden sein kann.

Welche Gefühle sind das? Simon (1997a:159) und Siebert (1999:126) heben Lust als ein zentrales lernanregendes Gefühl hervor. Heger und Manthey (1993) stellen die Bedeutung des Eros für Lehre und Lernen in den Vordergrund (allgemein, nicht speziell auf die konstruktivistisch-systemtheoretische Didaktik bezogen). Geißner und Schmerfeld betonen neben Lust eine andere Möglichkeit, Lehr-Lern-Prozessen Tiefe zu verleihen. Sie besteht darin, festgefügte Erwartungen der Teilnehmer gerade nicht zu erfüllen, sondern sie zu irritieren, d.h. Disharmonie zu provozieren (vgl. Geißner 1999a:77f). Nach Schmerfeld findet Lernen nämlich nicht nur in einem Gefühl der Sicherheit und des Wohlbehagens fruchtbare Bedingungen, sondern kann gerade aus

---

154 Die systemtheoretische Auffassung von »Störung« (Perturbation, Irritation, Infektion) geht weit über das Cohn'sche Postulat »Störungen haben Vorrang« hinaus. In der Themenzentrierten Interaktion gelten Störungen als unerwünschte Hindernisse. »Beachte Hindernisse auf deinem Weg, deine eigenen und die von anderen. Störungen haben Vorrang (ohne ihre Lösung wird Wachstum erschwert oder verhindert).« (Cohn 1975:121) Aus systemtheoretischer Sicht gibt es hingegen kein Lernen ohne Störungen. Sie sind unabdingbare und grundsätzlich willkommene Stimulatoren.

155 Um zu lernen, scheinen Menschen nicht nur Wärme und Vertrautheit zu benötigen, wie es v.a. die humanistische Psychologie lehrt, sondern ebenso Fremdheit. Wie viel Fremdheit ist jedoch erforderlich, um zu lernen? Wie viel Vertrautheit brauchen Menschen, um im Erleben von Fremdheit lernen zu können? Gibt es in der Pädagogik vielleicht so etwas wie eine Dialektik von Fremdheit und Vertrautheit? Diese Überlegungen erinnern an ein Phänomen in der Bildenden Kunst. Dort wird zwischen Banalität und Originalität unterschieden: Wenn ein Kunstwerk nichts Neues bzw. Fremdes enthält, dann ist es banal, d.h. es wirkt altbekannt und langweilig. Enthält es – gemessen am kulturellen Erfahrungsstand des Betrachters – zu wenig Bekanntes, sondern nur Neues/Fremdes, so wird es nicht verstanden, sondern als irrelevant abgelehnt. Übertragen auf die Pädagogik, bedeutete das: In pädagogischen Settings braucht es ein ausgewogenes und abgestimmtes Maß an Vertrautheit wie an Fremdheit. Auf die angemessene – d.h. insbesondere situationsentsprechende – Mischung scheint es anzukommen.

Dissenserfahrungen und Fremdheitserleben hervorgehen (vgl. Schmerfeld 1997:12, ders. 1998b:36f).

Balgo drückt es so aus (1998:61): Der Lehrende ist »... bestrebt, die Wirklichkeitskonstruktionen der Lernenden mit Unterschiedlichem, Unerwartetem, Neuem angemessen zu irritieren, um diese zu anderen Wissenskonstruktionen anzuregen. Er versucht die Wissenskonstruktionen der Lernenden und die Lernprozesse, welche diese bestätigen, zu stören, indem er Konflikte, Widersprüche, logische Brüche und Ambivalenzen offenlegt oder herbeiführt«.

Aus der tiefenpsychologischen Forschung ist bekannt, dass Menschen besonders in emotional krisenhaften Situationen fähig werden können, feststehende kognitive Strukturen zu verändern. Auf der Höhe einer Krise kann eine labile Phase eintreten, in der sich neue Verhaltensmuster leichter erlernen lassen als sonst (vgl. Kast 1994:162f). Diese Annahme teilt eine systemtheoretisch orientierte Pädagogin, wenn sie etwa eine krisenhafte Zuspitzung im Unterricht bewusst provoziert.

Ein Mittel einer solchen »Dissens-Pädagogik«[156] ist die bewusste Verweigerung des Dozenten gegenüber traditionellen Unterrichtsprinzipien wie etwa der Lernzielfestlegung zu Beginn oder der vermeintlichen Ergebnissicherung am Ende des Unterrichts. Eine weitere Möglichkeit, traditionelle Muster zu enttäuschen, ist die »dauernde Nichtbekräftigung« (Joerger 1980:158) performierten Lernverhaltens, die entgegen behavioristischer Theorien die Neugier der Lernenden eher zu verstärken als zu vermindern scheint. Joerger, der meines Wissens selbst kein Konstruktivist oder Systemtheoretiker war, erwähnt noch andere Möglichkeiten des Verfremdens, die sich heute auch in der konstruktivistisch-systemtheoretischen Didaktik finden: Vorenthalten statt Anbieten von Inhalten, dosierte dissonante Information sowie provozierende statt erklärender Lehrweise. Ein solcher Unterrichtsstil kann »unter die Haut« gehen (vgl. Joerger 1980:163f).

Konstruktivistisch-interventionistische Lernarrangements sind ungewöhnlich. »Der Normalfall des Lernens ist assimilierend, affirmativ, erfahrungsorientiert. Lernen erfolgt ›erwartungsgemäß‹. Schüler ›erwarten‹ die Fragen der Lehrer und bereiten sich gedanklich darauf vor. Ein akkomodierendes, ›verunsicherndes‹ und innovatives Lernen wird durch Perturbationen, das heißt durch unerwartete, irritierende Impulse angeregt.« (Siebert 1999:120)

Diese Didaktik nimmt Erschütterungen der verfestigten Orientierungsmuster von Teilnehmern nicht nur in Kauf, sondern betrachtet sie als pädagogisch erwünscht. Ein systemtheoretisch denkender Dozent erlaubt es sich deshalb, (im psychoanalytischen Sinne) aggressiv auf die Teilnehmer zuzugehen und ihre kognitiven Muster in Frage zu stellen. Der Psychoanalytiker Pazzini behauptet, Aggressivität stehe im Zentrum aller Lehrprozesse, auch wenn diese Tatsache meist nicht bemerkt werde (Pazzini 1998:30).

---

156 vgl. zur systemtheoretischen Bedeutung von Dissens: Willke 1996b:233ff

Konstruktivistisch-systemtheoretisch denkende Lehrer vertrauen auf die strukturdeterminierte Fähigkeit der Lernenden, ihre im Lehr-Lern-Prozess irritierten kognitiven Strukturen neu zu konstruieren.[157] Mit einem Fachbegriff der Systemtheorie ausgedrückt: Sie hoffen auf die Autopoiese der Bildungsteilnehmer. Der Begriff »Autopoiesis« stammt aus der Biologie, wo er sich auf lebende Organismen bezieht, die sich aus sich selbst heraus organisieren und reproduzieren[158]. Luhmann hat den Begriff aus den Arbeiten der chilenischen Evolutionsbiologen Maturana und Varela übernommen und verwendet ihn weitgehend synonym mit den sinnverwandten Begriffen »Selbstreferenz« und »Selbstorganisation« (Treibel 1997:33).

Willke weitet das Konzept der Autopoiese aus: »Der Begriff impliziert, daß nur das System selbst seine Elemente erzeugen kann und in der Tiefenstruktur seiner Selbststeuerung von seiner Umwelt unabhängig ist« (Willke 1996a:262). Dieser Gedanke führt zu einem weiteren zentralen Begriff der neueren Systemtheorie: der operationalen[159] Geschlossenheit. Luhmann unterschied »machines« von »living systems« (1984, zit. n. Treibel 1997:28). Lebende Systeme (autopoietische Systeme) gelten im Gegensatz zu Maschinen[160] (allopoietischen Systemen) als operational geschlossen und lassen sich von außen lediglich »stören«, nicht aber steuern. Bildungsteilnehmer als psychische Systeme können nicht von ihrer Umwelt determiniert werden, sondern sind darin autonom, »... was sie in welcher Form von ihrer Umwelt aufnehmen und wie sie diese Umweltereignisse in das eigene Funktionssystem einbauen« (Schülein, Brunner 1994:119).

»Entscheidend ist, dass diese Systeme als strukturdeterminierte, selbststeuernde Systeme von Umweltereignissen nur zu eigenen Operationen angeregt oder angestoßen, nicht aber determiniert werden können ...« (Willke 1996b:60) Eine »... Steuerung des systemspezifischen Operationsmodus von außen ist nicht möglich, es sei denn um den Preis der Zerstörung der autopoietischen Qualität oder Identität des Systems« (Willke 1991, zit. n. Treibel 1997:34). Wie diese Zerstörung erreicht werden kann, zeigt uns ein Blick in die Geschichte der Menschheit: mit Zwang, Einschüchterung, Drohung, Manipulation, Drill, Gehirnwäsche oder körperlicher Gewalt.

Ein wichtiges Merkmal konstruktivistischer Didaktik ist die Überzeugung von der Individualität des Lernens: »Die traditionelle Didaktik ist an Vereinheitlichung interessiert, an möglichst homogenen Zielgruppen mit ähnlichen Lernvoraussetzungen

---

157 Trotz der Gegensätzlichkeit zwischen humanistischem und systemtheoretischem Denken zeigt sich m.E. gerade in diesem Grundvertrauen auf menschliche Selbsthilfe- bzw. Selbstheilungskräfte eine unerwartete Übereinstimmung. Allerdings arbeiten humanistisch orientierte Lehrer gezielt darauf hin, eine wertschätzende Atmosphäre der Authentizität und emotionalen Wärme herzustellen, während dies bei konstruktivistisch-systemtheoretisch orientierten Lehrern nicht programmatisch beabsichtigt ist.

158 griech. autós: selbst; poíein: machen

159 Einige Autoren bevorzugen den Ausdruck »operativ geschlossen«, z.B. Treibel (1997:33).

160 Luhmanns Differenz »lebende Systeme versus Maschinen« erscheint zutreffender als Heinz von Foersters Unterscheidung von »trivialen« und »nichttrivialen Maschinen«. Ich teile Pörksens Einwand, »... daß schon die Rede von einer Maschine immer die Suggestion von Berechenbarkeit und Durchschaubarkeit erzeugt. Die Maschinen-Metapher hat diese Konnotation, sie legt nahe, alle Aspekte des menschlichen Lebens seien enträtselbar« (von Foerster, Pörksen 1998:59).

und gemeinsamen Lernergebnissen. Der Konstruktivismus betont demgegenüber die Individualität, die Eigensinnigkeit und Eigenwilligkeit der Erwachsenen. Eine Vermittlungsdidaktik hat nur geringe Erfolgschancen« (Siebert 1994).

Wissen kann aus konstruktivistischer Sicht nicht vermittelt werden

Wissen kann aus konstruktivistischer Sicht nicht vermittelt werden. Es kann lediglich der interaktionelle Kontext der Konfrontation psychischer Systeme mit potenziell irritierenden Umwelten zu arrangieren versucht werden, wie auch von Foerster nahelegt, wenn er vermutet:

»Wissen läßt sich nicht vermitteln, es läßt sich nicht als eine Art Gegenstand, eine Sache oder ein Ding begreifen, das man – wie Zucker, Zigaretten, Kaffee – von A nach B transferieren kann, um in einem Organismus eine bestimmte Wirkung zu erzeugen. Meine Vorstellung ist dagegen, daß das Wissen von einem Menschen selbst generiert wird und es im Wesentlichen darauf ankommt, die Umstände herzustellen, in denen diese Prozesse der Generierung und Kreation möglich werden. Das Bild des Lernenden wird auf diese Weise ein anderes. Er ist nicht mehr passiv, er ist keine leere Kiste, kein Container, in den eine staatlich legitimierte Autorität (ein Lehrer oder ein großer, weiser Professor) Fakten, Daten und seine enorme Weisheit hineinfüllt. ... Der Lernende erscheint aus einer ... kognitions- und perzeptionstheoretischen Perspektive als aktiver Konstrukteur; er ist es, der sich das Wissen erarbeitet« (von Foerster, Pörksen 1998:70).

Wenn sich Wissen nicht »vermitteln« lässt, braucht eine konstruktivistisch-systemtheoretische Didaktik dann überhaupt noch Lehrer? »Der Konstruktivismus beschreibt das Lernen nicht als eine Folge des Lehrens, sondern als eigenständige Konstruktionsleistung des Lernenden.« (Jank, Meyer 2002:286) Werden Pädagogen damit überflüssig? Luhmann (1987:67) plädiert dafür, »... die Sozialisation so laufen zu lassen, wie sie läuft, und die Belehrung der Welt zu überlassen« (zit. n. Siebert 1999:95). Seliger (2000:48) formuliert sehr radikal: »Von außen gibt es also keinen Weg des Eingreifens in ein anderes lebendes System. Aus systemischer Sicht ist es unmöglich, ... zu lehren ...«

Hat Lehre ausgedient? Nach gemäßigt konstruktivistischer Auffassung hat lediglich ein mechanistisch-technologisches Verständnis von Didaktik versagt und muss durch ein adäquateres ersetzt werden. Siebert umreißt den Begriff der Lehre aus konstruktivistischer Sicht:

- »Lehre im konstruktivistischen Sinn ist mehr als Wissensvermittlung und Moderation von Diskussionen.
- Lehre ist Gestaltung von anregenden Lernumgebungen,
- Lehre ist Wechsel der Beobachterperspektiven,
- Lehre ist Bereitstellung von Lernmaterialien für unterschiedliche Lernkanäle,

- Lehre ist die Schaffung von sozialen Situationen, in denen von- und miteinander gelernt wird,
- Lehre ist auch Beobachtung zweiter Ordnung, das heißt, wie Lernende ihre Wirklichkeiten konstruieren, wie sie ihren Lerninhalt definieren.
- Lehre ist ferner die Fokussierung von Aufmerksamkeiten auf Vergessenes, Vernachlässigtes …
- Lehrende sind Bestandteil des ›Systems Seminar‹. Sie erfüllen eine wichtige Funktion in diesem System, aber als Bestandteile eines komplexen, dynamischen Geflechts, nicht als ›Organisatoren‹ von Lernprozessen, sie schaffen günstige Bedingungen für Lernprozesse« (Siebert 1999:41f).

Sowohl die Schüler als auch der Lehrende entwickeln sich weiter, sie bilden nach systemtheoretischer Auffassung für einander irritierende Umwelten und ermöglichen so eine gemeinsame Entwicklung, eine Koevolution (vgl. Arnold, Siebert 1997:92ff,159ff; Simon 1997a:70).[161] Schüler und Lehrer werden als in ihren Lernprozessen miteinander verbunden, gekoppelt verstanden. Strukturdeterminierte, selbstreferentielle Systeme gelten eben nicht als »umwelttaub« (Werning 1998:40), sondern stehen zueinander in einer engen Verbindung. »Lehre und Lernen sind zwei gekoppelte, aber selbständige, selbstreferentielle Prozesse.« (Arnold, Siebert 1997:91)

Wenn sich Lehrende im gemeinsamen Entwicklungsprozess den Irritationen durch Lernende nicht zu verschließen versuchen, dann kann eine Verbindung entstehen, die es ihnen – ähnlich der Situation in einer Psychotherapie – ermöglicht, sowohl ihr eigenes als auch das individuelle kognitive »Strickmuster« der Lernenden etwas besser zu verstehen und ihre Lernangebote gezielter danach auszurichten. Da es sich um ein zirkuläres Geschehen handelt, kann Ähnliches bei den Bildungsteilnehmern geschehen. Die psychischen Systeme von Lehrenden und Lernenden sind »strukturell gekoppelt«, d. h. ihre kognitiven Strukturen sind wechselseitig verbunden (vgl. Maturana, Varela 1987).

Kösel erläutert die Verbindung lebender Systeme mit ihren Umwelten: »Lebewesen und Milieu wirken füreinander als gegenseitige Quelle von Perturbationen, ›Störfaktoren‹, die beim jeweils anderen Zustandsveränderungen auslösen können. Dieser Prozeß wechselseitiger Strukturveränderungen wird als Strukturelle Koppelung bezeichnet« (1993:44). Strukturell gekoppelt, »driften«[162] System und Umwelt durch die Zeit. Strukturelle Koppelung meint nach Auffassung des Erfinders[163] dieses

161 Selbstverständlich sind nicht alle Lernschritte erwünscht. Entwicklung ist nicht synonym mit erwünschter, positiver Entwicklung (vgl. Simon 1988:60,1997a,1997b).

162 Nach Siebert (1999) stammt der Begriff »Driften« aus der biologischen Evolutionstheorie. »Lebewesen driften, indem sie sich an veränderte Umweltbedingungen im Rahmen ihrer Möglichkeiten anpassen. Im pädagogischen Sinn markiert die Driftzone den Rahmen, in dem Menschen lernen und verstehen, in dem Neues ›anschlussfähig‹ und in kognitive Strukturen integrierbar ist.« (S. 198) Die Umwelt ist am Prozess des Driftens nicht nur als irritierendes Agens beteiligt; sie wird durch das driftende System ebenfalls irritiert und zu Veränderungen angeregt. Zwangsläufig driftet sie mit.

163 Maturana (1975), zit. n. Simon (1988:140).

Fachbegriffs, Maturana, den Prozess wechselseitiger Strukturveränderungen. Wie im Standardwerk »Der Baum der Erkenntnis« (Maturana, Varela 1987) beschrieben, haben sich autopoietische Einheiten in ihrer Ontogenese gekoppelt, »... wenn ihre Interaktionen einen rekursiven oder sehr stabilen Charakter erlangt haben« (S. 85). Solange die Interaktionen zwischen Einheit und Milieu rekursiv sind, bilden sie für einander reziproke Perturbationen. »Bei diesen Interaktionen ist es so, daß die Struktur des Milieus in den autopoietischen Einheiten Strukturveränderungen nur auslöst, diese also weder determiniert noch instruiert, was auch umgekehrt für das Milieu gilt. Das Ergebnis wird – solange sich Einheit und Milieu nicht aufgelöst haben – eine Geschichte wechselseitiger Strukturveränderungen sein, also das, was wir strukturelle Koppelung nennen.« (S. 85)

Trotz der Annahme einer strukturellen Koppelung zwischen System und Umwelt betont eine konstruktivistisch-systemtheoretische Didaktik die operative Geschlossenheit der autopoietischen Einheiten: »Wenn wir anerkennen, daß wir als Didaktiker andere Menschen nicht auf direktem Weg verändern können, müssen wir auch akzeptieren, daß es offen bleibt, ob wir durch unsere Interaktionen innerhalb eines Lernsystems, dem wir selbst angehören, Reaktionen bei dessen Interaktionspartnern hervorrufen können, die das Muster, d.h. die Strukturen verändern« (Kösel 1993:207).

Ist eine strukturelle Koppelung eine Garantie für das Fortbestehen der System-Umwelt-Einheit? Eine gute Passung der strukturell gekoppelten Einheiten ermöglicht das (Über-) Leben der Einheiten. »Jedes lebende System schafft sich seine Umwelt, es verändert sie oder erhält sie dadurch, daß es lebt, daß es bestimmte Verhaltensweisen realisiert und andere nicht. Die Entwicklung von System und Umwelt ist aneinander gekoppelt, sie vollziehen eine ›Koevolution‹. Beide sind füreinander Umwelt, verändern sich gegenseitig, und bestimmen füreinander die Überlebensbedingungen.« (Simon 1997a:70)

Entwickelt sich ein System in eine Richtung, die nicht umweltkompatibel ist, geht es zugrunde, falls sich nicht auch die Umwelt in eine wiederum passende Richtung verändert. Veränderungen können sich im Zeitverlauf bewähren oder das Überleben von Systemen in einem Milieu gefährden. Mit anderen Worten: Entwicklungen sind entweder viabel[164] oder nicht.

Den Terminus »Viabilität« hat ursprünglich von Glasersfeld (1981) in den Konstruktivismus eingeführt. Er wird mittlerweile in unterschiedlichen Bedeutungsvarianten verwendet. Nach meinem Dafürhalten bezeichnet der Begriff in der Fachdiskussion inzwischen drei verschiedene Aspekte (Abb. 15):

---

[164] von lat. via : Weg, Straße

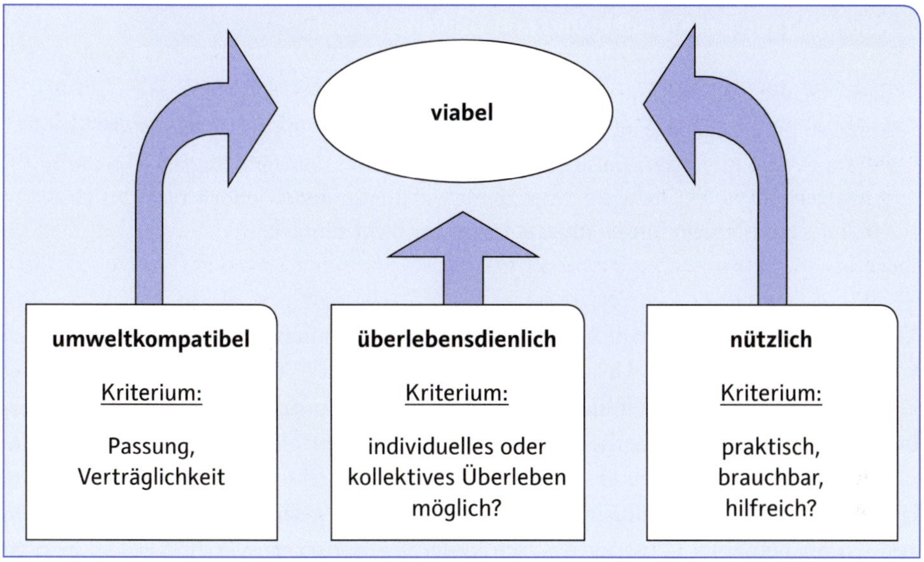

Abb. 15: Drei Bedeutungen des Begriffs Viabilität.

Handlungsmuster, die ein Bildungsteilnehmer entwickelt, sind demnach in unterschiedlichen Kontexten (Schule, Ausbildung, Fort- und Weiterbildung, Studium, Arbeitsplatz, Familie etc.) viabel, d. h. nützlich, überlebensdienlich bzw. mit der jeweiligen Umwelt verträglich oder eben nicht.

An dieser Stelle beende ich die Beschreibung der konstruktivistisch-systemtheoretischen Didaktik und leite zu ihrer Kritik über.

8.1.4 Kritik der konstruktivistisch-systemtheoretischen Didaktik

Im Folgenden sollen zunächst die positiven Seiten der konstruktivistisch-systemtheoretischen Didaktik vorgestellt werden, bevor dann genauer auf die Risiken und Gefahren hinzuweisen sein wird.

8.1.4.1 Positive Aspekte der konstruktivistisch-systemtheoretischen Didaktik

Vieles spricht für die konstruktivistisch-systemtheoretische Didaktik. So sehen Befürworter des neuen Ansatzes beispielsweise »… die Chance, die seit langem geforderte Schülerorientierung des Unterrichts nun auch erkenntnistheoretisch begründen zu können« (Jank, Meyer 2002:293).

Lehrende und Lernende können von der Einsicht profitieren, dass Bildung nicht »machbar« ist. In diesem Sinne entlastet die konstruktivistisch-systemtheoretische Didaktik sowohl Lehrende wie Lernende von hochgesteckten, illusionären Ansprüchen an die Effektivität von Bildungsmaßnahmen.

Anregung von Denkhandeln und praktischem Handeln

Eine Didaktik, die systemtheoretisch und konstruktivistisch geprägt ist, wagt den Versuch, im pädagogischen Kontext Denkhandeln und praktisches Handeln[165] anzuregen, es aber nur ansatzweise sofort zu ermöglichen. Von der pädagogischen Anregung wird erwartet, dass sie zwar zeitnah irritieren **kann**, jedoch nicht zu einem veränderten Handeln führen **muss** – schon gar nicht zeitgleich.

Von Lehrenden wird demzufolge viel Geduld und Zutrauen verlangt. Sie dürfen sich von sozialtechnologischen Ursache-Wirkungs-Illusionen[166] und damit auch etwas von Erfolgsdruck und Schuldgefühlen frei machen und sollen stattdessen so etwas wie Vertrauen inmitten von Unsicherheit bzw. Zuversicht inmitten von Ungewissheit entwickeln.

Eine konstruktivistisch und systemtheoretisch ausgerichtete Didaktik kann anregen, Unterrichte und Fortbildungen freier und mutiger zu gestalten. Lehren und Lernen können bei gemäßigt konstruktivistisch-systemtheoretisch ausgerichtetem Unterricht in gewisser Weise entspannter gestaltet werden, wenn die Beteiligten von der grundsätzlichen Nicht-Instruierbarkeit ausgehen. Vielleicht stellt Vertrauen in einer hochkomplex gewordenen Welt neben der Fähigkeit zur Reflexion eine pädagogische Basisqualifikation dar, welche durch diese Didaktik gefördert wird?

Die konstruktivistisch-systemtheoretische Didaktik will eher Fragen und Anstöße geben, als Antworten bereitstellen. Bildungsteilnehmer sollen selbstständig Lösungen konstruieren. Diesem Vorgehen kann auch die Philosophie grundsätzlich zustimmen: »Um den Leser [bzw. den Bildungsteilnehmer; R. L.] zu einem positiven oder negativen Urteil herauszufordern, bedarf es keiner moralisierenden oder kritisierenden Worte. Im Gegenteil ist ein völlig sachlicher Tatsachenbericht oft ein sehr viel wirksameres Mittel, um das moralische Bewußtsein zu provozieren, als jede noch so überzeugend vorgetragene Wertung, die häufig als die eigene Urteilsbildung hindernde, ja manipulierende Bevormundung empfunden wird« (Pieper 2000:237).

Das Konstrukt der Viabilität ermöglicht interessante Perspektiven für die pädagogische Arbeit, z. B. in Bezug auf die Forderung nach Praxisorientierung und Verwertbarkeit pädagogischer Angebote: Was sich nicht im praktischen Handeln bewährt, ist von geringem Wert.

Soweit die Beschreibung der möglichen positiven Seiten dieser Didaktik. Wer sich in der Erwachsenenbildung auskennt, wird das Anliegen, selbstständige Konstruktionen von Mitarbeitern und Bildungsteilnehmern anzuregen und vertrauensvoll[167] zuzulassen, grundsätzlich gutheißen. Wie steht es jedoch mit den Schattenseiten der neuen Didaktik?

---

165 Der heutige Handlungsbegriff in Philosophie, Soziologie, Psychologie und Sozialpsychologie beinhaltet selbstverständlich die Möglichkeit des Nichthandelns. Auch bewusste Unterlassung ist eine Handlung.

166 vgl. die Parallelen in der Entwicklung der Pflegeprozesstheorie: Lay, Menzel (1999,2003,2009) und Lay, Brandenburg (2001)

167 Die pädagogische Variante des Begriffs Vertrauen ist das Zutrauen (Pöppel 1999:250).

8.1.4.2 Negative Aspekte der konstruktivistisch-systemtheoretischen Didaktik

Die neue Didaktik versucht sich von einer sozialtechnologischen Sichtweise von Pädagogik abzugrenzen. Bei genauerem Hinsehen enthält aber auch sie mechanistische Züge, wenn z.B. Siebert (1999:41) von »Lernkanälen« spricht oder Ausdrücke wie »Lernbewegungen anstoßen« und »Hülle anpicken« verwendet werden.

Eine alte pädagogische Erfahrung besagt, dass die Wahrscheinlichkeit gelingender Lernprozesse zunimmt, wenn zwischen so genannten Lehrenden und so genannten Lernenden eine vertrauensvolle Beziehung, Empathie, Wertschätzung und Achtung der Autonomie bestehen. Innerhalb des systemtheoretischen Konstruktes ist eine pädagogische Beziehung nur unter großen Anstrengungen wie etwa über die Hilfskonstruktion der »strukturellen Koppelung« zu begründen, und auch dieses Konstrukt bleibt seltsam inhaltsleer.

So vertrauen interventionistisch orientierte Pädagogen auf die autopoietischen Fähigkeiten der Teilnehmer zur Selbsthilfe nach Irritationen durch die Lehrenden. Um menschliche Entwicklungen wahrnehmen, einschätzen und stimulieren zu können, sind allerdings eine sehr gute Beobachtungsgabe, reichhaltige Erfahrung im Umgang mit Gruppen, Intuition und etliche weitere Fähigkeiten erforderlich. Es besteht m.E. die Gefahr einer zu positiven Vorstellung von der Konstruktivität intrapsychischer und sozialer Prozesse. Gruppendynamik und Autopoiese sind keine Garanten für positive Einflüsse in Lehr-Lern-Prozessen oder gar für das Einüben konstruktiver sozialer Beziehungen und das Lernen verantwortlichen Handelns.

Völlig ungeklärt ist die Frage der theoretischen Möglichkeit des wirksamen Einbringens pädagogischer Intentionen. Wie kann ein Lehrer wissen, welche Umwelten beim Lernenden zu einer gewünschten Irritation führen können? Woher kann er wissen, welche Lernangebote für einen Schüler subjektiv bedeutungsvoll sein werden, welche Kommunikationen als relevant und anregend erlebt werden können? Wie kann er günstige Bedingungen für Lernprozesse schaffen (vgl. Siebert 1999:42)? Wie kann er ein psychisches System angemessen irritieren, wo es doch streng genommen keine Irritationen in der Umwelt gibt – »... die Irritation ist in der Tat immer Selbstirritation – gegebenenfalls ausgehend von Umweltereignissen« (Esposito 1999:187)?

»Das selbstorganisierte System – so wird erklärt – erhält sich selbst u.a. durch Lernen, was durch die Umwelt angeregt, aber weder in der Form noch in seiner Richtung noch in seinem Inhalt durch die Umwelt festgelegt werde.« (Schmerfeld 2000:42) Nach konstruktivistisch-systemtheoretischer Vorstellung würde – streng genommen – jeder Versuch einer Steuerung oder Lenkung von Lernprozessen sein Ziel verfehlen, es sei denn, es ergäbe sich eine zufällige Übereinstimmung von pädagogischer Intention und Selbstorganisation (S. 43). Damit wären die Möglichkeit einer Pädagogik und ihre gesellschaftliche Legitimität in Frage gestellt.

Beim dennoch durchgeführten Versuch einer pädagogisch intendierten Irritation des psychischen Systems der Bildungsteilnehmer stellen sich angesichts des bestehenden Risikos einer wie auch immer gearteten »Beschädigung« des intervenierten Systems ethische Fragen: »Wer gibt das Recht, in die Integrität eines anderen einzugreifen?« (Pazzini 1998:33). Woher nehmen Lehrer die Berechtigung, andere psychische Systeme irritieren zu wollen?

Der epistemologisch begründete Hinweis, jedes Lernen – insbesondere das, welches über ein bloßes Memorieren, d. h. mechanisches Lernen, hinausgehe – sei hirnphysiologisch nur durch Irritation möglich, rechtfertigt die zum Teil sehr »invasiven« Methoden einer interventionistischen Didaktik nicht. Irritation kann nicht nur durch Inhalte, sondern u. a. auch durch Unterrichtsmethoden und über persönliche Umgangsformen geschehen.

Lehrpläne und Curricula können Inhalte vorgeben, aber die Wahl der Lehrmethoden bleibt in der Regel den vor Ort Handelnden überlassen. Welche pädagogischen Methoden sind legitim und womit begründen wir ihre Zulässigkeit? Wer schützt Schüler vor zu intimer Intervention, vor Willkür und (verbaler) Gewalt?

Die ungeklärte Frage, wie Willkür oder Schädigung vermieden werden können, verweist auf ein in der konstruktivistisch-systemtheoretischen Pädagogik grundsätzlich vorhandenes Problem: Wie kann und soll die Beziehung zwischen Lehrenden und Lernpartnern gestaltet werden? Beispielsweise stellt sich folgende Frage: Wie viel Vertrauen in die Kompetenz und das Wohlwollen des intervenierenden Lehrers braucht das intervenierte psychische System, um sich irritieren zu lassen bzw. um sich zu viablen Handlungsweisen anregen zu lassen? Hier weist die noch junge pädagogische Theorie der konstruktivistisch-systemtheoretischen Didaktik eine erschreckende Lücke auf, insbesondere was die Beschreibung einer gewünschten pädagogischen Beziehung angeht.

Wo sich diese Didaktik eng an Luhmanns funktional-strukturelle Systemtheorie anlehnt, haben Beziehungen ohnehin keinen Platz in ihrem Theoriegebäude. Nach Luhmann sind die konstituierenden Elemente von Systemen nicht etwa Personen, Handlungen oder Beziehungen, sondern Kommunikationen[168]. Diese Position kann ich nicht teilen. Nach meinem Verständnis sind Kommunikationen nicht losgelöst von Beziehungen denkbar (vgl. Watzlawick et al. 1967 und Schulz von Thun 1981). Kommunikationen und Beziehungen sind wechselseitig-konstitutiv miteinander verwoben.

Zur erfolgreichen Lehre halte ich nicht nur aus pädagogisch-ethischen (z. B. Respekt vor der Autonomie der Lernenden), sondern auch aus pädagogisch-psychologischen Gründen ein echtes mitmenschliches Interesse für erforderlich. Ohne eine zugewandte, achtsame und wertschätzende pädagogische Grundhaltung erscheint mir der Versuch des »Anpickens« (Pazzini 1998:32) gefährlich und ethisch bedenklich; ohne sie kann die aggressive Energie des Lehrenden destruktive Folgen haben.

---

[168] In der ersten Fassung von Luhmanns Systemtheorie, der Theorie offener Systeme, erscheinen Handlungen als die konstituierenden Elemente sozialer Systeme. Nach der »autopoietischen Wende« Luhmanns in den 1980er Jahren sind es Kommunikationen, die in der Theorie autopoietischer Systeme als letzte Einheiten sozialer Systeme aufgefasst werden. Kommunikationen verweisen – im Gegensatz zu Handlungen – immer bereits auf die Beteiligung mindestens zweier psychischer Systeme (vgl. Schülein, Brunner 1994:116f.). Treibel (1997:34) führt ein besonders radikal formuliertes Zitat Luhmanns aus dem Jahr 1990 an: »Das Sozialsystem Familie besteht danach aus Kommunikationen und nur aus Kommunikationen, nicht aus Menschen und auch nicht aus ›Beziehungen‹«.

Ich plädiere deshalb für eine werteorientierte Pädagogik, die ihre Grundhaltungen und grundsätzlichen Ziele transparent macht. Im Bewusstsein, dass jedes soziale Handeln, also auch Lehr-Lern-Interaktionen, vorhandene Werte stützt oder untergräbt, sollten Lehrer/ innen ihre grundlegende Werteorientierung offenlegen. Wie sich diese Transparenz mit dem konstruktivistischen Wunsch verträgt, die Teilnehmenden situativ zu überraschen, sie zu irritieren, ist eine interessante Frage.

Wie soll sich überdies ein Lehrer, der glaubt, seine Aufgabe bestehe im lernanstoßenden »Anpicken« der Bildungsteilnehmer, zugleich vom ethischen Grundsatz des neminem laedere (niemanden verletzen/beschädigen) leiten lassen? In einer interventionistischen Didaktik muss er doch von der grundsätzlichen These ausgehen, ohne dosierte Verletzung sei eine Neuorganisation kognitiver und affektiver Muster unwahrscheinlich.

Welche Arten von Irritationen sollten in welcher Dosierung verabreicht werden? Ich verwende den Ausdruck »Dosis« bewusst, weil ich mich des Eindrucks nicht erwehren kann, die Bildungsteilnehmer würden in konstruktivistisch-systemtheoretisch geprägten Unterrichtssettings tendenziell therapiert statt pädagogisch begleitet, und das, ohne in der Regel ihr Einverständnis zu dieser Form von Pädagogik gegeben zu haben. Bildungsteilnehmer fungieren als zu irritierende Objekte der Intervention. Wie sich diese Haltung mit dem pädagogisch-ethischen Prinzip der Respektierung und Förderung von Autonomie verträgt, bleibt ungeklärt.

Das aus ethischer Sicht größte Problem bei/mit dieser Didaktik ist ihr Wertevakuum. Da dieser didaktische Ansatz über keine expliziten Werte verfügt, die er als pädagogische Ziele benennen kann, muss er sich z. B. mit dem biologistischen Konstrukt der Viabilität behelfen. Denkt man dieses Konzept zu Ende, dann ist einer pädagogisch-intentionalen Beliebigkeit Tür und Tor geöffnet. Wenn nur Überleben, Praktikabilität und Umweltkompatibilität zählen, gibt es beispielsweise keinen Grund, Zivilcourage zu lernen – im Gegenteil: Anpassung ist dann angesagt, ganz unter dem sozialdarwinistischen Motto »Der Bestangepasste setzt sich durch«. Prinzipien wie Achtung vor der Menschenwürde, Benefizienz und Solidarität mit Schwächeren passen nur unter dem Gesichtspunkt des Überlebens bzw. überhaupt nicht in diesen didaktischen Ansatz.

Das Problem des Wertevakuums

Die Dimension der Werte darf aus der Pädagogik nicht ausgeklammert werden. Eine erneute Biologisierung der Pädagogik durch konstruktivistisch-systemtheoretische Ansätze ist auch aus den Erfahrungen mit behavioristischen Lerntheorien und den auf ihnen basierenden Didaktiken (Lernzielorientierte Didaktik, Kybernetisch-informationstheoretische Didaktik) abzulehnen, weil sie einerseits dem Selbstbestimmungsrecht und der Würde der Bildungsteilnehmer nicht gerecht wird und andererseits die Solidarität mit Schwächeren in der Gesellschaft untergräbt.

Damit disqualifizieren sich diese Ansätze insbesondere für eine Pflegedidaktik, in der es um Fragen des Erlernens menschenwürdigen Umgangs, um Förderung von Selbstständigkeit und Wohlbefinden leidender Menschen in schwierigen Lebenssituationen geht. Remme fragt nach der Angemessenheit einer konstruktivistischen Didaktik für die Pflegepädagogik und kommt zu dem Schluss, dass ein radikaler Konstruktivismus eindeutig abzulehnen ist. »Gegen eine konstruktivistisch konzipierte Pflegepädagogik sprechen ihr postmodernes Menschenbild, ihr Ethikdefizit, ihr technizistisches Vokabular sowie ihre szientistische und instrumentalistische Wissenschaftsauffassung.« (Remme 2002:261) In einer späteren Publikation, in der er den Radikalen Konstruktivismus ausführlich analysiert und in hervorragend klarer Weise als Fehlentwicklung entlarvt, schreibt er zusammenfassend: »Pflegepädagogik als sich etablierende Disziplin täte sich keinen Gefallen zur eigenen Profilierung, wenn sie auf höchst umstrittene, in sich widerspruchsvolle Konzepte wie den Radikalen Konstruktivismus bzw. die Konstruktivistische Didaktik setzt« (ders. 2008:111).

Für eine Fachdidaktik der Pflege und der Ethik in der Pflege müssen andere Ansätze gewählt werden. Welche als solche denkbar sind, werde ich im nächsten Kapitel begründen.

8.1.5 Alternativvorschlag: Handlungsorientierte Didaktik

In der deutschsprachigen Pflegepädagogik liegen mittlerweile eine Reihe von Fachdidaktiken der Pflege vor (vgl. Schwarz-Govaers 1993; Schneider 1998); eine Fachdidaktik der Ethik in der Pflege existiert jedoch bislang nicht (Rabe 2001b). Rabe stellte in ihrem Plenarvortrag beim zweiten Kongress »Pflege und Ethik« am 27. September 2001 in Göttingen fest, alle Fachdidaktiken Pflege bauten auf der kritisch-konstruktiven Didaktik Wolfgang Klafkis auf, welche die in der Weiterbildung von Lehrern in der Pflege vorherrschende Lernzielorientierte Didaktik abgelöst habe.

Auch für eine Didaktik des Ethikunterrichts in der Pflege scheint mir Klafkis zentrales Erziehungs- bzw. Bildungsziel der Fähigkeit zu Selbstbestimmung, Mitbestimmung und Solidarität (vgl. Klafki 1993) geeignet. Diese Didaktik nimmt zentrale Anliegen der allgemeinen Ethik auf. Sie will Menschen befähigen, selbstbestimmt in Freiheit ihr Leben zu gestalten und die gesellschaftliche Mitverantwortung wahrzunehmen. Aus der Bildungstheoretischen Didaktik und der Kritischen Theorie (Frankfurter Schule) entstanden, will dieser Ansatz durch verantwortliches Handeln im Bildungsprozess die Teilnehmer zur Mündigkeit heranführen.

Zur Mündigkeit gehört die Fähigkeit zu moralischem Handeln sowie zur ethischen Reflexion und Argumentation. Sie sollte in pflegerischen Bildungsmaßnahmen sowohl durch theoretische Reflexion als auch durch tätiges Handeln im Bildungsprozess gefördert werden. Die Lernziele ethischen Handelns (reflektieren, formulieren, begründen, argumentieren) und moralischen Handelns (differenziertes und reflektiertes Tun und Unterlassen) legen die Entscheidung für eine Handlungsorientierte Didaktik nahe.

Diese beinhaltet die kritisch-emanzipatorischen Anteile der Klafki'schen Didaktik und verbindet sie mit reformpädagogischen und pragmatischen Ansätzen.

Hauptvertreter der Handlungsorientierten Didaktik ist Herbert Gudjons, Professor für Allgemeine Erziehungswissenschaft an der Universität Hamburg. Der seit den 80er Jahren des vergangenen Jahrhunderts entwickelte handlungsorientierte Ansatz wird auch in der Pflegepädagogik zunehmend rezipiert (vgl. Seyd 1995; Stoffel 1996; Schewior-Popp 1994 u. 1998; Grabowski 1997; Wittneben 2004). Ich werde die Charakteristika der Handlungsorientierten Didaktik kurz skizzieren.

Bereits Piaget (1896–1980) bestand darauf, dass man auf moralischem Gebiet nur das wirklich besitzt, »... was man selbst erobert hat« (zit. n. Mertens 1999:31). Das ist einer der Grundgedanken der Handlungsorientierten Didaktik: Lernen durch Selbsttätigkeit, d.h. durch selbstständiges Aneignen. Beispielsweise könnte Auszubildenden in der Pflege die Aufgabe gestellt werden, als Gruppe selbst einen Ethik-Kodex zu entwerfen, dem zu entsprechen sie sich bereit erklären könnten (Rabe 2001b).

Eine Möglichkeit, praktisches Handeln zu lernen, ist das selbstständige Herstellen sichtbarer, greifbarer Handlungsprodukte im Unterrichtsprozess. Doch darf sich ein handlungsorientierter Unterricht nicht in einer Tätigkeits- und Produktionsorientierung erschöpfen. Im Zentrum muss die Respektierung und Förderung von Autonomie stehen. Schüler zu Selbsttätigkeit anzuhalten, ohne ihnen die Möglichkeit zur Selbst- und Mitbestimmung einzuräumen, ist moralisch bedenklich, weil damit die Ziele der Selbstständigkeit und Selbstverantwortung kaum erreicht werden können (vgl. Rekus 1999:254).

Rekus empfiehlt deshalb projektorientierte und freiarbeitsorientierte Unterrichtsformen, welche die Selbsttätigkeit der Schüler einfordern und ihnen die Gelegenheit geben, die in der Pluralität geforderte Selbstbestimmung und Eigenverantwortung zu praktizieren und zu üben (S. 263). Wichtig ist dabei der enge Bezug zu (berufs-)praktischen Arbeitsfeldern.

Ob eine konkrete Bildungsveranstaltung handlungsorientiert ist, lässt sich nicht mit »ja« oder »nein« beantworten. Handlungsorientierung ist eher eine Frage von »mehr oder weniger« als von »entweder-oder« (Kontinuum statt Dichotomie), deshalb können wir sie nicht an einem einzigen Kriterium festmachen, etwa an der Frage, wie viel Freiraum die Aktivitäten der Teilnehmer im Unterricht einnehmen. Handlungsorientierter Unterricht ist durch eine Vielzahl von Charakteristika gekennzeichnet.

Ende der 1990er Jahre analysierte ich die wichtigsten Veröffentlichungen zur Handlungsorientierten Didaktik. Die Forschungsfrage lautete, welche gemeinsamen Kennzeichen die vielfältigen Beschreibungen und Definitionen handlungsorientierter didaktischer Ansätze aufweisen. Das Ergebnis überraschte mich, zeigte es doch die enge Verbindung zur kritisch-konstruktiven Didaktik Klafkis (vgl. Lay 1999).

Zentrale Konzepte der Handlungsorientierten Didaktik

Im Zentrum stehen nach dieser Untersuchung Selbst- und Mitbestimmung, Teilnehmeraktivität sowie die Praxisrelevanz von Bildungsmaßnahmen:

1. **Selbst- und Mitbestimmung**
   Selbst- u. Mitbestimmung im gesamten Lernprozess anstreben, Selbstständigkeit und Selbstorganisation fördern, Selbst- u. Mitverantwortung betonen, offenes soziales Lernen ermöglichen
2. **Teilnehmeraktivität**
   Lernende als Akteure wahrnehmen, »Kopf, Herz und Hand« und alle Sinne anregen, Interessen und Erfahrungen berücksichtigen, Lernen als subjektive Leistung des Lernenden verstehen, Handlungsprodukt anstreben, Kreativität stimulieren
3. **Praxisrelevanz**
   Praxisbezogenes Lernen ermöglichen, lebensweltliche Orientierung anstreben, komplexe Aufgaben stellen, fächerübergreifendes Lernen organisieren, vernetztes und interdisziplinäres Denken fördern, gegenwärtige und zukünftige Anforderungen berücksichtigen, gesellschaftliche Ansprüche beachten

Ziel der Handlungsorientierten Didaktik ist nach diesem Befund eine autonome Lebensführung der Lernenden im Bewusstsein gesellschaftlicher Mitverantwortung. Mithilfe aktivierender Lernformen konzentriert sich diese Didaktik auf die Bearbeitung aktueller und zukünftiger Fragen der (beruflichen) Praxis. Da diese Fragen sowohl praktischer als auch theoretischer Art sein können, scheint die Handlungsorientierte Didaktik sehr geeignet, wenn es um die Vermittlung von ethischem Wissen und die Herausbildung moralischer und ethischer Kompetenz in den Handlungsfeldern der Disziplin Pflege geht, insbesondere der Pflegepraxis.

Walter gibt zu bedenken: »Auszubildende mit überhöhten Ansprüchen in die Praxis zu schicken, Widersprüche zwischen den Anforderungen aus Theorie und Praxis nicht zu thematisieren – das fragt nach unserem Verantwortungsbewusstsein, nach unserer Ethik. Wir können diese Widersprüche aus verschiedenen Gründen nicht verhindern, aber wir müssen mit Auszubildenden darüber reden, dass solche Situationen zur derzeitigen Pflegekultur gehören. ›Auszubildende stärken‹ heißt dann, mit ihnen Lösungsmöglichkeiten für konkrete Problemsituationen zu erarbeiten, die sich auf ihr Verhalten und ihre Haltung innerhalb dieser Widersprüche beziehen« (Walter 2000:63). Diese konkrete Arbeit an Erfahrungen und Lösungsansätzen kann sehr gut im Rahmen eines Handlungsorientierten Unterrichts geschehen, in dem die ethischen Grundprinzipien der Didaktik transparent sind und zu pädagogischen Zielen werden:

- Autonomie respektieren und fördern
- Selbsttätigkeit ermöglichen
- gesellschaftliche Praxis reflektieren
- soziale Mitverantwortung wahrnehmen

Zusammenfassung

Zusammenfassend gelange ich zu dem Schluss, dass die Handlungsorientierte Didaktik eine ethisch fundiert zu rechtfertigende Didaktik ist. Ihre Grundaussagen und -anliegen befinden sich in Übereinstimmung mit ethischen Werten und Prinzipien. Besonders hervorzuheben ist die Betonung der Autonomie, der Solidarität und der Wertschätzung.

Kommen wir nun zur zweiten Frage: Wie können moralisch vertretbares Handeln und ethische Reflexion im Rahmen von Pflegebildung gelehrt und gelernt werden?

8.2 Ethik lehren in der Pflege

Für Schleiermacher war Ethik die Grundwissenschaft der Pädagogik. Pädagogik bezieht sich nach Schleiermacher auf sittliche Ideale und ist damit selbst eine sittliche Aufgabe. Ziel der Pädagogik sei die Mündigkeit der zu erziehenden Menschen, die durch das pädagogische Wirken befähigt werden sollen, selbstständig an der Erfüllung der Idee des Guten mitzuwirken (vgl. Pieper 2000:147).

Ethik ist auf Pädagogik angewiesen, wie Pieper in Bezugnahme auf Schleiermacher deutlich macht. Pädagogik ist notwendig, um Menschen sittlich zu bilden. Ohne Pädagogik bleibt Ethik wirklichkeitsfern und praxisunwirksam (vgl. Pieper 2000:148).

Die Aufgabe, Ethik zu lehren, hat nach Ladenthin et al. (1999) freilich einen paradoxen Charakter, der zu Schwierigkeiten führt: »Wenn moralisches Handeln nur in der Freiheit desjenigen gründen kann, der moralisch handeln will, kann er zu dieser Handlung nicht geführt werden, er muß sie aus sich selbst hervorbringen. Genau über diese Fähigkeit aber verfügt er anfangs noch nicht – sonst müßte er sie nicht lernen. Wie kann man etwas vom anderen lernen, was man nur selbst hervorbringen kann? Wozu braucht man einen Lehrer, wenn man es selbst hervorbringen kann?« (S. 9) Kann man Menschen überhaupt ethisch bilden, fragen wir weiter. Wie kann man Ethik lehren? Wozu braucht Pflege ethische Bildung?

Im vorliegenden Kapitel sollen diese Fragen bearbeitet werden. Aufbauend auf dem Versuch einer Antwort auf die Frage nach der Notwendigkeit ethischer Bildung, möchte ich mich mit dem bisherigen Umfang des Lehrangebotes zur Pflegeethik und den möglichen Vorurteilen von Pflegekräften gegenüber diesem Thema beschäftigen. Nach einer kurzen Diskussion des Kohlbergschen Stufenmodells der moralischen Entwicklung von Menschen widme ich meine Aufmerksamkeit der Frage, ob adoleszente Auszubildende in der Pflege mit einem hohen ethikbezogenen Bildungsanspruch überfordert sein könnten und welche Ziele ethischer Bildung in der Pflege anzustreben sind.

Ausführungen zu den Inhalten und Methoden ethischer Bildungsmaßnahmen in der Pflegepädagogik leiten zur Frage über, welche Qualifikation die Lehrenden des

Faches Ethik in der Pflegeausbildung besitzen sollten. Abschließend erörtere ich mögliche Konsequenzen ethischer Bildung in der Pflege und schließe Kapitel 8 mit einer Zusammenfassung.

8.2.1 Notwendigkeit ethischer Bildung in der Pflege

Zahlreiche Autoren betonen, dass ein notwendiger Teil des pflegerischen Alltags darin besteht, Entscheidungen zu treffen. Nach Rabe trifft die Pflege zwar keine Behandlungsentscheidungen. Dennoch würden, so Rabe, auch während der Pflege ständig Entscheidungen getroffen, etwa in Bezug auf die Art des Vorgehens oder den Umgang mit Patienten. Die meisten pflegeethischen Probleme seien aber nicht klassische Dilemmata, sondern lägen im Bereich der Gestaltung der Pflegesituation, der Zusammenarbeit und des institutionellen Umfelds (Rabe 2005:133).

»Pflegekräfte müssen in ihrem beruflichen Alltag häufig Entscheidungen treffen«, resümmiert Lauxen (2009:421); die ethische Dimension von Entscheidungssituationen werde in der Pflegepraxis jedoch häufig übersehen. Kesselring erläutert: »Routineentscheidungen gehören so zum Beruf wie die Luft zum Atmen. Wie wir nur selten an die Luft denken, die wir ein- und ausatmen, so sind wir uns der vielen Entscheidungen, die wir treffen, kaum bewußt. Der Gang der Dinge, die Qualität unserer Beziehungen und Handlungsabläufe gründen aber in diesen Entscheidungen« (Kesselring 2000:23). Die bekannte Schweizer Pflegewissenschaftlerin erläutert: »Pflegen – (wie Leben überhaupt) – heißt, sich fortwährend zu entscheiden, zum Beispiel, was wir sagen, tun und wie wir uns verhalten sollen. Wenn beispielsweise eine Zimmerglocke läutet, wird niemand einen langen, expliziten Entscheidungsprozess anfangen, um sich zu überlegen, ob man schauen gehen will oder nicht. Nein, man geht sofort oder man geht eben nicht sofort ins Zimmer. Im Fluss des Handelns sind wir uns gar nicht bewusst, dass wir und was wir ständig entscheiden. Diese Routineentscheidungen sind natürlich stark von den die Situation prägenden Emotionen, Beziehungen, Machtkonstellationen und von Vorgaben wie Verordnungen beeinflusst. Immer sind wir in diesem Entscheidungsfluss, ausser wir treten gleichsam aus dem Fluss heraus, um eine Situation bewusst zu analysieren. Solange alles glatt läuft, entscheiden wir, ohne auf einen expliziten, rational-analytischen Prozess zurückzugreifen« (S. 20f).

»Tagtäglich sind Pflegende damit beschäftigt, in Situationen verantwortbare Entscheidungen zu treffen«, berichtet Borchard (2008:12) und nennt als Beispiel das nächtliche Lagern oder Schlafen-Lassen dekubitusgefährdeter Bewohner.

Wenn es nun zutrifft, dass Pflegende täglich in schwierigen ethischen Situationen Entscheidungen treffen müssen (Fesenfeld 2008:688), ist in einem nächsten Schritt zu fragen, ob sie die dafür erforderlichen Kompetenzen besitzen.

Ethische Kompetenz differenziert sich nach Rüller (2008:18) in die Dimensionen Fach-, Sozial-, Personal- und Methodenkompetenz. Zur Fachkompetenz zählt Rüller u. a. Konfliktsituationen zu erkennen oder verschiedene ethische Prinzipien zu unterscheiden. Methodenkompetenz bedeute beispielsweise, ethische Probleme zu analysieren und Modelle der ethischen Reflexion anzuwenden, während sich Personalkompetenz u. a. darin zeige, eine eigene Haltung auszubilden und das eigene Handeln an ethischen Prinzipien auszurichten. Sozialkompetenz schließlich meint in diesem Zusammenhang etwa das Ringen um die Lösung ethischer Konflikte mitzutragen und unterschiedliche ethische Prinzipien als Diskussionsgrundlage zu akzeptieren. Borchard (2008:16) verwendet dieselbe diskussionswürdige Einteilung und nennt ähnliche Beispiele.

Exkurs: Eine für soziale Berufe unpassende Einteilung

Der Begriff der »sozialen Kompetenz« lässt sich in der Pädagogik bis zu Heinrich Roth (1971) zurückverfolgen, der Sachkompetenz, Sozialkompetenz und Selbstkompetenz unterschied. Spätere Autoren modifizierten Roths Systematik und vertraten folgende Differenzierung: Fachkompetenz, Sozialkompetenz und Persönliche Kompetenz. Ott (1997:13) benennt für die Bildung in technischen Berufen Fachkompetenz, Sozialkompetenz und Individualkompetenz, fügt jedoch die Methodenkompetenz als vierte Kategorie hinzu.

Das Krankenpflegegesetz von 2003 verwendet eine nahezu identische Einteilung; in § 3 (Ausbildungsziel), Abs. 1 heißt es: »Die Ausbildung ... soll entsprechend dem allgemein anerkannten Stand pflegewissenschaftlicher, medizinischer und weiterer bezugswissenschaftlicher Erkenntnisse fachliche, personale, soziale und methodische Kompetenzen zur verantwortlichen Mitwirkung insbesondere bei der Heilung, Erkennung und Verhütung von Krankheiten vermitteln.«

In sozialen Berufen – wie etwa den Pflegeberufen – macht die aus den technisch-handwerklichen und kaufmännischen Berufen entlehnte Unterscheidung von Fach- und Sozialkompetenz jedoch keinen Sinn, sondern führt zu logischen Fehlern in der Systematik, denn zur Fachlichkeit in sozialen Berufen gehört die soziale Kompetenz. Entsprechend ist auch die folgende Formulierung in der Rahmen-Berufsordnung des Deutschen Pflegerates (DPR) zu kritisieren: »Professionell Pflegende ... setzen sich kritisch mit ethischen Fragen ihres Berufes auseinander und tragen dafür Sorge, dass sie ihre sozialkommunikativen und berufsfachlichen Kompetenzen kontinuierlich weiterentwickeln« (Deutscher Pflegerat 2004:8). Dieser Formulierung muss deutlich entgegengehalten werden: Sozial-kommunikative Kompetenzen sind kein wünschenswerter Zusatz, sondern ein wesentlicher und unabdingbarer Bestandteil der berufsfachlichen Kompetenzen von Pflegefachkräften.

Unbestritten erfordern Pflegeberufe instrumentell-technische Kompetenzen; sie gelten dennoch heute als Fachberufe im Sozial- und Gesundheitswesen und nicht als handwerkliche Berufe. Die aus dem technischen und kaufmännischen Bereich stammende Unterscheidung von Sozial- und Fachkompetenz sollte für Berufe im Gesundheits- und Sozialwesen nicht verwendet werden.

Verfügen Pflegekräfte über ausreichende ethische Kompetenz? Bobbert ist der Auffassung, Pflegende erlebten Konflikte in der Praxis als moralisch relevant und artikulierten sie auch, ihnen fehle jedoch für weitergehende ethische Reflexionen das »wissenschaftliche Hinterland« (Bobbert 2002:71). Kemetmüller bezweifelt, dass Pflegepersonal zur selbstständigen Lösung moralischer Probleme der Pflegepraxis in der Lage ist und weist auf einen Bildungsbedarf hin: »Wenn es in Zukunft notwendig gehalten wird, berufsethisch qualifiziertes Pflegepersonal mit der Fähigkeit zu eigenständiger Urteilsbildung bei den vielfältigen pflegerischen Dilemmata auszubilden, dann wird das Konsequenzen für Art und Umfang berufsethischer Unterweisung haben müssen. Andernfalls wird die Praxis einer ungenügenden Umsetzung ethischer Prinzipien in unmittelbares Handeln und Verhalten weiterbestehen« (Kemetmüller 1998:114f).

Die Entwicklung zu größerer Autonomie der Pflegeberufe stellt höhere Ansprüche an die Verantwortungsbereitschaft der Berufsgruppe und zwingt zur Veränderung bisheriger Bildungskonzepte – ist doch die Qualität von Bildungsmaßnahmen in der Pflege selbst von ethischer Bedeutung. »Fragen der Qualität der Ausbildung sind primär moralische Fragen, wenn man dabei die Konsequenzen der Ausbildung … bedenkt.« (Käppeli 1988:27). Sperl weitet diesen Gedanken auf Fort- und Weiterbildungen aus: »Die Pflegekräfte müssen das, was sie tun, auch können. … Pflegerituale sind immer noch weit verbreitet, und erschreckend wenige Pflegende halten sich etwa durch regelmäßige Lektüre von Fachpublikationen auf dem Laufenden. Permanente Weiterbildung ist also auch eine sittliche Forderung« (Sperl 2002:113f).[169]

Entsprechend proklamiert der ICN-Ethikkodex: »Die Pflegende ist persönlich verantwortlich und rechenschaftspflichtig für die Ausübung der Pflege sowie für die Wahrung ihrer fachlichen Kompetenz durch kontinuierliche Fortbildung« (ICN 2010:2). Auch der Deutsche Pflegerat schlussfolgert: »Professionell Pflegende tragen Verantwortung dafür, ihre Qualifikation dem jeweils aktuellen Wissensstand anzupassen« (Deutscher Pflegerat 2004:8).

Osterhus und Dondalski (1999:189) bedauern, der Ethik-Kodex des ICN habe für die Pflegepraxis in der BRD auf Grund der fehlenden Einklagbarkeit nur bedingte Auswirkungen. So werde etwa die Anforderung der persönlichen Verantwortung für die fortlaufende Weiterbildung im Allgemeinen von einer Krankenschwester bzw. einem Krankenpfleger im bundesdeutschen Raum häufig an den Arbeitgeber delegiert.

In meiner Zeit als Praxisanleiter erlebte ich einmal, dass eine ältere Patientin im Krankenhaus von Pflegekräften im Bett liegen gelassen wurde, mit dem Hinweis, sie sei »nicht mobilisierbar« (»Einseitig beinamputiert, urininkontinent und extrem korpulent – wie sollen wir sie da aus dem Bett bekommen?«).

Als ich die Patientin auf die Möglichkeiten des Transfers in einen Stuhl ansprach, berichtete sie traurig, sie komme aus einem Pflegeheim und habe seit Ostern das Bett

[169] Vgl. die alternative Position von Patzig und Schöne-Seifert (1995:2); sie bezeichnen Ausbildungs- und Organisationsfragen der Medizin als »Sachverhalte ohne eigene moralische Bedeutung«.

nicht mehr verlassen dürfen. Es war Hochsommer und mir tat die Frau leid, so dass ich ihr meine Hilfe anbot. Mit den Erfahrungen als Kinästhetik-Tutor und als Trainer des Bobath-Konzeptes gelang es mir ohne Probleme, die Dame mit einem sogenannten Oberschenkeltransfer in einen bequemen Sessel zu bewegen. Sie weinte vor Freude und drückte mich fest an sich.

Dieses Erlebnis machte mich sehr betroffen. Ich dachte darüber nach: Ist es moralisch zu verantworten, dass pflegebedürftige Menschen nur deshalb monatelang im Bett liegen, weil Pflegende sich mit Liftern, Transfer- und Mobilitätshilfen (vgl. Zegelin 2005:135f) bzw. mit zeitgemäßen Bewegungsmöglichkeiten etwa aus der Kinästhetik oder aus dem Bobath-Konzept nicht auskennen? Und: War es richtig von mir, der älteren Dame dieses Erlebnis zu verschaffen, wenn sie doch wieder zurück in ihr Pflegeheim entlassen würde, wo sich die zuständigen Pflegenden eine Unterstützung beim Bett-Stuhl-Transfer nicht zutrauten? Wäre es vielleicht besser gewesen, der alten Dame das Kontrasterlebnis zu ersparen?

Pflegefachkräfte benötigen zweifelsohne unmittelbare praktische Fertigkeiten. Darüber hinaus sind Kenntnisse über ethische Werte, Prinzipien und Theorien erforderlich, mit deren Hilfe etablierte Strukturen und Prozesse kritisch überprüft werden können. Eine Verbesserung der Bildungskonzepte in der Grundausbildung allein reicht nicht aus, sondern muss von aufbauenden Fortbildungskonzepten begleitet werden. »Krankenschwestern sind sich allmählich der ethischen Komponente ihres täglichen pflegerischen Umganges mit dem Patienten und der Notwendigkeit, sich hierin fortzubilden, bewußt« (van der Arend, Gastmans 1996:104). Auch Lindner diagnostiziert einen Fortbildungsbedarf: »Professionelle Pflege braucht ethische Unterweisung in der Ausbildung, und zwar nicht als nebensächliche und geringzuachtende Marginalie, sondern als zentralen Lerninhalt mit interdisziplinärer Bedeutung. Im Blick auf die sich ständig verändernden Rahmenbedingungen sowohl im Gesundheitswesen als auch in unserer Gesellschaft und die dadurch immer wieder neu hinzu kommenden ethischen Fragestellungen ist die ethische Entscheidungsfindung auch für die Fortbildung pflegerischer Berufe als Inhalt unverzichtbar« (Lindner 1999:64).

Rabe ist überzeugt: »Aus-, Fort- und Weiterbildungsinstitute sollen die Entstehung ethischer Kompetenz fördern, die sich als (Selbst)Reflexionsfähigkeit, Diskurs- und Urteilsfähigkeit zusammenfassen lässt und eng mit personaler und psychosozialer Kompetenz verwoben ist. Dazu müssen sie als Organisation Raum für die Entfaltung geben durch eine reflexionsfreundliche Kultur, durch das Vorbild der Lehrenden und die gezielte Begleitung der Schüler/innen« (Rabe 2009a:303).

Ethische Beurteilungs- und Entscheidungskompetenzen und die Fähigkeit zu moralischem Handeln erfordern gezielte Bildungsangebote, die von Pflegekursen für Hilfskräfte über vielfältige Formen der Aus-, Fort- und Weiterbildung von Fachkräften bis hin zu Ethikvorlesungen und -seminaren in Pflegestudiengängen reichen. »Pflegeethik ist heute ein notwendiger Bestandteil der Aus-, Fort- und Weiterbildung von Pflegekräften.« (Giese 1998:55)

8.2.2 Umfang des bisherigen Lehrangebots in der Pflege

An deutschen Pflegeschulen werden knapp 120.000 Menschen in Pflegeberufen ausgebildet.[170] Es handelt sich um Schulen für Gesundheits- und Krankenpflege[171] (59.172 Schüler/innen), Gesundheits- und Kinderkrankenpflege (6.454 Schüler/innen), Gesundheits- und Krankenpflegehilfe (2.267 Schüler/innen), Altenpflege (51.965 Schüler/innen) und Altenpflegehilfe (6.334 Schüler/innen) (Statistisches Bundesamt 2011:14; jeweils alle Klassen berücksichtigt). Über den Fort- und Weiterbildungsbereich gibt es meines Wissens bislang keine Zahlen.

Für die Altenpflegeausbildung lag ursprünglich kein Bundesgesetz vor. Der Umfang des theoretischen Unterrichts in der Altenpflegeausbildung war – da ländergeregelt – je nach Bundesland unterschiedlich. Er reichte von 1600 (Bayern) bis 2540 Stunden (Thüringen). Entsprechend unterschiedlich waren die Vorgaben zum Ethikunterricht. Das inzwischen in Kraft getretene bundeseinheitliche Altenpflegegesetz war zunächst vom Bundesverfassungsgericht auf Antrag Bayerns einstweilig gestoppt worden. Der Freistaat Bayern hatte die gesetzgeberische Zuständigkeit des Bundes bezweifelt, da Altenpflege kein Heilberuf sei. Vor dem Bundesverfassungsgericht konnte er sich mit dieser Ansicht jedoch nicht durchsetzen, so dass der Weg für eine bundeseinheitliche Regelung der Ausbildung zum/zur Altenpfleger/in frei wurde: Mit Urteil vom 24. Oktober 2002 hat der Zweite Senat des Bundesverfassungsgerichts das Altenpflegegesetz vom 17. November 2000 in großen Teilen für verfassungskonform erklärt (AZ 2 BvF 1/01). Der Beruf der Altenpflegerinnen und Altenpfleger habe sich anderen Heilberufen angenähert und erfordere heute Fähigkeiten und Kenntnisse, die über das bisherige sozialpflegerische Profil hinausgingen. Altenpflege wird heute höchstrichterlich als ein »anderer Heilberuf« im Sinne des Art. 74 Abs. 1 Nr. 19 GG angesehen.[172]

Nach der Ausbildungs- und Prüfungsverordnung für den Beruf der Altenpflegerin und des Altenpflegers vom 26.11.2002 ist Ethikunterricht in der Altenpflegeausbildung nunmehr verbindlich vorgesehen. Neben vielen anderen Inhalten findet sich unter dem Stichwort »1.1: Theoretische Grundlagen in das altenpflegerische Handeln einbeziehen« (80 Unterrichtsstunden) auch das Thema »Pflegerelevante Grundlagen der Ethik« (keine Stundenangabe). Als Teil des Berufskundeunterrichts (»4.1: Berufliches Selbstverständnis entwickeln«, 60 Stunden) erscheint der Punkt »Ethische Herausforderungen der Altenpflege« (keine Stundenangabe).

---

[170] Diese Zahl wird vom Statistischen Bundesamt (2011:14) angegeben. Simon (2012:45) berechnet für dasselbe Schuljahr (2010/2011) die Zahl 129.900.

[171] Die Zahl der Schulen für Gesundheits- und Krankenpflege nahm in den vergangenen Jahren stark ab – insbesondere aufgrund von Zusammenschlüssen. Wesselborg und Reiber (2011:670) berichten, im Schuljahr 2001/2002 habe es in Deutschland noch 736 Schulen für die Gesundheits- und Krankenpflege gegeben; für das Schuljahr 2009/2010 seien aber nur noch 541 Schulen gezählt worden – ein Rückgang von 26 %.

[172] Für den Beruf der Altenpflegehilfe sah das oberste Gericht allerdings weiterhin den Schwerpunkt in sozialpflegerischen Tätigkeiten, weshalb dieser nach wie vor der Regelung durch die einzelnen Bundesländer unterliegt. Dies gilt seit In-Kraft-Treten des neuen Krankenpflegegesetzes zum 1.1.2004 auch für die Berufe in der Gesundheits- und Krankenpflegehilfe (Die einjährige Krankenpflegehilfeausbildung wurde Anfang der 1960er Jahre in der Bundesrepublik eingeführt; Simon 2012:46).

Obwohl Ethik im Fächerkanon der Krankenpflege-Ausbildungs- und Prüfungsverordnung (KrPflAPrV) von 1965 nicht vorgesehen war, wurde sie, v. a. an kirchlichen Ausbildungsstätten, dennoch unterrichtet (Rabe 2000:8). Die Ausbildungs- und Prüfungsverordnung des Krankenpflegegesetzes von 1985 (KrPflG, siehe Kurtenbach et al. 1994) führte Ethik schließlich als eines von vielen Unterthemen im Abschnitt Berufs-, Gesetzes- und Staatsbürgerkunde auf, für die insgesamt lediglich 120 Unterrichtsstunden vorgeschrieben waren (Anlage 1 zu § 1 Abs. 1 KrPflAPrV). Sie sah für das Thema Ethik also keinen separaten Stundenumfang in der theoretischen Ausbildung vor; die Verteilung der 120 Stunden auf die Unterthemen oblag der jeweiligen Kranken- bzw. Kinderkrankenpflegeschule, ebenso die inhaltliche Ausgestaltung. In welchem Stundenumfang und mit welchen Inhalten das Fach Ethik in der Grundausbildung gelehrt wurde, blieb bisher und bleibt auch nach dem Krankenpflegegesetz von 2003 in den meisten Bundesländern dem Belieben der Ausbildungsstätten überlassen.

Anders sah die Situation in Bundesländern aus, die über Ausführungsbestimmungen eine inhaltliche Verteilung im Lehrplan festgelegt hatten, z. B. in Hessen und Bayern. So waren in Hessen nach dem Krankenpflegegesetz von 1985 unter der Bezeichnung »Berufskundlicher Ethikunterricht« zwölf Stunden für ethische Themen reserviert, während in Bayern seit 1992 sogar vierzig Stunden Ethik im Kranken- und Kinderkrankenpflegeunterricht vorgesehen waren, die sich in folgende Themen untergliederten (Hofmann 2000:22):

- Grundfragen der Ethik
- Ethische Herausforderungen durch die Medizin
- Verantwortlicher Umgang miteinander
- Begleitung Schwerkranker und Sterbender
- Beruflich bedeutsame religiöse Fragen

Eine Studie von Lorenz ergab 1996, dass der Durchnittswert des Unterrichtsumfangs im Fach Ethik an fünf befragten Krankenpflegeschulen in Baden-Württemberg, Hessen und Rheinland-Pfalz bei 42,5 Stunden lag (Götzelmann 2000b:10f; Lorenz 2001). Diese Zahl deckt sich mit den Befunden von Volontieri, der 1992 in einer Untersuchung des Ethikunterrichts an 280 bundesdeutschen Krankenpflegeschulen ermittelte, dass im Verlauf der dreijährigen Ausbildung durchschnittlich 43 Stunden Ethikunterricht angeboten wurde (Volontieri 1992, Schweidtmann 1997:6).

Rabe stellt in der heutigen Praxis der Pflegepädagogik fest: »In Deutschland führt das Thema Ethik in vielen Bildungseinrichtungen der Pflege noch ein Schattendasein, sodass ein entsprechender Unterricht nicht stattfindet, oft unter dem Vorwand, Ethik werde ja überall ›mitbedacht‹« (Rabe 2012:109). Milhahn und Zegelin berichten, »Ethisches« werde überwiegend nebenbei oder im Sinne eines »heimlichen Lehrplans« vermittelt (1993:319). In vielen Fällen finden sich so genannte Ethikthemen auch im Unterricht Gesundheits- und Krankenpflege oder bei Themen aus Psychologie, Soziologie und Pädagogik. Nasterlack warnt, das Verteilen ethischer Themen auf andere Unterrichtsfächer nach dem »Gießkannenprinzip« berge die Gefahr, dass die Relevanz der Thematik nicht erkannt wird (Nasterlack 2001:3).

Sollten also ethische Themen auf den eigentlichen Ethikunterricht beschränkt werden? Ich meine: Nein. Götzelmann fordert in seinen zehn Thesen zum Ethikunterricht in der Alten- und Krankenpflegeausbildung: »Ethikunterricht ist eigenständig, aber Ethik muss auch in anderen Lehrfächern vorkommen« (2000c:67). Er plädiert dafür, die Eigenständigkeit des Faches Ethik zu stärken, team teaching (»Tandem«) und Projekte zu ethischen Fragen mit anderen Unterrichtenden vorzusehen sowie die Lehrpläne[173] bezüglich des Ethikunterrichts als Fach wie auch als Horizont bzw. Thema in anderen Unterrichtsfächern weiterzuentwickeln (ebd.).

In einer Untersuchung an drei Berliner Krankenpflegeschulen kam Nasterlack zu einem interessanten Befund: Die Mehrheit der Auszubildenden, nämlich 69,4 Prozent von 327 Befragten mit einer gültigen Antwort, wünschten sich, dass während der Ausbildung vermehrt ethische Fragen behandelt werden sollten. »Weitere 26,6 Prozent meinten hingegen, dass dies nicht notwendig sei, und vier Prozent der Befragten vertraten die Meinung, dass dieser Unterricht völlig entfallen könne.« (Nasterlack 2001:8)[174]

8.2.3 Vorurteile von Pflegekräften über Ethik

Als Mitglieder der Gesellschaft bringen Auszubildende in Pflegeberufen bereits Erfahrungen mit ethischen Fragen mit, oft auch mit Fragen der Pflegeethik, z. B. aus einem Pflegepraktikum.

Ethik ist allerdings für viele Pflegende »... ein Begriff, dem sie nicht entspannt begegnen« (Städtler-Mach 2006c:10). Viele Pflegende halten ethische Reflexion für eine Mehrbelastung (Werner 2008:368). Rabe fragt: »Und ist nicht Ethik, neben der Qualitätssicherung und den zunehmenden administrativ-organisatorischen Zwängen (Dokumentation zu Abrechnungszwecken) nur eine weitere Zumutung, die Pflegenden das Leben schwer macht?« (Rabe 2009a:201) Sie berichtet: »Ethik wird von Pflegenden oft als etwas Theoretisches gesehen, das weitab von der Praxis liegt und dieser unrealisierbare Normen setzt. Darauf gründet sich auch der Widerstand, den manche Praktiker gegen Ethik in der Pflege oder Medizin haben: Man glaubt, hier werde einem wohlbegründet das Unmögliche abverlangt, an dem man innerhalb der realen Bedingungen des Gesundheitswesens scheitern müsse« (S. 84).

Nach Lindner kann der Begriff Ethik gerade bei Bildungsteilnehmern aus der Pflege negative Assoziationen wecken, z. B. die Befürchtung, mit dem Thema Ethik sei »... womöglich eine neuerliche Verstärkung des ohnehin schon überdimensionalen Pflichtkatalogs für diese Berufsgruppe im Blick« (Lindner 1999:46).[175] Ethik werde

173 Zur curricularen Planung des Ethikunterrichts in Pflegeausbildungen siehe Walter (2000). Eine Übersicht zu ethischen Themen in den aktuellen Curricula für die Gesundheits- und Krankenpflege findet sich bei Rabe (2009a:234).

174 Leider gibt Nasterlack nicht an, unter welchen Voraussetzungen dieses Ergebnis zu interpretieren ist (bisheriger Umfang des Unterrichts, Inhalte, fächerübergreifender Unterricht oder Konzentration auf ein Fach).

175 vgl. hierzu Illhardt (1989:806)

oftmals als zusätzliche Forderung verstanden, die aufgrund der belastenden Praxis als nicht mehr tragbar erscheine. Gegenüber der Ethik als theoretischer Wissenschaft bestehe mancherorts Ablehnung: »Einerseits mag theoretische Reflexion für Praktiker unter dem Verdacht abgehobener, ›trockener‹ Theorien stehen, andererseits begegnet immer noch das moralische Mißverständnis, bei dem Ethik mit Moral, Schuldzuweisungen und strengen Rechtsforderungen gleichgesetzt wird« (S. 59). Gelegentlich werde auch die Einschätzung geäußert – so die Pfarrerin und Lehrerin für Krankenpflege – Ethik sei doch nur »... allgemeines oder frommes Gerede ohne konkrete Relevanz für den pflegerischen Alltag« (S. 54).

Hofmann berichtet, Krankenpflegeschüler verstünden Ethik als Religionsersatz, weil dieses Fach in allgemeinbildenden Schulen alternativ zum Religionsunterricht angeboten werde. Manche Schüler hätten die Theorien bekannter Philosophen diskutiert, andere erlebten Ethik als das Fach, wo man einfach Meinungen austauscht, die keiner weiteren Begründung bedürften. Letzteres bestätige die nicht gerade seltene Annahme, Ethik sei nicht lehr- und lernbar, sondern lediglich eine Frage der persönlichen Anschauung (Hofmann 2000:22).

Füg schildert, Pflegekräfte seien bereit und interessiert, sich über neue Lagerungshilfsmittel zu informieren oder sich mit der Wirkung neuer Medikamente vertraut zu machen. Wenn dagegen Fortbildungen zu anthropologischen oder ethischen Fragestellungen angesagt seien, würden sie sich aus Zeitmangel zurückziehen. Tatsächlich vermutet Füg jedoch andere Motive: »Den Grund für diese scheinbare Gleichgültigkeit sehe ich in einer totalen Hilflosigkeit durch Überforderung und einem dringenden Bedürfnis nach Selbstschutz, um den täglichen Belastungen widerstehen zu können ...« (Füg 1999:126).

Dementsprechend empfiehlt Füg einen indirekten Zugang zum Thema Ethik: »Erfahrungsgemäß können jedoch Pflegende mit dem Begriff Verantwortung mehr anfangen als mit dem Wort Ethik. Letzterer erhebt philosophischen Anspruch und erzeugt damit schnell Unbehagen. Daraus ergibt sich die Alternative, sich über den Verantwortungsbegriff Zugang zum Interesse für Ethik und ethische Entscheidungsfindungen zu verschaffen« (Füg 1999:127). Der Verantwortungsbegriff spielt auch bei Abermeth eine große Rolle. Sie formuliert als Lehr-/Lernziel, die Lernenden sollten sich während ihrer Ausbildung auf die komplexen ethischen Entscheidungen im Pflegealltag vorbereiten und sich ihrer verantwortlichen Rolle als Pflegende bewusst werden (Abermeth 1998b:1040).

Nun provoziert aber gerade der Begriff der Verantwortung in vielen Fällen Widerstand; häufig lässt er auch eine stille Resignation von Pflegekräften hervortreten. Gerade emotional weniger belastbare Pflegekräfte mit überhöhten Ansprüchen an sich selbst fühlen sich rasch überfordert. Sie fürchten die unstillbaren Bedürfnisse und Wünsche leidender Menschen und neigen zur Regression. Lanius schreibt: »Wir erleben den Anspruch des Patienten auf eine ethisch adäquate Behandlung jedoch häufig als Bedrohung und Überforderung unserer Belastbarkeit und ziehen uns in ethisch brenzligen Situationen nicht selten darauf zurück, dass wir als Pflegende ärztliche

Anweisungen ausführen. Die Vorstellung, diese beispielsweise kritisch zu hinterfragen und mit den Ärzten viel stärker als bisher in einen konstruktiven interdisziplinären Dialog zu treten, weil wir aufgrund unserer weit größeren Nähe zum Patienten einen anderen als den ärztlichen Blickwinkel einnehmen, löst bei uns häufig eher Abwehr aus, als dass wir es als Chance auffassen. Wir fühlen uns in vielen Situationen ratlos und überfordert und sind froh, dass die Ärzte und nicht die Pflegenden die Entscheidungsträger sind« (Lanius 2010:354).

Ethikunterricht unterliegt einer weiteren Schwierigkeit, die eher durch das Verhalten von Dozenten entsteht: Wenn nicht klar zwischen Moralerziehung und Ethikunterricht unterschieden wird, entsteht leicht das Vorurteil, »Ethikunterricht sei eine Überforderung, ein ständig erhobener mahnender Zeigefinger – kontraproduktiv in einem Berufsfeld mit zunehmend schwierigen Arbeitsbedingungen« (Rabe 2001a:6). In eine ähnliche Richtung gehen die Beobachtungen von Hoppe et al.: »Schwestern und Pfleger meinen, daß Ethik als Wissenschaft den Anspruch erheben würde, die praktizierte Sittlichkeit selbst zu sein. Es wird befürchtet, daß in der Krankenpflege unerfahrene Philosophen mit aufgezwungenen Normen und Regeln Schaden anrichten« (1995:22). Illhardt rückt die Perspektiven und Gewichtungen zurecht, indem er in Analogie zu einem biblischen Sprachspiel (Mark. 2,27) klarstellt: »Die Menschen sind nicht für die Moral da, sondern die Moral ist für die Menschen da« (Illhardt 1994b:73).

Interesse für die ethische Reflexion wecken

Mit Vorurteilen sollten Ethikdozenten rechnen und gerade für die entlastenden und bereichernden Aspekte ethischer Reflexion Interesse wecken: »Wir sind in der Pflege oft Situationen ausgesetzt, die uns belasten, uns hilflos und wütend machen. Wir müssen versuchen zu erkennen, ob Ethik eine schöne Beschäftigung für Denker ist, ein Hobby für Diskutierer, oder ob wir darin Unterstützung für unser notwendiges Handeln finden können« (Schröder 1993:724).

Betrachten wir nun eine wichtige Voraussetzung ethischer Bildung: den Prozess der Entwicklung moralischen Bewusstseins im Leben von Menschen und seine möglichen Implikationen für die Pflegebildung.

8.2.4 Moralische Entwicklung von Menschen

In diesem Kapitel werde ich zunächst Kohlbergs Stufenmodell der moralischen Entwicklung beleuchten. Kritik und Gegenkritik werden erörtert und eine Kombination unterschiedlicher Positionen befürwortet. Außerdem greifen wir die Frage der möglichen Überforderung von Auszubildenden in der Pflege auf.

8.2.4.1 Kohlbergs Stufenmodell der moralischen Entwicklung

Lawrence Kohlberg (1927–1987), amerikanischer Psychologe und Philosoph, beschrieb 1958 seine Theorie über die Entwicklung des moralischen Urteilsvermögens. Er baute dabei auf den Arbeiten des Schweizer Entwicklungspsychologen Jean Piaget (1896–1980) auf. Nach Kohlbergs Theorie entwickelt sich das moralische Bewusstsein von Menschen schrittweise in sechs Stufen, die in drei Ebenen zusammengefasst werden können (vgl. Montada 1982:663; Arndt 1996a:34ff; Schröder 1999:151f; Pieper 2000:293). Tabelle 4 zeigt die Charakteristika der drei Entwicklungsebenen auf.

Tabelle 4: Charakteristika der drei Entwicklungsebenen moralischen Bewusstseins (modifiziert nach Kohlberg).

Ebenen der moralischen Entwicklung	ausschlaggebendes Kriterium für moralische Entscheidungen	Handlungsmotive	Bewertung
nachkonventionelle (postkonventionelle) Ebene	Autonomie	• auf Grundlage von übergeordneten Prinzipien moralisch entscheiden • allgemeingültige moralische Prinzipien entwickeln	autonome Moral
konventionelle Ebene	Konformität	• vorgegebene Regeln befolgen • Erwartungen von Autoritäten erfüllen • sich an konventionelle Ordnungen anpassen	Anpassungsmoral
vorkonventionelle (präkonventionelle) Ebene	Lustgewinn	• Bedürfnisse befriedigen • Gehorsam aus Furcht vor Strafe	instrumentelle Moral

»Kohlbergs Theorie geht von einem Stufenmodell moralischer Entwicklung aus, das Heranwachsende auf ihrem Weg vom unreflektierten Kleinkind bis zum moralisch bewusst urteilenden Erwachsenen durchlaufen, wobei der höchste Reifegrad als ein Urteilen gemäß universellen Prinzipien und Rechten definiert ist. Die höchste Stufe moralischer Reife entspricht einer kantischen Position: Die moralisch reflektierte Person ist in ihrem Handeln weder von Selbstinteresse noch der unmittelbaren Bedürftigkeit anderer oder von Nützlichkeitserwägungen, sondern von universellen Prinzipien wie Gerechtigkeit, Reziprozität und Respekt vor anderen geleitet.« (Pauer-Studer 1996:88)

Diese Stufenentwicklung kann nach Kohlberg von jedem Menschen unabhängig von sozialen und kulturellen Einflüssen durchlaufen werden. Die erste Entwicklungsebene (präkonventionelles Niveau) wird bereits von Kindern unter neun Jahren erreicht, die zweite (konventionelles Niveau) von den meisten Jugendlichen und Erwachsenen. Nur wenige Menschen – einige Erwachsene über 20 Jahre – erreichen nach Kohlberg jemals die dritte Ebene, das postkonventionelle Niveau (Schmidt 2000:41f).

8.2.4.2 Kritik an Kohlbergs Stufenmodell als Kritik der »ethics of rule«

Kohlbergs kognitivistisches Entwicklungsmodell geriet in vielfacher Hinsicht in Kritik, u. a. ist empirisch festzustellen, dass es keine direkte Verbindung zwischen hohem Entwicklungsstand und tatsächlichem moralischen Handeln gibt. »Wie die Forschung zur Urteil-Handeln-Problematik im Bereich der Moralentwicklung gezeigt hat, muss eine hohe Entwicklungsstufe moralischer Urteilskraft nicht zwangsläufig zu einem entsprechend anspruchsvollen Handeln führen.« (Raven 2006:27)

Aus feministischer Perspektive wurde Kohlbergs Modell als männerzentriert, starr und rational berechnend kritisiert und auch deshalb abgelehnt, weil es die vorgeblich eher weiblichen Qualitäten der Fürsorge, der Kontextsensitivität, der Anteilnahme und der emotionalen Bindungsfähigkeit systematisch ignoriere.

Statt einer starren, unparteilichen Normenethik (rule ethics), die kontextunabhängig streng nach normierten Prinzipien vorgehe, wird von feministischer Seite eine kontextsensitive Fürsorgeethik (care ethics oder ethics of care) propagiert. Damit ist eine Ethik der Anteilnahme, der Obhut, des situationsentsprechenden Sich-Kümmerns gemeint (vgl. Loewy 1995:29), für die nicht abstrakte Pflichten und Prinzipien wie Autonomie und Gerechtigkeit die Basis seien, sondern Tugenden wie persönliche Zuwendung, Achtsamkeit, Mitgefühl und konkrete Fürsorge für das Wohl der Menschen (vgl. Rehbock 2000:281). Eine Ethik des Füreinander-Sorgens umfasst nach Arndt die »modernen Tugenden« Empathie, Solidarität, Kooperation, Kommunikation und Sorge (Arndt 2003a:20f). Da es noch keine zufriedenstellende deutsche Übersetzung von care ethics bzw. ethics of care gibt, schlägt Arndt für den Bereich der Pflege den Ausdruck »pflegerische Sorge« vor (Arndt 2000a:31).[176]

Arndt räumt zugleich ein, dass »... die Pflege kein Monopol auf das Sich-Sorgen hat. Natürlich sorgen sich Ärzte, Apotheker und Pfarrer gleichermaßen, wenn auch mit anderen Schwerpunkten« (Arndt 2003c:25). Conradi betont in ihrer Dissertation, Care finde sich nicht exklusiv in der Pflege. Überdies habe Care zwar eine zentrale Bedeutung für die Pflege, beide seien aber keineswegs gleichzusetzen; Care sei lediglich ein Teil der Pflege. Als ein Element der Pflege sei sie insbesondere als Zuwendung zu verstehen (Conradi 2001:47f).

Die Kritik von Seiten der feministischen Ethik am streng rational-prinzipienorientierten Justice-Ansatz ist einerseits nicht unberechtigt: Mit einer rein kognitiven (»Männer«-)Ethik, die ihre Urteilsfindung ausschließlich Kraft der Vernunft zu bewältigen glaubt, sind psychosoziale Aspekte weder angemessen zu beurteilen noch zu vermitteln. Pflegerische Bildung muss deshalb auch Aspekte einer Care-Ethik einschließen, die »... als Ethik der Fürsorglichkeit die Qualitäten der Zuwendung, des Mitfühlens, der Anteilnahme und der Aufmerksamkeit einbezieht und eine Ethik des Rechtes und der Fairneß ergänzen kann« (Arndt 1996b:28).

---

[176] Nach Arndt (2003c:25) besitzt der englische Begriff »care« viele Bedeutungen: Pflege, Mitgefühl, Anteilnahme, Zuwendung, Fürsorglichkeit, Sorge.

8.2.4.3 Gegenkritik

Der Kritik von feministischer Seite kann nicht in allen Punkten zugestimmt werden. Auch die einseitige Haltung der Vertreterinnen einer Care-Ethik ist zu kritisieren: So moniert etwa Tadd (1998:371): »In their rejection of principled approaches to ethics, many defenders of the ethics of care appear to miss the point that often moral principles and rules exist precisely because we care for others and wish to live in relation to them, and without some rules and principles, such as it is generally wrong to lie, it would be difficult für society to operate in anything other than an inconsistent arbitrary manner.

The assumption, by many advocating an ethic of care, that principles are applied in a cold, calculating, abstract way can also be challenged, as can the fact these proponents fail to see that they too are relying on principles, albeit different ones from those involved in more traditional approaches. For example, the importance of relationship could be claimed as a principle on which an ethic of care is based, and like other moral principles, would have to be defended on universal grounds.«[177]

Der Fürsorgebegriff ist nicht nur als polarisierender Gegenbegriff zu einer sich angeblich sachlich-kühl von ihrem Untersuchungsgegenstand distanzierenden Variante der Prinzipienethik etwas in Verruf geraten, sondern wird in der Fachdiskussion auch aus anderen Gründen skeptisch hinterfragt.

Exkurs: Caring

Heffels (2002:6) berichtet, im angelsächsischen Bereich werde für den Begriff »Fürsorge« der Begriff »compassion« verwendet. Er umfasse einerseits die emotionale Anteilnahme als auch andererseits die intellektuelle Auseinandersetzung mit einem anderen Menschen, wohingegen der Begriff »caring« entweder mit »compassion« gleichgesetzt oder inhaltlich auf die Komponente der emotionalen Anteilnahme reduziert werde.

Tewes (2002:74f.) erläutert, »caring« werde von vielen Pflegewissenschaftlerinnen als ein essentieller Bestandteil der Pflege verstanden, der das einfache Da- oder Präsentsein und das Vermitteln von Hoffnung beinhalte und nach Morse (1992) auch durch den Begriff »comfort« (für das Wohlbefinden der Patienten sorgen) ersetzt werde. Tewes selbst definiert »caring« als die Fähigkeit von Pflegenden, sich ihren Patienten menschlich zuzuwenden und ihnen mit Offenheit, Respekt und Würde zu begegnen (S. 74).

---

177 »In ihrer Ablehnung prinzipienorientierter Ansätze in der Ethik scheinen viele Verteidiger der Fürsorgeethik zu verkennen, dass moralische Prinzipien und Regeln häufig gerade deswegen existieren, weil wir für andere sorgen und mit ihnen in Beziehung leben wollen, und dass es für die Gesellschaft ohne einige Prinzipien und Regeln (wie z. B., dass es grundsätzlich falsch ist, zu lügen) schwierig wäre, anders als in Inkonsistenz und Willkür zu funktionieren. Die Annahme vieler Verteidiger einer Fürsorgeethik, dass Prinzipien kalt, berechnend und abstrakt angewandt würden, kann genauso angefochten werden wie die Tatsache, dass diese Vertreter übersehen, wie auch sie sich auf Prinzipien verlassen, wenn auch auf andere als die Prinzipien traditionellerer Zugänge. Zum Beispiel könnte die Wichtigkeit einer Beziehung als grundlegendes Prinzip einer Fürsorgeethik geltend gemacht werden, und wie andere moralische Prinzipien müsste es auf universeller Grundlage verteidigt werden.« (Übers.: R. L.)

Nach Monteverde(2009c:7) handelt es sich bei Caring nicht um ein Eigengut der Pflege, sondern um eine Haltung, die allen therapeutischen Berufen aufgetragen ist (vgl. Gastmans 2009:8).

Stemmer (2003:43) zählt verschiedene Übersetzungsmöglichkeiten des Begriffs »caring« auf: »Fürsorge«, »menschliche Zuwendung«, »Pflege«, »pflegekundige Sorge« und »Sorge«. Sie verweist darauf, dass diese Termini über ihre Grundbedeutung hinaus unterschiedliche, teilweise unerwünschte Konnotationen mit sich führen. »So enthält Fürsorge ein Element von Bevormundung, und dem Begriff der Sorge haften Bedrückung und Schwere an, beide Bedeutungskomponenten sind im Zusammenhang mit Caring nicht intendiert.« (ebd.) Für Stemmer (S. 60) ist der zentrale Gedanke des Caringkonzeptes, nämlich der pflegesuchenden Person mit einer Grundhaltung zugewandten Interesses zu begegnen, von essenzieller Bedeutung; allerdings könne sich berufliche Pflege nicht schwerpunktmäßig auf Beziehungen mit persönlichem Charakter stützen. Zu einer persönlichen Beziehung gehöre, dass die Personen, zu denen eine Beziehung aufgenommen wird, je nach Sympathie und Antipathie ausgewählt werden könnten. Diese Wahlmöglichkeit stehe den professionell Handelnden aber gerade nicht zur Verfügung. Für problematisch hält die Pflegeprofessorin das dem Caringansatz innewohnende Bild einer schwachen, tendenziell abhängigen, pflegebedürftigen Person; zu fragen sei, ob dieses Patientenbild nicht einer erfolgreichen Hilfeleistung entgegenstehe (ebd.).

Kritik am Fürsorgebegriff übt beispielsweise Heinzmann. Sie zitiert aus der Münchner Erklärung der WHO vom Juni 2000: »Wenn man Pflege als Fürsorge, als gesunden Menschenverstand oder als dienende Arbeit abtut, wird man der Komplexität und dem Wert des Berufes nicht gerecht«. Heinzmann unterstützt den »Paradigmenwechsel« der Pflege, der weg von der Fürsorgeleistung hin zur Dienstleistung führe (2001:6).

»Von einigen wird Fürsorge noch immer mit staatlicher Sozialfürsorge gleichgestellt, wodurch auch Assoziationen von Armut und Entmündigung geweckt werden«, bemerkt Rabe (2000:14) und meint, es sei vielleicht deutlicher, von Fürsorglichkeit zu sprechen. »Für mich bedeutet Fürsorglichkeit vor allem Parteinahme für den Patienten, menschliche Zuwendung und Teilnahme für einen Hilfsbedürftigen.« (Rabe 2000:14) Städtler-Mach formuliert ähnlich: »Unter Fürsorglichkeit ist eine Haltung zu verstehen, die bestimmte Verhaltensweisen nach sich zieht: sich hilfsbedürftigen Menschen zuwenden, sie zu verstehen suchen, ihnen helfen, sie unterstützen. Fürsorglichkeit lässt dem Hilfebedürftigen auch ausreichend Freiraum und erlaubt ihm die Nutzung seiner verbliebenen Ressourcen« (Städtler-Mach 2009:26).

Auch die Soziale Arbeit wendet sich vom Begriff der Fürsorge ab. Ein wesentlicher Grund liegt darin, dass die Begriffe »Fürsorge« wie auch »Nächstenliebe« zwar mit persönlicher Hinwendung assoziiert, selten aber mit wirksamer professioneller personenbezogener Dienstleistung identifiziert werden. Beim Kampf um gesellschaftliche Anerkennung, die sich auch finanziell auszeichnen soll, zählen jedoch meist nicht gut gemeinte menschliche Bemühungen, sondern messbare, wirtschaftlich ins Gewicht fallende Ergebnisse.

Rehbock spricht sich zwar für Fürsorge aus, sieht aber eine hauptsächlich auf Fürsorge zentrierte Ethik kritisch. Sie warnt vor einer sich auf vermeintlich weibliche Tugenden, z. B. Fürsorge, berufenden Ethik in der Pflege. Eine feministisch geprägte Pflegeethik laufe Gefahr, eine überkommene Weiblichkeitsideologie des 19. Jahrhunderts wiederzubeleben (Rehbock 2000:281f; vgl. Bischoff 1984). Remmers schließt sich dieser Kritik an: »Für pflegerische Ethik-Konzepte erweisen sich solche Tugendethiken überdies deshalb als riskant, weil sie an soziokulturelle Traditionsbestände einer Weiblichkeit, an eine in einer gender division of labor verankerten Kultur selbstlosen Dienens zumeist unreflektiert anschließen und dadurch überkommene Hierarchisierungen interprofessioneller Arbeitsbeziehungen ideologisch überwölben können« (Remmers 2000b:211).

In der Pflege wird Fürsorge häufig als Selbstaufopferung missverstanden und abgelehnt (vgl. Rabe 2009a:134). Rehbock hingegen zeigt anhand des neutestamentlichen Gleichnisses vom barmherzigen Samariter ein Verständnis von Fürsorge ohne Paternalismus und ohne Selbstaufopferung auf (Rehbock 2005a:217f).

Das Prinzip der Fürsorge ist zudem in Verruf geraten, weil es mit Paternalismus und Entmündigung gleichgesetzt wird (Rabe 2009a:134). Rabe stellt fest, Fürsorge werde gerade von jungen Menschen oft im Sinne von Bevormundung und Bemutterung missverstanden – sie spricht sich für eine »gute«, d. h. Würde und Autonomie respektierende bzw. fördernde Fürsorge aus (S. 256f). Die bekannte Pflegeethikerin hält das Prinzip der Fürsorge dennoch aufgrund der leiblichen Nähe der Pflege und der zeitlichen Intensität der pflegerischen Betreuung für eine besonders unverzichtbare ethische Orientierung der Pflege (S. 134).

Fürsorge gilt nicht allein Menschen, deren Autonomie eingeschränkt ist, sondern steht allen Klienten zu. Rehbock (2005b:384f) schreibt, auch der im normalen Sinne entscheidungsfähige Patient sei, um eine rationale, autonome Entscheidung treffen zu können, auf Fürsorge angewiesen, und zwar auf Fürsorge in Form adäquater Aufklärung und Beratung, aber auch in Form persönlicher Anteilnahme und einfühlsamer Begegnung. Fürsorge steht nicht im Widerspruch zu Autonomie, sondern ergänzt sie (Rabe 2009:135). »Ein einseitiges Verständnis sowohl der Fürsorge als auch der Autonomie verkennt, dass auch der selbstbewusste, aktive Patient der Fürsorge bedarf, und dass auch der Komatöse und Demente eine Autonomie haben, die zu respektieren ist. Es ist Ausdruck pflegerischer Professionalität, beides wahrzunehmen und zu beachten.« (ebd.) Pflegende wie Ärzte haben die Aufgabe, den Willen des Patienten zu beachten und ihm gegenüber fürsorglich aufzutreten (Schnell et al. 2009:119).

Fürsorge stellt nach meiner Auffassung kein oberstes Prinzip dar, sondern ist als eher emotional ausgerichtetes Streben nach Verwirklichung übergeordneter Werte zu deuten. Fürsorgende bzw. fürsorgliche Pflege kann etwa als Sorge um das Wohlbefinden oder um die Performanz von Autonomie und Würde der Klienten interpretiert werden. Nach dieser Auffassung ist beispielsweise die Gewohnheit von Intensivpflegenden, auf Sauberkeit und gepflegtes Aussehen der Patienten zu achten (z. B. gekämmte Haare), nicht nur der psychologisch verständliche Versuch, dem sich in den Blick drängenden menschlichen Leid durch eine ästhetische Gestaltung der Situation einen Teil seines Schreckens zu nehmen. Nach Goller liegen solchen pflegerischen Gewohnheiten auch nicht allein hygienische Erwägungen oder die Annahme zu Grunde, das regelmäßige Kämmen könne zu den Lebensgewohnheiten des kritisch Kranken vor dem Krankenhausaufenthalt gehört haben. »Wie der Kranke im Bett gelagert wird, hat nicht ausschließlich nur etwas mit Atelektasenprophylaxe und der Prophylaxe von Kontrakturen und von Druckschäden in Nervenplexusgebieten und gefährdeten Hautregionen zu tun. Nein, das Bett soll sauber aussehen, der Speichel wird vom Mundwinkel weggewischt, weil Pflegende trotz der widrigen Umständen [sic] einer instrumentell-technischen Umgebung das unausgesprochene Bedürfnis haben, die selbstbestimmte Würde des Kranken in der Schönheit oder zumindest in der Nicht-Hässlichkeit, in der Friedlichkeit und Entspanntheit seiner Erscheinung als erkennbar zu gestalten.« (Goller 2001:85)

Remmers (2010b:60) sieht eine gänzlich auf Fürsorge basierende Ethik kritisch und argumentiert: »Das Problem einer ausschließlich auf Phänomene der Fürsorge sich gründenden Ethik helfender Berufe besteht darin, dass ihr normative Maßstäbe zielgerichteter Handlungskontrollen fehlen.« Das Prinzip der Fürsorge soll nicht verworfen werden; eine alleinige Forderung nach Umsetzung speziell dieses Prinzips erscheint jedoch einseitig.

8.2.4.4 Kombination der gegensätzlichen Positionen

Zwar meint auch Käppeli, eine ethics of care stehe »... insofern der vorwiegend in der bio-medizinischen Ethik vorherrschenden Prinzipienethik entgegen, als diese Unparteilichkeit, die Ethik der Sorge jedoch gerade das persönliche Einstehen für die Anliegen der Kranken (advocacy) verlangt« (2001a:9), doch schließen gerechtigkeitsorientierte Argumentation und an der jeweiligen Situation orientierte Fürsorglichkeit einander nicht unbedingt aus. Sie können und sollen kombiniert werden. Die Polarisierung einer Ethik der Fürsorglichkeit und Anteilnahme mit einer Ethik der Prinzipien und Gerechtigkeit ist zu vermeiden (vgl. Kohlen 1999:202).

Bondolfi stellt klar, dass Fürsorglichkeit und kognitive Argumentationsfähigkeit sozialisatorisch bedingt sind und nicht als vermeintlich naturgegebene Eigenschaften geschlechtsspezifisch zugeschrieben werden sollten, etwa in der Form »Ärzte handeln vernunftzentriert« oder »Pflegerinnen handeln gefühlsbetont«. Unabhängig vom Geschlecht brauche man als Arzt/Ärztin wie in der Pflege moralische Grundeigenschaften. Es komme »... nur darauf an, die richtige Eigenschaft im richtigen Moment anzuwenden« (Arndt, Bondolfi 1996:31) [sowie sie zu kombinieren, wie ich hinzufügen möchte, R. L.].

Für moralisches Handeln in der Pflege sind demzufolge beide Kompetenzpaare erforderlich: Gerechtigkeit und Fürsorge, Fürsorge und kognitive Argumentationsfähigkeit (vgl. Bondolfi 1996b:31). Auch Raven (1995:352) hält in der Bildung einer professionellen Handlungskompetenz der Pflege beide Elemente für erforderlich: moralisches Urteilen im Sinne von Gerechtigkeit und moralische Sensibilität im Sinne von Fürsorge. Rehbock drückt die Forderung nach einer Kombination der unterschiedlichen Positionen so aus: »Wir brauchen für die ethische Reflexion also beides: abstrakt-formale Prinzipien und ihre kontextuelle Deutung« (Rehbock 2000:284). Nach Auffassung Darmanns (2001b:237f) ist »... ein ethisches Konzept erforderlich, das sowohl den Kontext und diesen vor allem aus der individuellen Perspektive des Patienten, der mit den Folgen einer Entscheidung leben muss, als auch die verallgemeinerbaren Rechte und Freiheiten aller und damit normative Aspekte der Gerechtigkeit und Unparteilichkeit integriert bzw. das zwischen beiden Anforderungen vermittelt ...«

Ich schließe mich diesen Forderungen an und meine, beide diskutierten Positionen sollten sich, um dem Vorwurf der Einseitigkeit zu entgehen, von ihren randständigen Extremen weg hin zu einer gemeinsam zu findenden Schnittmenge bewegen:

- Auf keinen Fall sollen rationale ethische Prinzipien und moralische Regeln ohne Berücksichtigung der jeweiligen individuellen Kontexte angewandt werden, sondern sie verlangen nach situationsentsprechender Interpretation und Abwägung.
- Andererseits reichen emotionale Faktoren und eine zugewandt-fürsorgliche Grundhaltung nicht aus, um moralisches Handeln sowohl zu gewährleisten als auch im Diskurs begründen zu können. Steppe erinnert daran, dass Pflegerinnen in nationalsozialistischen Konzentrationslagern sterbenden Gefangenen noch bis zum letzten Atemzug »liebevoll« die Hand hielten, nachdem sie ihnen die ärztlich angeordnete tödliche Gift- oder Luftspritze verabreicht oder ihnen beim Trinken aus dem Giftbecher geholfen hatten (vgl. Steppe et al. 1986; Steppe 1994:50).

Der Gedanke einer postkonventionellen Moral muss bei diesem Kompromiss nicht aufgegeben werden, sondern wird beispielsweise von Lempert aus der Perspektive einer emanzipatorischen Berufspädagogik modifiziert, wenn er postkonventionelles Denken als Bildungsziel beschreibt. Lempert (1996:146f) zählt folgende vier Komponenten postkonventionellen Denkens auf, die auf einen Kompromiss verweisen:

1. Orientierung an universellen Prinzipien:
- Gerechtigkeit (Fairness)
- Fürsorglichkeit (Wohlwollen)
- Wahrhaftigkeit
- Achtung menschlicher Würde
- Ausgleich zwischen individuellen und kollektiven Ansprüchen sowie zwischen den Ansprüchen verschiedener Generationen

2. Berücksichtigung von Besonderheiten
- konkreter Situationen und
- individueller Personen

3. Sorgfältiges Vergleichen und Abwägen:
- langfristige Folgen verschiedener Handlungsalternativen bedenken

4. Kreativität in der Auflösung von moralischen Konflikten.

Pflege sollte sich nicht auf eine einzige ethische Position festlegen, sondern sich für unterschiedliche Ansätze offenhalten. Diese können traditionelle ethische Theorien wie auch neuere Konzeptionen sein.

Kohlbergs Anliegen ist entsprechend nicht grundsätzlich abzulehnen. Ungeachtet der teilweise berechtigten feministischen Kritik am rationalen bzw. prinzipienorientierten Ansatz einer traditionellen Ethik gibt sein Stufenmodell auch heute noch wichtige Hinweise zur Frage, in welchem Lebensalter welche kognitiven moralischen Leistungen erwartet werden können und welche (noch) nicht.

8.2.4.5 Auszubildende nicht überfordern

Nach Kohlberg befinden sich die meisten erwachsenen Bürger einer zivilisierten Gesellschaft auf der konventionellen Ebene; die postkonventionelle Ebene wird – wie bereits ausgeführt – nicht oder wenigstens nicht vor dem 20. Lebensjahr erreicht (van Schayck 2000:45).

Pflegekräfte sind zu Beginn ihrer Ausbildung aber zumeist im Alter zwischen 17 und 20 Jahren. Das ist – entwicklungspsychologisch betrachtet – eine Phase des Lebens, »... in der man sich wünscht, dass die Dinge richtig oder falsch sind, schwarz oder weiß, gut oder schlecht« (Braissant 2000:3). Braissant deutet hier eine entwicklungspsychologische Beobachtung an, die sich in vielen Kulturen findet: Die Adoleszenz ist ein Lebensalter des Rigorismus, oft auch des Fanatismus. Menschen scheint es in diesem Alter meist noch nicht zu gelingen, anspruchsvolle Differenzierungen vorzunehmen.

In der Gesundheits- und (Kinder-)Krankenpflege beginnen nur wenige Auszubildende zu einem späteren Zeitpunkt als im Alter von 17 bis 21 Jahren, in der Altenpflege bisweilen häufiger; oft sind es dort Menschen nach abgeschlossener oder abgebrochener Ausbildung in einem anderen Beruf, Frauen nach einer »Kinderpause« oder Männer nach dem Zivil-, Wehr- oder Bundesfreiwilligendienst bzw. nach einem Freiwilligen Sozialen Jahr.

Stratmeyer resümmiert, gemäß der kognitiven Entwicklungstheorie Piagets könne von adoleszenten Auszubildenden in der Pflege nicht grundsätzlich die Stufe formaler Operationen, d. h. Abstraktionsvermögen, erwartet werden (Stratmeyer 1994:14). Er führt unter Bezugnahme auf Kohlberg und Gilligan weiter aus, dass in diesem Alter keine reifen Moralurteile erwartet werden könnten. »Die Berücksichtigung universeller ethischer Normen- und Wertesysteme und die angemessene Integration von Eigen- und Fremdinteressen in dieses System erfordern eine moralische Reife, die nicht einmal grundsätzlich im späteren Erwachsenenalter vorausgesetzt werden kann.« (ebd.) Stratmeyer zieht ein pessimistisches Fazit: Bei ihm habe sich die Hypothese erhärtet, dass von den adoleszenten Auszubildenden eigentlich nahezu Unmögliches verlangt werde. Die an sie gestellten Erwartungen könnten sie keineswegs erfüllen; diese stellten eine eklatante Überforderung dar (ebd.; vgl. ders. 1996).

Andere langjährig erfahrene Ethik-Dozenten bestätigen Stratmeyers Einschätzung. Rabe (2001b) ist der Auffassung, die Begriffe Metaethik, deskriptive und normative Ethik, teleologische und deontologische Ethik gehörten nicht in die Pflegegrundausbildung, sondern sollten in anschließende Bildungsmaßnahmen Eingang finden.

Schwerdt erinnert daran, dass in den ersten Berufsjahren häufig die sachlich-technisch-handwerkliche Dimension im Vordergrund steht, »… da eine Vielzahl von Informationen angeeignet und die Erfüllung vieler Aufgaben erlernt werden muß« (1998a:304). Die Untersuchungen von Benner (1994) zur Expertenschaft in der Pflege stützen diese Beobachtung. Unter Rückgriff auf Benners Werk »Stufen zur Pflegekompetenz« (1994) entwickelt Körtner ein Stufenmodell der pflegeethischen Kompetenz (Körtner 2004:132–135), das im Folgenden tabellarisch dargestellt wird (Tabelle 5).

Tabelle 5: Stufenmodell der pflegeethischen Kompetenz (Körtner 2004:132–135; Tabellenform durch R. L.).

Stufe 1: Neuling	Pflegende in der Grundausbildung. Sie müssen zunächst lernen, was konkret ein ethisches Problem ist bzw. was in einer konkreten Situation der ethische Aspekt des Problems (im Unterschied zu den pflegetechnischen oder medizinischen Aspekten) ist.	**Ziele der Ausbildung:** Vermittlung ethischer Grundbegriffe, Prinzipien und Regeln sowie der unterschiedlichen ethischen Konzeptionen; Einführung in die Grundlagen und Aufgaben der Pflegeethik.
Stufe 2: Fortgeschrittener Anfänger	Pflegende im 2. oder 3. Ausbildungsjahr der Grundausbildung, die nicht nur über theoretisches Elementarwissen auf dem Gebiet der Ethik verfügen, sondern auch schon so viele Situationen kennen gelernt und bewältigt haben, dass sie in der Lage sind, die wiederkehrenden bedeutungsvollen situativen Bestandteile einschließlich der ethischen Aspekte zu erkennen und in konkreten Situationen das ethische Problem beschreiben können.	**Ziele der Ausbildung:** Einübung ethischer Kompetenzen anhand von Fallbeispielen.
Stufe 3: Ethikkompetente Pflegende	Examinierte Pflegende mit mehrjähriger Berufserfahrung, die ihr ethisches Wissen und ihre situative Urteilsfähigkeit durch Teilnahme an regelmäßigen Rounds schulen, in denen Fallbeispiele aus der eigenen Praxis oder auch Beispiele aus der Literatur durchgespielt werden. Sie sind nicht nur in der Lage, ethische Probleme rückblickend zu analysieren und die Einzelaspekte ethisch zu gewichten sowie Handlungsalternativen ethisch zu begründen, sondern können auch vorausschauend die ethischen Aspekte und die ethischen Konflikte, die sich aus der weiteren Entwicklung eines konkreten Falles ergeben können, in die Planung ihres Handelns einbeziehen.	**Ziele der Fortbildung:** Neben regelmäßigen Rounds Teilnahme an Fortbildungsveranstaltungen auf dem Gebiet der Pflegeethik.

►►

Stufe 4: Ethisch erfahrene Pflegende	In der Ethik erfahrene Pflegende lassen sich von ethischen Maximen leiten, deren rechter Gebrauch ein tiefer gehendes Verständnis der Gesamtsituation erfordert .... Auch verfügen sie über ausreichende Erfahrungen mit Ethikgesprächen und beherrschen die Verfahrensregeln für einen ethischen Diskussionsprozess z.B. im Team oder in einem Ethikkomitee. Sie erkennen aufgrund ihrer Erfahrung, ob ein Einzelfall von der Regel abweicht und können im Sinne der Einzelfallgerechtigkeit ... auch mit ethischen Grenzfällen kompetent umgehen. Sie haben Erfahrung mit ethischen Dilemmata und den Grenzen glatter ethischer Lösungen, an denen Verantwortungsübernahme nicht frei von moralischer Schuld ist ...	**Ziele der Fortbildung:** Vor allem regelmäßige Rounds, in denen Fallbeispiele aus der eigenen Praxis diskutiert werden, aber auch Teilnahme an Fortbildungsveranstaltungen auf dem Gebiet der Pflegeethik.
Stufe 5: Pflegeethik-Experte	Pflegende, die neben der praktischen Erfahrung über ein vertieftes theoretisches Wissen verfügen. Sie sind in der Lage, ethische Probleme intuitiv zu erfassen und Einzelsituation ethisch in einem größeren Kontext zu interpretieren. Sie sind auch ausgewiesenermaßen für die Mitarbeit in Ethikkommissionen und Klinischen Ethikkomitees qualifiziert.	**Ziele der Fort- und Weiterbildung:** Berufliche Weiterbildung auf dem Gebiet der Pflegeethik in Form von außeruniversitären Lehrgängen, die mit einem Zertifikat abschließen, in Form von Hochschullehrgängen oder in Form einer Schwerpunktbildung im Rahmen eines Studiums der Pflegewissenschaft.

Nach Untersuchungen von Olbrich zur Kompetenz in der Pflege (Olbrich 1999) besitzt pflegerisches Handeln vier »Dimensionen«:

- regelgeleitetes Handeln
- situativ-beurteilendes Handeln
- reflektierendes Handeln
- aktiv-ethisches Handeln.

Olbrich ordnet diese Kompetenzen hierarchisch an; »aktiv-ethisches Handeln« wird von ihr ganz oben angesiedelt (Olbrich 2001:151).[178]

Deutlich wird bei zahlreichen Autoren: Gute Pflege erfordert ein hohes Maß an ethischen Kenntnissen und Fähigkeiten. »Ethische Argumentationen und ethische Reflexionsfähigkeit gehören zur ethischen Kompetenz. Diese stellt bei Pflegenden eine

[178] Der Begriff »Dimensionen« lässt an Kontinua denken und erscheint mir für die von Olbrich vorgenommene hierarchische Anordnung unpassend; es scheint sich eher um ein Stufenmodell zu handeln.

Schlüsselqualifikation dar und zeigt auch die Entwicklung von dem/der Anfänger/in im Beruf zum/zur Experten/Expertin auf.« (Die ethische Verantwortung der Pflegeberufe 1998:27)

Auszubildende sind jedoch keine Experten, sondern Anfänger, Novizen, Neulinge. Können die in der Pflegeliteratur beschriebenen Ziele ethischer Bildungsmaßnahmen von ihnen erwartet werden?

8.2.5 Ziele ethischer Bildung in der Pflege

Remmers entwickelt in seiner Habilitationsschrift Anforderungen an ein Kompetenzprofil qualifizierter Pflegekräfte, das sich auf sechs ineinander greifenden Ebenen entfaltet (Remmers 2000a:17f). Ich fasse den entsprechenden Abschnitt in einer Tabelle (Tab. 6) zusammen.

Tabelle 6: Anforderungen an ein Kompetenzprofil qualifizierter Pflegekräfte.[179]

Bezugsrahmen	gefordertes Kompetenzprofil qualifizierter Pflegekräfte
Instrumenteller Bezugsrahmen eines durch medizinische/technisch-pharmazeutische Kenntnisse umrissenen pflegerischen Handlungsfeldes	Analytisch-methodische (diagnostische, prozessual-steuernde) Kompetenzen als Bedingungen eines integrativen Pflegekonzepts
Bezugsrahmen rehabilitativer/präventiver pflegerischer Aufgaben	Kompetenzen der Abschätzung, der Erhaltung und Aktivierung von Ressourcen bei gesundheitlichen Einschränkungen (insbesondere chronisch-degenerativen Erkrankungen)
Im Bezugsrahmen interprofessioneller Organisations- und intra-/extramuraler Vernetzungsaufgaben	Strategisch-operative Gestaltungskompetenzen
Bezugsrahmen hochvariabler *professional-client*-Beziehungen	Kommunikative Interaktions- sowie psychosoziale Interpretations- und Bewältigungskompetenzen
Bezugsrahmen affektuellen Handelns	Kompetenzen der Gefühlsregulation, der professionellen Balance zwischen Empathie, leiblicher Nähe und kontrollierter Rollendistanz. Diese Kompetenzen schließen, analog den *high-tech*-Innovationen, *high-touch*-Innovationen ein.
Ethischer Bezugsrahmen	Moralische Handlungs- und Entscheidungskompetenzen

[179] nach Remmers (2000a:17f)

Lernziele für die ethische Bildung in der Pflege

In einem ethischen Bezugsrahmen sind nach Remmers in der Pflege(praxis) moralische Handlungs- und Entscheidungskompetenzen gefordert. Daraus ergeben sich m. E. für ethische Bildung in der Pflege die Lernziele

1. ethischen Handelns (Reflektieren, Formulieren, Begründen, Argumentieren) und
2. moralischen Handelns (differenziertes und reflektiertes Tun und Unterlassen).

Ethische Bildung zielt in erster Linie auf die Förderung moralischer und ethischer Kompetenz. Die genannten Kompetenzen sind nicht identisch.

Moralisch kompetent ist, wer fähig und bereit ist, sein selbstbestimmtes Handeln als an ethischen Theorien oder Prinzipien ausgerichtet zu verantworten, so definierte ich in Kapitel 2.1.3.

Zur moralischen Kompetenz zählt die Fähigkeit zur Kritik, d. h. zur differenzierten Urteilsfähigkeit. »Die Bedeutung der Kritikfähigkeit als Element moralischer Kompetenz liegt in ihrem emanzipatorischen Potenzial: nämlich darin, das Subjekt des eigenen Handelns zu werden – hier: des beruflichen Handelns an anderen Menschen –, welches das eigene Verhalten argumentativ belegen kann (anstatt unter Verzicht auf Selbstverantwortung Aufgaben bloß durchzuführen, nach Maßgabe anderer).« (Schwerdt 1998c:253) Deshalb ist Braissants didaktischer Schlussfolgerung zuzustimmen: »Wir könnten also verschiedene Unterrichtsformen ausprobieren und die jungen Menschen ermutigen, den Zweifel, das Nachdenken, das Suchen zu üben. [...] Konkret bedeutet das zum Beispiel: Die Auszubildenden ermutigen zu lesen, noch einmal und immer wieder zu lesen und nachzudenken, die Dinge in Frage zu stellen. [...] Jede Gelegenheit wahrnehmen, um eine Situation unter verschiedenen Gesichtspunkten und Sichtweisen zu analysieren« (Braissant 2000:4).

Ethische Kompetenz umfasst andere Qualitäten als moralische Kompetenz. Sie hat nicht das moralische Handeln selbst im Blick, sondern die Bedingungen, Begründungen und Rechtfertigungen moralischen Handelns. Ethische Kompetenz meint eine »... auf Rationalität und Intersubjektivität basierende Begründungs- und Argumentationsfähigkeit« (Reiter-Theil 1995:14). Sie macht nicht unbedingt moralisch kompetent. Ethische Kompetenz bleibt zunächst im handlungsfernen Raum der kognitiven und evtl. auch verbalisierten ethischen Argumentation, wohingegen sich moralische Kompetenz im konkreten Handeln bewähren muss.

Lautet das Bildungsziel moralische Kompetenz, dann wird traditionell eher zu Werten hin erzogen bzw. gebildet; heißt das Ziel ethische Kompetenz, dann müssen die Bildungsteilnehmer darüber hinaus zum Bewerten der Werte angeleitet werden (vgl. Schilmöller 1999:228). Ethik geht, so Kuhlmey (2005:40), über moralische Gebote hinaus, indem sie dazu auffordert, Normen zu problematisieren und dann selbst zu entscheiden, was zu tun ist. Jünemann geht noch einen großen Schritt weiter: »Ethisch verantwortlich zu handeln, das heißt nicht, moralisch gehorsam zu handeln, gehorsam bestehende Normen zu erfüllen. Ethisch verantwortlich handeln, das heißt, eine Gestaltungsverantwortung für Normen zu übernehmen. Es geht nicht nur darum, moralische Normen gut zu erfüllen, es geht um moralisch gute Normen.« (Jünemann 2005:8)

Die Unterscheidung von ethischer und moralischer Kompetenz wird von Fachautoren unterschiedlich gehandhabt. Einige Quellen sollen dies belegen.

Zur moralischen Kompetenz zählt Rabe folgende persönliche Fähigkeiten:
- Fähigkeit, die eigenen moralischen Orientierungen zu reflektieren und zu formulieren,
- Fähigkeit, moralische Probleme als solche zu erkennen,
- Fähigkeit zum argumentativen Diskurs, die Bereitschaft zur Mitverantwortung,
- Wachheit und den Mut, tätsächlich moralisch gut zu handeln (Rabe 2001a:6).

In einer späteren Publikation erweitert Rabe ihre Liste. Ethische Kompetenz beinhalte »... die Fähigkeit zur Reflexion, Formulierung und Begründung der eigenen moralischen Orientierungen, die Fähigkeit zum Erkennen moralischer Probleme in der eigenen Praxis, Urteilskraft, Diskursfähigkeit, die Fähigkeit zum Perspektivenwechsel, Konflikt- und Kompromissfähigkeit und schließlich die Wachheit und den Mut, auch tatsächlich moralisch zu handeln und für die Rahmenbedingungen des eigenen Handelns Mitverantwortung zu übernehmen« (Rabe 2009a:208f).

Nach Giese weist ethische Kompetenz drei wichtige Aspekte auf:
- sich seiner Überzeugungen, Werthaltungen und Prinzipien bewusst zu sein,
- seine Auffassung zu denen anderer Personen in Beziehung setzen zu können sowie
- sie bei praktisch auftretenden Problemen in Sprache fassen und im Diskurs auf ihre Gültigkeit in der jeweiligen Situation überprüfen zu können (Giese 1998:55).

Simon und Neitzke (2008:37) wiederum zählen folgende Aspekte von ethischer Kompetenz auf:
- Moralische Sensibilität,
- Verantwortungsgefühl/eigenes Beteiligtsein,
- Wahrnehmung der Beteiligten eines Konfliktes,
- Selbstwahrnehmung von eigenen Werten, Einstellungen,
- Wahrnehmung der Einstellungen Anderer,
- Begründung der eigenen Werte,
- Austausch, Vergleich und Bewertung von Argumenten,
- Abwägen der Argumente, Entscheidungskompetenz,
- Umsetzung und Rechtfertigung von Entscheidungen.

Im Vergleich dieser Beschreibungen wird die fehlende Abgrenzung deutlich. Sie zieht sich durch die Fachliteratur. Kahlke und Reiter-Theil (1995b:17ff) unterscheiden sechs »Kompetenzbereiche« bzw. »Lern- als auch Lehrziele«, die in der Entwicklung sowohl moralischer als auch ethischer Kompetenz angestrebt werden sollen. Im Original sind sie auf die Ausbildung von Ärzten bezogen; weil sie aber sehr allgemein gehalten sind, lassen sie sich auch auf andere Berufe, z. B. Pflegeberufe, übertragen.

Kompetenzbereiche (mod. n. Kahlke/Reiter-Theil 1995b)

1. **Sensibilisieren**
   Erkennen lernen, welche moralischen Probleme im Einzelfall aufgeworfen werden und inwiefern pflegerisches Handeln ethische Implikationen hat.
2. **Motivieren**
   Bereitschaft entwickeln, pflegerische Zusammenhänge selbstständig auf ethische Aspekte zu untersuchen und die eigene moralische Grundhaltung zu reflektieren.
3. **Orientieren**
   Die Pluralität pflegeethischer Auffassungen sowie deren Unterschiede erkennen und fähig werden, die eigene moralische Grundhaltung wahrzunehmen und auf dem Hintergrund dieser Pluralität pflegeethischer Auffassungen einzuordnen, zu reflektieren und weiterzuentwickeln.
4. **Argumentieren**
   Lernen, die ethische Problematik anhand von Beispielen differenziert zu beurteilen und darzustellen, eine aus eigener Sicht angemessene Lösung des Problems zu entwickeln, detailliert zu begründen und im Diskurs zu vertreten.
5. **Entscheiden**
   Im pflegerischen Arbeitsbereich Notwendigkeiten und Möglichkeiten dafür erkennen lernen, eigene moralische Entscheidungen zu treffen, bereits gefällte oder vorgefundene Entscheidungen kritisch zu reflektieren und erforderlichenfalls aus ethischen Gründen zu revidieren. Fähig werden, neben der Verallgemeinerbarkeit von pflegerischen Maßnahmen die Besonderheiten des Einzelfalles zu berücksichtigen.
6. **Handeln**
   Die Tragweite von Entscheidungen im pflegerischen Arbeitsbereich in Bezug auf die Allgemeinheit und für den Einzelnen erkennen lernen. Fähig werden, die eigenen moralischen Kompetenzen in die Praxis einzubringen und mit Beteiligten zu diskutieren und im Umgang mit Klienten und Betroffenen unter Wahrnehmung von Toleranz nach eigenen moralischen Grundsätzen zu handeln.

Diese Aufzählung macht deutlich, dass moralische und ethische Kompetenz(en) miteinander verschränkt sind. Es gibt keine trennscharfe Unterscheidung, die eindeutig zu begründen wäre. In der Pflegepraxis gehen moralisches Handeln und ethische Reflexion ohnehin häufig ineinander über, weil ethische Reflexion und moralische Handlung räumlich, zeitlich und personell gewöhnlich eine Einheit bilden.

Ziel des Ethik-Unterrichts in pflegerischen Aus- und Weiterbildungen sollte es sein, zu moralischem Handeln und ethischer Reflexion in den Fragen pflegerischen Alltagshandelns zu befähigen.

Lindner bestätigt: »Pflegende sollten deshalb in ihrer jeweiligen Ausbildung so begleitet werden, daß sie ethische Problemsituationen in ihrem Arbeitsbereich erkennen und reflektieren können und auf der Basis des christlichen (oder des für sie entscheidenden) Wertesystems beziehungsweise der Normen ihrer Berufsgruppe zu einer eigenständig verantworteten ethischen Entscheidung kommen können« (Lindner 1999:55). Ähnlich postuliert Ach (1998:165): »Die Lernenden sollen in die Lage versetzt werden, moralisch relevante Probleme als solche zu erkennen, Implikationen moralischer Urteile (anderer ebenso wie der eigenen) zu identifizieren, eigene Entscheidungen zu treffen und argumentativ zu begründen.«

Rabe (2001b) bestimmt als Ziel von Ethikunterricht in der Pflege die Fähigkeit zur Reflexion des eigenen moralischen Handelns und der moralischen Normen. In einer späteren Veröffentlichung ergänzt sie: »Wenn Ethik als Teil der Praxis angesehen wird, als fortlaufende Reflexion des eigenen moralischen Handelns und seiner Rahmenbedingungen, dann gehört ethische Reflexion zu den Grundkompetenzen, die in der Ausbildung gefördert werden sollten« (Rabe 2009a:209). Der Ethikunterricht in der Pflegeausbildung müsse zum Ziel haben, so Rabe, den Auszubildenden ein ethisches Grundwissen und Diskurserfahrungen zu geben, so dass sie sich selbstbewusst in konkrete Entscheidungsfindungen, aber auch in Ethik-Gremien einbringen könnten (S. 299).

Wittrahm benennt drei Grobziele hinsichtlich der ethischen Urteils- und Handlungskompetenz der Auszubildenden in der Pflege: »Die Auszubildenden

1. erkennen und benennen die ethische Qualität ihrer Einstellungen, Entscheidungen und Handlungen in den Bereichen Konzeption, Pflegeplanung, Beziehungsgestaltung, Teamarbeit;
2. kennen und benennen Werte, auf die sie sich bei ihren alltäglichen Urteilen und Handlungen sowie in konflikthaften Situationen beziehen, und vermögen deren Geltung kritisch einzuschätzen;
3. praktizieren angemessene Wege der Konfliktlösung zwischen konkurrierenden Werten, Normen, Interessen und Personen« (Wittrahm 1996:18).

Fesenfeld (2008:692) fordert dazu auf, ethische Entscheidungen als solche gegenüber allen Beteiligten und insbesondere gegenüber Auszubildenden transparent zu machen. »Wenn ein Heranführen an eine ethische Entscheidungsfindung nicht gelingt, findet die Übernahme ethischer Entscheidungen und moralischen Handelns später vermutlich eher unbewusst und unreflektiert statt. Eventuell überlagert auch die Angst vor negativen Sanktionen die innere Überzeugungskraft. In der konkreten Berufspraxis kann das dazu führen, dass nur ungern Verantwortung übernommen wird und die eigene moralische Urteilsfähigkeit labil bleibt. Nicht selten kommt es dadurch im Pflegebereich zu einer Verantwortungsverschiebung – etwa in Richtung des ärztlichen

Bereichs. Ärzte können aber die berufsgebundene Verantwortung der Pflegenden nicht übernehmen, da ihr Fachgebiet ein völlig anderes ist.« (ebd.)

Pflegenden fällt es häufig schwer, ihre Bedenken zu versprachlichen (Koch 2010:219). Für van Schayck (2000:127) heißt ethische Kompetenzen im Berufsalltag einzubringen nicht nur, sich seiner Überzeugungen, Werte und Prinzipien bewusst zu sein, sondern u. a. auch sich bei ethischen Problemen sprachlich einbringen zu können. Städtler-Mach bestätigt: »Während viele Menschen ihre ethischen Entscheidungen eher nach ihrem Gefühl treffen, kann von Pflegenden erwartet werden, dass sie ihre ethischen Entscheidungen reflektieren und begründen. Dazu ist ethische Kompetenz wichtig, also wenigstens Grundkenntnisse über ethische Theorien zu besitzen und darüber hinaus die Fähigkeit, die eigene Haltung im Hinblick auf aktuelle Herausforderungen sprachlich nachvollziehbar darzustellen.« (Städtler-Mach 2009:27) So ist nach Giese »… eine grundlegende Aufgabe des pflegeethischen Unterrichts, zu eigenständigen Beurteilungen von ethisch relevanten Sachverhalten hinzuführen und zu Stellungnahmen zu ermutigen« (Giese 1998:55). Lindner folgt dieser Auffassung, wenn sie schreibt: »Ziel einer ethischen Unterweisung in der Aus- und Fortbildung pflegerischer Berufe ist die Fähigkeit zu eigenverantwortlicher ethischer Entscheidung und deren eigenständige argumentative Begründung gegenüber anderen Positionen« (Lindner 1999:63).

Zur ethischen Kompetenz gehört also kommunikative Kompetenz. Sie kann als grundlegendes Ausbildungsziel in der Pflege betrachtet werden. »Kommunikation ist wie Ethik ein Querschnittsthema, das die gesamte Ausbildung prägen sollte.« (Rabe 2009a:251)

Für den Bereich der **Fortbildung** in ethischen Fragen schlagen Steinkamp und Gordijn (2005:208) folgende Lernziele vor:

- »Die Mitarbeiter kennen die wichtigsten ethischen Probleme in ihrem Arbeitsfeld.
- Die Mitarbeiter können ethische Probleme im Alltag erkennen.
- Die Mitarbeiter können unterscheiden, ob es sich um ethische Probleme der Patientenversorgung auf Station oder um ein ethisches Problem auf Organisationsebene handelt.
- Die Mitarbeiter unterscheiden zwischen ethischen Problemen im Team und ethischen Problemen ihrer Berufsgruppe.
- Die Mitarbeiter kennen die verschiedenen Möglichkeiten, ethische Probleme in der klinischen Praxis anzusprechen und systematisch zu besprechen.
- Die Mitarbeiter entwickeln eine Sensibilität für die ethische Dimension ihres professionellen Handelns.
- Die Mitarbeiter erwerben die Fähigkeit, bewusst mit ihren eigenen moralischen Überzeugungen umzugehen.«

Wenn von moralischer oder ethischer Kompetenz die Rede ist, soll ein Missverständnis ausgeräumt werden. Die Beurteilung von Menschen als entweder »kompetent« oder »nicht kompetent« halte ich für unangemessen. Menschen sind (auch moralisch bzw. ethisch) mehr oder weniger kompetent, jedoch selten völlig kompetent oder völlig inkompetent. Moralische und ethische Kompetenz sollten nicht absolut gesetzt bzw. in einer dichotomischen Vereinfachung beschrieben, sondern eher als Kontinua zwischen zwei Polen konzipiert werden (vgl. hierzu das oben genannte Stufenmodell der pflegeethischen Kompetenz [Körtner 2004:132–135]).

8.2.5.1 Ethische Kompetenz – eine Schlüsselqualifikation?

Verschiedentlich wird die Ansicht vertreten, ethische Kompetenz sei eine Schlüsselqualifikation der Pflege:

- Das Schweizerische Rote Kreuz hat die Fähigkeit, ethische Grundhaltungen zu entwickeln und sie in der konkreten Situation zu vertreten, in die Liste der fünfzehn Schlüsselqualifikationen der Pflege aufgenommen (vgl. Alpiger 1996:19).
- »Ethische Argumentationen und ethische Reflexionsfähigkeit gehören zur ethischen Kompetenz. Diese stellt bei Pflegenden eine Schlüsselqualifikation dar …« (Die ethische Verantwortung der Pflegeberufe 1998:27)
- »Ethische Probleme in der Pflegepraxis sind häufig Konflikte mit anderen professionellen Helfern. Die Fähigkeit, in einem multiprofessionellen Diskurs Stellung zu beziehen, muß damit als pflegerische Schlüsselqualifikation die ihr gemäße Bedeutung zugemessen bekommen.« (Giese 1998:55)

Wenn auch die Bezeichnung der ethischen Kompetenz als »Schlüsselqualifikation der Pflege« zunächst plausibel klingt, könnte doch eingewandt werden, dass **Schlüsselqualifikationen** nach übereinstimmender Auffassung **allgemeinen, zeitlosen, universellen Charakter** besitzen und sich nicht auf einzelne Berufe beziehen.

Versteht man unter Pflegeethik die Anwendung von Theorien und Prinzipien der Allgemeinen Ethik auf die Pflege, dann ist ethische Kompetenz wahrscheinlich eine Schlüsselqualifikation für Pflegende. Wer jedoch von einer eigenständigen Bereichsethik der Pflege mit spezifischen Wissensbeständen und Traditionen ausgeht, wird die Bezeichnung »Schlüsselqualifikation« im pflegeethischen Zusammenhang eher unpassend finden – zählen zur ethischen Kompetenz in der Pflege doch charakteristische, spezifische, zeitgebundene Kenntnisse, z. B. über Berufsordnungen oder aktuelle pflegeethische Kodizes.

Wesentliche Anteile der pflegeethischen Kompetenz scheinen mir über allgemeine, verschiedenen Berufen übergeordnete Qualifikationen (Schlüsselqualifikationen) hinauszureichen, z. B. die Berücksichtigung bewährter bereichsethischer Prinzipien der Pflege (vgl. Kap. 4.3.6.2: materiale Prinzipien der Pflegeethik).

8.2.5.2 Pflegeethische Kompetenz – kein Teil pflegerischer Fachkompetenz?

Es steht außer Frage: »Für Pflegende gehören jene moralischen Probleme zum Berufsalltag, die für viele andere Menschen nur in Verbindung mit Ausnahmesituationen wahrgenommen werden. Für Pflegende sind ethische Bildung und moralische Kompetenz eine grundlegende berufliche Forderung« (Arndt 1996a:84).

Jedoch greift die Forderung, Pflegekräfte müssten »... **neben** der fachlichen Kompetenz auch über eine ethische Kompetenz verfügen« (Die ethische Verantwortung der Pflegeberufe 1998:10, Hervorhebg.: R. L.), zu kurz: Nach heutigem Verständnis ist ethische Kompetenz ein wesentlicher Bestandteil pflegerischer Fachlichkeit, wie auch Burger et al. (1999:33) betonen: »Für uns bedeutet ›fachlich-kompetent-sein‹ neben handwerklichem Können und theoretischem Wissen vor allem, die Würde jedes Menschen, der uns anvertraut ist, zu achten und zu schützen.«

Städtler-Mach (1999:165) bringt es auf den Punkt: »Fachlich kompetent zu arbeiten, bedeutet auch, ethisch gut zu arbeiten.« Fachliche Kompetenz, welche die ethische Kompetenz nicht ausdrücklich beinhaltet, verdient ihren Namen nicht, wenn es um soziale Berufe geht. Eine Pflege, die den Anspruch erhebt, fachlich auf dem neuesten Stand zu sein, darf die ethische Dimension der Fachlichkeit nicht vernachlässigen (vgl. die Einheit von ethischen und professionellen Prinzipien in der Sozialen Arbeit).

»Da der Pflegeberuf in besonderer Weise auf menschliches Leben hin ausgerichtet ist, kommt Pflegenden auch in besonderer Weise moralische Verantwortung für die Entfaltung und die Bewahrung menschlichen Lebens zu. In der sachlich-fachlichen Kompetenz, die gute Pflege bezeichnet, liegt gleichermaßen ein moralischer Anspruch auf ›Benefizienz‹ und ›Nonmalefizienz‹, d.h., Kranken wohlzutun und ihnen nicht zu schaden.« (Arndt 1997c:34)

Ethische Reflexion ist ein originärer Teil der Fachlichkeit von Pflege, keine zusätzliche Forderung, die über eine – lediglich handwerklich verstandene – Fachlichkeit hinausgeht: »Für die Pflege gilt, ebenso wie für andere Professionen, dass ethisch reflektiertes Handeln nicht ein zusätzlicher Aspekt der Pflege ist, sondern ebenso wie die Aktivierung oder die psychosoziale Begleitung integraler Bestandteil der Pflegehandlung« (Klie 1998a:131). Auch die schwedische Pflegewissenschaftlerin Astrid Norberg legt Wert auf die Feststellung, Ethik sei keine außergewöhnliche Technik, die der Krankenpflege hinzugefügt werde, sondern sie sei integrierter Bestandteil der Krankenpflege, ja aller pflegerischen Handlungen (Norberg 2002:22f). Gute Pflege schließt nach Giese (2012:158) pflegeethische Kriterien auf der Basis eines reflektierten Berufsethos vom Grundsatz her ein, weil fachgerechte Pflege immer nur eine menschlich angemessene sein könne.

Hier hat in den vergangenen Jahren offenbar ein Umdenken stattgefunden: Noch 1989 konnte Illhardt – dem damaligen Stand entsprechend – fachliche und ethische Kompetenz in der Pflege unterscheiden, als er in der Benennung der Ziele von Pflege-Ethik Gewissensfähigkeit als »Herausbildung fachlicher **und** ethischer Kompetenz, berufstypische Handlungskonflikte differenziert wahrzunehmen« kennzeichnete (Illhardt 1989:807; Hervorhebg.: R. L.). Selbst bei Bobbert (2002:49) war noch zu lesen: »Auf die Frage, was eine gute oder richtige Pflege ausmacht, lassen sich Urteile in unterschiedlicher – etwa in pflegefachlicher, medizinisch-technischer oder arbeitsorganisatiorischer Hinsicht abgeben. Doch letztlich muß das Pflegen in ethischer Hinsicht beurteilt werden: Wie muß eine Pflege aussehen, die das physische und psychische Wohlergehen des Menschen fördert und außerdem seine Würde, Integrität und Selbstbestimmung und weitere zentrale Individualrechte respektiert?«

Nur noch sehr selten ist die traditionelle Trennung von Fachlichkeit und Ethik zu finden, etwa, wenn der Schweizer Berufsverband der Pflegefachfrauen und Pflegefachmänner zur Prävention von Misshandlung Pflegebedürftiger durch Pflegekräfte dazu rät, »fachliche und ethische« Weiterbildungen anzubieten (SBK-ASI 2010:2), oder wenn Werner (2008:370) schreibt: »Neben fachlicher Pflegekompetenz wird auch ethische Kompetenz in der Altenpflege gefordert.«

Heute gilt: Ethische Kompetenz ist ein Teil der Fachlichkeit von Pflege. Aus heutiger Perspektive muss das Ziel pflegerischer Ausbildung sein, »... selbstbewußte Pflegende auszubilden, die verantwortungsvoll und überlegt ethische Probleme in ihrem Berufsalltag erkennen, sich der Normen bewußt werden, von denen sie sich leiten lassen [wollen, R. L.], und daraus im kollegialen Diskurs die bestmögliche Handlungsalternative für die Menschen, die ihnen anvertraut sind, ableiten« (Lindner 1999:63). Im nächsten Kapitel sollen die dazu nötigen Inhalte identifiziert werden.

8.2.6 Inhalte ethischer Bildung in der Pflege

»Im Unterschied zur Ausbildung der Ärzte hat Ethik in der Krankenpflegeausbildung und auch in der Fort- und Weiterbildung von Krankenschwestern und Pflegern traditionell als Berufsethik einen festen Platz im Lehrplan und in den Prüfungsordnungen. Wenn man nach den Unterrichtszielen und -inhalten, den Methoden der Unterrichtsgestaltung oder nach der Qualifikation der Lehrkräfte fragt, ist freilich eine fast unübersehbare Vielfalt der pädagogischen Praxis gegeben. Von der historischen Information bis zur Besprechung aktueller Fälle, von der Behandlung berufsethischer Regeln bis zum Gespräch über die eigene Einstellung im Krankenpflegeberuf findet sich hier so ziemlich alles, was in irgendeiner Form von Lehrenden und Lernenden mit dem Stichwort Ethik in Verbindung gebracht werden kann.« (Schmidt, Thierhoff 1992:188f)

Lindner berichtet aus ihrer Erfahrung Ähnliches. Da es an eindeutigen inhaltlichen Vorgaben mangele, würden im Ethikunterricht an Pflegeschulen derzeit vielfältige Themen bearbeitet, z. B. Aggression, Umgang mit Verwirrten, Suizid, Kommunikation, Gesprächsführung, Umgang mit der Zeit sowie Sexualität, Heilung und Heil (Lindner 1999:49f).

8.2.6.1 »Aufhänger« im Ethikunterricht

Bestimmte Themen scheinen im pflegerischen Ethikunterricht besonders häufig als Einstieg bzw. Impulsgeber (»Aufhänger«) für die Vermittlung ethischen Wissens gewählt zu werden. Es drängt sich der Verdacht auf, es gehe den Lehrenden oftmals nicht um Vermittlung von Ethik, sondern lediglich um Einflussnahme auf moralische Einstellungen zu bestimmten Fragen. In diesen Fällen müsste der Unterricht eigentlich Moralunterricht heißen.

Es fällt auf, dass Themen aus dem Bereich »Sterben, Tod, Trauer« in den Pflegeschulen traditionell den Hauptteil des Ethikunterrichts auszumachen scheinen (vgl. für Krankenpflegeschulen Volontieri 1992:31). In der bereits erwähnten Untersuchung Nasterlacks an drei Berliner Krankenpflegeschulen (Nasterlack 2001:2) wünschten sich die befragten Auszubildenden für den Ethikunterricht vornehmlich Themen im Zusammenhang mit Sterben und Tod, was allerdings auch an der vorgegebenen Auswahl der Antwortmöglichkeiten liegen könnte.[180] Ob die herausgehobene Stellung des Themas Sterben im Ethikunterricht der Pflegeausbildung Sinn macht, wird jedenfalls in der Fachliteratur kontrovers diskutiert:

»Die Situation Sterben fungiert als Prüfstein der Ethik«, ist Schwerdt überzeugt (1998a:292). Ihre Eignung beruhe darauf, dass sie, obwohl nicht die häufigste Situation in der Altenpflege, eine »Radikalisierung der menschlichen Grundsituation und eine Radikalisierung der Pflege« darstelle, in der die Möglichkeiten und Grenzen ethischer Theorien am Deutlichsten aufgezeigt werden könnten (ebd.).

In der häuslichen Pflege geht es nach Baumgartner et al. (2003:117) nicht um die vermeintlich großen ethischen Themen wie Pränataldiagnostik, Sterbehilfe oder Organtransplantation[181], sondern eher um die alltäglichen, individuellen ethischen Problemstellungen. Heusler und Bremer (2006:440) bestätigen für den Bereich der gerontologischen Pflege: »Ethik beginnt nicht erst in den großen Grenzsituationen der beruflichen Altenpflege, sondern bereits im ›ganz normalen‹ Tagesgeschehen.«

Nach Schröck sind nicht dramatische gesellschaftliche Fragen wie Sterben, Gentechnologie oder Organtransplantation pflegeethisch von Bedeutung, sondern vielmehr die »... Einbrüche in die Privatheit des Patienten, die Halbwahrheiten und Lügen, die gebrochenen Versprechen, die großen und kleinen Freiheitsberaubungen, der Mangel an Respekt, die Verletzung menschlicher Würde, die unangemessene Machtausübung, die verbalen und physischen Gewalttätigkeiten, das Mitansehen und Dabeistehen und das Wegschauen, die Vertrauensbrüche, das Fehlermachen, die Gehorsamkeit aus Bequemlichkeit ...« (Schröck 1995:318f). Die Pflegeprofessorin kritisiert den Mythos, dass sich alle moralischen Probleme der Pflege an der Schnittstelle zum ärztlichen Handeln und dort gerade an den vermeintlich dramatischsten Themen ausmachen lassen und meint provozierend: »Vielleicht braucht es mehr Beschäftigung mit der Moralität des alltäglichen Handelns, um die unsägliche Dramatik des am Bett angebundenen alten und verwirrten Menschen zu erkennen. Aus der Perspektive des alten,

---

180 Auf die Frage »Welche Bereiche sollten Ihrer Meinung nach im Ethik-Unterricht thematisiert werden? (Mehrfachnennungen sind möglich)« waren folgende Antwortmöglichkeiten vorgegeben:
- Frage nach Leben und Tod
- lebensverlängernde Maßnahmen
- Sterbehilfe
- Organtransplantationen
- geschichtliche Entwicklung zur heutigen Ethik-Auffassung
- Grundkenntnisse zu den unterschiedlichen Religionen und Glaubensrichtungen
- klassische philosophische Texte
- Sonstiges: ____________________

181 zur Problematik der Pflege hirntoter Menschen siehe Hiemetzberger (2006)

fixierten und inkontinenten Menschen stirbt es sich vielleicht leichter und undramatischer als daß es sich lebt« (Schröck 1995:319).

Hofmann hinterfragt die herausgehobene Stellung des Themas »Sterben«: »Sterbebegleitung und Sterbehilfe … verdecken als ›große‹ Themen leicht die problematischen Alltagssituationen. Das bedeutet, es bedarf vor einem ethischen Diskurs einer gewissen Sensibilisierung der Wahrnehmung in Hinblick auf alltägliche Verstöße z. B. gegen die Menschenwürde« (Hofmann 2000:23). Fesenfeld unterstützt die Relativierung der Themen um Sterben und Tod ebenfalls, wenn sie auf die Wichtigkeit der »kleinen« Entscheidungen des Alltags hinweist: »Während über ›große‹ ethische Entscheidungsprozesse bezüglich Grenzgebieten zwischen Leben und Tod … zumeist eine breite Diskussionsbasis besteht, werden die ›kleinen‹ ethischen Entscheidungsprozesse, denen die Pflegenden ausgesetzt sind, kaum thematisiert« (Fesenfeld 1998:312). Diese alltäglichen Entscheidungsfindungsprozesse sind es, die nach ethischer Reflexion verlangen, gerade weil sie oft nicht in ihrer Tragweite im Hinblick auf moralische Fragen bedacht werden. »Ethische Entscheidungen sind … nicht nur dann erforderlich, wenn es um lebensbedrohliche oder andere für die betroffenen Menschen einschneidende, das Leben verändernde Erkrankungen geht. Ethische Entscheidungen sind häufig ganz alltägliche Entscheidungen, und allzu oft werden sie nicht als solche wahrgenommen.« (Schlecht 1999:135)

Friesacher fasst seine Beobachtungen zusammen: »Ethische Probleme im Zusammenhang mit der Ernährung gibt es im Pflegealltag oft. Viele werden dabei aber gar nicht als solche wahrgenommen. Beispiele dafür sind das Vorenthalten der Zahnprothese, das routinemäßige Verabreichen passierter Kost bei sehr alten Patienten, das schnelle Verabreichen von Nahrung oder auch die Verwendung von Begriffen wie ›Füttern‹ oder ›Abfüttern‹. Dass diese Vorgehens- und Verhaltensweisen Formen von mehr oder weniger subtiler Gewalt sind und jeweils die Würde und Achtung der Betroffenen verletzen, ist den so Handelnden oftmals nicht bewusst« (Friesacher 2008:11; 2009a:165). Der Pflegewissenschaftler berichtet weiter, dass Pflegende ihre Macht durchaus auch negativ einsetzen und nennt als Beispiele u. a. Bevormundung, Entzug von Zuwendung, respektloses Anreden, unangemessene Berührungen, Fixierungen, Liegenlassen im Bett oder Verletzungen der Privat- und Intimsphäre (Friesacher 2009a:167).

Entzian ergänzt aus ihrer Erfahrung und erläutert die Machtverhältnisse: »Pflegekräfte haben unterschiedliche Möglichkeiten Macht auszuüben: Sie können eine auf Pflege angewiesene Person zu etwas zwingen, sie können die Befriedigung von Pflegebedürfnissen verweigern, Informationen vorenthalten oder manipulativ nutzen, um jemanden zur gewünschten Kooperation zu bewegen. Aber auch pflegeabhängige Menschen verfügen über Druckmittel. Sie können den Ruf einer Pflegekraft, einer Institution schädigen, strafrechtliche Konsequenzen androhen oder die Kooperation verweigern. Dennoch ist die prinzipielle Übermacht der Pflegekräfte nicht zu leugnen« (Entzian 2004:39).

Ethische Fragen ziehen sich – oft unerkannt – durch die tägliche Pflegearbeit. Sie sind in jedem pflegerischen Handeln präsent (Dörfel 2005:12). »There is a tendency to consider questions of morality as those life and death questions: such as euthanasia and abortion. However, nurses are subject to much more mundane aspects of morality. Almost every interaction between a nurse and a patient or client has an ethical aspect: by talking to one patient rather than another the nurse is allocating her time …«[182], berichtet Sellman (1996:44). Hofmann bekräftigt: »Ethische Probleme in der Pflege stellen sich selten so offenkundig dar wie etwa die klassischen medizinethischen Entscheidungsfragen der Abtreibung, Sterbehilfe oder Organtransplantation. Vielmehr handelt es sich in der Regel um Alltagssituationen, die auch ethische Implikationen enthalten. Es bedarf allerdings einiger Übung, um diese Implikationen herauszufiltern und nachvollziehbar darzustellen« (Hofmann 2000:21). Städtler-Mach betont ebenfalls, es gehe keineswegs immer um Entscheidungen von Leben und Tod. Viel häufiger und alltäglich gegenwärtig seinen die »kleinen« ethischen Entscheidungen, die unser Zusammenleben prägten und das Verhältnis der Menschen untereinander beeinflussten. Zu dieser »Alltagsethik« zählt die Pflegeprofessorin alles, was das mitmenschliche Lassen und Tun steuert: den Umgangs- und Kommunikationsstil von Menschen, die Verwendung ihrer Sprache, die Gestaltung von Hierarchien sowie die bewusste Übernahme von Verantwortung (Städtler-Mach 2006b:8).

Ich spreche mich keineswegs gegen das Themengebiet »Sterben, Tod, Trauer« im Ethikunterricht aus, verwende ich das Thema »Sterbender Patient« doch selbst in diesem Buch (Kap. 7). Wichtig scheint mir aber, dass die Pflegepädagogik nicht auf der Stufe der Vermittlung von Moral verbleibt, sondern tatsächlich auf ethische Kenntnisse abzielt. Diese lassen sich an nahezu jedem moralischen Problem erarbeiten.

Es geht nicht nur um große Themen

Ausschließlich »große« Themen braucht man nur, wenn man erstens Moral vermitteln will und dabei zweitens verkennt, dass sich moralisches Handeln in den sensiblen Themen des Pflegealltags bewähren muss, und das können sowohl populäre als auch weniger auffällige Phänomene sein.

»Die meisten Themen, die unter Ethik in der Pflege angesprochen werden (können), berühren ziemlich sensible Lebensbereiche, die gesamtgesellschaftlich nach Möglichkeit ausgeklammert, tabuisiert und in institutionelle Einrichtungen abgeschoben werden. Dazu zählen: Umgang mit Sterbenden, Suizidanten, psychisch Kranken; Erfahrungen mit körperlichem Verfall, Ekel, Scham, Alter, Behinderung, Abtreibung, Sterbehilfe, Tod; Umgang mit Ausscheidungen aller Art, intimer körperlicher Nähe zu fremden Menschen, Missbrauch von Abhängigkeit, Sexualität und Gewalt.« (Hofmann 2000:25)

[182] »Es gibt eine Tendenz, moralische Fragen als Fragen von Leben und Tod anzusehen, wie etwa Euthanasie oder Abtreibung. Pflegekräfte sind jedoch mit viel alltäglicheren Aspekten von Moral konfrontiert. Fast jede Interaktion zwischen einer Pflegekraft und einem Patienten oder Klienten hat einen ethischen Aspekt: Indem eine Pflegekraft mit einem bestimmten Patienten eher spricht als mit einem anderen, entscheidet sie über die Verteilung ihrer Zeit …« (Übers.: R. L.)

Körtner (2012:26) zeigt eine Verbindung der benachbarten Bereichsethiken auf: »Weil Pflegeethik und Medizinethik eng miteinander kooperieren müssen, schließt pflegeethische Kompetenz auch medizinethische Kenntnisse ein.« Pflegeethischer Unterricht darf sich allerdings nicht in der Behandlung medizinethischer Themen erschöpfen. Inhaltlich sollten zuvorderst pflegerische Fragen bearbeitet werden. Bohrer und Rüller (2008) beziehen sich auf Berens (2008) und empfehlen für die Bearbeitung im Ethik-Unterricht eine Reihe von Fragen, die sich im Pflegealltag stellen, z. B.:

- »Darf ich mir wünschen, dass die schwerkranke Frau verstirbt?«
- »Soll ich es so machen, wie in der Schule gelernt oder so, wie es in der Praxis läuft?«
- »Darf ich zum Essen eingeben den Mund eines Menschen mit Druck öffnen?«
- »Kann es gut sein, eine Pflegehandlung gegen den Willen eines Menschen durchzuführen?«
- »Ist es richtig, offen anzusprechen, wenn ich den Umgang der Eltern mit ihrem Kind unangemessen finde?«
- »War es richtig, nichts zu sagen, als die Pflegefachkraft eine Bewohnerin laut angeschrien hat?«
- »Ist es richtig, dass derjenige mehr Unterstützung und Zuwendung bekommt, der dazu in der Lage ist sie einzufordern?«
- »Ist es richtig, dass ich mir für die Privatversicherten mehr Zeit nehmen soll als für Normalversicherte?«
- »Darf ich Tätigkeitsnachweise einfach ›abhaken‹, weil ich die Zeit brauche, um die zu pflegenden Menschen zu versorgen?«

Gröning (2005:18) fragt: »Ist Pflege ein ausschließlich auf Erfolg gerichtetes, instrumentelles Handeln oder ein auf Verständigung und Ich-Stärkung gerichtetes Handeln, welches ethisch begründet ist, oder eine Kombination aus beidem?« Entzian betont: »Krank oder auf Pflege angewiesen zu sein betrifft die gesamte Persönlichkeit. Pflegerische Unterstützung tangiert also immer auch das Selbstwert- und Schamgefühl, den Wunsch nach Selbstständigkeit, Diskretion und Selbstbestimmung von Menschen« (Entzian 2005:15).

In den pflegerischen Ausbildungen, insbesondere in der Gesundheits- und Krankenpflegeausbildung, müssen die Schwerpunkte deshalb deutlicher als bisher von medizinischem Wissen hin zur Förderung von psychosozialen Fähigkeiten verlagert werden – klingt es für deutsche Ohren doch bislang utopisch, wenn die Irische Gemeinschaft Katholischer Krankenschwestern und Krankenpfleger in ihrer Schrift »Ethik im Pflegealltag« feststellt: »Die Schwester/der Pfleger sind Fachleute eigenen Rechts dadurch, daß sie eine Ausbildung in der Pflegewissenschaft und -kunst erworben haben, die darauf ausgerichtet ist, im Patienten das Selbstwertgefühl, den Selbstrespekt, Selbstsicherheit und Würde zu fördern« (McGinnity, Cardinal O'Fiaich). Wie in diesen Fragen Pflege von der Sozialen Arbeit lernen kann, sollte sich auch Pflegeethik für die Ethik in der Sozialen Arbeit öffnen.

Ein oft vernachlässigtes Thema ließe sich m. E. gut als Einstieg in das Erlernen ethischen Denkens und Entscheidens nutzen: die Gewalt, welche pflegebedürftige Menschen gegen Pflegende ausüben. Rabe (2003:112) zählt einige zentrale Aspekte dieses Phänomens auf: »Sexuelle Andeutungen und Übergriffe, soziale Entwertung der Person als bloße Hilfskraft, Beschimpfungen und tätliche Angriffe gehören zur Realität der Pflege. Patienten können Pflegende verletzen, auch wenn viele Pflegende das nicht zugeben würden. Dazu kommen der Mangel an Anerkennung und die Missachtung durch Vorgesetzte, Ärzte und nicht zuletzt durch die Gesellschaft.«[183]

Verschiedene Zugänge sind möglich, um Bildungsteilnehmer in ethisches Denken einzuführen, so ist deutlich geworden. Empfehlenswerte inhaltliche Aufhänger eines Ethikunterrichtes in der Aus-, Fort- und Weiterbildung von Pflegeberufen wären m. E. nach dieser Gliederung auszuwählen:

1. **Pflegeethische Themen**
2. **Ausgesuchte Themen der Ethik in der Medizin**
3. **Ausgesuchte Themen der Ethik in der Sozialen Arbeit.**

Gegenwärtig scheint noch ein deutliches Schwergewicht auf klassischen medizinethischen Problemen zu liegen, doch das soll nicht so bleiben.

8.2.6.2 Abstraktionsebenen ethischer Lerninhalte

»In jedem pflegerischen Verhalten und Handeln schwingen ethische Elemente mit und bestimmen bewusst oder unbewusst das berufliche Handeln. Es gilt sie jedoch verstärkt als beruflich verbindliche ethische Kompetenzen bewusst zu machen und zu formulieren sowie als unverkennbare Qualitätsmerkmale des Handelns der Berufsgruppe in der Aus-, Fort- und Weiterbildung zu vermitteln«, fordert Entzian (2005:15). Welches (Abstraktions-)Niveau sollten die zu vermittelnden Inhalte aufweisen?

Hofmann berichtet, in der Regel gebe es in Aus- und Fortbildungsveranstaltungen zu ethischen Themen in der Pflege kein Problem, über Grundprinzipien [und Grundwerte bzw. höchste Werte und Prinzipien, vgl. Kap. 2.1.5; R. L.] wie Achtung vor der Würde des Menschen, Freiheit und Autonomie, Verantwortung, Gerechtigkeit, Solidarität, Schaden vermeiden und Fürsorge einen allgemeinen Konsens herzustellen. Doch bei der inhaltlichen Diskussion, was denn die Einzelnen z. B. unter Gerechtigkeit verstehen würden, stelle sich heraus, welche großen Unterschiede es im Verständnis der Begriffe gebe (Hofmann 2000:24).

---

183 Rabe (2003:111) illustriert ihre Feststellung mit einem kurzen, aber eindrucksvollen Dialog. Er trägt den Titel »Das Fußbad«:
»Soo, Schwesterchen, nun machen Sie da mal zwischen den Zehen schön trocken. Schööön machen Sie das. Ist ja auch ein schöner Beruf für eine junge Frau, was? Und später heiraten Sie dann einen Arzt, was? Ha, ha. Die Ärzte sind ja ganz hervorragend, also was die bei mir für Erfolge bewirkt haben, das hätte keiner gedacht. Und so nette Schwestern, alle sehr nett, wirklich. Wenn sie noch alle so hübsch wären wie Sie, Schwesterchen ...«

Die Aufgabe des Ethikunterrichts

Das ist gerade die Aufgabe des Ethikunterrichts: das Gespräch über Ethik und Moral zu fördern, die Bildungsteilnehmer für unterschiedliche Perspektiven zu sensibilisieren und sie zu Begriffen, Theorien, formalen und materialen Prinzipien wie zu Regeln und ihrer Kritik hinzuführen (vgl. Kap. 4.3.6).

Pflege weist in Deutschland ein Defizit an ethischer Bildung auf, und es betrifft nicht nur anspruchsvollere Themen wie Moralität oder ethische Theorien und Prinzipien, sondern beginnt bereits auf der unteren Abstraktionsebene, der Ebene der berufsethischen Regeln, wie sie in Kodizes niedergeschrieben sind.

Interessante Ergebnisse förderte eine Untersuchung des Instituts für Medizin-/Pflegepädagogik und Pflegewissenschaft der Humboldt-Universität Berlin zutage: Nur 25 % der Pflegefachkräfte in Berliner Krankenhäusern, die an der Umfrage teilnahmen, kannten berufsethische Grundregeln. Allerdings gaben 89 % der Befragten an, sie wollten über sie informiert werden (Eilts-Köchling et al. 2000:45).

8.2.6.3 Keine Vollständigkeit gefordert

Moralisches Empfinden kennen alle Pflegepraktiker, ethische Bildung hingegen scheint in der Pflege hier zu Lande eher noch wenig entwickelt zu sein. Wenn sich auch ein deutlicher Bildungsbedarf aufweisen lässt, so muss dennoch vor zu hohen Ansprüchen gewarnt werden (s. Kap. 8.2.4.5).

Laut Anlage 1 zu § 1, Abs. 1 der Krankenpflege-Ausbildungs- und Prüfungsverordnung (KrPflAPrV) von 2003 sind die Schülerinnen und Schüler in der Gesundheits- und Krankenpflege zu befähigen, in ihrem Pflegehandeln insbesondere das Selbstbestimmungsrecht und die individuelle Situation der zu pflegenden Personen zu berücksichtigen, in ihr Pflegehandeln das soziale Umfeld von zu pflegenden Personen einzubeziehen und ethnische, interkulturelle, religiöse und andere gruppenspezifische Aspekte sowie **ethische Grundfragen** zu beachten.

Es geht demnach in der Gesundheits- und (Kinder-)Krankenpflegeausbildung um **grundsätzliche** ethische Themen, nicht um Details oder um eine vollumfängliche Bearbeitung. Walter ermutigt dazu, den Anspruch an inhaltliche Vollständigkeit im Ethikunterricht an Pflegeschulen aufzugeben: »Auszubildende entwickeln sich nicht entlang gerader Bahnen, sondern eher netzwerkartig. Wenn wir das Stückwerk in unserem Tun mehr akzeptieren, werden wir freier – z. B. frei von dem Anspruch an umfassende Stoffvermittlung. Damit geben wir TeilnehmerInnen die Chance, eigene Konstruktionen (auch eigene ethische Haltungen) zu entwickeln« (Walter 2000:65).

In einem Lehrplan für Berufskunde an bayerischen Berufsfachschulen für Kranken- oder Kinderkrankenpflege war zu lesen: »Der Unterricht soll nicht auf inhaltliche Vollständigkeit abzielen, sondern – orientiert an den Eigenerfahrungen und Interessen der Schüler – die ethische Dimensionen von Situationen und Problemen innerhalb eines Themenbereichs exemplarisch aufzeigen, Ansätze für Lösungen erarbeiten und zu eigenverantwortlichem Handeln befähigen« (zit. n. Götzelmann 2000a:82). Das bayerische Staatsministerium für Unterricht und Kultus führte weiter aus: »Dementsprechend sollen auch Unterrichtsverfahren gewählt werden, welche die Schüler stark am Unterricht beteiligen, z. B. Erfahrungsberichte, Diskussionen, Rollenspiele, Einsatz von Medien und deren Auswertung« (zit. n. Götzelmann, ebd.).

Dieser logische Schluss ist ganz im Sinne einer Handlungsorientierten Didaktik formuliert und leitet zu der Frage über, welche Methoden sich in der pflegerischen Aus-, Fort- und Weiterbildung sowie in Pflegestudiengängen im Fach Ethik anbieten.

8.2.7 Methoden ethischer Bildung in der Pflege

»Moralische Kompetenz ist ein übergeordnetes Bildungsziel, ist Teil der professionellen Fähigkeiten, die geübt und gefördert, aber nicht erzeugt werden können.« (Rabe 2001a:6) Wenn Pflegepädagogen moralische und ethische Kompetenz der Lernenden auch nicht »auf Bestellung produzieren« können, so verfügen sie doch über eine Vielzahl an didaktisch-methodischen und organisatorischen Möglichkeiten, die ich nun aufzählen möchte, um deutlich zu machen: Pflegeethik ist auf vielfältige Weise lehr- und lernbar.

8.2.7.1 Didaktisch-methodische Überlegungen

Als eine für Pflege besonders geeignete Didaktik habe ich mich für die Handlungsorientierte Didaktik ausgesprochen. Sie wird im Übrigen auch von Schewior-Popp (1998) in ihrem Werk zum handlungsorientierten Lehren und Lernen in Pflege- und Rehabilitationsberufen empfohlen.

Drei grundlegende Prinzipien wurden für die Handlungsorientierte Didaktik benannt:

1. **Selbst- und Mitbestimmung**
2. **Teilnehmeraktivität**
3. **Praxisorientierung**

Ziel dieser Didaktik ist die autonome Lebensführung der Lernenden im Bewusstsein gesellschaftlicher Mitverantwortung. Mithilfe aktivierender Lernformen bearbeitet die Handlungsorientierte Didaktik relevante aktuelle und zukünftige Fragen der (beruflichen) Praxis und gibt der Eigeninitiative der Bildungsteilnehmer viel Raum.

Wie könnten solche aktivierenden Lernformen aussehen? Im Folgenden sollen einige methodische Verfahren aufgezählt werden, welche von anderen Autoren für die Gestaltung des Ethikunterrichts in der Pflege empfohlen werden und m. E. den genannten Kriterien genügen. Ich werde die zahlreichen in der Fachliteratur befürworteten Gestaltungsmöglichkeiten zwar aufführen, aber darauf verzichten, die Vorschläge miteinander zu vergleichen oder eine übergeordnete Systematik herauszuarbeiten.

Die Auflistung erhebt keinen Anspruch auf Vollständigkeit. Sie ist eher als ein bunter Strauß von Ideen und Möglichkeiten gedacht, der die Vielgestaltigkeit pädagogischen Handelns veranschaulicht. Die Aufzählung soll nicht als Sammlung von Rezepten für einen erfolgreichen Ethikunterricht verstanden werden, sondern Anregungen für eine eigene kreative Gestaltung bieten.

Bevor ich die einzelnen Methoden schildere, erfolgt eine kurze Vorbemerkung zur Freiwilligkeit in der Ethikbildung. Ergänzend zu Kap. 8.2.3 sollen den konkreten methodischen Verfahren anschließend noch einige Überlegungen zur Sozialisation von Pflegekräften vorangestellt werden.

8.2.7.1.1 Freiwilligkeit im Lernen

Ich beginne mit einer grundsätzlichen Überlegung Annemarie Piepers zur Autonomie der Lernenden: »Die Ethik macht die Menschen nicht moralisch. Ein Mensch wird ausschließlich aus sich selbst und durch sich selbst – durch seine Willensbestimmungen – zu einem guten oder bösen Menschen. Doch so wie es Anlässe oder Anstöße zum Bösen gibt, gibt es auch Anstöße zum Guten, und als ein solcher versucht die Ethik wirksam zu werden, indem sie den Handelnden über die Bedingungen moralischen Handelns aufzuklären und ihm Freiheit als das unbedingt gesollte Gute einsichtig zu machen sucht.

Insofern sich die Ethik um der Freiheit willen nur des Zwangs der besseren Argumente und des vernünftigen Appells, nicht aber irgendeines anderen Zwangs bedienen kann, um den Handelnden zur Moralität zu bewegen, hat sie an der freien Willensbestimmung des Handelnden ihre unaufhebbare Grenze« (Pieper 2000:182).

Die Frage, ob im Ethikunterricht formelle Leistungskontrollen durchgeführt werden sollen, wird kontrovers diskutiert. Ich tendiere dazu, gemäß der Unterscheidung von Moral und Ethik durchaus schriftliche Leistungskontrollen über Ethik-Kenntnisse zu befürworten.

8.2.7.1.2 Berufliche Sozialisation

Welche Rolle spielt die berufliche Sozialisation von Pflegekräften für die ethische Bildung in der Pflege?

»Jede Pflegende bringt … ihre eigenen Wertvorstellungen, ihre individuelle Wertwelt (persönliches Ethos) mit, welche das Verhalten und die Beziehungen zu Mitmenschen prägen. Die beruflichen Normen (professionelles Ethos), die sich die Pflegende während der Ausbildung und durch Erfahrung aneignet, erweitern diese individuelle Wertwelt.« (Roth, Zierath 2000:4) Diese Sätze klingen zunächst sehr positiv: Auszubildende und bereits ausgebildete Pflegekräfte übernehmen professionelle Werte. Leider sind nicht alle Werte und Normen, die in der Pflegepraxis vorherrschen, nachahmens- oder übernehmenswert. Der Gang der beruflichen Sozialisation in der Pflege bietet keine Gewähr für das Herausbilden moralischer Kompetenz.

Doch, so mag eingewendet werden, geschieht das Aneignen beruflicher Werte und Haltungen nicht ausführlich im Pflegeunterricht? Heubel gibt zu bedenken: »Nicht vergessen darf man den großen Einfluss des informellen moralischen Lernens durch das faktische Umfeld im Krankenhaus, das der Unterricht bestätigen, mit dem er leider aber auch in Konflikt geraten kann« (Heubel 2005:154). Nach Grauhan werden berufliche Normen der Pflege nicht in der Pflegeschule, sondern im Berufsfeld selbst vermittelt. »Es sind zum Teil geschriebene, zum Teil ungeschriebene Normen. Die ungeschriebenen sind dabei meist die wirksamsten. Ihre Befolgung bringt Anerkennung im Kollegenkreis, ihre Nichtbefolgung Ablehnung oder Ausschluß.« (Grauhan 1985:462)

Rabe ergänzt aus ihrer Erfahrung als Schulleiterin: »Die meisten Menschen, die in helfenden Berufen arbeiten, haben auch moralische Gründe für ihre Berufswahl und ihr Ethos ist ihnen wichtig. Wird jedoch die Möglichkeit, auch diesem Ethos gemäß zu arbeiten, durch schlechte organisationale Rahmenbedingungen immer wieder beschnitten, so stellt sich eine tiefe Frustration ein, die auch als ›**moral distress**‹ bezeichnet wird. Sie kann ganze Teams erfassen und äußert sich in destruktivem und zynischem Verhalten und einer mutlosen Grundstimmung, man könne ja sowieso nichts zum Positiven ändern. Mit dieser Haltung werden dann Auszubildende und Berufsanfängerinnen konfrontiert, die auf der Suche nach Orientierung sind – möglicherweise mit fatalen Folgen, denn die Mitarbeiterinnen in der Praxis sind für die Auszubildenden wichtige Vorbilder, mehr als die Lehrer, die ja nur für den geschützten Raum der Schule stehen« (Rabe 2009a:292).

Weil es bei Prinzipien und Normen auch und gerade um die Integration in soziale Gruppen geht, haftet der Sozialisation tendenziell immer ein konservativer Zug an. Dies mag für das Hineinwachsen neuer Generationen in den Pflegeberuf in besonderer Weise zutreffen, weil praktische Pflege mit wenigen Ausnahmen (Pflegeberatung, z. T. ambulante Pflege) in Form von Arbeitsgruppen organisiert ist.

Die berufliche Sozialisation

»Die berufsethischen (oder auch berufsständischen) Normen werden zumeist in der Ausbildung erworben und verinnerlicht. – Man wird zur Schwester/zum Pfleger. Der Prozeß wird berufliche Sozialisation genannt. Er geschieht zum Teil als bewußte und bejahte Aneignung von Verhaltensweisen, die begründet und gelehrt werden, zum Teil als allmähliche Anpassung an die Haltungen der Berufskollegen, zum Teil auch als Dressur durch Lob und Tadel.« (Grauhan 1985:462)[184]

»Die Sozialisation zur unkritischen Anpassung und zum Fähigwerden, die Widerwärtigkeiten des Berufsalltages zu ertragen, macht moralisches Handeln in der Pflege weitgehend unmöglich«, nimmt Käppeli (1988:24) Stellung, und andere Autoren weisen auf die demotivierende Diskrepanz zwischen theoretischen Ansprüchen und praktischen Möglichkeiten hin: »Der stete Widerspruch zwischen [in Unterrichtsform orga-

184 vgl. zur kontroversen Diskusssion um die Anrede »Schwester« Lay (2003b)

nisierter; R. L.] Ausbildung und Erfahrungen in der Praxis wirkt sich verheerend auf die Sozialisation der Krankenpflegeschüler/innen aus« (Milhahn, Zegelin 1993:323). Dieses Problem hat sich seit Einführung der DRG in Deutschland mit Verweildauerverkürzung und Abbau von Pflegestellen im Krankenhaus wesentlich verschärft.

Mit den zitierten skeptischen Äußerungen sei auf anstehende Schwierigkeiten aufmerksam gemacht, damit sie nicht ausgeblendet werden. Dennoch will ich meiner Hoffnung Ausdruck verleihen, dass sich im Laufe zunehmender Professionalisierung der Diszipin Pflege vielfältige Chancen für ein Hineinwachsen nachfolgender Pflegegenerationen in einen fundierten Umgang mit moralischen und ethischen Fragen eröffnen werden.[185]

8.2.7.1.3 Lernen durch Wertklärung

Eine erste methodische Möglichkeit ist das Klären der individuellen Bedeutung von Werten. »It may be the first aim of ethics in nursing courses that each student should become aware of their own value system.«[186] (Sellman 1996:44) Das entspricht auch meiner Auffassung. Weshalb sollten Werte geklärt werden?

Begründungen für Wertklärung

Es lassen sich für eine Wertklärung viele Begründungen ins Feld führen. Walter (2000:55) fasst die wichtigsten Argumente zusammen:

- Vorgänge in zwischenmenschlichen Interaktionen sind von Werten geprägt.
- Wahrnehmungen sind von Werten beeinflusst.
- Entscheidungen basieren auf Wertvorstellungen.
- Werte sind Kriterien für Entscheidungsfindungen.
- Werte sind Kriterien für die Bewertung von Entscheidungen.
- Ein erweitertes und verändertes Spektrum der Werte erschwert deren Wahrnehmung und verlangt eine zunehmend differenzierte Betrachtungsweise (Säkularisierung, Pluralität, Individualisierung, Multikulturalität).

Zunächst die eigenen Werte zu klären ist eine psychologisch notwendige Voraussetzung für das Wahrnehmen der Werte Anderer. Deshalb erscheint mir die Kritik Wittrahms zu kurz gegriffen, der US-amerikanische Ansatz der Wertklärung (value clearification) überbetone ein individualistisches/substantialistisches Personverständnis und vernachlässige die Notwendigkeit der Begegnung mit anderen Personen und der gegenseitigen Anregung und Unterstützung der persönlichen Entwicklung im Dialog (Wittrahm 1996:17).

---

185 In diesem Zusammenhang interessierten mich lediglich moralische Aspekte der beruflichen Sozialisation von Pflegekräften. Forschungsergebnisse zur allgemeinen beruflichen Sozialisation in der Pflege sind bei Rennen-Allhoff, Tacke (2000:819–842) zu finden.

186 »In Kursen zur Ethik in der Pflege mag es das erste Anliegen sein, dass jeder Studierenden ihr eigenes Wertesystem bewusst wird.« (Übers.: R. L.)

Die notwendige Verständigung über Werte bzw. Güter und Übel in der Gruppe kann durch verschiedene methodische Verfahren unterstützt werden. »Die Strategie, die in den USA unter dem Begriff ›Wertklärung‹ entwickelt wurde (Raths u.a. 1976), besteht im wesentlichen aus methodischen Anregungen, mit deren Hilfe sich Lernende ihre meist nur teilweise bewusste Wertorientierung selbst verdeutlichen, zwischen praktizierten Werten wählen und durch Reflexion ausgewählte Werte konkretisieren und stabilisieren können. Im Mittelpunkt des Konzepts steht eine radikal-diskursive Klärung eigenen und fremden Handelns, genauer der handlungsbestimmenden Wertvorstellungen und Prinzipien. Diese werden durch spielerische Arrangements (z.B. Dinge, die ich gern tue) oder durch Berichte über Verhalten herausgefunden.« (Schmidt 2000:40)

Sofern für eine Wertklärung ausreichend Zeit zur Verfügung steht, ist hierbei die Unterscheidung von sittlichen und vorsittlichen Gütern und Übeln sehr zu empfehlen (vgl. Kap. 2.1.4.2). Sie ist eine ausgezeichnete Hilfe in der Analyse schwieriger Situationen und kann das Gespräch über die vertretenen Überzeugungen erleichtern. Voraussetzung sind allerdings fundierte Ethikkenntnisse sowie eine ausgeprägte Fähigkeit zu analytischem Denken.

8.2.7.1.4 Lernen aus Kontrasterfahrungen

Menschlichkeit kann durch Kontrasterlebnisse Kontur gewinnen. »Das Eigenartige an dem, was Humanität bedeutet, ist ihre Undefinierbarkeit. Man kann nur sagen, was Humanität nicht ist.« (Illhardt 1985:9) Am negativen Beispiel der »Unmenschlichkeit« können Menschen erahnen, was in ihren Augen »Menschlichkeit« ausmachen würde. »In der Erfahrung von menschenunwürdigen Situationen wird als Kontrast ein Bild der Menschenwürde in uns aufgerufen. Der Kontrast zwischen Menschenwürde und Menschenunwürdigkeit macht uns kritisch gegenüber dem Tun und Lassen der Menschen in unserer Umwelt. Er kann uns schließlich Anstoß geben zur Verhaltensänderung …« (van der Arend, Gastmans 1996:97f)

Illhardt vertieft diesen Gedanken: »Wo Anerkennung der Würde des Menschen und seiner Rechte auf Freiheit, Gerechtigkeit, gleiche Behandlung, Leben, Frieden und Sicherheit mißachtet werden, reklamieren Wissen und Ahnung des Menschen von dem, was Humanität ist, Änderung und Regulierung unmenschlicher Zustände« (Illhardt 1985:9f). So führte etwa die Erfahrung von unsäglichem Leid und unvorstellbarer Grausamkeit zwei Jahre nach Ende des Zweiten Weltkrieges zur Formulierung der »Allgemeinen Erklärung der Menschenrechte« durch die Vereinten Nationen (UNO 1991).

Wie können Kontrasterfahrungen im Ethikunterricht aufgegriffen werden? Gemeinsam über typische Negativerfahrungen der Verletzung moralischer Grundforderungen – etwa der Missachtung des Willens oder der Würde eines Menschen – nachzudenken, kann den Bildungsteilnehmern klarer machen, worin die praktische Bedeutung ethischer Werte wie Autonomie oder Menschenwürde besteht (vgl. Rehbock 2000:284). Oelkers brachte mich auf eine andere Idee. Er schreibt: »Jede Vorschrift definiert nicht nur die Bedingungen ihrer Geltung, sondern legt zugleich ein

Lernen nahe, wie diese Bedingungen zu umgehen sind« (1992:14). Zum Lernen aus Kontrasterfahrungen kann m. E. (gegen Oelkers, ebd.) auch das Thematisieren subversiver Strategien des »umgehenden« Umgangs mit moralischen Normen gehören. Ich halte diese Methode sogar für sehr geeignet, weil sie unbewusste Gewohnheiten zu explizieren vermag.

8.2.7.1.5 Emotionen verbalisieren

Nicht selten erleben Pflegende im Krankenhaus oder im Pflegeheim Situationen, in denen sich ein Gefühl »moralischen Unbehagens« einstellt (Steinkamp, Gordijn 2005:243; vgl. Schmidt 2005:187; Müller-Czisch et al. 2010:392).

»Kontrasterfahrungen enthüllen manches über die Unmenschlichkeit der Pflege, und sie wecken unreflektierte Gefühle und Intuitionen, die mit Verantwortung zu tun haben«, berichtet van der Arend (1998:5). Er fordert: »Wir müssen das nach einer Kontrasterfahrung gemachte Gefühl, daß etwas moralisch falsch gemacht wird, in überzeugende Argumente kleiden, damit andere Beteiligte und Außenstehende das Problem als moralisches erkennen und mit uns lösen« (ebd.). Hofmann argumentiert ähnlich: »Ethik selbst ist eine rationale Wissenschaft, die auf argumentative Weise versucht, dem jeweils richtigen und guten Verhalten durch Begründung näherzukommen. Die Vermittlung von Ethik mit dem Ziel, moralisches Handeln zu fördern, kann emotionale und kommunikative Aspekte nicht außer Acht lassen, wenn sie dieses Ziel auch erreichen will. Gleichzeitig bedarf es immer auch der Übersetzung von Gefühlen in eine diskutierbare Sprachebene, da sonst ein Diskurs über ethische Probleme unmöglich wird« (Hofmann 2000:25).

Um das Wahrnehmen und Versprachlichen von Emotionen üben zu lassen, sind Lernmethoden hilfreich, welche die affektive Ebene ansprechen. »Ethisch verantwortliches Handeln als Ziel einer Berufsausbildung oder beruflichen Fortbildungen kann … nicht ausschließlich über kognitive Unterrichtsinhalte und -methoden vermittelt werden. … Ethisch verantwortliches Handeln als Ausbildungsziel braucht ein weitgefaßtes und vernetztes Lehr- und Lernkonzept …« (Lindner 1999:58)

8.2.7.1.6 Intuitives Verstehen

Schottky (2007:7f) bezweifelt, dass ethische Entscheidungen bewusst und rational vorgenommen werden. Er behauptet, die Unzahl von Entscheidungen, die ständig zu treffen seien, und die Geschwindigkeit, mit der sie abwickelt würden, ließen bewusste Reflexionen gar nicht zu.

Wenner (2010:47) fasst Befunde aus der Hirnforschung zusammen, die bestätigten, dass moralisches Urteilen und Handeln nicht ausschließlich rational, vernünftig oder vorhersehbar seien; vielmehr seien sie immer mit individuellen Emotionen durchsetzt. »Die Hirnforschung hat … nachgewiesen, dass Emotionen, Erfahrungen, Lernprozesse und Rahmenbedingungen moralische Urteile mitkonstituieren.« (ebd.)

Tatsächlich besitzen Menschen in ethischen Konfliktsituationen häufig eindeutige moralische Intuitionen, d. h. spontane, unmissverständliche Urteile über »gut«

und »böse«, die nicht durch Begründungen zustande gekommen sind (vgl. Gordijn 2000:114). Solche Intuitionen können als implizites Wissen bzw. als Überzeugungen aus dem Unbewussten verstanden werden, die sich infolge von Lebenserfahrungen verfestigt haben. Durch dieses psychische Phänomen ist es Menschen möglich, gerade in problematischen Situationen, die ein rasches Handeln verlangen, auf die jeweiligen Anforderungen authentisch (stimmig, kongruent, in Übereinstimmung mit ihren Werten und Grundüberzeugungen) zu reagieren.

Neben einem breiten Erfahrungsschatz ist Zugewandtheit eine weitere Voraussetzung für erfolgreiche intuitive Entscheidungen. »Intuitiv-ganzheitliche Entscheidungen … sind durch moralisches Wahrnehmen der Situation, durch Denken beim Handeln und durch das Im-Auge-Behalten von Veränderungen geprägt. Dazu ist innerliche Präsenz nötig und dass man stets im Gespräch mit dem andern bleibt und sich für dessen Anliegen einsetzt.« (Kesselring 2000:23)

Benners (1994) Untersuchungen ist es zu verdanken, dass Intuition in der Pflege nach einer kognitivistisch-ablehnenden Haltung in den siebziger und achtziger Jahren des 20. Jahrhunderts wieder hoffähig wurde. Die positive Bewertung von intuitivem Wissen wirkte sich auch in der Pflegeethik aus. Nach van der Arend und Gastmans (1996:97) hat eine Pflegekraft von der ethischen Grunderfahrung aus, das Gute zu tun und das Schlechte zu meiden, »… ein (intuitives) Verstehen davon, was ethisch gut und wertvoll ist, und was nicht.« In diesem Sinne behauptet auch Allmark: »[Nurses] make most ethical decisions without dilemma using intuition« (Allmark 1992:6).[187]

Dreyfus, Dreyfus und Benner (2000:342) bezweifeln, dass ein Handeln nach abstrakten universellen moralischen Prinzipien entwicklungsbedingt dem intuitiven kontextuellen Reagieren überlegen sei und behaupten, es gebe keine Anzeichen dafür, dass die intuitive ethische Kompetenz durch rationale Prinzipien ersetzt werden könne.

Der Nachteil einer Ethik, wie sie die Brüder Dreyfus und Benner vertreten, liegt m. E. vor allem darin, dass intuitiv getroffene Entscheidungen zwar situationsangemessen sein können, aber nur im Rückgriff auf allgemein gültige moralische Konventionen intersubjektiv zu rechtfertigen sind.

Ethische Entscheidungen sollten kommunikabel sein

Intuition kann zwar zu moralischem Handeln führen, sie allein reicht als Begründung für ethische Beurteilungen aber nicht aus.

Gordijn schränkt ebenfalls die Bedeutung der Intuition als Medium zur Entscheidungsfindung ein: »Es bestehen jedoch auch Situationen, in denen unsere ethischen

[187] »[Pflegekräfte] treffen die meisten ethischen Entscheidungen ohne Dilemma, indem sie ihre Intuition einsetzen.« (Übers.: R. L.) Alternative Übers. (R. L.): »[Pflegekräfte] treffen höchst verantwortungsbewusste ethische Entscheidungen ohne Dilemma, indem sie ihre Intuition einsetzen.«

Intuitionen keine deutliche Auskunft darüber geben, was gut und was schlecht ist. Dieses kann dadurch zustande kommen, dass zwei klare Intuitionen bestehen, die – jede für sich betrachtet – zwar überzeugen, die sich jedoch nicht miteinander vereinbaren lassen. Oder aber es ist überhaupt keine hinreichend klare Intuition vorhanden« (Gordijn 2000:114).

Dowding schließlich gibt zu bedenken, dass auch Nicht-Experten intuitiv denken und dass diese Intuitionen falsch sein können (Dowding 2003:88). Körtner bestätigt: »Nun liegt es auf der Hand, daß sich das Ethos des Helfens oder auch helfender Berufe nicht von bloßen Gefühlen leiten lassen kann. Man kann zum Beispiel aus Liebe oder falsch verstandener Fürsorge das sachlich Falsche tun. Und das gut Gemeinte ist häufig das genaue Gegenteil des Guten« (Körtner 2007a:36).

Bildung, Erfahrung und eine dialogische Grundhaltung sind wichtige Voraussetzungen für treffsichere spontane Entscheidungen. »Sowohl für das eigene berufliche Selbstverhältnis als auch für die pflegerische Beziehung zum Patienten macht es einen immensen Unterschied, ob Pflegende handeln, indem sie spontan tun, was ihnen zu einer bestimmten Zeit und an einem bestimmten Ort in einer bestimmten Pflegesituation als angemessen erscheint, oder indem sie ihre Handlungsentscheidungen reflexiv und kommunikativ validiert in einem gewachsenen Horizont der Begründung und Rechtfertigung treffen.« (Lanius 2010:340)

Kann von Auszubildenden erwartet werden, dass sie in komplexen beruflichen Situationen mithilfe von Intuition verantwortbare Entscheidungen treffen? Büssing et al. (2000:296) plädieren dafür, den Auszubildenden in der Pflege Möglichkeiten einzuräumen, ihre Gefühle im Pflegeprozess konstruktiv zu nutzen und damit den Umgang mit wichtigen Anteilen impliziten Wissens zu üben. »Wie gezeigt werden konnte, scheinen einige Personen ihre Gefühle z. B. als Informationsquelle für die Diagnostik zu nutzen. Hier könnte eine Sensibilisierung für solche Vorgänge hilfreich sein. Zum Beispiel, indem in Rollenspielen erst einmal geübt wird, Emotionen wahrzunehmen und zu artikulieren, um dann in der konkreten Arbeit gemachte Erfahrungen daraufhin zu reflektieren.« (ebd.)

Rollenspiele eröffnen Erlebnissituationen, in denen realitätsnahes Nacherleben und Probehandeln möglich werden (Kohlen 2003:194). Sie sind eine probate Methode, um das Einnehmen fremder Perspektiven zu üben.

8.2.7.1.7 Lernen durch Perspektivenwechsel

Die Einsicht, Situationen möglichst nicht nur aus der gewohnten Perspektive wahrzunehmen, sondern sie nach unterschiedlichen Gesichtspunkten zu betrachten, lädt zum Austausch mit Anderen ein. »Im pflegerischen Alltag werden viele Handlungen so routiniert und selbstverständlich vollzogen, daß möglicherweise ein kritischer Blick für ethische Problemsituationen neu eingeübt werden muß, damit die Sensibilität für ethische Situationen neu entwickelt oder in der beruflichen Routine erhalten bleibt. Dabei wäre es m. E. hilfreich, im kollegialen Gespräch auf Fragen und Eindrücke neuer Mitarbeiterinnen ebenso zu hören wie auf die Rückmeldungen von Berufsanfängern –

also Menschen, die noch nicht durch die Brille der Routine sehen. Auch der (wenn möglich institutionalisierte) Austausch mit Patientinnen oder ihren Angehörigen über ihre Erfahrungen mit der Pflege beispielsweise vor der Entlassung könnte dafür den Blick öffnen.« (Lindner 1999:60)

Auch Angehörige können häufig aus ihrer Perspektive wichtige Beobachtungen einbringen, die den Routinebetrieb in Frage stellen. In einem Brief an Claus Fussek beklagte sich beispielsweise eine Angehörige, ihre Mutter wolle nicht ständig im Intimbereich von wechselnden männlichen Pflegekräften gewaschen werden. Die Mutter sei vollkommen verzweifelt und schäme sich fürchterlich. Jeden Morgen warte sie mit Angst auf das Öffnen der Zimmertüre und frage sich, wer ihr heute beim Waschen helfen werde (Fussek 2003:18).

Über den Austausch in der Pflegepraxis hinaus bietet sich im Pflegeunterricht Fallarbeit an, um multiperspektivisches Denken zu lernen. Im Gespräch über konkrete Fallbeispiele aus der Literatur können ethische Prinzipien herausgearbeitet (induktives Vorgehen)[188] oder nach vorab besprochenen theoretischen Grundlagen auf konkrete Fälle angewandt werden (deduktives Vorgehen, vgl. Kahlke 1995:137). Großklaus-Seidel unterstützt diese Erfahrung. Sie empfiehlt Fallbeispiele für den Ethikunterrricht in der Aus-, Fort- und Weiterbildung, weil es mit Fallanalysen gelinge, das Allgemeine mit dem Besonderen und abstrakte Prinzipien mit konkreten täglichen Problemen zu verknüpfen. Fallanalysen hätten außerdem den Vorteil, dass sie schilderten, wie andere Personen in einer vorliegenden Situation handelten oder handeln würden und so Lösungen aufzeigten, ohne eine konkrete Entscheidung verbindlich vorzugeben (Großklaus-Seidel 2002:207).

Fallbeispiele eignen sich somit vorzüglich, um Empathie zu lernen. »In Lehrveranstaltungen können … Beispiele diskutiert, nachgespielt und variiert werden. Dabei kommt der Einübung der Identifikation der Seminarteilnehmer mit den Positionen aller Beteiligten eine wichtige Bedeutung zu. Im Sinne des systematischen Perspektivenwechsels zwischen allen Beteiligten können hier – unterstützt durch eine entsprechend gewählte Methode der Vermittlung – die grundlegenden Voraussetzungen einer mehrseitigen Empathie erprobt werden, die ein unverzichtbares Element der Unvoreingenommenheit und der moralischen Offenheit in der helfenden Haltung darstellt.« (Kahlke, Reiter-Theil 1995b:17)

Zimmermann bestätigt die Vorteile der Arbeit an Fällen: »Fallanalysen zeigen, wie andere Personen in einer Situation gehandelt haben oder handeln würden […] Fallanalysen können … dazu führen, daß in einem geschützten Raum durch eine Diskussion auf theoretischer Ebene Kompetenzen entwickelt werden, die für die Praxis

---

188 vgl. hierzu Rabe: »Um Prinzipien situationsbezogen mit Inhalt zu füllen und damit die Urteilskraft zu schulen, liegt es nahe, auch im Ethikunterricht mit Fallgeschichten zu arbeiten. … Fallgeschichten bieten die Möglichkeit, induktiv zu lernen, indem anhand einer speziellen Situation das Allgemeine nicht nur gezeigt, sondern auch mit der je für diese Situation spezifischen Bedeutung verstanden werden kann. Dieses Allgemeine im Ethikunterricht für die Pflege sind vor allem ethische Prinzipien, berufsethische Regeln, institutionelle und gesellschaftspolitische Rahmenbedingungen der pflegerischen Arbeit, sowie anthropologische Konzepte.« (Rabe 2008b:9)

relevant sind. Dazu gehören z. B. Kreativität in der Problemlösung, die Fähigkeit, ein Problem auf der sachlichen Ebene zu diskutieren, Argumentation, Zuhören können, Empathie« (Zimmermann 1998:219f). Fallbeispiele können als »Katalysatoren« wirken (Walser 2001:14) und das Gespräch in Gang bringen bzw. die Diskussion vorantreiben.

Um Empathie und multiperspektivisches Denken zu trainieren, können Lehrer die Auszubildenden auch beauftragen, in einer Diskussion oder in einem Rollenspiel für Positionen zu argumentieren, die sie selbst ablehnen (Rabe 2001b). »Die Fähigkeit, die Perspektive des (konkreten) anderen Menschen einzunehmen, übt unsere moralische Phantasie und schafft Möglichkeit für Recht und Gerechtigkeit wirksam zu werden« (Liaschenko 1999, zit. n. Arndt 2003a).

8.2.7.1.8 Lernen an persönlich erlebten Fallbeispielen

Sollten Fallbeispiele der Literatur entnommen oder eher persönliche Erlebnisse besprochen werden? Hier herrscht Uneinigkeit zwischen den Fachautoren. Lindner ist der Überzeugung: »Die Einübung der ethischen Entscheidungsfindung sollte möglichst früh an tatsächlichen ethischen Fragestellungen erfolgen. Hier sind in jedem Fall konkrete Erlebnisse der Lernenden aus ihren praktischen Einssatzbereichen [sic] irgendwelchen Fallbeispielen als Fremderfahrungen aus der Literatur (Gegen Zimmermann 1998, S. 219ff.)[189] vorzuziehen. Anhand konkreter Fragen aus der Praxis der Schülerinnen ist der Umgang mit den gelernten Methoden ethischer Urteilsfindung gemeinsam einzuüben. Damit ist nicht nur eine höhere Motivation zur Auseinandersetzung mit ethischen Fragen zu erreichen, sondern den Lernenden wird tatsächliche Hilfe in Form von kollegialer Beratung geboten. Wenn dies von den Anfängen der Ausbildung an erfolgt, wird vermutlich der Blick auch auf alltägliche Entscheidungssituationen gerichtet sein und nicht nur – wie leider häufig zu beobachten – ausschließlich die ›besonders bedeutsamen‹ ethischen Fragen bei Lebensanfang und -ende, Gentechnik, Abtreibungen oder ähnlichen ethischen Problemen bearbeitet« (Lindner 1999:62).

Hofmann relativiert diese Auffassung: »Letztlich bedeutet die Auseinandersetzung mit ethischen Problemen immer, Fragen zu einer Situation zu stellen. Dieses durchaus auch In-Frage-Stellen von Handlungsweisen führt manchmal zu einer Blockade bei den Teilnehmerinnen, weil mit dem In-Frage-Stellen sofort die Angst auftaucht, etwas falsch gemacht zu haben. Die Auseinandersetzung mit einem konkreten Fall, einer konkreten Situation kann somit nicht immer als Möglichkeit wahrgenommen werden, etwas daraus lernen zu können, sondern sie wird oft genug als negative Kritik erlebt, die Schamgefühle auslöst. Dies gilt meiner Erfahrung nach noch mehr für ausgebildete Pflegekräfte mit einiger Berufserfahrung als für Auszubildende« (Hofmann 2000:23).

Ich plädiere dafür, beide Möglichkeiten situationsangemessen und an den Prozessen in der jeweiligen Lerngruppe orientiert einzusetzen.

---

[189] Anmerkung R. L.: Diese Feststellung ist unzutreffend. Zimmermann gibt keiner der genannten Möglichkeiten den Vorzug (vgl. Zimmermann 1998:219–223).

8.2.7.1.9 Lernen am Modell

Moralisches Handeln kann am Vorbild anderer Menschen gelernt werden. Wenner (2010:47) beschreibt optimistisch den möglichen therapeutischen Nutzen vorbildhaften Handelns am Beispiel psychiatrisch Pflegender: »Gute psychiatrische Pflege lebt modellhaft konstruktive zwischenmenschliche Beziehungen vor und vermittelt den Patienten somit Alltagskompetenzen. Moral spielt im Alltag eine große Rolle; man könnte sagen: sie ist ubiquitär [allgegenwärtig; R. L.]. Pflegende können daher auch in moralischer Hinsicht Vorbild und Stütze sein.«

Gilt das auch für die Pflegebildung? Sollten in ähnlicher Weise auch Pflegelehrer Vorbilder sein? Können und sollen moralische und ethische Kompetenz am Beispiel von Ethiklehrern gelernt werden? Auch zu dieser Frage gibt es Hinweise in der Fachliteratur.

Zwischen den gewählten pädagogischen Vorgehensweisen und den Inhalten eines Ethikunterrichts besteht eine wechselseitige Beziehung, wie Wiesing und Schreiner bemerken (1993:318): Die in den verschiedenen Unterrichtsmethoden (etwa Theorievortrag versus Rollenspiel oder Gespräch über ein Fallbeispiel) erkennbaren Grundhaltungen und -absichten geben möglicherweise auch Auskunft über das Verständnis der Unterrichtenden von Ethik (z. B. theoretischer Ansatz versus Situationsethik).

Giese erläutert die pädagogischen Chancen einer Vorbildfunktion der Dozenten: »Die Besprechung von ethischen Problemsituationen wird häufig v. a. im Bereich ›Tod und Sterben‹ mit entsprechender Ernsthaftigkeit betrieben. Es bedarf jedoch nicht nur der ›sterbende Mensch‹, der inzwischen Gegenstand jedes pflegeethischen Curriculums ist, des respektvollen Umgangs. Solches Verhalten können die SchülerInnen am besten von ihren LehrerInnen lernen, wenn sie von ihnen entsprechend behandelt werden« (Giese 1998:52). Kahlke und Reiter-Theil hoffen auf denselben Effekt: »Beziehungs- und Interaktionsstil der Lehrenden werden über die Modellwirkung zu einem Bestandteil der zu vermittelnden moralischen Kompetenz« (Kahlke, Reiter-Theil 1995b:17).

Moralische Kompetenz wird nicht nur über Imitation erlernt

Schüler können am positiven (oder negativen) Beispiel des Lehrers moralisches Handeln lernen, darin sind sich die meisten Autoren einig. Der Erwerb moralischer Kompetenz geschieht jedoch nicht lediglich über Imitation. »Es wäre ein Mißverständnis anzunehmen, der Schüler könne dadurch ein moralischer Mensch werden, daß er den Lehrer einfach imitiert. Wenn Moralität vom einzelnen selbst ... hervorgebracht werden muß, dann muß der Lehrer eine Methode entwickeln, die dem Schüler eine ›Abnabelung‹ ermöglicht und es ihm erlaubt, sich als er selbst bzw. sein eigenes Können frei zu entfalten.« (Pieper 2000:145)

Von Manz führt eine Differenzierung ein: »Implizite Leitlinien wirken v. a. in den Situationen, in denen Vorbilder nachgeahmt werden. Das gilt in erster Linie für die Ausbildungssituation, in der solche Nachahmung und Übernahme von Leitlinien bis zu einem gewissen Grad natürlich gewollt ist, aber auch sehr leicht zu unreflektierter Nachahmung degeneriert. Der Unterschied ist fein und oft kaum wahrnehmbar zwischen dem Nachahmen um des Lernens willen und dem Nachahmen um des Nachahmens willen, bei dem alle kritische Distanz zum Lehrenden, zum Vorbild und zu den Leitlinien verloren geht« (von Manz 1992b:76). Selbstständigkeit erfordert tatsächlich einen Abnabelungsprozess, den der Lehrer unterstützen sollte. In der gezielten Hinführung zum Nicht-mehr-führen-Lassen liegt eine der großen Paradoxien der Pädagogik.

Schmidt (2000:44) schreibt zur Frage des angemessenen Lehrerverhaltens im Ethikunterricht: »Hinsichtlich der Lehrerrolle ist umstritten, wieweit Unterrichtende ihre eigenen weltanschaulichen Überzeugungen und moralischen Orientierungen zur Geltung bringen können bzw. sollen. Distanzierte Objektiviertheit wirkt weder motivierend noch orientierend, engagiertes Eintreten für bestimmte Werte und Überzeugungen kann als Indoktrination empfunden werden, zumal wenn plausibel erscheinende Argumente das Engagement unterstützen. Im Allgemeinen wird empfohlen, die persönlichen Überzeugungen im Unterricht deutlich zu machen und zu begründen, gleichzeitig aber andere Orientierungen als attraktive Alternativen zur Geltung zu bringen.«

Wiesing und Schreiner (1993:318) meinen zu dieser Frage: »Es ist nicht zu vermeiden und deswegen auch nicht zu kritisieren, daß der Lehrer eigene moralische Grundüberzeugungen und Vorstellungen … in den Unterricht mitbringt. Er sollte die … Teilnehmer über die eigene Position in Kenntnis setzen, damit deutlich wird, daß der Unterschied zwischen einem ›Ethiker‹ und einem ›Nicht-Ethiker‹ nicht darin besteht, daß ersterer in der Substanz bessere Entscheidungen zu fällen vermag, sondern allenfalls darin, daß er seine Entscheidungen besser begründen kann.« Mir behagt zwar die dichotomische Unterscheidung zwischen Ethikern und Nicht-Ethikern nicht, aber der Grundaussage der beiden Autoren möchte ich beipflichten.

Hunt bringt die Antwort auf die Frage nach dem günstigen Lehrerverhalten auf den Punkt: »It is easy, all too easy, for the teacher of ethics to slip into moralising in the classroom. There is nothing wrong with teachers expressing their moral views, and participating in a debate, but they should make it clear that that is what they are doing«[190] (Hunt 1992:326).

[190] »Es passiert im Ethikunterricht allzu leicht, dass Lehrer in das Moralisieren verfallen. Es spricht nichts dagegen, dass Lehrer ihre eigenen moralischen Ansichten artikulieren und an einer Debatte teilnehmen, aber sie sollten transparent machen, dass sie es tun.« (Übers.: R. L.)

8.2.7.1.10 Lernen durch Argumentation in der Gruppe

Argumentationsfähigkeit ist eine erforderliche Fähigkeit in der ethischen Entscheidungsfindung. Sie kann in Gruppen trainiert werden. »Ethische Entscheidungen werden im ethischen Diskurs gefunden, d.h. sie verlangen ein hohes Maß an Kommunikationsfähigkeit. Die Beteiligten müssen fähig sein, beobachtete Sachverhalte schlüssig und klar zu schildern sowie ihre Argumente für oder gegen eine Handlungsalternative zu vertreten«, schreibt Lindner (1999:60). »Bereits im Ethikunterricht sollen die Lernenden sich in die Grundformen der Kommunikation und der Argumentation einüben können und dies in einem möglichst freien Raum, in dem sie erleben, daß auf ihre Argumente gehört und ihre Meinung geachtet wird.« (ebd.)

Für die Diskussion in der Gruppe sind viele Themen und Organisationsformen denkbar. Aktuelle Ereignisse aufzugreifen ist ebenso möglich wie der Versuch, die Argumentationsfähigkeit durch die Auseinandersetzung mit klassischen ethischen Dilemmata (z.B. Heinz-Dilemma von Kohlberg) zu schärfen. Rabe schlägt vor, die Auszubildenden mit eingeladenen Experten diskutieren zu lassen (2001b).

Die Lerngruppe könnte auch den Vorschlag eines »ethischen Pflegeimperativs« diskutieren, welcher nach Menche et al. (2001:19) lautet: »Handle so, dass deine Aktivitäten von den Pflegebedürftigen jederzeit als objektiv notwendig erkannt und als subjektiv wohltuend empfunden werden.« Bildungsteilnehmern könnte auch die Frage gestellt werden, ob sie der Behauptung von Osterhus und Dondalski (1999:191) beipflichten, ethisches Denken stelle die Voraussetzung für moralisches Handeln dar.

Die jährliche Aufforderung an Pflegende zur Teilnahme an Grippeschutzimpfungen bietet eine weitere Gelegenheit zur Diskussion ethischer Prinzipien. Besteht für Pflegekräfte eine moralische Pflicht, sich vorbeugend gegen Grippe impfen zu lassen, weil sie in ihrer beruflichen Tätigkeit eine potenzielle Ansteckungsquelle für gefährdete Menschen darstellen, oder ist das Selbstbestimmungsrecht der Pflegenden über ihre eigene körperliche Integrität höher einzustufen (vgl. SBK-ASI 2008:2)?

Es gibt eine Reihe von ethischen Konflikten, die aufgrund der Anwesenheit von Lehrern in der Pflegepraxis entstehen können – etwa im Rahmen von klinischen Unterrichten, Praxisbesuchen oder Prüfungen. Weil diese Konflikte nicht nur von Lehrern und Auszubildenden, sondern auch von Klienten und von Kollegen in der Pflegepraxis häufig sehr intensiv erlebt werden, eignen sie sich gut für ethische Diskussionen.

Grundsätzlich ist mit Käppeli (2005:189) festzuhalten, dass Patienten – als Vertreter der Gesellschaft – den Pflegenden eine Ausbildung ermöglichen. Wenn sie sich von Lernenden pflegerisch »beüben« lassen, nehmen sie höhere Risiken in Kauf. Patienten ermöglichen es überdies ausgebildeten Pflegekräften, »an ihnen« ihre Expertise zu perfektionieren. Käppeli erläutert weiter: »Wird Pflegen als reaktiver (Bündnis-) Akt auf die als Geschenk zu betrachtende Bereitwilligkeit der Patienten, sich pflegen zu lassen, betrachtet, müssen die Pflegenden ihren Patienten gleichermaßen dankbar sein, wie diese ihnen. Verschiedene empirische Untersuchungen zu den Auswirkungen von Bündnisbeziehungen auf Pflegende bestätigen, dass es Pflegende gibt, die sich ihres Privileges, Kranke pflegen und mit ihnen existenzielle Erfahrungen machen zu dürfen, bewusst sind (Benner-Carson, 1989; Payne, 1994; Koerner, 1995).«

Breuckmann (2010:1164) kommentiert die übliche Praxis in praktischen Pflegeprüfungen, Patienten oder Bewohner von Pflegeschülern vollständig vor den Augen der Lehrer waschen zu lassen. Er meint, ein ethisch-moralisches Dilemma lasse sich vermeiden, indem beispielsweise lediglich eine Teilkörperwäsche durchgeführt werde oder die Prüfer aus einer gewissen räumlichen Distanz beobachteten. Auf diese Weise könnten Kriterien wie etwa Rücksichtnahme, Empathie und Wahrung der Intimsphäre bewertet werden, »ohne in die Intimsphäre der Betroffenen einzudringen« (ebd.).

Huber (2004) diskutiert den Fall einer praktischen Prüfung in der Gesundheits- und Krankenpflege, bei der sich der Gesundheitszustand der »Hauptpatientin« unvorhergesehen extrem verschlechterte und die Frage entschieden werden musste, ob die Prüfung abgebrochen werden sollte (die Patientin verstarb schließlich zwei Stunden nach der zu Ende geführten Prüfung).

Diese und ähnliche Situationen sollten im Lehrerkollegium bzw. unter den Prüfern und mit Praxisanleitern bzw. Stationsleitungen beraten werden. Ich halte es außerdem für vorteilhaft, entsprechende Situationen in der Vorbereitung der Prüfer und der Prüfungskandidaten zu diskutieren.

8.2.7.1.11 Modelle zur ethischen Entscheidungsfindung

Ethische Kompetenzen von Fachkräften in der Pflege

Wittram (1997:19) zählt die notwendigen ethischen Kompetenzen von Fachkräften in der Pflege auf:

- Bewusstsein der häufig miteinander in Konflikt stehenden Werte und Güter,
- Fähigkeit, Konflikte zwischen diesen Werten, Gütern und Prinzipien auszuhalten und je nach Lage der Dinge in unterschiedliche Richtungen auflösen oder sogar als unvereinbar stehen zu lassen,
- Prozedurales Wissen und Können, um in Konflikten die Interessen aller in höchstmöglichem Maße angemessen einzubeziehen.

Prozedurales Wissen und Können lassen sich über die Einübung von Modellen zur ethischen Entscheidungsfindung erwerben (vgl. Kap. 7.2.2). »Für welche Problemlösungsstruktur man sich auch entscheidet: Es sollte bei der Vermittlung für die Lernenden deutlich werden, daß Problemlösungsstrategien nicht schematisch verwendet werden können. Sie sind lediglich ein Hilfsmittel, um die komplizierten und mehrschichtigen Sachverhalte ethischer Entscheidungssituationen zu entwirren und für eine verantwortliche und am konkreten Fall orientierte Reflexion zugänglich zu machen. Sie sind Werkzeug, Hilfsmittel, nicht mehr. Als solche können sie jedoch im Verlauf des ethischen Unterrichts bei der Besprechung einzelner Fallbeispiele angewendet und damit immer wieder eingeübt werden.« (Lindner 1999:59)

Im Ethikunterricht können hypothetische Fragen gestellt und Möglichkeiten der Entscheidung in konstruierten Fallbeispielen gesucht werden. »Darüber hinaus erscheint es heute auch sinnvoll, bereits getroffene Handlungsentscheidungen zum Gegenstand des Ethikunterrichts zu machen.« (Rekus 1999:263)

Mit der Empfehlung, im Ethikunterricht den Umgang mit Modellen ethischer Entscheidungsfindung einzuüben, endet die Aufzählung der in der Literatur empfohlenen Methoden zur Gestaltung von Bildungsmaßnahmen zu ethischen Themen.

In Kap. 8.2.7.2 sollen einige strukturelle Bedingungen für Ethikunterrichte beleuchtet werden, die den Blick von einzelnen Unterrichten (Mikrodidaktik) hin zu organisatorischen Fragen der Meso- und Makrodidaktik lenken.

8.2.7.2 Organisatorische Maßnahmen

Ethikunterricht erfordert nach Rabe (2001b) zunächst bestimmte Voraussetzungen im Selbstverständnis der Ausbildungsstätten:

- eine Kultur, die zum Dialog, zum Sprechen, Formulieren und Argumentieren, zur Freude am Diskurs ermutigt sowie
- das pädagogische Ziel, die Auszubildenden als Personen zu stärken (Selbstbewusstsein und Vertrauen in die Welt führen zu Wachheit und Mut, die wiederum für moralisches Handeln benötigt werden).

Hügli fordert die kommunikative Vorbildfunktion für alle Bereiche von Schulen ein: »Eine Ethik der Pädagogik muß, wenn sie nicht wirkungslos bleiben will, zu einer Ethik nicht nur von Individuen, sondern von ganzen Schulen werden. Und dies gilt insbesondere und vor allem für soziale Tugenden par excellence wie die der Diskursfähigkeit und Diskursbereitschaft« (1998:324f). Wenn der Rahmen »stimmt«, wirken die einzelnen Dozenten u. U. glaubhafter als in einer Einrichtung, die nicht verkörpert, was sie von den Bildungsteilnehmern fordert. Andererseits stechen gerade in einer solchen Einrichtung jene Dozenten besonders hervor, die ihre Überzeugungen vorleben. In diesem Zusammenhang sei an die Tatsache erinnert, dass sich nicht alle Vertreter der Ethik als Vorbilder verstehen möchten (s. Kap. 2.2.1).

Für die Organisation des Ethikunterrichts liegen einige Erfahrungsberichte vor. Lindner bevorzugt das Zusammenziehen einzelner Ethikstunden zu größeren Einheiten: »Wo immer möglich wird versucht, die einzelnen Unterrichtsstunden zu ›Ethiktagen‹ oder wenigstens zu größeren Unterrichtseinheiten zusammenzufassen, um die umfangreichen Themenbereiche möglichst konzentriert bearbeiten zu können« (1999:50). Braissant (2000:3) spricht sich gegen eine Beschränkung der Vermittlung von Ethik auf einen einzigen Kurs aus und plädiert dafür, die Perspektive der Ethik in die Gesamtheit des Unterrichtsprogramms einzubinden.

Rabe kommt zum Schluss: »Bei der Ethik handelt es sich nicht um ein isoliertes ›Fach‹, sondern um eine für die Pflegepraxis unverzichtbare Perspektive, die einen sich durch alle Ausbildungsbereiche hindurchziehenden roten Faden bilden sollte, ähnlich wie die Themen Kommunikation, Qualität und Organisation. Um als eigene Perspektive wahrnehmbar zu sein, muss Ethik aber auch als eigenes Wissensgebiet gelehrt werden, auf das Bezug genommen werden kann« (Rabe 2009a:238f). Sie plädiert dafür, gleich zu Beginn der Ausbildung im Unterricht ethische Aspekte zu bearbeiten. »Die Auffassung, dass Ethik ein Konstitutivum der Pflege ist und nicht ein kleines, eher randständiges Thema, ist noch keineswegs selbstverständlich. Wird Ethik als grundlegendes Querschnittsthema der Pflegeausbildung verstanden, … dann gehört sie auch zu den Inhalten, die gleich bei der Einführung in die Ausbildung eingeplant werden müssen, damit die Auszubildenden zumindest die Chance haben, Ethik als mit der Pflege fest verbunden kennen zu lernen.« (S. 209)

Lindner äußert sich ebenfalls zur zeitlichen Platzierung des Ethikunterrichts im Verlauf der Pflegeausbildung: »Ethisches Bewusstsein als endgültig erreichtes und dann nicht mehr zu veränderndes Ausbildungsziel kann es demnach nicht geben. Die Entstehung eines ethischen Bewußtseins als prozeßhaftes Geschehen ist immer auch in der Beziehung zur jeweiligen Ausbildungs- und Lebensphase zu sehen und vor diesem Hintergrund neu zu definieren. Während der Ausbildung, aber auch während der weiteren Berufstätigkeit, ist es deshalb immer wieder nötig zu fragen, welche Grundhaltungen und Wertvorstellungen das jeweilige Handeln der Pflegenden leiten. Aus diesem Grund ist Ethikunterricht nicht nur in einem Ausbildungsabschnitt (etwa im ersten Kursjahr), sondern über die gesamte Ausbildungszeit hinweg anzubieten und der ethische Diskurs sollte auch während der Zeit der Berufstätigkeit … weiter geübt werden. Nur auf diese Weise wird es möglich sein, dem prozeßhaften Geschehen der Entstehung eines verantwortlichen ethischen Bewußtseins in der Ausbildung und Fortbildung gerecht zu werden« (Lindner 1999:56).

Ethikunterricht sollte curricular geplant werden, sodass auch Dozenten, die offiziell im Fach Ethik nicht unterrichten, über Ziele und Inhalte informiert werden können. Im Idealfall sind die expliziten Ethikunterrichte mit den Unterrichten zu anderen Themen abgestimmt.

8.2.8 Qualifikation der Ethik Lehrenden in der Pflegebildung

Ethik zu lehren ist eine anspruchsvolle Aufgabe, die hohe Anforderungen an die Qualifikationen der Lehrenden stellt. Von Lehrenden im Fach Ethik werden in Pflegebildungseinrichtungen zugleich Kenntnisse in Ethik und didaktisch-methodische Kompetenz erwartet.

Lehrende müssen nach Hofmann in der Lage sein, »… konkrete Arbeitssituationen so darzustellen und zu analysieren, daß das ethische Problem – in der Regel die Verletzung eines der Prinzipien – als solches überhaupt sichtbar wird. Dies kann geschehen über Fallbesprechung, Rollenspiel, Anknüpfung an eigene schwierige Erfahrungen der Teilnehmer, diskursives Gespräch, Auseinandersetzung mit thematischen Artikeln,

Planspiele, szenisches Spiel, Traumreisen oder Filmmaterial« (2000:24). Sie hebt hervor, wie wichtig die Methodenkompetenz der Ethik Lehrenden ist (vgl. Kap. 8.2.8): »Alle Methoden haben ihren Sinn und ihre Berechtigung, sofern sie richtig eingesetzt werden und es in der Folge auch zu einer ethisch relevanten argumentativen Auseinandersetzung kommt. Allerdings setzt jede Methode Kenntnisse über die Gestaltung und mögliche Folgen und Auswirkungen voraus, da sonst gerade bei schwierigen Themen Wunden bei Teilnehmerinnen aufgerissen werden können, die unbearbeitet zu massiver psychischer Belastung führen können« (ebd.).

Ethikunterricht stellt hohe pädagogische Anforderungen. »Letztlich ist mit dem Ziel ethisch verantwortlichen Handelns eine Weiterentwicklung der Persönlichkeit verbunden. Damit wird klar, daß Ethik nicht als übliches Lern- oder Paukfach verstanden werden kann, sondern besonders sorgfältige Unterrichtsgestaltung und hochmotivierte, erfahrene Lehrpersönlichkeiten voraussetzt.« (Lindner 1999:61) Rabe berichtet aus ihrer Erfahrung als Schulleiterin: »Wer Ethik in der Aus- und Weiterbildung vermittelt, sollte Sympathie und Empathie für die Lernenden haben: Sympathie, die Distanz wahren kann, dazu Vertrauen in das Interesse und die Aktivität der Lernenden. Wichtig dafür sind auf Seiten des Lehrenden Gelassenheit und Selbstvertrauen. Eifer und allzu starke Überzeugungen sind im Sinne des Bildungsziels gerade in der Ethik kontraproduktiv. Diese positive Grundhaltung bewährt sich vor allem im Umgang mit Widerständen, mit ›schwierigen‹ Teilnehmerinnen. Solche Widerstände können das Resultat von Erfahrungen (etwa mit Schwangerschaftsabbruch oder einem Sterbefall) sein, aber auch von der Unsicherheit im Umgang mit existentiellen Fragen, die zu thematisieren viele Menschen nie gelernt haben. Widerstände im Ethikunterricht äußern sich in ›störendem‹ Verhalten, Insistieren, ›irrationalen‹ Einwänden. Wenn die Lehrende solche Infragestellung erträgt ohne Machtdemonstration, aber auch ohne Relativierung dessen, was hier wichtig ist, dann gibt sie ein Signal von Akzeptanz und Verständnis, das es der ›schwierigen‹ Teilnehmerin ermöglicht, ihren Platz in dem Unterrichtsgeschehen zu finden« (Rabe 2012:121).

Persönliche Glaubwürdigkeit

Persönliche Glaubwürdigkeit der Referenten ist nach Hofmann ein wesentliches Element in der Vermittlung ethisch-moralischer Werte. »Das heißt nun keineswegs, dass die Lehrenden selbst alles richtig wissen und machen müssten – ein unmögliches Unterfangen und eher schädigend! Das heißt meines Erachtens aber schon, dass das Bemühen um eigene moralische Kompetenz, eine Offenheit für neue Argumente und das Wissen darum, dass es keine allgemeingültigen Patentlösungen gibt, wesentlich ist, wenn die Botschaft ankommen soll.« (Hofmann 2000:24) Rabe unterstreicht: »Ethiklehrer/innen müssen keine Übermenschen sein, werden aber von den Schüler/innen an der Kongruenz ihres Verhaltens mit den dort besprochenen Prinzipien (z. B. Dialog, Verantwortung, Gerechtigkeit) gemessen« (Rabe 2009a:202).

Traditionell wird das Fach Ethik in Pflegeschulen von Theologen unterrichtet. »Insbesondere konfessionell ausgerichtete Krankenpflegeschulen bieten Ethik-Unterricht durch Theologen an, nicht selten als zusätzliche Stunden zum Lehrplan.« (Milhahn, Zegelin 1993:320) Schon in der von Friedericke und Theodor Fliedner im Jahr 1836 in Kaiserswerth gegründeten Diakonissenanstalt erteilte Theodor Fliedner den berufsethischen Unterricht selbst. Diese Tradition setzte sich fort, speziell in konfessionellen Krankenpflegeschulen und später auch in den Altenpflegeschulen, die in Deutschland seit Ende der fünfziger Jahre des 20. Jahrhunderts gegründet wurden.

Bis zum gemeinsamen Unterrichten von Theologen mit Lehrkräften aus der Pflege oder zur vollständigen Übernahme des Ethikunterrichts durch Pflegelehrerinnen war es ein weiter Weg. So konnte noch im Jahr 1991 ein Theologe und Klinikseelsorger davon abraten, das Fach Berufsethik von Pastoren und Priestern unterrichten zu lassen, wie es die Regel sei, weil sonst aus dem Ethikunterricht oft unbeabsichtigt eine Art Religionsunterricht werde. Alternativ rät er nun nicht etwa, den Lehrauftrag an Nichttheologen zu vergeben oder den Unterricht im team teaching zusammen mit Pflegevertreterinnen durchzuführen, sondern empfiehlt als Lehrkräfte Theologen, die in der Klinik tätig sind, also Klinikseelsorger. Immerhin räumt er ein, es sei unerlässlich, gemeinsam mit den Unterrichtsschwestern und -pflegern den Unterricht zu planen und sich über die Unterrichtserfahrungen auszutauschen (Ammermann 1991:433).

Hamann et al. (1990:2f) empfehlen, folgende vier Gruppen von Unterrichtenden sollten je nach der personellen Situation der Kranken- oder Kinderkrankenpflegeschule, der speziellen Erfahrung der Unterrichtenden und entsprechend den Inhalten an der Gestaltung des Ethik-Unterrichts beteiligt sein:

- Lehrerinnen und Lehrer für Krankenpflege,
- evang. und kath. Krankenhausseelsorgerinnen und -seelsorger,
- Psychologinnen und Psychologen,
- Ärztinnen und Ärzte,

und zwar, wenn möglich, dieselben Personen über die gesamte Ausbildungszeit.

Team teaching scheint eine bewährte Unterrichtsform bei Veranstaltungen zur Ethik zu sein. Hamann et al. (1990:3) berichten, bei vielen ethischen Themen habe sich die Form kooperativen Unterrichts im team teaching der o. g. verschiedenen Unterrichtenden bewährt. Auch Lindner berichtet von guten Erfahrungen: »An manchen Schulen hat sich die Methode des ›team teaching‹ bewährt: Die Lehrkraft für Krankenpflege gestaltet den Ethikunterricht z. B. zusammen mit einem Theologen oder einer Theologin« (Lindner 1999:50). Die »... fächerübergreifende Funktion ethischer Diskussionen kann bereits durch die gemeinsame Unterrichtsgestaltung etwa durch Lehrerinnen der Krankenpflege, Psychologen und Theologinnen deutlich werden« (S. 61).

Theologen und Philosophen sind mit ethischen Fragen und Theorien qua Ausbildung vertraut; woher aber nehmen Pflegelehrerinnen das ethische Fachwissen? In Weiterbildungskursen zur Lehrerin für Pflegeberufe wurde Ethikunterricht laut Hofmann leider nur in Ausnahmefällen angeboten (Hofmann 2000:22). Nach Angaben von Milhahn und Zegelin (1993:320) fühlen sich Pflegelehrer durch Weiterbildungen nur unzureichend auf die ausdrückliche Vermittlung ethischer Inhalte vorbereitet und sind daher sehr unsicher. »Ethik in der Pflege ist vielen Lehrenden schon deshalb fremd, weil sie selbst dazu keinen Unterricht hatten, der ihr Verständnis von Ethik geklärt oder ihnen ethische Reflexion als Teil der Praxis nahe gebracht hat.« (Rabe 2009a:205f) Pflegelehrer sollten, so das Plädoyer von Milhahn und Zegelin (1993:323), besser auf ihre Aufgaben vorbereitet werden.

Ergebnisse einer Studie von Schweidtmann (1997) stützen diese Forderung. In einer empirischen Untersuchung, an der Pflegekräfte und Ärzte aus zwölf deutschen, schweizerischen und österreichischen Krankenhäusern teilnahmen, beurteilten nur 17,4 % der ausgebildeten Pflegekräfte den in der Pflegeschule besuchten Ethikunterricht als hilfreich/sehr hilfreich. 54,3 % des befragten Pflegepersonals gaben zudem an, nie gelernt zu haben, eine ethische Entscheidung zu treffen. Schweidtmann (1997:7) erklärt dieses Ergebnis mit Volontieris Befund aus dem Jahr 1992 (Volontieri 1992), der aussagt, dass 85 % des Ethikunterrichts durch für dieses Fach meistens nicht besonders qualifizierte Unterrichtsschwestern erteilt werde.

Lieselotte Lindner, Pfarrerin und Lehrerin für Krankenpflege, kommt als Ergebnis ihrer Gespräche mit Lehrenden an pflegerischen Ausbildungsstätten sowie ihrer eigenen Erfahrungen und Beobachtungen zu dem Befund, dass in der pflegerischen Ausbildung mit durchaus großem persönlichen Einsatz viele wichtige Themen der Ethik behandelt werden (Lindner 1999:50). Sie schränkt jedoch ein: »Die Einübung in die eigene Entscheidungskompetenz und in die Fähigkeit zu argumentierender Kommunikation scheint jedoch eher selten zu erfolgen, ja oftmals nicht einmal als Ziel vor Augen zu stehen. Auch hier ist aber eine Verbesserung der momentanen Situation von den neuen pflegerischen Studiengängen zu erwarten, die in stärkerem Maße als die stark praxisorientierte Ausbildung und auch stärker als manche der bisherigen Weiterbildungslehrgänge für Pflegende auf eigenständige Entscheidungsfindung zielen und die kommunikativen Fähigkeiten der Studierenden im wissenschaftlichen Diskurs zu wecken und unterstützen suchen« (ebd.).

In Deutschland haben sich seit Beginn der 1990er Jahre zahlreiche Pflegestudiengänge etabliert.[191] Vorlesungen und Seminare in Ethik scheinen in den Curricula der Pflegestudiengänge überwiegend fest integriert zu sein. Inhalte und Umfang des Angebots differieren aber je nach Hochschule stark. Umfassende vergleichende Untersuchungen zu den Unterschieden stehen bislang aus; hier besteht Forschungsbedarf.

Heute wird von Pflegelehrern erwartet, dass sie bereit und in der Lage sind, ethische Aspekte ihrer pflegerischen Unterrichtsthemen mit zu bearbeiten. »Ebenso wie jede

[191] Nach vereinzelten Modellprojekten in der alten Bundesrepublik und langjährigen Erfahrungen in der DDR begann 1991 an der Fachhochschule Osnabrück der erste pflegeorientierte Regelstudiengang im wiedervereinigten Deutschland. Sechs Jahre später waren bereits mehr als 40 pflegebezogene Studiengänge eingerichtet. Aktuelle Informationen zu den in Deutschland mittlerweile an einigen Dutzend Hochschulen angebotenen Pflegestudiengängen finden sich im Internet unter http://www.pflegestudium.de.

Lehrkraft unabhängig von Spezialisierungen und Schwerpunkten Grundlagen von Pflege unterrichtet, sollte sie auch die ethischen Dimensionen der von ihr unterrichteten Themen kennen und im Unterricht vertreten. Gerade die zunehmende Fallorientierung von Unterricht und Prüfungen in Aus-, Fort- und Weiterbildung der Pflege bietet die Chance, fächerübergreifend Zusammenhänge und Hintergründe wie Ethik, Sozialwissenschaften, Geschichte und Krankenhausbetriebslehre mitzuführen.« (Rabe 2009a:302)

8.2.9 Konsequenzen ethischer Bildung in der Pflege

Ethische Bildung ist in der Pflege unbedingt notwendig, und die Lehre von Ethik stellt hohe Anforderungen an Pflegepädagogen, das wurde deutlich. Mit welchen Folgen ist zu rechnen, wenn die Aus-, Fort- und Weiterbildung in ethischen Fragen der Pflege forciert wird?

Moralisch handeln zu wollen bzw. zu sollen, ist nicht zwangsläufig angenehm. Sich der eigenen ethischen Verantwortung zu stellen, verlangt zunächst weit mehr Kraft und Durchsetzungsvermögen als sich vom Trott des »Normalen« leiten zu lassen (Nass 2012:164). In vielen Fällen wäre es für einen Handelnden bequemer, ethische Prinzipien und moralische Normen nicht zu beachten: »Moral als soziale Institution entspricht mit ihren Forderungen nicht immer dem, was ich will. Manchmal möchte ich lieber nicht ›moralisch‹ sein« (Ferber 1999:177). Ethik(unterricht) ist daher ein schwieriges und folgenreiches Unternehmen.

Für Auszubildende in der Pflege hat Unterricht in Ethik nicht nur angenehme Folgen wie einen Zugewinn an Wissen und Erkenntnis, sondern eventuell auch unangenehme Auswirkungen. »It may be frustrating for students that there are more questions than answers but this can be viewed as part of the development of moral autonomy.«[192] (Sellman 1996:47)

Auch die Arbeit in der Pflegepraxis wird durch ethische Bildung nicht unbedingt erleichtert. Die Annahme, dass ethische Fragen das Berufsleben einfacher machen, bezeichnet Kuhlmey (2005:37) als Trugschluss. Schröck weist auf die unangenehmen Folgen einer ethischen Reflexion des Pflegealltags hin: »Eine Beschäftigung mit der Moralität des alltäglichen pflegerischen Handelns bedeutet eine Untersuchung des Handelns und Denkens des einzelnen Menschen, das von bestimmten Wertvorstellungen beeinflußt ist. Dabei geht es um konkrete, spezifische pflegerische Situationen, die für die Beteiligten hautnah sind und in denen sie auch persönliche Gefühle empfinden und äußern. Pflegeethische Inhalte auf dieser Handlungsebene zu erarbeiten und zu verarbeiten ist sicher für den einzelnen beunruhigend und oft auch schmerzhaft« (Schröck 1995:317).

[192] »Es mag für Studierende frustrierend sein, dass es mehr Fragen als Antworten gibt, aber das kann als Teil der Entwicklung von moralischer Autonomie betrachtet werden.« (Übers.: R. L.)

Lindner schreibt dazu: »Ethische Reflexion alltäglichen Handelns kann … Hilfe für die Praxis sein – sie fragt aber auch kritisch nach der Motivation und den Folgen spontaner Entscheidungen und ist damit u. U. auch unbequem« (Lindner 1999:55). Durch ethische Bildung steigt die Wahrscheinlichkeit, dass Pflegende ethische Konfliktsituationen sensibler wahrnehmen. Nicht selten sind Pflegekräfte, die sich in Ethik aus-, fort- oder weiterbilden, von ihrem (früheren) Handeln enttäuscht und reagieren mit Verunsicherung, Selbstvorwürfen oder Aggression. Der englische Pflegeprofessor Phil Barker vermutet im Interview mit Michael Schulz, wenn in der Pflegeausbildung mehr Zeit darauf verwendet würde, ethische Dilemmata aus der Pflegepraxis auf anspruchvolle Weise zu prüfen, dann wäre dies ohne Zweifel für viele Pflegepersonen schwierig. »Sie wären auf einmal mit emotionalen Problemen konfrontiert, die sie bis dahin ignoriert hatten.« (Schulz 2011b:254)

Was geschieht nun, wenn Pflegekräfte unmoralisches Handeln Anderer aufdecken? Ingrid Borkenstein schildert ein Beispiel, das sie in ihrer Tätigkeit als Krankenschwester erlebt hat (1993, zit. n. Großklaus-Seidel 2002):

»Frau B. ist eine erfahrene Krankenschwester, die im Nachtdienst auf einer Intensivstation arbeitet. Sie hat dabei unter anderem eine etwa 80-jährige Patientin zu versorgen, deren Vorgeschichte ihr nicht bekannt ist, da es ihr erster Dienst nach einer wachfreien Zeit ist. Die Frau liegt auf dem Rücken und ist an Händen und Beinen am Bett fixiert. Bei der Übergabe hieß es, die Patientin sei renitent und habe aus diesem Grund hochdosierte Beruhigungsmittel intravenös bekommen. Bei Unruhe waren weitere Beruhigungsmittel, eine andere Form der medikamentösen Behandlung jedoch nicht angeordnet. Ausdrücklich wurde betont, dass die Fixierung auf keinen Fall gelöst werden soll. Als Infusion läuft Flüssigkeit ohne Kalorien über einen Jugulariskatheter, wodurch auch die Bewegungsfreiheit des Kopfes der Patientin zusätzlich eingeschränkt ist. Krankenschwester Frau B. wundert sich über die angeordneten Maßnahmen im Hinblick auf den Zustand der Patientin: Die alte Frau liegt offensichtlich im Sterben.

In den frühen Morgenstunden wird die Patientin wach und zeigt Unruhe. Da es auf der Station ruhig ist, entschließt sich Frau B., die Fixierung zu lösen und mit einer Grundpflege bei der Patientin zu beginnen. Als Arme und Beine von der Fixierung gelöst sind, schlägt die Patientin die Augen auf und lächelt sie an. Bei der Pflege reicht sie auf Bitte erst den einen, dann den anderen Arm zum Waschen und zeigt ansonsten ihr Wohlbehagen bei den durchgeführten Maßnahmen. Im Zuge der Körperpflege entdeckt die Krankenschwester acht bis zehn Einstiche links und rechts im Schlüsselbeinbereich. Die Haut ist handtellergroß gelbgrün verfärbt und zeigt alle Anzeichen eines abklingenden Blutergusses. Frau B. ist über ihre Entdeckung zutiefst erschrocken. Sie mutmaßt, dass ein Anfänger bei der Patientin versucht hat, einen Subclaviakatheter zu legen und ohne Erfolg geblieben ist. Die alte Frau war möglicherweise Probandin in einer Studie. Die Beruhigungsmittel und die bewegungseinschränkenden Maßnahmen kamen nach Ansicht von Frau B. zum Einsatz, weil die Patientin bei dem Eingriff unruhig wurde und die Aktion vertuscht werden sollte« (S. 123f). Großklaus-Seidel zitiert weiter:

»Krankenschwester Frau B. sieht keinen Anlass, die 80-jährige Patientin nach den Pflegemaßnahmen erneut zu fixieren. Zusammen mit einem herbeigerufenen Kollegen bettet sie die Patientin und lagert sie seitlich. Die Patientin schmiegt ihren Kopf in das Kissen und schläft in dieser Lage ohne zusätzliche Beruhigungsmittel ein. Bei der Übergabe zum Dienstschluss um sechs Uhr morgens schläft die Patientin noch. Die Abläufe der Nacht werden dokumentiert und ins Krankenblatt eingetragen. Dem Frühdienst wird angegeben, dass die Fixierung gelöst wurde.

Als Frau B. zu Dienstbeginn am Abend eintrifft, wird sie sofort zu Chefarzt Prof. Dr. X., dem Leiter der Intensivstation, zitiert. Er stellt sie über die Lösung der angeordneten Fixierung zur Rede, da sich die Patientin im Verlauf des Vormittags den Venenkatheter gezogen hat. Die Krankenschwester begründet ihr Handeln mit dem Satz: ›Die Patientin war ruhig und dazu noch sterbend.‹ Hierauf entgegnet ihr der Arzt: ›Schwester, Sentimentalitäten am Krankenbett sind nicht erlaubt.‹ Frau B. versucht argumentativ nachzusetzen: ›Herr Professor, Sie haben Ihr Fachgebiet, und mein Fachgebiet ist die Pflege, da bin ich kompetent.‹ Daraufhin hält der Arzt ihr die zwei großen Hämatome im Schlüsselbeinbereich der Patientin als Pflegefehler vor. Frau B. gerät in Wut und verweist darauf, dass die Hämatome schon verfärbt waren, d.h. sie waren bereits einige Tage alt. Auch die Einstichstellen von etlichen Punktionsversuchen seien noch sichtbar gewesen. Alle ihre Angaben seien zudem im Krankenblatt dokumentiert. Der Arzt beendet daraufhin das Gespräch, das für die Krankenschwester später zu Unannehmlichkeiten auf der Station führt. Wie sich im Nachhinein herausstellt, war die 80-jährige Patientin tatsächlich Probandin in einer Studie, die unter der Leitung von Prof. Dr. X. durchgeführt wurde« (S. 136f).

Unabhängig von der Frage, ob sich die Krankenschwester richtig verhalten hat oder andere Handlungsalternativen zu angemesseneren Ergebnissen geführt hätten[193], zeigt dieses Fallbeispiel deutlich, dass eine ethische Entscheidung in Problemsituationen »keine intellektuelle Spielerei« (Großklaus-Seidel 2002:137) ist. Ethisch begründetes Handeln stellt ein Wagnis dar (Amelung, Nüchtern 1992:10).

Ethische Bildung erhöht das Risiko, künftig mehr Konflikte wahrzunehmen und bewältigen zu müssen. »Ethische Kenntnisse motivieren, sich einzumischen, Gleichgültigkeit und Gedankenlosigkeit anzuprangern.« (Luther 1993:314) Ethisches Wissen verpflichtet, und moralisches Handeln kann wie im genannten Fallbeispiel bedeuten, sich um der Moralität der beruflichen Praxis willen gegen unmoralische Verhältnisse aufzulehnen. Ethisch mündige Pflege wird kritische Pflege sein, hofft Sperl (2002:53).

Der Wunsch, allen Unternehmensangehörigen würde »… die Möglichkeit eingeräumt, sich unmoralischen Weisungen in begründeter Form zu widersetzen und jederzeit sanktionsfrei ethische Bedenken zur Sprache zu bringen« (Bauer et al. 2003:48), wird sich wohl nur in wenigen Unternehmen verwirklichen lassen. »Eine besitzergreifende Beziehung und Vorstellungen, daß die Schwester nicht sich selbst gehört, son-

[193] vgl. die ausführliche Falldiskussion bei Großklaus-Seidel 2002:123ff

dern anderen, kommen nicht nur auf seiten der Bewohner auf, auch die Institution verhält sich besitzergreifend. Unterstützt von einer universellen Moral, daß Helfen etwas sei, worauf der Bedürftige aufgrund seines Menschseins Anspruch habe, ist Abgrenzung in der Pflege tendenziell ein unmoralischer Akt. [...] Kritik an den institutionellen Strukturen gilt als etwas Pflegefremdes, kritisierende Schwestern erscheinen für die Pflege als ungeeignet.« (Gröning 2005:116) Wer aus moralischen Erwägungen Zivilcourage demonstriert, wird die Konsequenzen zu tragen haben. Moralische Überzeugung hat ihren Preis, und es ist angeraten, sie nicht nur mit Entschlossenheit und Mut zu paaren, sondern auch mit Besonnenheit, offensivem Gesprächsverhalten und je nach Situation auch mit Diplomatie und Geduld.

Die zunehmende Ökonomisierung des Gesundheits- und Sozialwesens wird ethische Konflikte in der Pflegepraxis und im Pflegemanagent künftig noch verschärfen, nicht nur in Krankenhäusern. Zusätzlich zu Rationalisierungsmaßnahmen setzt sich gerade in Pflegeheimen immer unverdeckter Rationierung durch, wie Dibelius berichtet. »Die knappe Personalbemessung und das Fehlen von gerontopsychiatrischem Fachpersonal wird als die einschneidendste Rationierungsmaßnahme in den Altenheimen gesehen. Um den Personalmangel zu kompensieren, erhalten ›unruhige‹ Bewohner häufig Beruhigungsmittel, die wiederum Nebenwirkungen wie Verwirrung und Sturzgefahr haben« (2003:28; vgl. dies. 2006a:176; 2006b:257).

Es stellt sich immer dringlicher die Frage, ob und wie Pflegekräfte an Rationierungsmaßnahmen mitwirken sollen. Faller-Möller fragt: »Sollen sie unter Umständen helfen, Rationierung in Krankenhäusern zu decken, damit die Patienten das Vertrauen in die Institution, die Ärzteschaft und die Pflege nicht verlieren, oder sollen sie als ›Advokaten‹ des Patienten diesen aufklären, dass bei ihm medizinische oder pflegerische Leistung rationiert wird?« (Faller-Möller 1999:151) Müssen Klienten vor heimlich oder offenkundig (mit-)rationierenden Pflegenden geschützt werden? Entzian hält fest: »Pflegequalität heißt zuallererst: auf Pflege angewiesene Personen verlässlich schützen. Eines besonderen Schutzes bedürfen sie wegen des ungleichen Machtverhältnisses zwischen dem auf Pflege angewiesenen und damit abhängigen Menschen und der Pflegekraft« (Entzian 2005:15). Der ICN-Ethikkodex für Pflegende (ICN 2010:3) proklamiert: »Die Pflegende greift zum Schutz des Einzelnen, der Familie und der sozialen Gemeinschaft ein, wenn deren Wohl durch eine Pflegende oder eine andere Person gefährdet ist.«

Schutz vor Unterversorgung

In diesem Sinne fordert Faller-Möller (1999:151): »Pflegende sind verpflichtet einzugreifen, wenn nach Kriterien notwendige Gesundheitsleistung verweigert wird. Hierbei geht es nicht um ein Plädoyer für eine Lebensverlängerung um jeden Preis, sondern um den Schutz aller Patienten vor Vernachlässigung und sogar Tötung auf der Basis einer Lebenswertbestimmung. Pflegende sind aufgefordert einzugreifen, wenn einem Menschen gegen die ihnen bekannte ethische Norm und gegen den Wunsch der Betroffenen notwendige Leistung vorenthalten wird. Wenn bei der Entscheidungsfindung Kriterien wie sozialer Status, Art der Versicherung, die Behinderung (etc.) des Patienten ausschlaggebend sind, sollten sie sich trauen, diese Vorkommnisse zur Sprache zu bringen.«

Der berufliche Alltag wird für Pflegekräfte umso schwieriger sein, je mehr sie für ethische Probleme sensibilisiert sind (vgl. Maier 1997:15; Schwerdt 1998b:111; Kuhlmey 1999:95). Andererseits ist die Kenntnis ethischer Grundsätze unabdingbar für eine professionelle Pflegetätigkeit, weil sie wertvolle Entscheidungs- und Begründungshilfen bereitstellt. »Pflege … verfügt heute über einen Fundus an Wissen, der durch wissenschaftliche Studien vermehrt und von immer besser ausgebildeten Menschen angewandt wird. Der Pflegende ist daher immer besser in der Lage, sein Gebiet zu beschreiben, zu rechtfertigen und zu verteidigen, und seine Arbeit wird von anderen zunehmend anerkannt. Man kann sagen, daß der Beruf in gewissem Umfang professionell geworden ist. Das bedeutet allerdings auch, daß an den Pflegenden immer höhere Ansprüche gestellt werden.« (van der Arend 1998:9)

Bildung geht mit größerer Verantwortung einher. Zu begrüßen sind deshalb auch die vereinzelten politischen Vorstöße, von Pflegekräften mehr Verantwortung in ethischen Fragen zu fordern. Beispielsweise ist in Österreich seit 1993 die Mitarbeit eines Vertreters des Krankenpflegefachdienstes in Ethikkommissionen gesetzlich vorgeschrieben (Arndt 1996a:142) und auch in Belgien ist die Vertretung der Pflege in Kommissionen für Medizinethik durch königlichen Erlass festgelegt (Gastmans 2003:109).

Ethische Unterweisung bildet Pflegekräfte auch in anderen Themen, wie einige Autoren bemerken: Eine gelingende Entwicklung moralischer und ethischer Kompetenzen der heilberuflich Tätigen geht nach den Erfahrungen der Medizinethiker Kahlke und Reiter-Theil nicht losgelöst, sondern nur in Verbindung mit anderen Kompetenzen des jeweiligen Heilberufes vor sich (vgl. Kahlke, Reiter-Theil 1995a:VII). In ähnlicher Weise hebt Lindner (1999:64) hervor, ethische Unterweisung für Pflegeberufe fördere und bilde vielerlei Fähigkeiten aus, die für den gesamten pflegerischen Bereich grundlegend seien:

- Wahrnehmungsfähigkeit für ethische Fragestellungen,
- selbstständige Reflexion zugrundeliegender Werte und Normen,
- verantwortungsvolle Entscheidung zwischen möglichen Handlungsalternativen,
- Bereitschaft, für das eigene Handeln auch die Verantwortung zu übernehmen.

Ethische Unterweisung sei somit als integraler Teil pflegerischer Aus- und Fortbildung unverzichtbar (ebd.).

Dass durch den Erwerb ethischer Kompetenz in der Pflege zugleich andere pflegerische Bildungsziele verwirklicht werden, stellt auch Sellman heraus: »Many of the daily decisions nurses make have moral implications and it is becoming increasively likely that any one nurse will be asked to justify her decisions. The ability to do this may be enhanced by the study of ethics. As nurses become more adept at argument and debate it becomes easier to state one's case. The point of reflective practice is that justification is a continual process: thus when called to account there may be less difficulty. The study of ethics may also provide the vocabulary with which to present argument and justification. By the same token the study of ethics can also be an aid to individual accountability«[194] (Sellman 1996:46). Sellman fährt fort: »Teaching of ethics should help individual nurses to develop their own arguments. [...] The constant need in ethics to defend or confront a particular point of view helps to produce critical and analytical thinking, which is considered to be of value«[195] (S. 47).

Schwerdt (1998b:112) stellt für den Bereich der Altenhilfe fest, dass ein Kompetenzgewinn in ethischer Argumentation und ethisch begründeter moralischer Praxis zu Qualitätssteigerungen führt. Nicht zuletzt fördert ethische Reflexion auch die (Weiter-)Entwicklung beruflicher Identität. Ethische Fragen und Probleme zu thematisieren, könne die berufliche Identität der Krankenpflege stärken oder stiften helfen, so Reiter-Theil (1999b:205). Sie folgert für die Frage nach einem Zusammenhang mit der Qualität von Pflege: »[Die] Identität einer Berufsgruppe mit hoher Verantwortung und Belastung ist unabdingbar für kompetente Leistung und damit Qualität« (ebd.).

8.3 Zusammenfassung

Im ersten Teil des Kapitels 8 zur Ethik in der Pflegepädagogik beschäftigen wir uns mit Pädagogischer Ethik.

Der Begriff Pädagogische Ethik besitzt drei Bedeutungen (Hügli 1996:312):

1. Zum einen kann er die Pädagogik insgesamt als praktische Form von Ethik meinen; diese Bedeutungsvariante wird jedoch heute überwiegend nicht mehr vertreten.

---

194 »Viele der täglichen Entscheidungen, die Pflegekräfte treffen, haben moralische Implikationen, und es wird für Pflegekräfte immer wahrscheinlicher, dass sie aufgefordert werden, ihre Entscheidungen zu rechtfertigen. Durch ethische Bildung wird ihnen das eher möglich sein. Wenn Pflegekräfte im Argumentieren und Debattieren erfahrener werden, gelingt es ihnen leichter, ihre Sache vorzutragen. Rechtfertigung als kontinuierlicher Prozess ist das Wesentliche reflektierter Praxis: Folglich könnte es weniger Schwierigkeiten geben, wenn Pflegekräfte zur Verantwortung gezogen werden. Ethische Bildung kann zudem das rhetorische Vokabular zur Rechtfertigung bereitstellen. Aus dem gleichen Grund kann ethische Bildung auch eine Hilfe zur individuellen Verantwortlichkeit sein.« (Übers.: R. L.)

195 »Ethikunterricht sollte der einzelnen Pflegekraft helfen, ihre eigenen Argumente zu entwickeln. [...] Dass man in der Ethik ständig gefordert ist, einen bestimmten Gesichtspunkt zu verteidigen oder zu hinterfragen, hilft dabei, kritisches und analytisches Denken hervorzubringen, das als wertvoll angesehen wird.« (Übers.: R. L.)

2. Des Weiteren wird Pädagogische Ethik unter dem Gesichtspunkt verstanden, dass pädagogische Theorie und Praxis selbst moralisch relevante Fragen aufwerfen, die von der Ethik zu reflektieren sind. Mit dieser Begriffsbedeutung habe ich mich in Kapitel 8.1 intensiv auseinander gesetzt. Meine Annahme war, dass die Frage, wie Themen und Inhalte (z. B. Ethik) in der Pflegepädagogik gelehrt werden sollen, Gegenstand ethischer Reflexion sein muss. Als ein Beispiel für einen ethisch problematischen pädagogischen Ansatz wurde die systemtheoretisch-konstruktivistische Didaktik dargestellt und kritisch hinterfragt. Statt ihrer befürworte ich die Handlungsorientierte Didaktik als einen ethisch zu rechtfertigenden Ansatz. Die Grundaussagen und -anliegen der Handlungsorientierten Didaktik befinden sich in deutlicher Übereinstimmung mit anerkannten ethischen Werten und Prinzipien. Besonders hervorzuheben ist die herausragende Position von Autonomie, Solidarität und Wertschätzung.
3. »Ethik ist eine Theorie, wie andere Theorien, die gelehrt und gelernt werden kann.« (Heffels 2008:18) In der dritten Bedeutungsvariante des Begriffs Pädagogische Ethik wird danach gefragt, wie das geschieht. Mit diesem Aspekt befasste ich mich im zweiten Teil von Kapitel 8, das nun etwas ausführlicher zusammengefasst werden soll.

Ethisches Urteilsvermögen und moralische Handlungskompetenz sind Ergebnisse der Persönlichkeitsentwicklung von Menschen. Sie werden im Laufe der primären und sekundären Sozialisation erworben, um später vertieft zu werden, z. B. in pflegerischen Grundausbildungen. Letztlich erfordern sie ein berufs- bzw. lebenslanges Lernen, das in der Pflege durch Fort- und Weiterbildungsmaßnahmen gefördert werden kann.

Während die Notwendigkeit von Bildungsmaßnahmen zur Ethik in der Pflege deutlich hervortritt, erscheint der bisherige Umfang solcher Maßnahmen sowohl in den Pflegegrundausbildungen als auch in Weiterbildungen zur Lehrerin für Pflegeberufe zu gering. Ob von den zahlreichen Pflegestudiengängen in Deutschland Besseres behauptet werden kann, ist gegenwärtig nicht mit Bestimmtheit zu sagen.

Dozenten müssen in der Pflege mit mannigfaltigen Vorurteilen gegenüber dem Thema Ethik rechnen. Gemessen an Piagets und Kohlbergs entwicklungspsychologischen Modellen zur moralischen Entwicklung von Menschen scheinen adoleszente Auszubildende in Pflegeberufen mit komplexen ethischen Fragestellungen eher überfordert zu sein. Ziele des Ethikunterrichts in Pflegeausbildungen sollten daher moderat formuliert werden, um dem realistischerweise zu erwartenden Entwicklungsstand junger Erwachsener eher zu entsprechen.

Die inhaltliche Abgrenzung der pädagogischen Ziele moralische Kompetenz und ethische Kompetenz ist nicht trennscharf durchführbar. Zur moralischen Kompetenz gehören ein gewisses Maß an ethischer Reflexion und die Fähigkeit, sein Handeln als an ethischen Prinzipien oder Theorien ausgerichtet zu rechtfertigen. Damit reicht sie aber bereits in den Bereich der ethischen Kompetenz hinein, welche nicht auf die wissenschaftliche Kompetenz eines hauptberuflichen Ethikers beschränkt ist.

Die gelegentlich vertretene Auffassung, ethische Kompetenz sei eine Schlüsselqualifikation der Pflege, wurde hinterfragt und die traditionelle Ansicht, ethische Kompetenz sei nicht Teil der Fachlichkeit von Pflege, verworfen.

In der Auseinandersetzung zwischen den Vertretern einer prinzipienorientierten Normenethik (rule ethics) und einer anteilnehmenden Fürsorgeethik (ethics of care) plädiere ich für eine integrative Position: Rationale ethische Prinzipien und moralische Regeln sollen nicht ohne Berücksichtigung der jeweiligen individuellen Kontexte angewandt werden, sondern sie verlangen nach situationsentsprechender Interpretation und Abwägung. Andererseits reichen emotionale Faktoren und die zugewandte Grundhaltung einer Fürsorge nicht aus, um moralisches Handeln sowohl zu gewährleisten als auch im Diskurs begründen zu können. Ethik in der Pflege muss beide Seiten berücksichtigen.

Zur Frage der Inhalte des Ethikunterrichts in der Pflege stellte ich fest, dass bislang vorwiegend dramatische (Schröck) medizinethische Themen behandelt werden. Ethische Themen aus der Pflege und insbesondere aus der Sozialen Arbeit kommen dabei eher zu kurz. Moralisches Handeln spielt sich in der Pflege meist nicht in spektakulären Extremsituationen des Lebens ab, sondern in den sensiblen moralischen Alltagskonflikten, die häufig mit der Körperlichkeit von Menschen und ihren sozialen Zusammenhängen verknüpft sind. Ich sprach die Vermutung aus, dass Ethikunterricht oft als Moralunterricht verstanden wird und deshalb dramatische Themen zur Auswahl kommen. Für die eigentliche Aufgabe – das Kennenlernen und Einüben ethischer Denkweisen und Entscheidungshilfen auf verschiedenen Abstraktionsebenen (Regeln, Prinzipien, Theorien) – sind keine spektakulären Themen vonnöten.

Pflegeethik ist auf mannigfaltige Weise lehr- und lernbar. Das Erlernen ethischer Reflexions- und Argumentationsfähigkeit kann durch vielerlei organisatorische und didaktisch-methodische Mittel erleichtert werden. Die wichtigsten in der Literatur genannten Methoden (z. B. die Wertklärung, d. h. die Identifizierung von Gütern und Übeln) stellte ich vor und diskutierte die erforderliche Qualifikation der Lehrenden. Es zeichnete sich ab, dass ein team teaching der Pflegelehrer mit Vertretern aus anderen Disziplinen Vorteile bringt, wobei insbesondere die Absolventen von Weiterbildungsgängen zur Lehrkraft für Pflegeberufe z. T. selbst einen Fortbildungsbedarf zu spüren scheinen.

Als Konsequenzen ethischer Bildung in der Pflege wurden genannt: Zugewinn an Wissen und Erkenntnis, persönliche Einschränkungen, soziale Konflikte, größere Verantwortung, erhöhte Verantwortungsbereitschaft, bessere Wahrnehmungs-, Entscheidungs- und Argumentationsfähigkeit, Steigerung von Qualität und beruflicher Identität.

Soweit die Zusammenfassung zur Ethik in der Pflegepädagogik. Abschließend werde ich meine Folgerungen zur Diskussion stellen und einen Ausblick wagen.

9 SCHLUSSFOLGERUNGEN UND AUSBLICK

Zur Sicherung der Qualität in den verschiedenen Aufgaben- und Verantwortungsbereichen der Disziplin Pflege müssen geeignete Instrumente entwickelt werden. Die Frage nach Qualitätsmaßstäben erfordert einen Diskurs über die von der Profession zu vertretenden Werte. Hierbei wird deutlich: Konzeptionen von Pflegequalität sollten bestimmte, jeweils ethisch zu rechtfertigende Komponenten beinhalten. Pflegequalität kann heute nicht mehr – vermeintlich wertneutral – unter Vernachlässigung der moralischen Dimension pflegerischen Handelns definiert werden (s. Kap. 5.4).

Welche Bausteine machen die Qualität direkter Pflege aus? Pflegequalität gewinnt in der direkten Pflege durch Interaktion Gestalt und entsteht im koordinierten Zusammenwirken dreier Komponenten: Wirksamkeit, Sicherheit und Wirtschaftlichkeit (s. Abb. 10). Zentrale Komponente ist die Pflegeethik; sie stellt Prinzipien und Maßstäbe zur Beurteilung von moralischen Aspekten in der Pflegepraxis bereit und begründet die Komponenten Interaktion, Wirksamkeit, Sicherheit und Wirtschaftlichkeit (s. Kap. 6).

Ethische Reflexion ist der zentrale Aspekt von Qualität. Demzufolge meine ich, dass die Untersuchung und Förderung von Pflegequalität nicht ohne die Beurteilung moralischen Handelns auskommt.

Wer sollte diese ethische Reflexion leisten, nicht nur wissenschaftlich-distanziert in grundsätzlichen Fragen, sondern gerade im Alltag der Pflege? Dort sind keine Philosophen »verfügbar«, die betroffene Pflegekräfte beraten könnten. Das wäre auch nicht wünschenswert, jedenfalls nicht grundsätzlich, sondern ggf. auf Anfrage (vgl. Ethikberatung).

Ethik als Aufgabe für alle Pflegenden?

Nach heutiger Auffassung darf »... Ethik nicht allein Sache von theologischen oder philosophischen Spezialisten sein, an die man ethische Reflexion und damit auch Urteilsfindung delegiert, sondern Ethik ist theoretische und praktische Aufgabe jeder und jedes Pflegenden« (Götzelmann 2000b:12).

Wie kann in der Pflegepraxis die Aufgabe einer Qualitätsbeurteilung unter Einschluss ethischer Reflexion geleistet werden? Hier kann Pflege von den Erfahrungen der Sozialen Arbeit lernen. Zur Selbstevaluation sind in der Sozialen Arbeit nach Müller (1994) drei Elemente erforderlich:

Eine Praxis, die sich selbst kontrollieren will, braucht erstens spezielle **Instrumente** der Selbstkontrolle, die sie bewusst einsetzt. »Zweitens spricht man von Evaluation dort, wo ausdrücklich **Kriterien** genannt und benutzt werden, um ein Stück praktischer Arbeit zu überprüfen. Schließlich setzt Evaluation immer ein Stück Distanz vom unmittelbaren Handeln in der Praxis voraus, aber die Distanz kann kleiner oder größer sein. Sofern es hier vor allem um (individuelle oder gemeinsame) Selbstevaluation geht, reden wir von (relativ) praxisunmittelbarer Auswertung. Sie gehört noch zur Fallarbeit selbst und ist Teil der Handlungsverantwortung. Evaluation kann aber immer auch Kontrolle von einem Außenstandpunkt her sein.« (Müller 1994:126f)

Als Instrument zur Selbst- oder Fremdevaluation der Pflegepraxis gemäß einer Vorstellung von Pflegequalität, welche die anerkannten moralischen Regeln und ethischen Prinzipien bzw. Theorien der Pflegeethik ausdrücklich einschließt, hat sich das Modell der Komponenten der Pflegequalität bewährt. Im Anhang ist der Standard »Pflegequalität« des Kreiskrankenhauses Emmendingen abgedruckt, der das Modell in einfachen Worten für die Belange der Pflegepraxis erläutert.

Verortung der Ethik in der Pflege

Pflegeethik sollte mehrere Handlungsebenen besitzen bzw. auf unterschiedlichen Reflexionsstufen lokalisiert sein:

1. Pflegepraktiker sollten vor Ort eine handlungsorientierte, praxisbezogene Pflegeethik betreiben. Ich bin mir der Gefahr bewusst, dass eine in der Pflegepraxis gelebte Pflegeethik vielfach keinen Unterschied zu moralischem Handeln aufweist. Damit im Pflegealltag nicht nur Moral vertreten wird, sind deshalb Verbesserungen der Aus-, Fort- und Weiterbildung zum Thema Ethik nötig. Dies schließt die Schulung von pflegerischen Laien ein, z. B. als Bestandteil von Kursen in häuslicher Pflege oder als Angebot für Selbsthilfegruppen.
2. Auf einer hierarchisch übergeordneten Reflexionsebene (Praxisanleiter, Pflegeberater, Pflegegutachter, Einsatzleitungen, Wohngruppen-, Stations- und Abteilungsleitungen, Pflegedirektion, Qualitätsbeauftragte etc.) sollten nicht nur Berufskodizes und ethische Grundprinzipien bekannt sein und situativ angemessen genutzt werden, sondern hier brauchen wir m. E. eine ethische Kompetenz, die sich u. a. im sicheren Umgang mit unterschiedlichen Möglichkeiten der ethischen Entscheidungsfindung (s. Kap. 7) und in einer ausgeprägten Bereitschaft zur interdisziplinären und interprofessionellen Verständigung beweist. Schreiner (1993b:328) begründet die Entscheidung, in die Weiterbildung zur Stationsleitung eine Unterrichtseinheit »Einführung in die Ethik« zu integrieren: »Pflegekräfte, die eine Position auf der Stationsleitungsebene innehaben, spielen eine zentrale Rolle innerhalb des Krankenhausgeschehens, da sie an einer entscheidenden Schaltstelle tätig sind. Ihnen kommt im Hinblick auf das unmittelbare Stationsgeschehen eine wichtige Koordinierungs- und Strukturierungsfunktion zu.«
3. Schließlich brauchen wir Ethik in der Pflege als Teilgebiet der wissenschaftlichen Disziplin Pflege, als Teil der Pflegewissenschaft. Hier finden grundsätzliche wissenschaftlich-philosophische Fragen der Ethik ihren Raum.

Zuvorderst zum Wohle der Klienten der Pflege, aber auch zur Förderung des gesellschaftlichen Einflusses der Disziplin Pflege strebe ich eine eigene ethische Kompetenz der Disziplin an, die sich in den verschiedenenen Handlungsfeldern (Pflegepraxis, Pflegemanagement, Pflegepädagogik und Pflegewissenschaft) unterschiedlich gestalten wird (s. Kap. 4.2). Die Philosophie als Bezugswissenschaft soll hierbei keinesfalls ignoriert, sondern als unverzichtbare Quelle und kritische Partnerin verstanden werden. Die pflegerische Bereichsethik löst sich zugegebenermaßen damit etwas von der allgemeinen Philosophie; es geht in diesem Prozess ohne Zweifel auch – jedoch nicht vorwiegend – um Einfluss in einem gesellschaftlich und volkswirtschaftlich bedeutenden Bereich.

Mathematik, Physik, Ökonomie und Politik lösten sich schon vor vielen Jahrhunderten von der Philosophie und schließlich haben sich auch Psychologie, Soziologie und Pädagogik im 19. Jahrhundert verselbstständigt. Der Prozess der Ausgliederung setzt sich in Gestalt der Ausdifferenzierung von Bereichsethiken fort (s. Kap. 3). Warum sollte Pflege nicht auch eine eigene Bereichsethik ausbilden?

Pflege als bedeutender gesellschaftlicher Faktor und eigenständige wissenschaftliche Praxisdisziplin braucht eine eigene Bereichsethik (s. Kap. 4.3.3). Wie wichtig für Pflegekräfte die Kenntnis der medizinethischen Prinzipien und Kodizes auch ist – insbesondere da, wo es um den Aufgabenbereich »Mitarbeit bei medizinischer Diagnostik und Therapie« geht – Medizinische Ethik (s. Kap. 3.4) bietet als vorwiegend biomedizinische Ethik für die Belange der Pflege keine ausreichende Orientierung, weil Pflege keine medizinische Disziplin ist, sondern sich im Gesundheits- **und** Sozialwesen lokalisiert (s. Kap. 4.1). Aus dieser Prämisse leite ich die Verortung der Ethik in der Pflege unter dem Dach der Ethik im Gesundheits- und Sozialwesen **neben** der Ethik in der Medizin und der Ethik in der Sozialen Arbeit ab (S. Kap. 4.2).

Die Emanzipation von der Ethik in der Medizin einerseits und der theologischen Ethik andererseits bedeutet für die Ethik in der Pflege, dass sie sich in Selbstständigkeit üben muss: »Wir müssen beginnen, pflegerische Werte und Bedürfnisse aus pflegerischer Perspektive wahrzunehmen. Wir müssen beginnen, selbst zu denken und neue Konzepte für eine Ethik in der Pflege zu formulieren« (Arndt 1996a:59).

Die Veränderung hin zu eigenständigem ethischen Denken erfordert langen Atem. Nach Grauhan dauert der Wandel von berufsethischen Normen Generationen (Grauhan 1985:462). Zu lange waren Pflegeberufe in Deutschland unselbstständige Hilfsberufe, die mühsam um Anerkennung und Verantwortung rangen und von anderer Seite, v.a. von Politik, Kirche und Medizin, fremdbestimmt wurden (s. Kap. 4.3.1 u. 5.1). Bis in die 1990er Jahre wurden die ethischen Fragen der Pflege vorwiegend von Theologen, Philosophen, Ärzten und Psychologen diskutiert (vgl. Kohlen 2010a:33).

Pflegeethik darf nicht länger ein Feld bleiben, das Nachbardisziplinen vorbehalten wird. Die Vorarbeiten pflegeethischer Bezugswissenschaften bieten wertvolle Erkenntnisse und müssen bei der Ausbildung einer spezifischen Pflegeethik angemessene Berücksichtigung finden. Besonders mit Vertretern der Ethik in der Sozialen Arbeit ist ein intensiver Erfahrungsaustausch zu empfehlen (s. Kap. 3.5), zumal Ethik in der

Pflege unter dem Dach der Ethik im Gesundheits- und Sozialwesen heute noch überwiegend in Richtung der Ethik in der Medizin tendiert (s. Kap. 8.2.6.1).

Ursprünglich war Ethik ausschließlich ein Teilgebiet der Philosophie, später als Moraltheologie auch ein Teilgebiet der Theologie. Sie entwickelt sich heute immer mehr zu einer pluridisziplinären Wissenschaft. Diese nimmt die Beiträge der einzelnen Fachdisziplinen auf und nutzt dabei Methoden, Begriffe und Argumentationen aus der allgemeinen Philosophie (s. Kap. 2). Da es heute in ethischen Fragen u.a. auf Grund der zunehmend für erforderlich gehaltenen Feldkompetenz keinen Alleinvertretungsanspruch der Philosophie mehr geben kann, erscheint es sinnvoll, die ethische Durchdringung und Kompetenz der einzelnen Disziplinen zu fördern.

Ich halte es für notwendig, eine bereichsbezogene ethische Kompetenz der Fachberufe im Sozial- und Gesundheitswesen anzustreben (Bereichsethiken, s. Kap. 3 u. 4). Pflegefachkräfte müssen selbst ethische Kompetenz erwerben. »Denn eine Pflege, die nach größerer Selbständigkeit strebt, kann sich bei ethischen Entscheidungen nicht mehr auf die Entscheidungsmacht der Ärzteschaft berufen, sondern muss die damit einhergehende Verantwortung übernehmen.« (Neumann 2005:314) Pflegefachkräfte sollten zukünftig mit der Gewohnheit brechen können, in pflegeethischen Fragen Ärzte, Sozialarbeiter oder Seelsorger um Entscheidungen zu bitten.

»Die Pflege kann und muss aus ihrer Perspektive einen wichtigen und gleichberechtigten Beitrag zur alltäglichen moralischen Beurteilung und ethischen Reflexion pflegerischer und ärztlicher Tätigkeit leisten. Denn, bedingt durch ihre besonders patientennahe Tätigkeit, sind Pflegende mit der menschlichen Gesamtsituation des Patienten – mit seinen leiblich-psychischen Bedürfnissen, mit seinen sozialen Beziehungen zu Angehörigen, Freunden, im Beruf usw. oder mit seiner Lebensgeschichte – meist besser vertraut als Ärzte.« (Rehbock 2000:289) (s. Kap. 4.3)

Auf der Basis einer bereichsbezogenen ethischen Kompetenz wird die Disziplin Pflege auf allen vier Handlungsfeldern verstärkt in einen interdisziplinären Austausch treten können. Ziel ist eine partnerschaftlich-gleichberechtigte Zusammenarbeit in ethischen Fragen mit anderen Disziplinen und Berufen. Kooperation gibt es allerdings nur zwischen Menschen und Instanzen, die einander in entscheidender Hinsicht zumindest annähernd gleichgestellt sind (vgl. Peil et al. 1996:77). Die Forderung nach größerer Autonomie der Pflegeberufe ist daher eine legitime Vorbereitung für eine partnerschaftliche Zusammenarbeit zum Nutzen der Gesellschaft.

Für die Pflegepädagogik bedeutet diese Argumentation, dass in Aus-, Fort- und Weiterbildungen sowie in den verschiedenen Pflegestudiengängen nicht nur ethische Themen verstärkt angeboten werden müssen, sondern auch Fragen der interdisziplinären Kooperation mehr Raum zu geben ist (s. Kap. 7.2.1). Eine interessante Option sind gemeinsame Bildungsveranstaltungen für unterschiedliche Berufsgruppen (vgl. Fahr 2010). Neitzke (2005) möchte die Berufsgruppen, welche in der Patientenversorgung zusammenarbeiten, auf eine am Patienten orientierte, gemeinsame Entscheidungsfindung vorbereiten. Zu diesem Zweck empfiehlt er einen interprofessionellen Ethikunterricht bereits in der Ausbildung bzw. im Studium und berichtet von positiven

Erfahrungen mit fallbezogenen Ethikseminaren für Medizinstudierende und Auszubildende der Krankenpflege an der Medizinischen Hochschule Hannover.

Pflegepädagogik erhält nicht nur den Auftrag zur Vermittlung von Ethik in den Handlungsfeldern der Disziplin Pflege einschließlich der Schulung pflegerischer Laien (s. Kap. 8.2), sondern wird hinsichtlich ihrer Ziele, Didaktiken, Methoden, Prinzipien sowie ihres Menschenbildes selbst Gegenstand ethischer Untersuchung (Pädagogische Ethik, s. Kap. 8.1).

»Pflegeeethik als eigenes Fach ist dem Bereich der Pflegewissenschaft zuzuordnen.« (Giese 1998: 49) Die sich entwickelnde Pflegewissenschaft bietet für die Herausbildung einer Bereichsethik in der Pflege einen geeigneten Rahmen, auch wenn Ethik bislang noch nicht einmütig als Gegenstand der Pflegewissenschaft identifiziert wird. Welche wissenschaftliche Disziplin sollte indes für Pflegeethik zuständig sein, wenn nicht die Pflegewissenschaft? Pflegeforschung ist im Professionalisierungsprozess zugleich ein wissenschaftliches Instrument zur Weiterentwicklung berufs- und bereichsethischer Konzepte als auch selbst ein Untersuchungsgegenstand der Ethik in der Pflege (vgl. Lay 2003a; siehe auch Kap. 4.2.1).

»Pflegeethik als ein sich neu konstituierender Bereich der Pflegewissenschaft ist darauf angewiesen, von Fachleuten aus Ethik und Pflege gemeinsam entwickelt zu werden«, fordert Giese (1998:52), und Rabe betont unter Bezugnahme auf Rehbock (2005c:31): »Ethik als Teil der Praxis verstehen heißt, dass die ethischen Fragestellungen und Argumentationen Bezug zur pflegerischen Praxis haben müssen, aber nicht, dass die ethische Reflexion exklusiv der Pflege vorbehalten ist. Als Teilbereich der Ethik im Gesundheitswesen geht die Ethik in der Pflege von den theoretischen Grundlagen und Begriffen der philosophischen Ethik aus und konzentriert sich besonders auf die Bereiche und Fragestellungen, die das pflegerische Handlungsfeld betreffen, wobei die Beziehung zu den Patienten im Mittelpunkt steht« (Rabe 2009a:88).

Zu einer breiten und fundierten Grundlegung einer eigenen Bereichsethik ist die Zusammenarbeit von philosophisch (aus- bzw. weiter-)gebildeten Pflegevertretern und pflegeerfahrenen Philosophen oder Theologen wünschenswert. Die Philosophie stellt vielfältige Theorien und Prinzipien bereit (s. Kap. 2 u. 7.7), jedoch können nur pflegekundige Menschen beurteilen, inwieweit sich ein ethisches Modell mit seinen anthropologischen Grundannahmen in die Wirklichkeiten pflegender wie auch pflegebedürftiger Menschen einfügen lässt. Den Prozess der Erarbeitung einer Pflegeethik, welche die Erfahrungen Pflegender in ethischen Fragestellungen der Praxis aufnimmt und integriert, kann den Vertretern der Disziplin Pflege niemand abnehmen (vgl. Giese 1998:52) (s. Kap. 3 u. 4). Eine enge Zusammenarbeit mit der Philosphie ist auch deshalb dringend angeraten, weil sie ein notwendiges Korrektiv für Entwicklungen der Ethik in der Pflege sein kann.

Die Einsicht, dass Ethik in der Pflege sowohl für die Entwicklung der Pflegewissenschaft als auch für die Qualität der praktischen Pflege unverzichtbar ist, braucht Fürsprecher auf allen Ebenen und Zeit zum Reifen (Lay 2003a). Einige Pflegeorganisationen etablierten bereits eigene Ethikgremien, beispielsweise wurde im Jahr 1997 im

Deutschen Verein zur Förderung von Pflegewissenschaft und -forschung e.V. (inzwischen: Deutsche Gesellschaft für Pflegewissenschaft e.V. [DGP]) eine Arbeitsgruppe für »Ethik in der Pflege« gegründet. Mittlerweile zu einer offiziellen Sektion der DGP erhoben, hat diese Gruppe einen großen Beitrag dazu geleistet, dass Pflegeethik heute als junges, aber bereits **etabliertes Teilgebiet der Pflegewissenschaft** gilt.

Irmgard Hofmann (1995b:38) beobachtet, bei den Pflegenden wachse erst langsam die Einsicht, dass Ethik als Wissenschaft auch in der Pflege ihren Platz haben sollte. Zudem gebe es in Deutschland nur wenige Personen, die sowohl in Ethik als auch in Pflege über das notwendige Wissen verfügten. Die Münchner Krankenschwester und Philosophin formuliert ihr Anliegen für die weitere Entwicklung der Pflegeberufe: »Für die Zukunft bleibt zu hoffen, daß sich mit zunehmender Professionalisierung – unterstützt durch das seit einigen Jahren mögliche Pflegestudium – die Vertreterinnen und Vertreter der Pflege selbst verstärkt um die wissenschaftliche Bearbeitung pflegeethisch relevanter Fragestellungen bemühen« (ebd.).

Götzelmann gibt seiner Hoffnung Ausdruck: »Die Akademisierung der Pflege bedeutet nicht automatisch zugleich ihre ethische Qualifizierung. Jedoch bietet sich durch die zahlreichen, neu aufgebauten Studiengänge und auch Forschungseinrichtungen für Pflegewissenschaft, -management und -pädagogik in Deutschland erstmals die Möglichkeit, eine von der medizinischen und theologischen Ethik unabhängige Pflegeethik zu entwickeln« (2000b:10). Zu dieser Entwicklung soll das vorliegende Buch beitragen.

Die zentrale Stellung der ethischen Reflexion

Der ethischen Reflexion kommt eine zentrale Stellung in der Pflege von Menschen zu. Im Einzelnen wurden folgende Thesen untermauert:

1. Pflege(n) ist ethisch relevantes Handeln.
2. Die Disziplin Pflege braucht in allen ihren Teilbereichen ethische Reflexion.
3. Ethik in der Pflege ist keine Unterkategorie der Ethik in der Medizin, sondern lokalisiert sich in einer Ethik im Gesundheits- und Sozialwesen autonom zwischen der Ethik in der Medizin und der Ethik in der Sozialen Arbeit.
4. Vorstellungen über Pflegequalität, die auf eine Berücksichtigung moralischer Fragen verzichten, sind aus ethischer Sicht inakzeptabel, da potenziell unmoralisch.
5. Pflegeethik sollte im Zentrum neuer Konzeptionen von Pflegequalität stehen.
6. Pflegemodelle sollten philosophisch-ethisch (und nicht nur pragmatisch oder ökonomisch) zu begründen sein.
7. Pflegekräfte brauchen moralische und ethische Kompetenz.
8. Pflegeethik ist auf vielfältige Weise lehr- und lernbar.
9. Wie Ethik in der Pflege zu lehren ist, muss ebenfalls aus ethischer Perspektive reflektiert werden.

Vielleicht mag es den Angehörigen der Disziplin Pflege in Zukunft gemeinsam gelingen,

- dass Qualitätsmanagement in der Pflege nicht mehr ohne expliziten Einbezug von Ethik gedacht werden kann,
- dass Pflegemodelle nicht mehr ohne ethische Begründung akzeptiert werden,
- dass Pflegebildung nicht mehr ohne ethische Bildung sowie pädagogisch-ethische Reflexion vorstellbar scheint und
- dass Pflegekompetenz nicht mehr ohne Berücksichtigung moralischer Kompetenz definiert werden kann.

Wie sich die Disziplin Pflege in der Beschäftigung mit ethischen Fragen weiterentwickeln kann, ist eine spannende Frage, zu der das vorliegende Buch Teilantworten gibt. Zu folgenden Themen sehe ich darüber hinaus weiteren Forschungsbedarf:

- Welche Komponenten konstituieren die Qualität von Pflege in den Aufgaben- und Verantwortungsbereichen Pflegedokumentation, Pflegeorganisation, Mitarbeit bei medizinischer Diagnostik und Therapie, Kooperations- und Koordinationsaufgaben, Bildungs- und Qualitätsentwicklungsaufgaben?
- Wo liegen Unterschiede und Gemeinsamkeiten der Verfahren zur Beurteilung ethischer Konflikte bzw. Modelle zur ethischen Entscheidungsfindung?
- Worin unterscheiden sich die verschiedenen Arten von Ethikgremien und welche Gemeinsamkeiten weisen sie auf?
- Welche Unterschiede finden sich in den Pflegestudiengängen im deutschsprachigen Raum hinsichtlich der Angebote an Ethikvorlesungen?
- Wie sollte sich das Postulat der zentralen Stellung von Pflegeethik auf Qualitätsmangementkonzepte in der Pflege auswirken?
- Wie kann die Bereichsethik der Pflege gemeinsam von Professionellen, von pflegenden Laien und anderen Vertretern der Gesellschaft weiterentwickelt werden?

Angesichts der Fülle an ungeklärten Aspekten zum Thema »Ethik in der Pflege« müssen wir uns mit der Einsicht abfinden, dass mühsam errungene Antworten i. d. R. neue Fragen aufwerfen. Das macht die einen neugierig; andere mag es belasten. Vielleicht ist der Gedanke hilfreich, dass viele Menschen aus der Pflege und anderen Disziplinen an diesen schwierigen Themen arbeiten.

Schließen möchte ich mit einem Zitat von Thompson, Melia und Boyd: »Nursing ethics today is a subject of study in its own right. It can no longer be regarded simply as a branch of medical ethics or of ethics in general; nor can it be regarded simply as a matter of passing on hints and tips about manners and morals«[196] (Thompson et al. 1994: Preface).

---

[196] »Heute ist Ethik in der Pflege ein eigenständiges Wissensgebiet. Ethik in der Pflege kann nicht länger einfach als Zweig der Medizinischen Ethik oder der Ethik allgemein angesehen werden oder so, als gehe es darum, Tipps und Hinweise zum Betragen und zur Moral weiterzugeben.« (Übers.: R. L.)

10 NACHWORT

Zahlreiche Menschen waren an der Entstehung dieses Buches beteiligt. Zum Thema *Ethik in der Pflege* diskutierte ich in den vergangenen Jahren mit vielen Menschen, die mir wertvolle Anregungen gaben. Hier sind in erster Linie Prof. Dr. Franz Josef Illhardt, Freiburg, Irmgard Hofmann, M.A. (phil.), München, und Prof. Dr. Erny Gillen, Luxemburg, zu nennen.

Besonderer Dank gilt Herrn Prof. Dr. Hermann Brandenburg. Für das große Vertrauen, das er von Anfang an in meine Fähigkeiten setzte, und für die ermutigende und herausfordernde persönliche Begleitung bis zum heutigen Tag bin ich ihm zu großem Dank verpflichtet.

Konstruktive Kritik und wichtige Hinweise gaben mir Dipl. Pflegewirtin Eva Müller, Dipl. Pflegepädagogin Heike Gerber, Dipl. Pflegepädagoge Jens Kreikenbaum, Johanna Stocker (B.A. Management) sowie Mark Hassmann. Ihnen sei herzlich gedankt.

Mit Frau Flöer und Frau Heyde von der Schlüterschen Verlagsgesellschaft genieße ich eine ausgezeichnete Zusammenarbeit.

Der größte Dank gilt meiner Ehefrau Heike Lay, unseren Söhnen Johannes und Christof und unserer großartigen Familie. Für die sorgfältige Durchsicht des Manuskripts danke ich meiner Mutter Annelies Lay und meiner Schwester Marion Tänzel. Mein Vater Herbert Lay trug wesentlich dazu bei, mir während des Hausbaus den nötigen Freiraum zu schaffen, damit ich dennoch parallel am Buch weiterarbeiten konnte, und meine Schwiegermutter Christa Reinbold ist uns ebenfalls eine große Hilfe.

Besonderer Dank geht an meine Freunde für ihre persönliche Begleitung und die fundierten Rückmeldungen, ganz besonders an Armin Kern, Martin Hahn, Christopher Tänzel und Michael Kretz.

Ohne die vielfältige Unterstützung dieser Menschen wäre das vorliegende Buch nicht entstanden.

ANHANG

Standard »Pflegequalität« des Kreiskrankenhauses Emmendingen

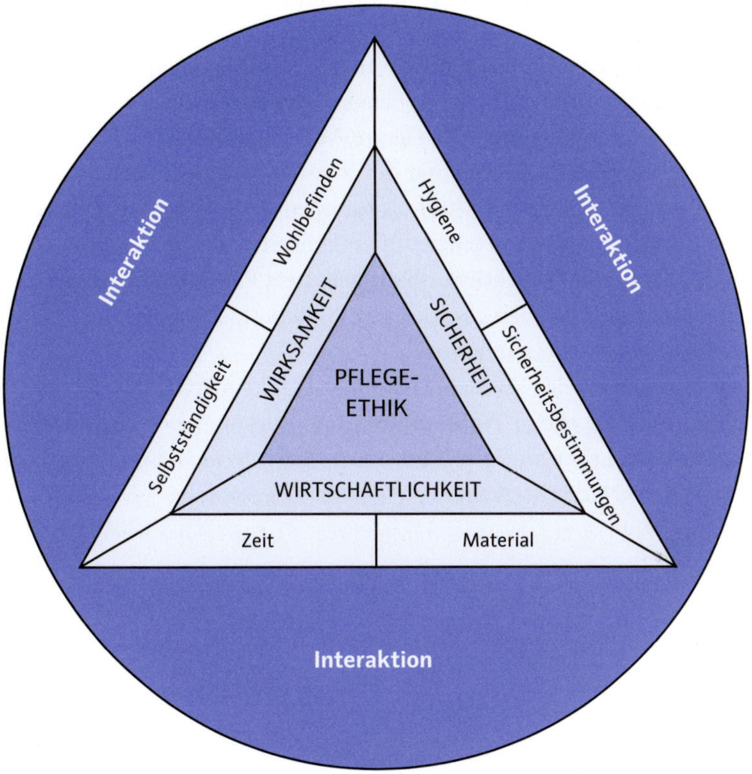

Abb. mod. n.: Lay, R.: Ethik und Qualität in der Pflege. In: Fischer, H. et al. (Hrsg.): Management Handbuch Krankenhaus., R. v. Decker's Verlag Heidelberg, 39. Erg.-Lfg., Dez. 2001

Was ist Pflegequalität?

Pflegequalität lässt sich nicht anhand eines einzelnen Merkmals feststellen, sondern entsteht im Zusammenspiel vieler Faktoren. Welche dieser Faktoren heute als grundlegend angesehen werden können, zeigt die Grafik »Komponenten der Pflegequalität«.

Die Grafik wurde für die tägliche Arbeit in der Pflege entwickelt und ist das Herzstück des Modells der Gesundheitspflege. Im Pflegealltag hilft die Grafik, die wichtigsten Faktoren einer *guten Pflege* im Blick zu behalten. Sie wird zur Reflexion der Arbeit mit Patienten genutzt und hat sich auch als Hilfsmittel für die Pflegeausbildung und für die Anleitung von Pflegehilfskräften bewährt.

Die Komponenten der Pflegequalität:

- **Wirksamkeit** bedeutet erfolgreiche Gesundheitsförderung, d.h. Selbstständigkeit und Wohlbefinden der Patienten bleiben erhalten bzw. werden auf ein zufriedenstellendes Maß gesteigert.
- **Sicherheit** für Patienten, Personal und Umgebung wird durch Hygiene (z.B. Infektionsprävention, Psychohygiene) und das Beachten der anerkannten Sicherheitsbestimmungen gewährleistet (z.B. Umweltschutzregelungen, Brandschutzvorschriften, Datenschutzbestimmungen).
- **Wirtschaftlichkeit** besteht im gezielten und verantwortungsvollen Umgang mit der zur Verfügung stehenden Zeit (z.B. Personalplanung, Arbeitsplanung, Flexibilität) und dem benötigten Material (z.B. Geräte, Verbrauchsgüter).
- **Interaktion:** Hier wird die Qualität des zwischenmenschlichen Handelns in den Blick genommen: Kommunikation, Zusammenarbeit, Beziehungsgestaltung (z.B. Information, Beratung, Absprachen, Öffentlichkeitswirkung).
- **Pflegeethik:** Hier wird reflektiert, ob die geleistete Pflege moralisch vertretbar ist:
  - Erfassen der moralischen Aspekte der Situation, Abwägen der Absichten und wahrscheinlichen Konsequenzen
  - Übereinstimmung des Handelns mit ethischen Prinzipien der Pflege, z.B. Förderung von Wohlergehen / Wohlbefinden und Autonomie / Selbstständigkeit, Achtung vor dem Leben und der Menschenwürde, Verständigung im Dialog, Aufrichtigkeit und Gerechtigkeit.

ABKÜRZUNGSVERZEICHNIS

Abb.	Abbildung
ADL	activities of daily living
AEDL	Aktivitäten und existenzielle Erfahrungen des Lebens
AEM	Akademie für Ethik in der Medizin
AL	Aktivität(en) des Lebens
AltPflG	Altenpflegegesetz
ATL	Aktivitäten des täglichen Lebens
Aufl.	Auflage
Bd.	Band
BRD	Bundesrepublik Deutschland
CH	Schweiz
DBfK	Deutscher Berufsverband für Pflegeberufe
DDR	Deutsche Demokratische Republik
ders.	derselbe
DFPP	Deutsche Fachgesellschaft Psychiatrische Pflege
DGF	Deutsche Gesellschaft für Fachkrankenpflege e.V.
DGP	Deutsche Gesellschaft für Pflegewissenschaft e.V.
d.h.	das heißt
d. i.	das ist
dies.	dieselbe
d. Verf.	der Verfasser
ebd.	ebenda
et al.	et alii (und andere)
etc.	et cetera (und so weiter, und das Übrige)
e.V.	eingetragener Verein
evtl.	eventuell
f	folgende (Seiten)
ff	fortfolgende (Seiten)
Gal.	Galaterbrief
ggf.	gegebenenfalls
griech.	griechisch
Hervorhebg.: R. L.	Hervorhebung durch den Verfasser dieses Buches

Hrsg.	Herausgeber
ICN	International Council of Nurses, zu deutsch: Internationaler Pflegerat
i. d. R.	in der Regel
IASSW	International Association of Schools of Social Work
IFSW	International Federation of Social Workers
Jak.	Jakobusbrief
Kap.	Kapitel
KEK	klinisches Ethikkomitee
KrAPrV	Ausbildungs- und Prüfungsverordnung zum Krankenpflegegesetz
KrPflG	Krankenpflegegesetz
KTQ	Kooperation für Transparenz und Qualität im Gesundheitswesen
LA	Lebensaktivitäten
lat.	lateinisch
Luk.	Evangelium nach Lukas
Mark.	Evangelium nach Markus
Matth.	Evangelium nach Matthäus
m. E.	meines Erachtens
NANDA	North American Nursing Diagnosis Association
Nr.	Nummer
o. g.	oben genannt
o. J.	ohne Jahresangabe
o. O.	ohne Ortsangabe
o. S.	ohne Seitenangabe
o. V.	ohne Verfasser
pg.	page/s (Seite/n)
QM	Qualitätsmanagement
resp.	respektive; beziehungsweise
Röm.	Römerbrief
s.	siehe
S.	Seite(n)

SBK-ASI	Schweizer Berufsverband der Pflegefachfrauen und Pflegefachmänner
StGB	Strafgesetzbuch
Tab.	Tabelle
u.	und
u. a.	unter anderem; und andere
u. a. m.	und andere/s mehr
u. dergl.	und dergleichen
UNO	Vereinte Nationen
USA	Vereinigte Staaten von Amerika
usf.	und so fort
usw.	und so weiter
u. U.	unter Umständen
v. a.	vor allem
Verf.	Verfasser
Vol.	volume; Band
vs.	versus (gegen)
WHO	Weltgesundheitsorganisation
z. B.	zum Beispiel
zgl.	zugleich
zit. n.	zitiert nach
z. T.	zum Teil

ABBILDUNGSVERZEICHNIS

TABELLENVERZEICHNIS

LITERATUR

Abbenhues, B.: Berufsethische Überlegungen zum »Doppelmandat« in der Sozialen Arbeit. In: Archiv für Wissenschaft und Praxis der Sozialen Arbeit, Heft 4/1995, S. 255–291.

Abderhalden C.: Gibt es ein »Pflegemodell Abderhalden«? Was sagt Abderhalden selbst dazu? In: Psych. Pflege Heute, Heft 3/1999, S. 176–178.

Abele, A.; Becker, P. (Hrsg.): Wohlbefinden. Theorie – Empirie – Diagnostik. Juventa Verlag, Weinheim und München 1991.

Abermeth, H.-D.: Ethische Grundfragen in der Krankenpflege. Ein Lehr- und Lernbuch. Vandenhoeck und Ruprecht, Göttingen 1989.

Abermeth, H.-D.: Ethik in der Krankenpflegeausbildung – Blitzlichter aus Pflegetheorie und -praxis, 1. Teil. In: Die Schwester/Der Pfleger, Heft 11/1998a, S. 962–966.

Abermeth, H.-D.: Ethik in der Krankenpflegeausbildung – Blitzlichter aus Pflegetheorie und -praxis, 2. Teil. In: Die Schwester/Der Pfleger, Heft 12/1998b, S. 1038–1040.

Ach, J. S.: Interaktionsorientierte Pflegeethik. Skizze einer integrierten Theorie, Didaktik und Methodik der Pflegeethik. In: Pflege, Heft 3/1998, S. 161–167.

Allmark, P.: The ethical enterprise of nursing. In: Journal of Advanced Nursing, 1991, 17, pp. 16–20.

Alpiger, R.: Pflegen in fünf Funktionen. In: PflegePädagogik, Heft 5/1996, S. 18–24.

Amberger, S.; Roll, S. C. (Hrsg.): Psychiatriepflege und Psychotherapie. Georg Thieme Verlag, Stuttgart; New York 2010.

Amelung, E. (Hrsg.): Ethisches Denken in der Medizin. Ein Lehrbuch. Springer-Verlag, Berlin; Heidelberg; New York; London; Paris; Tokyo; Hong Kong; Barcelona; Budapest 1992.

Amelung, E.: Christliche und humanistische Ethik. In: Derselbe (Hrsg.): Ethisches Denken in der Medizin. Ein Lehrbuch. Springer-Verlag, Berlin; Heidelberg; New York; London; Paris; Tokyo; Hong Kong; Barcelona; Budapest 1992, S. 71–75.

Amelung, E.; Nüchtern, M.: Einführung. In: Amelung, E. (Hrsg.): Ethisches Denken in der Medizin. Ein Lehrbuch. Springer-Verlag, Berlin; Heidelberg; New York; London; Paris; Tokyo; Hong Kong; Barcelona; Budapest 1992, S. 1–18.

Ammermann, N.: Berufsethischer Unterricht. In: Deutsche Krankenpflege-Zeitschrift, Heft 6/1991, S. 431–433.

Arbeitsgruppe »Pflege und Ethik« der Akademie für Ethik in der Medizin e.V. (Hrsg.): »Für alle Fälle …« Arbeit mit Fallgeschichten in der Pflegeethik. Brigitte Kunz Verlag, Hannover 2005

Arets, J.; Obex, F..; Vaessen, J.; Wagner, F.: Professionelle Pflege, Bd. 1: Theoretische und praktische Grundlagen. Eicanos, Bocholt 1996.

Arn, C.: Methoden – Ethik als Instrument im Gesundheitswesen. In: Arn, C.; Weidmann-Hügle, T. (Hrsg.): Ethikwissen für Fachpersonen. Handbuch Ethik im Gesundheitswesen 2. EMH Schwabe, Basel 2009, S. 125 –150.

Arn, C.; Hug, S.: Ethikstrukturen – Grundprinzipien und Grundtypen von Ethiktransfer. In: Baumann-Hölzle, R.; Arn, C. (Hrsg.): Ethiktransfer in Organisationen. Handbuch Ethik im Gesundheitswesen 3. EMH Schwabe, Basel 2009b, S. 31–66.

Arn, C.; Weidmann-Hügle, T. (Hrsg.): Ethikwissen für Fachpersonen. Handbuch Ethik im Gesundheitswesen 2. EMH Schwabe, Basel 2009

Arn, C.; Weidmann-Hügle, T.: Einleitung – Ethisch kompetent entscheiden. In: Arn, C.; Weidmann-Hügle, T. (Hrsg.): Ethikwissen für Fachpersonen. Handbuch Ethik im Gesundheitswesen 2. EMH Schwabe, Basel 2009, S. 9–17.

Arndt, M.: Ethik denken. Maßstäbe zum Handeln in der Pflege. Georg Thieme Verlag, Stuttgart; New York 1996a.

Arndt, M.: Ein wissenschaftlicher Diskurs über Theorien der Moral und Ethik: Kohlbergs theoretische Glätte und der Mut zu unerklärten moralischen Resten. In: Pflege, Heft 1/1996b, S. 26–29.

Arndt, M.: Das Interview vom 23.11.1996 mit Dr. Marianne Arndt. In: Hochschulforum Pflege, Heft 1/1997a, S. 9–10.

Arndt, M.: Nicht frei zu moralischem Handeln … In: Die Schwester/Der Pfleger, Heft 6/1997b, S. 516–521.

Arndt, M.: Dekubitus als moralisches Problem und als gesellschaftliches Thema. In: Bienstein, C.; Schröder, G.; Braun, M.; Neander, K.-D. (Hrsg.): Dekubitus. Herausforderung für Pflegende. Georg Thieme Verlag, Stuttgart 1997c, S. 32–39.

Arndt, M.: Zwischen Macht und Hilflosigkeit. Moralische Ansprüche und berufliche Praxis in der Pflege, Teil 1. In: Heilberufe, Heft 12/1999, S. 44–47.

Arndt, M.: Zwischen Macht und Hilflosigkeit. Moralische Ansprüche und berufliche Praxis in der Pflege, Teil 2. In: Heilberufe, Heft 1/2000a, S. 30–31.

Arndt, M.: Gewalt in der Pflege? Mit mir nicht! 1. Teil: Was ist Gewalt? In: Die Schwester/Der Pfleger, Heft 12/2000b, S. 1039–1043.

Arndt, M.: Beziehungen prägen die Lebenswirklichkeit. In: Caritas und Pflege, Heft 3/2000c, S. 52–57.

Andt, M.: Pflege, Moral und Beziehungen. Neue Perspektiven im Pflegebereich. In: Strätling-Tölle, H. (Hrsg.): 50 Tage intensiv oder: Die menschliche Würde im Krankenhaus. Mabuse-Verlag, Frankfurt/Main 2000d, S. 105–139.

Arndt, M.: Forschung muss Teil pflegerischer Praxis sein, in: Caritas und Pflege, Heft 2/2002, S. 28–31.

Arndt, M.: Theoretische Argumentationslinien in der Ethik. Eine Einführung. In: Dibelius, O.; Arndt, M. (Sr. M. Benedicta) (Hrsg.): Pflegemanagement zwischen Ethik und Ökonomie. Eine europäische Perspektive. Schlütersche, Hannover 2003a, S. 13–22.

Arndt, M.: Mit knappen Ressourcen überleben. Verteilungsgerechtigkeit und Pflege. Perspektiven im britischen Gesundheitswesen. In: Dibelius, O.; Arndt, M. (Sr. M. Benedicta) (Hrsg.): Pflegemanagement zwischen Ethik und Ökonomie. Eine europäische Perspektive. Schlütersche, Hannover 2003b, S. 63–81.

Arndt, M.: Ethik zwischen Macht und Hilflosigkeit. In: Wiesemann, C. et al. (Hrsg.): Pflege und Ethik. Leitfaden für Wissenschaft und Praxis. Verlag W. Kohlhammer, Stuttgart 2003c, S. 11–29.

Arndt, M. (Sr. M. Benedicta): Demenz – und die Frage nach Würde. Impulse für den Pflegealltag, 1. Teil. In: Heilberufe, Heft 5/2005a, S. 44–48.

Arndt, M. (Sr. M. Benedicta): Demenz – und die Frage nach Würde. Impulse für den Pflegealltag, 2. Teil. In: Heilberufe, Heft 6/2005b, S. 42–44.

Arndt, M.; Bondolfi, A.: Ein wissenschaftlicher Diskurs über Theorien der Moral und der Ethik. In: Pflege, Heft1/1996, S. 26–31.

Arndt, M.; de Jong, A.: Ethikforen – ein Modellprojekt. In: Die Schwester/Der Pfleger, Heft 1/2000, S. 27–28.

Arndt, M.; de Jong, A.: Ethikforen in der pflegerischen Praxis. In: Die Schwester/Der Pfleger, Heft 7/2001, S. 603–608.

Arndt, M.; Välimäki, M.; Leino-Kilpi, H.; Scott, A.; Dassen, T.; Gasull, M.; Lemonidou, C.: Autonomie, Privatsphäre und informierte Zustimmung: Ein BIOMED II-Forschungsprojekt mit Patienten und Pflegepersonen in fünf europäischen Ländern, in: Pflegezeitschrift, Heft 1/2002, Dokumentation Pflegewissenschaft, S. 2–12.

Arnold, D.: »Da kann ich nicht ruhig neben einem Patienten stehen« – Zeitdruck im Frauenberuf Pflege. In: Dr. med. Mabuse, Nov./Dez. 2009, S. 25–28.

Arnold, R.; Siebert, H.: Konstruktivistische Erwachsenenbildung. Von der Deutung zur Konstruktion der Wirklichkeit. Zweite Aufl., Schneider Verlag, Hohengehren 1997.

Aroskar, M. A.: Community Health Nurses. Their Most Significant Ethical Decision-Making Problems. In: Nursing Clinics of North America. Vol. 24, No. 4, December 1989, p. 967–975.

Bachmann, A.; Rippe, K. P.: Einladung zum Nachdenken. In: Pflegezeitschrift, Heft 12/2004, S. 868–869.

Balgo, R.: Lehren und Lernen. Der Versuch einer (Re-)Konstruktion. In: Pädagogik, Heft 7–8/1998, S. 58–62.

Balzer, S.: (Aus-)Bildung in der Gesundheits- und Krankenpflege – Reflexion auf der Grundlage des fachdidaktischen Strukturgitters von Greb. In: Balzer, S.; Kühme, B.: Anpassung und Selbstbestimmung in der Pflege. Studien zum (Aus-)Bildungserleben von PflegeschülerInnen. Mabuse-Verlag, Frankfurt/Main 2009, S. 39–149.

Balzer, S.; Kühme, B.: Anpassung und Selbstbestimmung in der Pflege. Studien zum (Aus-)Bildungserleben von PflegeschülerInnen. Mabuse-Verlag, Frankfurt/Main 2009.

Bango, J.: Ethik in der Sozialarbeit. In: Soziale Arbeit, Heft 8/1999, S. 265–271.

Barandun Schäfer, U.; Gügel, R.; Pasini, D.; Schärli, D.; Steiner, L.; Uhl, S.; Wenger, A.; Woodtli, S.; Reiter-Theil, S.: Ethische Orientierungshilfe bei Widerstand von schwerkranken Menschen gegen Pflegemaßnahmen – am Beispiel der Mundpflege. In: Stutzki, R.; Ohnsorge, K.; Reiter-Theil, S. (Hrsg.): Ethikkonsultation heute – vom Modell zur Praxis. LIT Verlag Dr. W. Hopf, Berlin 2011, S. 185–197.

Bartels, A.; George, W.: Der Beitrag der pragmatischen Ethik zum Sterben im Krankenhaus. In: Pflege Aktuell, Heft 12/1999, S. 664–667.

Bartholomeyczik, S.: Humanität und Wirtschaftlichkeit – zukunftsorientierte Aufgabe der Pflegeberufe. In: Krankenpflege, Heft 9/1992, S. 516–518.

Bartholomeyczik, S.: Humanität und Wirtschaftlichkeit – unüberbrückbare Gegensätze der Pflege? In: Die Schwester/Der Pfleger, Heft 10/1995, S. 874–878.

Bartholomeyczik, S.: Die Domäne von Pflege und Pflegeforschung. In: Bartholomeyczik, S.; Müller, E. (Hrsg.): Pflegeforschung verstehen. Urban & Schwarzenberg, München; Wien; Baltimore 1997a, S. 47–54.

Bartholomeyczik, S.: Nachdenken über Sprache – Professionalisierung der Pflege? In: Zegelin, A. (Hrsg.): Sprache und Pflege. Ullstein Mosby, Berlin; Wiesbaden 1997b, S. 11–21.

Bartholomeyczik, S.: Verantwortung – eine Frage der Professionalität. In: Dr. med. Mabuse, Heft März/April 2006, S. 51–55. .

Bartholomeyczik, S.: Ist der Einsatz von Skalen sinnvoll? In: Die Schwester/Der Pfleger, Heft 12/2011, S. 1170.

Bartholomeyczik, S.; Müller, E. (Hrsg.): Pflegeforschung verstehen. Urban & Schwarzenberg, München; Wien; Baltimore 1997.

Bauer, A. W.: Ethikberatung im Krankenhaus durch das Klinische Ethik-Komitee (KEK). Ein Erfahrungsbericht aus dem Universitätsklinikum Mannheim. In: Unterricht Pflege, Heft 4/2008, S. 31–35.

Bauer, I.: Die Privatsphäre der Patienten. Verlag Hans Huber, Bern; Göttingen; Toronto; Seattle 1996.

Bauer, N.; Fauser, S.; Kämper, S.; Schwarz, E.; Sulmann, D.; Röhrbein, A.: »Management-by-heartbeat mache ich hier nicht« Ethisches Handeln im Pflegemanagement. Eine qualitative Untersuchung. In: Dibelius, O.; Arndt, M. (Sr. M. Benedicta) (Hrsg.): Pflegemanagement zwischen Ethik und Ökonomie. Eine europäische Perspektive. Schlütersche, Hannover 2003, S. 37–51.

Bauer, R.; Hansen, E.: Sozial-Profis und Ethik-Kodex. Mangelt es der Profession in Deutschland an Grundsätzen? In: Sozial Extra, Heft 12/1999, S. 17–18.

Baum, H.: Ethik sozialer Berufe. UTB für Wissenschaft, Verlag Ferdinand Schöningh, Paderborn 1996.

Baumgartner, L.; Allert, G.; Baitsch, H.; Keller, F.; Maier-Allmendinger, D.; Sponholz, G.: Ethik: ethisch entscheiden und handeln. In: Baumgartner, L.; Kirstein, R.; Möllmann, R. (Hrsg.): Häusliche Pflege heute. Urban & Fischer, München; Jena 2003, S. 114–125.

Baumgartner, L.; Kirstein, R.; Möllmann, R. (Hrsg.): Häusliche Pflege heute. Urban & Fischer, München; Jena 2003

Baumann-Hölzle, R.; Arn, C. (Hrsg.): Ethiktransfer in Organisationen. Handbuch Ethik im Gesundheitswesen 3. EMH Schwabe, Basel 2009

Baumann-Hölzle, R.; Arn, C.: Einleitung – Ethiktransfer in Organisationen des Gesundheitswesens. In: Baumann-Hölzle, R.; Arn, C. (Hrsg.): Ethiktransfer in Organisationen. Handbuch Ethik im Gesundheitswesen 3. EMH Schwabe, Basel 2009, S. 9–14.

Bäumer, R.; Maiwald, A. (Hrsg.): Onkologische Pflege. Georg Thieme Verlag, Stuttgart; New York 2008.

Becker, P.: Theoretische Grundlagen. In: Abele, A.; Becker, P. (Hrsg.): Wohlbefinden. Theorie – Empirie – Diagnostik. Juventa Verlag, Weinheim und München 1991, S. 13–49.

Beilmann, M.: Effizienz und Ethik als Kennzeichen qualitativer Sozialer Arbeit – der Beitrag des Sozialmarketing. In: Theorie und Praxis der Sozialen Arbeit, Nr. 8/1999, S. 306–309.

Bekel, G.: Orem – Die Selbstpflegedefizittheorie als Erkenntnisprogramm für die Pflege als Praxiswissenschaft. In: Brandenburg, H.; Dorschner, S.: Pflegewissenschaft 1. Lehr- und Arbeitsbuch zur Einführung in die Pflegewissenschaft. Verlag Hans Huber, Bern 2003, S, 155–183.

Benner, P.: Stufen zur Pflegekompetenz. Verlag Hans Huber, Bern; Göttingen; Toronto; Seattle 1994.

Benner, P.; Tanner, C. A.; Chesla, C. A.: Pflegeexperten. Pflegekompetenz, klinisches Wissen und alltägliche Ethik. Verlag Hans Huber, Bern; Göttingen; Toronto; Seattle 2000.

Berg, A.; Borker, S.; Schnell, M. W.: Ethische Betrachtung einer Nahrungsverweigerung. Teil 1: Aufzeigen der Problematik und Fallbeispiel. In: Die Schwester/Der Pfleger, Heft 8/2000, S. 669–671.

Berger, T.: Die volle Verantwortung. In: Altenpflege, Heft 7/1999, S. 22–25.

Bischofberger, I.: Humor und Lachen. In: Sauter, D.; Abderhalden, C.; Needham, I.; Wolff, S. (Hrsg.): Lehrbuch Psychiatrische Pflege. Dritte Aufl., Verlag Hans Huber, Bern 2011, S. 767–777.

Bischoff, C.: Frauen in der Krankenpflege. Zur Entwicklung von Frauenrolle und Frauenberufstätigkeit im 19. und 20. Jahrhundert. Campus, Frankfurt; New York 1984.

Bischoff-Wanner, C.: Empathie in der Pflege. Verlag Hans Huber, Bern; Göttingen; Toronto; Seattle 2002.

Blinzler, S.: Kommunikation. In: Städtler-Mach, B. (Hrsg.): Ethik im Gesundheitswesen. Springer-Verlag, Berlin; Heidelberg; New York; Barcelona; Hongkong; London; Mailand; Paris; Singapur; Tokio 1999, S. 67–76.

Blonski, H. (Hrsg.): Ethik in Gerontologie und Altenpflege. Leitfaden für die Praxis. Brigitte Kunz Verlag, Hagen 1998.

Bobbert, M.: Ethische Fragen in der Pflege: Säuglingsernährung auf der Frühgeborenenstation – Pflegende zwischen Fürsorge und Autonomie. In: Pflege, Heft 1/2001, S. 13–16.

Bobbert, M.: Patientenautonomie und Pflege. Begründung und Anwendung eines moralischen Rechts. Campus Verlag, Frankfurt/Main 2002.

Bobbert, M.: Patientenautonomie und das Planen und Ausführen von Pflege. In: Wiesemann, C. et al. (Hrsg.): Pflege und Ethik. Leitfaden für Wissenschaft und Praxis. Verlag W. Kohlhammer, Stuttgart 2003, S. 71–104.

Bobbert, M.: Die Ambivalenz des Helfens. In: Pflegezeitschrift, Heft 3/2004, S. 198–201.

Bobbert, M.: Klinische Ethikberatung – Ein hermeneutisch-normatives Modell. In: Baumann-Hölzle, R.; Arn, C. (Hrsg.): Ethiktransfer in Organisationen. Handbuch Ethik im Gesundheitswesen 3. EMH Schwabe, Basel 2009, S. 187–202.

Bobbert, M.: Entscheidungen Pflegender zwischen Expertise, Patientenselbstbestimmung und Fürsorge. In: Monteverde, S. (Hrsg.): Handbuch Pflegeethik. Ethisch denken und handeln in den Praxisfeldern der Pflege. Kohlhammer, Stuttgart 2012, S. 59–73.

Bohrer, A.; Rüller, H.: Arbeitsblätter zum Unterrichtsthema »Ethik«. In: Unterricht Pflege, Heft 4/2008, S. 23–30.

Bondolfi, A.: Moralisch Handeln in der Pflege. Einige Überlegungen aus ethischer Sicht. In: Pflege, Heft 1/1996a, S. 19–25.

Bondolfi, A.: Ein wissenschaftlicher Diskurs über Theorien der Moral und Ethik: Kohlberg und die Folgen. In: Pflege, Heft 1/1996b, S. 29–31.

Böhme, G.: Weltweisheit, Lebensform, Wissenschaft: eine Einführung in die Philosophie. Suhrkamp, Frankfurt 1994.

Borchard, K.: Förderung moralischer Kompetenz im Ausbildungsverlauf. In: Unterricht Pflege, Heft 4/2008, S. 12–17.

Borker, S.: Gewissenskonflikte beim Essenreichen. In: Pflege und Gesellschaft, Heft 1/1996, S. 14–16.

Bortz, J.; Döring, N.: Forschungsmethoden und Evaluation. Zweite Aufl., Springer-Verlag, Berlin; Heidelberg; New York; Barcelona; Budapest; Hong Kong; London; Mailand; Paris; Tokyo 1995.

Braissant, C.: Kann man Ethik unterrichten? SBK-ASI (Schweizer Berufsverband der Krankenschwestern und Krankenpfleger), Bern 2000, S. 1–4.

Braissant, C.: Die Ethikkommission des Schweizer Berufsverbandes der Pflegefachfrauen und -männer. In: Schweizerische Gesellschaft für Biomedizinische Ethik (SGBE/SSEB) (Hrsg.): SGBEbulletinSSEB, No. 58, März 2009. Im Internet: www.sagw.ch/dms/sgbe/publikationen/Bulletin/Bull58/Bull-58.pdf, besucht am 11.2.2012, S. 11–13.

Brandenburg, H.: Kooperative Qualitätssicherung aus der Perspektive der Pflegewissenschaft. In: Klie, T. (Hrsg.): Kooperative Qualitätssicherung in der geriatrischen Rehabilitation. Freiburg 1998, S. 52–76.

Brandenburg, H.: Was heißt menschenwürdige Pflege? In: Krankendienst, Heft 6/2000, S. 172–180.

Brandenburg, H.: Gerontologie und Pflege. In: Zeitschrift für Gerontologie und Geriatrie, 34. Jahrgangsband, 2001a, S. 129–139.

Brandenburg, H.: Pflegewissenschaft und Pflegeforschung in Deutschland. In: Pr-InterNet, Angewandte Pflegeforschung, Ausgabe 6/2001b, S. 14–28.

Brandenburg, H.: Qualitätsindikatoren für die stationäre Altenhilfe – auf dem Weg zur guten Pflege? In: Brandenburg, H.; Kohlen, H. (Hrsg.): Gerechtigkeit und Solidarität im Gesundheitswesen. Eine multidisziplinäre Perspektive. W. Kohlhammer, Stuttgart 2012, S. 81–102.

Brandenburg, H.; Dorschner, S.: Einführung in die Pflegewissenschaft. Studienbrief: Fernstudiengang Pflege. Fachhochschule Jena, Fachbereich Sozialwesen, Jena 1997.

Brandenburg, H.; Dorschner, S. (Hrsg.): Pflegewissenschaft 1. Lehr- und Arbeitsbuch zur Einführung in die Pflegewissenschaft. Verlag Hans Huber, Bern 2003.

Brandenburg, H.; Dorschner, S. (Hrsg.): Pflegewissenschaft 1. Lehr- und Arbeitsbuch zur Einführung in das wissenschaftliche Denken in der Pflege. Verlag Hans Huber, Bern, zweite Aufl. 2008.

Brandenburg, H.; Fenchel, V.; Grünendahl, M.: Pflegewissenschaft I: Theoretische Grundlagen der Pflegewissenschaft. Studienbrief. Katholische Fachhochschule Freiburg, Fachbereich Pflege. Freiburg 1998.

Brandenburg, H.; Huneke, M. J. (Hrsg.): Professionelle Pflege alter Menschen. Eine Einführung. Verlag W. Kohlhammer, Stuttgart 2006

Brandenburg, H.; Kohlen, H. (Hrsg.): Gerechtigkeit und Solidarität im Gesundheitswesen. Eine multidisziplinäre Perspektive. W. Kohlhammer, Stuttgart 2012.

Brandenburg, H.; Panfil, E.-M.; Mayer, H. (Hrsg.): Pflegewissenschaft 2. Lehr- und Arbeitsbuch zur Einführung in die Pflegeforschung. Hans Huber, Bern 2007.

Brandenburg, H.; Sowinski, C.: Alltagsaktivitäten – Unterschiede und Gemeinsamkeiten im Verständnis zwischen Gerontologie und Pflege, in: Zeitschrift für Gerontologie und Geriatrie, Heft 6/1996, S. 387–396.

Braun, B.: Wunsch und Wirklichkeit der berufsgruppenübergreifenden Kooperation im Krankenhaus. In: Pflege & Gesellschaft, Heft 4/2011, S. 303–322.

Brechmüller, M.: Sinn + Unsinn von Pflegediagnosen. In: Krankenpflege/Soins Infirmiers, Heft 4/1999, S. 10–15.

Breitscheidel, M.: Vernachlässigungen waren System. Interview von B. Ruck mit M. Breitscheidel. In: Pflegezeitschrift, Heft 3/2006, S. 180–181.

Breuckmann, M.: Ganzkörperwaschung im Examen? In: Die Schwester/Der Pfleger, Heft 12/2012, S. 1164.

Brüggemann, J.: Ethik-Gremien als Hilfe für die Pfleger(innen). In: neue caritas, Heft 4/2005, S. 17.

Budnik, B.: Pflegeplanung leicht gemacht. Gustav Fischer Verlag, Ulm; Stuttgart; Jena; Lübeck, zweite Auflage 1999, dritte Auflage 2002, vierte Auflage 2003, fünfte Auflage 2005, sechste Aufl. 2009.

Bundesministerium für Familie, Senioren, Frauen und Jugend (BMFSFJ): Hintergrund der Charta der Rechte hilfe- und pflegebedürftiger Menschen; 2011. Im Internet: http://www.pflege-charta.de/die-pflege-charta/hintergrund.html, besucht am 27.12.2011.

Bundesministerium für Familie, Senioren, Frauen und Jugend (BMFSFJ); Bundesministerium für Gesundheit und Soziale Sicherung (BMG): Charta der Rechte hilfe- und pflegebedürftiger Menschen. Zehnte Aufl., Berlin 2010. Im Internet: http://www.pflege-charta.de/fileadmin/charta/pdf/Pflege-Charta.pdf, besucht am 27.12.2011.

Burger, S.; Danzeisen-Bührle, B.; Hemberger, M.; Jonitz, J.-W.: Zur Krankenpflege als Beziehungsprozeß befähigen. Menschen würdig pflegen – eine Herausforderung für Lehrende und Lernende, in: Caritas-Mitteilungen für die Erzdiözese Freiburg. Heft 2, Freiburg 1999, S. 33–35.

Büssing, A.; Herbig, B.; Ebert, T.: Intuition als implizites Wissen. Bereicherung oder Gefahr für die Krankenpflege? In: Pflege, Heft 5/2000, S. 291–296.

Caritasgemeinschaft für Pflege- und Sozialberufe e.V.: Qualitätssicherung in Pflege, Betreuung und Versorgung. Eigendruck, Freiburg 1997.

Caritasverband für die Erzdiözese Freiburg e.V., Abteilung Gesundheits- und Altenhilfe (Hrsg.): Menschen würdig pflegen. Unsere Position. Faltblatt, Freiburg o. J., o. S.

Carper, B. A.: Fundamental Patterns of Knowing in Nursing. In: Nicole, L. H. (Hrsg.): Perspectives on Nursing Theory. Lippincott, Philadelphia 1997, S. 247–254.

Charbonnier, R.: Theologische Aspekte der Klinischen Ethikberatung. In: Dörries, A.; Neitzke, G.; Simon, A.; Vollmann, J. (Hrsg.): Klinische Ethikberatung. Ein Praxisbuch. Verlag W. Kohlhammer, Stuttgart 2008, S. 40–57.

Chinn, P. L.; Kramer, M. K.: Pflegetheorie. Konzepte – Kontext – Kritik. Ullstein Mosby, Berlin; Wiesbaden 1996.

Cohn, C. R.: Zur Grundlage des themenzentrierten interaktionellen Systems. In: Ruth C. Cohn: Von der Psychoanalyse zur themenzentrierten Interaktion. Von der Behandlung einzelner zu einer Pädagogik für alle. Klett-Cotta, Stuttgart 1975.

Conradi, E.: Take Care. Grundlagen einer Ethik der Achtsamkeit. Campus Verlag, Frankfurt; New York 2001.

Conradi, E.: Vom Besonderen zum Allgemeinen – Zuwendung in der Pflege als Ausgangspunkt einer Ethik. In: Wiesemann, C. et al. (Hrsg.): Pflege und Ethik. Leitfaden für Wissenschaft und Praxis. Verlag W. Kohlhammer, Stuttgart 2003, S. 30–46.

Copp, L. A.: Die ethische Verantwortung für die Schmerzbehandlung. In: Pflege Aktuell, Heft 2/2000, S. 85–86.

Dätwyler, B.: Die veränderte Sicht der Krankenpflege oder ethisch-politische Überlegungen im Hinblick auf das 21. Jahrhundert. In: Pflege, Heft 1/1990, S. 47–53.

Darmann, I.: Wie finden Pflegende die richtige Entscheidung? In: Pflegezeitschrift, Heft 2/2001a, S. 129–132.

Darmann, I.: Situations-, wissenschafts- und interaktionsorientierter Pflegeunterricht. In: Pr-InterNet, Pflegepädagogik (Sonderausgabe 1), Ausgabe 11/2001b, S. 235–241.

Dash, K.; Zarle, N. C.; O'Donell, L.; Vince-Whitman, C.: Entlassungsplanung. Überleitungspflege. Deutsche Ausgabe unter Mitarbeit von Hans-Joachim Goetze. Verlag Urban & Fischer, München; Jena 2000.

Deutscher Berufsverband für Pflegeberufe e.V. (DBfK): Berufsordnung des Deutschen Berufsverbandes für Pflegeberufe (DBfK) für Altenpflegerinnen und Altenpfleger, Kinderkrankenschwestern und Kinderkrankenpfleger, Krankenschwestern und Krankenpfleger. DBfK, Eschborn 1992.

Deutscher Pflegerat (DPR) e.V.: Rahmen-Berufsordnung für professionell Pflegende. Selbstverlag, Berlin 2004.

Deutscher Verein für Pflegewissenschaft (Hrsg.): Das Originäre der Pflege entdecken. Pflege beschreiben, erfassen, begrenzen. Mabuse-Verlag Frankfurt am Main 2003.

Devrient, H.: Ethische Fragen in der aktuellen Pflegeliteratur. In: Städtler-Mach, B. (Hrsg.): Ethik gestalten. Neue Aspekte zu ethischen Herausforderungen in der Pflege. Mabuse-Verlag, Frankfurt am Main 2006, S. 13–49.

DFPP (Deutsche Fachgesellschaft Psychiatrische Pflege) in Gründung: Positionspapier zum Einsatz von kameragestützter Beobachtung in psychiatrischen Kliniken. In: Psych. Pflege Heute, Heft 5 (Oktober)/2011, S. 277–279.

DGF (Deutsche Gesellschaft für Fachkrankenpflege e.V.): Ethische Regeln der Intensivpflegenden – Ethik-Kodex. In: Die Schwester/Der Pfleger, Heft 9/1996, S. 843–844.

Dibelius, O.: Pflegemanagement im Spannungsfeld zwischen Ethik und Ökonomie. In: Pflege, Heft 6/2001, S. 407–413.

Dibelius, O.: Altersrationierung: Gerechtigkeit und Fairness im Gesundheitswesen? Eine Studie zum ethischen Führungshandeln von Pflegemanager/innen in der stationären und teilstationären Altenpflege. In: Dibelius, O.; Arndt, M. (Sr. M. Benedicta) (Hrsg.): Pflegemanagement zwischen Ethik und Ökonomie. Eine europäische Perspektive. Schlütersche, Hannover 2003, S. 23–36.

Dibelius, O.: Ethik im Umgang mit Menschen höherer Lebensalter. In: Dibelius, O.; Uzarewicz, Ch.: Pflege von Menschen höherer Lebensalter. Verlag W. Kohlhammer, Stuttgart 2006a, S. 168–188.

Dibelius, O.: Einsparen beim Fachpersonal. Pflegedefizite bei alten Menschen. In: Pflege Aktuell, Mai 2006b, S. 254–259.

Dibelius, O.; Arndt, M. (Sr. M. Benedicta) (Hrsg.): Pflegemanagement zwischen Ethik und Ökonomie. Eine europäische Perspektive. Schlütersche, Hannover 2003.

Dibelius, O.; Uzarewicz, Ch.: Pflege von Menschen höherer Lebensalter. Verlag W. Kohlhammer, Stuttgart 2006.

Die ethische Verantwortung der Pflegeberufe. o. V., Hrsg.: Caritas-Gemeinschaft für Pflege- und Sozialberufe e.V., Freiburg; Deutscher Caritasverband e.V., Freiburg; Kath. Berufsverband für Pflegeberufe e.V., zweite, erweiterte Aufl., Mainz 1998.

Dinges, S.: Organisationsethik. In: Dörries, A.; Neitzke, G.; Simon, A.; Vollmann, J. (Hrsg.): Klinische Ethikberatung. Ein Praxisbuch. Verlag W. Kohlhammer, Stuttgart 2008b, S. 145–166.

Donabedian, A.: Evaluating the Quality of Medical Care. In: Millbank Memorial Fund Quarterly, 6/1966, S. 166–206.

Dörfel, D.: Ethik in Medizin und Pflege. Christliches Profil in der Spannung zwischen klinischer Verantwortung und ökonomischen Zwängen. LIT Verlag, Münster 2005.

Dörner, D.: Die Logik des Mißlingens. Strategisches Denken in komplexen Situationen. Rowohlt, Reinbek bei Hamburg 1992.

Dorsch, F. (Hrsg.): Psychologisches Wörterbuch. Verlag Hans Huber, Bern; Stuttgart; Toronto 1987.

Dorschner, S.; Meussling-Sentpali, A.; Schaefer, I.: »Wir tun unser Bestes …« – Pflegeprozess und Pflegequalität im subjektiven Erleben beruflich Pflegender. In: Stemmer, R. (Hrsg.): Qualität in der Pflege – trotz knapper Ressourcen. Schlütersche Verlagsgesellschaft, Hannover 2009, S. 29–55.

Dowding, D.: Entscheidungsfindung in der pflegerischen Praxis. In: Dibelius, O.; Arndt, M. (Sr. M. Benedicta) (Hrsg.): Pflegemanagement zwischen Ethik und Ökonomie. Eine europäische Perspektive. Schlütersche, Hannover 2003, S. 82–94.

Dreyfus, H. L.; Dreyfus, S. E.; Benner, P.: Kompetenz und alltägliche Ethik. In: Benner, P.; Tanner, C. A.; Chesla, C. A.: Pflegeexperten: Pflegekompetenz, klinisches Wissen und alltägliche Ethik. Verlag Hans Huber, Bern; Göttingen; Toronto; Seattle 2000, S. 321–346.

Ebel-Gabriel, C.: Qualität sichern durch Evaluation. In: Oppermann, T. (Hrsg.): Vom Staatsbetrieb zur Stiftung. Moderne Hochschulen für Deutschland. Wallstein Verlag, Göttingen 2002, S. 105–116.

Eichhorn, J.; Dietze, G.; Lohrmann, C.: Wie nehmen Pflegende die Bedürfnisse ihrer Patienten wahr? In: Pflegezeitschrift, Heft 1/2006, S. 15–17.

Eid, V.: Ethik und Moral der Pflegeberufe. In: Kruse, T.; Wagner, H.: Ethik und Berufsverständnis der Pflegeberufe. Springer-Verlag, Berlin; Heidelberg; New York; London; Paris; Tokyo; Hong Kong; Barcelona; Budapest, 1994a, S. 1–10.

Eid, V.: Grundverständnis von »Ethik« und »Moral«. In: Kruse, T.; Wagner, H.: Ethik und Berufsverständnis der Pflegeberufe. Springer-Verlag Berlin; Heidelberg; New York; London; Paris; Tokyo; Hong Kong; Barcelona; Budapest, 1994b, S. 153–173.

Eilts-Köchling, K.; Heinze, C.; Schattner, P.; Voß, M.; Dassen, T.: Der Bekanntheitsgrad berufsethischer Grundregeln innerhalb der Berufsgruppe der Pflegenden. In: Pflege, Heft 1/2000, S. 42–46.

Elsbernd, A.: Zum Verhältnis von pflegerischem Wissen, pflegerischer Handlungsfreiheit und den Grenzen des Gehorsams der individuellen Pflegeperson. In: Pflege, Heft 2/1994, S. 105–116.

Elsbernd, A.: Pflegesituationen. Erlebnisorientierte Situationsforschung in der Pflege. Verlag Hans Huber, Bern; Göttingen; Toronto; Seattle 2000.

Elsbernd, A.: Bedeutsame Elemente in Pflegesituationen. Erlebnisorientierte Situationsforschung in der Pflege. In: Pflege, Heft 4/2001, S. 252–258.

Entzian, H.: An Tabus rühren ohne sie zu verletzen. In: Forum Sozialstation, Heft April 2004, S. 38–41.

Entzian, H.: Ethik im Berufsalltag der Pflege. Tabus berühren, ohne sie zu verletzen. In: Ministerium für Soziales, Gesundheit und Verbraucherschutz des Landes Schleswig-Holstein (Hrsg.): »Na, wie fühlen wir uns denn heute …?« Ethik in der Pflege. Eine Arbeitshilfe für die Aus-, Fort- und Weiterbildung. Landesregierung Schleswig-Holstein, Kiel 2005, S. 15–17.

Eser, A.; von Lutterotti, M.; Sporken, P. (Hrsg.) (unter Mitwirkung von Illhardt, F. J.; Koch, H.-G.): Lexikon Medizin, Ethik, Recht. Darf die Medizin, was sie kann? Information und Orientierung. Herder Verlag, Freiburg; Basel; Wien 1989.

Esposito, E.: Strukturelle Koppelung. In: Baraldi, C.; Corsi, G.; Esposito, E. (Hrsg.): GLU. Glossar zu Niklas Luhmanns Theorie sozialer Systeme. Suhrkamp-Verlag, Frankfurt am Main, zweite Aufl. 1998, S. 186–189.

Etzel, B. S.: Pflegekonzept. Entwicklung und Umsetzung in die Praxis. Altera Edition Hüthig, Heidelberg 1999.

Eurich, J.: Eingeschränkte Menschenwürde. Unterschiedliche Menschenbilder in der Pflege und ihre Folgen für Menschen mit Demenzerkrankung. In: Pflege & Gesellschaft, Heft 4/2008, S. 350–362.

Evers, G. C. M.: Theorien und Prinzipien der Pflegekunde. Ullstein Mosby, Berlin; Wiesbaden 1997.

Fahr, U.: Die Aufgabe der Ethik in der Pflege. In: Pflege Aktuell, Heft 12/1998, S. 672–675.

Fahr, U.: Positionen der Ethik. In: Pflege Aktuell, Heft 11/2000, S. 626–675.

Fahr, U.: Klinische Ethikberatung gewinnt an Bedeutung. In: Pflege Aktuell, Heft Okt. 2005, S. 520–524.

Fahr, U.: Ethik in Medizin und Pflege – Was können wir bewahren? Vortrag am 18.4.2007 beim Pflegesymposium 2007 in Bad Krozingen. Im Internet: www.herz-zentrum.de/Media/Pdf/Event/V1FAhr.pdf, S. 1–15, besucht am 25.07.2008.

Fahr, U.: Ethik in der Medizin multiprofessionell lehren – Herausforderungen des Ethikunterrichts mit Erwachsenen aus unterschiedlichen Berufen. In: Remmers, H.; Kohlen, H. (Hrsg.): Bioethics, Care and Gender. Herausforderungen für Medizin, Pflege und Politik. V&R Universitätsverlag Osnabrück 2010, S. 223–234.

Falk, J.: Überlegungen zu einer konstruktivistischen Didaktik. In: PflegePädagogik, Heft 1/1999, S. 31–33.

Falk, J.; Kerres, A.; Wittrahm, A.: Symposium: Ethik – meine Verantwortung und Chance als LehrerIn. In: PflegePädagogik, Heft 1/1997, S. 14–16.

Faller-Möller, M.: Ist Rationierung mit Pflegeethik vereinbar? In: Krankenpflege/Soins Infirmiers, Heft 6/1999, S. 10–14.

Faller-Möller, M.: Pflege zwischen Ethik und Rationierung. In: intensiv 7 (1999), S. 149–152.

Fawcett, J.: Pflegemodelle im Überblick. Verlag Hans Huber, Bern; Göttingen; Toronto; Seattle 1996.

Ferber, R.: Philosophische Grundbegriffe. Eine Einführung. Sechste Aufl., Verlag C. H. Beck, München 1999.

Fesenfeld, A.: Moralisches Handeln in der Pflege. Zum Verständnis von pflegerischer Verantwortung und Verantwortlichkeit. In: Pflege, Heft 6/1998, S. 312–318.

Fesenfeld, A.: Wenn Pflegehandeln zum ethischen Dilemma wird. In: Die Schwester/Der Pfleger, Heft 8/2008, S. 688–692.

Fiechter, V.; Meier, M.: Pflegeplanung. Eine Anleitung für die Praxis. Recom, Basel 1981.

Fix, E.; Kurzke-Maasmeier, S. (Hrsg.): Das Menschenrecht auf gute Pflege. Selbstbestimmung und Teilhabe verwirklichen. Lambertus, Freiburg im Breisgau 2009.

Flick, U.: Qualitative Forschung. Theorien, Methoden, Anwendung in Psychologie und Sozialwissenschaften. Vierte Aufl., Rowohlt Taschenbuchverlag, Reinbek bei Hamburg 1999.

Fluck, I.; Flücher, H.; Huber, E.; Hullermann, B.; Luger, A. M.: Schlussfolgerungen. In: Schwerdt, R. (Hrsg.): Gute Pflege. Pflege in der Beurteilung von Menschen mit Pflegebedarf. Verlag W. Kohlhammer, Stuttgart 2002a, S. 135–139.

Fölsch, D.: Ethik in der Pflegepraxis. Anwendung moralischer Prinzipien im Pflegealltag. facultas.wuv Universitätsverlag, Wien 2008.

Frauenknecht, X.: Grenzen der Behandlungspflicht und Pflegestandards. In: Pflege Aktuell, Heft 9/2001, S. 470–473.

Frese, F.: Ethik, Motivation, Qualität und die Hilfe für Menschen mit Behinderung. Lambertus-Verlag, Freiburg i. Br. 2000.

Frewer, A.: Ethik und Moral in der Medizin – Grundlagen und Grundmodelle ärztlichen Handelns. In: Frewer, A.; Winau, R. (Hrsg.): Geschichte und Theorie der Ethik in der Medizin. Verlag Palm & Enke, Erlangen; Jena 1997, S. 63–86.

Frewer, A.; Winau, R. (Hrsg.): Geschichte und Theorie der Ethik in der Medizin. Verlag Palm & Enke, Erlangen; Jena 1997.

Friesacher, H.: Segen oder Fluch für die Pflege? Pflegediagnosen und Pflegeklassifikationssysteme. Teil 2. In: Padua, Heft 5 (November)/2007, S. 48–55.

Friesacher, H.: Die Würde des Menschen ist unantastbar. Ethik in der Pflege. In: Padua, Heft Juni 2008, S. 6–15.

Friesacher, H.: Ethik – Herausforderungen und Entscheidungen. In: Schewior-Popp, S.; Sitzmann, F.; Ullrich, L. (Hrsg.): Thiemes Pflege. Das Lehrbuch für Pflegende in Ausbildung. Elfte Aufl., Georg Thieme Verlag, Stuttgart; New York 2009a, S. 156–173.

Friesacher, H.: Ethik und Ökonomie. Zur kritisch-normativen Grundlegung des Pflegemanagements und der Qualitätsentwicklung. In: Pflege & Gesellschaft, Heft 1/2009b, S. 5–23.

Friesacher, H.: Solidarität und Verantwortlichkeit. Eine erweiterte Perspektive auf Gerechtigkeitsdiskurse. In: Remmers, H.; Kohlen, H. (Hrsg.): Bioethics, Care and Gender. Herausforderungen für Medizin, Pflege und Politik. V&R Universitätsverlag Osnabrück 2010, S. 79–90.

Friesacher, H.: Kritik und moralisches Engagement – Überlegungen zur Gerechtigkeitskonzeption in der Pflege. In: Brandenburg, H.; Kohlen, H. (Hrsg.): Gerechtigkeit und Solidarität im Gesundheitswesen. Eine multidisziplinäre Perspektive. W. Kohlhammer, Stuttgart 2012, S. 65–77.

Fry, S. T.: Ethik in der Pflegepraxis. Anleitung für ethische Entscheidungsfindungen. Deutscher Berufsverband für Pflegeberufe (DBfK) e.V. Bundesverband, Eschborn 1995.

Füg, L.: Spontaneität und Ethik. Ihre Bedeutung im Rettungswesen bzw. in der Intensivmedizin. In: Städtler-Mach, B. (Hrsg.): Ethik im Gesundheitswesen. Springer-Verlag, Berlin; Heidelberg; New York; Barcelona; Hongkong; London; Mailand; Paris; Singapur; Tokio 1999, S. 103–128.

Fussek, C.: Richtlinien zur »artgerechten Haltung« von pflegebedürftigen Menschen. Lebensqualität und Würde pflegebedürftiger Menschen in Zeiten der Minutenpflege. Oder: Wenn man einem Menschen seine Würde nimmt, dann hört er auf zu leben! In: »not«, Heft 2/2003, S. 16–19.

Garessus, B.: Pflegeethik und ärztliche Ethik: Nur gemeinsame Fragen und Antworten. In: Schweizerische Gesellschaft für Biomedizinische Ethik (SGBE/SSEB) (Hrsg.): SGBEbulletinSSEB, No. 58, März 2009. Im Internet: www.sagw.ch/dms/sgbe/publikationen/Bulletin/Bull58/Bull-58.pdf, besucht am 11.2.2012, S. 10.

Garvert, C.; Beule, G.: Hilfen für den Alltag eines katholischen Unternehmens. In: neue caritas, Heft 4/2005, S. 9–13.

Gastmans, C.: Der soziale, interprofessionelle und institutionelle Kontext der Pflegepraxis: Hemmender Widerstand oder Beschleunigungskraft? In: Dibelius, O.; Arndt, M. (Sr. M. Benedicta) (Hrsg.): Pflegemanagement zwischen Ethik und Ökonomie. Eine europäische Perspektive. Schlütersche, Hannover 2003, S. 95–113.

Gastmans, C.: Medical Ethics and / or Nursing Ethics? Towards an Integrated Health Care Ethics. In: Schweizerische Gesellschaft für Biomedizinische Ethik (SGBE/SSEB) (Hrsg.): SGBEbulletinSSEB, No. 58, März 2009. Im Internet: www.sagw.ch/dms/sgbe/publikationen/Bulletin/Bull58/Bull-58.pdf, besucht am 11.2.2012, S. 8–9.

Gastmans, C.: Pflegeethik und aktive Sterbehilfe: Positionen und Implikationen für die Praxis. In: Monteverde, S. (Hrsg.): Handbuch Pflegeethik. Ethisch denken und handeln in den Praxisfeldern der Pflege. Kohlhammer, Stuttgart 2012, S. 98–108.

Geißner, U.: Jenseits von Skills. In: Pr-InterNet, Pädagogik, Ausgabe 3/1999a, S. 76–78.

Geißner, U.: Differenz – Perspektiven für ein neues Handeln in Organisationen. In: Krankendienst, Heft 7/1999b, S. 217–223.

Geißner, U. (Hrsg.): Der Weg zur Akademisierung der Pflege – Zwischenstation. Wissenschaftliches Symposium. Förderkreis der Freiburger Pflegestudiengänge e.V., Band 1, Freiburg 2000a.

Geißner, U.: Menschenbild – ethische Dimension. In: Kellnhauser, E. et al. (Hrsg.): Thiemes Pflege – entdecken – erleben – verstehen – professionell handeln. 9. Aufl., Georg Thieme Verlag, Stuttgart; New York 2000b, S. 4–25.

Genewein, C. M.; Sporken, P.: Menschlich pflegen. Grundzüge einer Berufsethik für Pflegeberufe. Vierte Aufl., Patmos Verlag, Düsseldorf 1981.

Georg, J.; Frowein, M. (Hrsg.): PflegeLexikon. Ullstein Medical Verlagsgesellschaft, Wiesbaden 1999.

Gerhards, K.; Burchardi, H.; Hilgers, R.; Erichsen, N.: Forschung in der Pflege und deutsche Ethikkommissionen. In: Pr-InterNet, PflegeManagement, Ausgabe 9/1999, S. 226–231.

Giebing, H.: Pflegerische Qualitätssicherung in kurzem Überblick. In: Krankenpflege, Heft 1/1991a, S. 2–6.

Giebing, H.: Qualitätssicherung in den Niederlanden. Eine Philosophie für die Praxis. In: Die Schwester/Der Pfleger, Heft 12/1991b, S. 1109–1111.

Giebing, H.: Pflegerische Qualitätssicherung. Konzept, Methode, Praxis. Eicanos, Bocholt 1996.

Giese, C.: Pflegeethik – Reise ins Ungewisse. In: Dr. med. Mabuse, Heft 114, Juli/August 1998, S. 49–55.

Giese, C.: Falldiskussion als Reflexion eigener Praxis. In: Arbeitsgruppe »Pflege und Ethik« der Akademie für Ethik in der Medizin e.V. (Hrsg.): »Für alle Fälle ...« Arbeit mit Fallgeschichten in der Pflegeethik. Brigitte Kunz Verlag, Hannover 2005, S. 155–167.

Giese, C.: Pflegemanagement in ethischer Perspektive. In: Monteverde, S. (Hrsg.): Handbuch Pflegeethik. Ethisch denken und handeln in den Praxisfeldern der Pflege. Kohlhammer, Stuttgart 2012, S. 156–172.

Gillen, E.: Ethische Komitees im kirchlichen Krankenhaus. In: Krankendienst, Heft 4/1996, S. 109–119.

Gillen, E.: Mitschrift des Verfassers im Seminar des genannten Dozenten an der Kath. Fachhochschule Freiburg, Wintersemester 1998/99, Fach Ethik III, 1998.

Gillen, E.: Frag nur – ethische Reflexionen zu den Fragestellungen im Klinischen Ethik-Komitee, In: Vortkamp, T.; Helbig, W. (Hrsg.): Ethik-Komitee im Krankenhaus. Erfahrungsberichte zur Einrichtung von Klinischen Ethik-Komitees. Deutscher Evangelischer Krankenhausverband e.V.; Katholischer Krankenhausverband Deutschlands e.V., Berlin; Freiburg 1999, S. 15–28.

Gillen, E.: Und sie bewegt sich doch! Von der gestalterischen Kraft der Moral. In: Brandenburg, H.; Schwendemann, U. (Hrsg.): Kommunikation, Kooperation, Konflikt. Festschrift für Ursula Geißner. Förderkreis der Freiburger Pflegestudiengänge e.V. Freiburg 2001, S. 89–96.

Goller, D.: Konturen einer Ethik des pflegerischen Blicks. In: Pr-InterNet, PflegePädagogik, Ausgabe 4/2001, S. 82–96.

Gordijn, B.: Ethische Diskussionen im Team. Nimweger Modell der multidisziplinären ethischen Fallbesprechung. In: Die Schwester/Der Pfleger, Heft 2/2000, S. 114–117.

Görres, S.; Friesacher, H.: Pflegewissenschaft in Deutschland – Gegenwärtiger Stand und Entwicklungsperspektiven. In: Zeitschrift für Gerontologie und Geriatrie, 31. Jahrgangsband, 1998, S. 157–169.

Götzelmann, A. (Hrsg.): Ethikunterricht in diakonischen Bildungseinrichtungen (Alten- und Krankenpflegeschulen). Curricula, Lehrmaterialien, Aufgabenstellungen einer Didaktik ethischer Bildung. DWI-Verlag (Selbstverlag des Diakoniewissenschaftlichen Institutes der Ruprecht-Karls-Universität Heidelberg). Heidelberg 2000a.

Götzelmann, A.: Einführung in das Thema. In: Götzelmann, A. (Hrsg.): Ethikunterricht in diakonischen Bildungseinrichtungen (Alten- und Krankenpflegeschulen). Curricula, Lehrmaterialien, Aufgabenstellungen einer Didaktik ethischer Bildung. DWI-Verlag (Selbstverlag des Diakoniewissenschaftlichen Institutes der Ruprecht-Karls-Universität Heidelberg). Heidelberg 2000b, S. 9–12.

Götzelmann, A.: Zehn Thesen zum Ethikunterricht in der Alten- und Krankenpflegeschule. In: Götzelmann, A. (Hrsg.): Ethikunterricht in diakonischen Bildungseinrichtungen (Alten- und Krankenpflegeschulen). Curricula, Lehrmaterialien, Aufgabenstellungen einer Didaktik ethischer Bildung. DWI-Verlag (Selbstverlag des Diakoniewissenschaftlichen Institutes der Ruprecht-Karls-Universität Heidelberg). Heidelberg 2000c, S. 67–68.

Graber-Dünow, M.: Qualität ist, wenn man trotzdem lacht. Widerborstige Anmerkungen. In: Dr. med. Mabuse, Heft Nov./Dez. 2011, S. 30–32.

Grabowski, I.: Tag der alternativen Pflegemethoden – ein Beitrag zur handlungsorientierten Unterrichtsgestaltung. In: Die Schwester/Der Pfleger, Heft 12/1997, S. 987–996.

Grauhan, A.: Berufsethik und Pflegepraxis. In: Krankenpflege, Heft 9/1981, S. 349–351.

Grauhan, A.: Berufsethische Normen in der Krankenpflege. In: Deutsche Krankenpflegezeitschrift, Heft 7/1985, S. 461–463.

Grauhan, A.: Menschenbild in der Pflege. In: Schädle-Deininger, H. (Hrsg.): Pflege, Pflege-Not, Pflege-Not-Stand: Entwicklungen psychiatrischer Pflege. Mabuse-Verlag, Frankfurt am Main, zweite Aufl. 1994, S. 23–31.

Grewel, H.: Recht auf Leben. Drängende Fragen christlicher Ethik. Vandenhoeck & Ruprecht, Göttingen 1990.

Grond, E.: Gewalt gegen Pflegende. Altenpflegende als Opfer und Täter. Hans Huber, Bern 2007.

Gröning, K.: Entweihung und Scham. Grenzsituationen in der Pflege alter Menschen. Vierte Aufl., Mabuse-Verlag, Frankfurt am Main 2005.

Gröning, K.; Kunstmann, A.-C.; Rensing, E.; Röwekamp, B. (Hrsg.): Pflegegeschichten. Pflegende Angehörige schildern ihre Erfahrungen. Mabuse-Verlag, Frankfurt am Main 2004.

Grosse, W.: Qualitätssicherung im Stationsalltag. In: Krankenpflege, Heft 9/1990, S. 454–456.

Großklaus-Seidel, M.: Umgang mit der Wahrheit am Krankenbett. In: Sehring, U.; Segbers, F. (Hrsg.): Ethisch handeln im Krankenhaus. Diakonische Werke in Hessen und Nassau sowie Kurhessen-Waldeck. Referat für Krankenhauswesen/-recht. Frankfurt am Main, o. J., S. 8–11.

Großklaus-Seidel, M.: Ethik im Pflegealltag. Wie Pflegende ihr Handeln reflektieren und begründen können. Kohlhammer, Stuttgart 2002.

Großklaus-Seidel, M.; Mayer, H.: Die ethische Begutachtung von Pflegeforschung. Ausgewählte Ergebnisse einer empirischen Untersuchung. In: PRINTERNET, Heft 12/2004, S. 687–690.

Grünendahl, M.: Pflegewissenschaft II: Forschungsprozeß und Methoden der Pflegewissenschaft. Studienbrief der Kath. Fachhochschule Freiburg. Freiburg 1998.

Gudjons, H.; Teske, R.; Winkel, R. (Hrsg.): Didaktische Theorien. Bergmann und Helbig Verlag, siebte Aufl., Hamburg 1993.

Habermann, M.: Vom Umgang mit dem Fremden – der Beitrag einer Ethnologie zur Pflege, In: Evang. Fachhochschule Darmstadt: Pflegewissenschaft an (Fach-)Hochschulen. Zweites Darmstädter Symposium am 14.09.1995, S. 15–22.

Halangk, D.: Zufriedene Patienten – Was leistet die Pflege? In: Heilberufe, Heft 9/1997, S. 6–7.

Hamann, J.; Jehle, U.; Wespel, E.; Ziegler, H.; Zoller, E. (Hrsg.): Ethisch handeln lernen an Krankenpflegeschulen. Eine Handreichung für den Unterricht. Eigendruck, Stuttgart 1990.

Harris, R.; Klie, T.; Ramin, E.: Heime zum Leben. Wege zur bewohnerorientierten Qualitätssicherung. Vincentz, Hannover 1995.

Hastedt, H.: Ethik in der Pflege. In: Richter, J; Norberg, A.; Fricke, U. (Hrsg.): Ethische Aspekte pflegerischen Handelns. Konfliktsituationen in der Alten- und Krankenpflege. Schlütersche Verlagsgesellschaft, Hannover 2002, S. 9–21.

Heffels, W. M.: Blinde Flecken in der Fürsorgepflicht gegenüber dem Patienten. In: Pflegezeitschrift, Heft 7/2002, Anhang Dokumentation Ethik, S. 1–6.

Heffels, W. M.: Pflegeethik als Verpflichtung zur Wahrnehmung personaler Verantwortung der Pflegenden in funktionalisierten Handlungsfeldern der Pflege. Dissertation. Fakultät für Gesellschaftswissenschaften der Gerhard-Mercator-Universität – Gesamthochschule Duisburg 2002. Im Internet: http://d-nb.info/981816614/34, besucht am 2.8.2011.

Heffels, W. M.: »Auf der Station ist wieder viel los …« Ethische Probleme als Unterrichtsthema. In: Padua, Heft Mai 2006, S. 44–47.

Heffels, W. M.: Wie entsteht Haltung? Sittlichkeitsbildung in der Lebenspraxis. In: Padua, Heft Juni 2008, S. 16–20.

Heger, R.-J.; Manthey, H.: Lernliebe – über den Eros beim Lehren und Lernen. Dt. Studien-Verlag, Weinheim 1993.

Heinemann, W.: Ethische Fallbesprechung. Eine interdisziplinäre Form klinischer Ethikberatung. MTG Malteser Trägergesellschaft gGmbH, Köln 2005. Im Internet: http://www.malteser-traegergesellschaft.de/53.20.Downloads/ethische_fallbesprechung.pdf, besucht am 31.07.2011.

Heinzmann, R.: Die »Münchener Erklärung« und ihre Konsequenzen. Auf dem Weg zur eigenen Verantwortlichkeit, In: Caritas und Pflege, Heft 1/2001, S. 4–6.

Helferich, C.: Geschichte der Philosophie. Von den Anfängen bis zur Gegenwart und Östliches Denken. Dritte Aufl., dtv, München 1999.

Helmchen, H.; Kanowski, S.; Lauter, H.: Ethik in der Altersmedizin. Verlag W. Kohlhammer, Stuttgart 2006.

Hesse, M; Pauli, C.: Kampf um Joes Erbe. In: Der Spiegel, Heft 47/2011. Im Internet: http://www.spiegel.de/spiegel/print/d-81933548.html, besucht am 14.1.2012.

Heubel, F.: Ein sokratischer Weg bei der Arbeit mit Falldiskussionen. In: Arbeitsgruppe »Pflege und Ethik« der Akademie für Ethik in der Medizin e.V. (Hrsg.): »Für alle Fälle …« Arbeit mit Fallgeschichten in der Pflegeethik. Brigitte Kunz Verlag, Hannover 2005, S. 145–154.

Heubel, F.: Kants Moralphilosophie und die moderne Pflege. In: Remmers, H.; Kohlen, H. (Hrsg.): Bioethics, Care and Gender. Herausforderungen für Medizin, Pflege und Politik. V&R Universitätsverlag Osnabrück 2010, S. 65–75.

Heusler, E.; Bremer, D.: Eine Ethik für die Altenpflege. In: Brandenburg, H.; Huneke, M. J. (Hrsg.): Professionelle Pflege alter Menschen. Eine Einführung. Verlag W. Kohlhammer, Stuttgart 2006, S. 439–489.

Hewitt, J. L.; Edwards, S. D.: Ethische Überlegungen zur Verhütung von Suizid in der Psychiatrie. In: Psych. Pflege, Heft 2/2009, S. 60–66.

Hiemetzberger, M.: Zwischen Leben und Tod – Pflegende als Grenzgänger. Eine Studie zur Pflege hirntoter Menschen. Facultas, Wien 2006.

Hiemetzberger, M.; Messner, I.; Dortmeister, M.: Berufsethik und Berufskunde. Ein Lehrbuch für Pflegeberufe. Zweite Aufl., Facultas, Wien 2010.

Hirczy, J.: Kenntnisstand von diplomierten Pflegepersonen in Pflegeheimen über die ethischen Richtlinien des International Council of Nurses (ICN). Bakkalaureatsarbeit, Medizinische Universität Graz, Studium der Gesundheits- und Pflegewissenschaften. Graz 2010, im Internet: https://online.medunigraz.at/mug_online/wbabs.getDocument?pThesisNr=19342&pAutorNr=&pOrgNR=1, besucht am 15.12.2010.

Hochgraeber, I.: Zu Besuch bei Claus Fussek. In: Die Schwester/Der Pfleger, Heft 6/2008, S. 554–557.

Hochscheid, D.: Professionelle Pflege. In: Hoehl; M.; Kullick, P. (Hrsg.): Kinderkrankenpflege und Gesundheitsförderung. Georg Thieme Verlag, Stuttgart; New York 2002, S. 2–16.

Hoehl; M.; Kullick, P. (Hrsg.): Kinderkrankenpflege und Gesundheitsförderung. Georg Thieme Verlag, Stuttgart; New York 2002.

Höffe, O.: Lexikon der Ethik. Fünfte Auflage, Verlag C. H. Beck, München 1997.

Hoffmann, R. U.: Ethisches Dilemma in der häuslichen Krankenpflege. In: Pflege Aktuell, Heft 12/1993, S. 722–723.

Hofmann, I.: Ethisches Handeln im Pflegealltag. Überlegungen zur Notwendigkeit einer Pflege-Ethik. In: Pflege Aktuell, Heft 6/1995a, S. 444–446.

Hofmann, I.: Neue Verantwortlichkeiten. Berufliches Selbstverständnis und Pflege-Ethik. In: Dr. med. Mabuse, Heft 8/9/1995b, S. 35–38.

Hofmann, I.: Verrat am Menschen? Wenn die Pflege hinter ihrem state of the art zurückbleibt … In: Zeitschrift für medizinische Ethik, Heft 3/1999, S. 185–196.

Hofmann, I.: Ist immer Ethik drin, wo Ethik draufsteht? Typische Probleme in der Vermittlung von Ethik. In: Pflegemagazin, Heft 6/2000, S. 21–25.

Hofmann, I.: Wenn die Pflege nicht »den Regeln der Kunst« entspricht. In: Pflegezeitschrift, Heft 1/2001a, S. 54–58.

Hofmann, I.: Verrückt in normierter Umgebung. Ethische Überlegungen zur Pflege psychisch veränderter und kranker Menschen. In: PflegeImpuls, Heft 8/2001b, S. 179–184.

Hofmann, I.: Schwierigkeiten im interprofessionellen Dialog zwischen ärztlichem und pflegerischem Kollegium. In: Pflege, Heft 3/2001c, S. 207–213.

Hofmann, I.: Konstitutive Grenzüberschreitung im Pflegealltag. Eine Reflexion über den möglichen Zusammenhang zwischen unvermeidbarer Grenzüberschreitung einerseits und Autonomieverletzung andererseits. In: intensiv. Fachzeitschrift für Intensiv- und Anästhesiepflege. Heft 6, 2001d, S. 251–254.

Hofmann, I.: Pflege nach den »Regeln der Kunst«. Ethischer Auftrag und Verantwortung in der Berufspraxis. In: Heilberufe, Heft 12/2001e, S. 12–14.

Hofmann, I.: Wandeln sich die Werte? Aspekte zu Ethik, Ökonomie und Pflege. Vortrag zum Pflegetag »Menschenwürdig pflegen« (2006) beim Caritas-Verband Saar-Hochwald. Im Internet: www.irmgard-hofmann.de/lib/exe/fetch.php?id=vortraege&cache=cache&media=wandeln_sich_die_werte.pdf, besucht am 23.8.2011, S. 1–11.

Holmes, A. F.: Wege zum ethischen Urteil. Grundlagen und Modelle. R. Brockhaus Verlag, wissenschaftl. Taschenbücher, Wuppertal 1987.

Hoppe, E.; Körner, U.; Luther, E.; Nitsche, A.: Ethik. Arbeitsbuch für Schwestern und Pfleger. LAU-Ausbildungssysteme GmbH, Verlag für Medizin und Technik, Reinbek 1995.

Huber, M.: Ethisch begründete Entscheidungsfindung in einer Konfliktsituation. In: Pflegemagazin, Heft 2/2004, S. 47–53.

Huber, M.: »Moderne Konzepte« in der Altenpflege. In: Huber, M.; Siegel, S. A.; Wächter, C.; Brandenburg, A.: Autonomie im Alter. Leben und Altwerden im Pflegeheim – wie Pflegende die Autonomie von alten und pflegebedürftigen Menschen fördern. Unter Mitarbeit von Brandenburg, H.; Bremer, D.; Oelhoff, M. und Zimber, A.; Schlütersche Verlagsgesellschaft, Hannover 2005, S. 130–140.

Huber, M.; Siegel, S. A.; Wächter, C.; Brandenburg, A.: Autonomie im Alter. Leben und Altwerden im Pflegeheim – wie Pflegende die Autonomie von alten und pflegebedürftigen Menschen fördern. Unter Mitarbeit von Brandenburg, H.; Bremer, D.; Oelhoff, M. und Zimber, A.; Schlütersche Verlagsgesellschaft, Hannover 2005.

Hug, S.: Soziale Arbeit – Verbindung von Individualethik und Sozialethik. In: Arn, C.; Weidmann-Hügle, T. (Hrsg.): Ethikwissen für Fachpersonen. Handbuch Ethik im Gesundheitswesen 2. EMH Schwabe, Basel 2009a, S. 103–121.

Hug, S.: Handeln in Organisationen – Zwischen Struktur und Kultur. In: Baumann-Hölzle, R.; Arn, C. (Hrsg.): Ethiktransfer in Organisationen. Handbuch Ethik im Gesundheitswesen 3. EMH Schwabe, Basel 2009b, S. 17–30.

Hügli, A.: Pädagogische Ethik. In: Pieper, A.; Thurnherr, U.: Angewandte Ethik. Eine Einführung. Verlag C. H. Beck, München 1998, S. 312–336.

Hunink, G.: Pflegetheorien – Elemente und Evaluation. Eicanos, Bocholt 1997.

Hunt, G.: What is nursing ethics? In: Nurse Education Today, 12, 1992, p. 323–328.

ICN (International Council of Nurses): Ethische Grundregeln für die Krankenpflege. DBfK, Frankfurt/Main 1973.

ICN (International Council of Nurses): Ethische Aspekte in der Pflegeforschung. In: Pflege Aktuell, Heft 5/1996, S. 328–336.

ICN (International Council of Nurses): ICN-Ethikkodex für Pflegende. Genf 2000. In: Pflege Aktuell, Heft 10/2000, S. 563.

ICN (International Council of Nurses): The ICN Code of Ethics for Nurses. Genf 2006. Im Internet: http://www.icn.ch/images/stories/documents/about/icncode_english.pdf, besucht am 1.2.2011.

ICN (International Council of Nurses): ICN-Ethikkodex für Pflegende. DBFK, Berlin 2010. Im Internet: http://www.dbfk.de/download/download/10091DBfK-ICN-Ethik-E04kl-web.pdf, besucht am 1.2.2011.

IFSW (International Federation of Social Workers): Ethische Grundlagen der Sozialen Arbeit. Prinzipien und Standards. Verabschiedet am Weltdelegiertentreffen in Sri Lanka, 6.–8. Juli 1994. In: Sozialarbeit, Heft 11/1997, S. 11–15.

IFSW (International Federation of Social Workers); IASSW (International Association of Schools of Social Work): Ethik in der Sozialen Arbeit – Erklärung der Prinzipien (2004). Übersetzung: Barbara Molderings – DBSH e.V.; im Internet: http://www.dbsh.de/Ethik_in_der_Sozialen_Arbeit.pdf, besucht am 5.1.2011.

Illhardt, F. J.: Medizinische Ethik. Ein Arbeitsbuch. Unter Mitarbeit von H.-G. Koch. Springer-Verlag, Berlin; Heidelberg; New York; Tokyo 1985.

Illhardt, F. J.: Ethische Grenzfragen im Bereich der Humanwissenschaften. In: Huber, N.; Schoch, H. (Hrsg.): Grenzsituationen menschlichen Lebens. Hilfen für behinderte Menschen – ethische Anfragen und Perspektiven. Lambertus-Verlag, Freiburg i. Br. 1986, S. 19–35.

Illhardt, F. J.: Stichwort »Pflegeethik« In: Eser, A.; von Lutterotti, M.; Sporken, P. (Hrsg.) (unter Mitwirkung von Illhardt, F. J.; Koch, H.-G.): Lexikon Medizin, Ethik, Recht. Darf die Medizin, was sie kann? Information und Orientierung. Herder Verlag, Freiburg; Basel; Wien 1989, S. 806–812.

Illhardt, F. J.: Ideologische Wurzeln der Euthanasiediskussion – damals und heute. In: Heggbacher Einrichtungen: Vor 50 Jahren: Massenmorde – als »Gnadentod« getarnt. Und heute? 1990, S. 22–37.

Illhardt, F. J.: Hintergrund des Themas: »Lebenswelt« und »Biomedizin«. Wie kann man Medizin verstehen? In: Illhardt, F. J.; Effelsberg, W.: Medizin in multikultureller Herausforderung: Workshop der Akademie der Wissenschaften und der Literatur. G. Fischer Verlag, Mainz 1994a, S. 12–28.

Illhardt, F. J.: Relativismus in der Medizin. In: Illhardt, F. J.; Effelsberg, W.: Medizin in multikultureller Herausforderung: Workshop der Akademie der Wissenschaften und der Literatur. G. Fischer Verlag, Mainz 1994b, S. 67–75.

Illhardt, F. J.: Entscheidungsfindung. In: Kahlke, W.; Reiter-Theil, S. (Hrsg.): Ethik in der Medizin. Ferdinand Enke Verlag, Stuttgart 1995, S. 111–119.

Illhardt, F. J.: Qualitätssicherung in der Pflege: eine ethische Herausforderung? In: Zeitschrift für medizinische Ethik. Heft 3/1999a, S. 171–175.

Illhardt, F. J.: Bioethik: Herausforderungen – Positionen – Aktivitäten, In: Religionsunterricht an höheren Schulen (rhs), Heft 5/1999b, S. 273–281.

Illhardt, F. J.: Erfahrungen beim Aufbau eines klinischen Ethikkonsildienstes in Freiburg. In: Stutzki, R.; Ohnsorge, K.; Reiter-Theil, S. (Hrsg.): Ethikkonsultation heute – vom Modell zur Praxis. LIT Verlag Dr. W. Hopf, Berlin 2011, S. 317–326.

Illhardt, F. J.; Lauer, W.: Stichwort »Krankenhaus, 2. Ethik« In: Eser, A.; von Lutterotti, M.; Sporken, P. (Hrsg.) (unter Mitwirkung von Illhardt, F. J.; Koch, H.-G.): Lexikon Medizin, Ethik, Recht. Darf die Medizin, was sie kann? Information und Orientierung. Herder Verlag, Freiburg; Basel; Wien 1989, S. 626–635.

Illhardt, F. J.; Piechowiak, H.: Mittelverteilung. In: Kahlke, W.; Reiter-Theil, S. (Hrsg.): Ethik in der Medizin. Ferdinand Enke Verlag, Stuttgart 1995, S. 126–133.

Irrgang, B.: Grundriss der medizinischen Ethik. UTB für Wissenschaft: Uni-Taschenbücher, Ernst Reinhardt Verlag, München 1995.

Isfort, M.: Professionelles Pflegehandeln. In: Menche, N. (Hrsg.): Pflege Heute. Fünfte Aufl., Elsevier, München 2011, S. 19–40.

Jank, W.; Meyer, H.: Didaktische Modelle. Dritte Aufl., Cornelsen Verlag Scriptor, Berlin 1994.

Jank, W.; Meyer, H.: Didaktische Modelle. Fünfte Aufl., Cornelsen Verlag Scriptor, Berlin 2002.

Joerger, K.: Einführung in die Lernpsychologie. Siebte Aufl., Herder Verlag, Freiburg 1980.

Josat, S.; Schubert, H.-J.; Schnell, M. W.; Köck, C.: Qualitätskriterien, die Altenpflegeheimbewohnern und Angehörigen wichtig sind. In: Pflege, Heft 2/2006, S. 79–87.

Juchli, L.: Allgemeine und spezielle Krankenpflege. Dritte Aufl., Georg Thieme Verlag, Stuttgart 1979.

Juchli, L.: Krankenpflege. Praxis und Theorie der Gesundheitsförderung und Pflege Kranker. Fünfte Aufl., Georg Thieme Verlag, Stuttgart; New York 1987.

Jünemann, E.: Sinnvermittlung durch Professionsethik. In: Pflegemagazin, Heft 5/2005, S. 4–13.

Just, A.: Ethische Entscheidungsmodelle in Pflege und Medizin. In: Pflege, Heft 5/2001, S. 309–315.

Kahlke, W.: Praktische Empfehlungen zum Lehren und Lernen. In: Kahlke, W.; Reiter-Theil, S. (Hrsg.): Ethik in der Medizin. Ferdinand Enke Verlag, Stuttgart 1995, S. 134–143.

Kahlke, W.; Reiter-Theil, S. (Hrsg.): Ethik in der Medizin. Ferdinand Enke Verlag, Stuttgart 1995.

Kahlke, W.; Reiter-Theil, S.: Vorwort der Herausgeber. In: Kahlke, W.; Reiter-Theil, S. (Hrsg.): Ethik in der Medizin. Ferdinand Enke Verlag, Stuttgart 1995a, S. VI-VIII.

Kahlke, W.; Reiter-Theil, S.: Lernziele für die Auseinandersetzung mit ethischen Problemen. In: Kahlke, W.; Reiter-Theil, S. (Hrsg.): Ethik in der Medizin. Ferdinand Enke Verlag, Stuttgart 1995b, S. 17–22.

Kaiser, H.: Zwischen Liebe und Aggression – Zur Ethik pflegerischen Handelns. In: Blonski, H. (Hrsg.): Ethik in Gerontologie und Altenpflege. Leitfaden für die Praxis. Brigitte Kunz Verlag, Hagen 1998, S. 151–164.

Kant, I.: Grundlegung zur Metaphysik der Sitten. In: Spaemann, R. (Hrsg.): Ethik-Lesebuch. Von Platon bis heute. Piper, München; Zürich 1987, S. 71–87 und 199–207.

Käppeli, S.: Moralisches Handeln und berufliche Unabhängigkeit in der Krankenpflege. In: Pflege, Heft 1/1988, S. 20–27.

Käppeli, S.: Pflegewissenschaft im Kontext der Medizin – Verbindendes und Trennendes in den beiden Disziplinen. In: Hochschulforum Pflege, Nr. 1/2001a, S. 7–10.

Käppeli, S.: Mit-Leiden – eine vergessene Tradition der Pflege? In: Pflege, Heft 5/2001b, S. 293–306.

Käppeli, S.: Vom Glaubenswerk zur Pflegewissenschaft. Geschichte des Mit-Leidens in der christlichen, jüdischen und freiberuflichen Krankenpflege. Hans Huber, Bern 2004.

Käppeli, S.: Bündnis oder Vertrag? In: Pflege, Heft 3/2005, S. 187–195.

Käppeli, S.: Das therapeutische Bündnis in Medizin und Pflege – wie lange noch? In: Schweizerische Ärztezeitung. Nr. 26/2006, S. 1221–1225.

Käppeli, S.: Der mündige Patient in der Pflege – ein Widerspruch in sich selbst? Vortrag am 5. Kongress für Gesundheitsökonomie und Gesundheitswissenschaften, Bern, 24.10.2008, S. 1–20. Im Internet: http://www.careum-explorer.ch/careum/pub/referat_kaeppeli_muendiger_patient_1228_1.pdf , besucht am 21.9.2011.

Käppeli, S.: Das Ethos der Pflege – Gedankenspiel oder Verpflichtung? In: Stemmer, R. (Hrsg.): Qualität in der Pflege – trotz knapper Ressourcen. Schlütersche Verlagsgesellschaft, Hannover 2009, S. 101–121.

Käppeli, S.: Eine Botschaft für die Pflege. In: Taylor, R.: Der moralische Imperativ des Pflegens. Hans Huber, Bern 2011, S. 41–43.

Karrer, D.: Der Kampf um Unterschiede – Medizinisches Feld und Wandel des Pflegeberufs. In: Pflege, Heft 1/1995, S. 43–50.

Kast, V.: Der schöpferische Sprung. Vom therapeutischen Umgang mit Krisen. Fünfte Aufl., dtv, München 1994.

Kellnhauser, E.: Die Sicherung der Qualität in der Krankenpflege. Eine Herausforderung für die Zukunft, In: Die Schwester/Der Pfleger, Heft 4/1991, S. 332–336.

Kemetmüller, E.: Ethik in der Pflegepädagogik. Zum Verhältnis von Theorie und Praxis unter dem Aspekt einer philosophisch-kritischen Bildungstheorie. Verlag Wilhelm Maudrich, Wien; München; Bern 1998.

Kerstiens, L.: Thesen zur Gewissensbildung. In: Meyer-Drawe, K.; Peukert, H.; Ruhloff, J. (Hrsg.): Pädagogik und Ethik. Beiträge zu einer zweiten Reflexion. Zweite Auflage Deutscher Studien Verlag, Weinheim 1996, S. 106–120.

Kersting, K.: Berufsbildung zwischen Anspruch und Wirklichkeit. Eine Studie zur moralischen Desensibilisierung. Verlag Hans Huber, Bern 2002.

Kesselring, A.: Wofür sind Pflegetheorien gut? In: Krankenpflege/Soins Infirmiers, Heft 12/1996, S. 8–13.

Kesselring, A.: Verantwortlich für das, was wir uns vertraut machen. In: Krankenpflege/Soins Infirmiers, Heft 9/2000, S. 20–23.

Kesselring, A. et al.: Pflegende und Forschung: Ethische Grundsätze. SBK-ASI (Schweizer Berufsverband der Krankenschwestern und Krankenpfleger), Bern 2000.

Kettner, M.: 2 x moralisches Selbstbewusstsein. In: Pflege Aktuell, Heft Okt. 2005, S. 530–535.

King, I. M.: A Theory for Nursing. Systems, Concepts, Process. New York: John Wiley & Sons, New York 1981.

Kinzelmann, K.: Dokumentation und Menschenbild. In: Städtler-Mach, B. (Hrsg.): Ethik im Gesundheitswesen. Springer-Verlag, Berlin; Heidelberg; New York; Barcelona; Hongkong; London; Mailand; Paris; Singapur; Tokio 1999, S. 77–101.

Kirkevold, M.: Pflegetheorien. Urban & Schwarzenberg, München; Wien; Baltimore 1997.

Klafki, W.: Die bildungstheoretische Didaktik im Rahmen kritisch-konstruktiver Erziehungswissenschaft, In: Gudjons, H.; Teske, R.; Winkel, R. (Hrsg.): Didaktische Theorien. Siebte Aufl., Bergmann und Helbig Verlag, Hamburg 1993, S. 11–26.

Kleinschmidt, H.: Pflege und Selbstbestimmung. Pflegerische Interaktionen und ihre aktive Mitgestaltung durch den Patienten. Verlag Hans Huber, Bern et al. 2004.

Klie, T.: Qualitätssicherung in der stationären Altenhilfe. Zum Stand der Diskussion in Deutschland. In: Harris, R.; Klie, T.; Ramin, E.: Heime zum Leben. Wege zur bewohnerorientierten Qualitätssicherung. Vincentz, Hannover 1995, S. 9–24.

Klie, T.: Menschenwürde als ethischer Leitbegriff für die Altenhilfe. In: Blonski, H. (Hrsg.): Ethik in Gerontologie und Altenpflege. Leitfaden für die Praxis. Brigitte Kunz Verlag, Hagen 1998a, S. 123–139

Klie, T.: Die Abgrenzung von Grund- und Behandlungspflege. In: Pflege- & Krankenhausrecht, Heft 1/1998b, S. 13–17.

Klie, T. (Hrsg.): Kooperative Qualitätssicherung in der geriatrischen Rehabilitation. Kontaktstelle für praxisorientierte Forschung an der Evang. Fachhochschule Freiburg (Forschungs- und Projektbericht der Kontaktstelle für praxisorientierte Forschung; 15), Freiburg 1998c.

Klie, T.: Demenz – Ethische Aspekte. In: Tackenberg, P.; Abt-Zegelin, A. (Hrsg.): Demenz und Pflege. Eine interdisziplinäre Betrachtung. Unter Mitarbeit von Claudia Dinand und Hans-Joachim Eickelmann. Vierte Aufl., Mabuse-Verlag, Frankfurt/Main 2004, S. 54–61.

Knipping, C. (Hrsg.): Lehrbuch Palliative Care. Zweite Aufl., Verlag Hans Huber, Bern 2007.

Koch, C.: Pflege am Lebensende – Ein Beitrag zur Ethik im Rahmen der aktuellen Sterbehilfedebatte. In: Remmers, H.; Kohlen, H. (Hrsg.): Bioethics, Care and Gender. Herausforderungen für Medizin, Pflege und Politik. V&R Universitätsverlag Osnabrück 2010, S. 205–220.

Kohlen, H.: Sicherung des Patientenwillens durch »Ethikvisite« und »Pflegevisite« In: Zeitschrift für medizinische Ethik, Heft 3/1999, S. 197–204.

Kohlen, H.: Ethikausbildung in der Pflege. In: Wiesemann, C. et al. (Hrsg.): Pflege und Ethik. Leitfaden für Wissenschaft und Praxis. Verlag W. Kohlhammer, Stuttgart 2003, S. 188–200.

Kohlen, H.: Klinische Ethikkomitees und die Themen der Pflege. IMEW Expertise 10. Institut Mensch, Ethik und Wissenschaft (IMEW). Zweite Aufl., Berlin 2010a.

Kohlen, H.: Care-Arrangements und Gender in der häuslichen Pflege. In: Remmers, H.; Kohlen, H. (Hrsg.): Bioethics, Care and Gender. Herausforderungen für Medizin, Pflege und Politik. V&R Universitätsverlag Osnabrück 2010b, S. 119–130.

Kohlen, H.: Die Rolle von Pflegenden in Klinischen Ethikkomitees. In: Monteverde, S. (Hrsg.): Handbuch Pflegeethik. Ethisch denken und handeln in den Praxisfeldern der Pflege. Kohlhammer, Stuttgart 2012, S. 192–201.

Kollak, I.; Huber, A.: Pflegediagnose kontrovers. In: Heilberufe, Heft 4/1996, S. 19–21.

Körtner, U. H. J.: Grundkurs Pflegeethik. UTB Facultas, erste Auflage, Wien 2004.

Körtner, U. H. J.: Ethik im Krankenhaus. Diakonie – Seelsorge – Medizin. Vandenhoeck & Ruprecht, Göttingen 2007a.

Körtner, U. H. J.: Einführung in die Pflegeethik. Institut für Ethik und Recht in der Medizin. Vorlesungsskript. Universität Wien, 2007b (WS 2007/08), im Internet: http://public.univie.ac.at/fileadmin/user.../VorlPflegeethik__WS_2007-08_.ppt, Folie 45, besucht am 22.1.2011.

Körtner, U. H. J.: Ethik im Krankenhaus. Vortrag vor Krankenhausseelsorgerinnen und -seelsorgern der Ev. Kirchenkreise Gladbeck-Bottrop-Dorsten und Recklinghausen am 16.3.2007, Recklinghausen 2007c, S. 1–24. Im Internet: http://www.krankenhausseelsorge-westfalen.de/a_z/material/koertner-ethik-im-krankenhaus.pdf, besucht am 26.8.2011.

Körtner, U. H. J.: Grundkurs Pflegeethik. Zweite Auflage, Facultas, Wien 2012.

Kortus, R.: Ethische Aspekte bei der Behandlung älterer depressiver Patienten. In: Blonski, H. (Hrsg.): Ethik in Gerontologie und Altenpflege. Leitfaden für die Praxis. Brigitte Kunz Verlag, Hagen 1998, S. 31–46.

Kösel, E.: Die Modellierung von Lernwelten. Ein Handbuch zur Subjektiven Didaktik. Verlag Laub, Elztal-Dallau 1993.

Kostka, U.: Verteilungskonflikte im Krankenhaus. In: neue caritas, Heft 4/2005, S. 15.

Kreikenbaum, J.: Sind Mentoren bald Vergangenheit? In: Pflegezeitschrift, Heft 2/2003, S. 123–125.

Kreitzscheck, D.: Klinikseelsorge – Christliche Wertschätzung des Patienten. In: Arn, C.; Weidmann-Hügle, T. (Hrsg.): Ethikwissen für Fachpersonen. Handbuch Ethik im Gesundheitswesen 2. EMH Schwabe, Basel 2009, S. 75–84.

Krohwinkel, M. et al.; Agnes Karll Institut für Pflegeforschung (DBfK): Der pflegerische Beitrag zur Gesundheit in Forschung und Praxis. Nomos Verlagsgesellschaft, Baden-Baden 1992.

Krohwinkel, M.: Der Pflegeprozess am Beispiel von Apoplexiekranken: Eine Studie zur Erfassung und Entwicklung ganzheitlich-rehabilitierender Prozeßpflege (Kap. 6 von S. Bartholomeyczik). Nomos Verlags-Gesellschaft, Baden-Baden 1993.

Krohwinkel, M.: Fördernde Prozesspflege – Konzepte, Verfahren und Erkenntnisse, In: Osterbrink, J. (Hrsg.): Erster Internationaler Pflegetheorienkongreß Nürnberg. Verlag Hans Huber, Bern; Göttingen; Toronto; Seattle 1998, S. 134–154.

Krompholz-Schink, W.: Qualität in Wirtschaft und Pflege – Eine Betrachtung. In: Städtler-Mach, B. (Hrsg.): Ethik im Gesundheitswesen. Springer-Verlag, Berlin; Heidelberg; New York; Barcelona; Hongkong; London; Mailand; Paris; Singapur; Tokio 1999, S. 15–43.

Kruschke, C.; Salomon, F.: Die Bedeutung des Perspektivenwechsels in Fallgeschichten. In: Arbeitsgruppe »Pflege und Ethik« der Akademie für Ethik in der Medizin e.V. (Hrsg.): »Für alle Fälle ...« Arbeit mit Fallgeschichten in der Pflegeethik. Brigitte Kunz Verlag, Hannover 2005, S. 168–174.

Kruse, T.; Wagner, H. (Hrsg.): Ethik und Berufsverständnis der Pflegeberufe. Springer-Verlag, Berlin; Heidelberg; New York; London; Paris; Tokyo; Hong Kong; Barcelona; Budapest 1994.

Kuhlmey, J.: Was ist qualitative Altenpflege? Teil 1. In: Heim und Pflege, Heft 2/1994, S. 76–77.

Kuhlmey, J.: Ethik und Qualität in der Pflege. Was vermag Ethik und wo liegen ihre Grenzen? In: Pr-InterNet, PflegeManagement, Ausgabe 4/1999, S. 90–95.

Kuhlmey, J.: Ethik und Alter. In: Pflegemagazin, Heft 5/2005, S. 35–40.

Kurtenbach, H.; Golombek, G.; Siebers, H.: Krankenpflegegesetz: mit Ausbildungs- und Prüfungsordnung für die Berufe in der Krankenpflege. Vierte Aufl., Verlag W. Kohlhammer, Stuttgart; Berlin; Köln 1994.

Ladenthin, V.; Schilmöller, R. (Hrsg.): Ethik als pädagogisches Projekt. Grundfragen schulischer Werterziehung. Leske und Budrich, Opladen 1999.

Ladenthin, V.; Schilmöller, R.; Schulp-Hirsch, G.: Vorwort. In: Ladenthin, V.; Schilmöller, R. (Hrsg.): Ethik als pädagogisches Projekt. Grundfragen schulischer Werterziehung. Leske und Budrich, Opladen 1999, S. 7–19.

Laga, G.: Pflegeethik – Ein Überblick über die Diskussion im angelsächsischen Bereich. In: PflegePädagogik, Heft 3/1995, S. 12–15.

Lamnek, S.: Qualitative Sozialforschung, Band 2: Methoden und Techniken. Dritte Aufl., Beltz Psychologie Verlagsunion, München 1995.

Lang, P. C.: Lebendige Philosophie: Debatten und Kontroversen der siebziger und achtziger Jahre. In: Helferich, C.: Geschichte der Philosophie. Von den Anfängen bis zur Gegenwart und Östliches Denken. Dritte Aufl., dtv, München 1999, S. 447–483.

Langer, A.; Schröder, P.; Eurich, J.; Brink, A.: Ethische Dilemmasituationen in der Pflege. Eine Analyse aus Perspektive der Neuen Institutionenökonomik. In: Pflege & Gesellschaft, Heft 2, 2009, S. 155–177.

Lanius, F.: Menschenwürde und pflegerische Verantwortung. Zum ethischen Eigengewicht pflegebedürftiger Menschen im Spannungsfeld von moralischem Standpunkt und moralischem Status. V&R unipress, Göttingen 2010.

Lauber, A. (Hrsg.): Grundlagen beruflicher Pflege. Georg Thieme Verlag, Stuttgart; New York 2001a.

Lauber, A.: Ethik und Pflege. In: Lauber, A. (Hrsg.): Grundlagen beruflicher Pflege. Georg Thieme Verlag, Stuttgart; New York 2001b, S. 246–274.

Lauer, W.; Maier, H.-P. (Hrsg.): Ethik-Komitee im Krankenhaus. Hrsg.: Deutscher Evangelischer Krankenhausverband e.V.; Katholischer Krankenhausverband Deutschlands e.V.; Freiburg 1997.

Lauterbach, A.: Editorial. In: Pflegewissenschaft, Heft 3/2010, S. 129.

Laux, M. U.: Ethik in der onkologischen Pflege. In: Bäumer, R.; Maiwald, A. (Hrsg.): Onkologische Pflege. Georg Thieme Verlag, Stuttgart; New York 2008, S. 62–78.

Lauxen, O.: Moralische Probleme in der ambulanten Pflege – eine deskriptive pflegeethische Untersuchung. In: Pflege, Heft 6/2009, S. 421–430.

Lay, R.: Einführung in das Modell der Gesundheitspflege. In: Krankenpflegeschule des Kreiskrankenhauses Emmendingen: Handbuch für die Ausbildung an der Krankenpflegeschule des Kreiskrankenhauses Emmendingen. Teil I. Eigendruck, Emmendingen 1998, S. 1–32.

Lay, R.: Reflexion der Lehrprobe zum Thema »Dimensionen der Handlungsorientierung im Unterricht«. Unveröffentlichte Hausarbeit an der Kath. Fachhochschule Freiburg, Studium der Pflegepädagogik, Fach Didaktik II. Freiburg 1999.

Lay, R.: Ethik und Qualität in der Pflege. In: Fischer, Hellmuth; Gerhardt, Ernst-Peter; Greulich, Andreas; Räpple, Thilo; Schneider, Elvira; Thiele, Günter; Ulmer, Hans Ulrich; Degener-Hencke, Udo (Hrsg.): Management Handbuch Krankenhaus (MHK), R. v. Decker's Verlag Heidelberg, 39. Erg.-Lfg. Dezember 2001a, 840, S. 1–26.

Lay, R.: Ethik und Pflegequalität. In: Bergener, Manfred; Fischer, Hellmuth; Heimann, Marita; Thiele, Günter (Hrsg.): Management Handbuch Alteneinrichtungen (MHA), R. v. Decker's Verlag Heidelberg, Erg.-Lfg. Mai 2001b, 925, S. 1–23.

Lay, R.: Beratungskompetenz in der Pflege. In: Pr-InterNet für die Pflege, PflegePädagogik, Ausgabe 9/2001c, S. 195–200.

Lay, R.: Professionalisierung der Pflege – aber wie? In: Bergener, Manfred; Fischer, Hellmuth; Heimann, Marita; Thiele, Günter (Hrsg.): Management Handbuch Alteneinrichtungen (MHA), R. v. Decker's Verlag Heidelberg, 23. Erg.-Lfg. Juli 2002a, 1873, S. 1–11.

Lay, R.: Beruf oder Profession? Strategien zur Professionalisierung der Pflege. In: Fischer, Hellmuth; Gerhardt, Ernst-Peter; Greulich, Andreas; Räpple, Thilo; Schneider, Elvira; Thiele, Günter; Ulmer, Hans Ulrich; Degener-Hencke, Udo (Hrsg.): Management Handbuch Krankenhaus (MHK), R. v. Decker's Verlag Heidelberg, 44. Erg.-Lfg. August 2002b, 2128, S. 1–11.

Lay, R.: Pflegewissenschaft und Ethik. In: Brandenburg, H.; Dorschner, S.: Pflegewissenschaft 1. Lehr- und Arbeitsbuch zur Einführung in die Pflegewissenschaft. Verlag Hans Huber, Bern, 2003a, S. 60–63.

Lay, R.: Ist »Schwester« noch die richtige Anrede? In: Pflege Aktuell, Heft 5/2003b, S. 278–280.

Lay, R.: Ethik in der Pflege. Ein Lehrbuch für die Aus-, Fort- und Weiterbildung. Schlütersche Verlagsgesellschaft, Hannover 2004.

Lay, R.: Qualität und Pflegeethik. In: Dieffenbach, Susanne et al. (Hrsg.): Management Handbuch Pflege, Economica Heidelberg, Ergänzungslieferung Sept. 2005, S. 1–27.

Lay, R.: Beruf oder Profession? Pflege auf dem Weg in die Zukunft. In: Dieffenbach, Susanne et al. (Hrsg.): Management Handbuch Pflege (MHPfl), Economica Verlag Heidelberg, 8. Aktualisierung 2006, B 3600, S. 1–13.

Lay, R.: Ethik in Pflege und Begleitung. In: Kämmer, Karla (Hrsg.): Pflegemanagement in Altenpflegeeinrichtungen. Grundlagen für Konzeptentwicklung und Organisation. 5. erweiterte und überarbeitete Auflage, Schlütersche Verlagsgesellschaft, Hannover 2008, S. 79–96.

Lay, R.: Modell der Gesundheitspflege. In: Budnik, Birgitt: Pflegeplanung leicht gemacht. Elsevier – Urban & Fischer Verlag, München, 6. Auflage 2009, S. 17–19.

Lay, R.; Brandenburg, H.: Pflegeplanung abschaffen? Überlegungen aus pflegewissenschaftlicher Sicht. In: Die Schwester/Der Pfleger, Heft 11/2001, S. 938–942.

Lay, R.; Brandenburg, H.: Pflegeplanung – eine kritische Bestandsaufnahme. In: Psych. Pflege Heute, Heft 3, Juni 2002, S. 149–152.

Lay, R.; Menzel, B.: Pflegeplanung – Pannenhilfe für eine pflegerische Verfahrensweise. In: Pr-InterNet (Pflege-)Pädagogik, Heft 2/1999, S. 43–50.

Lay, R.; Menzel, B.: Pflegeplanung – ein alter Zopf? In: Budnik, Birgitt (Hrsg.): Pflegeplanung – leicht gemacht. Vierte Auflage, Urban & Fischer Verlag, München; Jena 2003, S. 119–127.

Lay, R.; Menzel, B.: Wie macht Pflegeplanung Sinn? In: Budnik, Birgitt: Pflegeplanung leicht gemacht. Sechste Auflage, Elsevier – Urban & Fischer Verlag, München 2009, S. 133–143.

Lay, R.; Schonhardt-Maier, C.: Interdisziplinäre Qualitätssicherung in der Umsetzung des Bobath-Konzeptes. In: »not«, Heft 1/1999, S. 36–37.

Lay, R.; Ziemer, A.: Entwicklung einer Stationspflegekonzeption. In: Pflegezeitschrift, Heft 7/1999, Anlage Pflegedokumentation, S. 1–8.

Leibold, S.: Wie organisiert man »gute Pflege«? Bausteine zu einer Ethik ambulanter Pflegedienste. Lambertus-Verlag, Freiburg im Breisgau 2005

Lempert, W.: Postkonventionelle Reflexion als ultima ratio moralischen Denkens und Lernens im Beruf – Zur Bestimmung des ethischen Sinnhorizontes der Berufs- und Wirtschaftspädagogik. In: Beck, K. et al.: Berufserziehung im Wandel. Deutscher Studien Verlag, Weinheim 1996, S. 143–158.

Lenk, H.: Einführung in die angewandte Ethik: Verantwortlichkeit und Gewissen. Kohlhammer Verlag, Stuttgart; Berlin; Köln 1997.

Lex, K.: »Eine Spirale aus Leiden und Einsamkeit« In: Pflegezeitschrift, Heft 10/2011, S. 580–581.

Lindner, L.: Lernziel »guter Mensch«? Ethik in der Aus- und Fortbildung pflegerischer Berufe. In: Städtler-Mach, B. (Hrsg.): Ethik im Gesundheitswesen. Springer-Verlag,

Berlin; Heidelberg; New York; Barcelona; Hongkong; London; Mailand; Paris; Singapur; Tokio 1999, S. 45–65.

LoBiondo-Wood, G.; Haber, J.: Pflegeforschung. Methoden, kritische Einschätzung und Anwendung. Hrsg.: Angelika Zegelin. Verlag Ullstein Mosby, Berlin; Wiesbaden 1996.

Loewy, E. H.: Ethische Fragen in der Medizin. Springer-Verlag, Wien; New York 1995.

Loewy, E. H.; Springer-Loewy, R.: Ethische Fragen am Ende des Lebens. In: Pleschberger, S.; Heimerl, K.; Wild, M. (Hrsg.): Palliativpflege. Grundlagen für Praxis und Unterricht. Zweite Aufl., Facultas, Wien 2005, S. 137–148.

Löhr, M.; Meißnest, B.; Körting, W.: KERN Komitee für ethische Fragestellungen im regionalen Netz. In: Psych. Pflege Heute, Heft 5 (Oktober)/2011, S. 240–244.

Lorenz, I.: Wird Ethikunterricht den Anforderungen der Praxis gerecht? Forschungsarbeit zu den Erwartungen von Schülern zum Thema Ethik im Krankenpflegeunterricht. In: Die Schwester/Der Pfleger, Heft 9/2001, S. 780–785.

Luther, E.: Fürsorge gegen Selbstbestimmtheit. Gedanken über eine konsenfähige [sic], im Alltag realisierbare Ethik. In: Deutsche Krankenpflege-Zeitschrift, Heft 5/1993, S. 313–317.

Maier, F.: Die täglichen Dilemmas. In: Krankenpflege/Soins infirmiers, Heft 12/1997, S. 12–15.

Maier, M.; Eigler, M.; Püschel, M.; Koller, S.: Strukturierte und institutionalisierte Bearbeitung ethischer Fragen in der stationären geriatrischen Langzeitpflege. Frust, Ärger und Schuldgefühle. In: Pflegezeitschrift, Heft 1/2012, S. 46–50.

Maio, G.: Medizin – Reichweite und Grenzen der Prinzipienethik. In: Arn, C.; Weidmann-Hügle, T. (Hrsg.): Ethikwissen für Fachpersonen. Handbuch Ethik im Gesundheitswesen 2. EMH Schwabe, Basel 2009, S. 33–50.

Martens, E.: Ethik-Kodex – Ethische Grundregeln der Altenpflege. Fachseminar Altenpflege, Gransee 1995.

Maturana, H. R.; Varela, F. J.: Der Baum der Erkenntnis. Dritte Aufl., Goldmann Verlag, Bern; München 1987.

Mäule, T.; Riedel, A.; Lehmeyer, S.: Was ist gut für wen? In: Die Schwester/Der Pfleger, Heft 1/2012, S. 42–44.

Mayer, H.: Einführung in die Pflegeforschung. Facultas, Wien 2002.

Mayer, H.; Kuhlmann, B.; Metzing, S.; Arndt, M.: Ethik in der Pflegeforschung. Teil 1: Grundlegende ethische Prinzipien und Möglichkeiten der Beurteilung von Pflegeforschungsprojekten. In: Die Schwester/Der Pfleger, Heft 9/2002b, S. 748–753.

Mayer, H., Kuhlmann, B.; Metzing, S.; Arndt, M.: Ethik in der Pflegeforschung. Teil 2: Eine Untersuchung zur ethischen Perspektive in Veröffentlichungen von Pflegeforschungsprojekten. In: Die Schwester/Der Pfleger, Heft 10/2002b, S. 846–848.

Mayer, K. U.; Baltes, P. B. (Hrsg.): Die Berliner Altersstudie. Ein Projekt der Berlin-Brandenburgischen Akademie der Wissenschaften. Akademie Verlag, Berlin 1996.

McGinnity, G.; Cardinal O'Fiaich: Ethik im Pflegealltag. Handreichung zu ethischen Fragestellungen in der Pflege. Zwangslage der Moral für Krankenschwestern und

-pfleger in einer sich verändernden Gesellschaft. Hrsg.: Caritas-Schwesternschaft; Gemeinschaft der Caritas-Schwestern und -Pfleger. Freiburg 1988.

McGregor, D.: Der Mensch im Unternehmen. McGraw-Hill Book Company, Hamburg 1986 (deutsche Erstauflage 1971).

MDS e.V.: MDK-Anleitung zur Prüfung der Qualität nach § 80 SGB XI in der stationären Pflege. Zweite Ausgabe, MDS, Essen 2000.

Mechau-Krasemann, U.: Ethisches Fallgespräch. Eine Unterrichtsplanung. In: Ministerium für Soziales, Gesundheit und Verbraucherschutz des Landes Schleswig-Holstein (Hrsg.): »Na, wie fühlen wir uns denn heute …?« Ethik in der Pflege. Eine Arbeitshilfe für die Aus-, Fort- und Weiterbildung. Landesregierung Schleswig-Holstein, Kiel 2005a, S. 64–68.

Mechau-Krasemann, U.: Perspektivenwechsel in der ambulanten Pflege. Ein Interview zum ethischen Fallgespräch. In: Ministerium für Soziales, Gesundheit und Verbraucherschutz des Landes Schleswig-Holstein (Hrsg.): »Na, wie fühlen wir uns denn heute …?« Ethik in der Pflege. Eine Arbeitshilfe für die Aus-, Fort- und Weiterbildung. Landesregierung Schleswig-Holstein, Kiel 2005b, S. 69–72.

Mechau-Krasemann, U.: Ethisches Fallgespräch. Ein Beispiel zur Gesprächsgestaltung. In: Ministerium für Soziales, Gesundheit und Verbraucherschutz des Landes Schleswig-Holstein (Hrsg.): »Na, wie fühlen wir uns denn heute …?« Ethik in der Pflege. Eine Arbeitshilfe für die Aus-, Fort- und Weiterbildung. Landesregierung Schleswig-Holstein, Kiel 2005c, S. 73–74.

Menche, N.; Bazlen, U.; Komerell, T. (Hrsg.): Pflege Heute. Lehrbuch und Atlas für Pflegeberufe. Zweite Aufl., Urban & Fischer, München; Jena 2001.

Menche, N. (Hrsg.): Pflege Heute. Fünfte Aufl., Elsevier, München 2011.

Menge, H.: Langenscheidts Taschenwörterbuch der lateinischen und deutschen Sprache, Teil 1: Lateinisch-Deutsch, bearbeitet von Dr. Erich Pertsch, 33. Aufl., Langenscheidt, Berlin; München; Wien; Zürich 1981.

Mertens, G.: Sitte und Sittlichkeit. Bedingungen ethischen Handelns in der Moderne. In: Ladenthin, V.; Schilmöller, R. (Hrsg.): Ethik als pädagogisches Projekt. Grundfragen schulischer Werterziehung. Leske und Budrich, Opladen 1999, S. 23–42.

Meyer, G.: Ist der Einsatz von Skalen sinnvoll? In: Die Schwester/Der Pfleger, Heft 12/2011, S. 1171.

Meyer-Drawe, K.; Peukert, H.; Ruhloff, J. (Hrsg.): Pädagogik und Ethik. Beiträge zu einer zweiten Reflexion. Zweite Auflage, Deutscher Studien Verlag, Weinheim 1996.

Milhahn, H.-J.; Zegelin, A.: Ethische Bildung in der Pflege – ein Problemaufriß. In: Deutsche Krankenpflege-Zeitschrift, Heft 5/1993, S. 319–323.

Ministerium für Soziales, Gesundheit und Verbraucherschutz des Landes Schleswig-Holstein (Hrsg.): »Na, wie fühlen wir uns denn heute …?« Ethik in der Pflege. Eine Arbeitshilfe für die Aus-, Fort- und Weiterbildung. Landesregierung Schleswig-Holstein, Kiel 2005.

Mönig, W.: Ein Modell des Lebens – ein außergewöhnliches Interview mit Nancy Roper. In: Die Schwester/Der Pfleger, Heft 6/1998, S. 462–465.

Montada, L.: Entwicklung moralischer Urteilsstrukturen und Aufbau von Werthaltungen. In: Oerter, R.; Montada, L. (Hrsg.): Entwicklungspsychologie. Ein Lehrbuch. Urban & Schwarzenberg, München; Wien; Baltimore 1982.

Monteverde, S.: Bündnis und Vertrag: zwei Grundmetaphern für die Ethik therapeutischer Berufe. In: Schweizerische Ärztezeitung. Nr. 26/2006, S. 1226–1229.

Monteverde, S.: Ethik und Palliative Care – Das Gute als Handlungsorientierung. In: Knipping, C. (Hrsg.): Lehrbuch Palliative Care. Zweite Aufl., Verlag Hans Huber, Bern 2007, S. 520–535.

Monteverde, S.: Pflege – Die Ethik fürsorgerischer Zuwendung. In: Arn, C.; Weidmann-Hügle, T. (Hrsg.): Ethikwissen für Fachpersonen. Handbuch Ethik im Gesundheitswesen 2. EMH Schwabe, Basel 2009a, S. 51–73.

Monteverde, S.: Editorial. In: Schweizerische Gesellschaft für Biomedizinische Ethik (SGBE/SSEB) (Hrsg.): SGBEbulletinSSEB, No. 58, März 2009b. Im Internet: www.sagw.ch/dms/sgbe/publikationen/Bulletin/Bull58/Bull-58.pdf, besucht am 11.2.2012, S. 1–2.

Monteverde, S.: Pflegeethik zwischen Legitimation und Kritik pflegerischer Praxis. In: Schweizerische Gesellschaft für Biomedizinische Ethik (SGBE/SSEB) (Hrsg.): SGBEbulletinSSEB, No. 58, März 2009c. Im Internet: www.sagw.ch/dms/sgbe/publikationen/Bulletin/Bull58/Bull-58.pdf, besucht am 11.2.2012, S. 5–7.

Monteverde, S. (Hrsg.): Handbuch Pflegeethik. Ethisch denken und handeln in den Praxisfeldern der Pflege. Kohlhammer, Stuttgart 2012a.

Monteverde, S.: Das Umfeld pflegeethischer Reflexion. In: Monteverde, S. (Hrsg.): Handbuch Pflegeethik. Ethisch denken und handeln in den Praxisfeldern der Pflege. Kohlhammer, Stuttgart 2012b, S. 19–41.

Morel, J. et al. (Hrsg.): Soziologische Theorie. Abriß der Ansätze ihrer Hauptvertreter. Vierte Aufl., Oldenbourg Verlag, München; Wien 1995.

Mühlum, A.; Bartholomeyczik, B.; Göpel, E.: Sozialarbeitswissenschaft, Pflegewissenschaft, Gesundheitswissenschaft. Lambertus, Freiburg i. Br. 1997.

Müller, B.: Sozialpädagogisches Können. Ein Lehrbuch zur multiperspektivischen Fallarbeit. Zweite Aufl., Lambertus-Verlag Freiburg i. Br. 1994.

Müller-Angst, M.: Ethik und Pflege. In: SBK-ASI: Ethik und Pflege. SBK-ASI, Bern 1999a, o. S.

Müller-Czisch, A.; Braun, S.; Jankowsky, V.; Mayer, H.; Ruhnau, C.; Weise, G.; Marckmann, G.: Der Ethik-Treff Pflege. Forum für ethische Fragen. In: Die Schwester/Der Pfleger, Heft 4/2010, S. 390–393.

Mybes, M.: Schluss mit »lebensunwertem Leben«!? In: Profile – Evang. Magazin für Kirche und Kultur in der Region Freiburg, Nr. 2, Mai bis Juli 2001, S. 24.

Nass, E.: Christliche Ethik solidarischen Handelns: Gründe, Motive, Praxis. In: Brandenburg, H.; Kohlen, H. (Hrsg.): Gerechtigkeit und Solidarität im Gesundheitswesen. Eine multidisziplinäre Perspektive. W. Kohlhammer, Stuttgart 2012, S. 151–166.

Nasterlack, B.: Wie beurteilen Auszubildende in der Krankenpflege den Ethikunterricht – eine empirische Studie. In: Pflegezeitschrift 10/2001, Anhang Dokumentation Pflegepädagogik, S. 1–10.

Nau, J.: »Pflegende erleben die Aggression des Patienten als eigenes Versagen« In: Pflegezeitschrift, Heft 11/2011, S. 644–645.

Needham, I.: Zwangsmaßnahmen und Ethik: Entwurf eines ethischen Modells für die Pflege. In: Psych. Pflege, Band 3/1997, S. 211–216.

Needham, I.: Ethik. In: Sauter, D.; Abderhalden, C.; Needham, I.; Wolff, S. (Hrsg.) (unter Mitarbeit von Bischofberger, I.; Bradl, C.; Fehr, G.; Hax-Schoppenhorst, T.; Koller, K.; Kuchenbecker, A.; Rohrbach, E.): Lehrbuch Psychiatrische Pflege. Verlag Hans Huber, Bern et al. 2004, S. 125–141.

Needham, I.: Zwangsmaßnahmen. In: Sauter, D.; Abderhalden, C.; Needham, I.; Wolff, S. (Hrsg.): Lehrbuch Psychiatrische Pflege. Dritte Aufl., Verlag Hans Huber, Bern 2011, S. 571–581.

Needham, I.; Ruhmann, D.: Ethik. In: Sauter, D.; Abderhalden, C.; Needham, I.; Wolff, S. (Hrsg.): Lehrbuch Psychiatrische Pflege. Dritte Aufl., Verlag Hans Huber, Bern 2011, S. 132–142.

Needham, I.; Sauter, D.: Aggression und Gewalt. In: Sauter, D.; Abderhalden, C.; Needham, I.; Wolff, S. (Hrsg.): Lehrbuch Psychiatrische Pflege. Dritte Aufl., Verlag Hans Huber, Bern 2011, S. 619–640.

Neitzke, G.: Interprofessioneller Ethikunterricht. In: GMS Zeitschrift für Medizinische Ausbildung. Ausgabe 2/2005. Im Internet: http://www.careum-explorer.ch/careum/pub/ethik_499_1.pdf, besucht am 18.11.2011.

Neitzke, G.: Aufgaben und Modelle von Klinischer Ethikberatung. In: Dörries, A.; Neitzke, G.; Simon, A.; Vollmann, J. (Hrsg.): Klinische Ethikberatung. Ein Praxisbuch. Verlag W. Kohlhammer, Stuttgart 2008a, S. 58–75.

Neitzke, G.: Beispiel einer ethischen Falldiskussion: »Transkription« mit Kommentaren. In: Dörries, A.; Neitzke, G.; Simon, A.; Vollmann, J. (Hrsg.): Klinische Ethikberatung. Ein Praxisbuch. Verlag W. Kohlhammer, Stuttgart 2008b, S. 102–110.

Neitzke, G.: Klinische Ethik-Komitees – Ein Sechs-Stufen-Modell zur Institutionalisierung von Ethikberatung. In: Baumann-Hölzle, R.; Arn, C. (Hrsg.): Ethiktransfer in Organisationen. Handbuch Ethik im Gesundheitswesen 3. EMH Schwabe, Basel 2009, S. 13–155.

Neitzke, G.: Ethische Konflikte im Klinikalltag – Ergebnisse einer empirischen Studie. In: Stutzki, R.; Ohnsorge, K.; Reiter-Theil, S. (Hrsg.): Ethikkonsultation heute – vom Modell zur Praxis. LIT Verlag Dr. W. Hopf, Berlin 2011, S. 59–80.

Neuberger, O.: Führen und führen lassen: Ansätze, Ergebnisse und Kritik der Führungsforschung. Sechste Aufl., Lucius und Lucius, Stuttgart 2002.

Neumann, E.-M.: Pflegeethik. In: Helmchen, H.; Kanowski, S.; Lauter, H.: Ethik in der Altersmedizin. Verlag W. Kohlhammer, Stuttgart 2005, S. 310–359.

Nida-Rümelin, J. (Hrsg.): Angewandte Ethik. Die Bereichsethiken und ihre theoretische Fundierung. Alfred Kröner Verlag, Stuttgart 1996.

Nida-Rümelin, J.: Theoretische und angewandte Ethik. In: Derselbe: Angewandte Ethik. Die Bereichsethiken und ihre theoretische Fundierung: Paradigmen, Begründungen, Bereiche. Alfred Kröner Verlag, Stuttgart 1996, S. 2–85.

Nolte, A.: Was leisten Pflegediagnosen? In: Heilberufe, Heft 11/1998, S. 38–39.

Norberg, A.: Pflegeethik. In: Richter, J; Norberg, A.; Fricke, U. (Hrsg.): Ethische Aspekte pflegerischen Handelns. Konfliktsituationen in der Alten- und Krankenpflege. Schlütersche Verlagsgesellschaft, Hannover 2002, S. 22–31.

Nüchtern, M.: Schritte verantworteter Urteilsbildung. In: Amelung, E. (Hrsg.): Ethisches Denken in der Medizin. Ein Lehrbuch. Springer-Verlag, Berlin; Heidelberg; New York; London; Paris; Tokyo; Hong Kong; Barcelona; Budapest 1992, S. 93–102.

Nydal, P.: Grenzgänge in der Intensivstation. Kommentare. In: Die Schwester/Der Pfleger, Heft 8/2008, S. 704–707.

Oelke, U. (Hrsg.): In guten Händen. Bd. 3. Cornelsen, Berlin 2008.

Oelkers, J.: Pädagogische Ethik. Eine Einführung in Probleme, Paradoxien und Perspektiven. Juventa Verlag, Weinheim und München 1992.

Offermann, C.: Ethik und Qualitätsmanagement in Organisationen des Sozial- und Gesundheitswesens. In: Blonski, H. (Hrsg.): Ethik in Gerontologie und Altenpflege. Leitfaden für die Praxis. Brigitte Kunz Verlag, Hagen 1998, S. 141–150.

Olbrich, C.: Pflegekompetenz. Verlag Hans Huber, Bern; Göttingen; Toronto; Seattle 1999.

Olbrich, C.: Theorie der Pflegekompetenz. In: Pr-InterNet für die Pflege, PflegePädagogik, Ausgabe 7–8/2001, S. 150–154.

Olbrich, E.; Diegritz, U.: Das Zusammenwirken von Person- und Umweltfaktoren im Alltag: Eine kritische Diskussion von Aktivitäten des täglichen Lebens und instrumentellen Aktivitäten des täglichen Lebens. In: Zeitschrift für Gerontopsychologie und -psychiatrie, Heft 4/1995, S. 199–212.

Oppermann, T. (Hrsg.): Vom Staatsbetrieb zur Stiftung. Moderne Hochschulen für Deutschland. Wallstein Verlag, Göttingen 2002.

Osterbrink, J. (Hrsg.): Erster internationaler Pflegetheorienkongreß Nürnberg, Verlag Hans Huber, Bern; Göttingen; Toronto; Seattle 1998.

Osterhus, A.; Dondalski, J.: Theoretische und praktische Aspekte von Ethik in der (psychiatrischen) Pflege. In: Psych. Pflege, Heft 5/1999, S. 186–192.

Ott, B.: Grundlagen des beruflichen Lernens und Lehrens. Ganzheitliches Lernen in der beruflichen Bildung. Cornelsen, Berlin 1997.

Oud, N.; Walter, G.: Aggression in der Pflege. Hintergründe, Modelle, Assessment, Interventionen. Ibicura, o. O. 2009.

Overmann, M.: Konstruktivistische Prinzipien der Lerntheorie und ihre didaktischen Implikationen. Im Internet: http://www.ph-ludwigsburg.de/franzoesisch/overmann/baf5/5e.htm, besucht am 22.08.2001.

Panchaud, C.: Der Berufskodex SBS/ASPAS. In: SozialAktuell, Fachzeitschrift des Schweizerischen Berufsverbandes Soziale Arbeit SBS/ASPAS, Nr. 5, März 2001, S. 2–5.

Panfil, E.-M.: Wissenschaftliches Arbeiten in der Pflege. Lehr- und Arbeitsbuch für Pflegende. Verlag Hans Huber, Bern 2011a.

Panfil, E.-M.: Willkommen in der Branche der Wissenschaftlerinnen und Wissenschaftler: Eine Einführung. In: Dieselbe (Hrsg.): Wissenschaftliches Arbeiten in der Pflege. Lehr- und Arbeitsbuch für Pflegende. Verlag Hans Huber, Bern 2011b, S. 25–39.

Pasch, W.: Klinische Ethikberatung in der Praxis. In: Die Schwester, der Pfleger, Heft 5/2009, S. 498–501.

Patzig, G.; Schöne-Seifert, B.: Theoretische Grundlagen und Systematik der Ethik in der Medizin. In: Kahlke, W.; Reiter-Theil, S. (Hrsg.): Ethik in der Medizin. Ferdinand Enke Verlag, Stuttgart 1995, S. 1–9.

Pauer-Studer, H.: Ethik und Geschlechterdifferenz. In: Nida-Rümelin, J. (Hrsg.): Angewandte Ethik. Die Bereichsethiken und ihre theoretische Fundierung. Alfred Kröner Verlag, Stuttgart 1996, S. 86–136.

Pazzini, K. J.: Zur Aggressivität des Lehrens. In: KFH Focus Heft 10/1998. Kath. Fachhochschule Freiburg, S. 28–34.

Peil, F.; Joosten, M.; Garms-Homolová, V.; Höhmann, U.; Müller-Mundt, G.; Schulz, B.: Kontaktstudium »Vernetzung in der Pflege«, Studienbrief 1: Pflegenetzwerke. Fernstudienzentrum der Universität Karlsruhe (TH), Fernstudienprojekt ProFern, Karlsruhe 1996.

Petzold, H. G.; Petzold, C.: Supervision als Praxisberatung und Hilfe zu normativer Orientierung und Reflexion in Einrichtungen der Altenarbeit und Gerontopsychiatrie. In: Blonski, H. (Hrsg.): Ethik in Gerontologie und Altenpflege. Leitfaden für die Praxis. Brigitte Kunz Verlag, Hagen 1998, S. 165–178.

Pfeifer, W.: Etymologisches Wörterbuch des Deutschen. Dritte Aufl., dtv, München 1997.

Pieper, A.: Gibt es eine feministische Ethik? Kurseinheit 1. Fernuniversität-Gesamthochschule Hagen, Fachbereich Erziehungs-, Sozial- und Geisteswissenschaften. Hagen 1999.

Pieper, A.: Einführung in die Ethik. Vierte Aufl., A. Francke Verlag, Tübingen; Basel 2000.

Pieper, A.; Thurnherr, U.: Angewandte Ethik. Eine Einführung. Verlag C. H. Beck, München 1998.

Pillen, A.: Gerechtigkeit und gute Pflege. In: Pflege, Heft 5/2003, S. 163–169.

Pleschberger, S.; Heimerl, K.; Wild, M. (Hrsg.): Palliativpflege. Grundlagen für Praxis und Unterricht. Zweite Aufl., Facultas, Wien 2005.

Pohl, M.: Ethik in der Pflege – Gestaltungsvorschläge für ein »schwieriges« Thema im Unterricht. In: Unterricht Pflege, Heft 4/2008, S. 2– 7.

Polit, D. F.; Tatano Beck, C.; Hungler, B. P.: Lehrbuch Pflegeforschung. Methodik, Beurteilung und Anwendung. Hans Huber, Bern 2004.

Pöppel, K. G.: Emotionalität und Moralität – Überlegungen zu ihrem Zusammenhang und Folgerungen für den Unterricht. In: Ladenthin, V.; Schilmöller, R. (Hrsg.):

Ethik als pädagogisches Projekt. Grundfragen schulischer Werterziehung. Leske und Budrich, Opladen 1999, S. 243–250.

Projektteam »Ethik in Schule und Unterricht«: Café étique. Auf der Suche nach Werten und Normen am runden Tisch. In: ff (forum fortbildung), Ausgabe 4/2001. Erziehungsdirektion des Kantons Bern, Zentralstelle für Lehrerinnen- und Lehrerfortbildung, S. 12–13.

PRO PflegeManagement Verlag & Akademie: 4 Tipps, wie Sie Ihrem Pflegekunden Geborgenheit durch Berührungen vermitteln können. Im Internet: http://www.ppm-online.org/verlag/artikel-lesen/artikel/beruehrung-palliativpflege, besucht am 18.2.2012.

Rabe, M.: Ethik und Ökonomie – Organisationsvorschläge aus Sicht der Pflege. In: Akademie für Ethik in der Medizin e.V. (Hrsg.): Patienten oder Kunden. Zur Organisation gesundheitlicher Hilfe im Krankenhaus zwischen Ethik und Ökonomie. Dokumentation des Workshops in Verbindung mit der Jahrestagung der Akademie für Ethik in der Medizin e.V. am 4./5.9.1997 im Klinikum der Philipps-Universität Marburg. Göttingen 1998, S. 38–46.

Rabe, M.: Dienst am Nächsten oder professionelle Fürsorge – Werte für die Krankenpflege. Berliner Medizinethische Schriften. Beiträge zu ethischen und rechtlichen Fragen der Medizin, Heft 37. Humanitas Verlag, Dortmund 2000.

Rabe, M.: Lernziel »moralische Kompetenz«? Zur Vermittlung von Ethik in der Pflege. Abstract zum Plenarvortrag. In: Berendt, H.: Abstractband zum Zweiten Kongress »Pflege und Ethik« vom 27. bis 28.09.2001. Göttinger Verein zur Förderung von Forschung und Fortbildung in der Pflege kranker und älterer Menschen e.V. Göttingen 2001a, S. 6.

Rabe, M.: Lernziel »moralische Kompetenz«? Zur Vermittlung von Ethik in der Pflege. Plenarvortrag beim Zweiten Kongress »Pflege und Ethik« vom 27. bis 28.09.2001 in Göttingen. 2001b.

Rabe, M.: Übergriffe, Zwang und Gewalt in der Pflege – Eine Betrachtung aus ethischer und professioneller Perspektive. In: Wiesemann, C. et al. (Hrsg.): Pflege und Ethik. Leitfaden für Wissenschaft und Praxis. Verlag W. Kohlhammer, Stuttgart 2003, S. 107–121.

Rabe, M.: Strukturierte Falldiskussion anhand eines Reflexionsmodells. In: Arbeitsgruppe »Pflege und Ethik« der Akademie für Ethik in der Medizin e.V. (Hrsg.): »Für alle Fälle ...« Arbeit mit Fallgeschichten in der Pflegeethik. Brigitte Kunz Verlag, Hannover 2005, S. 131–144.

Rabe, M.: Ethische Herausforderungen für Pflegende. In: Oelke, U. (Hrsg.): In guten Händen. Bd. 3. Cornelsen, Berlin 2008a, S. 411–444.

Rabe, M.: Fallorientiert arbeiten im Ethikunterricht. In: Unterricht Pflege, Heft 4/2008b, S. 8–11.

Rabe, M.: Ethik in der Pflegeausbildung. Beiträge zur Theorie und Didaktik. Verlag Hans Huber, Bern 2009a.

Rabe, M.: Essen und Trinken im Alter. Ethische Fragen und fachliche Standards in der Versorgung alter Menschen. In: Ethik in der Medizin, Heft 3/2009b, S. 3–6.

Rabe, M.: Ethische Reflexion und Entscheidungsfindung in der intensivmedizinischen Praxis. In: Salomon, F. (Hrsg.): Praxisbuch Ethik in der Intensivmedizin. Ethische Herausforderungen und konkrete Entscheidungshilfen in Grenzsituationen. Medizinisch Wissenschaftliche Verlagsgesellschaft, Berlin 2009c, S. 29–39.

Rabe, M.: Die Vermittlung von Ethik in der Pflege. In: Monteverde, S. (Hrsg.): Handbuch Pflegeethik. Ethisch denken und handeln in den Praxisfeldern der Pflege. Kohlhammer, Stuttgart 2012, S. 109–123.

Raven, U.: Handlungskompetenz in der Pflege und ihre Bedeutung für die Professionalisierung des Berufsfeldes, In: Pflege, Heft 4/1995, S. 347–355.

Raven, U.: Pflegerische Handlungskompetenz– Konsequenzen einer Begriffsklärung. In: PRINTERNET, Heft 1/2006, S. 22–27.

Reetz, C.: Was ein Berufskodex für KlientInnen leisten kann. In: SozialAktuell, Fachzeitschrift des Schweizerischen Berufsverbandes Soziale Arbeit SBS/ASPAS, Nr. 5, März 2001, S. 27–10.

Rehbock, T.: Braucht die Pflege eine eigene Ethik? In: Pflege, Heft 5/2000, S. 280–289.

Rehbock, T.: Braucht die Pflege eine eigene Ethik? In: Berendt, H.: Abstractband zum Zweiten Kongress »Pflege und Ethik« vom 27. bis 28.09.2001. Göttinger Verein zur Förderung von Forschung und Fortbildung in der Pflege kranker und älterer Menschen e.V. Göttingen 2001a, S. 16.

Rehbock, T.: Braucht die Pflege eine eigene Ethik? Vortrag im gleichnamigen Workshop beim Zweiten Kongress »Pflege und Ethik« vom 27. bis 28.09.2001 in Göttingen. 2001b.

Rehbock, T.: Fälle oder Prinzipien? – Zur Bedeutung und Kritik ethischer Kasuistik. In: Arbeitsgruppe »Pflege und Ethik« der Akademie für Ethik in der Medizin e.V. (Hrsg.): »Für alle Fälle …« Arbeit mit Fallgeschichten in der Pflegeethik. Brigitte Kunz Verlag, Hannover 2005a, S. 202–219.

Rehbock, T.: Achtung der Autonomie gegenüber Patienten? – Zur ethischen Problematik von Patientenverfügungen. In: Pflege, Heft 6, 2005b, S. 381–388.

Rehbock, T.: Personsein in Grenzsituationen – Zur Kritik der Ethik medizinischen Handelns. mentis, Paderborn 2005c.

Reiber, K.: Zwischen Produktivität und Menschlichkeit Sinn finden. In: Pflegemagazin, Heft 5/2005, S. 23–27.

Reich, K.: Systemisch-konstruktivistische Pädagogik: Einführung in Grundlagen einer interaktionistisch-konstruktivistischen Pädagogik. Hermann Luchterhand Verlag, Neuwied; Kriftel; Berlin 1996.

Reiter-Theil, S.: Moral lernen – Ethik lehren. Moralpsychologische Voraussetzungen der Reflexion ethischer Fragen. In: Kahlke, W.; Reiter-Theil, S. (Hrsg.): Ethik in der Medizin. Ferdinand Enke Verlag, Stuttgart 1995, S. 10–16.

Reiter-Theil, S. (Hrsg.): Vermittlung Medizinischer Ethik. Theorie und Praxis in Europa. Nomos Verlagsgesellschaft Baden-Baden 1997.

Reiter-Theil, S.: Ethik in der Klinik – Theorie für die Praxis: Ziele, Aufgaben und Möglichkeiten des Ethik-Konsils. In: Ethik in der Medizin, Nr. 4/1999a, S. 222–232.

Reiter-Theil, S.: Probleme der Behandlungsbegrenzung im Kontext einer internistischen Intensivstation. Ein kasuistischer Beitrag mit pflegeethischer Perspektive. In: Zeitschrift für medizinische Ethik, Heft 3/1999b, S. 205–216.

Reiter-Theil, S.; Kahlke, W.: »Teachers' Training Course« – Eine Werkstatt-Tagung zur Vermittlung von Ethik in den Heilberufen. In: Deutsche Krankenpflege-Zeitschrift, Heft 5/1993, S. 329–330.

Reiter-Theil, S.; Lenz, G.: Probleme der Behandlungsbegrenzung im Kontext einer internistischen Intensivstation. In: Zeitschrift für medizinische Ethik, 45. Jahrgangsband, 1999, S. 205–216.

Rekus, J.: Schule als ethischer Handlungsraum. Möglichkeiten und Grenzen ethischer Erziehung in der Schule. In: Ladenthin, V.; Schilmöller, R. (Hrsg.): Ethik als pädagogisches Projekt. Grundfragen schulischer Werterziehung. Leske und Budrich, Opladen 1999, S. 251–265.

Remme, M.: Kritik konstruktivistischer Ansätze in der Pflegepädagogik. In: Pr-InterNet, PflegePädagogik, Ausgabe 12/2002, S. 249–262.

Remme, M.: Radikaler Konstruktivismus. In: Brandenburg, H.; Dorschner, S. (Hrsg.): Pflegewissenschaft 1. Lehr- und Arbeitsbuch zur Einführung in das wissenschaftliche Denken in der Pflege. Verlag Hans Huber, Bern, zweite Aufl. 2008, S. 84–113.

Remmers, H.: Pflegewissenschaft II. Ethik und Pflege I: Theorien und Prinzipien. Studienbrief. Selbstverlag der Fern-Fachhochschule Hamburg; o. J.

Remmers, H.: Ethik-Diskurse und das Selbstverständnis der Pflege. Am Beispiel von Gentechnologie und Biomedizin. In: Görres, S; Koch-Zadi, D.; van Maanen, H.; Schöller-Stindt, M. (Hrsg.): Pflegewissenschaft in der Bundesrepublik Deutschland. Altera Verlag, Bremen 1996, S. 97–130.

Remmers, H.: Normative Dimensionen pflegerischen Handelns – Zur ethischen Relevanz des Körpers. In: Pflege, Heft 4/1997, S. 279–284.

Remmers, H.: Pflegerisches Handeln. Wissenschafts- und Ethikdiskurse zur Konturierung der Pflegewissenschaft. Verlag Hans Huber, Bern; Göttingen; Toronto; Seattle 2000a.

Remmers, H.: Ethische Aspekte der Pflege. In: Rennen-Allhoff, B.; Schaeffer, D. (Hrsg.): Handbuch Pflegewissenschaft. Juventa Verlag, Weinheim; München 2000b, S. 307–335.

Remmers, H.: Die Eigenständigkeit einer Pflegeethik. In: Wiesemann, C. et al. (Hrsg.): Pflege und Ethik. Leitfaden für Wissenschaft und Praxis. Verlag W. Kohlhammer, Stuttgart 2003, S. 47–70.

Remmers, H.: Vorwort. In: Lanius, F.: Menschenwürde und pflegerische Verantwortung. Zum ethischen Eigengewicht pflegebedürftiger Menschen im Spannungsfeld von moralischem Standpunkt und moralischem Status. V&R unipress, Göttingen 2010a, S. 15–17.

Remmers, H.: Moral als Mantel menschlicher Versehrbarkeiten. Bausteine einer Ethik helfender Berufe. In: Remmers, H.; Kohlen, H. (Hrsg.): Bioethics, Care and Gender. Herausforderungen für Medizin, Pflege und Politik. V&R Universitätsverlag Osnabrück 2010b, S. 43–63.

Remmers, H.; Kohlen, H. (Hrsg.): Bioethics, Care and Gender. Herausforderungen für Medizin, Pflege und Politik. V&R Universitätsverlag Osnabrück 2010.

Renneke, S.: Die Pflege dementer Menschen – Eine Studie über Interaktionen zwischen dementen Menschen und Pflegenden. In: Schnell, M. W. (Hrsg.): Ethik der Interpersonalität. Die Zuwendung zum anderen Menschen im Licht empirischer Forschung. Schlütersche Verlagsgesellschaft, Hannover 2005, S. 25–64.

Rennen-Allhoff, B.; Schaeffer, D. (Hrsg.): Handbuch Pflegewissenschaft. Juventa Verlag, Weinheim; München 2000.

Rennen-Allhoff, B.; Tacke, D.: Sozialisationsforschung: Berufliche Sozialisation in der Pflege. In: Rennen-Allhoff, B.; Schaeffer, D. (Hrsg.): Handbuch Pflegewissenschaft. Juventa Verlag, Weinheim; München 2000, S. 819–842.

Reuschenbach, B.: Relevanz von Pflegeassessmentinstrumenten. In: Reuschenbach, B.; Mahler, C. (Hrsg.): Pflegebezogene Assessmentinstrumente. Internationales Handbuch für Pflegeforschung und -praxis. Verlag Hans Huber, Bern 2011a, S. 47–56.

Reuschenbach, B.: Gütekriterien. In: Reuschenbach, B.; Mahler, C. (Hrsg.): Pflegebezogene Assessmentinstrumente. Internationales Handbuch für Pflegeforschung und -praxis. Verlag Hans Huber, Bern 2011b, S. 57–79.

Reuschenbach, B.; Mahler, C. (Hrsg.): Pflegebezogene Assessmentinstrumente. Internationales Handbuch für Pflegeforschung und -praxis. Verlag Hans Huber, Bern 2011

Reutlinger, B.: Pflegequalität: Forderungen, Zusammenhänge, Wege der Sicherung. Eine Literaturstudie als Entscheidungsbasis für das Qualitätsmanagement in der Pflege am Kantonsspital Olten, Schweiz, In: Pr-InterNet, PflegeManagement, Ausgabe 5/2001, S. 85–107.

Richardson, J.; Webber, I.: Ethische Aspekte der Kinderkrankenpflege. Ullstein Medical Verlagsgesellschaft, Wiesbaden 1998.

Richter, D.: Patientenübergriffe auf Mitarbeiter psychiatrischer Kliniken. Häufigkeiten – Folgen – Präventionsmöglichkeiten. Lambertus-Verlag Freiburg i. Br. 1999.

Richter, J.; Norberg, A.; Fricke, U. (Hrsg.): Ethische Aspekte pflegerischen Handelns. Konfliktsituationen in der Alten- und Krankenpflege. Schlütersche Verlagsgesellschaft, Hannover 2002.

Riedel, A.; Stolz, K.: Altenwohlgefährdung. Über die Schutzbedürftigkeit von älteren Menschen. In: Dr. med. Mabuse, Heft Nov./Dez. 2009, S. 47–49.

Risse, L.: Auswirkungen von Strukturen auf die Pflege. In: Bienstein, C.; Schröder, G.; Braun, M.; Neander, K.-D. (Hrsg.): Dekubitus. Herausforderung für Pflegende. Georg Thieme Verlag, Stuttgart 1997, S. 18–24.

Rogers, C. R.: Entwicklung der Persönlichkeit. Klett-Cotta, Stuttgart, 10. Aufl. 1994.

Roper, N.; Logan, W. L.; Tierney, A. J.: The Elements of Nursing. Second Edition, Churchill Livingstone, Edinburgh; London; Melbourne; New York 1985.

Roper, N.; Logan, W. L.; Tierney, A. J.: Die Elemente der Krankenpflege. Recom Verlag, Basel 1987.

Roth, H.: Pädagogische Anthropologie. Bd. 2: Entwicklung und Erziehung: Grundlagen einer Entwicklungspädagogik. Schroedel, Hannover 1971.

Roth, H.; Zierath, M.: Allgemeines zur Ethik in der Pflege. SBK-ASI (Schweizer Berufsverband der Krankenschwestern und Krankenpfleger), Bern 1999.

Rüller, H.: Unterrichtsstunde: »Zivilcourage im Berufsalltag«. In: Unterricht Pflege, Heft 4/2008, S. 18–22.

Rux-Haase, A.: Wer trifft denn eigentlich die Entscheidung? Autonomie in der Pflege. In: Die Schwester/Der Pfleger, Heft 8/1999, S. 692–695.

Sairanen, R.: Gemeinsame Grundlagen einer Multikulturalität unter ethischen Aspekten. In: Wiesemann, C. et al. (Hrsg.): Pflege und Ethik. Leitfaden für Wissenschaft und Praxis. Verlag W. Kohlhammer, Stuttgart 2003, S. 201–213.

Salomon, F. (Hrsg.): Praxisbuch Ethik in der Intensivmedizin. Ethische Herausforderungen und konkrete Entscheidungshilfen in Grenzsituationen. Medizinisch Wissenschaftliche Verlagsgesellschaft, Berlin 2009.

Sass, H.-M.: Medizinethik. In: Pieper, A.; Thurnherr, U.: Angewandte Ethik. Eine Einführung. Verlag C. H. Beck, München 1998, S. 80–109.

Sauer, T.: Ethik-Komitees in der Altenpflege In: Die Schwester/Der Pfleger, Heft 5/2010, S. 458–461.

Sauer, T.; May, A. T.: Ethik in der Pflege für die Aus-, Fort- und Weiterbildung. Cornelsen, Berlin 2011.

Sauter, D.: Patiententötungen durch Pflegekräfte. In: Wiesemann, C. et al. (Hrsg.): Pflege und Ethik. Leitfaden für Wissenschaft und Praxis. Verlag W. Kohlhammer, Stuttgart 2003, S. 122–138.

Sauter, D.: Wohlbefinden fördern: Pflegerische Handlungsmöglichkeiten. In: Abderhalden, C.; Needham, I.; Schulz, M.; Schoppmann, S.; Stefan, H. (Hrsg.): Psychiatrische Pflege, psychische Gesundheit und Recovery. IBICURA, Unterostendorf 2008, S. 70–73.

Sauter, D.: Wohlbefinden als Pflegeauftrag. In: Psych. Pflege, Heft 5/2010, S. 234–240.

Sauter, D.: Autonomie. In: Sauter, D.; Abderhalden, C.; Needham, I.; Wolff, S. (Hrsg.): Lehrbuch Psychiatrische Pflege. Dritte Aufl., Verlag Hans Huber, Bern 2011a, S. 652–668.

Sauter, D.: Wohlbefinden. In: Sauter, D.; Abderhalden, C.; Needham, I.; Wolff, S. (Hrsg.): Lehrbuch Psychiatrische Pflege. Dritte Aufl., Verlag Hans Huber, Bern 2011b, S. 1086–1106.

Sauter, D.; Abderhalden, C.; Needham, I.; Wolff, S. (Hrsg.): Lehrbuch Psychiatrische Pflege. Erste Aufl., Verlag Hans Huber, Bern et al. 2004.

Sauter, D.; Abderhalden, C.; Needham, I.; Wolff, S. (Hrsg.): Lehrbuch Psychiatrische Pflege. Dritte Aufl., Verlag Hans Huber, Bern 2011.

Sauter, D.; Richter, D.: Gewalt in der psychiatrischen Pflege. Verlag Hans Huber, Bern; Göttingen; Toronto; Seattle 1998.

SBK-ASI (Schweizer Berufsverband der Krankenschwestern und Krankenpfleger): Ethische Grundsätze für die Pflege. Taschenausgabe. SBK-ASI, Bern 1992.

SBK-ASI (Schweizer Berufsverband der Krankenschwestern und Krankenpfleger): Ethik und Pflege. SBK-ASI, Bern 1999a (1992).

SBK-ASI (Schweizer Berufsverband der Krankenschwestern und Krankenpfleger): Ethische Grundsätze. SBK-ASI, Bern 1999b.

SBK-ASI (Schweizer Berufsverband der Krankenschwestern und Krankenpfleger): Die ethische Überlegung. Oder der Prozess der ethischen Entscheidungsfindung. SBK-ASI, Bern 1999c.

SBK-ASI (Schweizer Berufsverband der Krankenschwestern und Krankenpfleger): Ethische Standpunkte 1. Beihilfe zum Suizid ist nicht Teil des pflegerischen Auftrags. SBK-ASI, Bern 2005a.

SBK-ASI (Schweizer Berufsverband der Krankenschwestern und Krankenpfleger): Ethik in der Pflegepraxis. SBK-ASI, Bern 2005b (Erstdruck 2003).

SBK-ASI (Schweizer Berufsverband der Pflegefachfrauen und Pflegefachmänner): Ethische Standpunkte 2: Verantwortung und Pflegequalität. SBK-ASI, Bern 2007, S. 1–2.

SBK-ASI (Schweizer Berufsverband der Pflegefachfrauen und Pflegefachmänner): Ethische Standpunkte 3: Pflegefachpersonen und Grippeimpfung. SBK-ASI, Bern 2008, S. 1–2.

Schaeffer, D.; Moers, M.; Steppe, H.; Meleis, A.: Pflegetheorien. Beispiele aus den USA. Verlag Hans Huber, Bern; Göttingen; Toronto; Seattle 1997.

Schäfer, A.; Clees, J.: Mehr Qualität wagen! In: Altenpflege, Heft April 2011, S. 64–65.

Schäfer, D.: Ethik im Krankenhaus: Ein neuer Trend im Gesundheitswesen? In: Pflegezeitschrift, Heft 3/2000, S. 181–183.

Schanz, W.: Der Pflegeprozess – Kritische Anfrage an eine Methode. In: Caritas und Pflege, Heft 2/2002, S. 40–42.

Schewior-Popp, S.: Handlungsorientierter Didaktikansatz für den Theorie-Praxis-Transfer in der Krankenpflegeausbildung. In: Die Schwester/Der Pfleger 8/1994, S. 630–636.

Schewior-Popp, S.: Handlungsorientiertes Lehren und Lernen in Pflege- und Rehabilitationsberufen. Georg Thieme Verlag, Stuttgart 1998.

Schewior-Popp, S.; Sitzmann, F.; Ullrich, L. (Hrsg.): Thiemes Pflege. Das Lehrbuch für Pflegende in Ausbildung. 11. Aufl., Georg Thieme Verlag, Stuttgart; New York 2009.

Schilmöller, R.: Ethische Erziehung im Religionsunterricht und im Ethikunterricht. In: Ladenthin, V.; Schilmöller, R. (Hrsg.): Ethik als pädagogisches Projekt. Grundfragen schulischer Werterziehung. Leske und Budrich, Opladen 1999, S. 223–241.

Schlecht, C.: Sackgasse Pflegeabhängigkeit? Zur Situation von Menschen, die von der Pflege und Fürsorge anderer abhängig sind. In: Städtler-Mach, B. (Hrsg.): Ethik im Gesundheitswesen. Springer-Verlag, Berlin; Heidelberg; New York; Barcelona; Hongkong; London; Mailand; Paris; Singapur; Tokio 1999, S. 129–146.

Schmerfeld, J.: Professionelle Beziehungen im Gesundheitswesen. In: Pflegepädagogik, Heft 5/1997, S. 12–14.

Schmerfeld, J.: Pädagogische Professionalität in der Pflege. Gedanken zur Hochschulausbildung von Pflegepädagogen an der KFH Freiburg, In: KFH Focus, Heft 10/1998a, Katholische Fachhochschule Freiburg, S. 6–9.

Schmerfeld, J.: Pädagogik als Kontextgestaltung. In: KFH Focus, Heft 10/1998b, Katholische Fachhochschule Freiburg, S. 35–38 .

Schmerfeld, J.: Selbstorganisation – das neue Paradigma der Pädagogik? In: Geißner, U. (Hrsg.): Der Weg zur Akademisierung der Pflege – Zwischenstation. Wissenschaftliches Symposium. Förderkreis der Freiburger Pflegestudiengänge e.V., Band 1, Freiburg 2000, S. 40–47.

Schmidbauer, W.: Sterbehilfe: Ein deutsches Tabu? Angesichts der Ängste von Experten und Bürgern ist es in Deutschland besonders schwer, über die Hilfe zu einem Tod in Würde zu sprechen. In: Psychologie Heute, Heft Dezember 2011, S. 46–50.

Schmidli-Bless, C.; Ricka, R.: Pflegetheorien – eine vergessene Dimension? Rückblick und Reflexion zum Beitrag »Eine professionelle Pflege braucht Krankenpflegetheorien« (PFLEGE, 1989). In: Pflege, Heft 6/2011, S. 389–390.

Schmid Noerr, G.: Die Förderung von Selbstbehauptung und moralischer Kompetenz. In: Sozial Extra, Heft Juli/August 2001, S. 20–25.

Schmidt, H.: Stichwort »Entscheidungsfindung, ärztliche. 2. Ethik«. In: Eser, A.; von Lutterotti, M.; Sporken, P. (Hrsg.) (unter Mitwirkung von Illhardt, F. J.; Koch, H.-G.): Lexikon Medizin, Ethik, Recht. Darf die Medizin, was sie kann? Information und Orientierung. Herder Verlag, Freiburg; Basel; Wien 1989, S. 303–314.

Schmidt, H.: Gründe für einen eigenständigen Ethikunterricht in der Krankenpflegeausbildung. In: Deutsche Krankenpflege-Zeitschrift, Heft 5/1993, S. 324–327.

Schmidt, H.: Ethikunterricht – Grundlagen und didaktische Ansätze. In: Götzelmann, A. (Hrsg.): Ethikunterricht in diakonischen Bildungseinrichtungen (Alten- und Krankenpflegeschulen). Curricula, Lehrmaterialien, Aufgabenstellungen einer Didaktik ethischer Bildung. DWI-Verlag (Selbstverlag des Diakoniewissenschaftlichen Institutes der Ruprecht-Karls-Universität Heidelberg). Heidelberg 2000, S. 39–50.

Schmidt, H.; Thierhoff, A.: Didaktische Hinweise zur medizinethischen Ausbildung von Pflegekräften. In: Amelung, E. (Hrsg.): Ethisches Denken in der Medizin. Ein Lehrbuch. Springer-Verlag, Berlin; Heidelberg; New York; London; Paris; Tokyo; Hong Kong; Barcelona; Budapest 1992, S. 188–202.

Schmidt, K. W.: Bewegende Szenen. Spielfilme als Sensibilisierung für medizinethische Themenfelder. Eine Anleitung zum Selbstversuch. In: Arbeitsgruppe »Pflege und Ethik« der Akademie für Ethik in der Medizin e.V. (Hrsg.): »Für alle Fälle …« Arbeit mit Fallgeschichten in der Pflegeethik. Brigitte Kunz Verlag, Hannover 2005, S. 182–188.

Schmidt-Wilcke, H. A.; Kleinekemper, P.: Welchen Nutzen hat ein Patient durch das Qualitätsmanagement eines Krankenhauses? In: Pflegewissenschaft, Heft 11/2009, S. 606–612.

Schmitt-Mannhart, R.: Langzeitpflege – Vom Umgang mit Leiden und Abhängigkeit. In: Arn, C.; Weidmann-Hügle, T. (Hrsg.): Ethikwissen für Fachpersonen. Handbuch Ethik im Gesundheitswesen 2. EMH Schwabe, Basel 2009, S. 253–271.

Schnabel, M.; Wesselborg, B.: Patientenautonomie – Leitprinzip für professionelle Pflege. In: PRINTERNET, Heft 12/2004, S. 691–697.

Schneider, C.: Gewalt in Pflegeeinrichtungen. Erfahrungen von Pflegenden. Schlütersche Verlagsgesellschaft, Hannover 2005.

Schneider, K.: Fachdidaktische Ansätze für die Pflegeausbildung – eine Bestandsaufnahme, In: Unterricht Pflege, Heft 5/1998, S. 29–34.

Schnell, M. W.: Zum Aufbau ethischer Grundlagen in der Sozialarbeit. In: Archiv für Wissenschaft und Praxis der Sozialen Arbeit, Heft 3/1996, S. 210–219.

Schnell, M. W.: Ethische Konflikte in der Pflege, 5. Folge: Ethische Aspekte der Sterbehilfe. In: Die Schwester/Der Pfleger, Heft 10/1998, S. 838–841.

Schnell, M. W.: Ethikkommissionen – Hilfe bei strukturellen Konflikten in der Pflegeethik. In: Die Schwester/Der Pfleger, Heft 8/1999, S. 660–662.

Schnell, M. W. (Hrsg.): Ethik der Interpersonalität. Die Zuwendung zum anderen Menschen im Licht empirischer Forschung. Schlütersche Verlagsgesellschaft, Hannover 2005.

Schnell, M. W.: Pflegeforschungsethik. In: Brandenburg, H.; Panfil, E.-M.; Mayer, H. (Hrsg.): Pflegewissenschaft 2. Lehr- und Arbeitsbuch zur Einführung in die Pflegeforschung. Hans Huber, Bern 2007, S. 165–175.

Schnell, M. W.: CURA SUI – Die Selbstsorge und ihre Beziehung zur Pflege. In: Pflege, Heft 1/2010, S. 37–43.

Schnell, M. W.: Ethikkommission der Deutschen Gesellschaft für Pflegewissenschaft. In: Pflege & Gesellschaft, Heft 2, Mai 2011, S. 185–186.

Schnell, M. W.; Heinritz, C.: Forschungsethik. Ein Grundlagen- und Arbeitsbuch für die Gesundheits- und Pflegewissenschaft. Hans Huber, Bern 2006.

Schnell, M. W.; Schulz, C.; Dunger, C.; Möller, M.: Zur Bedeutung und Gestaltung von Autonomie und Fürsorge am Lebensende. Ergebnisse einer Befragung im Rahmen einer Vignettenstudie. In: Pflege, Heft 2/2009, S. 119–128.

Schnell, M. W.; Schulz, C.: Der Experte und das Irrationale. Ethische Überlegungen zum Status des Expertenwissens in der Pflege. In: Pflege & Gesellschaft, Heft 1/2010, S. 64–77.

Schnepp, W.: Zusammenhang von Kultur und pflegekundiger Ausbildung. In: Pflege-Pädagogik, Heft 5/1997, S. 16–23.

Schomburg, I.: Qualitätssicherung – Qualitätsberater. In: Die Schwester/Der Pfleger, Heft 1/1997, S. 8–14.

Schöne-Seifert, B.: Medizinethik. In: Nida-Rümelin, J. (Hrsg.): Angewandte Ethik. Die Bereichsethiken und ihre theoretische Fundierung. Alfred Kröner Verlag, Stuttgart 1996, S. 552–648.

Schottky, H.: Ethik und Moral in Medizin und Pflege. Entwicklungen, Forderungen und Perspektiven. Vortrag, gehalten am Fachtag »Ethische Entscheidungen«, 16. Nov. 2007 im Haus der Wissenschaft, Bremen 2007. Im Internet: http://www.hospiz-horn.de/pdf_vortraege/schottky_nov16_07web.pdf, besucht am 28.7.2011.

Schottky, H.; Nola, E.; Scholz, P.: »So geht es nicht weiter!« Die ethische Fallbesprechung. Eine Methode zum Umgang mit Konflikten im Gesundheitsbereich und in der Altenhilfe. Der Senator für Arbeit, Frauen, Gesundheit, Jugend und Soziales (Hrsg.) in Kooperation mit Hospiz Horn e.V. und Bremer Heimstiftung, Bremen 2007.

Schreiner, P.-W.: Ethik und Berufsidentität in der Pflege – die Innenseite des Pflegenotstandes. In: Pflege, Heft 1/1991, S. 4–12.

Schreiner, P.-W.: Ehrfurcht vor dem Leben. Gedanken zur Ethik Albert Schweitzers. In: Deutsche Krankenpflege-Zeitschrift, Heft 5/1993a, S. 303–308.

Schreiner, P.-W.: Konzept einer Unterrichtseinheit »Einführung in die Ethik« In: Deutsche Krankenpflege-Zeitschrift, Heft 5/1993b, S. 328–329.

Schreiner, P.-W.: Hauptsache Gesundheit. Zur gesellschaftlichen Bewertung von Pflege und Medizin. In: Pflege, Heft 2/1995, S. 138–145.

Schreiner, P.-W.: Handeln begründen. Möglichkeiten und Grenzen medizinischer Ethik. In: Dr. med. Mabuse, Heft 99, Jan./Febr. 1996, S. 37–41.

Schreiner, P.-W.: Ethik, angewandte Ethik, Berufsethik. In: Pflege, Heft 1/2001a, S. 17–27.

Schreiner, P.-W.: Gewalt in der Pflege. In: Pflege und Gesellschaft, Nr. 2/2001b, S. 51–63.

Schreiner, P.-W.: Patiententötung durch Angehörige helfender Berufe. In: Pr-InterNet, PflegeManagement, Ausgabe 4/2001c, S. 65–78.

Schreiner, P.-W.: »Ich lehne die in den Niederlanden getroffene Regelung ab« Interview In: Pr-InterNet, Ausgabe 6/2001d, S. 200–205.

Schreiner, P.-W.; Gahl, K.: Begegnung mit Sterben und Tod. In: Kahlke, W.; Reiter-Theil, S. (Hrsg.): Ethik in der Medizin. Ferdinand Enke Verlag, Stuttgart 1995, S. 78–96.

Schrems, B.: Der Pflegeprozess im Kontext der Professionalisierung – Reflexion zum problematischen Verhältnis von Pflege und Pflegeprozess. In: PRINTERNET, Heft 1/2006, S. 44–52.

Schröck, R.: Zum moralischen Handeln in der Pflege. In: Pflege, Heft 4/1995, S. 315–323.

Schröck, R.: Des Kaisers neue Kleider. Bedeutung der Pflegetheorien für die Entwicklung der Pflegewissenschaft in Deutschland. In: Dr. med. Mabuse, Heft 107 (Mai/Juni), 1997, S. 39–45.

Schröder, B.: Ethik im Alltag. In: Pflege Aktuell, Heft 12/1993, S. 724–726.

Schröder, Mechthild: Ethische Normen in der Krankenpflege. In: Deutsche Krankenpflegezeitschrift, Heft 7/1985, S. 464–466.

Schröder, Monika: Ethik im Umfeld der Geburtshilfe. In: Städtler-Mach, B. (Hrsg.): Ethik im Gesundheitswesen. Springer-Verlag, Berlin; Heidelberg; New York; Barcelona; Hongkong; London; Mailand; Paris; Singapur; Tokio 1999, S. 147–157.

Schröppel, H.: Ethikkomitees und Ethische Fallbesprechungen in der Pflege. In: Fix, E.; Kurzke-Maasmeier, S. (Hrsg.): Das Menschenrecht auf gute Pflege. Selbstbestimmung und Teilhabe verwirklichen. Lambertus-Verlag, Freiburg im Breisgau 2009, S. 109–117.

Schülein, J. A.; Brunner, K.-M.: Soziologische Theorien. Eine Einführung für Amateure. Springer-Verlag, Wien; New York 1994.

Schulz, M.: Entscheidung im Sinne des Patienten – Ein Gespräch mit Klaus Kobert (Interview). In: Psych. Pflege Heute, Heft 5 (Oktober)/2011a, S. 245–246.

Schulz, M.: Ethik kann man nicht verschreiben (Interview mit Phil Barker). In: Psych. Pflege Heute, Heft 5 (Oktober)/2011b, S. 253–254.

Schulze, J.: Ethik und Management. In: Städtler-Mach, B. (Hrsg.): Ethik im Gesundheitswesen. Springer-Verlag, Berlin; Heidelberg; New York; Barcelona; Hongkong; London; Mailand; Paris; Singapur; Tokio 1999, S. 1–13.

Schulz von Thun, F.: Miteinander reden. Bd. 1. Rowohlt, Reinbek 1981.

Schwarz-Govaers, R.: Wege zur Produktion von Erkenntnis in der Pflege – fachdidaktische Entwicklungen. In: Pflege, Heft 3/1993, S. 210–220.

Schweidtmann, W.: Berufsethik und Identität – auf dem Hintergrund einer veränderten Rollendefinition der Krankenpflege. Ergebnisse einer vergleichenden Studie zwischen Ärzten und Pflegepersonal. In: Pflege, Heft 1/1997, S. 4–9.

Schweitzer, A.: Die Lehre von der Ehrfurcht vor dem Leben. Grundtexte aus fünf Jahrhunderten. Herausgegeben von H. W. Bähr, zweite Aufl., C. H. Beck'sche Verlagsbuchhandlung, München 1976.

Schweizerische Gesellschaft für Biomedizinische Ethik (SGBE/SSEB) (Hrsg.): SGBEbulletinSSEB, No. 58, März 2009. Im Internet: www.sagw.ch/dms/sgbe/publikationen/Bulletin/Bull58/Bull-58.pdf, besucht am 11.2.2012.

Schwerdt, R.: Eine Ethik für die Altenpflege. Verlag Hans Huber, Bern; Göttingen; Toronto; Seattle 1998a.

Schwerdt, R.: Die Bedeutung der Ethik für die Altenhilfe. 1998b. In: Blonski, H. (Hrsg.): Ethik in Gerontologie und Altenpflege. Leitfaden für die Praxis. Brigitte Kunz Verlag, Hagen 1998b, S. 105–122.

Schwerdt, R.: Zur philosophischen Grundlegung einer Ethik für die Altenpflege. In: Osterbrink, J. (Hrsg.): Erster internationaler Pflegetheorienkongreß Nürnberg, Verlag Hans Huber, Bern; Göttingen; Toronto; Seattle 1998c, S. 252–260.

Schwerdt, R. (Hrsg.): Gute Pflege. Pflege in der Beurteilung von Menschen mit Pflegebedarf. Verlag W. Kohlhammer, Stuttgart 2002a.

Schwerdt, R.: Einleitung: Freundliche, vorausschauende Zugewandtheit: Befragungsergebnisse über das Erleben guter Pflege aus Betroffenensicht und ihre Implikationen für die Theorieentwicklung der Pflege. Stuttgart 2002b. In: Schwerdt, R. (Hrsg.): Gute Pflege. Pflege in der Beurteilung von Menschen mit Pflegebedarf. Verlag W. Kohlhammer, Stuttgart 2002a, S. 13–24.

Schwerdt, R.: Pflege im Prozess ihrer Professionalisierung und Qualitätsentwicklung: Prolegomena zu einer Wirtschaftsethik der Pflege. 2002c. In: Schwerdt, R. (Hrsg.): Gute Pflege. Pflege in der Beurteilung von Menschen mit Pflegebedarf. Verlag W. Kohlhammer, Stuttgart 2002a, S. 25–48.

Schwerdt, R.: Stichwort »Ethik« In: Wied, S.; Warmbrunn, A. (Bearbeiterinnen): Pschyrembel Wörterbuch Pflege. Walter de Gruyter, Berlin; New York 2003a, S. 215–217.

Schwerdt, R.: Pflege wird zur Profession. Editorial. In: Pflege, Heft 4/2003b, S. 182–183.

Segbers, F.: Ethik im Krankenhaus und Ethik des Krankenhauses. In: Sehring, U.; Segbers, F. (Hrsg.): Ethisch handeln im Krankenhaus. Diakonische Werke in Hessen und Nassau sowie Kurhessen-Waldeck. Referat für Krankenhauswesen/-recht. Frankfurt am Main, o. J., S. 109–118.

Seliger, R.: (Was) Macht Magie in der Beratung? Versuch einer systemischen Entzauberung. In: Organisationsentwicklung, Heft 2/2000, S. 46–54.

Sellman, D.: Why teach ethics to nurses? In: Nurse Education Today, 16, 1996, S. 44–48.

Senge, P. M.: Die Fünfte Disziplin. Kunst und Praxis der lernenden Organisation. Klett-Cotta, Stuttgart 1996.

Senghaas-Knobloch, E.: Care-Arbeit und das Ethos fürsorglicher Praxis unter neuen Marktbedingungen am Beispiel der Pflegepraxis. In: Berliner Journal für Soziologie, Heft 2/2008, S. 221–243.

Seyd, W.: Auf dem Prüfstand: Handlungsorientierung in der Ausbildung. In: Pflegepädagogik, Heft 6/1995, S. 4–10.

Siebers, H.; Wander, M.: Qualitätssicherung in der Pflege. Ein Schritt zur Professionalisierung? DBfK, Eschborn 1993.

Siebert, H.: Lernen als Konstruktion von Lernwelten. Entwurf einer konstruktivistischen Didaktik. (herausgegeben von Dehler, J.; Michelsen, G.). VAS Verlag für Akad. Schriften, Frankfurt am Main 1994.

Siebert, H.: Pädagogischer Konstruktivismus. Eine Bilanz der Konstruktivismusdiskussion für die Bildungspraxis. Hermann Luchterhand Verlag, Neuwied; Kriftel 1999.

Siep, L.: Bioethik. In: Pieper, A.; Thurnherr, U.: Angewandte Ethik. Eine Einführung. Verlag C. H. Beck, München 1998, S. 16–36.

Simon, A.: Im Gespräch bleiben. In: Altenpflege, Heft Oktober 2009, S. 29–31.

Simon, A.; Gillen, E.: Erhebung über Klinische Ethik-Komitees. Ergebnisse einer Erhebung bei katholischen Krankenhäusern. In: Krankendienst, Heft 8–9/2000, S. 245–248.

Simon, A.; Neitzke, G.: Medizinethische Aspekte der Klinischen Ethikberatung. In: Dörries, A.; Neitzke, G.; Simon, A.; Vollmann, J. (Hrsg.): Klinische Ethikberatung. Ein Praxisbuch. Verlag W. Kohlhammer, Stuttgart 2008, S. 24–40.

Simon, F. B.: Unterschiede, die Unterschiede machen. Klinische Epistemologie: Grundlage einer systemischen Psychiatrie und Psychosomatik. Springer-Verlag, Berlin; Heidelberg; New York; London; Paris; Tokyo 1988.

Simon, F. B.: Die Kunst, nicht zu lernen. Und andere Paradoxien in Psychotherapie, Management, Politik ... Carl Auer Verlag, Heidelberg 1997a.

Simon, F. B.: Ent-Lernen – einige konstruktivistische Grundlagen der Psychotherapie. In: Familiendynamik, Heft 4/1997b, S. 332–347.

Simon, M.: Beschäftigte und Beschäftigungsstrukturen in Pflegeberufen. Eine Analyse der Jahre 1999 bis 2009. Studie für den Deutschen Pflegerat. Januar 2012. Im Internet: http://www.deutscher-pflegerat.de/dpr.nsf/0/E81BDA151130EDFEC-125796C003DEB66, besucht am 24.1.2012.

Smith, S. J.; Davis, A. J.: A programme for nursing ethics. In: International Journal of Nursing Studies, No. 4, 1985, p. 335–339.

Spaemann, R. (Hrsg.): Ethik-Lesebuch. Von Platon bis heute. Piper, München; Zürich 1987.

Sperl, D.: Qualitätssicherung in der Pflege. Validierte Pflege im Krankenhaus unter besonderer Berücksichtigung der Intensivpflege. Schlütersche Verlagsgesellschaft, Hannover 1994.

Sperl, D.: Ethik der Pflege. Verantwortetes Denken und Handeln in der Pflegepraxis. Verlag W. Kohlhammer, Stuttgart 2002.

Sporken, P.: Stichwort »Medizinische Ethik« In: Eser, A.; von Lutterotti, M.; Sporken, P. (Hrsg.) (unter Mitwirkung von Illhardt, F. J.; Koch, H.-G.): Lexikon Medizin, Ethik, Recht. Darf die Medizin, was sie kann? Information und Orientierung. Herder Verlag, Freiburg; Basel; Wien 1989, S. 711–724.

Städtler-Mach, B. (Hrsg.): Ethik im Gesundheitswesen. Springer-Verlag, Berlin; Heidelberg; New York; Barcelona; Hongkong; London; Mailand; Paris; Singapur; Tokio 1999.

Städtler-Mach, B.: Gewalt in der Altenpflege. In: Städtler-Mach, B. (Hrsg.): Ethik im Gesundheitswesen. Springer-Verlag, Berlin; Heidelberg; New York; Barcelona; Hongkong; London; Mailand; Paris; Singapur; Tokio 1999, S. 159–167.

Städtler-Mach, B.: Ethik. In: Kerres, A.; Seeberger, B. (Hrsg.): Lehrbuch Pflegemanagement II; Springer, Berlin 2001, S. 2–18.

Städtler-Mach, B.: Ethische Aspekte zum Pflegemanagement. In: Wiesemann, C. et al. (Hrsg.): Pflege und Ethik. Leitfaden für Wissenschaft und Praxis. Verlag W. Kohlhammer, Stuttgart 2003, S. 169–176.

Städtler-Mach, B. (Hrsg.): Ethik gestalten. Neue Aspekte zu ethischen Herausforderungen in der Pflege. Mabuse-Verlag, Frankfurt am Main 2006a.

Städtler-Mach, B.: Vorwort. In: Städtler-Mach, B. (Hrsg.): Ethik gestalten. Neue Aspekte zu ethischen Herausforderungen in der Pflege. Mabuse-Verlag, Frankfurt am Main 2006b, S. 7–9.

Städtler-Mach, B.: Ethik gestalten. In: Städtler-Mach, B. (Hrsg.): Ethik gestalten. Neue Aspekte zu ethischen Herausforderungen in der Pflege. Mabuse-Verlag, Frankfurt am Main 2006c, S. 10–12.

Städtler-Mach, B.: In der Balance halten. In: Altenpflege, Heft Oktober 2009, S. 26–27.

Staenke, E.: Eigenpflege fördert die Selbstständigkeit. In: Pflegezeitschrift, Heft 8/2001, S. 564–567.

Staffelbach, B.: Strategisches Marketing von Dienstleistungen. In: Corsten, H. (Hrsg.): Integratives Dienstleistungsmanagement. Gabler, Wiesbaden 1994, S. 287–302.

Statistisches Bundesamt: Bildung und Kultur. Schuljahr 2010/2011. Fachserie 11, Reihe 2. Korrigierte Version vom 29.12.2011. Statistisches Bundesamt, Wiesbaden 2011.

Steffen-Bürgi, B.: Pflegediagnostik (unter Mitarbeit von Baldegger, E.; Bühlmann, J.; Holzer-Pruss, C.; Käppeli, S.; Ruckstuhl, R.; Siegwart, H.; Schürpf Stingel, M.). Universitätsspital Zürich, Zentrum für Entwicklung, Forschung und Fortbildung in der Pflege (ZEFFP). Zürich 1997.

Steinert, T.: Ethische Probleme in der psychiatrischen Behandlung und Pflege. In: Psych. Pflege, Heft 1/2001, S. 32–36.

Steinert, T.: Umgang mit Gewalt in der Psychiatrie. Psychiatrie Verlag, Bonn 2008.

Steinkamp, N.: Methoden ethischer Entscheidungsfindung im Pflegealltag. In: Monteverde, S. (Hrsg.): Handbuch Pflegeethik. Ethisch denken und handeln in den Praxisfeldern der Pflege. Kohlhammer, Stuttgart 2012, S. 175–192.

Steinkamp, N.; Gordijn, B.: Implementierung klinischer Ethik. Ein Zweistufenmodell zur Implementierung klinischer Ethik, In: Krankendienst, Heft 8–9/2000, S. 235–244.

Steinkamp, N.; Gordijn, B.: Ethik in Klinik und Pflegeeinrichtung. Ein Arbeitsbuch. Zweite Aufl., Luchterhand, Neuwied; Köln; München 2005.

Steinkamp, N.; Gordijn, B.: Interaktionsmodell – Ethik-Komitee und ethische Fallbesprechung im Wechselspiel. In: Baumann-Hölzle, R.; Arn, C. (Hrsg.): Ethiktransfer in Organisationen. Handbuch Ethik im Gesundheitswesen 3. EMH Schwabe, Basel 2009, S. 119–132.

Steinkamp, N.; van Woelderen, M.: Interdisziplinäre Entscheidungsfindung: Erfahrungen aus der Psychiatrie in den Niederlanden. In: Schweizerische Gesellschaft für Biomedizinische Ethik (SGBE/SSEB) (Hrsg.): SGBEbulletinSSEB, No. 58, März 2009. Im Internet: www.sagw.ch/dms/sgbe/publikationen/Bulletin/Bull58/Bull-58.pdf, besucht am 11.2.2012, S. 16–17.

Stemmer, R: Zum Verhältnis von professioneller Pflege und pflegerischer Sorge. In: Deutscher Verein für Pflegewissenschaft (Hrsg.): Das Originäre der Pflege entdecken. Pflege beschreiben, erfassen, begrenzen. Mabuse-Verlag, Frankfurt am Main 2003, S. 43–62.

Stemmer, R. (Hrsg.): Qualität in der Pflege – trotz knapper Ressourcen. Schlütersche Verlagsgesellschaft, Hannover 2009

Steppe, H.: Die historische Entwicklung der Krankenpflege als Beruf. In: Deutsche Krankenpflegezeitschrift, Heft 5/1985 (Beilage), S. 1–11.

Steppe, H.: Das Selbstverständnis der Krankenpflege. In: Deutsche Krankenpflege-Zeitschrift 5/1990 (Beilage), S. 1–11.

Steppe, H.: Das Dilemma der pflegerischen Ethik. In: Schädle-Deininger, H. (Hrsg.): Pflege, Pflege-Not, Pflege-Not-Stand: Entwicklungen psychiatrischer Pflege. Zweite Aufl., Mabuse-Verlag, Frankfurt am Main 1994, S. 32–58.

Steppe, H.: Das Selbstverständnis der Krankenpflege in ihrer historischen Entwicklung. In: Pflege, Heft 2/2000, S. 77–83.

Steppe, H.; Koch, F.; Weisbrod-Frey, H. (Hrsg.): Krankenpflege im Nationalsozialismus. Dritte Aufl., Mabuse-Verlag, Frankfurt/Main 1989.

Stoecker, R.: Grundlegende Überlegungen zur klinischen psychiatrischen Ethik. In: Psych. Pflege Heute, Heft 5/2011, S. 233–239.

Stoffel, E.: Physiotherapie – Ethik im Alltag. In: Arn, C.; Weidmann-Hügle, T. (Hrsg.): Ethikwissen für Fachpersonen. Handbuch Ethik im Gesundheitswesen 2. EMH Schwabe, Basel 2009, S. 85–101.

Stoffel, O.: Der handlungsorientierte Unterricht: ein neuer Weg in der Erwachsenenbildung. In: Pflegepädagogik, Heft 2/1996, S. 7–10.

Strack, U.: Funktional oder ganzheitlich? Menschenbilder und ihre Bedeutung für die Pflege, In: AltenpflegeForum. Texte aus Pflegeforschung und Pflegewissenschaft. Nr. 4/1997, S. 1–7.

Stratmeyer, P.: Entwicklungspsychologische Theorien und ihre Bedeutung in der Pflegeausbildung. In: PflegePädagogik, Heft 4/1994, S. 7–14.

Stratmeyer, P.: Wie fühlt sich ein Fakir auf Nägeln? Empathielernen in der Pflegeausbildung. In: Pflegepädagogik, Heft 6/1996, S. 28–41.

Stratmeyer, P.: Ein historischer Irrtum der Pflege? Plädoyer für einen kritisch-distanzierten Umgang mit dem Pflegeprozeß. In: Dr. med. Mabuse, Heft März/April 1997, S. 34–38.

Streyl, H.: Moralisches Handeln Pflegender in der Schmerztherapie junger Säuglinge. Kinderklinik der Johannes-Gutenberg-Universität, Mainz 2000. Im Internet: http://www.kinderkrankenpflege-netz.de/aktuell/schmerztherapie-saeuglinge.pdf, besucht am 23.11.2010.

Student, J.-C.; Napiwotzky, A.: Palliative Care. Wahrnehmen – verstehen – schützen. Georg Thieme Verlag, Stuttgart; New York 2007.

Studierendengruppe (Studierende des Studiengangs Pflegewissenschaft an der Evang. Fachhochschule Darmstadt unter der Leitung von Fr. Prof. Schröck): Ethische Grundregeln der Pflegeforschung. In: Psych. Pflege, Heft 2/1996, S. 70–72.

Stutzki, R.; Ohnsorge, K.; Reiter-Theil, S. (Hrsg.): Ethikkonsultation heute – vom Modell zur Praxis. LIT Verlag Dr. W. Hopf, Berlin 2011.

Tackenberg, P.; Abt-Zegelin, A. (Hrsg.): Demenz und Pflege. Eine interdisziplinäre Betrachtung. Unter Mitarbeit von Claudia Dinand und Hans-Joachim Eickelmann. Vierte Aufl., Mabuse-Verlag, Frankfurt/Main 2004.

Tadd, W.: Nurses' Ethics. In: Encyclopedia of Applied Ethics, Vol. 3 (J-R), Academic Press, San Diego; London; Boston; New York; Sydney; Tokyo; Toronto 1998.

Taylor, R.: Der moralische Imperativ des Pflegens. Hans Huber, Bern 2011

Tepe, C.: Grundlegende Aspekte einer Pflege- und Medizinethik. In: Pr-InterNet, PflegePädagogik, Ausgabe 11/1999, S. 273–281.

Terhaar, S.: Die Würde des Patienten ist antastbar. In: Die Schwester/Der Pfleger, Heft 5/1995, S. 389–393.

Tewes, R.: Pflegerische Verantwortung. Verlag Hans Huber, Bern; Göttingen; Toronto; Seattle 2002.

Thiel, B.: Qualitätssicherung in der Pflege. In: Krankenpflege, Heft 9/1990, S. 458–460.

Thiele, G.: Pflegewirtschaft: Ein Bereich mit eigenem Profil. In: Pflegezeitschrift, Heft 3/2001a, S. 194–198.

Thiele, G.: Pflegewirtschaftslehre, Managementwissen und Leadership – Ein Abgrenzungsversuch. In: Brandenburg, H.; Schwendemann, U. (Hrsg.): Kommunikation, Kooperation, Konflikt. Festschrift für Ursula Geißner. Förderkreis der Freiburger Pflegestudiengänge e.V. Freiburg 2001b, S. 1–10.

Thompson, I. E.; Melia, K. M.; Boyd, K. M.: Nursing Ethics. Churchill Livingstone, Edinburgh; London; Madrid; Melbourne; New York; Tokyo 1994.

Treibel, A.: Einführung in soziologische Theorien der Gegenwart. Vierte Aufl., Leske und Budrich, Opladen 1997.

Tschudin, V.: Ethik in der Krankenpflege. Recom, Basel 1988

Turner, S. L.; Rufo, M. K.: An Overview of Nursing Ethics for Nurse Educators, In: The Journal of Continuing Education in Nursing, Number 6, Nov./Dez. 1992, S 272–277.

UNO (Vereinte Nationen): Allgemeine Erklärung der Menschenrechte vom 10. Dez. 1948. Zweite Aufl., Insel Verlag, Frankfurt/Main 1991.

van der Arend, A. J. G.: Pflegeethik. Ullstein Medical Verlagsgesellschaft, Wiesbaden 1998.

van der Arend, A.; Gastmans, C.: Ethik für Pflegende. Verlag Hans Huber, Bern; Göttingen; Toronto; Seattle 1996.

van Dijk, G. C.; Dijkstra, A.: Kraftlosigkeit anerkennen. In: Pflegezeitschrift, Nr. 6/2006, S. 362–365).

van Kampen, N.: Theoriebildung in der Pflege. Eine kritische Rezeption amerikanischer Pflegemodelle. Mabuse-Verlag, Frankfurt/Main 1998.

van Kampen, N.; Sanders, M.: Einige kritische Anmerkungen zum Menschenbild in ausgewählten Pflegemodellen. In: Pflege und Gesellschaft, Nr. 3/2000, S. 61–66.

van Schayck, A.: Ethisch handeln und entscheiden. Spielräume von Pflegenden und die Selbstbestimmung von Patienten. Verlag W. Kohlhammer, Stuttgart; Berlin; Köln 2000.

Volontieri, F. W. (Hrsg.): Ethik im aktuellen Lehrangebot von Krankenpflegeschulen in der Bundesrepublik Deutschland (Autoren: Blokesch, K.; Bock von Wülfingen, W.). Verlag Dadder, Saarbrücken-Scheidt 1992.

Volz, F.-R.: Professionelle Standards in der Sozialen Arbeit zwischen Ökonomisierung und Moralisierung. Ethische Aspekte, In: Gilde Soziale Arbeit: Rundbrief, Nr. 1/1996, S. 24–34.

von Engelhardt, D.: Zur historischen Entwicklung der Ethik in der Medizin – Prinzipien, Theorien, Methoden. In: Frewer, A.; Winau, R. (Hrsg.): Geschichte und Theorie der Ethik in der Medizin. Verlag Palm & Enke, Erlangen; Jena 1997, S. 37–62.

von Foerster, H.; Pörksen, B.: Wahrheit ist die Erfindung eines Lügners. Gespräche für Skeptiker. Carl Auer Systeme Verlag, Heidelberg 1998.

von Glasersfeld, E.: Einführung in den radikalen Konstruktivismus. In: Watzlawick, P. (Hg.): Die erfundene Wirklichkeit. Piper, München 1981, S. 16–38.

von Manz, H. G.: Das Verständnis von Ethik. In: Amelung, E. (Hrsg.): Ethisches Denken in der Medizin. Ein Lehrbuch. Springer-Verlag, Berlin; Heidelberg; New York; London; Paris; Tokyo; Hong Kong; Barcelona; Budapest 1992a, S. 55–71.

von Manz, H. G.: Typen medizinischer Ethik. In: Amelung, E. (Hrsg.): Ethisches Denken in der Medizin. Ein Lehrbuch. Springer-Verlag, Berlin; Heidelberg; New York; London; Paris; Tokyo; Hong Kong; Barcelona; Budapest 1992a, S. 76–91.

von Reibnitz, C.: Patientenbeteiligung und Konsumentensouveränität auf dem Gesundheitsmarkt. In: Hochschulforum Pflege, Nr. 1/2001, S. 23–26.

von Rosenstiel, L.: Grundlagen der Organisationspsychologie. Dritte Auflage, Schäffer-Pöschel Verlag, Stuttgart 1992.

Vortkamp, T.; Helbig, W. (Hrsg.): Ethik-Komitee im Krankenhaus. Erfahrungsberichte zur Einrichtung von Klinischen Ethik-Komitees. Deutscher Evangelischer Krankenhausverband e.V.; Katholischer Krankenhausverband Deutschlands e.V., Berlin; Freiburg 1999.

Wachenhausen, H.: Ethische Probleme der Forschung in der Pflege aus rechtlicher Sicht. In: Wiesemann, C. et al. (Hrsg.): Pflege und Ethik. Leitfaden für Wissenschaft und Praxis. Verlag W. Kohlhammer, Stuttgart 2003, S. 179–187.

Wallner, J.: Ethik im Gesundheitssystem. Eine Einführung. Facultas, Wien 2004.

Wallner, J.: Health Care zwischen Ethik und Recht. Facultas, Wien 2007.

Walser, J.: Ethische Fragestellungen müssen die ganze Ausbildung durchdringen. In: SozialAktuell, Fachzeitschrift des Schweizerischen Berufsverbandes Soziale Arbeit SBS/ASPAS, Nr. 5, März 2001, S. 12–17.

Walter, A.: Ethik und die Entwicklung von Curricula in Pflegeausbildungen. In: Götzelmann, A. (Hrsg.): Ethikunterricht in diakonischen Bildungseinrichtungen (Alten- und Krankenpflegeschulen). Curricula, Lehrmaterialien, Aufgabenstellungen einer Didaktik ethischer Bildung. DWI-Verlag (Selbstverlag des Diakoniewissenschaftlichen Institutes der Ruprecht-Karls-Universität Heidelberg). Heidelberg 2000, S. 54–66.

Watzlawick, P.; Beavin, J. H.; Jackson, D. D.: Menschliche Kommunikation. Achte Aufl., Verlag Hans Huber, Bern; Stuttgart; Toronto 1990 (Erstauflage 1967).

Weber, A.: ohne Titel In: Richter, J; Norberg, A.; Fricke, U. (Hrsg.): Ethische Aspekte pflegerischen Handelns. Konfliktsituationen in der Alten- und Krankenpflege. Schlütersche Verlagsgesellschaft, Hannover 2002, Kapitel 4: »Ethische Konfliktsituationen in der Alten- und Krankenpflege in ausgewählten medizinischen Disziplinen; 4.1 In der Hauskrankenpflege, S. 70.

Weber, P.; Stratmeyer, P.: Ethik in der Pflege. Stellenwert ethischer Dimensionen im pflegerischen Handeln; o. J.; im Internet: http://www.sp.haw-hamburg.de/sp/standpunkt1/bioethik/weber.pdf, besucht am 19.8.2010, S. 50–57.

Weidmann, R.: Rituale im Krankenhaus. Eine ethnopsychoanalytische Studie zum Leben in einer Institution. Deutscher Universitätsverlag, Wiesbaden 1990.

Weidner, F.: Professionelle Pflegepraxis und Gesundheitsförderung. Eine empirische Untersuchung über Voraussetzungen und Perspektiven des beruflichen Handelns in der Pflege. Mabuse Verlag, Frankfurt/Main 1995.

Weidner, F.: Zur Einführung in das Grundverständnis der Praxisdisziplin Pflege. In: Weidner, F. (Hrsg.): Pflegeforschung praxisnah: Beispiele aus verschiedenen Handlungsfeldern. Zweite Aufl., Mabuse Verlag, Frankfurt/ Main 2000, S. 11–22.

Weimann, E.-M.: Über den Zusammenhang von Pflegequalität und Menschenwürde. Hausarbeit in der Ausbildung zum/zur Gesundheits- und Krankenpfleger/in an der Schule für Gesundheits- und Krankenpflege im Landkreis Emmendingen. Unveröffentlichtes Manuskript, Emmendingen 2006.

Wellmer, H.-K.: Geleitwort. In: Kahlke, W.; Reiter-Theil, S. (Hrsg.): Ethik in der Medizin. Ferdinand Enke Verlag, Stuttgart 1995, S. V.

Wenner, M.: Ethische Grundfragen der psychiatrischen Pflege. In: Amberger, S.; Roll, S. C. (Hrsg.): Psychiatriepflege und Psychotherapie. Georg Thieme Verlag, Stuttgart; New York 2010, S. 41–47.

Werner, S.: Zwischen Autonomie und Fürsorgepflicht. In: Pflegezeitschrift, Heft 7/2008, S. 368–371.

Werning, R.: Konstruktivismus. Eine Anregung für die Pädagogik? In: Pädagogik, Heft 7–8/1998, S. 39–41.

Wesselborg, B.; Reiber, K.: Schulorganisation und Lehrergesundheit. In: Pflegewissenschaft, Heft 12/2011, S. 670–676.

Wettreck, R.: »Am Bett ist alles anders« – Perspektiven professioneller Pflegeethik. LIT Verlag, Münster; Hamburg; London 2001.

Wiesemann, C.; Erichsen, N.; Behrendt, H.; Biller-Andorno, N.; Frewer, A. (Hrsg.): Pflege und Ethik. Leitfaden für Wissenschaft und Praxis. Verlag W. Kohlhammer, Stuttgart 2003.

Wiesing, U.; Schreiner, P.-W.: Schwierigkeiten einer Einführung in die Ethik. In: Deutsche Krankenpflege-Zeitschrift, Heft 5/1993, S. 317–319.

Willke, H.: Systemtheorie I. Grundlagen. Fünfte Aufl., Lucius & Lucius Verlagsgesellschaft, Stuttgart 1996a.

Willke, H.: Systemtheorie II. Interventionstheorie. Zweite Aufl., Lucius & Lucius Verlagsgesellschaft, Stuttgart 1996b.

Wils, J.-P.: Ethik – über Ethik nachdenken. In: Arn, C.; Weidmann-Hügle, T. (Hrsg.): Ethikwissen für Fachpersonen. Handbuch Ethik im Gesundheitswesen 2. EMH Schwabe, Basel 2009, S. 21–32.

Winau, R.: Der hippokratische Eid und die Probleme der Ethik in der modernen Medizin. In: Frewer, A.; Winau, R. (Hrsg.): Geschichte und Theorie der Ethik in der Medizin. Verlag Palm & Enke, Erlangen; Jena 1997, S. 15–35.

Windels-Buhr, D.: Die Frage lautet: Richtig oder falsch, gut oder schlecht. In: Pflegezeitschrift, Heft 12/1997, S. 754–758.

Wingerdt, S.: Von der Kunst, einen Pflegeplan zu schreiben. In: Die Schwester/Der Pfleger, Heft 6/2002, S. 462–467.

Winter-von Lersner, C.: Schlüsselqualifikationen für Pflegende. In: Die Schwester/Der Pfleger, Heft 9/2001, S. 730–734.

Wißmann, P.: Replik auf den »Moralischen Imperativ des Pflegens«. In: Taylor, R.: Der moralische Imperativ des Pflegens. Hans Huber, Bern 2011, S. 49–51.

Wittneben, K.: Pflege als Bildungsprozess. Vortrag, gehalten an der Fachtagung »Pflege bildet« am 15.7.2004 in Stuttgart. Im Internet: http://www.ebz-pflege.de/Acrobat/Wittneben---Pflege_als_Bildungsprozess.pdf, besucht am 25.6.2011, S. 1–22.

Wittrahm, A.: Verantwortlich handeln lernen. In: PflegePädagogik, Heft 2/1996, S. 14–20.

Wittrahm, A.: Ethik – meine Verantwortung und Chance als LehrerIn. In: PflegePädagogik, Heft 1/1997, S. 18–21.

Wulff, I.; Kalinowski, S.; Dräger, D.: Autonomie im Pflegeheim – Konzeptionelle Überlegungen zu Selbstbestimmung und Handlungsfähigkeit anhand eines Modells. In: Pflege, Heft 4/2010, S. 240–248.

Wulff, I.; Dräger, D.; Kuhlmey, A.: Kann Autonomie gemessen werden? Untersuchung von Selbstbestimmung aus Betroffenenperspektive. In: Padua, Heft 5/Nov. 2011, S. 12– 19.

Wunder, M.: Prävention und neue Bioethik. In: Neuer-Miebach, T.; Tarneden, R. (Hrsg.): Vom Recht auf Anderssein – Anfragen an pränatale Diagnostik und humangenetische Beratung. Lebenshilfe-Verlag Marburg; Verlag Selbstbestimmtes Leben, Düsseldorf 1994, S. 113–123.

Zegelin, A. (Hrsg.): Sprache und Pflege. Ullstein Mosby, Berlin; Wiesbaden 1997.

Zegelin, A.: »Festgenagelt sein« – Der Prozess des Bettlägerigwerdens durch allmähliche Ortsfixierung. Verlag Hans Huber, Bern; Göttingen; Toronto; Seattle 2005.

Zegelin, A.: Eid für beruflich Pflegende? In: Altenpflege, Heft November 2009, S. 34.

Zimmermann, M.: Ethik und Krankenpflege. Ein Beitrag zur Krankenpflegeausbildung. In: Pflege, Heft 4/1998, S. 219–223.

REGISTER